fy nodiadau **adolygu**

CBAC TGAU

ASTUDIAETHAU CREFYDDOL

Uned 1 Crefydd a Themâu Athronyddol

Joy White a Gavin Craigen

HODDER
EDUCATION
AN HACHETTE UK COMPANY

CBAC TGAU *Astudiaethau Crefyddol Uned 1 Crefydd a Themâu Athronyddol*

Addasiad Cymraeg o *WJEC GCSE Religious Studies Unit 1 Religion and Philosophical Themes* a gyhoeddwyd yn 2018 gan Hodder Education

Ariennir yn Rhannol gan **Lywodraeth Cymru**
Part Funded by **Welsh Government**

Cyhoeddwyd dan nawdd Cynllun Adnoddau Addysgu a Dysgu CBAC

Cydnabyddiaeth ffotograffau:

t.38 © Dov makabaw Israel/Alamy Stock Photo.

Cydnabyddiaeth

Cyfieithiadau o destunau sanctaidd

Dyfyniadau o'r Beibl: Y Beibl Cymraeg Newydd, Argraffiad Diwygiedig © Cymdeithas y Beibl 2004 1988.

Dyfyniadau o'r Qur'an: cyfieithiad Sahih International © 2016 QURAN.COM.

Gwnaed pob ymdrech i gysylltu â'r holl ddeiliaid hawlfraint, ond os oes unrhyw rai wedi'u hesgeuluso'n anfwriadol, bydd y cyhoeddwyr yn falch o wneud y trefniadau angenrheidiol ar y cyfle cyntaf.

Er y gwnaed pob ymdrech i sicrhau bod cyfeiriadau gwefannau yn gywir adeg mynd i'r wasg, nid yw Hodder Education yn gyfrifol am gynnwys unrhyw wefan y cyfeirir ati yn y llyfr hwn. Weithiau mae'n bosibl dod o hyd i dudalen we a adleolwyd trwy deipio cyfeiriad tudalen gartref gwefan yn ffenestr LlAU (*URL*) eich porwr.

Polisi Hachette UK yw defnyddio papurau sy'n gynhyrchion naturiol, adnewyddadwy ac ailgylchadwy o goed a dyfwyd mewn coedwigoedd sydd wedi eu rheoli'n dda, a ffynonellau eraill a reolir. Disgwylir i'r prosesau torri coed a gweithgynhyrchu gydymffurfio â rheoliadau amgylcheddol y wlad y mae'r cynnyrch yn tarddu ohoni.

Archebion
Bookpoint Ltd, 130 Park Drive, Milton Park, Abingdon, Oxon OX14 4SE
ffôn: (44) 01235 827827
ffacs: (44) 01235 400454
e-bost: education@bookpoint.co.uk
Mae'r llinellau ar agor rhwng 9.00 a 17.00 o ddydd Llun i ddydd Sadwrn, gyda gwasanaeth ateb negeseuon 24 awr. Gallwch hefyd archebu trwy ein gwefan: www.hoddereducation.co.uk.

ISBN 9781510436510

© Joy White a Gavin Craigen 2018 (yr argraffiad Saesneg)

Cyhoeddwyd gyntaf yn 2018 gan
Hodder Education,
an Hachette UK Company,
Carmelite House,
50 Victoria Embankment
London EC4Y 0DZ
www.hoddereducation.co.uk

© CBAC 2019 (yr argraffiad Cymraeg hwn ar gyfer CBAC)

Cedwir pob hawl. Ni chaniateir atgynhyrchu na thrawsyrru unrhyw ran o'r cyhoeddiad hwn mewn unrhyw ffurf na thrwy unrhyw gyfrwng, yn electronig nac yn fecanyddol, gan gynnwys llungopïo a recordio, na'i chadw mewn unrhyw system storio ac adfer gwybodaeth, heb ganiatâd ysgrifenedig gan y cyhoeddwr neu dan drwydded gan yr Asiantaeth Drwyddedu Hawlfraint Cyfyngedig: Copyright Licensing Agency Limited, www.cla.co.uk.

Llun y clawr © Stian Iversen/Shutterstock.com
Darluniau gan Aptara Inc.
Teiposodwyd gan Aptara Inc.
Argraffwyd yn Sbaen
Mae cofnod catalog y teitl hwn ar gael gan y Llyfrgell Brydeinig.

MIX Paper from responsible sources
FSC™ C104740

Fy rhestr wirio adolygu

Rhan A – Credoau, dysgeidiaeth ac arferion craidd

Cristnogaeth
- 5 Y darlun mawr
- 7 Credoau: Duw
- 13 Credoau: Iesu fel Duw Ymgnawdoledig
- 18 Arferion: Moesoldeb
- 21 Arferion: Yr Eglwys

Iddewiaeth
- 30 Y darlun mawr
- 32 Credoau: Y cysyniad o Dduw
- 35 Credoau: Man sanctaidd
- 37 Arferion: Arferion sy'n dangos credoau ynglŷn â Duw
- 39 Arferion: Addoli yn y cartref a'r synagog

Islam
- 45 Y darlun mawr
- 47 Credoau: Natur Duw
- 51 Credoau: Y Qur'an
- 54 Arferion: Gweddïo/salat
- 57 Arferion: Gweithredoedd gorfodol

Rhan B Themâu Athronyddol

Thema 1: Materion bywyd a marwolaeth
- 61 Y darlun mawr
- 62 Y byd
- 67 Tarddiad a gwerth bywyd dynol
- 72 Credoau ynglŷn â marwolaeth a bywyd ar ôl marwolaeth

Thema 2: Materion daioni a drygioni
- 76 Y darlun mawr
- 77 Trosedd a chosb
- 84 Maddeuant
- 87 Daioni, drygioni a dioddefaint

Gridiau marcio

Cyflwyniad

Yn y canllaw adolygu hwn mae nifer o nodweddion a fydd yn eich helpu i adolygu, a hefyd yn eich helpu i ateb y cwestiynau yn yr arholiad.

> **Cysyniadau allweddol**
>
> Ym mhob uned y byddwch chi'n ei hastudio, bydd o leiaf wyth cysyniad allweddol y mae'n rhaid i chi eu gwybod. Bydd cwestiwn cyntaf pob uned yn gofyn i chi am ddiffiniad o gysyniad allweddol. Mae diffiniadau cywir yn ennill 2 farc. Hefyd mae'n bwysig defnyddio'r cysyniadau allweddol mewn cwestiynau math (b), (c) a (ch) oherwydd bydd marciau yn cael eu rhoi am ddefnyddio iaith grefyddol ac arbenigol.

> **Egluro cysyniad allweddol**
>
> Fel mae'r teitl yn ei ddweud, mae'r cysyniad yn **allweddol** (yn greiddiol) i ddeall y grefydd neu'r mater. Yn ogystal â gallu dweud beth yw ystyr y cysyniad, mae'n bwysig eich bod yn dangos dealltwriaeth o pam a sut mae'r cysyniad hwnnw'n greiddiol i'r grefydd neu i'r mater. Mae'r wybodaeth hon yn arbennig o bwysig ar gyfer cwestiynau math (b), (c) a (ch).

Yn eich ateb, mae'n bwysig eich bod yn gallu esbonio pam mae gan bobl o'r un grefydd safbwyntiau a chredoau gwahanol.

> **Gweithgaredd**
>
> Mae gweithgareddau i chi eu cwblhau drwy'r llyfr mewn blychau glas fel hwn.

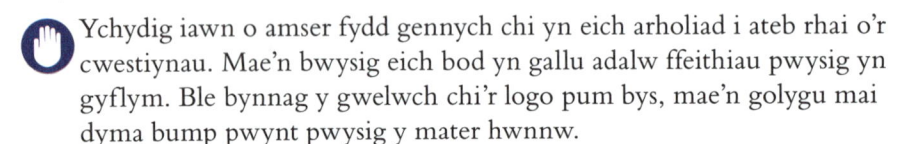

Ychydig iawn o amser fydd gennych chi yn eich arholiad i ateb rhai o'r cwestiynau. Mae'n bwysig eich bod yn gallu adalw ffeithiau pwysig yn gyflym. Ble bynnag y gwelwch chi'r logo pum bys, mae'n golygu mai dyma bump pwynt pwysig y mater hwnnw.

Cyn i chi adolygu'r cynnwys, mae'n bwysig eich bod yn gwybod ac yn deall sut mae marciau'n cael eu rhoi. Fel y gwelwch chi o'r gridiau marcio ar dudalennau 90–93, mae'r marciau'n cael eu rhoi am fwy na gwybod ffeithiau'n unig. Ar gyfer rhai cwestiynau bydd angen i chi allu esbonio, gwneud cysylltiadau, cyfiawnhau, a rhoi safbwyntiau gwahanol. Ym mhob cwestiwn mae angen i chi ddefnyddio iaith grefyddol ac arbenigol. Bydd y cyngor a'r cwestiynau enghreifftiol yn eich helpu i ddatblygu'r sgiliau pwysig hyn.

> **Cyngor**
>
> Mae cyngor wedi ei gynnwys drwy bob uned i'ch helpu chi i ddeall sut mae marciau'n cael eu rhoi (a'u colli). Nid dim ond eich gwybodaeth chi fydd yn eich helpu i lwyddo yn yr arholiad. Mae'r ffordd y byddwch chi'n ateb y cwestiynau yn bwysig hefyd.

Mae'r symbol hwn yn dangos pwynt pwysig iawn i'w gofio.

Atebion: www.hoddereducation.co.uk/fynodiadauadolygu

Cristnogaeth

Y darlun mawr

Dyma grynodeb o'r cwestiynau allweddol ar gyfer yr astudiaeth hon o Gristnogaeth:
- Beth yw natur Duw?
- Beth yw'r dehongliadau gwahanol o'r creu?
- Beth yw natur dynoliaeth?
- Beth yw'r Drindod?
- Beth yw'r credoau am Ymgnawdoliad Iesu?
- Pam mae croeshoeliad, esgyniad ac atgyfodiad Iesu'n bwysig?
- Pa mor bwysig yw'r Iawn ac iachawdwriaeth i Gristnogion?
- Sut mae penderfyniadau moesegol yn cael eu gwneud, a beth yw rôl y gorchymyn dwyfol?
- Beth oedd dysgeidiaethau Iesu am foesoldeb?
- Beth yw ystyr cariad, agapé, maddeuant a thrysorau ar y ddaear neu yn y nefoedd?
- Pam mae amrywiaeth mewn Cristnogaeth?
- Beth yw rôl yr eglwys neu'r capel Cristnogol yn y gymuned leol?
- Beth yw'r gwahanol fathau o weddïo, a pham mae gweddïo'n bwysig?
- Pa grwpiau sy'n gweithio dros gyfiawnder cymdeithasol, cymodi a deialog Gristnogol rhwng crefyddau?
- Pam mae erlid Cristnogion yn digwydd yn y byd modern?

Cyngor

Mae'r cwestiwn cyntaf (am ddau farc) ym mhob thema'n gofyn am ddiffiniad o gysyniad. Hefyd bydd disgwyl i chi ddefnyddio'r cysyniadau mewn atebion i gwestiynau eraill, i ddangos eich bod yn eu gwybod ac yn eu deall. Mae'r cysyniadau'n datgloi'r themâu yn yr astudiaeth o Gristnogaeth, gan helpu i esbonio dysgeidiaethau ac arferion crefyddol, a hefyd y safbwyntiau a'r farn amrywiol a all fod gan gredinwyr o fewn Cristnogaeth.

Cysyniadau allweddol

Hollalluog yw natur hollbwerus ac anghyfyngedig Duw

Hollgariadus yw'r cyflwr o garu popeth a bod yn gwbl dda – nodwedd sy'n aml yn cael ei phriodoli i Dduw.

Hollwybodus yw natur Duw sy'n gwybod popeth.

Y **Drindod** yw tri pherson Duw: Tad, Mab ac Ysbryd Glân.

Yr Ysbryd Glân yw un o dri pherson y Drindod Sanctaidd. Addawodd Iesu i'r Apostolion y byddai'n anfon yr Ysbryd Glân ar ôl ei groeshoeliad a'i atgyfodiad. Mae Cristnogion yn credu bod yr Ysbryd Glân yn bresennol, a hynny ar ffurf grym Duw ar waith yn y byd.

Ymgnawdoliad (ystyr: 'y Gair yn gnawd') yw'r gred Gristnogol bod Duw wedi dod yn ddyn ym mherson Iesu, yn gwbl ddynol ac yn gwbl ddwyfol.

Y Meseia (ystyr: 'yr un sydd wedi'i eneinio') yw'r un sydd wedi'i anfon gan Dduw i achub y ddynoliaeth, yn ôl Cristnogion. Mae Cristnogion yn credu mai Iesu yw'r person hwn.

Atgyfodiad yw'r gred bod Iesu wedi codi o farw'n fyw ar y trydydd dydd ar ôl iddo gael ei groeshoelio, a thrwy hynny ei fod wedi trechu marwolaeth. Mae'n cael ei gofio bob blwyddyn ar Sul y Pasg.

Yr Iawn yw'r gred bod marwolaeth ac atgyfodiad Iesu wedi cau'r rhwyg rhwng dynoliaeth a Duw, a thrwy hynny agor y ffordd i Dduw a phobl fod 'fel un' eto.

Damcaniaeth gorchymyn dwyfol yw'r gred bod rhywbeth yn gywir oherwydd bod Duw yn ei orchymyn.

Agapé yw cariad anhunanol, aberthol, diamod. Mae Cristnogaeth yn ystyried mai agapé yw'r math uchaf o gariad. Mae aberth Iesu ar y groes i achub dynoliaeth, a dysgeidiaethau megis 'Câr dy gymydog', yn enghreifftiau o'r cariad hwn.

Deialog rhwng crefyddau yw pan fydd cymunedau a grwpiau ffydd gwahanol yn dod ynghyd er mwyn deall ei gilydd yn well a gwasanaethu'r gymuned ehangach. Maen nhw'n parchu ei gilydd ac mae hyn yn eu galluogi i fyw'n heddychlon ochr yn ochr, er gwaetha'r gwahaniaethau o ran credoau a ffordd o fyw.

Credoau ac arferion

Mae eich astudiaeth o Gristnogaeth wedi'i rhannu'n ddau faes:
- Credoau:
  - Duw
  - Iesu fel Duw Ymgnawdoledig
- Arferion:
  - Moesoldeb
  - Yr Eglwys.

Mae gwahaniaethau'n bwysig

Wrth astudio, bydd disgwyl i chi ddysgu am y dehongliadau, yr agweddau a'r arferion gwahanol sydd gan rai o draddodiadau amrywiol Cristnogaeth, fel yr Eglwys Anglicanaidd, yr Eglwys Gatholig, yr Eglwys yng Nghymru a'r eglwysi anghydffurfiol. Bydd y tabl isod yn eich helpu chi i gofio pam mae pobl sy'n dilyn yr un grefydd, o bosibl, yn arddel safbwyntiau ac arferion gwahanol.

Sefyllfa	Mae rhai sefyllfaoedd, fel pwysigrwydd achub bywyd, yn bwysig i bob Cristion, ond bydd ystyriaethau gwahanol ar gyfer rhai sefyllfaoedd eraill (e.e. natur nefoedd ac uffern).
Dysgeidiaethau	Y Beibl fyddai ffynhonnell y dysgeidiaethau creiddiol y byddai Cristnogion yn ei hystyried. Mae rhai Cristnogion yn credu mai Gair ysbrydoledig Duw ydyw, ond mae'r rhan fwyaf yn credu iddo gael ei ddatguddio gan Dduw fel ffynhonnell awdurdod i helpu pobl i fyw eu bywydau fel Cristnogion. Mae esiampl a dysgeidiaeth Iesu, fel cawson nhw eu cofnodi yn yr Efengylau, ac fel y mae llyfrau eraill yn y Testament Newydd yn cyfeirio atyn nhw, yn ffynhonnell awdurdod arall i Gristnogion.
Awdurdod	Yn ogystal â'r Beibl, byddai llawer o Gristnogion hefyd yn ystyried ffynonellau awdurdod eraill, fel gweinidogion neu offeiriaid, dysgeidiaeth yr Eglwys, yr Ysbryd Glân a chydwybod yr unigolyn.
Dehongliad	Mae rhai Cristnogion yn credu bod y Beibl yn llythrennol wir. Mae llawer o rai eraill yn credu ei bod yn bwysig ystyried dysgeidiaeth y Beibl yng ngyd-destun y gymdeithas gyfoes.
Rheswm	Mae'r rhan fwyaf o Gristnogion yn cytuno bod Duw wedi rhoi ewyllys rydd i bobl ddewis dilyn esiampl a dywediadau Iesu. Mae credinwyr yn credu bod darllen y Beibl, gweddïo ac addoli'n rheolaidd yn eu helpu i ddilyn ffordd Iesu ac i wneud y penderfyniadau a'r gweithredoedd cywir.

Cyngor

Gan fod llawer o wahanol gredoau, dysgeidiaethau ac arferion mewn Cristnogaeth, mae'n bwysig eich bod chi'n dangos eich bod yn deall yr amrywiaeth hon. Wrth ateb cwestiynau, defnyddiwch ymadroddion sy'n dangos hyn, er enghraifft, 'yn aml mae llawer o Gristnogion Catholig…' neu 'efallai byddai rhai o'r Eglwys yng Nghymru yn…'.

Atebion: www.hoddereducation.co.uk/fynodiadauadolygu

Credoau: Duw

Credoau a dysgeidiaethau Cristnogol am Dduw

Yn y maes astudio hwn byddwch chi'n ystyried credoau a dysgeidiaethau am natur Duw.

Mae gan Gristnogaeth nifer o gredoau a dysgeidiaethau am natur Duw. Un o'r pethau cyntaf y mae Cristnogion yn ei ddweud am Dduw yw mai Ef yw creawdwr popeth sydd, ac iddo ddod â'r cyfan i fodolaeth o ddim byd. O ganlyniad, maen nhw hefyd yn ei ddisgrifio'n aml fel Cynhaliwr y byd gan ei fod Ef yn cadw popeth i fynd. Nid creu'r byd yn unig ac yna gadael llonydd iddo wnaeth Ef. Mae Cristnogion yn dweud bod ganddo nodweddion eraill, fel bod '**yn hollalluog**', '**yn hollgariadus**' ac '**yn hollwybodus**'.

> Mae hanes y creu yn y Beibl (Genesis 1) a hanes y plâu (Exodus 7–11) yn adlewyrchu'r gred bod Duw yn hollalluog ac yn rheoli natur. Mae Cristnogion yn aml yn gweddïo i ofyn i Dduw weithredu.

> Mae'r Salmau (Salmau 86:15) ac Efengyl Ioan (Ioan 3:16) yn dangos y gred bod Duw yn hollgariadus ac yn dda. Mae Cristnogion yn credu bod cariad Duw yn cael ei ddangos wrth anfon Iesu i'r ddaear fel y gallai pobl gael bywyd tragwyddol.

> Mae Cristnogion yn credu bod Duw mor wybodus fel Ei fod yn gwybod am bopeth a does dim modd cuddio dim oddi wrtho Ef. Mae hyn yn gallu cysuro pobl, yn hytrach na'u bygwth, yn enwedig pan mae hyn wedi'i gysylltu â'r gred yn natur hollgariadus Duw.

Cysyniadau allweddol

Hollalluog yw natur hollbwerus ac anghyfyngedig Duw.

Hollgariadus yw'r cyflwr o garu popeth a bod yn gwbl dda – nodwedd sy'n aml yn cael ei phriodoli i Dduw.

Hollwybodus yw natur Duw sy'n gwybod popeth.

Gweithgaredd

Natur Duw

Cysylltwch y diffiniadau sy'n crynhoi (a i dd) yn y diagram â'r nodweddion priodol (1 i 6) y mae Cristnogion yn eu defnyddio i ddisgrifio Duw.

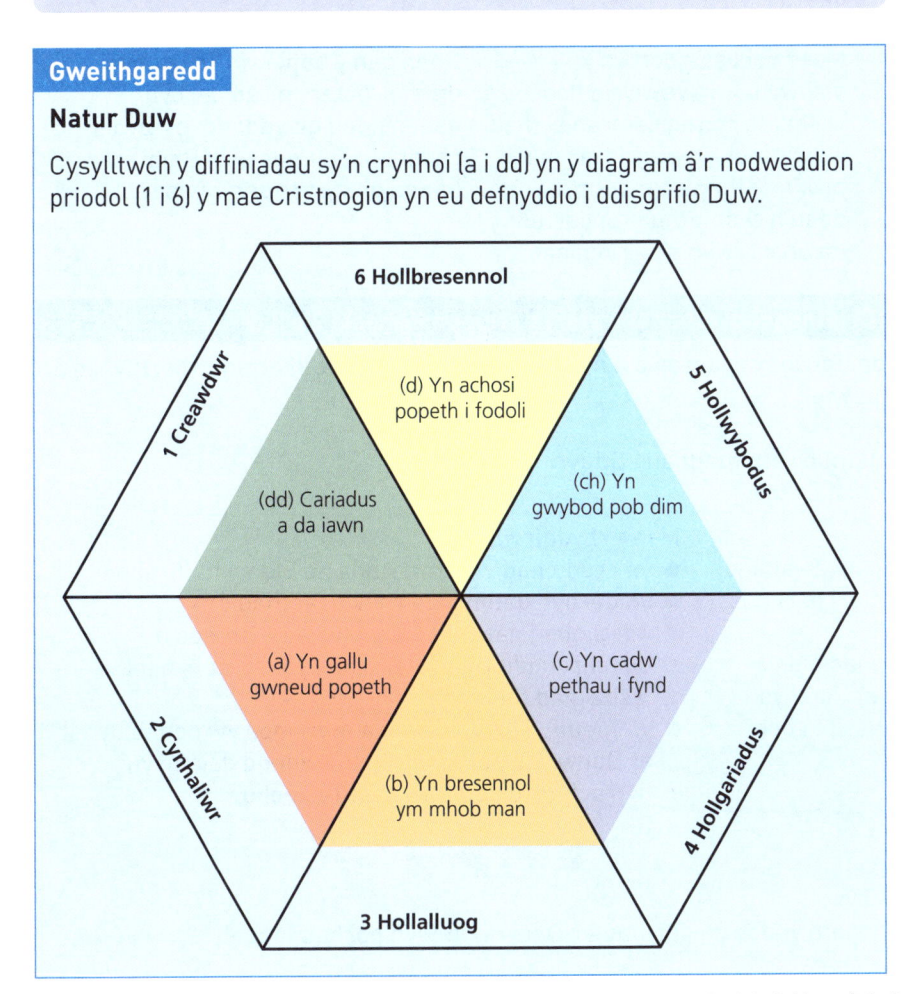

- 1 Creawdwr
- 2 Cynhaliwr
- 3 Hollalluog
- 4 Hollgariadus
- 5 Hollwybodus
- 6 Hollbresennol

- (a) Yn gallu gwneud popeth
- (b) Yn bresennol ym mhob man
- (c) Yn cadw pethau i fynd
- (ch) Yn gwybod pob dim
- (d) Yn achosi popeth i fodoli
- (dd) Cariadus a da iawn

CBAC TGAU Astudiaethau Crefyddol Uned 1 Crefydd a Themâu Athronyddol

Credoau a dysgeidiaethau Cristnogol am y creu

ADOLYGU

Yn y maes astudio hwn byddwch chi'n ystyried gwahanol safbwyntiau Cristnogol am natur a rôl bodau dynol, a'r dehongliadau llythrennol a rhyddfrydol o stori'r creu (Genesis 1–3).

✋ Credoau a dysgeidiaethau am y creu

Mae hanes y creu yn cael ei adrodd ddwywaith yn Genesis:
- Daeth Duw â rhywbeth i fodolaeth o ddim byd; nid gwneud rhywbeth allan o'r hyn a oedd yno'n barod wnaeth Duw.
- Creodd Duw fodau dynol ar ei ddelw ei hun.
- Rôl bodau dynol, fel stiwardiaid Duw, yw bod ag awdurdod (cyfrifoldeb) dros y byd a'i greaduriaid.
- Roedd popeth a gafodd ei greu yn dda yn wreiddiol.
- Mae dehongliadau llythrennol a rhyddfrydol (heb fod yn llythrennol) o'r hanes o fewn Cristnogaeth.

Dehongliadau Cristnogol gwahanol o stori'r creu yn Genesis 1		
Safbwyntiau llythrenolwyr	Safbwyntiau creadaethwyr daear hen	Safbwyntiau rhyddfrydol
Digwyddodd prif bwyntiau'r stori mewn gwirionedd fel maen nhw'n cael eu disgrifio – yn llythrennol: • Symudodd Ysbryd Duw ar draws y dyfroedd. • Bu chwe diwrnod o 24 awr pan fu Duw yn creu. • Cafodd Adda ei ffurfio o lwch y ddaear. • Cafodd Efa ei ffurfio o asen Adda.	Mae prif bwyntiau'r stori'n wir yn y bôn, ond maen nhw'n gwahaniaethu o ran eu safbwynt am 'ddyddiau' y creu: • Bydden nhw'n dweud bod chwe 'chyfnod' eglur o Greu, sy'n llawer hirach na diwrnodau 24 awr. (Dyma'r 'creadaethwyr dydd yn oes'.)	Dydy manylion y stori ddim yn bwysig, ond roedd yn ymdrech cyn yr oes wyddonol i esbonio tarddiad y bydysawd. Yr hyn sy'n bwysig yw bod y stori'n dangos y credoau canlynol: • Duw a greodd y bydysawd. • Mae pob agwedd yn dibynnu arno Ef am ei bodolaeth. • Y ddynoliaeth yw uchafbwynt ei greadigaeth.
Mae'r rhai sy'n credu hyn yn gweld bod gwrthdaro rhwng gwyddoniaeth a chrefydd, ac maen nhw'n argyhoeddedig bod y Beibl yn wir yn llythrennol ac yn uniongyrchol.	Mae'r bobl sy'n derbyn y safbwynt hwn yn gweld bod llai o wrthdaro rhwng damcaniaethau gwyddonol a chrefydd, ac maen nhw'n gallu gweld sut mae'r ddau'n cydblethu i roi darlun llawn o fywyd ac o'r ddaear.	Does gan y bobl sy'n credu hyn ddim problem o ran derbyn esboniadau gwyddonol o'r byd a chydnabod hanesion y Beibl fel hanesion cyn yr oes wyddonol.

Dehongliadau Cristnogol gwahanol o stori'r creu yn Genesis 2 a 3	
Mae'r hanes yn Genesis 2 a 3 yn sôn llai am y bydysawd a mwy am greu'r ddynoliaeth ac am y berthynas â Duw. Mae'n trafod yr agweddau canlynol: • creu'r bodau dynol cyntaf • y bodau dynol cyntaf yn cael eu temtio i anufuddhau i Dduw • cwymp bodau dynol o fod yn agos at Dduw.	
Mae llythrenolwyr: • yn gwrthod y syniad bod 'fersiynau' gwahanol o'r creu. Maen nhw'n gweld un stori barhaus sy'n fwy neu'n llai manwl • yn tueddu i bwysleisio natur bechadurus bodau dynol ers y cwymp. Byddai rhai hyd yn oed yn dweud ei bod hi'n amhosibl i bobl beidio â phechu.	Mae'r rhyddfrydwyr: • yn credu nad yw stori Adda ac Efa yn llythrennol • yn derbyn datblygiad rhywogaethau drwy ddetholiad naturiol ac esblygiad – proses a ddechreuodd Duw (weithiau cyfeirir at hyn fel 'esblygiad theistig') • yn tueddu i bwysleisio pa mor agos yw bodau dynol at Dduw, a'u gallu i garu ac i wneud daioni, yn hytrach na'u bod nhw'n gallu pechu.
Mae'r ddau safbwynt yn cytuno: • bod Duw yng nghanol y Greadigaeth • mai Duw yw ffynhonnell popeth byw • bod y bydysawd wedi'i greu a phopeth ynddo yn dibynnu ar Dduw er mwyn parhau i fodoli.	

Atebion: www.hoddereducation.co.uk/fynodiadauadolygu

Gweithgaredd

Gwneud cysylltiadau

Bydd gan y credoau a'r dysgeidiaethau am y creu a natur Duw mewn Cristnogaeth lawer o gysylltiadau â'r ddwy thema athronyddol y mae'n rhaid i chi eu hastudio. Gan ddefnyddio'r wybodaeth am y creu ac am Dduw, llenwch y tabl. Cofiwch y gallai rhai agweddau ymddangos mewn mwy nag un thema.

Dysgeidiaethau Cristnogol	Themâu Athronyddol
	Dylai pob bywyd dynol fod ag urddas
	Cyfrifoldeb dros wneud penderfyniadau moesol
	Cyfrifoldeb dros ofalu am yr amgylchedd
	Trafodaethau am erthylu
	Agweddau at heddwch a gwrthdaro
	Ymatebion at ddrygioni a dioddefaint

Gweithgaredd

Safbwyntiau gwahanol ar y creu

Edrychwch ar y tabl o safbwyntiau Cristnogol gwahanol am stori'r creu, Genesis (tudalen 8) a llenwch ddiagram Venn ar gyfer y llythrenolwyr, y rhyddfrydwyr a'r pwyntiau cyffredin y mae'r ddau'n eu rhannu. Darllenwch y Cyngor ar y dde ac yna esboniwch pam mae llythrenolwyr Cristnogol yn llythrenolwyr a pham mae gan y rhyddfrydwyr eu dehongliad eu hunain.

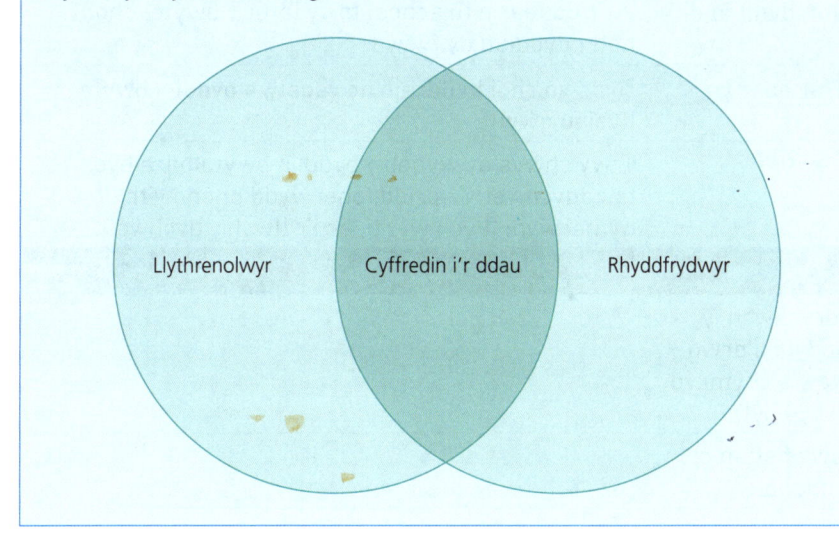

Cyngor

Dehongliadau gwahanol

Byddwch yn ymwybodol bob amser fod gwahanol ddehongliadau am agweddau ar gred mewn traddodiad crefyddol. Gwnewch yn siŵr eich bod yn dangos yn glir eich bod yn deall pam mae gwahanol ddehongliadau.

Llythrenolwyr | Cyffredin i'r ddau | Rhyddfrydwyr

Credoau a dysgeidiaethau Cristnogol am natur dynoliaeth

Yn y maes astudio hwn byddwch chi'n edrych ar y credoau a'r dysgeidiaethau am natur dynoliaeth, yn enwedig sut maen nhw'n cael eu disgrifio yn llyfr Genesis. Yn stori'r creu (Genesis penodau 1–3) mae dysgeidiaethau eglur am natur bodau dynol fel cawson nhw eu creu gan Dduw.

Genesis 1:26–28	Genesis 2:15–17
Dywedodd Duw, 'Gwnawn ddyn ar ein delw, yn ôl ein llun ni, i lywodraethu ar bysgod y môr, ar adar yr awyr, ar yr anifeiliaid gwyllt, ar yr holl ddaear, ac ar bopeth sy'n ymlusgo ar y ddaear.'	Cymerodd yr Arglwydd Dduw y dyn a'i osod yng ngardd Eden, i'w thrin a'i chadw.
Felly creodd Duw ddyn ar ei ddelw ei hun; ar ddelw Duw y creodd ef; yn wryw ac yn fenyw y creodd hwy.	Rhoddodd yr Arglwydd Dduw orchymyn i'r dyn, a dweud, 'Cei fwyta'n rhydd o bob coeden yn yr ardd,
Bendithiodd Duw hwy a dweud, 'Byddwch ffrwythlon ac amlhewch, llanwch y ddaear a darostyngwch hi; llywodraethwch ar bysgod y môr, ar adar yr awyr, ac ar bopeth byw sy'n ymlusgo ar y ddaear.'	ond ni chei fwyta o bren gwybodaeth da a drwg, oherwydd y dydd y bwytei ohono ef, byddi'n sicr o farw.'
Genesis 2:19–20	**Genesis 3:17–19**
Felly fe luniodd yr Arglwydd Dduw o'r ddaear yr holl fwystfilod gwyllt a holl adar yr awyr, a daeth â hwy at y dyn i weld pa enw a roddai arnynt; a pha enw bynnag a roes y dyn ar unrhyw greadur, dyna fu ei enw.	Dywedodd (yr Arglwydd Dduw) wrth Adda: 'Am iti wrando ar lais dy wraig, a bwyta o'r pren y gorchmynnais i ti beidio â bwyta ohono, melltigedig yw'r ddaear o'th achos; trwy lafur y bwytei ohoni holl ddyddiau dy fywyd.
Rhoes y dyn enw ar yr holl anifeiliaid, ar adar yr awyr, ac ar yr holl fwystfilod gwyllt…	Bydd yn rhoi iti ddrain ac ysgall, a byddi'n bwyta llysiau gwyllt.
	Trwy chwys dy wyneb y byddi'n bwyta bara hyd oni ddychweli i'r pridd, oherwydd ohono y'th gymerwyd; llwch wyt ti, ac i'r llwch y dychweli.'
Genesis 3:22–23	
Yna dywedodd yr Arglwydd Dduw, 'Edrychwch, y mae'r dyn fel un ohonom ni, yn gwybod da a drwg. Yn awr, rhaid iddo beidio ag estyn ei law a chymryd hefyd o bren y bywyd, a bwyta, a byw hyd byth.'	
Am hynny anfonodd yr Arglwydd Dduw ef allan o ardd Eden, i drin y tir y cymerwyd ef ohono.	

Atebion: www.hoddereducation.co.uk/fynodiadauadolygu

> **Gweithgaredd**
>
> **Credoau Cristnogol am natur dynoliaeth**
>
> 1 Edrychwch ar y geiriau yn y tabl sy'n disgrifio agweddau ar gredoau Cristnogol am natur dynoliaeth. Cysylltwch nhw â'r dyfyniadau o Genesis yn y tabl isod drwy ysgrifennu ymadrodd o'r dyfyniad sy'n amlygu'r nodwedd.
>
> | Nodwedd ar y ddynoliaeth | Cysylltiad â dyfyniad Genesis |
> |---|---|
> | Ar ddelw Duw | |
> | Enaid | |
> | Moesol | |
> | Ewyllys rydd | |
> | Rhesymegol | |
> | Creadigol | |
> | Syrthiedig | |
>
> 2 Nawr edrychwch ar y geiriau neu'r ymadroddion yn y tabl isod. Penderfynwch pa nodwedd ar y ddynoliaeth sy'n gysylltiedig â nhw.
>
> | (a) gallu dynol i ffurfio perthnasoedd cymhleth | (b) rhannu rhai o briodoleddau a nodweddion Duw | (c) rhywbeth sy'n anweledig ac yn ysbrydol |
> |---|---|---|
> | (ch) bod â synnwyr unigryw o dda a drwg | (d) bod yn gyfrifol am eich gweithredoedd eich hunan | (dd) gwneud dewisiadau personol |
> | (e) atgyfodiad y corff ar ôl marwolaeth | (f) mae dimensiwn ysbrydol yn perthyn i berthnasoedd dynol | (ff) rhannu gallu Duw i ddeall, i feddwl, i gynllunio ac i gofio |
> | (g) tueddu i anufuddhau i Dduw | (ng) gallu creu pethau allan o ddeunyddiau | (h) mae'r bydysawd fel hyn oherwydd i Dduw ei greu i fod felly |
> | (i) cael gwobr am gredu yn Nuw ac am wneud y peth cywir | (j) gadael y corff ar ôl marwolaeth | (l) rôl a swyddogaeth bodau dynol yn y byd |
> | (ll) defnyddio pethau at bwrpasau eraill a darganfod syniadau newydd | (m) gallu defnyddio rheswm a barn wrth wneud penderfyniadau | (n) bod ar wahân oddi wrth Dduw, ond yn gallu cael eu hachub |

CBAC TGAU Astudiaethau Crefyddol Uned 1 Crefydd a Themâu Athronyddol

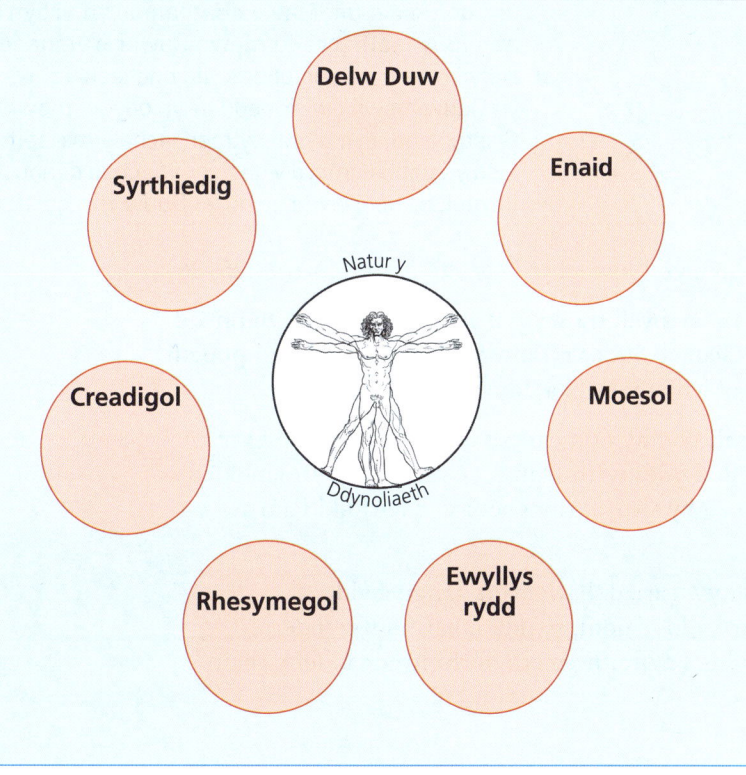

Credoau a dysgeidiaethau Cristnogol am y Drindod

Yn y maes astudio hwn byddwch chi'n edrych ar y credoau a'r dysgeidiaethau am y **Drindod** – tair agwedd ar yr un Duw. Mae cyfeiriadau penodol yn y Beibl sy'n gysylltiedig â'r tair agwedd ar Dduw, a dylech chi fod yn gyfarwydd â'r rhain ac yn gallu cyfeirio atyn nhw yn eich atebion arholiad.

Mae Cristnogion yn credu mai un gwir Dduw sydd a'i fod Ef yn Un, er Ei fod yn cael ei ddeall fel tri 'pherson', 'sy'n cael ei brofi' mewn ffyrdd gwahanol:

- Duw, fel Tad
- Duw, fel y Mab (Iesu)
- Duw, fel presenoldeb a grym yr Ysbryd Glân.

Cysyniad allweddol

Y **Drindod** yw tri pherson Duw: Tad, Mab ac Ysbryd Glân.

Beth yw'r Drindod?	• I Gristnogion, mae Duw yn dri yn un - tri pherson gwahanol ond yn hollol unedig fel un. • Mae'n ddirgelwch, ond eto i Gristnogion mae'n athrawiaeth ffydd hanfodol.
Beth mae Cristnogion yn ei gredu am y Drindod?	• Yn Nameg y Mab Afradlon a adroddodd Iesu (Luc 15:11–32), mae Cristnogion yn credu bod model o ystyr gwirioneddol Duw fel Tad: un sy'n caru Ei blant yn ddiamod. • Yn Ioan 1:1–3 a 14, mae Cristnogion yn gweld arwydd clir bod Iesu, drwy gael ei alw'n 'Fab Duw' yn Dduw yn y gorffennol ac yn y presennol. Roedd Iesu yno gyda Duw y Tad cyn dechrau amser; roedd yno gyda'r Tad wrth greu popeth oedd yn bodoli; ond hefyd 'daeth yn gnawd' – dod fel bod dynol – er mwyn i fodau dynol wybod rhagor am Dduw. • I Gristnogion, nid Duw y Mab (Iesu) yw Duw y Tad, ac nid yr Ysbryd Glân yw'r Mab. Mae pob un yn 'berson' gwahanol, a Duw yw'r tri gyda'i gilydd yn un.
Pam mae'r Drindod yn bwysig i Gristnogion?	• Mae'r Drindod yn gred hollbwysig i Gristnogaeth: Mae Duw yn dri, ond eto'n un. Mae'n ddatganiad yn erbyn unrhyw ffurf ar amlddduwiaeth (credu mewn llawer o wahanol dduwiau). • Hefyd mae'n bwysig oherwydd bod Iesu, fel Ymgnawdoliad Duw, yn Dduw mewn gwirionedd ac yn ddynol mewn gwirionedd. I Gristnogion, dyma holl sylfaen iachawdwriaeth rhag pechod: roedd Iesu yn gallu cymryd y gosb am bechod dynol oherwydd ei fod yn ddynol, ac oherwydd ei fod yn Dduw yn y gorffennol a nawr.

Mae Iesu yn disgrifio'r gred yn Nuw fel yr **Ysbryd Glân** yn Ioan 14:25–26:

'Yr wyf wedi dweud hyn wrthych tra wyf yn aros gyda chwi. Ond bydd yr Eiriolwr, yr Ysbryd Glân, a anfona'r Tad yn fy enw i, yn dysgu popeth ichwi, ac yn dwyn ar gof ichwi y cwbl a ddywedais i wrthych.'

Mae Cristnogion yn deall bod hyn yn dangos yn eglur mai Duw yw'r Ysbryd Glân a'i fod yn dod oddi wrth Dduw, ac mai dyma bresenoldeb a grym Duw ar waith yn eu bywydau, rhywbeth y cyfeiriodd Paul ato yn Galatiaid 5:22–23:

'Ond ffrwyth yr Ysbryd yw cariad, llawenydd, tangnefedd, goddefgarwch, caredigrwydd, daioni, ffyddlondeb, addfwynder, hunanddisgyblaeth. Nid oes cyfraith yn erbyn rhinweddau fel y rhain.'

Mae'r Ysbryd Glân, fel grym Duw ar waith, ychydig fel edrych ar yr hyn y mae'r gwynt yn ei wneud pan mae'n chwythu'n arw: allwch chi ddim gweld y gwynt, ond gallwch chi weld yr hyn y mae'n ei wneud. Felly hefyd, mae Cristnogion yn credu bod yr Ysbryd Glân ar waith ac yn effeithiol, ac y gallwch chi weld a phrofi'r hyn y mae'n ei wneud.

Cysyniad allweddol

Yr Ysbryd Glân yw un o dri pherson y Drindod Sanctaidd. Addawodd Iesu i'r Apostolion y byddai'n anfon yr Ysbryd Glân ar ôl ei groeshoeliad a'i atgyfodiad. Mae Cristnogion yn credu bod yr Ysbryd Glân yn bresennol, a hynny ar ffurf grym Duw ar waith yn y byd.

Gweithgaredd

Cofio'r Drindod

Lluniwch ddiagram neu fap cysyniadau i'ch helpu i gofio'r pwyntiau allweddol am gred Cristnogion yn y Drindod a pham mae'n bwysig iddyn nhw.

Y defnydd o destunau sanctaidd

Os gallwch chi gyfeirio at ffynonellau doethineb neu destunau sanctaidd perthnasol i gefnogi eich ateb, bydd yn eich helpu i ennill marciau uchel. Does dim angen i chi gofio'r union eiriau neu gyfeiriadau, ond dywedwch yn eich geiriau eich hunan beth sy'n cael ei ddweud a sut mae credinwyr yn eu dehongli nhw.

Credoau: Iesu fel Duw Ymgnawdoledig

Yn y maes astudio hwn bydd angen i chi wybod am gredoau a dysgeidiaethau Cristnogol am Ymgnawdoliad Iesu, ac am ystyr ac arwyddocâd elfennau allweddol ei enedigaeth, ei groeshoeliad, ei atgyfodiad a'i esgyniad. Yn ogystal, bydd angen i chi wybod am gredoau a dysgeidiaethau am Iesu fel y Meseia, y Gwaredwr, a'r Gair, a sut mae'r rhain yn cysylltu â syniadau'r Iawn ac iachawdwriaeth.

Cysyniad allweddol

Yr ymgnawdoliad yw'r weithred lle mae Duw'n dod yn fod dynol ar ffurf Iesu.

Mewn Cristnogaeth, y gred bwysicaf yw pwy oedd a phwy yw Iesu. Mae'r rhan fwyaf o Gristnogion yn credu mai Iesu oedd Duw y Mab, wedi'i eni ar y ddaear fel bod dynol (**Yr Ymgnawdoliad**).

Beth yw'r ymgnawdoliad?	• Y gred Gristnogol mai Duw 'wedi'i eni' fel bod dynol ar y ddaear oedd Iesu; ystyr 'ymgnawdoliad' yw 'cymryd ffurf gnawdol'.
Beth mae Cristnogion yn ei gredu am yr ymgnawdoliad?	• Mae'r Beibl yn cynnwys dysgeidiaethau am ymgnawdoliad Iesu. • Iesu yw ail 'berson' (Mab) y Drindod. • Mae Ioan 1 yn disgrifio'r ymgnawdoliad fel 'y Gair (Iesu) a wnaethpwyd yn gnawd'. • Roedd Mair, mam Iesu, yn wyryf a chafodd ei phlentyn ei genhedlu 'yn sanctaidd' (Luc 1).
Pam mae'r ymgnawdoliad yn bwysig i Gristnogion?	• Mae'n cael ei ddisgrifio a'i esbonio yn y Beibl. • Mae Iesu yn cael ei weld fel Duw ac fel bod dynol. Mae hyn yn esbonio'r gred Gristnogol bod Iesu yn gallu cymryd y gosb am bechod (oherwydd ei fod yn ddynol, er nad oedd erioed wedi pechu), a goresgyn pechod a marwolaeth (oherwydd ei fod yn Dduw) • Drwy adnabod Iesu, mae Cristnogion yn credu eu bod yn gallu bod yn agos at Dduw a chael profiad o'i gariad a'i faddeuant, a gobaith sicr am fywyd ar ôl marwolaeth.

Elfennau allweddol yr hanesion am enedigaeth Iesu

Gweithgaredd

Stori genedigaeth Iesu

Mae elfennau allweddol stori genedigaeth Iesu wedi'u rhoi yn Efengylau Mathew (1:18–2:12) a Luc (1:26–35 a 2:21). Edrychwch ar y gosodiadau am arwyddocâd genedigaeth Iesu yn y tabl isod. Dewiswch bedwar ohonyn nhw ac esboniwch sut maen nhw'n helpu i esbonio dealltwriaeth Cristnogol am enedigaeth Iesu fel genedigaeth arwyddocaol iawn.

Ystyr ac arwyddocâd genedigaeth Iesu	
Mae'r hanes yn Mathew yn dangos: • natur ddwyfol Iesu fel Mab Duw • angel yn ymddangos i Joseff i esbonio genedigaeth Iesu • genedigaeth barchus ac anrhydeddus i rieni priod • pobl bwysig o ddiwylliant pell yn ymweld ag Iesu ac yn rhoi anrhegion gwerthfawr iddo.	Mae'r hanes yn Luc yn dangos: • Dynoliaeth Iesu'n cael ei bwysleisio • angel yn ymddangos i Mair i esbonio genedigaeth Iesu • genedigaeth gyffredin i bâr dibriod • pobl gyffredin a oedd yn gweithio (bugeiliaid) yn ymweld ag Iesu, wedi'u hanfon gan angylion.
Mae'r ddau'n pwysleisio: • Iesu fel y Meseia, yr Un a anfonodd Duw • Iesu fel Ymgnawdoliad Duw.	

Iesu fel y Meseia, y Gwaredwr a'r Gair

Yn yr adran astudio hon bydd angen i chi wybod am y gwahanol deitlau y mae Cristnogion yn eu rhoi i Iesu a bydd angen i chi allu cysylltu'r credoau sydd ynghlwm wrth y teitlau hyn â'r cyfeiriadau yn y Beibl y maen nhw'n seiliedig arnyn nhw.

Mae Cristnogion yn cyfeirio amlaf at Iesu fel 'Mab Duw' oherwydd:
- dyma un o'r ffyrdd y mae'r Beibl yn ei ddisgrifio
- ei fod yn codi o syniad y Drindod (mae Duw yn dri 'pherson' – gwahanol, ond eto yr un fath)
- bod yr Ymgnawdoliad yn ei gynnwys (cafodd Iesu ei eni fel dyn, er mai ef hefyd oedd Duw y Mab)
- cyfeiriadau pwysig yn y Beibl: Ioan 1:1–3 a 14.

Cysyniad allweddol

Y Meseia (ystyr: 'yr un sydd wedi'i eneinio') yw'r un sydd wedi'i anfon gan Dduw i achub y ddynoliaeth, yn ôl Cristnogion. Mae Cristnogion yn credu mai Iesu yw'r person hwn.

Meseia – disgwyliad Iddewig y byddai Duw'n anfon arweinydd i'r Iddewon a fyddai'n cyfuno gwaith gwleidyddol Brenin â dyletswyddau crefyddol offeiriad. Er na honnodd Iesu erioed mai ef oedd y Meseia, mae gan y Beibl lawer o broffwydoliaethau am ddyfodiad y Meseia, a chysylltodd ysgrifenwyr yr Efengylau y rhain â digwyddiadau ym mywyd Iesu.

✋ Teitlau eraill am Iesu y mae Cristnogion yn eu defnyddio

- Unwaith gofynnodd Iesu i'w ddisgyblion pwy oedd e, yn ôl y bobl, ac atebon nhw: 'Mae rhai'n dweud Ioan Fedyddiwr, ac eraill Elias; ac eraill drachefn, Jeremeia neu un o'r proffwydi.'
- Wedyn gofynnodd Iesu iddyn nhw beth oedd eu barn nhw; atebodd Simon Pedr, 'Ti yw'r Meseia, Mab y Duw byw.' Canmolodd Iesu Simon Pedr, a dweud mai Duw oedd wedi rhoi'r datguddiad hwn iddo (Mathew 16:13–17). Roedd y Meseia yn cyfeirio at yr un yr oedd Duw yn ei anfon i ddod â theyrnas newydd ac i sefydlu cyfiawnder a heddwch.
- Dywedodd yr angel Gabriel wrth Joseff am enwi'r baban yn Iesu oherwydd 'ef a wareda ei bobl oddi wrth eu pechodau'. Mae Gwaredwr yn enw y byddai llawer o Gristnogion yn ei ddefnyddio wrth sôn am Iesu. Mae Ioan 3:16 ac Ioan 14:6 yn ddau ddarn pwysig.
- Ffordd arall o ddisgrifio Iesu yw'r 'Gair' (Ioan 1:1–3 a 14). Mae'n cyfieithu'r gair Groeg 'logos' ac yn dangos y gred mai Duw oedd Iesu pan gafodd y byd ei greu, pan greodd Duw bopeth drwy 'ddweud' wrthyn nhw am fodoli. Mae geiriau'n ffordd o gyfathrebu sy'n cysylltu pobl, ac mae Iesu'n cael ei weld fel y cysylltiad rhwng Duw a phobl.
- Hefyd 'daeth y Gair yn gnawd' – ac felly dyma Ymgnawdoliad Duw fel bod dynol, ond eto'n Dduw cyflawn ar yr un pryd.

> **Gweithgaredd**
>
> **Y teitlau y mae Cristnogion yn eu defnyddio ar gyfer Iesu**
>
> Yn y pentagon mae pum teitl y mae Cristnogion yn eu defnyddio wrth gyfeirio at Iesu. Dewiswch o leiaf dri ohonyn nhw a llenwch y tabl â gwybodaeth gryno i'ch helpu i gofio beth yw ystyr y teitlau pwysig hyn a pham mae Cristnogion yn eu defnyddio nhw.
>
> Teitlau Iesu: Gwaredwr, Meseia, Gair, Mab Duw, Duw Ymgnawdoledig
>
> | Teitl ar gyfer Iesu | Beth mae'n ei olygu | Pam mae Cristnogion yn ei ddefnyddio |
> |---|---|---|
> | | | |
> | | | |
> | | | |

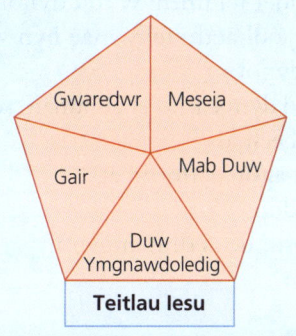

Elfennau allweddol marwolaeth (croeshoeliad) Iesu

[ADOLYGU]

Mae'r croeshoeliad yn elfen allweddol o gred Gristnogol. Felly mae'n hanfodol eich bod yn gyfarwydd â sut mae Cristnogion yn deall dioddefaint a marwolaeth Iesu fel y ffordd o gael yr Iawn ac iachawdwriaeth gyda Duw.

Beth yw croeshoeliad?	Ffordd roedd y Rhufeiniaid yn dienyddio, er mwyn gwneud i droseddwyr ddioddef. Roedd troseddwyr yn cael eu hoelio wrth groes bren a'u gadael i hongian tan iddyn nhw farw.
Beth yw'r ddysgeidiaeth Gristnogol am groeshoeliad Iesu?	Roedd marwolaeth Iesu yn rhan o gynllun dwyfol i achosi iachawdwriaeth. Hefyd roedd yn cyflawni proffwydoliaethau'r Hen Destament (yn y Beibl). Cyfeiriodd Iesu ei hun at y ffaith bod ei groeshoeliad yn cyflawni'r proffwydoliaethau (Luc 18:31). Roedd y croeshoeliad yn angenrheidiol er mwyn i'r atgyfodiad ddigwydd.
Pam mae croeshoeliad Iesu yn bwysig i Gristnogion?	Roedd marwolaeth Iesu yn gwneud iawn am bechodau pobl yn y byd. Felly mae marwolaeth Iesu yn rhan o broses gwneud iawn/iachawdwriaeth y ddynoliaeth. Hefyd roedd croeshoeliad Iesu yn angenrheidiol er mwyn i'r atgyfodiad ddigwydd.

Elfennau allweddol hanes marwolaeth Iesu (Marc 15: 1–39)

- Anfonodd **Sanhedrin** Iesu at Pilat, a holodd gwestiynau i Iesu, a gweld dim bai arno.
- Gofynnodd y **dyrfa** i Pilat ryddhau Barabbas (lleidr) a chroeshoelio Iesu.
- Rhoddodd **milwyr** wisg borffor a choron ddrain ar Iesu, ei watwar a'i guro.
- Cariodd **Simon o Cyrene** y groes i Iesu, a oedd yn rhy wan ar ôl cael ei guro.
- Cafodd **gwin** wedi'i gymysgu â myrr ei gynnig i Iesu ar y Groes ond gwrthododd ei yfed.
- Cafodd **dau droseddwr** eu croeshoelio hefyd bob ochr i Iesu.
- Dywedodd **y prif offeiriaid** a'r ysgrifenyddion, 'Fe achubodd eraill; ni all ei achub ei hun.'
- **Am hanner dydd** gwaeddodd Iesu, 'Fy Nuw, fy Nuw, pam yr wyt wedi fy ngadael?'
- Cafodd **y llen** yn y deml ei rhwygo'n ddwy o'r pen i'r gwaelod pan dynnodd Iesu ei anadl olaf.
- Dywedodd y **canwriad** a oedd yn gofalu am y croeshoeliad, 'Yn wir, Mab Duw oedd y dyn hwn.'

🤚 Dysgeidiaethau a chredoau Cristnogol am farwolaeth Iesu

Gan fod Cristnogion yn credu bod Iesu yn Dduw gwirioneddol ac yn fod dynol gwirioneddol, maen nhw hefyd yn credu:

- pan fu farw ar y groes, ei fod wedi dioddef fel unrhyw fod dynol arall
- cymerodd Iesu ran yn nioddefaint y ddynoliaeth, felly mae hyn yn golygu bod Duw yn deall dioddefaint dynol
- roedd marwolaeth Iesu yn cymryd pechod dynol arno ef ei hunan, ac felly roedd yn derbyn marwolaeth, y gosb am bechod
- mae croeshoeliad a marwolaeth Iesu yn agor y ffordd at iachawdwriaeth i'r rheini sy'n credu ynddo
- oherwydd marwolaeth ac atgyfodiad Iesu, does dim angen i Gristnogion ofni marwolaeth eu hunain.

Cwestiynau enghreifftiol

Esboniwch gredoau Cristnogol am yr Ysbryd Glân. [8 marc]

Mae Cristnogion yn credu bod Ysbryd Glân sy'n rhan o Dduw, ac maen nhw'n dweud, 'yn enw'r Tad, y Mab a'r Ysbryd Glân' ar ddiwedd eu gweddïau.

Cafodd yr ateb hwn Fand 1 yn unig – 1 marc. Dydy e ddim yn esbonio'r credoau am yr Ysbryd Glân yn llawn, y cyfan mae'n ei wneud yw disgrifio'r gred a defnydd yr ymadrodd. Edrychwch ar y dysgeidiaethau ar dudalen 12 ac ailysgrifennwch yr ateb i ennill marciau llawn.

Iesu fel yr Iawn a'r iachawdwriaeth

ADOLYGU

Mae'r rhan astudio hon yn cynnwys gwybod sut mae Cristnogion yn gweld croeshoeliad ac **atgyfodiad** Iesu. Mae Cristnogion yn credu bod croeshoeliad ac atgyfodiad Iesu wedi dod â Duw a phobl at ei gilydd eto. Mae pechod a gwneud drygioni'n dinistrio'r berthynas rhwng Duw a phobl. Mae Cristnogion yn credu mai marwolaeth yw'r gosb am bechod, a bod Iesu wedi marw i gymryd y gosb honno, a hynny'n achosi **yr Iawn** neu gymodi.

Mewn Cristnogaeth, mae atgyfodiad Iesu o'r meirw yn dangos nad marwolaeth yw'r diwedd, ond, drwy fod â ffydd yn nioddefaint a marwolaeth Iesu, ei bod hi'n bosibl i bobl gael perthynas â Duw eto – mae Duw yn ymdrin â'u pechodau a'u cosb. Yn ogystal, does dim angen ofni marwolaeth bellach, gan y bydd y rhai sy'n credu yng Nghrist a'i ddioddefaint yn cael eu hatgyfodi i fyw'n dragwyddol gyda Duw a Christ yn y nefoedd.

Mewn Cristnogaeth, oherwydd stori'r cwymp, lle'r aeth Adda ac Efa yn groes i gyfarwyddiadau Duw, torrodd y perthnasoedd rhwng bodau dynol a Duw i lawr. Mae Cristnogion yn credu bod gan bob person y duedd i bechu neu i wneud drygioni. Y gosb am hyn yw marwolaeth a bod ar wahân oddi wrth Dduw. Fodd bynnag, mae dioddefaint a marwolaeth Iesu, ar ran pob person, yn golygu bod y berthynas â Duw yn cael ei hadfer a bod Iesu'n gwneud iawn am hyn.

Cysyniadau allweddol

Atgyfodiad yw'r gred bod Iesu wedi codi o farw'n fyw ar y trydydd dydd ar ôl cael ei groeshoelio, a thrwy hynny wedi goresgyn marwolaeth. Mae hyn yn cael ei nodi ar ddydd Sul y Pasg.

Yr Iawn yw'r gred bod marwolaeth Iesu a'i atgyfodiad wedi iacháu'r rhwyg (y gwahanu) rhwng bodau dynol a Duw.

Atebion: www.hoddereducation.co.uk/fynodiadauadolygu

Elfennau allweddol atgyfodiad ac esgyniad Iesu

ADOLYGU

Atgyfodiad Iesu

Beth yw'r atgyfodiad?	• Y gred bod Iesu wedi codi o'r meirw (dod yn fyw eto) ar y trydydd dydd ar ôl cael ei groeshoelio. • Un o gredoau creiddiol Cristnogaeth.
Beth yw elfennau allweddol yr atgyfodiad? (Ioan 20:1–21)	• Yn gynnar y bore Sul hwnnw aeth Mair Magdalen at y bedd a gweld bod y maen wedi ei dynnu oddi arno. • Rhedodd at Pedr a dweud wrtho fod corff Iesu wedi cael ei gymryd. • Aeth Pedr a disgybl arall at y bedd a gweld y llieiniau a oedd am gorff Iesu yn unig. Dychwelon nhw adref. • Arhosodd Mair wrth y bedd, yn crïo. Gwelodd Iesu ond ni wnaeth ei adnabod a gofynnodd iddo i ble roedd y corff wedi mynd. • Galwodd Iesu hi wrth ei henw, a dyma hi'n ei adnabod yn syth. Dywedodd Iesu wrthi am beidio â'i gyffwrdd gan nad oedd wedi esgyn at ei Dad eto. • Aeth Mair at y disgyblion a dweud wrthyn nhw ei bod wedi gweld Iesu. • Pan oedden nhw i gyd gyda'i gilydd ar ddydd Sul arall, daeth Iesu a sefyll yn eu canol, a dweud 'Tangnefedd i chwi'. • Roedden nhw wrth eu boddau, a dywedodd Iesu ei fod yn eu hanfon nhw allan, ac anadlodd arnyn nhw a dweud, 'Derbyniwch yr Ysbryd Glân.'
Pam mae'r atgyfodiad yn bwysig i Gristnogion?	• Mae'n cael ei ddisgrifio yn y Beibl, a dysgodd Iesu y disgyblion amdano ei hunan. • Mae'n gred greiddiol sy'n gwneud i ddioddefaint Iesu ar y groes fod yn synhwyrol. Dyma'r allwedd i ddysgeidiaethau Cristnogion am iachawdwriaeth, yr Iawn a bywyd ar ôl marwolaeth.

Esgyniad Iesu

- Roedd Iesu yn siarad â'i ddisgyblion 'a chipiodd cwmwl ef o'u golwg'.
- Safon nhw gan syllu tua'r nef, ac ymddangosodd dau ddyn mewn dillad gwyn wrth eu hymyl.
- Dywedodd y dynion wrthyn nhw y byddai Iesu yn dychwelyd yn yr un ffordd ag y gwelon nhw e'n mynd.
- Fel arfer gwelir mai'r esgyniad yw'r esboniad dros ddod â phresenoldeb corfforol Iesu ar y ddaear i ben.
- Hefyd mae'n esbonio'r gred Gristnogol yn sicrwydd presenoldeb ysbrydol Iesu gyda chredinwyr.

Cyngor

Cwestiwn (ch)

Mae dau gwestiwn gwerthuso ym mhob papur arholiad. Mae'r rhain yn bwysig iawn gan fod pob un yn werth 15 marc. Edrychwch ar ofynion cwestiynau math (ch) ar dudalen 92. Er mwyn ennill marciau uchel, mae angen i'ch ateb wneud llawer mwy nag esbonio nifer o bwyntiau.

Am 13 i 15 marc: dadansoddiad a gwerthusiad rhagorol a manwl iawn o'r mater dan sylw, yn seiliedig ar **wybodaeth fanwl** am grefydd, dysgeidiaeth grefyddol ac ymresymu moesol, i **lunio barn** a **chyflwyno safbwyntiau amgen neu wahanol**. Dealltwriaeth ragorol o **sut mae cred yn dylanwadu ar unigolion, cymunedau a chymdeithasau**. Mae'r ymgeisydd yn defnyddio ac yn dehongli **iaith grefyddol/arbenigol, termau** a ffynonellau doethineb ac awdurdod yn **helaeth, yn gywir ac yn briodol**.

Gweithgaredd

Atgyfodiad Iesu

Dewiswch bum ffaith bwysig a/neu esboniad pwysig am atgyfodiad Iesu a llenwch y tabl. Defnyddiwch hwn i alw'r wybodaeth i gof yn yr arholiad.

Atgyfodiad Iesu	
1	
2	
3	
4	
5	

Arferion: Moesoldeb

Yn y maes astudio hwn byddwch chi'n ystyried gwahanol ymagweddau at wneud penderfyniadau moesol: y gorchymyn dwyfol neu'r ymagwedd absoliwt, a'r ymagwedd sefyllfaol neu berthynolaidd. Bydd angen i chi fod yn gyfarwydd â dysgeidiaethau Iesu am foesoldeb a'i syniadau am gariad neu agapé, maddeuant a thrysorau ar y ddaear ac yn nef.

Gwneud cysylltiadau

Bydd llawer o gysylltiadau rhwng yr ymagweddau at wneud penderfyniadau moesol a'r dysgeidiaethau am foesoldeb mewn Cristnogaeth a'r ddwy thema athronyddol y mae'n rhaid i chi eu hastudio. Bydd y deunydd yn yr adran hon yn gysylltiedig ag agweddau fel 'Beth sy'n gwneud i weithred fod yn 'anghywir'?' ac 'Ymatebion crefyddol a moesegol' yn Materion Daioni a Drygioni.

Ymagweddau at wneud penderfyniadau moesol

Mae'r rhan fwyaf o bobl yn gwybod beth yw'r gwahaniaeth rhwng cywir ac anghywir, ond mae dau safbwynt gwahanol ynghylch *sut* mae pobl yn gwybod beth sy'n gywir ac yn anghywir.

Cyfeirir at un fel 'absoliwtiaeth foesol': y syniad bod rheolau moesol penodol, fel 'mae lladd yn anghywir', neu 'mae cadw addewidion yn gywir' yn egwyddorion absoliwt. Maen nhw'n berthnasol ym mhob amgylchiad a sefyllfa. I rai pobl grefyddol, pethau y mae Duw wedi eu gorchymyn yw'r egwyddorion absoliwt hyn – drwy Ei **orchymyn dwyfol**.

'Perthynoliaeth foesol' yw'r enw ar yr ail safbwynt. Mae'r bobl sy'n ffafrio'r safbwynt hwn yn dadlau bod rhai egwyddorion moesol y mae angen eu haddasu neu eu cymhwyso i wahanol sefyllfaoedd neu amgylchiadau. Weithiau cyfeirir at hyn fel moeseg sefyllfa; does dim rheolau cyffredinol neu absoliwt.

> Os yw pobl yn credu mai Duw yw creawdwr pob peth, a'i fod Ef yn hollol dda a hollgariadus, yna mae'n dilyn bod beth bynnag sydd yn gywir yn ôl gorchymyn Duw yn foesol gywir, a bod beth bynnag y mae e wedi'i wahardd neu ei gondemnio'n foesol anghywir.

Cysyniad allweddol

Damcaniaeth gorchymyn dwyfol yw'r gred bod rhywbeth yn gywir oherwydd bod Duw yn ei orchymyn.

Dysgeidiaeth Iesu

Bydd angen i chi fod yn gyfarwydd â dysgeidiaeth Iesu fel mae'n cael ei chrynhoi yn Mathew 25:31–46 a Mathew 7:13–14. Yn Nameg y Defaid a'r Geifr, mae Iesu yn disgrifio'r wobr i'r rhai sy'n byw bywyd moesol da, a'r gosb a gaiff ei rhoi i'r rhai nad ydyn nhw'n gwneud hynny.

Mae Iesu yn cyfeirio at rywbeth sydd wedi cael ei alw'n Rheol Euraidd:

'Pa beth bynnag y dymunwch i eraill ei wneud i chwi, gwnewch chwithau felly iddynt hwy…'

Rh	aid bod yn dda ac yn gyfiawn
e	styn diod i bobl sychedig, ymroi i
o	falu am bobl sâl, i
l	enwi boliau pobl newynog, i
e	styn dillad i'r rhai sydd heb ddillad, i
u	niaethu â phob dieithryn, i
r	oi cymorth i'r rhai sydd yn y carchar, heb
a	wgrym eu bod yn cael gwobr am hyn. Maen nhw'n mynd ati
i	beidio osgoi cyfleoedd i wneud daioni, gan fod hynny'n
dd	rwg, a bydd Iesu ei hunan yn barnu hyn.

Atebion: www.hoddereducation.co.uk/fynodiadauadolygu

> **Cyngor**
>
> **Cwestiwn (b)**
>
> Fel arfer mae cwestiynau (b) yn gofyn am ddisgrifiad o syniad, cred, arfer, dysgeidiaeth neu gysyniad crefyddol. Mae'r disgrifyddion band (gweler tudalen 90) yn rhoi arweiniad eglur o'r hyn sydd ei angen ac mae'r band uchaf (Band 3, 4–5 marc) yn disgwyl **esboniad rhagorol, cydlynol, sy'n dangos ymwybyddiaeth a mewnwelediad**. Mae hefyd yn dweud bod yr ateb **yn defnyddio ystod o iaith a thermau crefyddol/ arbenigol priodol** a, lle bo'n **berthnasol, y dylai ffynonellau doethineb ac awdurdod gael eu defnyddio'n eang, yn gywir ac yn briodol**.

Iesu a chariad/agapé

Yn Gymraeg, un gair yn unig sydd am gariad, ond mewn Groeg mae nifer, ac un ohonyn nhw, **agapé**, yw'r gair y mae Iesu yn ei ddefnyddio wrth gyfarwyddo ei ddisgyblion (Ioan 13: 34–35):

'Yr wyf yn rhoi i chwi orchymyn newydd: carwch eich gilydd. Fel y cerais i chwi, felly yr ydych chwithau i garu'ch gilydd. Os bydd gennych gariad tuag at eich gilydd, wrth hynny bydd pawb yn gwybod mai disgyblion i mi ydych.'

Mae'n amlwg bod Iesu yn golygu mwy na chyfeillgarwch neu atyniad corfforol; ystyr agapé yw rhoi lles pobl eraill o flaen eich lles eich hunan, fel mae dameg y Samariad Trugarog yn ei ddangos.

Nodweddion allweddol stori'r Samariad Trugarog

- Ymosododd lladron ar Iddew, tynnu ei ddillad, ei guro a'i adael i farw.
- Yna daeth offeiriad heibio, rhywun y byddech yn disgwyl iddo ddangos tosturi a helpu, ond aeth heibio iddo'n gyflym.
- Yna daeth Lefiad heibio, (cynorthwyydd yn y deml), rhywun arall y byddech yn disgwyl iddo gynnig help, ond aeth yntau heibio iddo heb wneud dim byd chwaith.
- Ond yna daeth Samariad, nad oedd disgwyl iddo helpu fel arfer gan nad oedd Iddewon yn eu parchu, ac aeth ati i helpu:
  - Rhwymodd glwyfau'r dyn, ac arllwys olew a gwin arnyn nhw.
  - Rhoddodd y dyn ar ei asyn, a mynd ag ef i dafarn gerllaw.
  - Talodd berchennog y dafarn, ac addo talu unrhyw gostau eraill wedyn.
- Roedd Iesu eisiau i'w wrandawyr weld ei fod yn disgwyl i'w ddilynwyr ddangos cariad (agapé) at unrhyw un oedd ei angen.

> **Cysyniad allweddol**
>
> **Agapé** yw cariad anhunanol, aberthol, diamod. Mae Cristnogaeth yn ystyried mai agapé yw'r math uchaf o gariad. Mae aberth Iesu ar y groes i achub dynoliaeth, a dysgeidiaethau megis 'Câr dy gymydog', yn enghreifftiau o'r cariad hwn.

> Os yw pawb yn gwneud yn siŵr eu bod yn rhoi anghenion eraill cyn eu hanghenion eu hunain, yna bydd pawb yn cael gofal a darpariaeth. Mae hyn yn hollol groes i'r hyn y mae llawer o bobl yn ei wneud (mae llawer o Gristnogion yn dweud bod hyn yn ganlyniad pechod gwreiddiol), sef meddwl yn gyntaf oll am eu lles eu hunain, a gwarchod a chadw eu hunain.

Iesu a maddeuant

- Pan oedd ar y groes, gweddïodd Iesu, 'O Dad, maddau iddynt, oherwydd ni wyddant beth y maent yn ei wneud.'
- Nid rhywbeth i ffrindiau'n unig yw maddeuant: Dywedodd Iesu, 'Carwch eich gelynion, a gweddïwch dros y rhai sy'n eich erlid' (Mathew 5:43–44).
- Hefyd dywedodd Iesu wrth ei ddisgyblion am faddau i bobl 'saith deg seithwaith', sy'n golygu mor aml ag sydd ei angen.
- Hefyd dysgodd Iesu fod Duw'n disgwyl i bobl faddau 'o'r galon', yn union fel roedd Ef wedi maddau i bobl am eu pechod a'u drygioni.
- Ystyr hyn i gyd yw bod Iesu'n pregethu maddeuant ac yn maddau, a'i fod yn disgwyl i'r rhai a oedd yn dilyn ei ddysgeidiaeth wneud yr un fath.

✋ Trysorau ar y ddaear ac yn y nef

ADOLYGU

- Dysgodd Iesu fod gwneud gweithredoedd da yn debyg i 'roi arian ar gadw' mewn trysorfa neu gyfrif banc ysbrydol.
- Mae trysor ysbrydol fel hyn yn saff, yn ddiogel rhag cael ei ddwyn, colli ei werth neu gael ei ddinistrio.
- Roedd Dameg y Dyn Cyfoethog a Lasarus yn esbonio nad yw cyfoeth a lwc dda yn eu hunain o fudd o gwbl i fywyd ar ôl marwolaeth; sut mae cyfoeth yn cael ei ddefnyddio sy'n bwysig.
- Mae ffocws person yn ei fywyd yn effeithio ar fywyd ar ôl marwolaeth.
- Ystyr hyn i gyd yw mai cariad agapé (gweithredu anhunanol sydd o fwy o fudd i eraill nag i'r hunan) ddylai gymell penderfyniadau moesegol.

Cyngor

Cwestiwn (c)

Fel arfer mae cwestiynau Rhan A (c) yn gofyn am esboniad o syniad, cred, arfer, dysgeidiaeth neu gysyniad crefyddol. Mae'r disgrifyddion band (gweler tudalen 91) yn rhoi arweiniad eglur ar yr hyn sydd ei angen ac mae'r band uchaf (Band 4, 7–8 marc) yn disgwyl **esboniad rhagorol, hynod fanwl, sy'n dangos ymwybyddiaeth a mewnwelediad**. Hefyd mae'n dweud y dylai'r ateb ddefnyddio **ystod o iaith a thermau crefyddol/arbenigol a ffynonellau doethineb ac awdurdod, yn eang, yn gywir ac yn briodol**.

Gweithgaredd

Dysgeidiaeth Iesu

Llenwch y tablau â phwyntiau allweddol a fydd yn bodloni'r meini prawf ar gyfer cwestiwn esbonio math (c) am ddysgeidiaeth Iesu am gariad (agapé), maddeuant a thrysorau ar y ddaear ac yn nefoedd.

Dysgeidiaeth Iesu am gariad (agapé)				
Ffynonellau doethineb ac awdurdod				Manylion i ddangos 'ymwybyddiaeth a mewnwelediad':
Cyfeiriad:	Cyd-destun:	Ystyr:	Manylion i'w cynnwys:	
				Iaith grefyddol/iaith arbenigol:

Dysgeidiaeth Iesu am faddeuant				
Ffynonellau doethineb ac awdurdod				Manylion i ddangos 'ymwybyddiaeth a mewnwelediad':
Cyfeiriad:	Cyd-destun:	Ystyr:	Manylion i'w cynnwys:	
				Iaith grefyddol/iaith arbenigol:

Dysgeidiaeth Iesu am drysorau ar y ddaear/yn y nefoedd				
Ffynonellau doethineb ac awdurdod				Manylion i ddangos 'ymwybyddiaeth a mewnwelediad':
Cyfeiriad:	Cyd-destun:	Ystyr:	Manylion i'w cynnwys:	
				Iaith grefyddol/iaith arbenigol:

Atebion: www.hoddereducation.co.uk/fynodiadauadolygu

Arferion: Yr Eglwys

Mae'r adran hon yn ystyried amrywiaeth eglwysi Cristnogol gan gynnwys nodweddion a ffyrdd o addoli. Mae swyddogaethau cymdeithasol a chymunedol eglwysi'n cael eu hystyried yn lleol, er enghraifft banciau bwyd, Byddin yr Iachawdwriaeth a Shelter Cymru, ac yn fyd-eang, er enghraifft deialog rhwng crefyddau a ffyrdd o weithio dros gyfiawnder cymdeithasol gan gynnwys ymgyrchu yn erbyn erlid Cristnogion.

Amrywiaeth Cristnogaeth

Mae enwadau Cristnogol gwahanol yn y byd: Catholig Rufeinig, Anglicanaidd (yr Eglwys yng Nghymru ac Eglwys Loegr), a llawer o eglwysi anghydffurfiol, fel Bedyddwyr, Methodistiaid, Annibynwyr, yr Eglwys Ddiwygiedig Unedig a Byddin yr Iachawdwriaeth.

Nodweddion amrywiol eglwysi a chapeli

Gan mai prif swyddogaeth eglwysi a chapeli yw cynnig lle ar gyfer gweithredoedd addoli, fel arfer bydd eu dyluniad a'u diwyg a'u dodrefn yn adlewyrchu rhai o gredoau ac arferion Cristnogaeth yn gyffredinol, a'r enwad penodol y mae'r adeilad yn ei wasanaethu.

Defnyddiwch y crynodebau a'r diagramau isod ac ar dudalennau 22–23 i sicrhau eich bod yn gallu ysgrifennu am nodweddion eglwysi neu gapeli gwahanol.

Eglwysi Catholig

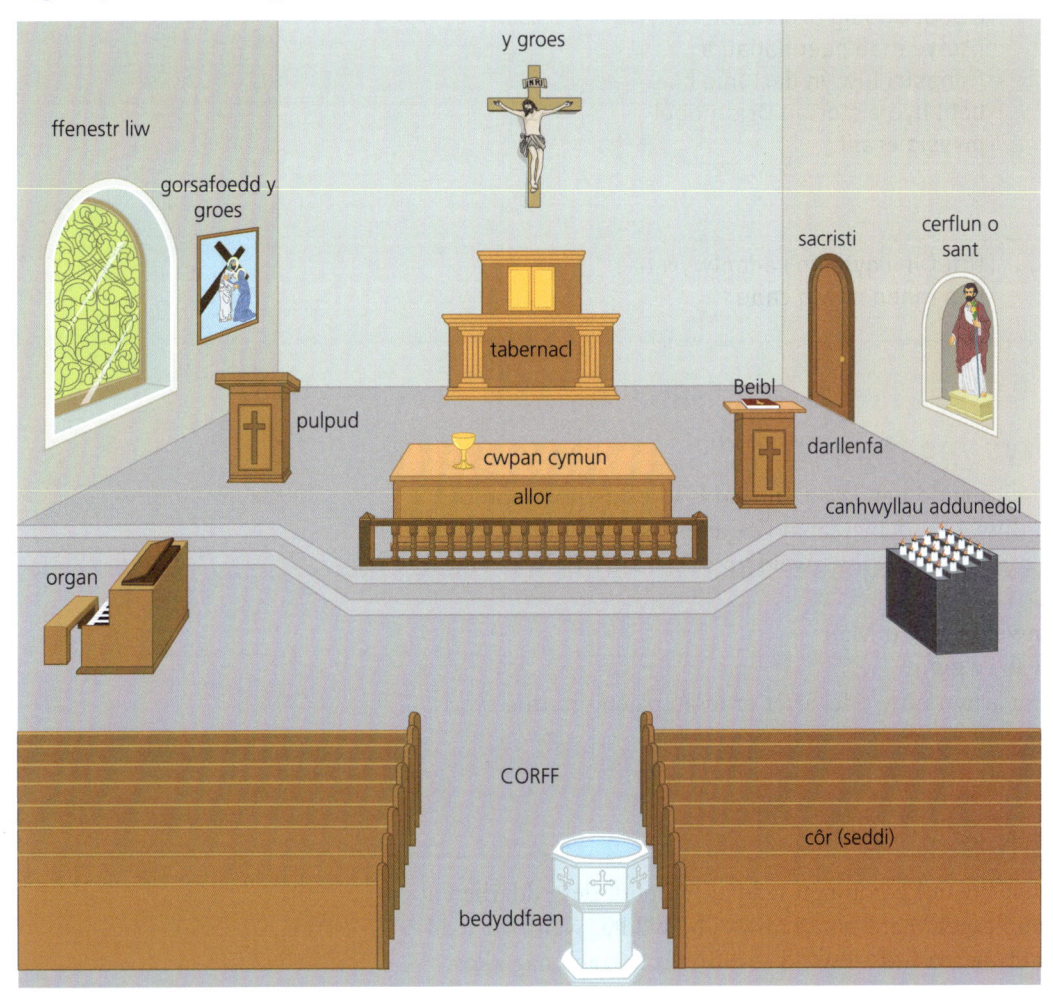

Cristnogaeth

> ### Gweithgaredd
>
> **Nodweddion eglwys Gatholig**
>
> Llenwch y tabl canlynol gan ddefnyddio'r wybodaeth yn y tabl wrth ei ochr fel eich bod wedi deall y diffiniadau a'r termau'n eglur ac yn eu cofio.
>
> | Nodweddion eglwys Gatholig ||
> |---|---|
> | **Nodwedd** | **Diffiniad/esboniad** |
> | | Bwrdd, wedi'i wneud o garreg yn aml, y mae bara a gwin yn cael eu bendithio arno yn ystod yr Ewcharist. |
> | | Stand i ddarllen y Beibl arno yn ystod gwasanaeth. |
> | Pulpud | |
> | Y groes | |
> | | Prif gorff yr eglwys, lle mae'r gynulleidfa'n eistedd fel arfer. |
> | Côr (seddi) | |
> | Gorsafoedd y groes | |
> | | Basn carreg sy'n cael ei ddefnyddio i fedyddio babanod â dŵr sanctaidd. |
> | | Delweddau wedi'u mowldio o bobl bwysig grefyddol. (Hefyd mae paentiadau a ffenestri lliw yn darlunio'r bobl hyn a storïau Cristnogol pwysig eraill.) |
> | Canhwyllau addunedol | |
> | | Offeryn i gyfeilio i addolwyr pan maen nhw'n canu. |
>
> | Nodweddion a diffiniadau/esboniadau |
> |---|
> | corff |
> | allor |
> | organ |
> | bedyddfaen |
> | darllenfa |
> | cerfluniau |
> | canhwyllau bychain i addolwyr eu cynnau |
> | lle darllenir yr Efengyl a lle rhoddir pregeth neu anerchiad |
> | darluniau o ddigwyddiadau croeshoeliad Iesu |
> | croes gyda Iesu arni |
> | seddi fel meinciau i'r gynulleidfa eistedd arnyn nhw |

Eglwysi'r Eglwys yng Nghymru

Gan fod eglwysi Anglicanaidd hen iawn yn rhai Catholig yn wreiddiol, mae eu dyluniad a'u diwyg yn debyg iawn i rai eglwysi Catholig. Ond fel arfer, dydy'r pethau canlynol *ddim* i'w gweld yn adeiladau'r Eglwys yng Nghymru:

- Cerfluniau, yn enwedig rhai o Mair
- Tabernacl i'r bara ac i'r gwin
- Croesau gyda'r Iesu arnyn nhw – fel arfer croesau plaen yn unig sydd yn cael eu ffafrio
- Cawgiau dŵr sanctaidd.

Capeli anghydffurfiol

Mae gan gapeli anghydffurfiol gorau neu seddau, pulpud, desg ddarllen ac organ neu biano. Bydd capeli'n aml yn cynnwys bedyddfa, weithiau sedd ar lwyfan i flaenoriaid/diaconiaid a bwrdd cymun yn hytrach nag allor.

Atebion: www.hoddereducation.co.uk/fynodiadauadolygu

Amrywiaeth mewn Cristnogaeth

Yr Eglwys Gatholig
- O dan arweiniad y Pab - mae awdurdod y Pab yn dod i lawr oddi wrth Iesu.
- Mae'r addoliad yn aml yn ffurfiol ac yn llawn defodau.
- Offeiriaid gwrywaidd dibriod yn unig sy'n arwain cynulleidfaoedd.

Yr Eglwys Anglicanaidd
- Eglwysi sy'n gysylltiedig ag Eglwys Loegr ac nad ydyn nhw'n cydnabod y Pab.
- O dan arweiniad Archesgob Caergaint.
- Peth rhyddid o ran cred, dehongliad ac arferion.
- Mae menywod yn gallu dod yn offeiriaid ac mae'r offeiriaid yn gallu priodi.
- Mae'r Eglwys yng Nghymru yn Eglwys Anglicanaidd ond Archesgob Cymru sy'n ei harwain hi.

Anghydffurfwyr
- Eglwysi Protestannaidd a rannodd oddi wrth yr Eglwys Gatholig ond a wrthododd gydymffurfio â ffyrdd Anglicanaidd.
- Undeb yr Annibynwyr, y Bedyddwyr, y Methodistiaid Calfinaidd ac Eglwys Bresbyteraidd Cymru yw'r enwadau mwyaf yng Nghymru.
- Gall gweinidogion fod yn ddynion neu'n fenywod, ac maen nhw'n cael priodi.
- Y Beibl yw'r prif awdurdod i anghydffurfwyr.
- Capeli yw'r enw fel arfer ar yr adeiladau cysegredig.

Gweithgaredd

Amrywiaeth mewn Cristnogaeth

Edrychwch ar y gosodiadau yn y tabl isod. Penderfynwch i ba rai o'r enwadau maen nhw'n perthyn ac ychwanegwch nhw at y blychau priodol. Byddwch yn ofalus – efallai bydd rhai'n perthyn i fwy nag un enwad!

O dan arweiniad y Pab.	O dan arweiniad Archesgob Caergaint.	Mae'r addoliad yn tueddu i fod yn ffurfiol ac yn llawn defodau.
Mae elfen o ryddid o ran cred, dehongliad ac arferion.	Dydy'r offeiriaid ddim yn cael priodi.	Y Beibl yw'r prif awdurdod.
Rhaid i'r offeiriaid fod yn ddynion.	O dan arweiniad Archesgob Cymru.	Mae'r offeiriaid (ficeriaid) yn cael priodi.
Mae'r ficeriaid neu'r gweinidogion yn gallu bod yn ddynion neu'n fenywod.	Mae'r offeiriaid (ficeriaid) yn gallu bod yn ddynion neu'n fenywod (yn y rhan fwyaf o eglwysi).	Mae'r gweinidogion yn cael priodi.

Yr Eglwys Gatholig

Eglwys Lloegr

Yr Eglwys yng Nghymru

Anghydffurfwyr

CBAC TGAU Astudiaethau Crefyddol Uned 1 Crefydd a Themâu Athronyddol

Pwysigrwydd gweddi, cyhoeddus a phreifat

✋ Natur a phwysigrwydd gweddïo Cristnogol

- Mae gweddïo'n rhan hanfodol o ffydd Cristion, ac mae'n dilyn ffordd o fyw Iesu. Mae'n bosibl gweddïo'n unigol, yn breifat neu gydag eraill, er enghraifft mewn gwasanaeth eglwysig.
- Mae Cristnogion yn credu bod hyn yn cyfathrebu ag Iesu (neu â Duw) a'i fod yn meithrin perthynas.
- Mae gweddïo'n breifat yn rhan o fywyd bob dydd. Mae'n gallu digwydd ar adegau penodol yn ystod pob dydd, neu unrhyw bryd y mae person yn teimlo bod angen gweddïo neu pan mae'n cael ei ysbrydoli i wneud hynny.
- Mae llawer o wahanol fathau o weddïo:
  - Addoli neu foli (canmol Duw)
  - Cyffesu neu edifeirwch (dweud sori)
  - Diolchgarwch (dweud diolch)
  - Ymbil (gofyn dros eraill).
- Mae llawer o Gristnogion yn rhan o 'gadwyni gweddïo' neu 'bartneriaid gweddïo', lle maen nhw'n ymrwymo i weddïo dros anghenion pobl eraill bob dydd.

Gweddi'r Arglwydd yw un o'r gweddïau mwyaf poblogaidd.

Beth yw Gweddi'r Arglwydd?	Mae'n batrwm o weddi a roddodd Iesu i'w ddisgyblion pan ofynnon nhw iddo sut i weddïo.
Pryd mae Gweddi'r Arglwydd yn cael ei defnyddio?	Mae'n aml yn cael ei chydadrodd neu ei chydganu mewn llawer o wasanaethau Cristnogol. Hefyd mae pobl yn aml yn ei hadrodd wrth weddïo'n breifat, neu pan maen nhw'n teimlo pryder neu straen mawr.
Pam mae'n bwysig i Gristnogion?	Dyma'r patrwm a roddodd Iesu ei hun. Hefyd mae bron pob traddodiad Cristnogol yn ei defnyddio. Mae'n cael ei hystyried yn weddi berffaith – mae'n hollol anhunanol.

> **Cyngor**
>
> **Cwestiwn (c)**
>
> Bydd cwestiynau (c) yn gofyn am esboniad. Gallai hyn fod yn Sut?, Pam?, Ble?, Beth? etc. Mae'n ddefnyddiol i chi danlinellu a yw'r cwestiwn yn gofyn i chi esbonio 'sut', 'pam', 'beth' ac ati gan y byddai ffocws eich ateb yn wahanol.
>
> Gan fod 8 marc yn cael eu rhoi am y math hwn o gwestiwn, dylech chi fod yn rhoi o leiaf dri esboniad manwl sy'n defnyddio iaith grefyddol.

Mae dyfyniad defnyddiol o Mathew 18:20, lle dywedodd Iesu, 'Oherwydd lle y mae dau neu dri wedi dod ynghyd yn fy enw i, yr wyf yno yn eu canol.'

Mae hyn yn helpu i esbonio pwysigrwydd gweddïo i Gristnogion; nid yn unig mae Iesu'n gorchymyn Cristnogion i weddïo, ond pan maen nhw'n gweddïo, maen nhw'n credu bod Iesu yno gyda nhw drwy'r Ysbryd Glân.

Rôl yr eglwys leol

Nid adeiladau i'w defnyddio ar gyfer gwasanaethau ar y Sul yn unig yw eglwysi a chapeli, er mai dyna un o'u prif swyddogaethau. Yn aml mae gan adeiladau'r eglwys lawer o swyddogaethau eraill yn y gymuned leol. Mae rhai'n grefyddol eu natur, a rhai ddim, er enghraifft:
- Gwasanaethau addoli
- Lluniaeth
- Grwpiau astudiaeth Feiblaidd
- Ysgol Sul
- Prydau bwyd i'r digartref
- Boreau coffi
- Clwb ieuenctid

Atebion: www.hoddereducation.co.uk/fynodiadauadolygu

- Cyfarfodydd Undeb y Mamau
- Brecwastau i ddynion
- Cyfarfodydd gweddi
- Priodasau
- Angladdau
- Gwasanaethau bedyddio
- Cylch Ti a Fi neu Gylch Meithrin i fabanod a phlant bach
- Cyngor ar Bopeth
- Banc bwyd
- Ystafelloedd cyfarfod
- Ffeiriau
- Grwpiau sy'n gwisgo iwnifform (*cubs*, *brownies*, sgowtiaid, geidiaid etc.
- Partïon Nadolig i'r henoed neu i bobl unig
- Clybiau gwyliau i blant
- Gorsafoedd pleidleisio
- Llochesi argyfwng
- Cyngherddau a digwyddiadau arbennig
- Digwyddiadau teuluol a chymunedol
- Dosbarthiadau ffitrwydd neu golli pwysau
- Addysg i oedolion
- Partïon pen-blwydd neu bartïon teuluol eraill
- Ffeiriau sborion
- Sesiynau cymorth i ffoaduriaid neu geiswyr lloches
- Lleoliad i gantorion/cerddorion lleol gael ymarfer
- Teithiau treftadaeth/tywys.

Gweithgaredd

Swyddogaeth yr eglwys yn y gymuned leol

Gan ddefnyddio'r rhestr o swyddogaethau uchod, llenwch dabl fel yr un isod sy'n crynhoi swyddogaethau amrywiol eglwys yn y gymuned leol. Dewiswch ddeuddeg yn unig o'r swyddogaethau, gan eu hamrywio cymaint â phosibl, yna ysgrifennwch nhw yn y man priodol yn y tabl. Cofiwch y crynodeb hwn ar gyfer yr arholiad.

Rôl yr eglwys yn y gymuned leol		
Man addoli	**Lle cymdeithasol**	**Lle i'r gymuned**

Cwestiynau enghreifftiol

Disgrifiwch rôl yr eglwys yn ei chymuned leol. [5 marc]

Yr eglwys leol yw'r man lle mae credinwyr sy'n Gristnogion yn dod at ei gilydd.

Maen nhw'n canu emynau, yn darllen y Beibl, yn gwrando ar bregeth ac fel arfer mae ysgol Sul i'r plant.

Edrychwch ar y bandiau marcio ar dudalennau 90–93. Penderfynwch faint o farciau y byddech chi'n eu rhoi i'r ateb. Yna ailysgrifennwch yr ateb fel ei fod yn ennill y pum marc llawn.

Swyddogaethau cymdeithasol a chymunedol eglwysi

ADOLYGU

Yn ogystal â bod yn fannau ar gyfer addoli a datblygiad ysbrydol, mae eglwysi a chapeli hefyd yn cymryd rhan mewn achlysuron cymdeithasol a chymunedol. Mae Cristnogion yn teimlo ei bod hi'n ddyletswydd arnyn nhw i helpu'r rhai sydd mewn angen. Ar gyfer eich arholiad, dylech chi fod yn gyfarwydd â'r enghreifftiau o weithredu cymdeithasol Cristnogol sydd yng Nghymru.

Beth yw Shelter Cymru?	• Mae'n elusen i'r digartref yng Nghymru. • Mae'n credu bod cartref yn hawl sylfaenol a'i fod yn hanfodol i iechyd a lles cymunedau. Felly mae'n rhoi gwybodaeth, cyngor a chefnogaeth i helpu pobl i ddod o hyd i gartref ac i'w gadw.
Beth mae Shelter Cymru yn ei wneud?	• Mae'n gweithio gyda chynghorau i helpu pobl sydd ag anghenion tai ac maen nhw'n herio landlordiaid gwael. • Mae'n ymgyrchu i ddylanwadu ar ddeddfwriaeth yn y Cynulliad Cenedlaethol er mwyn gwella'r sefyllfa dai yng Nghymru.
Pam mae'n gwneud hyn?	• Mae'n credu bod pobl wrth wraidd popeth mae'n ei wneud, a bod gan bawb hawl i gartref diogel a da.

Beth yw banciau bwyd?	• Mannau ydyn nhw lle mae bwyd ac eitemau hanfodol eraill yn cael eu casglu i'r rhai sydd mewn angen difrifol. Mae gan lawer o eglwysi a chapeli ledled Cymru fanciau bwyd, neu maen nhw'n cyfrannu atyn nhw. • Mae aelodau eglwysi a chapeli a phobl leol yn rhoi bwyd, weithiau drwy siopau lleol. • Mae Ymddiriedolaeth Trussell yn elusen sy'n gweithio gyda llawer o gymunedau lleol, gan gynnwys eglwysi, i gydlynu banciau bwyd.
Beth mae banciau bwyd yn ei wneud?	• Maen nhw'n darparu pecynnau o fwyd, deunyddiau ymolchi a phethau eraill hanfodol i rai mewn angen. • Weithiau mae'r rhain yn cael eu rhoi ar y cyd â chynghorau lleol neu Cyngor ar Bopeth.
Pam maen nhw'n gwneud hyn?	• Bydd ai'r rhan fwyaf o Gristnogion yn cyfeirio at Mathew 25:35–36 lle mae Iesu'n dweud, 'Oherwydd bûm yn newynog a rhoesoch fwyd imi,... bûm yn noeth a rhoesoch ddillad amdanaf.'

Beth yw Byddin yr Iachawdwriaeth?	• Mae'n eglwys Gristnogol fyd-eang ac yn elusen gofrestredig. • Mae'n enwad Cristnogol sy'n ceisio helpu unigolion i ddatblygu ac i dyfu yn eu perthynas â Duw. • Mae'n fudiad sy'n dangos egwyddorion Cristnogol drwy gefnogaeth ymarferol.
Beth mae Byddin yr Iachawdwriaeth yn ei wneud?	• Mae'n helpu'r rhai sy'n methu helpu eu hunain. • Mae'n darparu bwyd a llety i'r tlawd a'r digartref. • Mae'n helpu i adsefydlu carcharorion sy'n dychwelyd i'w cymunedau. • Mae'n bodloni anghenion yr henoed, gan gynnig gofal dydd, prydau bwyd rheolaidd a gofal preswyl. • Mae'n ymladd yn erbyn ecsbloetio rhywiol a masnachu pobl.
Pam mae'n gwneud hyn?	• Mae datganiad cenhadaeth Byddin yr Iachawdwriaeth yn dweud ei bod '... yn bodoli i achub eneidiau, i feithrin seintiau ac i wasanaethu'r ddynoliaeth sy'n dioddef'.

Gweithgaredd

Ysgrifennwch grynodeb sy'n esbonio sut a pham mae cymunedau a mudiadau Cristnogol yng Nghymru yn gweithio i wella bywydau'r rhai mwyaf anghenus ac agored i niwed. Dysgwch y crynodeb hwn fel y gallwch ei ddefnyddio yn eich arholiad.

Atebion: www.hoddereducation.co.uk/fynodiadauadolygu

Grwpiau Cristnogol sy'n gweithio dros gyfiawnder cymdeithasol, cymodi a deialog rhwng crefyddau

Yn yr adran hon byddwch chi'n edrych ar fudiadau sy'n gweithio dros y tri maes hyn, felly bydd angen i chi gofio beth ydyn nhw:

Ystyr cyfiawnder cymdeithasol yw hyrwyddo cymdeithas deg drwy herio anghyfiawnder a gwerthfawrogi amrywiaeth, a sicrhau bod gan bawb fynediad cyfartal at ddarpariaethau, cyfleoedd a hawliau cyfartal.

Mae cymodi yn ymwneud â phobl neu grwpiau'n penderfynu goresgyn gwrthdaro neu ddadleuon y gorffennol, a chydweithio er budd pawb.

Ystyr deialog rhwng crefyddau yw cymunedau ffydd gwahanol yn cydweithio.

> Yn aml, mae llawer o bethau sy'n wahanol rhwng crefyddau a grwpiau ffydd, ond maen nhw'n gallu cytuno ar lawer o bethau hefyd. Mae cwrdd i siarad am y pethau cyffredin hyn ac i edrych ar wahaniaethau er mwyn deall eich safbwyntiau a chredoau eich gilydd (**deialog rhwng crefyddau**) yn ffordd o hyrwyddo parch ac o werthfawrogi'r amrywiaeth sydd gan gymunedau, ond y gallan nhw ffynnu drwyddi.

Gallech chi ysgrifennu am **unrhyw** fudiad addas ar gyfer pob un o'r tri chategori.

> **Cysyniad allweddol**
>
> **Deialog rhwng crefyddau** yw pan fydd cymunedau a grwpiau ffydd gwahanol yn dod ynghyd er mwyn deall ei gilydd yn well a gwasanaethu'r gymuned ehangach. Maen nhw'n parchu ei gilydd ac mae hyn yn eu galluogi i fyw'n heddychlon ochr yn ochr, er gwaetha'r gwahaniaethau o ran credoau a ffordd o fyw.

Gweithio dros gyfiawnder cymdeithasol: Tearfund – credoau Cristnogol ar waith

Beth yw Tearfund?	• Elusen Gristnogol sy'n gweithio i ddod â thlodi i ben. • Mae'n gweithio ledled y byd yn helpu cymunedau sy'n dioddef tlodi a thrychinebau.
Beth mae Tearfund yn ei wneud?	• Mae'n gweithio drwy eglwysi lleol yn rhoi help i'r tlawd mewn llawer o wledydd ledled y byd. • Mae'n defnyddio partneriaid lleol i roi cymorth argyfwng ar ôl trychinebau naturiol, ac yn cefnogi projectau tymor hir i gefnogi cymunedau lleol. • Mae Tearfund yn gweithio mewn tua 50 o wledydd ledled y byd, e.e. Columbia, lle mae plant yn cael hyfforddiant pêl-droed mewn mannau diogel a lle gall pobl ifanc gael hyfforddiant mewn sgiliau bywyd.
Pam mae Tearfund yn bwysig?	Mae'n codi ymwybyddiaeth o faterion cymdeithasol fel tlodi a gwahaniaethu ar hyd a lled y byd: • Mae'n ymgyrchu yn erbyn achosion tlodi ledled y byd. • Mae'n rhoi cymorth ymarferol er mwyn rhoi dysgeidiaethau Iesu ar waith, sef helpu eraill. • Mae'n annog unigolion a chymunedau i'w helpu eu hunain.

✋ Gweithio dros gymodi: Y Mudiad Eciwmenaidd a Chyngor Eglwysi'r Byd

Mae'r Mudiad Eciwmenaidd a Chyngor Eglwysi'r Byd yn ddau fudiad Cristnogol sy'n ceisio cael cymodi (adfer heddwch) mewn ffyrdd amrywiol. Er enghraifft:
- hyrwyddo undod a chydweithredu rhwng Cristnogion ac eglwysi Cristnogol
- mae Cytûn yn un enghraifft o'r math hwn o waith
- trefnu cynadleddau a chynghorau i drafod ac i hyrwyddo undod Cristnogol
- annog deialog ac ymatebion unedig i faterion rhwng Cristnogion a chredinwyr crefyddol eraill
- mae'r pethau hyn i gyd yn cael eu gwneud yn ysbryd dysgeidiaeth Iesu.

Gweithio dros ddeialog rhwng crefyddau

Mae llawer o wahaniaethau o ran safbwyntiau, credoau ac arferion rhwng enwadau Cristnogol yn ogystal â rhwng enwadau Cristnogol a chrefyddau eraill. Oherwydd bod cymdeithas aml-ffydd yng Nghymru, ac yn y DU, mae'r angen i ddeall gwahaniaethau, ac i barchu ffydd pobl yn bwysig iawn. Mae hyn yn aml yn cael ei wneud drwy ddeialog rhwng crefyddau.

> **Cyngor**
>
> **Gwneud cysylltiadau**
>
> Bydd gan y cynnwys yn yr adran hon syn sôn am weithio i gael cymodi a deialog rhwng crefyddau, lawer o gysylltiadau â Thema 2 y Themâu moesegol y mae'n rhaid i chi eu hastudio hefyd, yn enwedig Materion hawliau dynol.

Beth yw Cyngor Rhyng-ffydd Cymru?	• Mae Rhyng-ffydd Cymru yn cynnwys tri chorff: Cyngor Rhyng-ffydd Cymru, Fforwm Cymunedau Ffydd a Rhwydwaith Rhyng-ffydd Cymru. • Dyma'r man cyfarfod annibynnol i gynrychiolwyr cymunedau i rannu materion rhyng-ffydd.
Beth mae'n ei wneud?	• Mae tri nod ganddo: (1) hyrwyddo gwybodaeth a dealltwriaeth y cyhoedd o gymunedau ffydd yng Nghymru; (2) hyrwyddo perthnasoedd da rhwng grwpiau ffydd, a (3) hyrwyddo ymwybyddiaeth o nodweddion neilltuol pob ffydd a'r hyn sydd yn gyffredin rhyngddyn nhw. • Mae'n trefnu cynadleddau gyda chyfraniadau gan wahanol aelodau cymunedau ffydd.
Pam mae'n gwneud hyn?	• Mae'n credu bod gan gymunedau ffydd lawer i'w gyfrannu i fywyd cymunedol cadarnhaol, a bod dealltwriaeth a chydweithio'n well nag amheuaeth a chystadleuaeth.

Beth yw'r Fforwm Cristnogion–Mwslimiaid?	• Dyma'r prif fforwm cenedlaethol ar gyfer ymgysylltu rhwng Cristnogion a Mwslimiaid. • Cafodd ei lansio yn 2008 yn dilyn cynllun gan Archesgob Caergaint.
Beth mae'n ei wneud?	• Ei nod yw 'helpu Cristnogion a Mwslimiaid i fyw ac i weithio gyda'i gilydd yn greadigol ac mewn cytgord yn ein cymdeithas aml-ffydd'. • Mae tair rhan i'w weledigaeth: Creu, Byw a Gwella ('creu man lle gall Cristnogion a Mwslimiaid gwrdd, dysgu am ei gilydd a deall ei gilydd fel y gallwn ni fyw'n llawn ffydd gyda gwahaniaeth a chydweithio i wella'r perthnasoedd rhwng Cristnogion a Mwslimiaid').
Pam mae'n gwneud hyn?	• Mae'r aelodau eisiau bod yn ffyddlon i'w hymrwymiadau crefyddol eu hunain a thyfu o ran eu dealltwriaeth a'u perthnasoedd â'i gilydd ar yr un pryd. • Maen nhw'n credu bod hyn o fudd i'w cymunedau ac i'r gymdeithas i gyd.

Beth yw'r Cyngor ar gyfer Cristnogion ac Iddewon?	• Mae'n fforwm cenedlaethol ar gyfer ymgysylltu rhwng Cristnogion ac Iddewon. • Cafodd ei sefydlu yn 1942, yn ystod yr Ail Ryfel Byd, pan oedd Iddewon yn cael eu herlid yn ddifrifol gan y Natsïaid.
Beth mae'n ei wneud?	• Mae'n trefnu deialog adeiladol rhwng Cristnogion ac Iddewon. • Mae'n galluogi profiadau dysgu ystyrlon ac yn cynnig cyfleoedd ar gyfer gweddnewid pethau. • Mae'n dathlu hanes ac amrywiaeth y ddwy gymuned.
Pam mae'n gwneud hyn?	• Mae ei aelodau'n credu bod deall ei gilydd a chydnabod y ddynoliaeth sydd yn y naill a'r llall o fudd i'r ddwy gymuned ac i'r gymdeithas i gyd.

Atebion: www.hoddereducation.co.uk/fynodiadauadolygu

Erlid Cristnogion yn y byd modern

Erlid Cristnogion

- Mae erlid Cristnogion wedi digwydd erioed, ac mae llawer o 'ferthyron' wedi bod (rhai sy'n cael eu lladd oherwydd eu credoau crefyddol).
- Roedd Iesu ei hun yn ferthyr a rhybuddiodd ei ddilynwyr y bydden nhw'n cael eu herlid: 'A chas fyddwch gan bawb o achos fy enw i; ond y sawl sy'n dyfalbarhau i'r diwedd a gaiff ei achub.' (Mathew 10:22)
- Mae Cristnogion yn credu bod ganddyn nhw orchymyn dwyfol i ledaenu newyddion da Iesu, hyd yn oed os yw hynny'n golygu eu bod nhw mewn perygl.
- Lle mae Cristnogaeth yn grefydd leiafrifol mewn gwlad, mae Cristnogion yn aml yn cael eu trin yn anghyfiawn. Mewn rhai mannau, mae mudiadau terfysgol (fel y Wladwriaeth Islamaidd, neu Boko Haram) yn targedu Cristnogion yn benodol, gan eu gorfodi nhw o'u cartrefi ac ymosod yn dreisgar arnyn nhw.
- Mae mudiadau fel Christian Freedom International, neu Open Doors, yn helpu Cristnogion sy'n cael eu herlid drwy roi Beiblau, cymorth argyfwng, a thrwy ymgyrchu dros hawliau dynol.

Gweithgaredd

Cristnogion sy'n cael eu herlid

Gan ddefnyddio'r ddau ddyfyniad isod, esboniwch pam mae cymaint o Gristnogion yn parhau i ymarfer eu ffydd er eu bod nhw'n cael eu herlid yn uniongyrchol. Dewiswch dri o'r cysyniadau allweddol yn y tabl o dan y dyfyniadau i'w defnyddio yn eich esboniad.

> 'A chas fyddwch gan bawb o achos fy enw i; ond y sawl sy'n dyfalbarhau i'r diwedd a gaiff ei achub.'
>
> (Mathew 10:22)

> 'Gwyn eich byd pan fydd pobl yn eich gwaradwyddo a'ch erlid, ac yn dweud pob math o ddrygair celwyddog yn eich erbyn, o'm hachos i. Llawenhewch a gorfoleddwch, oherwydd y mae eich gwobr yn fawr yn y nefoedd.'
>
> (Mathew 5:11–12)

Cysyniadau allweddol			
Hollalluog	Yr Ysbryd Glân	Yr Iawn	Gorchymyn Dwyfol
Hollgariadus	Yr Ymgnawdoliad	Meseia	Agapé

Iddewiaeth

Y darlun mawr

Dyma grynodeb o'r cwestiynau allweddol ar gyfer yr astudiaeth hon o Iddewiaeth:

- Beth mae Iddewon yn ei gredu am Dduw?
- Beth sy'n digwydd mewn synagog?
- Sut mae synagogau'n wahanol yn y traddodiadau Uniongred, Diwygiedig a Rhyddfrydig?
- Sut mae Iddewiaeth yn cael ei harfer yn y cartref?
- Pam mae'r Shema yn bwysig?
- Pam mae rhai Iddewon yn gwisgo kippah a tallith?
- Pam mae'r arch, y ner tamid, y bimah, y Torah, y deg gorchymyn a'r trefniadau eistedd yn bwysig mewn synagog?
- Sut mae'r Torah yn cael ei ddarllen yn ystod addoliad yn y synagog?
- Beth yw rôl rabbi?
- Beth yw heriau a manteision cadw'r Shabbat?
- Sut mae kashrut yn cael ei gadw?

Cysyniadau allweddol

Iddewiaeth Uniongred – un o brif ganghennau Iddewiaeth, sy'n glynu'n ffyddlon wrth egwyddorion ac arferion Iddewiaeth draddodiadol. Mae Iddewon Uniongred yn credu bod Cyfraith y Torah yn dragwyddol ac yn ddigyfnewid, ac maen nhw'n cadw defod y Sabath, gwyliau crefyddol, diwrnodau sanctaidd a'r deddfau bwyd.

Iddewiaeth ddiwygiedig – un o brif ganghennau Iddewiaeth, sy'n croesawu amrywiaeth o ddehongliadau o arferion a chyfraith Iddewig, ond sy'n cadw'r credoau, y gwerthoedd a'r traddodiadau sy'n ganolog i'r ffydd. Mae Iddewon Diwygiedig yn credu bod y gyfraith Iddewig wedi'i hysbrydoli gan Dduw, ac y gall pobl ddewis pa ddeddfau i'w dilyn.

Hollalluog – natur hollbwerus ac anghyfyngedig Duw.

Hollgariadus – y cyflwr o garu popeth a bod yn gwbl dda – nodwedd sy'n aml yn cael ei phriodoli i Dduw.

Shema – gweddi sy'n datgan y ffydd Iddewig; mae llawer o Iddewon yn ei hadrodd ddwywaith y dydd. Mae'r Shema'n datgan mai dim ond un Duw sydd. Mae'n cael ei rhoi yng nghas y mezuzah ac yn y tefillin.

Synagog – tŷ ymgynnull; adeilad lle mae Iddewon yn gweddïo'n gyhoeddus, yn astudio ac yn ymgynnull.

Kippah – cap mae dynion a bechgyn (ac weithiau menywod) Iddewig yn ei wisgo yn ystod gwasanaethau. Mae rhai Iddewon yn gwisgo kippah drwy'r amser. Mae'n eu hatgoffa am bresenoldeb Duw. Enw arall ar y kippah yw'r yarmulke.

Aron hakodesh – arch sanctaidd lle mae sgroliau'r Torah yn cael eu cadw. Mae ar y wal sy'n wynebu Jerwsalem, a dyma yw canolbwynt y synagog.

Ner tamid ('goleuni tragwyddol' yw ei ystyr) – lamp sydd wedi'i goleuo drwy'r amser ger yr arch yn y synagog fel symbol o bresenoldeb Duw.

Rabbi – athro ac arweinydd crefyddol sydd ag awdurdod i wneud penderfyniadau ar faterion sy'n ymwneud â'r gyfraith Iddewig. Y rabbi yw'r prif swyddog crefyddol mewn synagog sydd yn aml (ond nid bob tro) yn arwain yr addoli ac yn cynnal defodau a seremonïau.

Shabbat – diwrnod o adnewyddiad ysbrydol a gorffwys gan gychwyn ar fachlud haul ddydd Gwener a gorffen wedi iddi nosi ar ddydd Sadwrn.

Kashrut – cyfraith Iddewig sy'n dweud pa fwydydd mae Iddewon yn cael a ddim yn cael eu bwyta, yn ogystal â sut i baratoi'r bwydydd hyn. Mae'r gair 'kashrut' yn dod o'r Hebraeg ac yn golygu addas, priodol neu gywir. Mae'r gair 'kosher' yn disgrifio bwyd sy'n bodloni safonau kashrut.

> **Cyngor**
>
> Bydd angen i chi allu diffinio'r cysyniadau – mae'r cwestiwn cyntaf (am 2 farc) ym mhob crefydd yn gofyn am ddiffiniad o gysyniad. Hefyd bydd disgwyl i chi ddefnyddio'r cysyniadau mewn atebion i gwestiynau eraill, i ddangos eich bod yn gwybod amdanynt ac yn eu deall. Mae'r cysyniadau'n datgloi'r themâu yn yr astudiaeth o Iddewiaeth, gan helpu i esbonio dysgeidiaethau ac arferion crefyddol, a hefyd y safbwyntiau a'r farn amrywiol a all fod gan gredinwyr o fewn Iddewiaeth.

Credoau ac arferion

ADOLYGU

Mae eich astudiaeth o Iddewiaeth wedi'i rhannu'n ddau faes:
- Credoau:
  - Y cysyniad o Dduw
  - Man sanctaidd
- Arferion:
  - Arferion sy'n dangos credoau ynglŷn â Duw
  - Addoli yn y cartref ac yn y synagog.

> **Cyngor**
>
> **Y cysylltiad rhwng credoau/dysgeidiaethau ac arferion**
>
> Er bod y bennod wedi'i rhannu'n ddwy adran mae llawer o gysylltiadau rhwng credoau a dysgeidiaethau Iddewon a'r arferion y maen nhw'n eu cadw. Er enghraifft, oherwydd eu bod nhw'n credu yn Nuw fel creawdwr, mae llawer o Iddewon yn cadw'r Shabbat bob wythnos. Hefyd mae llawer o gysylltiadau rhwng credoau a dysgeidiaethau, a'r themâu yn y gydran astudiaethau crefyddol, athronyddol a moesegol: Materion bywyd a marwolaeth, Materion daioni a drygioni, Materion perthnasoedd a Materion hawliau dynol. Byddwch chi'n ennill marciau am sôn am gredoau, testunau ac arferion perthnasol lle bynnag maen nhw'n ymddangos yn eich atebion.

Mae gwahaniaethau'n bwysig

Yn yr arholiad, bydd disgwyl i chi gyfeirio at agweddau ac arferion gwahanol **Iddewon Uniongred** ac **Iddewon Diwygiedig**. Bydd y tabl ar dudalen 32 yn eich helpu chi i gofio pam mae pobl sy'n dilyn yr un grefydd, o bosibl, yn arddel safbwyntiau ac arferion gwahanol.

> **Cysyniadau allweddol**
>
> **Iddewiaeth Uniongred** – un o brif ganghennau Iddewiaeth, sy'n glynu'n ffyddlon wrth egwyddorion ac arferion Iddewiaeth draddodiadol. Mae Iddewon Uniongred yn credu bod Cyfraith y Torah yn dragwyddol ac yn ddigyfnewid, ac maen nhw'n cadw defod y Shabbat, gwyliau crefyddol, diwrnodau sanctaidd a'r deddfau bwyd.
>
> **Iddewiaeth ddiwygiedig** – un o brif ganghennau Iddewiaeth, sy'n croesawu amrywiaeth o ddehongliadau o arferion a chyfraith Iddewig, ond sy'n cadw'r credoau, y gwerthoedd a'r traddodiadau sy'n ganolog i'r ffydd. Mae Iddewon Diwygiedig yn credu bod y gyfraith Iddewig wedi'i hysbrydoli gan Dduw, ac y gall pobl ddewis pa ddeddfau i'w dilyn.

Iddewiaeth

Sefyllfa	Mae rhai sefyllfaoedd, fel eilunaddoliaeth a phwysigrwydd achub bywyd, yn bwysig i bob Iddew, ond bydd ystyriaethau gwahanol ar gyfer rhai sefyllfaoedd eraill (e.e. a ddylai menywod fod yn rabbiniaid).
Dysgeidiaethau	Y Torah fyddai ffynhonnell y dysgeidiaethau creiddiol y byddai Iddewon yn ei hystyried. Mae'r Torah ysgrifenedig yn cynnwys pum llyfr cyntaf Moses: Genesis, Exodus, Lefiticus, Numeri a Deuteronomium. Mae llawer o Iddewon yn credu mai Duw sydd wedi rhoi'r Torah i Moses, felly byddan nhw'n ymgynghori â'r Torah fel ffynhonnell awdurdod. Un o'r prif wahaniaethau rhwng Iddewon Uniongred ac Iddewon Diwygiedig yw y bydd Iddewon Uniongred yn dilyn dysgeidiaethau'r Torah Ysgrifenedig a Llafar. Bydd Iddewon Diwygiedig yn eu hystyried yng ngoleuni'r gymdeithas gyfoes.
Awdurdod	Mae llawer o ffynonellau awdurdod eraill y gall Iddewon ymgynghori â nhw, fel y Talmud a'r Mishnah, dysgeidiaethau rabbiniaid hanesyddol fel Hillel a Maimonides, neu Rabbi synagog lleol.
Dehongliad	Bydd llawer o Iddewon Uniongred yn dilyn y Torah yn llythrennol, heb ddehongli llawer, os o gwbl. Mae llawer o Iddewon Diwygiedig yn credu y dylai dysgeidiaethau'r Torah a ffynonellau awdurdod eraill gael eu hystyried yng nghyd-destun y gymdeithas gyfoes, ac na ddylen nhw gael eu cymryd yn llythrennol bob amser.
Rheswm	Gan fod Iddewon yn credu bod Duw wedi rhoi ewyllys rydd iddyn nhw, maen nhw'n credu mai eu penderfyniad nhw yw dilyn cymhelliad cywir (yetzer hatov) neu gymhelliad gwael (yetzer hara). Y gred yw y bydd astudio'r Torah yn eu helpu nhw i wneud y penderfyniad cywir.

> **Cyngor**
>
> Mae llawer o wahanol gredoau, dysgeidiaethau ac arferion mewn Iddewiaeth, yn dibynnu ar ba mor grefyddol yw Iddewon, o ba wlad maen nhw'n dod neu ddylanwad eu teulu a'u ffrindiau. Wrth ateb cwestiynau, defnyddiwch ymadroddion sy'n dangos eich bod chi'n deall yr amrywiaeth hon, er enghraifft 'gallai rhai Iddewon Uniongred…' neu 'yn aml bydd llawer o Iddewon Diwygiedig yn…'.

Credoau: Y cysyniad o Dduw

Yn y maes astudio hwn bydd disgwyl i chi wybod am gysyniad a natur Duw fel un **hollalluog**, hollbresennol, **hollgariadus**, trosgynnol, tragwyddol, trugarog ac fel barnwr. Bydd angen i chi wybod am brif ddysgeidiaethau'r Shema.

Y gred Iddewig mewn un Duw creadigol, hollalluog, hollbresennol a hollgariadus

ADOLYGU

Mae Iddewon yn credu bod Duw yn hollalluog. Creodd Duw y bydysawd, ac mae ganddo bŵer a rheolaeth absoliwt drosto. Mae pobl yn aml yn gofyn, os yw Duw yn hollalluog, yna pam mae pobl ddiniwed yn dioddef? Mae Iddewon yn credu bod gan fodau dynol ewyllys rydd i wneud penderfyniadau ac yn aml mai'r dewisiadau anghywir sy'n achosi dioddefaint yn y byd.

Mae Iddewon yn credu bod Duw yn hollgariadus. Mae'n dduw cyfiawnder, ond mae Iddewiaeth yn dysgu Ei fod yn caru Ei bobl a'i fod yn crïo pan fyddan nhw'n dioddef.

> **Cysyniadau allweddol**
>
> **Hollalluog** – natur hollbwerus ac anghyfyngedig Duw.
>
> **Hollgariadus** – y cyflwr o garu popeth a bod yn gwbl dda – nodwedd sy'n aml yn cael ei phriodoli i Dduw.

Atebion: www.hoddereducation.co.uk/fynodiadau adolygu

Credu yn nysgeidiaethau'r Shema

ADOLYGU

Mae'r **Shema** yn cynnwys tri darn o'r Torah. Mae'n cyhoeddi unoliaeth Duw a phwysigrwydd Ei addoli Ef.

Mae Duw yn...

- Un – cred greiddiol mewn Iddewiaeth a rhan o weddi'r Shema.
- Hollalluog – mae Ei bŵer yn ddiderfyn.
- Hollbresennol – mae Ef wedi bod a bydd Ef ym mhobman am byth.
- Hollgariadus – er Ei fod yn barnu ac yn cosbi, mae Ef hefyd yn gwobrwyo ac yn maddau.
- Trosgynnol – dros ac uwchlaw popeth daearol.

Yn y Torah mae llawer o ddysgeidiaethau am natur Duw y mae Iddewon yn eu mynegi drwy eu harferion dyddiol a'u haddoliad.

Yn y tabl isod cewch weld y berthynas rhwng y **dysgeidiaethau** o'r Torah am natur Duw a **chredoau** ac **arferion** llawer o Iddewon heddiw.

Cysyniad allweddol

Shema – gweddi sy'n datgan y ffydd Iddewig; mae llawer o Iddewon yn ei hadrodd ddwywaith y dydd. Mae'r Shema'n datgan mai dim ond un Duw sydd. Mae'n cael ei rhoi yng nghas y mezuzah ac yn y tefillin.

Dysgeidiaethau	Credoau	Arferion
Creodd Duw y byd, y dydd a'r nos, y ddaear a'r anifeiliaid. Ar y chweched dydd creodd Ef fodau dynol a rhoi rôl arbennig iddyn nhw i ofalu am bopeth y mae Ef wedi'i greu. (Genesis 1:3–5; Genesis 1:26–28)	Mae Duw yn hollalluog (yn gallu gwneud popeth). Mae Ef yn hollbresennol ac yn dragwyddol. Fel creawdwr, Ef yn unig a greodd bopeth byw. Cafodd bodau dynol gyfrifoldeb dros ofalu am yr amgylchedd. Ar y seithfed dydd gorffwysodd Duw.	Mae Duw y creawdwr yn cael ei ddathlu mewn gwyliau, e.e. Rosh Hashanah a Shabbat. Gan mai Duw a roddodd fywyd, mae rhai'n credu mai Ef yn unig sy'n cael cymryd bywyd ac felly maen nhw'n gwrthwynebu ewthanasia ac erthylu. Pwysigrwydd pikuach nefesh (achub bywyd).
Na chymer dduwiau eraill ar wahân i mi. (Exodus 20) Gwrando, O Israel: Y mae'r Arglwydd ein Duw yn un Arglwydd. (Deuteronomium 6:4, rhan o'r Shema)	Un yw Duw. Crefydd monotheïstig yw Iddewiaeth, sy'n addoli un Duw.	Gan nad yw eilunaddoli'n cael digwydd, does dim cerfluniau mewn synagogau. Mae'r Shema, sy'n datgan mai dim ond un Duw sydd, yng nghas y mezuzah ac yn y tefillin.
Y Deg Gorchymyn (Exodus 20:1–17)	Duw sy'n rhoi'r ddeddf neu'r gyfraith. Yn y Torah rhoddodd i Moses y dyletswyddau (y Deg Gorchymyn) y dylai Iddewon eu cadw. Mae'r rhain yn creu fframwaith sut dylai cymdeithas gyfiawn fyw.	Mae Iddewon Uniongred yn ceisio dilyn dyletswyddau yn y Torah drwy gydol eu bywydau. Mae Iddewon Diwygiedig yn eu haddasu i'r cyfnod maen nhw'n byw ynddo. Mae gŵyl Simchat Torah yn dathlu Duw yn rhoi'r Torah.
Y Deg Gorchymyn (Exodus 20:1–17)	Mae Duw yn Farnwr. Ond fel barnwr mae Ef yn hollgariadus. Mae Ef yn barnu sut mae Iddewon yn dilyn dyletswyddau'r Torah. Mae'n Dduw cyfiawnder ond hefyd mae'n drugarog. Mae'n cosbi, yn gwobrwyo ac yn maddau.	Adeg Rosh Hashanah mae Duw yn dechrau barnu gweithredoedd da a drwg. Mae Iddewon yn cael deg diwrnod cyn Yom Kippur i geisio gwneud iawn am unrhyw weithredoedd drwg.
Fel y mae'r nefoedd yn uwch na'r ddaear, y mae fy ffyrdd i yn uwch na'ch ffyrdd chwi... (Eseia 55:9)	Mae Duw yn drosgynnol. Mae uwchlaw a thu hwnt i bob peth daearol.	Mae rhai Iddewon yn gwrthod ysgrifennu enw Duw gan Ei fod mor sanctaidd ac maen nhw'n defnyddio'r teitl Hashem. Rhaid i unrhyw beth sydd ag enw Duw ynddo gael ei gladdu os nad yw'n cael ei ddefnyddio mwyach.

Iddewiaeth

Gweithgaredd

Gwneud cysylltiadau

Edrychwch ar y dysgeidiaethau a'r credoau ar dudalen 33 a llenwch y tabl drwy lenwi'r bylchau.

Dysgeidiaeth	Cred	Arfer
		Mae Iddewon yn ystyried bod gofalu am yr amgylchedd yn bwysig.
		Nid yw rhai Iddewon yn credu mewn ewthanasia ac erthylu.
		Mae rhai Iddewon yn credu mai Duw sydd i fod i farnu troseddwyr.

Gweithgaredd

Termau gorchymyn

Ar ôl darllen y disgrifiadau ar dudalennau 90–93, cysylltwch y term gorchymyn yn y tabl â'r ystyr cywir a'r enghraifft o gwestiwn.

Term gorchymyn	Ystyr	Enghraifft o gwestiwn
Beth yw ystyr… [2 farc]	Trafod safbwynt o fwy nag un persbectif. Gall y rhain fod i gyd 'o blaid' y gosodiad, gallan nhw i gyd fod 'yn erbyn' y gosodiad neu gallan nhw fod yn gymysgedd o 'o blaid' ac 'yn erbyn'.	Disgrifiwch sut mae'r cartref yn lle ar gyfer traddodiadau Iddewig.
Disgrifiwch… [5 marc]	Diffiniad o derm allweddol (yn gysylltiedig ag un o'r cysyniadau allweddol a nodwyd ar gyfer pob uned).	'Mae cadw'r Shabbat yn cymryd gormod o amser.' Trafodwch y gosodiad hwn gan ddangos eich bod wedi ystyried mwy nag un safbwynt.
Esboniwch… [8 marc]	Dangos gwybodaeth a dealltwriaeth drwy ddisgrifio cred, dysgeidiaeth, arfer, digwyddiad ac ati.	Beth yw ystyr hollalluog?
Trafodwch y gosodiad hwn gan ddangos eich bod wedi ystyried mwy nag un safbwynt. Rhaid i chi gyfeirio at grefydd a chred yn eich ateb. [15 marc]	Dangos gwybodaeth a dealltwriaeth o destun drwy esbonio'r gosodiadau a wnaed gyda rhesymau a/neu dystiolaeth, e.e. esboniwch sut…/esboniwch pam…/esboniwch nodweddion…/esboniwch bwysigrwydd….	Esboniwch pam mae'n bwysig i Iddewon gadw cegin kosher.

⚠️

Gallwch chi ddefnyddio llawer o'r dysgeidiaethau a'r credoau rydych chi'n eu dysgu yn y bennod hon yn eich atebion i'r unedau materion athronyddol a moesegol. Mae pobl yn ymateb fel maen nhw'n ei wneud i faterion penodol fel erthyglu a pherthnasoedd oherwydd eu credoau crefyddol.

Cyngor

Yn yr arholiad bydd pedwar math o gwestiwn:

(a) Cwestiwn diffinio
(b) Cwestiwn disgrifio
(c) Cwestiwn esbonio
(ch) Cwestiwn sy'n gofyn am wahanol safbwyntiau a barn ar fater penodol.

Mae'n bwysig deall gofynion pob math o gwestiwn. Mae nifer y marciau sy'n cael eu rhoi yn dangos nifer y munudau y dylech chi dreulio ar yr ateb. Darllenwch y gwahanol ddisgrifyddion marciau ar gyfer pob math o gwestiwn ar dudalennau 90–93.

Credoau: Man sanctaidd

Yn y maes astudio hwn bydd angen i chi wybod sut mae'r **synagog** yn fan ar gyfer gweddïo, astudio, dathlu ac ymgynnull. Bydd disgwyl i chi allu disgrifio ac esbonio'r gwahaniaethau rhwng traddodiadau Iddewig a gallu disgrifio gwahaniaethau rhwng synagogau Uniongred a Diwygiedig.

> **Cysyniad allweddol**
>
> **Tŷ ymgynnull yw synagog**: adeilad lle mae Iddewon yn gweddïo'n gyhoeddus, yn astudio ac yn ymgynnull.

Mae'r synagog yn fwy na man addoli i Iddewon. Mae gwahaniaethau rhwng synagogau Uniongred a Diwygiedig, nid yn unig o ran eu cynllun ond hefyd o ran ffyrdd o addoli.

Er bod llawer o Iddewon yn addoli mewn synagog, maen nhw'n gallu addoli yn unrhyw le. I lawer o Iddewon, mae'r cartref yn fan addoli pwysig, felly hefyd y gweithredoedd y maen nhw'n eu gwneud yn eu bywyd bob dydd.

Y synagog

Tŷ gweddi (beit tefilah)
- Lle i gyd-weddïo
- Rhaid bod minyan (deg dyn, fel arfer) yn bresennol er mwyn dweud rhai gweddïau, felly mae llawer o Iddewon crefyddol yn mynd i synagog bob dydd
- Lle mae gwasanaethau Shabbat yn cael eu cynnal

Tŷ astudio (midrash)
- Astudio'r Torah – gweithgarwch gydol oes
- Llyfrgell y synagog i'r gymuned ei defnyddio
- Mae plant yn mynychu dosbarthiadau i ddysgu Hebraeg, i ddysgu am Iddewiaeth ac i baratoi at wyliau a seremonïau.

Lle i ddathlu
- Dathlu Shabbat a gwyliau eraill
- Bar mitzvah a bat mitzvah
- Priodasau

Canolbwynt bywyd Iddewig
- Rhaglen o ddigwyddiadau cymdeithasol
- Cymorth i'r henoed a phobl sâl
- Gweithgareddau chwaraeon
- Casgliadau elusen

Gweithgaredd

Cwestiynau gwerthuso

Mewn cwestiynau (ch), mae angen i chi ddethol gwahanol bwyntiau a dweud a ydyn nhw'n ddadl gref ai peidio. Mae'n bwysig defnyddio tystiolaeth o'ch astudiaeth o Iddewiaeth i gefnogi'r gosodiad.

Ar gyfer pob un o'r gosodiadau isod, ychwanegwch fanylion ychwanegol at y gosodiad:
- Gall pobl weddïo yn unrhyw le, er enghraifft...
- Rhaid cael minyan ar gyfer rhai gweddïau. Mae minyan yn bwysig oherwydd...
- Mae synagogau'n trefnu gweithgareddau cymdeithasol a chymunedol sy'n bwysig oherwydd...
- Mae synagogau hefyd yn dai astudio sy'n bwysig oherwydd...

Y cartref

ADOLYGU

Yn y maes astudio hwn bydd disgwyl i chi wybod pam mae'r cartref yn bwysig mewn cred Iddewig a sut dangosir hyn drwy addoli, hunaniaeth, dathlu a thraddodiadau.

Addoli yn y cartref

Paratoi at wyliau a'u dathlu
Mae'r gwaith paratoi at lawer o wyliau fel Pesach, a'r dathlu ei hun yn digwydd yn y cartref. Bob wythnos bydd Shabbat yn cael ei gofio a'i ddathlu yn y cartref. Mae hyn yn adlewyrchu'r gorchymyn i gofio a chadw'r seithfed dydd (Exodus 20).

Cadw deiet Kosher
Mae Iddewon yn ufuddhau i gyfreithiau o ran pa bethau sy'n addas ac yn gywir i'w bwyta ac i'w gwneud.

Adrodd gweddïau
Mae Iddewon yn adrodd gweddïau gartref. Bydd gan lawer o deuluoedd siddur (llyfr gweddïau) y maen nhw'n ei ddefnyddio gartref ac yn y synagog. Mae'n dechrau gyda'r Modeh Ani y bydd llawer o Iddewon Uniongred yn aml yn ei ddweud wrth ddeffro, i ddiolch i Dduw. Hefyd mae'n cynnwys gweddïau dyddiol eraill a gweddïau ar gyfer Shabbatt a gwyliau eraill.

Os ydych chi'n edrych am Dduw ... ewch adref

Gwerthoedd Iddewig
Yn y cartref mae plant yn dysgu am yr hyn sy'n bwysig mewn bywyd.

Arddangos mezuzah
Mae cas mezuzah yn aml i'w weld ar ddrysau (heblaw am yr ystafell ymolchi). Yn y cas mae mezuzah – sgrôl sy'n cynnwys y Shema, gweddi ganolog Iddewiaeth. I lawer, mae'r mezuzah yn symbol o'r ffordd y mae Duw yn gwarchod y tŷ ac y dylai'r teulu fyw yn ôl y Shema. Bydd Iddewon yn aml yn cyffwrdd â'r cas wrth iddyn nhw fynd drwy'r drws ac yna'n cusanu eu bysedd i'w hatgoffa y dylai'r teulu fyw yn ôl geiriau'r Shema.

Cwestiynau enghreifftiol

Yn y cwestiwn canlynol mae tri phrif faes y disgrifiad wedi cael eu nodi ond mae angen ymhelaethu ar bob pwynt. Mae gennych chi bum munud i wneud hyn. Gwnewch yn siŵr eich bod chi'n defnyddio amrywiaeth o iaith grefyddol berthnasol.

Disgrifiwch sut mae'r cartref yn lle ar gyfer traddodiadau Iddewig, [5 marc]

Mae'n lle i blant ddysgu am eu crefydd...

Mae'n fan lle mae gwyliau'n cael eu dathlu...

Mae'n fan lle mae'n bosibl cadw deddfau bwyd...

> **Cyngor**
>
> Er bod cartref y teulu Iddewig yn aml yn cadarnhau'r hunaniaeth Iddewig, mae'n bosibl gwneud hyn mewn sawl ffordd. Yn eich ateb mae'n bwysig dangos y gwahaniaethau drwy gyfeirio at 'rai' Iddewon, 'llawer' o Iddewon ac Iddewon 'crefyddol'.

> **Cyngor**
>
> **Gwneud cysylltiadau**
>
> Er bod y bennod wedi'i rhannu'n ddwy adran mae llawer o gysylltiadau rhwng credoau Iddewon a'r arferion y maen nhw'n eu cadw. Er enghraifft, oherwydd bod llawer o Iddewon yn credu bod Duw wedi rhoi'r Deg Gorchymyn i Moses fel mae'r Torah yn ei ddweud, felly byddan nhw'n ufuddhau i'r gorchmynion yn eu bywyd bob dydd. Byddwch chi'n ennill marciau am sôn am gredoau, testunau ac arferion perthnasol lle bynnag maen nhw'n ymddangos yn eich atebion.

> **Cyngor**
>
> **Cwestiwn (b)**
>
> Bydd cwestiynau (b) yn gofyn am ddisgrifiad. Gallai hyn fod er mwyn disgrifio: Sut, Pam, Ble, Beth ac ati. Mae'n ddefnyddiol i chi danlinellu a yw'r cwestiwn yn gofyn i chi ddisgrifio 'sut', 'pam' neu 'beth' er enghraifft gan y byddai ffocws eich ateb yn wahanol.

Atebion: www.hoddereducation.co.uk/fynodiadau adolygu

Arferion: Arferion sy'n dangos credoau ynglŷn â Duw

Yn yr astudiaeth hon bydd disgwyl i chi wybod beth yw'r Shema a sut mae'n cael ei adrodd, sut mae Iddewon yn dangos parch at Dduw a pham mae rhai ohonyn nhw'n gwisgo'r kippah a'r tallith.

Y Shema

Beth yw'r Shema?	Dyma weddi greiddiol Iddewiaeth ac mae'n cynnwys tri darn o'r Torah. Mae'n bosibl adrodd y Shema fel cynulleidfa neu'n unigol.
Pryd mae'n cael ei hadrodd?	Mae'n cael ei hadrodd mewn llawer o wasanaethau synagog ond mae'n gallu cael ei hadrodd yn unrhyw le. Bydd llawer o Iddewon crefyddol yn ei hadrodd yn y bore a gyda'r nos gan fod Deuteronomium 6:7 yn dweud y dylai'r Shema gael ei hadrodd wrth fynd i gysgu. Dydy'r gorchymyn ddim yn berthnasol i fenywod er bod llawer o fenywod yn dewis ei hadrodd. Hefyd mae'r Shema i'w chael mewn casys mezuzah ac yn y tefillin.
Pa gredoau mae'r Shema'n eu dangos am Dduw?	Mae'n dangos mai un Duw yn unig sydd (mae'r Arglwydd ein Duw yn un Arglwydd); ei fod Ef yn dragwyddol (mae ei deyrnas ogoneddus am byth bythoedd); mai Duw yn unig ddylai gael ei addoli (câr di yr Arglwydd dy Dduw â'th holl galon ac â'th holl enaid ac â'th holl nerth).

Sut mae cred yn dylanwadu ar arfer

Gweithgaredd

Gwneud cysylltiadau

Fel arfer mae credoau'n cael eu ffurfio o ddehongliadau o ysgrythurau sanctaidd. Edrychwch yn ôl ar dudalen 33 a nodwch ysgrythur sanctaidd a fyddai'n dangos y canlynol:
- dim ond un Duw sydd
- ddylai enw Duw ddim cael ei gymryd yn ofer
- dim ond Duw ddylai gael ei addoli.

'Mae Iddewon yn credu mai dim ond un Duw nerthol a sanctaidd sydd.'

Felly...

Nid yw synagogau yn cynnwys cerfluniau gan mai Duw yn unig ddylai gael ei addoli.	Nid yw Iddewon yn cablu gan gymryd enw Duw yn ofer.	Gan fod enw Duw mor sanctaidd, rhaid i unrhyw beth sydd â'i enw arno gael ei gladdu. Mae rhai Iddewon yn ysgrifennu D_W o barch.

Eitemau i'w gwisgo wrth addoli

ADOLYGU

Tallith

Beth yw tallith?	Dilledyn neu siôl â phedwar cornel gyda taselau (tzitzit) yw tallith. Mae dau brif fath: (1) Tallit gadol (mawr) – dilledyn mawr o wlân neu o sidan a wisgir ar draws y cefn, yn aml mae'n cael ei galw'n siôl weddïo. (2) Tallit katan (bach) – mae'n cael ei wisgo o dan ddillad bob dydd gyda'r tzitzit yn hongian i lawr ar y corneli.
Pryd mae'n cael ei wisgo?	Bydd llawer o Iddewon Uniongred a Diwygiedig yn gwisgo'r tallit gadol wrth weddïo ac addoli. Yn draddodiadol, dim ond dynion sy'n gwisgo'r tallith i addoli, ond mae mwy a mwy o fenywod yn dewis gwisgo tallith i addoli erbyn hyn. Mae rhai Iddewon Uniongred yn gwisgo'r tallit katan drwy gydol y dydd.
Pam mae'n cael ei wisgo?	Nid oes arwyddocâd i'r tallith ei hun. Y tzitzit sy'n bwysig gan eu bod yn cynrychioli'r 613 mitzvot neu ddyletswydd a roddodd Duw. Mae'r tzitzit i'w cael ar bedwar cornel y tallith.

Dyn Iddewig yn barod i addoli. Mae'n gwisgo tallith a kippah.

Y kippah

Mae llawer o arferion gwahanol o ran gwisgo **kippah**. I rai Iddewon, mae gwisgo kippah yn ffordd o fynegi eu hunaniaeth Iddewig. Mae rhai Iddewon yn dewis ei wisgo wrth weddïo ac yn y synagog, ond mae eraill yn ei wisgo drwy'r amser pan maen nhw'n effro. Mae'n aml yn cael ei weld yn arwydd o barch at Dduw gan fod rhan uchaf y pen wedi'i gorchuddio.

Cysyniad allweddol

Kippah – cap mae dynion a bechgyn (ac weithiau menywod) Iddewig yn ei wisgo yn ystod gwasanaethau. Mae rhai Iddewon yn gwisgo kippah drwy'r amser. Mae'n eu hatgoffa am bresenoldeb Duw. Enw arall ar y kippah yw'r yarmulke.

Gweithgaredd

Y kippah

Defnyddiwch y wybodaeth uchod i lenwi'r tabl.

Beth yw kippah?	
Pryd mae'n cael ei wisgo?	
Pam mae'n cael ei wisgo?	

Arferion: Addoli yn y cartref a'r synagog

Mae'r maes astudio hwn yn dangos sut mae cred Iddewig yn dylanwadu ar ffordd o fyw bob dydd i lawer o Iddewon. Bydd angen i chi wybod am brif nodweddion synagog a phwysigrwydd aron hakodesh (arch), ner tamid, bimah, sgrolau Torah, y Deg Gorchymyn a'r drefn eistedd. Bydd disgwyl i chi allu disgrifio'r gwahaniaethau rhwng synagogau Uniongred a Diwygiedig, gan gynnwys rôl a rhywedd y rabbi.

Gan fod y cartref yn fan addoli pwysig, dylech chi allu esbonio sut mae Shabbat a kashrut (gofynion deiet) yn cael eu cadw.

Gweithgaredd

Y synagog

Edrychwch ar dudalen 35 a nodwch bum pwynt sy'n dangos pwysigrwydd y synagog. Ysgrifennwch nhw yn y tabl isod.

Pwysigrwydd y synagog	
1	
2	
3	
4	
5	

Nodweddion y synagog

ADOLYGU

Yn yr adran hon dylech chi allu disgrifio ac esbonio prif nodweddion synagog. Cofiwch y gall fod gwahaniaethau rhwng arferion Uniongred a Diwygiedig a hefyd rhwng Iddewon Ashkenazi a Sephardi.

Bimah

Beth yw bimah?	Llwyfan y mae sgroliau'r Torah yn cael eu darllen ohono.
Beth sy'n wahanol?	Mewn synagogau Uniongred, mae'r bimah yn y canol fel arfer fel bod y rabbi yn wynebu'r gynulleidfa. Mewn synagogau Diwygiedig, mae'r bimah yn y blaen fel arfer, gyda'r arch.
Pam mae'n bwysig?	Dyma'r prif ganolbwynt ar gyfer darllen sgroliau'r Torah ac ar gyfer y pregethau. Mae hyn yn dangos y dylai'r Torah fod yn greiddiol i fywyd.

Aron hakodesh

Beth yw'r **aron hakodesh**?	Hefyd mae'n cael ei adnabod fel yr arch sanctaidd sy'n cynnwys sgroliau'r Torah. Mae ar y wal sy'n wynebu Jerwsalem, a dyma yw canolbwynt y synagog.
Beth sy'n wahanol?	Mewn synagogau Sephardi mae'n cael ei alw'n heikhal neu'n noddfa. Yn ystod rhai gweddïau, bydd drysau a llenni'r arch ar agor neu ar gau. Fel arfer bydd llen y tu allan i ddrysau synagogau Ashkenazi. Mewn synagogau Sephardi, maen nhw y tu mewn i ddrysau'r arch.
Pam mae'n bwysig?	Dyma'r man pwysicaf yn y synagog gan ei fod yn cynnwys sgroliau'r Torah. Dangosir ei fod yn bwysig drwy ei osod ar y wal sy'n wynebu Jerwsalem. Mae agor a chau'r arch yn dynodi adegau pwysig, er enghraifft, mae ar agor ar gyfer y deng niwrnod o edifeirwch rhwng Rosh Hashanah a Yom Kippur. Dangosir ei fod yn bwysig drwy'r ner tamid uwch ei ben, a phan fydd drysau'r arch ar agor, mae'r gynulleidfa'n sefyll fel arfer.

> **Cysyniad allweddol**
>
> **Aron hakodesh** yw'r arch sanctaidd lle mae sgroliau'r Torah yn cael eu cadw. Mae ar y wal sy'n wynebu Jerwsalem, a dyma yw canolbwynt y synagog.

Sgroliau'r Torah

Beth yw Sgroliau'r Torah?	Dyma'r sgroliau sy'n cynnwys y Torah. Maen nhw wedi'u gwneud o groen anifeiliaid ac wedi'u hysgrifennu â llaw gan ysgrifennydd sydd wedi ei hyfforddi. Mae'r sgrôl yn cael ei roi wrth ddwy astell sy'n cael eu galw'n bren y bywyd. Mae pob sgrôl yn cael ei lapio, a phan na fydd yn cael ei ddefnyddio, mae'n cael ei addurno ag arian. Mae'r sgroliau'n cael eu cario i'r bimah i gael eu darllen.
Beth sy'n wahanol?	Mewn rhai synagogau Sephardi, mae'r sgrôl yn cael ei gadw mewn cas metel neu bren.
Pam maen nhw'n bwysig?	Mae rhan o sgrôl y Torah yn cael ei ddefnyddio ym mhob gwasanaeth Shabbat. Er mwyn dangos ei fod yn bwysig, bydd yn cael ei godi i'r gynulleidfa ei weld. Mae cael eich galw i ddarllen o'r Torah yn cael ei ystyried yn anrhydedd neu'n mitzvah.

Ner tamid

Beth yw'r **ner tamid**?	Mae'r ner tamid yn aml yn cael ei galw'n lamp dragwyddol, ac mae'n cael ei rhoi uwchben yr aron hakodesh neu'r arch. Mae hi'n llosgi bob amser a ddylai hi ddim cael ei diffodd byth.
Beth sy'n wahanol?	Gall fod rhai gwahaniaethau o ran y dyluniad, yn dibynnu ar y wlad lle mae'r synagog ac a yw'n synagog Sephardi neu Ashkenazi.
Pam mae'n bwysig?	Mae'n symbol o bresenoldeb Duw. Yn Exodus 27:20–21 cafodd yr Iddewon orchymyn i 'ddod ag olew pur wedi ei wasgu o'r olifiau ar gyfer y lamp, er mwyn iddi losgi'n ddi-baid'. Mae'n symbol o'r menorah aur a losgai'n gyson yn y Deml. Hefyd ystyrir ei bod yn cynrychioli 'goleuni' y Torah.

> **Cysyniad allweddol**
>
> **Ner tamid** ('goleuni tragwyddol' yw ei ystyr) yw lamp sydd wedi'i goleuo drwy'r amser ger yr arch yn y synagog fel symbol o bresenoldeb Duw.

Atebion: www.hoddereducation.co.uk/fynodiadau adolygu

Trefniadau eistedd

Beth yw'r trefniadau eistedd mewn synagog?	Mae'r trefniadau eistedd yn adlewyrchu'r math o synagog.
Beth sy'n wahanol?	Mewn synagogau Uniongred bydd seddau ar wahân i ddynion ac i fenywod, gyda'r menywod fel arfer yn eistedd mewn oriel. Mewn synagogau Diwygiedig mae pawb yn eistedd gyda'i gilydd. Mewn synagogau Ashkenazi, mae'r addolwyr i gyd yn wynebu'r un cyfeiriad, tra mae seddau o gwmpas y waliau i gyd mewn synagogau Sephardi.
Pam maen nhw'n bwysig?	Y drefn eistedd yw un o'r prif wahaniaethau rhwng synagogau Uniongred a Diwygiedig.

Y Deg Gorchymyn

Beth yw'r Deg Gorchymyn?	Mae'r Deg Gorchymyn a roddodd Duw i Moses yn cael eu harddangos fel arfer ym mhob synagog. Fel arfer maen nhw'n cael eu harddangos ar ddau blac oherwydd, yn ôl y Beibl, derbyniodd Moses y gorchmynion gwreiddiol ar ddwy lechen o garreg.
Beth sy'n wahanol?	Mae llawer o wahaniaethau o ran y cynllun ond fel arfer maen nhw'n dangos dau air cyntaf bob gorchymyn yn unig, wedi'u hysgrifennu mewn Hebraeg.
Pam maen nhw'n bwysig?	Maen nhw'n atgoffa'r addolwyr am eu dyletswydd i ddilyn gorchmynion Duw. Fel arfer maen nhw'n cael eu rhoi ger yr arch i atgoffa pawb mai mewn arch y cafodd y llechi gwreiddiol eu cario.

Gweithgaredd

Gwneud cysylltiadau

Ysgrifennwch frawddeg i esbonio sut mae pob un o'r parau canlynol o eiriau wedi'u cysylltu:
- Sgroliau'r Torah a Moses
- Cred mewn un Duw a dim cerfluniau
- Y Deg Gorchymyn a'r tallith
- Y minyan a'r synagog
- Y bimah a sgroliau'r Torah

Darllen y Torah yn ystod addoliad yn y synagog

- Yn ystod y gwasanaeth Shabbat mae o leiaf un darn yn cael ei ddarllen. Mae gŵyl Sukkot yn dechrau ac yn gorffen y cylch hwn.
- Mae pawb yn sefyll pan fydd yr arch sy'n cynnwys sgroliau'r Torah yn cael ei hagor a phan fyddan nhw'n cael eu cario at y bimah.
- Mae'r gynulleidfa i gyd yn dweud, 'Dyma'r Torah a roddodd Moses gerbron pobl Israel, y Torah a roddodd Duw drwy Moses.'
- Bydd swyddog o'r synagog yn galw darllenwyr at sgroliau'r Torah a bydd ganddyn nhw rywun i'w helpu i ynganu'r Hebraeg. Bydd yad (pwyntydd arian) yn cael ei ddefnyddio gan na chaiff llaw ddynol gyffwrdd â'r testun.
- Mewn synagogau Uniongred, dynion yn unig sy'n cael darllen o'r Torah ond mewn synagogau Diwygiedig a Rhyddrydol, caiff menywod ddarllen ohono.

Rôl a rhywedd y rabbi

ADOLYGU

Beth yw **rabbi**?	Athro ac arweinydd crefyddol sydd ag awdurdod i wneud penderfyniadau ar faterion yn ymwneud â'r gyfraith Iddewig. Y rabbi yw'r prif swyddog crefyddol mewn synagog sy'n aml yn arwain yr addoliad ac yn cynnal defodau a seremonïau.
Beth sy'n wahanol?	Mae rabbiniaid yn cael eu dewis am eu gwybodaeth am Iddewiaeth ac er mwyn cefnogi mewn materion crefyddol ac ysbrydol. Mewn Iddewiaeth Ddiwygiedig mae menywod a dynion yn cael dod yn rabbi pan fyddan nhw ym Mhrydain. Dynion yn unig sy'n cael bod yn rabbi mewn Iddewiaeth Uniongred.
Pam mae'r rabbi yn bwysig?	Y gymuned sydd yn eu dewis i fod yn gyfrifol am y synagog ac i roi arweiniad ysbrydol a chrefyddol, ac i gynnig cyngor.

> **Cysyniad allweddol**
>
> **Rabbi** yw athro ac arweinydd crefyddol sydd ag awdurdod i wneud penderfyniadau ar faterion yn ymwneud â'r gyfraith Iddewig. Y rabbi yw'r prif swyddog crefyddol mewn synagog sydd yn aml (ond nid bob tro) yn arwain yr addoli ac yn cynnal defodau a seremonïau.

Gweithgaredd

Llenwch ddiagram Venn i ddangos pa un o'r gosodiadau canlynol rydych chi'n credu y byddai Iddewon Uniongred neu Ddiwygiedig yn ei ddweud.

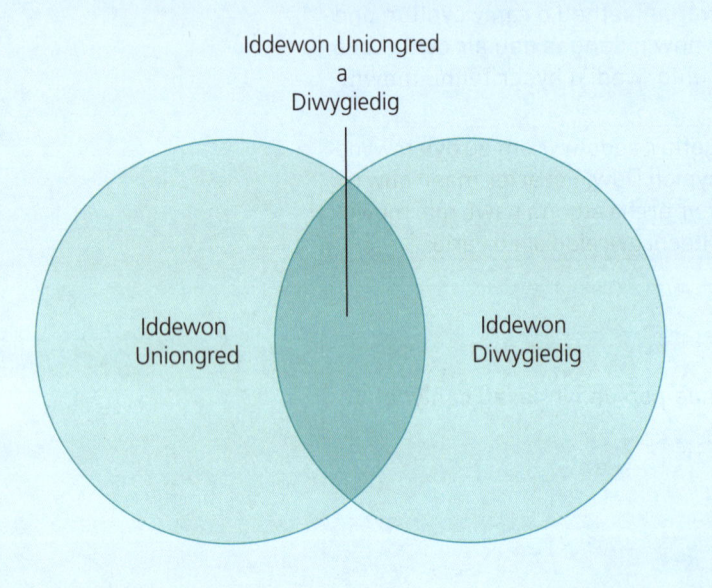

Iddewon Uniongred a Diwygiedig

Iddewon Uniongred | Iddewon Diwygiedig

- Mae gennym ni rabbi sy'n fenyw.
- Dylai menywod a dynion eistedd ar wahân mewn synagog.
- Dylai menywod a dynion ddarllen o'r Torah yn y synagog.
- Mae sgroliau'r Torah yn cael eu cadw yn yr arch.
- Mae canolbwynt y gweddïo yn y synagog tuag at Israel.
- Mae'r bimah yng nghanol y synagog.

Addoli yn y cartref

ADOLYGU

Yn yr adran hon byddwch chi'n edrych ar wahanol arferion sy'n dangos pa mor bwysig yw'r cartref ar gyfer addoli. Bydd hyn yn canolbwyntio ar gadw'r **Shabbat** a kashrut.

Fel sy'n wir am bob gŵyl, bydd gwahanol ffyrdd o ddathlu Shabbat, yn dibynnu ar gredoau crefyddol, gwlad enedigol a thraddodiad teuluol. Mae Iddewon yn addoli yn y cartref mewn llawer o wahanol ffyrdd. Mae gwahaniaethau nid yn unig rhwng y traddodiadau Uniongred a Diwygiedig ond hefyd o fewn teuluoedd Uniongred a Diwygiedig.

Paratoi at y Shabbat a'i ddathlu

ADOLYGU

Er bod Iddewon yn dathlu'r Shabbat bob wythnos, mae'n bwysig ar gyfer addoli yn y cartref ac yn y synagog. Mae llawer o wahaniaethau o ran sut gallai Iddewon Uniongred a Diwygiedig ddathlu'r Shabbatt, ond yn gyffredinol mae Iddewon yn ei weld yn adeg i ganolbwyntio ar bethau pwysig bywyd.

Cysyniad allweddol

Shabbat – diwrnod o adnewyddiad ysbrydol a gorffwys yn cychwyn ar fachlud haul ddydd Gwener ac yn gorffen wedi iddi nosi ar ddydd Sadwrn.

Cyngor

Roedd y gorchmynion a roddodd Duw i Moses yn y Torah yn cynnwys dau ddyletswydd – **'cofio'** a **'chadw'** y Shabbat. Pan fyddwch chi'n dysgu am y Shabbat, ystyriwch pa arferion sy'n gysylltiedig â phob un o'r dyletswyddau.

Beth mae Iddewon yn ei wneud i baratoi at y Shabbat?	Mae pob teulu'n dathlu'r Shabbat yn ei ffordd ei hun. Ni fydd llawer o Iddewon Uniongred yn gweithio yn ystod y Shabbat. Mae hyn yn golygu bod rhaid paratoi prydau bwyd ymlaen llaw, ar y dydd Sadwrn. Bydd angen prynu bwydydd arbennig, er enghraifft, torthau challot, a gosod bwrdd y Shabbat. Yn bwysicaf oll, bydd angen i'r teulu i gyd fod gartref cyn i'r canhwyllau gael eu cynnau er mwyn dod â phresenoldeb Shabbat i'r cartref.
Beth sy'n digwydd yn ystod Shabbat?	I lawer o Iddewon Uniongred fydd dim gwaith yn cael ei wneud oni bai ei fod yn waith sy'n achub bywyd. Felly does dim hawl gyrru a choginio na chario dim byd. Mae'r fenyw yn y teulu yn goleuo dwy gannwyll i ddod â phresenoldeb y Shabbat i'r cartref. Bydd bendith dros y challot (torthau) a bydd gweddi Kiddush yn cael ei hadrodd dros gwpan o win. Ar y bore Sadwrn bydd y rhan fwyaf o deuluoedd yn mynd i'r synagog. Wrth i'r haul fachlud ar ddydd Sadwrn mae cannwyll havdallah yn cael ei chynnau, yn symbol o'r gwahaniaeth rhwng y Shabbat a gweddill yr wythnos. Mae gwydraid o win yn cael ei basio o gwmpas ac mae blwch sbeisys yn cael ei ffroeni, yn symbol o'r gobaith am wythnos felys.
Pam mae'r Shabbat yn bwysig?	Mae cadw'r Shabbat yn ufuddhau i'r mitzvah 'cofia'r dydd Saboth' ac 'i'w gadw'n gysegredig' (Exodus 20:8). Mae'n cael ei gofio fel dathliad o Greadigaeth Duw. Mae Iddewon yn 'cadw''r Shabbat drwy addoli yn y cartref ac yn y synagog. Mae'n aml yn cael ei weld fel rhodd gan Dduw pan mae'n bosibl anghofio am ofidiau'r wythnos a phan gall teuluoedd fod gyda'i gilydd. Wrth i fenyw'r teulu gynnau'r canhwyllau, mae Iddewon yn credu bod presenoldeb y Shabbat sy'n dod â heddwch, yn dod i'r cartref.

Heriau a manteision cadw'r Shabbat

ADOLYGU

Ar y naill law, manteision cadw Shabbat:

- Cadw'r ddyletswydd y mae sôn amdani yn y Deg Gorchymyn, y mae Iddewon yn credu y rhoddodd Duw i Moses.
- Rhan o'r traddodiad Iddewig sydd wedi cael ei drosglwyddo drwy hanes.
- Rhan o hunaniaeth Iddewig sy'n clymu'r gymuned Iddewig wrth ei gilydd.
- Adeg i ddathlu Duw yn creu'r byd a'r Iddewon yn cael eu rhyddhau o gaethwasiaeth yn yr Aifft.
- Adeg i gael gorffwys o'r gwaith ac i ystyried yr hyn sy'n bwysig mewn bywyd.
- Adeg i gwrdd â'r teulu a ffrindiau gartref ac yn y synagog.

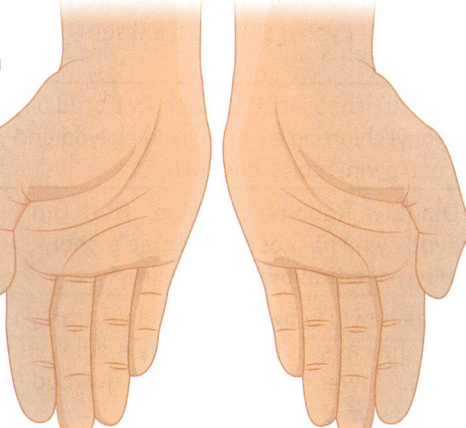

Ar y llaw arall, heriau cadw Shabbat:

- Mewn rhai swyddi, mae gofyn i chi weithio ar nos Wener ac ar ddydd Sadwrn.
- Mae angen paratoi cyn i Shabbat ddechrau, e.e. paratoi bwyd, switshis amseru ac ati.
- Mynychu synagog os nad oes un yn agos i'ch cartref.

CBAC TGAU Astudiaethau Crefyddol Uned 1 Crefydd a Themâu Athronyddol

Dilyn rheolau kashrut

> **Cysyniad allweddol**
>
> **Kashrut** yw'r rhan o'r gyfraith Iddewig sy'n dweud pa fwydydd mae Iddewon yn cael eu bwyta a ddim yn cael eu bwyta, yn ogystal â sut i baratoi'r bwydydd hyn. Mae'r gair 'kashrut' yn dod o'r Hebraeg ac yn golygu addas, priodol neu gywir. Mae'r gair 'kosher' yn disgrifio bwyd sy'n bodloni safonau kashrut.

Yn Lefiticus Pennod 11, mae manylion am y bwyd sy'n gallu cael eu bwyta (kosher) ac nad ydyn nhw'n gallu cael eu bwyta (treifa) mewn Iddewiaeth. Hefyd rhaid i fwyd sy'n cael ei ystyried yn fwyd kosher gael ei baratoi mewn ffordd arbennig. Rhaid i anifeiliaid y mae Iddewon yn cael eu bwyta gael eu lladd mewn ffordd arbennig drwy ddull o'r enw shechitah (lladd defodol). Mae llawer o Iddewon crefyddol yn dehongli Exodus 23:19 fel adnod sy'n gwahardd cymysgu cynhyrchion cig a llaeth mewn pryd bwyd. Parev yw'r enw ar y bwydydd sy'n gallu cael eu bwyta mewn unrhyw bryd, fel llysiau ac wyau. Hefyd mae Iddewon yn cael gorchymyn i beidio â chymysgu cig a llaeth. Mae llawer o wahaniaethau ymysg Iddewon o ran i ba raddau maen nhw'n cadw **kashrut**.

Kosher – mae deddfau kosher yn dyddio'n ôl i'r Torah lle mae llawer o gyfeiriadau at y pethau y mae Iddewon yn cael eu bwyta a'r rhai nad ydyn nhw'n cael eu bwyta, e.e. Lefiticus 11:1–24. Mae cadw deiet kosher hefyd yn cynnwys y ffordd y mae'r bwyd yn cael ei baratoi. Mae Iddewon crefyddol yn aml yn gwrthod bwyta cig rhai anifeiliaid, fel cig moch, pysgod cregyn, ac maen nhw'n sicrhau nad yw prydau cig yn cael eu cymysgu â bwydydd llaeth. Mae Iddewon crefyddol yn gwahardd bwyta cynhyrchion cig a llaeth yn yr un pryd bwyd. Felly bydd prydau bwyd o gynhyrchion cig heb unrhyw fenyn, llaeth neu gaws, neu bydd prydau bwyd o gynhyrchion llaeth heb unrhyw gig. Parev yw'r enw ar rai bwydydd, fel llysiau ac wyau, ac mae hawl i'w bwyta naill ai gyda phrydau cig neu brydau llaeth.
Rhaid i anifeiliaid sy'n cael eu hystyried yn kosher, er enghraifft gwartheg, gael eu paratoi gan shochet, sy'n lladd yr anifail fel math o gysegriad i Dduw.
Shechitah yw'r dull a ddefnyddir i baratoi cig kosher. Mae hyn yn cynnwys ffordd o ladd yr anifail sydd i fod yn llai poenus. Mae'r Torah yn gorchymyn Iddewon i beidio â bwyta gwaed anifeiliaid ac adar, felly rhaid i'r gwaed ddiferu o'r cig.
Bydd cartrefi lle mae teuluoedd yn bwyta bwyd kosher yn aml yn cadw dwy set o sosbenni a dau gwpwrdd oer. Bydd un i gynhyrchion cig ac un i gynhyrchion llaeth gan na ddylai cynhyrchion cig a llaeth gael eu bwyta yn yr un pryd bwyd.
Bydd Iddewon Diwygiedig yn addasu'r rheoliadau kosher i'w ffordd o fyw eu hunain. Bydd rhai'n bwyta cynhyrchion cig a llaeth gyda'i gilydd ond yn gwrthod bwyta pysgod cregyn neu gynhyrchion o fochyn.
O dan oruchwyliaeth y Beth Din (Llys Rabbinaidd). Mae'r Beth Din yn cynghori Iddewon pa fwydydd sy'n rhai kosher ac mae'n rhoi tystysgrifau i dai bwyta sy'n dilyn deddfau bwyd kashrut.
Bwydydd treifa yw'r rhai nad oes hawl i'w bwyta. Er bod y Torah yn dweud pa fwydydd sy'n treifa a pha rai sy'n kosher, dydy e ddim yn rhoi unrhyw resymau dros y deddfau. I lawer o Iddewon, mae gwybod bod kashrut wedi'i orchymyn gan Dduw yn ddigon.

Islam

Y darlun mawr

Dyma grynodeb o'r cwestiynau allweddol ar gyfer yr astudiaeth hon o Islam:
- Beth yw natur Allah?
- Beth yw ystyr 'ymostwng'?
- Beth yw'r Shahadah?
- Pam mae delweddau o Allah neu o fodau dynol yn cael eu gwahardd?
- Beth yw'r Qur'an?
- Sut cafodd y Qur'an ei ddatguddio i Muhammad?
- Pam mae Hadith a Sunnah yn bwysig i Fwslimiaid?
- Beth yw pum piler Islam Sunni?
- Sut mae Mwslimiaid yn paratoi ar gyfer gweddïo (salat)?
- Beth yw zakat a saddaqah?
- Sut a pham mae Mwslimiaid yn ymprydio (sawm)?
- Beth yw ystyr halal?

> **Cyngor**
>
> Bydd angen i chi allu diffinio'r cysyniadau – mae'r cwestiwn cyntaf (am 2 farc) ym mhob thema yn gofyn am ddiffiniad o gysyniad. Hefyd bydd disgwyl i chi ddefnyddio'r cysyniadau mewn atebion i gwestiynau eraill, i ddangos eich bod yn eu gwybod ac yn eu deall. Mae'r cysyniadau'n datgloi'r themâu yn yr astudiaeth o Islam, gan helpu i esbonio dysgeidiaethau ac arferion crefyddol, a hefyd y safbwyntiau a'r farn amrywiol a all fod gan gredinwyr o fewn Islam.

Cysyniadau allweddol

Tawhid – 'unoliaeth' wrth gyfeirio at Dduw – dyma'r gred Fwslimaidd sylfaenol am unoliaeth Allah.

Shahadah – datganiad ffydd sy'n cynnwys y geiriau, 'Does dim duw ond Allah, y Proffwyd Muhammad yw Negesydd Allah.'

Shirk – gwneud cymhariaeth; ystyried bod unrhyw beth yn gydradd ag Allah neu'n bartner iddo.

Qur'an (rhywbeth sy'n cael ei ddarllen neu ei adrodd) – y llyfr dwyfol a ddatguddiwyd i'r Proffwyd Muhammad, datguddiad olaf Allah i'r ddynoliaeth.

Hadith (dywediad, adroddiad neu hanesyn) – dywediadau'r Proffwyd Muhammad, wedi'u cofnodi gan ei dylwyth, ei ddisgynyddion a'i gyfoedion. Dyma rai o brif ffynonellau'r gyfraith Islamaidd.

Salat – cyfathrebu gorfodol ag Allah a'i addoli dan amodau penodol, yn y modd y dysgodd y Proffwyd Muhammad, ac wedi'i adrodd yn Arabeg. Mae Mwslimiaid yn credu bod Allah wedi pennu amser y pum cyfnod salat.

Adhan – galwad i weddïo, fel arfer wedi'i datgan gan muezzin.

Du'ah – gwahanol fathau o weddïo personol.

Zakat – puro cyfoeth drwy roi i elusen yn flynyddol. Gweithred orfodol o addoli.

Saddaqah – taliad gwirfoddol neu weithred dda am reswm elusennol.

Sawm – ymprydio yn ystod y cyfnod rhwng ychydig cyn y wawr a machlud haul. Rhaid ymwrthod â phob bwyd a diod yn ogystal ag ysmygu a pherthynas rywiol.

Halal – unrhyw weithred neu beth sydd wedi'i ganiatáu neu sy'n gyfreithlon. Mae'n aml yn cyfeirio at fwyd sy'n cael ei ganiatáu.

Credoau ac arferion

ADOLYGU

Mae eich astudiaeth o Islam wedi'i rhannu'n ddau faes:
- Credoau:
  - Natur Duw
  - Y Qur'an
- Arferion:
  - Pum Piler Islam Sunni: gweddïo/salat
  - Gweithredoedd Gorfodol.

Agweddau gwahanol o fewn yr un grefydd

Wrth astudio, bydd disgwyl i chi ddysgu am y dehongliadau, yr agweddau a'r arferion gwahanol mewn Islam Sunni. Bydd y tabl isod yn eich helpu chi i gofio pam mae pobl sy'n dilyn yr un grefydd, o bosibl, yn arddel safbwyntiau ac arferion gwahanol.

Sefyllfa	Mae rhai sefyllfaoedd, fel gweddïo pob dydd, yn bwysig i bob Mwslim, ond bydd ystyriaethau gwahanol ar gyfer rhai sefyllfaoedd eraill (e.e. y paratoi ar gyfer gweddïo).
Dysgeidiaethau	Y Qur'an fyddai ffynhonnell y dysgeidiaethau creiddiol y byddai Mwslimiaid yn eu hystyried. Mae'r rhan fwyaf o Fwslimiaid yn credu mai Gair Allah yw'r Qur'an, wedi'i ddatguddio drwy'r Angel Jibril, ac mae'r rhan fwyaf yn credu ei fod yn cynnwys y cyfreithiau dwyfol i helpu pobl i fyw fel Mwslimiaid da.
Awdurdod	Y Qur'an yw prif ffynhonnell awdurdod Mwslimiaid, ond mae'r Sunnah a'r Hadith yn ffynonellau awdurdod hefyd. Mae Mwslimiaid Sunni yn credu na ddylai fod hierarchaeth grefyddol, a bod imamiaid yn athrawon ac yn arweinwyr da, sydd wedi'u dewis gan y gymuned leol drwy gytundeb.
Dehongliad	Does gan Islam ddim credo swyddogol, ond mae rhai Mwslimiaid yn dehongli sylfeini'r ffydd mewn ffordd ychydig yn wahanol. Mae Mwslimiaid Sunni yn ystyried mai'r chwe erthygl ffydd yw'r sylfaen: Allah (Duw), Malaikah (angylion), Llyfrau Sanctaidd, Risalah (proffwydiaeth), Akhirah (bywyd ar ôl marwolaeth), ac Al-Qadr (rhagordeiniad).
Rheswm	Mae Islam yn addysgu bod ewyllys rydd gan bawb, a bydd unigolion yn atebol ar Ddydd y Farn am y penderfyniadau y maen nhw wedi'u gwneud. Fodd bynnag, mae bodau dynol yn gallu dewis rhwng yr hyn sy'n gywir ac yn anghywir, a dilyn y 'llwybr union' (Shari'ah) y mae Duw wedi'i roi i ni. Yn greiddiol i gred Islamaidd y mae'r syniad mai prawf yw bywyd, a bod angen i fodau dynol ddysgu troi oddi wrth ddrygioni a gwneud y dewisiadau cywir – mae hyn yn gofyn i ni ddefnyddio rheswm a dealltwriaeth o ddysgeidiaethau'r Qur'an a'r Hadith.

> **Cyngor**
>
> Mae'r wlad enedigol, neu rai disgwyliadau gwahanol o ran rhywedd yn gallu effeithio ar ddehongliadau o ddysgeidiaethau ac arferion mewn Islam. Wrth ateb cwestiynau, defnyddiwch ymadroddion sy'n dangos yr amrywiaeth hon, er enghraifft 'gallai rhai Mwslimiaid...' neu 'yn aml bydd llawer o Fwslimiaid yn...'.

> **Cyngor**
>
> **Y cysylltiad rhwng credoau/dysgeidiaethau ac arferion**
>
> Er bod y bennod wedi'i rhannu'n ddwy adran mae llawer o gysylltiadau rhwng credoau a dysgeidiaethau Mwslimiaid a'r arferion y maen nhw'n eu cadw. Er enghraifft, oherwydd eu bod yn credu bod y Qur'an wedi cael ei ddatguddio i Muhammad, i lawer o Fwslimiaid, mae union eiriau'r Qur'an a'r ddysgeidiaeth ynddo'n bwysig iawn.
>
> Hefyd mae llawer o gysylltiadau rhwng credoau a dysgeidiaethau, a'r themâu yn y gydran astudiaethau crefyddol, athronyddol a moesegol: Materion bywyd a marwolaeth, Materion daioni a drygioni, Materion perthnasoedd a Materion hawliau dynol. Byddwch chi'n ennill marciau am sôn am gredoau, testunau ac arferion perthnasol lle bynnag maen nhw'n ymddangos yn eich atebion.

Atebion: www.hoddereducation.co.uk/fynodiadauadolygu

Credoau: Natur Duw

Yn y maes astudio hwn bydd disgwyl i chi wybod am natur Allah o ran Tawhid, unoliaeth Allah, yn ogystal â nodweddion eraill Ei natur, fel mewnfodaeth, Ei natur trosgynnol, Ei natur hollalluog, garedig a thrugarog, a hefyd gwybod am 99 enw Allah. Bydd angen i chi fod yn ymwybodol o ystyr Islam fel 'ymostwng' i Allah, a sut mae Mwslimiaid yn byw bywyd o ymostwng i ewyllys Allah; bydd hyn yn cynnwys deall pwysigrwydd y jihad mwyaf. Hefyd bydd angen i chi wybod am y Shahadah, a shirk, yn ogystal â pham nad yw Mwslimiaid yn cael defnyddio delweddau o Allah neu o fodau dynol.

⚠️ Drwy gydol y llyfr hwn, mae'r gair 'Duw' wedi cael ei ddewis yn lle'r gair 'Allah' i bwysleisio, i'r darllenwyr sydd ddim yn Fwslimiaid, fod Mwslimiaid yn addoli Duw ac nid rhyw fod arall. Fodd bynnag, mae'r ddau derm yn cael eu defnyddio yn y fanyleb a bydd y naill a'r llall yn cael eu derbyn mewn atebion i gwestiynau arholiad.

Allah fel un Duw ADOLYGU ☐

Crefydd monotheïstig yw Islam, ac mae'n dysgu mai un Duw yn unig sydd, a bod Duw yn un hefyd. '**Tawhid**' yw'r enw ar hyn. I Fwslimiaid does dim duwiau, duwiesau neu fodau dwyfol eraill: un yw Duw, does dim un arall; a does dim unrhyw blentyn, partner neu rywun sy'n cyfateb iddo.

Cysyniad allweddol

Tawhid – 'unoliaeth' wrth gyfeirio at Dduw – dyma'r gred Fwslimaidd sylfaenol am unoliaeth Allah.

Un Duw hollgyffredinol gwirioneddol sydd, ac Ef yw'r unig Un, er Ei fod yn dangos nifer o nodweddion. Mae Qur'an 3:18 yn dweud yn eglur: 'Does dim duwdod heblaw amdano Ef (Duw), yr Aruchel o ran Grym, y Doeth.' ac mae 46:33 yn cyfeirio at '... mae ganddo (Duw) y grym i ewyllysio unrhyw beth.'

Rhinweddau Allah yn y Qur'an ADOLYGU ☐

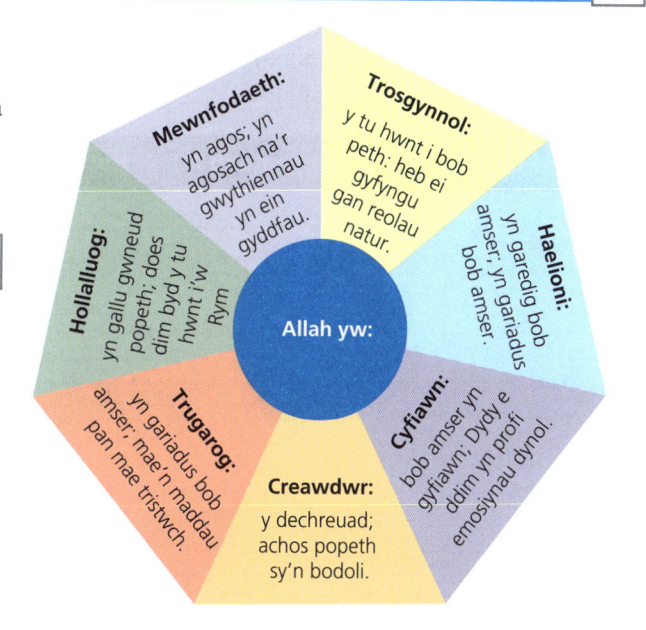

Allah yw:
- **Mewnfodaeth:** yn agos; yn agosach na'r gwythiennau yn ein gyddfau.
- **Trosgynnol:** y tu hwnt i bob peth; heb ei gyfyngu gan reolau natur.
- **Haelioni:** yn garedig bob amser, yn gariadus bob amser.
- **Cyfiawn:** bob amser yn gyfiawn; Dydy e ddim yn profi emosiynau dynol.
- **Creawdwr:** y dechreuad; achos popeth sy'n bodoli.
- **Trugarog:** yn gariadus bob amser; mae'n maddau pan mae tristwch.
- **Hollalluog:** yn gallu gwneud popeth; does dim byd y tu hwnt i'w Rym.

Cwestiynau enghreifftiol

Ymarfer cwestiwn (b)

Edrychwch ar y cwestiwn math (b) canlynol a'r pwyntiau a awgrymir i chi eu defnyddio mewn ateb. Cofiwch fod 5 marc ar gael, ac y bydd angen i chi gwblhau eich ateb mewn tua phum munud. Dewiswch o'r pwyntiau yn y rhestr a datblygwch eich ateb i ddangos eich gwybodaeth a'ch dealltwriaeth o 'Tawhid', a sut mae'r gred hon yn dylanwadu ar Fwslimiaid, yn unigol ac yn eu cymunedau. Cofiwch gynnwys iaith grefyddol/ arbenigol, termau a ffynonellau awdurdod.

Disgrifiwch ddysgeidiaeth Mwslimaidd am Tawhid (Unoliaeth) Allah. [5 marc]

Pwyntiau posibl i'ch ateb:
- Crefydd undduwiaeth yw Islam.
- Mae'r Shahadah yn dweud bod…
- Mae Duw yn hollgyffredinol i'r holl bobl.
- Ystyr y gair Allah yw…
- Mae Tawhid yn cysylltu â'r syniad o gymuned Fwslimaidd.
- Mae'r Qur'an yn dweud yn eglur bod…

CBAC TGAU Astudiaethau Crefyddol Uned 1 Crefydd a Themâu Athronyddol

99 enw Duw

Yn ogystal â nodweddion Duw sy'n cael eu disgrifio yn yr adran hon, mae llawer o wahanol 'enwau' am Dduw yn y Qur'an a'r Hadith – yn wir, mae 99 o enwau wedi'u rhestru yn y traddodiadau Islamaidd. Fydd dim disgwyl i chi eu gwybod nhw i gyd, ond bydd y gweithgaredd isod yn eich helpu i gofio rhai ohonyn nhw ac i'w gweld nhw yng ngoleuni'r nodweddion a ddisgrifiwyd yn barod.

Gweithgaredd

99 enw Duw

Yn y tabl cyntaf mae rhai o'r 99 o enwau Duw y mae Mwslimiaid yn eu defnyddio. Penderfynwch pa nodwedd ar Dduw sy'n cysylltu fwyaf â'r enw a llenwch y tabl isod. Cofiwch y tabl hwn ar gyfer eich atebion yn yr arholiad.

tosturiol	amyneddgar	hollalluog	aruchel
meithrinwr	hael	rhoddwr bywyd	hollol gyfiawn
un sy'n clywed popeth	ysblennydd	anorchfygol	caredig
un sy'n rhoi pardwn	un sy'n cwmpasu popeth	anfeidraidd	maddeugar

Mewnfodaeth	Trosgynoldeb	Hollalluog	Haelioni	Trugarog

Ystyr 'ymostwng' mewn Islam

Bydd y diagram sy'n dilyn yn eich helpu i ddeall ac i gofio ystyr ymostwng mewn Islam.

Y gair 'Islam' = **Ymostwng** mewn Arabeg → Ymostwng mewn Islam = Rhoi Allah uwchlaw popeth arall: ewyllys a dyheadau personol, y teulu, ffrindiau, gyrfa, beth bynnag …

Pwysigrwydd y jihad mwyaf

ADOLYGU

Mae'n bwysig deall bod dau fath o jihad mewn Islam – y jihad mwyaf, sef yr ymdrech ysbrydol i ddilyn y llwybr a osododd Duw i fodau dynol; a'r 'jihad lleiaf' sef y frwydr i amddiffyn Islam (rhyfel sanctaidd).

✋ Y jihad mwyaf

Y jihad mwyaf yw:
- yr ymdrech bersonol i wneud yr hyn sy'n iawn i Dduw
- y dyhead a'r ymrwymiad i fyw'r bywyd Mwslimaidd perffaith:
  - Dilyn y Pum Piler.
  - Dilyn y llwybr a osododd y Proffwyd Muhammad (fel mae'r Sunnah yn dweud).
  - Ceisio cyfiawnder a thegwch i bawb.
  - Codi uwchlaw eich trachwant a'ch hunanoldeb eich hunan.
- rheoli dyheadau personol a brwydro yn erbyn diogi drwy ddisgyblaeth a gweddïo
- annog yr hyn sy'n gywir (ma'ruf), yn eich bywyd eich hunan yn ogystal ag yn y byd
- parchu credoau pobl eraill a byw mewn heddwch a chytgord, ac ufuddhau i'r gyfraith.

Gweithgaredd

Y jihad mwyaf

Dyfeisiwch ddull – efallai acrostig sy'n defnyddio 'Jihad', neu 'ma'ruf' – i gofio pum pwynt sy'n helpu i esbonio pwysigrwydd y jihad mwyaf yn y ffordd Fwslimaidd o fyw. Mae enghraifft o bob un wedi'i dechrau i chi isod. Cwblhewch un ohonyn nhw.

M	wslimiaid yn ceisio byw bywyd perffaith drwy...	J	ihad yw cyfiawnder a thegwch, a chodi uwchlaw hunanoldeb a thrachwant
A' .... a thrwy		I	
R	oi parch at gredoau pobl eraill a byw mewn heddwch a chytgord.	H	unanddisgyblaeth a bod ag ymrwymiad yw rhai o'r pethau mwyaf pwysig
U		A	
F	elly, ffyddlondeb a thegwch a chodi uwchlaw trachwant a hunanoldeb yw'r jihad mwyaf.	D	ilyn ffordd o fyw berffaith i Fwslimiaid yw'r nod.

CBAC TGAU Astudiaethau Crefyddol Uned 1 Crefydd a Themâu Athronyddol

Shahadah

ADOLYGU

Mae'r **Shahadah** yn crynhoi crefydd Islam: y gred yn yr un a'r unig Dduw Hollalluog, a derbyn y Proffwyd Muhammad fel y negesydd olaf a gafodd ei anfon gan Dduw i ddatguddio'r llwybr dwyfol i fywyd.

> **Cysyniad allweddol**
>
> **Shahadah** – datganiad ffydd sy'n cynnwys y geiriau, 'Does dim duw ond Allah, y Proffwyd Muhammad yw Negesydd Allah.'

Beth yw'r Shahadah?	Y Piler Ffydd cyntaf. Mae'n ddatganiad o ffydd: 'Does dim Duw ond Allah (Duw), a Muhammad yw proffwyd Duw.' Enw arall ar y geiriau hyn yw Gweddi Kalimah. Mae'r Qur'an 3:18 yn dweud hefyd: 'Does dim duwdod heblaw amdano Ef, yr Aruchel o ran Grym, y Doeth.'
Pryd mae'r Shahadah yn cael ei adrodd?	Drwy gydol y dydd; mae'n cael ei gyhoeddi yn yr adhan (galwad i weddi); mae'n cael ei adrodd ar bob un o'r pum adeg i weddïo. Geiriau'r Shahadah yw'r geiriau cyntaf sy'n cael eu sibrwd wrth glust baban newydd anedig, a'r geiriau olaf sy'n cael eu siarad wrth glustiau'r rhai sy'n marw. Mae'r geiriau ar wefusau milwyr mewn brwydr.
Pam mae'r Shahadah yn bwysig?	Mae'n nodi cred ganolog Mwslimiaid yn yr un gwir Dduw sy'n unoliaeth. Mae'n dangos bod Mwslimiaid yn gwrthod monotheïstiaeth (amldduwiaeth, llawer o dduwiau) neu atheistiaeth (dim duw). Mae'n gwadu'r gred Gristnogol yn y Drindod (Duw fel Tad, Mab ac Ysbryd Glân). Adrodd y Shahadah yw'r ffordd o gael tröedigaeth i Islam.

Pechod yn erbyn Allah (shirk)

ADOLYGU

Mae'r Shahadah yn ei gwneud hi'n eglur bod Islam yn credu mai un Duw sydd, ac oherwydd hynny, mai **shirk** – pechod yn erbyn Duw – yw addoli unrhyw beth arall, neu unrhyw ffurf arall heblaw am yr un gwir Dduw

> Fel dywedir yn y Shahadah, mae Islam yn credu mewn un Duw yn unig. Mae addoli unrhyw un neu unrhyw beth arall yn cael ei ystyried yn bechod (shirk).

> **Cysyniad allweddol**
>
> **Shirk** – gwneud cymhariaeth; ystyried bod unrhyw beth yn gydradd ag Allah neu'n bartner iddo.

✋ Y rhesymau dros wahardd delweddau o Dduw

ADOLYGU

- Unoliaeth yw Duw a does ganddo ddim cynorthwywyr, cymdeithion neu bartneriaid.
- Duw'n unig sydd i fod i gael ei addoli, felly mae'n well cael gwared ar bopeth fyddai'n gallu tynnu sylw oddi ar ei addoli Ef.
- Byddai unrhyw ddelweddau neu ddarluniau o anifeiliaid neu wrthrychau naturiol yn gallu dod yn wrthrych addoli ac felly maen nhw'n shirk.
- Hefyd mae unrhyw ddelwedd ddynol wedi'i gwahardd.
- Mae darluniau o'r Proffwyd Muhammad hefyd yn debygol o'i fychanu neu o'i amharchu ac felly dylai Mwslimiaid eu hosgoi.

> **Gweithgaredd**
>
> **Shirk**
>
> Sut gallai Mwslim ymateb i'r gosodiad isod? Rhowch ateb manwl, gan ddefnyddio'r wybodaeth sy'n cael ei rhoi.
>
> 'Mae'n amhosibl osgoi shirk yn yr unfed ganrif ar hugain.'

Atebion: www.hoddereducation.co.uk/fynodiadauadolygu

Credoau: Y Qur'an

Yn yr adran hon bydd angen i chi wybod am y **Qur'an** fel testun sanctaidd ac fel canllaw i fywyd bob dydd; sut cafodd ei ddatgelu gan Dduw (Allah) i'r Proffwyd Muhammad drwy'r Angel Jibril. Yn ogystal, bydd angen i chi wybod pam mae'r Hadith a'r Sunnah yn bwysig i Fwslimiaid a bydd angen i chi allu rhoi ac esbonio enghreifftiau o ddangos parch at y Qur'an fel gair uniongyrchol Allah.

> **Cysyniad allweddol**
>
> **Qur'an** (rhywbeth sy'n cael ei ddarllen neu ei adrodd) – y llyfr dwyfol a ddatguddiwyd i'r Proffwyd Muhammad, datguddiad olaf Allah i'r ddynoliaeth.

Ystyr y gair 'Qur'an' yw darllen neu adrodd ac mae'n adlewyrchu'r gred Fwslimaidd bod yr Angel Jibril wedi gorchymyn i'r Proffwyd Muhammad adrodd neu lefaru'r geiriau roedd Duw yn eu rhoi iddo. Felly mae datguddiad y Qur'an yn cael ei weld fel sain fyw, ac felly mae Mwslimiaid yn gweld ei fod fwyaf hardd ac yn ysbrydoli fwyaf pan mae'n cael ei adrodd ar goedd.

Beth yw'r Qur'an?	Mae'n destun sanctaidd ac yn arweiniad cyflawn i bob bod dynol.
Pryd cafodd ei ddatguddio?	Cafodd ei ddatguddio gan Dduw i'r Proffwyd Muhammad (drwy'r Angel Jibril) dros gyfnod o 23 o flynyddoedd. Cafodd ei ysgrifennu i lawr gan ei ddilynwyr a'i gasglu yn un llyfr yn fuan wedi marwolaeth y Proffwyd yn 632 OCC.
Pam mae'n bwysig i Fwslimiaid heddiw?	Gair uniongyrchol Duw (Allah) yw e, ac felly rhaid ei astudio a'i ddysgu mewn Arabeg (ei iaith wreiddiol). Mae llawer o Fwslimiaid yn dysgu adrodd y Qur'an ar eu cof. Pan fyddan nhw'n gallu gwneud hyn, maen nhw'n cael eu hadnabod fel 'hafiz'.

Y Qur'an fel testun sanctaidd a chanllaw i fywyd bob dydd

- Yn rhoi rheolau am ddeiet halal a haram.
- Yn dysgu sut i weddïo.
- Yn dysgu sut i drin pobl eraill.
- Yn helpu i lywio pob gweithred a meddwl.
- Yn dysgu am fyw bywydau da.
- Yn atgoffa dilynwyr i helpu'r tlawd.
- Yn rhoi cyngor ar ddangos caredigrwydd i rieni.
- Yn gwahardd godineb.
- Yn rhybuddio am fod yn wastraffus.
- Yn cynghori Mwslimiaid i fod yn onest ac i beidio â hel clecs.
- Yn rhoi cyfarwyddiadau ar gadw addewidion.

✋ Datguddiad y Qur'an

[ADOLYGU]

- Mae Duw yn defnyddio bodau arbennig (proffwydi ac angylion) i gyfleu Ei neges i bobl. Datguddiad yw'r enw ar neges o wirionedd fel hyn.
- Wrth i Muhammad fyfyrio mewn ogof ger Makkah, ymwelodd yr Angel Jibril ag ef. Gorchmynnodd iddo adrodd y geiriau a ymddangosodd o'i flaen. Laylat-ul-Qadr (Noson Nerth) yw'r enw ar hyn.

- Am 23 o flynyddoedd roedd rhagor o ddatguddiadau, gan gynnwys:
  ○ un gwir dduw sydd, Arglwydd daioni a grym
  ○ dylai pobl ddangos diolchgarwch i Dduw drwy ei addoli
  ○ bydd dydd y farn pan fydd Duw yn barnu ein bywydau.
- Yn 2:97–98, mae'r Qur'an yn pwysleisio bod y datguddiad drwy Jibril yn dod gydag awdurdod llawn oddi wrth Dduw: '…oherwydd ef sydd wedi datgelu [yr Ysgrythur hon] i'th galon drwy ganiatâd Allah, yn cadarnhau'r hyn (a ddatgelwyd) cynt…'
- Oherwydd bod hyn wedi'i ddatguddio, mae llawer o Fwslimiaid yn credu mai'r Qur'an yw gair uniongyrchol a pherffaith Duw, ac felly rhaid iddo gael ei barchu a'i anrhydeddu.

Pwysigrwydd Hadith a Sunnah i Fwslimiaid

ADOLYGU

Er mwyn dilyn y ffordd Fwslimaidd o fyw, mae'n bwysig bod credinwyr yn gwybod sut mae ymdrin â sefyllfaoedd ac amgylchiadau bywyd. Y Qur'an, fel y testun sanctaidd a gair uniongyrchol Duw, yw'r ffynhonnell awdurdod mwyaf pwysig. Ond bydd Mwslimiaid yn cael help yn yr Hadith hefyd (dywediadau'r Proffwyd Muhammad), yn ogystal â'r Sunnah (y cofnod o'i weithredoedd).

Cysyniad allweddol

Hadith (dywediad, adroddiad neu hanesyn) – dywediadau'r Proffwyd Muhammad, wedi'u cofnodi gan ei dylwyth, ei ddisgynyddion a'i gyfoedion. Dyma rai o brif ffynonellau'r gyfraith Islamaidd.

Mae Mwslimiaid yn credu mai'r Qur'an yw gair uniongyrchol a pherffaith Duw. Fodd bynnag, mae Mwslimiaid yn derbyn bod angen deall pethau weithiau nad ydyn nhw wedi'u cynnwys yn y Qur'an. I gael yr help hwn maen nhw'n troi at y Sunnah a'r **Hadith**. Mae'r rhain wedi'u disgrifio yn y diagram:

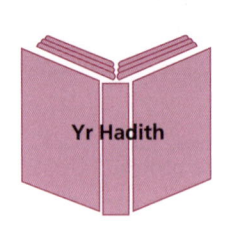

Y Sunnah
- cofnod o bopeth wnaeth Muhammad
- yr ail ffynhonnell awdurdod fwyaf pwysig i Fwslimiaid
- yn dysgu'r llwybr perffaith sut dylai Mwslimiaid fyw
- yn ysbrydoliaeth i bob Mwslim

Yr Hadith
- dywediadau Muhammad
- wedi'u cofnodi gan ei deulu a'i gymdeithion
- yn cynnwys y bregeth olaf a roddodd Muhammad cyn ei farwolaeth
- roedd y bregeth hon yn dweud wrth ddilynwyr am ufuddhau i'r Qur'an ac i'r Sunnah

Gweithgaredd

Cwestiwn (a)

Isod mae cwestiwn (a) nodweddiadol. Ysgrifennwch ddau osodiad eglur sy'n ateb y cwestiwn.

(a) Beth yw ystyr 'Hadith'?

Cyngor

Bydd y cwestiwn cyntaf yn yr arholiad bob amser yn gofyn am ddiffiniad o un o'r cysyniadau. I gael marciau llawn rhaid i chi roi diffiniad cywir. Gwnewch yn siŵr eich bod yn dysgu pob un o'r deuddeg cysyniad yn gywir.

Atebion: www.hoddereducation.co.uk/fynodiadauadolygu

> **Gweithgaredd**
>
> **Gwneud cysylltiadau**
>
> Wrth i chi ddysgu am Islam, mae'n bwysig eich bod chi'n cysylltu'r pethau newydd rydych chi'n eu dysgu â'ch gwybodaeth flaenorol.
>
> Edrychwch ar y parau o eiriau canlynol ac ysgrifennwch frawddeg sy'n dangos y cysylltiad rhwng y ddau.
>
> | | |
> |---|---|
> | Allah | y Proffwyd Muhammad |
> | Tawhid | Allah |
> | Al Qadr | ewyllys rydd |
> | Sunnah | Hadith |
> | Y Shahadah | shirk |
> | Qur'an | datguddiad |

Sut mae Mwslimiaid yn dangos parch at y Qur'an

ADOLYGU

Mae Mwslimiaid yn credu bod y Qur'an yn cynnwys y geiriau oddi wrth Dduw (Allah) a ddatguddiwyd i Muhammad drwy'r Angel Jibril, felly mae'n cael ei drin yn barchus iawn. Bydd Mwslimiaid, o bob cenedl a phob iaith, yn adrodd ac yn astudio'r Qur'an yn yr iaith Arabeg wreiddiol. Drwy hyn, gallan nhw fod yn siŵr nad yw ystyr yr hyn maen nhw'n ei ddarllen wedi cael ei newid wrth gyfieithu.

> **Cyngor**
>
> **Gwneud cysylltiadau**
>
> Yn eich arholiad cewch chi ailadrodd cynnwys ond gwnewch yn siŵr ei fod yn berthnasol i'r cwestiwn. Wrth i chi adolygu, ystyriwch y pethau rydych chi wedi'u dysgu'n barod ac edrychwch i weld pa gysylltiadau y gallwch chi eu gwneud â themâu athronyddol Materion bywyd a marwolaeth a Materion daioni a drygioni.

> **Gweithgaredd**
>
> **Parch at y Qur'an**
>
> Esboniwch sut mae pedair o'r enghreifftiau yn y diagram isod yn dangos parch at y Qur'an.

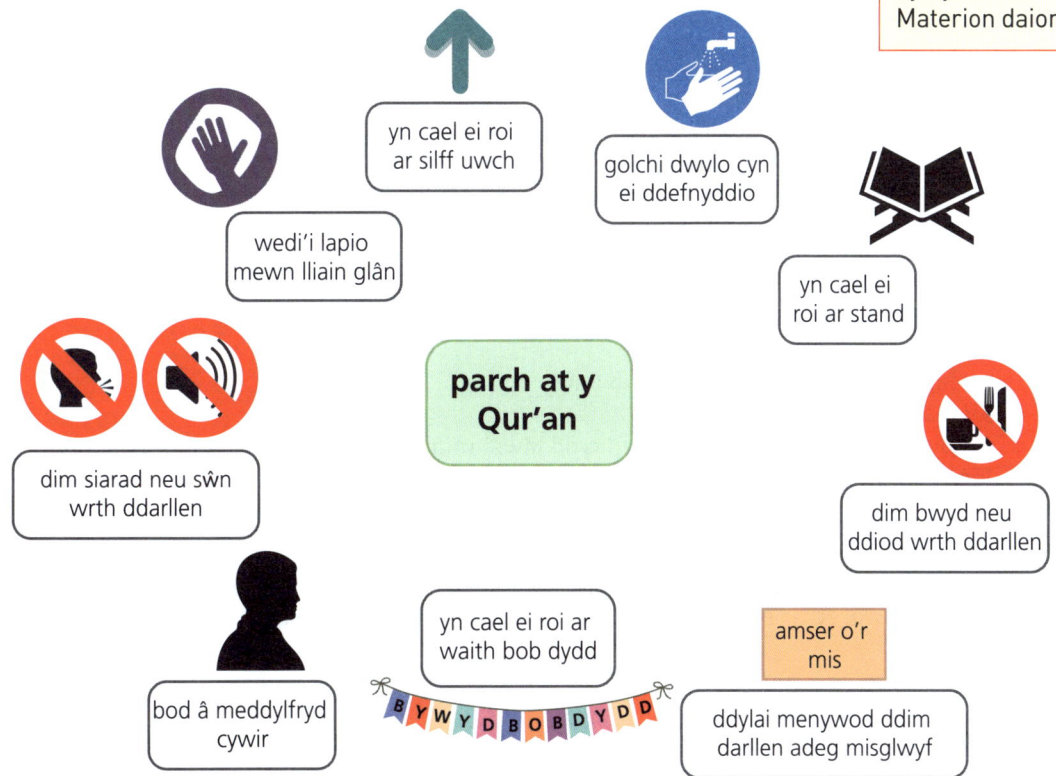

parch at y Qur'an

- yn cael ei roi ar silff uwch
- wedi'i lapio mewn lliain glân
- golchi dwylo cyn ei ddefnyddio
- yn cael ei roi ar stand
- dim siarad neu sŵn wrth ddarllen
- dim bwyd neu ddiod wrth ddarllen
- bod â meddylfryd cywir
- yn cael ei roi ar waith bob dydd
- BYWYD BOB DYDD
- amser o'r mis
- ddylai menywod ddim darllen adeg misglwyf

CBAC TGAU Astudiaethau Crefyddol Uned 1 Crefydd a Themâu Athronyddol

Arferion: Gweddïo/salat

Yn y maes astudio hwn byddwch chi'n ystyried **salat** (gweddïo). Mae hyn yn cynnwys gweddïo gartref neu'n breifat, a gweddïo yn y mosg, yn enwedig gweddïau Jummah ar ddydd Gwener. Mewn Islam, mae paratoadau penodol at weddïo – wudu a niyyah – a rhaid i chi fod yn gyfarwydd â'r rhain. Hefyd bydd angen i chi allu disgrifio ac esbonio arwyddocâd a symbolaeth y gwahanol safleoedd gweddïo sy'n gwneud rakat.

Gweddïo (salat)

ADOLYGU

> **Cysyniad allweddol**
>
> **Salat** – cyfathrebu gorfodol ag Allah a'i addoli dan amodau penodol, yn y modd y dysgodd y Proffwyd Muhammad, ac wedi'i adrodd yn Arabeg. Mae Mwslimiaid yn credu mai Allah sydd wedi pennu amser y pum cyfnod salat.

Gan fod Mwslimiaid yn credu mai Allah sy'n pennu'r amseroedd ac maen nhw eisiau dilyn ewyllys Allah, mae gweddïo'n rhan hanfodol ac anhepgorol o fywyd bob dydd. Nid yn unig mae'n bwysig fel gweddïo ynddo ei hun, ond hefyd fel y ffordd bwysicaf o addoli Duw.

Beth yw salat?	• Dyma ail Biler y Ffydd, y ddyletswydd sydd ar bob Mwslim i weddïo bum gwaith y dydd yn wynebu Makkah (cyfeiriad qibla).
	• Gweithgaredd corfforol, meddyliol ac ysbrydol sy'n dod â chredinwyr yn agos at Dduw; mae'n cynnwys dilyniant o symudiadau (rakat), sy'n dilyn patrwm arbennig. Bydd yr addolwr yn:
	  ○ sefyll yn dawel, gan adrodd gweddïau o'r Qur'an
	  ○ ymgrymu'n isel, gyda'r dwylo ar y pengliniau
	  ○ syrthio ar yr wyneb ar y llawr, er mwyn darostwng i Dduw
	  ○ penlinio, gyda'r traed wedi'u plygu o dan y corff
	  ○ sefyll, adrodd gweddïau, unwaith yn wynebu'r dde ac unwaith yn wynebu'r chwith.

Pryd mae salat yn cael ei wneud?	Mae salat yn cael ei wneud:
	• ar ôl paratoi (gan fod mynd i bresenoldeb Duw yn gofyn am barch a pharchedigaeth);
	• ar ôl datgan y bwriad (niyyah) i ganolbwyntio'n fwriadol ar Dduw
	• ar ôl wudu (ymolchi rhannau penodol o'r corff: y dwylo, y geg, y trwyn, yr wyneb, y breichiau, y pen a'r traed) – arwyddion allanol o'r glendid mewnol sydd ei angen; bum gwaith y dydd:
	  ○ Fajr (ychydig ar ôl y wawr)
	  ○ Zuhr (ychydig ar ôl canol dydd)
	  ○ As'r (yn hwyr y prynhawn)
	  ○ Maghrib (ychydig ar ôl machlud haul)
	  ○ Isha (wedi iddi dywyllu)
	• ar ddydd Gwener mewn mosg pan fydd Mwslimiaid yn ymgasglu ar gyfer gweddïau Jummah (cynulleidfaol).

Pam mae salat yn bwysig?	Mae'n atgoffa credinwyr i ddiolch am fendithion Duw. Mae'n arwydd o ymostwng i ewyllys Duw ac mae'n atgoffa Mwslimiaid yn barhaus o bresenoldeb Duw; mae'n glanhau llygredd y byd; mae'n uno'r Mwslimiaid i gyd; mae'n dod â heddwch i'r byd; mae'n cael gwared ar bechodau, fel mae dŵr yn golchi baw i ffwrdd.

Atebion: www.hoddereducation.co.uk/fynodiadauadolygu

Yr alwad i weddïo (adhan)

Yr **adhan** yw'r alwad Islamaidd i weddïo sy'n cael ei chlywed cyn pob un o'r pum gweddi ddyddiol. Mae'n sicrhau bod Mwslimiaid yn ffyddlon yn eu dyletswydd grefyddol i weddïo. Yn draddodiadol, byddai muezzin (gwas neu swyddog y mosg, wedi'i ddewis oherwydd ei gymeriad da) yn galw'r adhan o ben minarét, ond y dyddiau hyn mae fel arfer yn cael ei ddarlledu o gwmpas yr adeilad drwy system sain y mosg. Mae Mwslim ffyddlon yn ymateb drwy ddechrau paratoi i weddïo.

> **Cysyniad allweddol**
>
> **Adhan** – galwad i weddïo, fel arfer wedi'i datgan gan muezzin.

Gweddïo mewn mosg

- Mae Mwslimiaid yn hoffi gweddïo mewn mosg, yn enwedig ar gyfer gweddïau cynulleidfaol dydd Gwener (Jummah) gan fod y Qur'an yn ei gwneud hi'n eglur bod '…gweddïo yn gwahardd anfoesoldeb a drygioni…' ac y dylai pobl '…fod gyda'r rhai sy'n ymostwng [i Dduw]…' (15:98–99, a 29:45).
- Mae cyd-weddïo'n cryfhau'r 'ummah' neu gymuned y credinwyr.
- Mae paratoadau wudu a niyyah yn cael eu gwneud cyn gweddïo.
- Bydd menywod yn gweddïo mewn rhan ar wahân neu yng nghefn yr ystafell weddïo.
- Fel arfer mae pregeth (khutbah) gan imam.

J	ummah yw'r cydweddïo sy'n cryfhau'r
U	mmah, neu gymuned y credinwyr, yn ogystal â ffydd bersonol.
M	ae paratoi drwy ymolchi (wudu) yn digwydd yn gyntaf, yna mae
M	wslimiaid yn symud mewn dilyniant gydag eraill i wneud rakat gweddïo, gan wynebu'r qibla.
A	r ôl hyn rhaid rhoi sylw i bregeth (khutbah) yr imam.
H	efyd mae'r Hadith yn cynnwys datganiad bod angylion yn sefyll wrth ddrysau'r mosg ac yn nodi enwau'r rhai sy'n mynychu gweddïau Jummah.

Gweddïo gartref ac yn breifat

Mae'n bosibl adrodd gweddïau salat yn y mosg neu gartref, er bod disgwyl i ddynion Mwslimaidd fynd i'r mosg ar gyfer gweddïau Jummah dydd Gwener.

Pan maen nhw'n gweddïo gartref, rhaid i Fwslimiaid:
- fod â lle tawel, glân i ymgrymu ac i syrthio ar yr wyneb
- defnyddio ystafell sydd wedi'i neilltuo ar gyfer gweddïo os yw'n bosibl
- defnyddio man lle nad oes esgidiau byth yn cael eu gwisgo.

Weithiau mae pobl yn dewis gweddïo'n ddigymell ar adegau ychwanegol at weddïau salat. Gweddïau **Du'ah** yw'r enw ar y rhain.

> **Cysyniad allweddol**
>
> **Du'ah** – gwahanol fathau o weddïo personol.

Gweddïau Du'ah

Gall y rhain fod ar ffurfiau gwahanol fel:
- diolch i Dduw
- gofyn i Dduw am faddeuant neu am help
- ceisio arweiniad
- ceisio bendithion gan Dduw
- weithiau defnyddir gleiniau gweddïo (subhah).

> Pan mae pobl wirioneddol yn caru Duw ac eisiau gwneud amser i gyfathrebu'n bersonol ag Ef, maen nhw'n dewis gweddïo'n aml, pan maen nhw'n dihuno, a'r peth diwethaf gyda'r nos, ar ran teulu a ffrindiau pan mae sefyllfaoedd anodd yn codi.

Paratoadau a'r bwriad i weddïo

- Gan mai cyfathrebu'n uniongyrchol â Duw yw gweddïo, rhaid i Fwslim fod â'r bwriad cywir (niyyah).
- Rhaid i weddïo fod yn weithred fwriadol i neilltuo amser i ganolbwyntio ar Dduw ac i sicrhau ymdeimlad dwfn o barch a pharchedigaeth.
- Rhaid i'r man lle mae'r gweddïo'n mynd i ddigwydd (gartref, yn y mosg neu mewn man arall) fod yn lân, gyda digon o le i sefyll, penlinio ac ymgrymu, gan wynebu cyfeiriad Makkah.
- Weithiau defnyddir mat gweddïo, yn enwedig wrth weddïo mewn lle heblaw am fosg neu ystafell weddïo gartref.
- Cyn dechrau gweddïo, rhaid gwneud wudu (golchi'r dwylo, y geg, y trwyn, yr wyneb, y breichiau, y pen a'r traed). Arwydd allanol yw hyn o'r glendid mewnol sy'n ofynnol er mwyn bod ym mhresenoldeb Duw.

Arwyddocâd a symbolaeth safleoedd gweddïo

Beth yw rakat?	• Dilyniant o symudiadau â phatrwm penodol, sy'n rhoi'r drefn weddïo.
	• Maen nhw'n cynnwys:
	  ○ sefyll yn dawel, gan adrodd gweddïau o'r Qur'an
	  ○ ymgrymu'n isel, gyda'r dwylo ar y pengliniau
	  ○ syrthio ar yr wyneb
	  ○ penlinio gyda'r traed wedi'u plygu o dan y corff
	  ○ sefyll, gan adrodd 'tangnefedd fo arnoch', a 'bendith Duw', unwaith yn wynebu'r dde ac unwaith yn wynebu'r chwith.

Symbol o beth yw'r safleoedd?	• Cydnabod mawredd Duw a chau allan popeth arall a allai dynnu sylw. • Mae'n dangos parch a chariad at Dduw. • Mae'n arwydd o ymostwng yn llwyr i Dduw. • Mae'n dangos agwedd o ostyngeiddrwydd. • Mae'n dangos parch at yr addolwyr eraill ac at yr angylion gwarcheidiol.
Pam mae'r safleoedd gweddïo'n bwysig?	• Mae'r symudiadau corfforol yn llai pwysig na'r bwriad cywir. Qur'an 4:103: 'Ac wedi i chi gwblhau'r weddi, cofiwch am Dduw, boed yn sefyll, yn eistedd, neu [yn gorwedd] ar eich ochrau.' • Mae'r gweddïau'n dilyn patrwm penodol i bob Mwslim, ac felly maen nhw'n cryfhau'r ummah.

Arferion: Gweithredoedd gorfodol

Shahadah

ADOLYGU

Mae'r **Shahadah** yn crynhoi crefydd Islam: y gred yn yr un a'r unig Dduw Hollalluog, a derbyn y Proffwyd Muhammad fel y negesydd olaf a gafodd ei anfon gan Dduw i ddatguddio'r llwybr dwyfol i fywyd.

Cysyniad allweddol

Shahadah – datganiad ffydd sy'n cynnwys y geiriau, 'Does dim duw ond Allah, y Proffwyd Muhammad yw Negesydd Allah.'

Gan fod y Shahadah yn crynhoi credoau allweddol Mwslimiaid ac yn dangos ffydd credinwr yn Allah a'r Proffwyd Muhammad yn eglur, mae'n aml yn cael ei ailadrodd yn ystod bywyd bob dydd, yn ystod addoliad, ac mewn seremonïau crefyddol eu natur.

Gweithgaredd

Y Shahadah

Llenwch y tabl isod drwy esbonio pam mae'n bwysig i'r Shahadah gael ei adrodd ar yr achlysuron hyn.

Achlysuron pan mae'r Shahadah yn cael ei adrodd	Pam mae'n bwysig?
Mewn gweddïau dyddiol (salat)	
Yn ystod gweddïau preifat (du'ah)	
Yn yr adhan (yr alwad i weddïo)	
Adeg aqiqah (ar ôl genedigaeth baban)	
Pan mae Mwslim ar fin marw	
Pan mae milwyr yn mynd i ryfel	
Pan mae person eisiau cael tröedigaeth i Islam	

Zakat

ADOLYGU

Mae'r Qur'an yn cydnabod bod arian a chyfoeth yn gallu llygru agweddau a bwriadau pobl yn hawdd, fel bod perthnasoedd, bywyd cymunedol ac agosatrwydd person at Dduw yn chwalu. Felly, fel mae Duw wedi rhoi eu cyfoeth a'u heiddo i bobl, mae **zakat** yn weithred o lanhau er mwyn defnyddio'r hyn sydd wedi cael ei roi at ddibenion da, ac i rannu, yn enwedig â'r rhai a all fod mewn angen.

Cysyniadau allweddol

Zakat – puro cyfoeth drwy roi i elusen yn flynyddol. Gweithred orfodol o addoli.

Saddaqah – taliad gwirfoddol neu weithred dda am reswm elusennol.

Mae'r trydydd Piler Ffydd – zakat – yn ddyletswydd y mae'n rhaid i bob Mwslim ei thalu bob blwyddyn. Ond mae'n bwysig mewn Islam fod pobl yn rhoi'n hollol wirfoddol hefyd. Mae'n bosibl i berson wneud hyn oherwydd ei fod yn teimlo'n hael neu'n dosturiol, neu oherwydd ei fod eisiau gofyn i Dduw am faddeuant, neu ddiolch Iddo am ryw fendith y mae wedi'i chael. Fel zakat, mae **saddaqah** yn weithred o addoli, ac mae'n dangos ymroddiad person i Dduw a'r ffordd Fwslimaidd o fyw.

CBAC TGAU Astudiaethau Crefyddol Uned 1 Crefydd a Themâu Athronyddol

Beth yw zakat?	Dyma'r trydydd Piler Ffydd, treth 2.5 y cant ar gyfoeth. Mae'n arfer elusen, sef rhoi arian i'r tlawd, i'r anghenus ac i deithwyr; mae'n ddyletswydd i rannu lwc dda rydych chi wedi'i gael ac i beidio â'i gadw mewn ffordd hunanol. Mae'n cael ei gysylltu'n agos â gweddïo, ac mae'n rhwymedigaeth ac yn ffurf ar addoliad.
Pryd mae zakat yn cael ei roi?	Mae'n cael ei roi bob blwyddyn fel dyletswydd, ond hefyd ar adegau eraill yn wirfoddol. Hefyd mae Mwslimiaid Shi'a yn rhoi 20 y cant o unrhyw gyfoeth dros ben fel khums. Mae hanner hwn yn mynd at gyfreithwyr ac ysgolheigion (ar gyfer eu haddysg a'u costau byw), a hanner i'r tlawd, y digartref, neu i blant amddifad.
Pam mae zakat yn bwysig?	Bydd Duw yn rhoi gwobr i gredinwyr am eu gweithredoedd rhoi. Mae'n arwydd o lanhau ac o burdeb ac mae'n gyfle i rannu cyfoeth a hefyd i gynnig ffordd i bobl buro eu hunain. Mae bodau dynol i gyd yn khalifahs (cynrychiolwyr Duw ar y ddaear) ac felly maen nhw'n stiwardiaid neu'n ymddiriedolwyr y byd.

Ar gyfer beth gall zakat gael ei ddefnyddio?

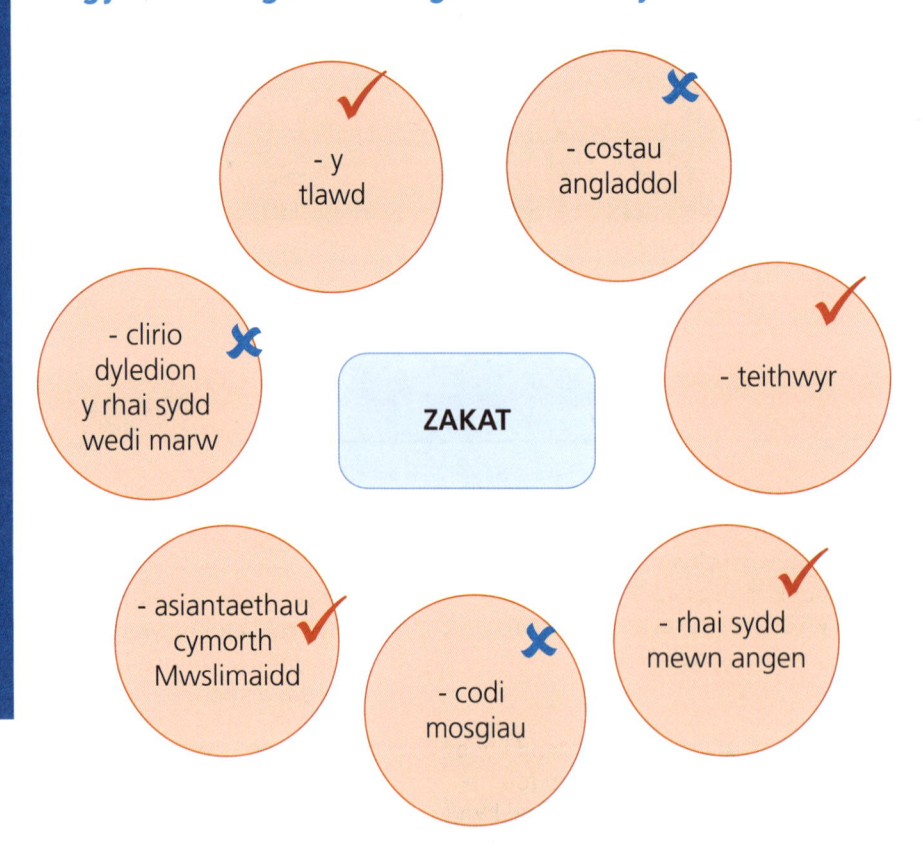

ZAKAT

- y tlawd ✓
- costau angladdol ✗
- teithwyr ✓
- rhai sydd mewn angen ✓
- codi mosgiau ✗
- asiantaethau cymorth Mwslimaidd ✓
- clirio dyledion y rhai sydd wedi marw ✗

Allwedd:

✓ = cewch ddefnyddio zakat i wneud hyn

✗ = chewch chi ddim defnyddio zakat i wneud hyn

Sawm: ymprydio yn ystod mis Ramadan

> **Cysyniad allweddol**
>
> **Sawm** – ymprydio rhwng ychydig cyn y wawr a machlud haul. Rhaid ymwrthod â phob bwyd a diod yn ogystal ag ysmygu a pherthynas rywiol.

Mae'r pedwerydd Piler Ffydd – **sawm** – yn ddyletswydd ar Fwslimiaid i gyd, oni bai eu bod yn sâl neu'n teithio. Mae ymprydio'n dangos ewyllys y credwniwr a'i awydd i reoli'r corff, ac i arfer hunanddisgyblaeth ac adfyfyrio ysbrydol. Mae'r rhain i gyd yn dod â chrediniwr yn nes at Dduw.

Beth yw sawm?	Ymprydio yw sawm. Mae'n amser sydd wedi'i neilltuo i hunanddisgblaeth ac adfyfyrio ysbrydol. Mae'n cynnwys ymatal rhag bwyta, yfed (gan gynnwys dŵr), ysmygu a gweithgarwch rhywiol o doriad gwawr hyd fachlud haul am fis, a hefyd ymatal rhag meddyliau drygionus, gweithredoedd niweidiol a siarad yn angharedig. Caiff pryd arbennig (suhur) ei fwyta cyn y wawr, ac adeg y machlud caiff yr ympryd ei dorri gan yr iftar, cyn rhannu pryd mwy. Mae Mwslimiaid yn ymgasglu mewn mosg ar gyfer gweddïau ychwanegol yn y nos (sy'n cynnwys darlleniadau o adrannau o'r Qur'an fel bod y Qur'an cyfan yn cael ei ddarllen yn ystod y mis). Dylai pob Mwslim fynychu 27ain diwrnod Ramadan – Laylat-ul-Qadr (Noson Nerth).
Pryd mae sawm yn cael ei wneud?	Mae'n cael ei wneud yn ystod mis Ramadan rhwng toriad gwawr a machlud haul bob dydd. Does dim rhaid i'r rhai sy'n sâl neu sy'n teithio ei wneud, er bod disgwyl iddyn nhw ei wneud wedyn.
Pam mae sawm yn bwysig?	Mae'n orchymyn gan Dduw yn y Qur'an ac mae'n dathlu bod Duw wedi rhoi'r Qur'an i fodau dynol. Mae sawm yn atgoffa Mwslimiaid am drugaredd a bendithion Duw. Mae'n helpu Mwslimiaid i uniaethu â'r tlawd. Mae'n helpu i ysbrydoli ac i adnewyddu ffydd bersonol. Mae sawm yn uno cymunedau Mwslimaidd.

> **Gweithgaredd**
>
> Esboniwch sut a pham mae Mwslimiaid yn ymprydio yn ystod Ramadan. Rhaid i chi gynnwys cyfeiriadau at:
> - Ummah
> - Qur'an.

Rheolau am ddeiet halal a haram

ADOLYGU

Yn ogystal â'r ddyletswydd i ymprydio, mae disgwyl i Fwslimiaid gadw rheolau Shari'ah am y bwydydd y maen nhw'n eu bwyta. **Halal** yw'r enw ar y bwydydd sy'n cael eu caniatáu, a haram yw'r rhai sy'n cael eu gwahardd.

> Er mwyn dilyn y ffordd Fwslimaidd o fyw rhaid ufuddhau i gyfreithiau Shari'ah, ac o ran bwyd, rhaid i'r anifeiliaid y mae hawl i'w bwyta fod yn iach, wedi'u lladd gan Fwslim yn ôl y ffordd Islamaidd o ladd (zubih). Does dim hawl bwyta cig moch neu gynhyrchion cig moch.

Cysyniad allweddol

Halal (wedi'i ganiatáu) – unrhyw weithredoedd neu bethau sy'n cael eu caniatáu mewn Islam, e.e. bwyta bwydydd arbennig.

Halal yw'r gair i ddisgrifio'r pethau y mae Duw wedi'u caniatáu, a haram sy'n disgrifio'r pethau gwaharddedig.
Anifeiliaid – rhaid iddyn nhw fod yn iach ac yn lân pan maen nhw'n cael eu lladd. 'Zubih' yw'r enw ar y ffordd benodol Islamaidd o ladd, a rhaid mai Mwslim sy'n gwneud hyn.
Bendith Duw i'r greadigaeth, i anifeiliaid yn ogystal â bodau dynol yw bywyd yn ôl Mwslimiaid. Felly rhaid i ladd anifail ar gyfer bwyd gael ei wneud yn enw Duw. Felly dywedir yr ymadrodd 'bismillah' (yn enw Duw) yn union cyn y lladd.
Alcohol – mae'n cael ei ystyried yn haram, a hefyd gynhyrchion cig moch a chynhwysion fel gelatin o anifeiliaid.
Labeli – bydd y rhain yn aml yn cael eu defnyddio, yng Nghymru ac mewn mannau eraill, i roi gwybod i Fwslimiaid pa fwydydd sy'n halal ac yn haram mewn siopau a bwytai.

Cyngor

Cwestiwn (ch)

Mae dau gwestiwn gwerthuso ym mhob papur arholiad. Mae'r rhain yn gwestiynau pwysig iawn gan eu bod yn werth 15 marc. Edrychwch ar ofynion cwestiynau math (ch) ar dudalen 92. Er mwyn ennill marciau uchel, mae angen i'ch ymateb wneud llawer mwy nag esbonio nifer o bwyntiau.

Am 13 i 15 marc: dadansoddiad a **gwerthusiad rhagorol, hynod fanwl** o'r mater yn seiliedig ar **wybodaeth fanwl** am grefydd, dysgeidiaeth grefyddol a rhesymu moesol i **ddod i farn** ac i **gyflwyno safbwyntiau amgen neu wahanol**. Dealltwriaeth ragorol o **sut mae cred yn dylanwadu ar unigolion, cymunedau a chymdeithasau**. Mae'r ymgeisydd yn defnyddio ac yn dehongli **iaith grefyddol/arbenigol, termau a ffynonellau o ddoethineb ac awdurdod yn helaeth, yn gywir ac yn briodol**.

Cwestiynau enghreifftiol

'Dim ond pan fyddan nhw eisiau gweddïo y dylai Mwslimiaid weddïo.'

Trafodwch y gosodiad hwn gan ddangos eich bod wedi ystyried mwy nag un safbwynt. Mae'n rhaid i chi gyfeirio at grefydd a chredo yn eich ateb. [15 marc]

Defnyddiwch ac esboniwch y canlynol, yn ngoleuni'r arweiniad yn y cyngor blaenorol, i lunio ateb cyflawn:
- Pum Piler ffydd
- Salat a Du'ah
- Gweddïau Jummah
- Qur'an – dyletswydd

Yn eich ateb, gwnewch yn siŵr eich bod chi wedi:
- dewis safbwyntiau amgen neu wahanol
- dangos sut mae cred yn dylanwadu ar unigolion, cymunedau a chymdeithasau
- dod i farn
- cymryd dim mwy na chwarter awr i ysgrifennu eich ateb.

Atebion: www.hoddereducation.co.uk/fynodiadauadolygu

Thema 1: Materion bywyd a marwolaeth

Y darlun mawr

Isod mae crynodeb o'r cwestiynau allweddol ar gyfer y thema hon:
- Beth yw tarddiad y bydysawd?
- Beth yw gwerth bywyd dynol?
- Pam dylai pobl ofalu am yr amgylchedd?
- Ydy gwyddoniaeth a chrefydd yn gwrthdaro?
- A ddylen ni allu gofyn i rywun am help i farw?
- Pam mae angladdau'n bwysig?
- A oes gan faban heb ei eni hawl i fywyd?
- Beth sy'n digwydd ar ôl i ni farw?

Meysydd astudio

ADOLYGU

Mae eich astudiaeth o Faterion bywyd a marwolaeth wedi'i rhannu'n dri maes:
- Y byd:
  - Credoau, dysgeidiaethau ac agweddau am darddiad y bydysawd; safbwyntiau crefyddol ac anghrefyddol am y creu, stiwardiaeth a chyfrifoldeb amgylcheddol.
- Tarddiad a gwerth bywyd dynol:
  - Credoau, dysgeidiaethau ac agweddau at darddiad a sancteiddrwydd bywyd dynol ac esblygiad; agweddau at ewthanasia, rhoi organau ac erthyliad; a safbwyntiau anghrefyddol am bwysigrwydd bywyd dynol ac anifeiliaid.
- Credoau am farwolaeth ac am fywyd ar ôl marwolaeth:
  - Credoau a dysgeidiaethau am fywyd ar ôl marwolaeth; agweddau amrywiol at fywyd ar ôl marwolaeth; a gwasanaethau angladd crefyddol a dyneiddiol.

Ar gyfer pob un o'r tri maes, gwnewch yn siŵr eich bod yn gwybod digon o fanylion o ddwy grefydd wahanol neu ddau draddodiad crefyddol.

Cysyniadau allweddol

Esblygiad – y broses mae gwahanol greaduriaid byw wedi datblygu drwyddi, yn ôl y sôn, o ffurfiau cynharach, llai cymhleth yn ystod hanes y byd.

Cyfrifoldeb amgylcheddol – y ddyletswydd ar fodau dynol i barchu, diogelu a gofalu am yr amgylchedd naturiol. Mae cynaliadwyedd yn allweddol i gyfrifoldeb amgylcheddol.

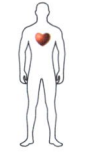

Sancteiddrwydd bywyd – y gred bod bywyd yn werthfawr neu'n sanctaidd oherwydd bod bodau dynol wedi'u creu 'ar ddelw Duw'. I lawer o gredinwyr crefyddol, dim ond bodau dynol sy'n meddu ar y statws arbennig hwn.

Ansawdd bywyd – y graddau mae bywyd yn ystyrlon a phleserus.

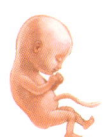

Erthyliad – pan fydd beichiogrwydd yn dod i ben drwy dynnu'r ffoetws yn fwriadol o'r groth fel nad yw'n arwain at eni plentyn.

Ewthanasia (weithiau, yr enw ar hyn yw lladd trugarog) – y weithred o ladd person, naill ai'n uniongyrchol neu'n anuniongyrchol, yn sgil penderfyniad mai marwolaeth fyddai'r opsiwn gorau.

Bywyd ar ôl marwolaeth; y gred bod bodolaeth yn parhau ar ôl i'r corff farw.

Yr **enaid** yw agwedd ysbrydol bod dynol. Mae rhai crefyddau'n credu ei fod yn cysylltu person â Duw. Ystyrir yr enaid yn rhywbeth nad yw'n gorfforol, sy'n byw ar ôl i'r corff farw, mewn bywyd ar ôl marwolaeth.

Cyngor

Termau crefyddol ac arbenigol

Mae'n bwysig defnyddio termau arbenigol a thermau o'r crefyddau rydych chi wedi eu hastudio yn eich atebion i gwestiynau arholiad.

Cyngor

Y defnydd o destunau sanctaidd

Os gallwch chi gyfeirio at ffynonellau doethineb neu destunau sanctaidd perthnasol i gefnogi eich ateb, bydd yn eich helpu i gael marciau uchel. Does dim angen i chi gofio'r union eiriau neu gyfeiriadau, ond dywedwch yn eich geiriau eich hunan beth sy'n cael ei ddweud a sut mae credinwyr yn eu dehongli nhw.

> **Cyngor**
>
> **Cwestiynau gwerthuso**
>
> Mewn cwestiynau (ch) yn y thema hon, rhaid i chi gynnwys safbwyntiau anghrefyddol yn eich ateb. Byddwch chi'n gwybod hyn gan y bydd y cwestiwn yn dweud bob amser: 'Yn eich ateb, rhaid i chi gyfeirio at gredoau crefyddol ac anghrefyddol.' Bydd disgwyl i chi gynnwys credoau anghrefyddol perthnasol pobl fel Charles Darwin, Stephen Hawking, Richard Dawkins, a Peter Singer a hefyd safbwyntiau a chredoau anghrefyddol fel rhai dyneiddwyr. Wrth i chi ddysgu am bob un, ystyriwch eu safbwyntiau ar brif faterion yr uned hon.

Y byd

Yn y maes astudio hwn byddwch chi'n ystyried tarddiad y bydysawd a'r berthynas rhwng safbwyntiau crefyddol ac anghrefyddol ar y creu. Byddwch chi'n ystyried credoau, dysgeidiaethau ac agweddau am y bydysawd ac yn ystyried i ba raddau mae safbwyntiau crefyddol ac anghrefyddol yn gwrthdaro. Byddwch chi'n astudio gwaith elusennau crefyddol i hyrwyddo dinasyddiaeth fyd-eang.

Credoau, dysgeidiaethau ac agweddau crefyddol am darddiad y bydysawd

ADOLYGU ☐

> **Cristnogaeth ac Iddewiaeth**
>
> Mae dwy stori sy'n disgrifio Duw yn creu. Mae'r ddwy yn Genesis, llyfr cyntaf y Beibl.
>
> Dyma brif bwyntiau stori'r creu:
> - Creodd Duw y byd, i bwrpas ac roedd yn (sylfaenol) dda.
> - Creodd Duw fywyd dynol a bywyd anifeiliaid.
> - Mae pwrpas i fodolaeth.
> - Roedd Duw yn disgwyl i fodau dynol fod yn stiwardiaid y byd (bod â pherthynas arbennig â Duw ac â'r byd).
> - Ar y seithfed diwrnod gorffwysodd Duw.
>
> Mae ail stori'r creu (Genesis 2:4–3:25) yn dysgu:
> - Adda gafodd ei greu'n gyntaf.
> - Cafodd Adda ei greu o lwch y tir, ac o anadl Duw.
> - Cafodd ei greu cyn yr anifeiliaid.
> - Cafodd ei roi yng Ngardd Eden, i fyw ym mharadwys.
> - Cafodd Efa ei chreu i fod yn bartner iddo.
>
> **Agweddau gwahanol, yr un grefydd**
>
> Mae agweddau gwahanol at stori'r creu ymysg Cristnogion ac Iddewon.
> - Yn ôl rhai, mae'n rhaid mai Duw achosodd unrhyw 'glec fawr' a ystyrir yn ddechrau'r bydysawd.
> - Mae rhai'n credu bod digon o dystiolaeth i ddangos bod bywyd wedi esblygu'n raddol dros filiynau o flynyddoedd.
> - Mae rhai'n credu stori'r creu yn llythrennol, ac yn credu ei bod hi'n hanesyddol gywir. Byddai creadyddion yn credu bod tarddiad y bydysawd wedi digwydd yn union fel mae testun sanctaidd yn ei ddisgrifio.
> - Mae rhai'n credu ei bod hi'n bosibl dehongli stori'r creu ac, er efallai ei bod hi'n cynnwys ystyr gwirioneddol, efallai nad yw hi'n hanesyddol wir.

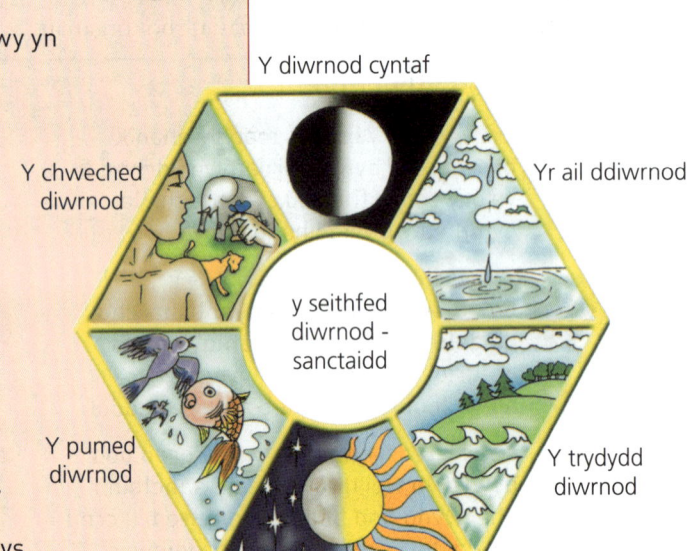

Y diwrnod cyntaf
Yr ail ddiwrnod
Y trydydd diwrnod
Y pedwerydd diwrnod
Y pumed diwrnod
Y chweched diwrnod
y seithfed diwrnod - sanctaidd

> **Cyngor**
>
> **Cwestiynau tarddiad y bydysawd**
>
> Gwnewch yn siŵr nad disgrifio stori'r creu yn unig mae eich atebion yn ei wneud, ond eu bod yn esbonio'r credoau, y dysgeidiaethau a'r agweddau gwahanol am darddiad y bydysawd.

Islam

Does dim stori'r creu yn y Qur'an er bod llawer o ddysgeidiaethau am rôl Allah fel creawdwr a chynhaliwr popeth byw.

Dyma'r prif ddysgeidiaethau am y creu:
- Gwnaeth Allah y byd a phopeth ynddo.
- Creodd Allah y nefoedd a'r ddaear dros chwe chyfnod hir.
- Cafodd Adda ei wneud o glai ac anadlwyd bywyd iddo.
- Cafodd gwraig ei gwneud i Adda.
- Rhoddwyd rôl khalifahs i fodau dynol, i fod yn gyfrifol am ofalu am y byd ac i'w drin â pharch.
- Ar ddydd y farn bydd Mwslimiaid i gyd yn cael eu galw i gyfrif am sut maen nhw wedi gofalu am Greadigaeth Allah.

Agweddau gwahanol, yr un grefydd

Mae llawer o Fwslimiaid yn greadyddion, gan eu bod yn credu bod rhaid cymryd geiriau'r Qur'an yn llythrennol oherwydd eu bod nhw wedi'u datguddio oddi wrth Allah. Efallai bydd eraill yn derbyn rhai agweddau ar esblygiad, ond dydyn nhw ddim yn derbyn syniad esblygiad dynol gan fod y Qur'an yn cyfeirio at greu Adda.

Safbwyntiau crefyddol ac anghrefyddol ar greu'r bydysawd

Mae nifer o safbwyntiau gwahanol ar greu'r bydysawd. Mae rhai safbwyntiau gan bobl sy'n grefyddol, rhai gan bobl anghrefyddol, ac mae eraill yn adlewyrchu traddodiadau cred penodol. Fodd bynnag, mae'n bwysig cydnabod bod gwyddoniaeth a chrefydd yn ceisio ateb cwestiynau gwahanol: mae gwyddoniaeth yn holi sut mae pethau'n digwydd ac mae crefydd yn holi pam.

Gweithgaredd

Agweddau gwahanol, yr un grefydd

Ar gyfer llawer o'r materion rydych chi'n eu hastudio, mae gan aelodau o'r un grefydd safbwyntiau gwahanol. Efallai bydd eich cwestiynau arholiad yn gofyn i chi esbonio pam mae hyn.

Edrychwch ar y rhesymau isod. Dewiswch dri rheswm ac ysgrifennwch baragraff i bob un, gan gynnwys tystiolaeth ac iaith arbenigol o'r ddwy grefydd rydych chi'n eu hastudio.
- Mae rhai pobl yn credu mewn darlleniad llythrennol o destunau sanctaidd.
- Bod â ffydd yw'r hyn sy'n bwysig. Bydd Duw yn arwain pobl i wybod beth i'w gredu.
- Mae rhai pobl yn mynd ati i ddehongli testunau sanctaidd.
- Mewn rhai traddodiadau crefyddol, mae gan destunau sanctaidd wahanol storïau a dysgeidiaethau, er enghraifft, mwy nag un stori'r creu.
- Nid yw credoau yn sefydlog. Yn aml bydd credoau ac agweddau pobl yn newid gyda phrofiadau bywyd.
- Yn sgil cyfieithiadau o wahanol ieithoedd, mae gwahanol ddehongliadau ar gael.

Esblygiad a damcaniaeth y Glec Fawr

ADOLYGU

Mae llawer o ymchwil gwyddonol wedi bod i geisio esbonio tarddiad y byd. Dwy ddamcaniaeth y mae llawer o bobl grefyddol ac anghrefyddol yn eu credu yw damcaniaethau **esblygiad** a'r Glec Fawr.

Esblygiad	Damcaniaeth y Glec Fawr
Dangosodd ymchwil Charles Darwin sut mae creaduriaid wedi esblygu dros gyfnod o amser. Cyfeiriodd at y gwahanol nodweddion fel esblygiad ar hap neu esblygiad 'dall'.	Cosmoleg yw'r enw ar astudio'r bydysawd.
Hefyd roedd Darwin yn credu bod creaduriaid yn datblygu nodweddion sy'n eu galluogi i oroesi ac i atgenhedlu.	Yn 1965, cynhyrchodd cosmolegwyr dystiolaeth i ddadlau bod tarddiad y bydysawd tua 15 biliwn o flynyddoedd yn ôl.
'Goroesiad yr addasaf' oedd yr enw ar hyn ac roedd yn broses naturiol o'r enw 'detholiad naturiol'.	Dangosodd ymchwil Stephen Hawking i'r bydysawd ddechrau o 'hynodyn' – pwynt pitw a ehangodd wedyn.
Mae Richard Dawkins y biolegydd yn cytuno mai esblygiad yw'r ffordd orau o esbonio tarddiad y bydysawd.	O'r ehangu hwn cafodd sêr a phlanedau eu ffurfio.
	Mae'r bydysawd yn dal i ehangu ond mae'n bosib ei olrhain yn ôl i'r digwyddiad cychwynnol – y Glec Fawr.

Cysyniad allweddol

Esblygiad – y broses mae gwahanol greaduriaid byw wedi datblygu drwyddi, yn ôl y sôn, o ffurfiau cynharach, llai cymhleth yn ystod hanes y byd.

Gweithgaredd

Safbwyntiau ar greu'r bydysawd

Mae nifer o safbwyntiau gwahanol ar greu'r bydysawd. Edrychwch yn ôl ar dudalennau 62–64 ac yna edrychwch ar y dadleuon isod. Dewiswch bedair dadl y byddech chi'n eu cynnwys mewn cwestiwn math (ch) sy'n gofyn am darddiad y bydysawd. Cofiwch, mae angen i chi gynnwys amrywiaeth o safbwyntiau yn eich ateb.

- Mae gan gredinwyr crefyddol lawer o safbwyntiau gwahanol, hyd yn oed yn yr un traddodiad crefyddol.
- Mae ymchwil Darwin yn dangos bod creaduriaid wedi esblygu dros amser ac na chawson nhw i gyd eu creu ar yr un pryd.
- Mae llawer o Gristnogion yn dadlau dros ddehongli'r ysgrythurau – na ddylen nhw gael eu cymryd yn llythrennol.
- Mae ymchwil Hawking yn dangos i darddiad y bydysawd ddechrau gyda Chlec Fawr.
- Mae Hawking yn dadlau nad yw'r Glec Fawr ac esblygiad yn gofyn am unrhyw gred mewn duw y creawdwr.
- Rhaid i destunau sanctaidd gael eu cymryd yn llythrennol. Yn y Qur'an a'r Torah mae cyfeiriadau at Dduw fel y creawdwr a bod y creu wedi digwydd yn syth, nid dros amser.
- Rhaid bod rhywun neu rywbeth wedi creu'r Glec Fawr; grym dwyfol, efallai.
- Sut gall yr holl grefyddau gwahanol fod â storïau gwahanol am y creu?
- Mae Bwdhyddion, Hindŵiaid a Sikhiaid yn credu bod y byd wedi cael ei ffurfio, ei ddinistrio a'i ailffurfio lawer o weithiau ac felly gall hyn gyd-fynd â damcaniaeth y Glec Fawr.

Nawr cynlluniwch eich ateb gan ychwanegu gwybodaeth at bob un o'r safbwyntiau rydych chi wedi'i ddewis. Mae angen i chi gynnwys pump o'r termau arbenigol neu grefyddol canlynol:

- llythrennol
- anllythrennol
- esblygiad
- Y Glec Fawr
- creawdwr
- creadyddion
- testunau sanctaidd
- cosmolegwyr
- Cristnogol

Thema 1: Materion bywyd a marwolaeth

Atebion: www.hoddereducation.co.uk/fynodiadau adolygu

Safbwyntiau crefyddol ac anghrefyddol ar gyfrifoldeb amgylcheddol, cynaliadwyedd a dinasyddiaeth fyd-eang

Mae cyfrifoldeb amgylcheddol a chynaliadwyedd yn bwysig mewn credoau crefyddol ac anghrefyddol. Maen nhw i gyd yn ystyried ei bod hi'n bwysig defnyddio adnoddau naturiol a chynllunio ar gyfer cadwraeth fel bod digon i bob bywyd fyw yn y ffordd orau posibl. Mae llawer o wahanol elusennau crefyddol ac anghrefyddol sy'n gweithio i hyrwyddo dinasyddiaeth fyd-eang.

Credoau, dysgeidiaethau ac agweddau

Mae llawer o wahanol gredoau, agweddau a dysgeidiaethau am gyfrifoldeb amgylcheddol.

Cysyniad allweddol

Cyfrifoldeb amgylcheddol – y ddyletswydd ar fodau dynol i barchu, diogelu a gofalu am yr amgylchedd naturiol. Mae cynaliadwyedd yn allweddol i gyfrifoldeb amgylcheddol.

Cristnogaeth

Dylai bodau dynol:
- fyw mewn partneriaeth â Duw ac â'r Greadigaeth
- arfer y cyfrifoldeb a roddodd Duw i ofalu am y byd (stiwardiaeth) (Genesis 1:28)
- cadw a diogelu adnoddau'r byd a'r amgylchedd
- rhoi diolch i Dduw am Ei ddarpariaeth
- rhoi cefnogaeth weithredol i elusennau fel Cymorth Cristnogol, sy'n:
  - gweithio i wireddu 17 nod y Cenhedloedd Unedig i ddod â thlodi i ben ac i hyrwyddo datblygiad cynaliadwy
  - trefnu projectau tymor hir i gefnogi rhaglenni iechyd
  - cefnogi rhaglenni addysg
  - codi arian i gefnogi projectau datblygu tymor hir.

Islam

Dylai bodau dynol:
- arfer eu cyfrifoldebau oddi wrth Allah i fod yn khalifahs (gwarcheidwaid) y byd; dylai bodau dynol barchu'r byd a gofalu amdano gan fod y Qur'an yn dysgu mai Allah yw creawdwr pob dim ac Arglwydd y bydoedd (Qur'an 7:54)
- defnyddio eu sgiliau i gadw fitrah neu gydbwysedd yn y byd naturiol
- osgoi gwastraff, parchu'r byd a bod yn garedig wrth anifeiliaid, gan fod popeth yn rhan o Greadigaeth Allah
- gofalu am y byd oherwydd bydd Allah yn barnu bodau dynol i gyd ar y ffordd maen nhw wedi cyflawni eu dyletswyddau, felly nid cynaliadwyedd a pharch yw popeth.

Dyneiddiaeth

- Mae dyneiddwyr yn credu bod gan bawb ddyletswydd foesol i ofalu am y ddaear.
- Mae gofalu am yr amgylchedd yn seiliedig ar reswm, yn hytrach nag ar gred mewn bod goruchaf neu Dduw.
- Mae Dyneiddwyr dros Fyd Gwell (Humanists for a Better World (H4BW)) yn creu rhwydweithiau i ymgyrchu ar faterion fel cyfiawnder byd-eang, newid hinsawdd a'r amgylchedd.

Iddewiaeth

Dylai bodau dynol:
- gyflawni gemilut hasadim, sef gwneud gweithredoedd o garedigrwydd cariadus heb ddisgwyl dim yn ôl
- bod yn ddinasyddion byd-eang cyfrifol drwy ddefnyddio adnoddau'r byd yn ofalus
- plannu coed ar gyfer cenedlaethau'r dyfodol (fel mae stori draddodiadol Honi yn esbonio)
- gofalu am y byd sydd wedi'i greu, yn union fel rhoddodd Duw gyfrifoldeb iddyn nhw ei wneud: mae stiwardiaeth yn rhodd ac yn ddyletswydd
- rhoi diolch wrth iddyn nhw ofalu am y byd; mae'r ŵyl Tu B'Shevat yn atgoffa bodau dynol fod rhaid iddyn nhw fyw bywydau cynaliadwy ac mae hi'n cael ei choffáu drwy blannu coed
- osgoi gwastraff a defnyddio adnoddau'n gyfrifol ac yn ofalus (bal tashchit)
- osgoi ecsbloetio anifeiliaid, er bod gan fodau dynol awdurdod dros fyd natur; dysgodd Maimonides fod rhaid parchu anifeiliaid fel rhan o Greadigaeth Duw
- atgyweirio'r byd (tikkun olam) drwy wneud mitzvot (dylai pobl fwynhau'r byd a'i adnoddau, ond hefyd dylen nhw sicrhau bod camau'n cael eu gwneud i'w hadnewyddu nhw ar gyfer cenedlaethau'r dyfodol).

Thema 1: Materion bywyd a marwolaeth

> **Cyngor**
>
> **Cwestiwn (c)**
>
> Mewn cwestiynau (c) mae angen i chi ysgrifennu am ddwy grefydd wahanol neu ddau draddodiad crefyddol gwahanol. Efallai bydd gan y ddau draddodiad rydych chi'n eu hastudio lawer o nodweddion tebyg yn ogystal â gwahaniaethau. Soniwch am hyn yn eich ateb.

Gweithgaredd

Defnyddio diagramau Venn

Bydd defnyddio diagramau Venn wrth adolygu yn eich helpu i nodi'r gwahaniaethau a'r nodweddion tebyg yn eich dwy grefydd. Edrychwch yn ôl ar yr adran ar gyfrifoldeb amgylcheddol, cynaliadwyedd a dinasyddiaeth fyd-eang, a llenwch ddiagram Venn fel yr un sydd yma.

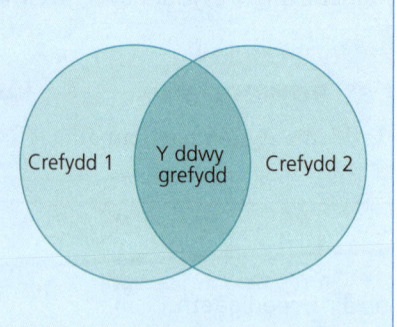

Crefydd 1 | Y ddwy grefydd | Crefydd 2

Gweithgaredd

Defnydd o eiriau gorchymyn

Yn yr arholiad bydd pedwar cwestiwn o'r uned hon. Bydd pob un o'r cwestiynau'n gofyn am bethau gwahanol. Cysylltwch bob un o'r geiriau gorchymyn mewn cwestiynau arholiad yn y tabl â'r ystyr cywir.

Gorchymyn	Ystyr
Beth yw ystyr …? [2 farc]	Gwerthuso safbwynt o fwy nag un persbectif. Gall y rhain fod i gyd 'o blaid' y gosodiad, gallan nhw i gyd fod 'yn erbyn' y gosodiad neu gallan nhw fod yn gymysgedd o 'o blaid' ac 'yn erbyn' er enghraifft: 'Credu mewn bywyd ar ôl marwolaeth yw'r gred bwysicaf.' Trafodwch y gosodiad hwn gan ddangos eich bod wedi ystyried mwy nag un safbwynt. (Rhaid i chi gyfeirio at grefydd a chred yn eich ateb.)
Disgrifiwch … [5 marc]	Diffiniad o derm allweddol (yn gysylltiedig ag un o'r termau allweddol a nodwyd ar gyfer pob uned), e.e.: Beth yw ystyr cyfrifoldeb amgylcheddol?
Esboniwch … [8 marc]	Dangos gwybodaeth a dealltwriaeth drwy ddisgrifio cred, dysgeidiaeth, arfer, digwyddiad ac ati., e.e.: Disgrifiwch ddysgeidiaethau Cristnogol am werth bywyd dynol.
Trafodwch y gosodiad hwn gan ddangos eich bod wedi ystyried mwy nag un safbwynt (mae'n rhaid i chi gyfeirio at grefydd a chred yn eich ateb). [15 marc]	Dangos gwybodaeth a dealltwriaeth o destun, gan esbonio'r gosodiadau a wneir gan resymu a/neu roi tystiolaeth, er enghraifft: ● Esboniwch sut… ● Esboniwch pam… ● Esboniwch brif nodweddion… ● Esboniwch bwysigrwydd/arwyddocâd… e.e. Esboniwch pam mae pobl o'r un grefydd yn gallu credu pethau gwahanol am y creu.

Atebion: www.hoddereducation.co.uk/fynodiadau adolygu

Tarddiad a gwerth bywyd dynol

Yn yr adran hon bydd angen i chi wybod am y credoau, y dysgeidiaethau a'r agweddau at bwysigrwydd bywyd dynol a **sancteiddrwydd bywyd**. O'r astudiaeth hon byddwch chi'n gallu deall gwahanol safbwyntiau crefyddol ac anghrefyddol ar faterion fel erthyliad, ewthanasia a rhywogaethiaeth. Mae llawer o feysydd yr uned hon yn gysylltiedig â'ch astudiaeth o'r 'byd' a'r unedau eraill yn eich astudiaeth o'ch dwy grefydd a Materion daioni a drygioni a Materion hawliau dynol.

Ystyriwch fywyd dynol, ei werth a'i bwrpas, a'r ffyrdd o sicrhau gofal a chefnogaeth i bob bywyd. I lawer o gredinwyr crefyddol, mae pob bywyd yn arbennig gan mai Duw sydd wedi ei greu.

> **Cysyniad allweddol**
>
> **Sancteiddrwydd bywyd** – y gred bod bywyd yn werthfawr neu'n sanctaidd oherwydd bod bodau dynol wedi'u creu 'ar ddelw Duw'. I lawer o gredinwyr crefyddol, dim ond bodau dynol sy'n meddu ar y statws arbennig hwn.

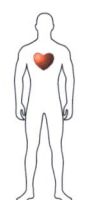

Credoau, dysgeidiaethau ac agweddau at sancteiddrwydd bywyd dynol

Mae'r rhan fwyaf o bobl yn derbyn bod bywyd dynol yn arbennig ac y dylai gael ei ddiogelu.

Mae safbwyntiau crefyddol ac anghrefyddol yn effeithio ar y penderfyniadau bywyd a marwolaeth y mae person yn eu gwneud, fel:
- Pa mor bwysig yw bywyd?
- Beth am erthyliad?
- Beth am ewthanasia?

Yr hyn sy'n bwysig yw beth mae person yn ei wneud gyda'i fywyd a sut mae'n rhyngweithio â gweddill y ddynoliaeth.

> Mae bywyd yn arbennig ac yn werthfawr ... dyma'r unig un sydd gennym. (Dyneiddiwr)

> Mae bywyd yn arbennig ac yn werthfawr ... Duw sydd wedi'i roi. (Cristion)

> Mae'r ysgrythurau'n dangos yn eglur bod bywyd yn sanctaidd ac oddi wrth Dduw yn unig. (Iddew)

> Rwy'n credu mai Allah a greodd bob enaid – mae pob un yn unigryw. (Mwslim)

Credoau, dysgeidiaethau ac agweddau crefyddol at sancteiddrwydd bywyd dynol

Cristnogaeth

- Mae llyfr cyntaf y Beibl (Genesis) yn dysgu mai Duw greodd fywyd dynol a bywyd anifeiliaid.
- Mae pob bywyd yn arbennig gan mai Duw a'i creodd a dylai gael ei ddiogelu.
- Mae pob bywyd yn unigryw ac yn werthfawr tu hwnt. Yn Llyfr Jeremeia, mae cyfeiriad at y ffaith bod Duw yn adnabod pobl cyn iddyn nhw gael eu geni: 'Cyn i mi dy lunio yn y groth, fe'th adnabûm.' (Jeremeia 1:5)
- Mae Duw yn ymddiddori ym mywyd pob bod dynol ac yn cymryd rhan ynddo.
- Duw yn unig ddylai gymryd bywyd.
- Dangosodd Iesu yn ei ddysgeidiaeth a'i arferion y dylai pob bywyd gael ei werthfawrogi a'i drin â pharch, er enghraifft, yn Nameg y Samariad Trugarog.

Islam

- Mae pob bywyd yn arbennig gan mai Allah a'i creodd a dylai gael ei ddiogelu.
- Mae pob bywyd yn unigryw ac yn werthfawr tu hwnt.
- Mae pob enaid wedi'i greu gan Allah.
- Mae gan Allah gynllun ar gyfer pob bywyd, wedi'i ysgrifennu cyn i bob person gael ei 'blannu fel had yng nghroth dy fam'.
- Does gan neb yr hawl i gymryd ei fywyd ei hun na bywyd rhywun arall. Yn y Qur'an mae cymryd bywyd wedi'i wahardd (Qur'an 6:151).

Iddewiaeth

- Mae pob bywyd yn arbennig gan mai Duw a'i creodd a dylai gael ei ddiogelu.
- Mae pob bywyd yn unigryw ac yn werthfawr y tu hwnt i fesur.
- Mae bywyd yn sanctaidd, ac yn rhodd gan Dduw.
- Mae Pikuach nefesh yn dangos pwysigrwydd neilltuo cyfreithiau (mitzvot) er mwyn achub bywyd.
- Mae'r Torah yn dweud: 'Felly creodd Duw ddyn ar ei ddelw ei hun.' (Genesis 1)

Sancteiddrwydd bywyd ac ansawdd bywyd

Mae ansawdd bywyd yn ystyriaeth gan rai credinwyr crefyddol ac anghrefyddol wrth ystyried agweddau at erthyliad ac ewthanasia. Mae llawer o safbwyntiau o ran beth yw ystyr y dywediad bod bywyd yn ystyrlon.

Cysyniad allweddol

Ansawdd bywyd – y graddau mae bywyd yn ystyrlon a phleserus.

Rhoi organau yng Nghymru

Beth yw rhoi organau?	Mae Cymru wedi mabwysiadu system cydsynio 'optio allan' ar gyfer rhoi organau. Felly ar ôl i berson farw, bydd yr organau'n cael eu rhoi i rywun sydd ag angen trawsblaniad, oni bai eu bod nhw wedi dweud yn benodol nad ydyn nhw eisiau i hyn ddigwydd.
Beth mae'r Beibl yn ei ddysgu am roi organau?	Fel sy'n wir am lawer o faterion, dydy'r Beibl ddim yn sôn yn uniongyrchol am roi organau. Mae Cristnogion yn ystyried gweithredoedd a dysgeidiaethau Iesu, e.e. ei gariad tuag at bawb; pwysigrwydd bywyd tragwyddol yn nysgeidiaethau Iesu.
Beth mae Cristnogion yn ei gredu am roi organau?	Mae llawer o arweinwyr crefyddol wedi siarad o blaid rhoi organau, e.e. cyfeiriodd yr esgobion yn yr Eglwys yng Nghymru ato fel 'cariad ar waith'. Mae'r Pab yn cyfeirio at 'gariad sy'n gallu cael ei fynegi drwy benderfynu bod yn rhoddwr organau'.

Ansawdd bywyd neu sancteiddrwydd bywyd?

Ar y naill law, ansawdd bywyd:
- Ydy pobl yn cael ewyllys rydd i ddewis?
- Pa un sydd fwyaf caredig?
- Effaith ar eraill?
- Teimlo trueni dros y rhai sy'n dioddef?

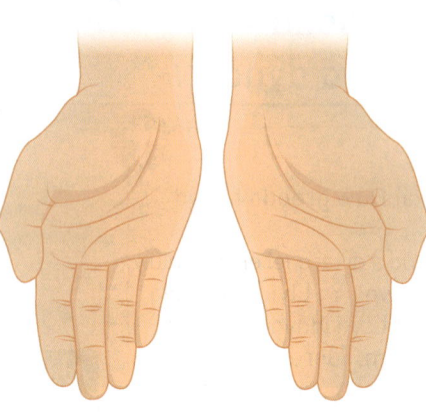

Ar y llaw arall, sancteiddrwydd bywyd:
- Rhan o greadigaeth Duw?
- Ni ddylai bywyd gael ei gymryd?
- Dysgeidiaethau crefyddol?
- Mae pwrpas i ddioddefaint hyd yn oed?

Atheist yw Peter Singer sy'n credu bod ansawdd bywyd yn fwy pwysig na sancteiddrwydd bywyd. Er mwyn cyfrif fel 'personiaeth', yn ei farn e, rhaid bod pobl yn gallu meddwl ac uniaethu ag eraill. Hefyd mae'n credu, os nad oes llawer o ansawdd bywyd, yna dylai fod hawl gan berson, o dan amodau penodol, i roi diwedd ar ei fywyd. Mae'n defnyddio'r term 'rhywogaethiaeth' i ddadlau bod rhoi mwy o hawliau i fodau dynol nag i anifeiliaid eraill yn anghywir, yn yr un ffordd ag mae rhoi mwy o hawliau i un grŵp o bobl nag i grŵp arall yn anghywir. Mae'n credu y dylai'r un ystyriaeth gael ei rhoi i fodau dynol ac anifeiliaid eraill.

Tri mater perthnasol y mae gofyn i chi eu hastudio yw erthyliad, ewthanasia a rhoi organau. Ar gyfer pob un o'r rhain bydd amrywiaeth o safbwyntiau ac yn aml mae'r safbwyntiau hyn yn dibynnu ar ystyriaethau gwahanol. Ar gyfer pob un ohonyn nhw, byddai credinwyr crefyddol yn ystyried eu cred am Dduw fel y creawdwr.

Atebion: www.hoddereducation.co.uk/fynodiadau adolygu

Erthyliad

> **Cyngor**
>
> **Cwestiynau am erthyliad ac ewthanasia**
>
> Wrth ateb cwestiynau am agweddau crefyddol at erthyliad, ewthanasia a rhoi organau, mae'r rhan fwyaf o'r agweddau'n gysylltiedig â chredoau a dysgeidiaethau am darddiad bywyd a sancteiddrwydd bywyd. Gallai Cristnogion, er enghraifft, chwilio am arweiniad o ran eu hagweddau at erthyliad, ewthanasia a rhoi organau o'u ffordd o ddehongli darnau o'r Beibl.

Mae llawer o safbwyntiau gwahanol ar **erthyliad** rhwng ac o fewn traddodiadau crefyddol ac anghrefyddol. Yn aml bydd y safbwyntiau hyn yn dibynnu ar gredoau am darddiad bywyd a'r sefyllfa gysylltiedig.

> **Cysyniad allweddol**
>
> **Erthyliad** – pan fydd beichiogrwydd yn dod i ben drwy dynnu'r ffoetws yn fwriadol o'r groth fel nad yw'n arwain at eni plentyn.

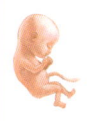

Mae'r dysgeidiaethau crefyddol allweddol ynghylch erthyliad wedi'u nodi yn yr adran sy'n dilyn. Mae'n bwysig cofio y bydd gan gredinwyr o'r un grefydd safbwyntiau gwahanol ar erthyliad. Weithiau mae hyn oherwydd y casgliadau gwahanol maen nhw'n dod iddyn nhw. Er gwaethaf y llu o agweddau gwahanol, mae pob crefydd yn dysgu bod bywyd yn arbennig ac y dylai gael ei ddiogelu a'i werthfawrogi.

Agweddau crefyddol ac anghrefyddol at erthyliad

Cristnogaeth

- Yn y Deg Gorchymyn mae'n dweud: 'Na ladd'
- Duw yw'r creawdwr; Ef yn unig sy'n rhoi ac yn cymryd bywyd
- mae pob bywyd yn sanctaidd ac yn werthfawr
- dysgodd Iesu am bwysigrwydd tosturi
- mae bodau dynol wedi'u creu gan Dduw ac ar ddelw Duw; dysgir hyn yn llyfr cyntaf y Beibl
- yn Jeremia 1:5 mae cyfeiriad bod Dduw yn adnabod yr unigolyn 'cyn i mi dy lunio yn y groth'.

Yr Eglwysi Catholig ac Uniongred

- maen nhw yn erbyn erthyliad o dan unrhyw amgylchiadau.
- maen nhw'n credu, o eiliad y cenhedlu, fod bywyd newydd ac unigryw yn cael ei eni.
- Dywedodd y Didache, yn yr ail ganrif: 'Na ladd yr embryo drwy erthyliad.'

Eglwys Loegr

- Gallai rhai sefyllfaoedd ganiatáu erthyliad.
- Mae'r sefyllfaoedd hyn yn cynnwys os yw bywyd y fam mewn perygl neu faterion sy'n gysylltiedig ag ansawdd bywyd, ond dydyn nhw ddim yn cynnwys rhesymau cymdeithasol.

Mae llawer o Brotestaniaid Efengylaidd yn erbyn erthyliad mewn egwyddor ond yn deall y gall fod yn dderbyniol mewn rhai amgylchiadau.

Islam

Fel arfer ystyrir bod erthyliad yn haram (rhywbeth sydd wedi'i wahardd).

- Allah yn unig sy'n cael cymryd bywyd.
- Mae erthylu am resymau ariannol yn unig yn cael ei wahardd yn y Qur'an 6.151.
- Mae rhai Mwslimiaid yn caniatáu erthyliad hyd at un wythnos ar bymtheg, yn dibynnu ar a ydyn nhw'n credu bod y ffoetws yn dod yn berson.
- Mae hawliau'r fam yn fwy pwysig na hawliau'r ffoetws hyd at 120 niwrnod pan mae Mwslimiaid yn credu bod y ffoetws yn cael enaid.
- Mae rhai'n gweld bod erthyliad i achub bywyd y fam yn dderbyniol.
- Mae Allah yn ystyried bwriad (niyyah) rhywun adeg y barnu.

Iddewiaeth

Dydy Iddewiaeth ddim yn gwahardd erthyliad ond dydy hi ddim yn ei ganiatáu 'ar alw'.
- Duw yn unig sy'n cael cymryd bywyd.
- Mae llawer o Iddewon Uniongred yn anghymeradwyo erthyliad oherwydd bod bywyd yn werthfawr ac wedi'i greu gan Dduw.
- Yn y Deg Gorchymyn mae'n dweud: 'Na ladd.'
- Yn aml bydd Iddewon Diwygiedig a rhai Iddewon Uniongred yn derbyn erthyliad mewn rhai sefyllfaoedd er enghraifft pan mae bywyd y fam mewn perygl (pikuach nefesh).
- Mae'r Mishnah yn dysgu bod angen gofal ar y ffoetws oherwydd bydd yn dod yn fod dynol, ond dydy e ddim yn fod dynol tan iddo gael ei eni.

Dyneiddiaeth

Agweddau dyneiddwyr at erthyliad:
- Byddai'n dibynnu ar y sefyllfa.
- Dylai hawliau a dymuniadau pawb sy'n gysylltiedig gael eu hystyried.
- Mae dyneiddwyr yn credu mewn dewis rhydd ac maen nhw wedi ymgyrchu dros gyfreithloni erthyliad.
- Yn gyffredinol, maen nhw'n credu mai dewis personol yw hyn.

Ewthanasia

Mae llawer o safbwyntiau gwahanol ar **ewthanasia** rhwng ac o fewn traddodiadau crefyddol. Yn aml bydd y safbwyntiau hyn yn dibynnu ar gredoau am darddiad bywyd a'r sefyllfa gysylltiedig.

Fel sy'n wir am bob mater sy'n gysylltiedig â bywyd a marwolaeth, bydd safbwyntiau gwahanol ar pryd mae'n iawn dod â bywyd i ben. Gan fod ystyriaethau gwahanol ym mhob crefydd, bydd safbwyntiau gwahanol rhwng aelodau'r grefydd honno.

Gweithgaredd

Materion i'w hystyried

Rhaid ystyried llawer o faterion wrth wneud penderfyniadau bywyd a marwolaeth. Meddyliwch am y cwestiynau isod ac ystyried pa ran o'r grid ar y dde y dylai pob cwestiwn fynd iddi.
- Pwy sydd â'r hawl i gymryd bywyd?
- Oes gan Dduw gynllun i bawb?
- Beth sy'n gywir, yn ôl fy nghydwybod i?
- Beth yw ansawdd bywyd?
- Beth mae'r claf a'r perthnasau ei eisiau?
- Beth yw'r sefyllfa, er enghraifft, ydy ymennydd y claf wedi marw?
- Beth mae ffynonellau awdurdod yn ei ddweud wrtha i?

Cysyniad allweddol

Ewthanasia (mae hyn weithiau'n cael ei alw'n ladd trugarog) – y weithred o ladd person, naill ai'n uniongyrchol neu'n anuniongyrchol, yn sgil penderfyniad mai marwolaeth yw'r opsiwn gorau.

Agweddau crefyddol ac anghrefyddol at ewthanasia

Cristnogaeth

Bydd llawer o safbwyntiau gwahanol yn cael eu mynegi. Byddai'r ystyriaethau cyffredinol yn cynnwys y canlynol:
- Rhodd oddi wrth Dduw yw bywyd.
- Nid y diwedd yw dioddefaint a marwolaeth ond porth i'r bywyd nesaf.
- Does gan y Beibl ddim dysgeidiaeth eglur am ewthanasia.
- Byddai'n bosibl ceisio arweiniad drwy weddïo.
- Pwysigrwydd safbwynt y meddygon.
- Pwysigrwydd dymuniadau'r claf, er enghraifft, drwy ewyllys fyw.
- Lleihau dioddefaint ddylai fod y nod, er enghraifft, drwy hosbisau.
- Duw a roddodd fywyd ac Ef yn unig sy'n cael cymryd bywyd.
- Yn y Deg Gorchymyn mae'n dweud: 'Na ladd.'
- Mae'n anghywir i fodau dynol chwarae Duw a chymryd bywyd.

Yr Eglwys Gatholig Rufeinig
- Mae dysgeidiaethau'r Catecism yn dangos pwysigrwydd parchu pob bywyd.
- Mewn amgylchiadau eithriadol, mae'n bosibl cadw dulliau gweithredu meddygol yn ôl.

Cyngor

Y defnydd o destunau sanctaidd

Os gallwch chi gyfeirio at ffynonellau doethineb neu destunau sanctaidd perthnasol i gefnogi eich ateb, bydd yn eich helpu i gael marciau uchel. Does dim angen i chi gofio'r union eiriau neu gyfeiriadau, ond dywedwch yn eich geiriau eich hunan beth sy'n cael ei ddweud a sut mae credinwyr yn eu dehongli nhw.

Islam

Ystyriaethau cyffredinol:
- Mae ewthanasia yn cael ei ystyried yn haram (rhywbeth sydd wedi'i wahardd).
- Allah a greodd fywyd ac Ef sy'n dewis pa mor hir bydd pob person yn byw.
- Nid yw ewthanasia wedi'i gynnwys yn y rhesymau dros ladd mewn Islam.
- Mae'r Qur'an yn dysgu mai Duw a greodd bob bywyd ac Ef ddylai gymryd pob bywyd.
- Pwysigrwydd safbwynt y meddygon.
- Pwysigrwydd dymuniadau'r claf, er enghraifft, drwy ewyllys fyw.

Iddewiaeth

Ystyriaethau cyffredinol:
- Mae llawer yn gweld mai llofruddiaeth yw ewthanasia.
- Pwysigrwydd pikuach nefesh ac achub bywyd.
- Rhodd oddi wrth Dduw yw bywyd, a Duw sydd i benderfynu pryd y daw i ben.
- Yn y Torah a Moeseg y Tadau, mae cyfeiriad at Dduw fel creawdwr pob dim a'r un sy'n cael cymryd bywyd.
- Pwysigrwydd safbwynt y meddygon.
- Pwysigrwydd dymuniadau'r claf, er enghraifft, drwy ewyllys fyw.

Dyneiddiaeth

Agweddau dyneiddwyr at ewthanasia:
- Maen nhw'n amddiffyn yr hawl i fywyd, ond dydyn nhw ddim yn credu y dylai bywyd gael ei ymestyn pan fydd person yn dioddef.
- Mae llawer yn cefnogi'r mudiad Dignity in Dying sy'n lobïo i gael dewis mewn materion sy'n ymwneud â marwolaeth a marw. Mae'n rhoi cyngor i unrhyw un sy'n meddwl am farw â chymorth.
- Mae Dignity in Dying eisiau i bobl gael mynediad at wybodaeth arbenigol ar ddewisiadau yn ymwneud â diwedd bywyd, yn ogystal â gofal diwedd bywyd o ansawdd da.

Gweithgaredd

Gwneud cysylltiadau

Mae'n bosibl i chi ddefnyddio llawer o'r ddysgeidiaethau am darddiad a sancteiddrwydd bywyd mewn meysydd eraill o'ch dysgu.

Edrychwch ar fynegai'r llyfr hwn a nodwch bedwar maes arall o'ch astudiaeth lle gallwch chi ddefnyddio dysgeidiaeth Gristnogol, Duw y creawdwr.

Thema 1: Materion bywyd a marwolaeth

Credoau ynglŷn â marwolaeth a bywyd ar ôl marwolaeth

Yn yr adran hon bydd angen i chi wybod am y credoau, y dysgeidiaethau a'r agweddau ynghylch bywyd ar ôl marwolaeth. O'r astudiaeth hon byddwch chi'n gallu deall sut mae angladdau'n adlewyrchu credoau crefyddol ac anghrefyddol am fodolaeth a natur **bywyd ar ôl marwolaeth**.

> Mae'r rhan fwyaf o draddodiadau crefyddol yn credu bod rhyw fath o fywyd ar ôl marwolaeth, y mae angen paratoi ato yn ystod bywyd. Mae gan bob traddodiad crefyddol ryw fath o ddefodau neu seremonïau sy'n gysylltiedig â marwolaeth. Dydy dyneiddwyr, gan mai materolwyr ydyn nhw, ddim yn derbyn bod unrhyw **enaid** neu fywyd ar ôl marwolaeth: gan mai bodau ffisegol ydyn ni, byddwn ni'n pydru pan fyddwn ni'n marw.

Mae llawer o grefyddau'n credu bod gan fodau dynol enaid sy'n anfarwol. Dydy dyneiddwyr ddim yn credu bod enaid yn bodoli.

Cysyniadau allweddol

Bywyd ar ôl marwolaeth; y gred bod bodolaeth yn parhau ar ôl i'r corff farw.

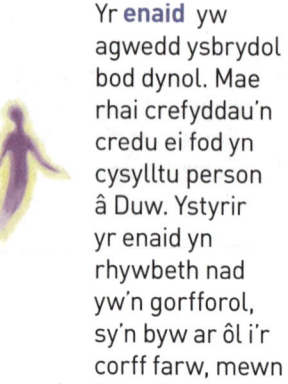

Yr **enaid** yw agwedd ysbrydol bod dynol. Mae rhai crefyddau'n credu ei fod yn cysylltu person â Duw. Ystyrir yr enaid yn rhywbeth nad yw'n gorfforol, sy'n byw ar ôl i'r corff farw, mewn bywyd ar ôl marwolaeth.

Credoau crefyddol am farwolaeth a bywyd ar ôl marwolaeth

ADOLYGU

Cristnogaeth

- Mae gan fodau dynol enaid, sef rhan ysbrydol bodolaeth.
- Mae bywyd tragwyddol ar ôl marwolaeth, wedi'i dderbyn trwy ffydd.
- Mae nefoedd, ac mae cael mynediad iddi'n dibynnu ar ymateb person i Iesu ac i'r rhai mewn angen ar y ddaear.
- Mae uffern – y gwrthwyneb i'r nefoedd – lle sydd ar wahân oddi wrth Dduw.
- Mae barn, a fydd yn penderfynu beth fydd dyfodol yr enaid.
- Mae atgyfodiad o'r meirw, fel cyrff ysbrydol, fel mae Ioan 11:25–26 yn cyfeirio ato: 'Myfi yw'r atgyfodiad a'r bywyd. Bydd pawb sy'n credu ynof fi yn dod yn fyw, er iddyn nhw farw; a phob un sy'n byw ac yn credu ynof fi, ni bydd marw byth.'
- Yn 1 Corinthiaid 15:42–44, mae Paul yn dysgu y bydd y rhai sy'n credu'n cael eu codi o'r meirw ac y bydd eu bywyd tragwyddol yn fwy gogoneddus na'u bywyd corfforol.

Yr Eglwys Gatholig Rufeinig
- Mae eneidiau credinwyr da iawn yn mynd yn syth i'r nefoedd.
- Bydd y rhan fwyaf o'r credinwyr eraill yn mynd drwy'r purdan, lle puro sydd rhwng y nefoedd a'r ddaear.
- Mae'n bosibl gweddïo dros y rhai sydd yn y purdan fel nad ydyn nhw'n aros mor hir yno, ac mae'n bosibl eiriol drostyn nhw drwy faddeuebau a phenydiau.

Atebion: www.hoddereducation.co.uk/fynodiadau adolygu

Islam

- Mae akhirah (bywyd ar ôl marwolaeth) sy'n cael ei benderfynu yn ôl gweithredoedd rhywun ar y ddaear.
- Mae enaid (ruh) sy'n cael ei ryddhau'n syth ar ôl marwolaeth.
- Mae nefoedd (Janna) ac uffern (Jahannam).
- Mae mynediad i'r nefoedd yn cael ei benderfynu gan weithredoedd bywyd rhywun, fel cofnodwyd nhw yn y llyfr: Qur'an 54:52: 'Ac mae popeth a wnaethant ar gofnod yn ysgrifenedig.'
- Mae uffern i'r rhai sydd wedi gwneud mwy o weithredoedd drwg na gweithredoedd da, Qur'an 46:33: 'A bydd canlyniadau drwg yr hyn wnaethon nhw'n ymddangos iddyn nhw.'
- Bydd hyn i gyd yn cael ei benderfynu ar ddydd y farn, a Duw yn unig sy'n gwybod pryd bydd hwnnw.

Iddewiaeth

Dydy natur bywyd ar ôl marwolaeth ddim yn cael ei ystyried yn aml mewn Iddewiaeth, am ddau brif reswm:
- Mae'n bwysig byw bywyd da nawr, i baratoi at beth bynnag sy'n dod wedyn.
- Dydy bodau dynol ddim i fod i ddeall ffyrdd Duw, felly does dim angen ceisio gwneud hynny.

Mae'r syniadau cyffredinol yn cynnwys:
- Mae Iddewon yn cyfeirio at fywyd ar ôl marwolaeth fel Olam Ha-Ba, sef y byd sydd i ddod.
- Mae enaid, darn o Dduw ym mhob person, sy'n ymgorffori ystyr a phwrpas ein bywydau.
- Roedd yr Iddewon cynnar yn meddwl bod y meirw'n cael eu cludo i Sheol, isfyd bodolaeth, oedd yn llawn cysgodion.
- Mae llawer o Iddewon Uniongred yn credu mewn rhyw fath o atgyfodiad.
- Mae Iddewon Diwygiedig wedi gwrthod credu yn yr atgyfodiad. Mae rhai'n credu bod atgofion am bobl yn dal i fyw ar ôl iddyn nhw farw. Mae eraill yn credu bod yr enaid yn dal i fyw, ond gyda safbwyntiau gwahanol ynghylch ble.
- Bydd pawb yn cael eu barnu a bydd y rhai a fu'n byw bywyd da yn agos at Dduw.

> **Cyngor**
>
> **Cwestiwn (c)**
>
> Mewn cwestiynau (c) mae angen i chi ysgrifennu am ddwy grefydd wahanol neu ddau draddodiad crefyddol gwahanol. Efallai bydd gan y ddau draddodiad rydych chi'n eu hastudio lawer o nodweddion tebyg yn ogystal â gwahaniaethau. Soniwch am hyn yn eich ateb.
> Bydd angen i chi ddewis pwyntiau perthnasol a gallu ysgrifennu eich ateb mewn llai nag wyth munud.

Gweithgaredd

Mae cwestiynau (c) yn cynnwys o leiaf ddau air allweddol ar gyfer pob un o'r crefyddau rydych chi'n cyfeirio ati. Defnyddiwch y tabl i wneud nodiadau o'r geiriau allweddol y byddwch chi'n eu defnyddio i esbonio credoau am fywyd ar ôl marwolaeth o ddwy grefydd wahanol.

Crefydd 1	Crefydd 2

Sut mae defodau angladdol yn adlewyrchu credoau pobl am fywyd ar ôl marwolaeth

ADOLYGU

Bydd disgwyl i chi gyfeirio at ddysgeidiaethau allweddol am ddefodau angladdol a sut maen nhw'n mynegi cred grefyddol.

Cristnogaeth

Arferion defodau angladdol	Credoau y mae'r arfer hwn yn eu dangos
Bydd yr offeiriad yn gweddïo dros y person sy'n marw, a gall y person hwnnw ofyn i Dduw am faddeuant.	Mae'n dangos pwysigrwydd sefydlu perthynas â Duw drwy ofyn am faddeuant.
Mae Catholigion Rhufeinig yn cael yr eneiniad olaf lle mae'r offeiriad yn rhoi'r Cymun Bendigaid.	Mae'n dangos pwysigrwydd y sacramentau a'r gred mewn maddeuant pechodau drwy Grist.
Yn y gwasanaeth angladdol mae'r geiriau 'Myfi yw'r atgyfodiad a'r bywyd' (Ioan 11.25) yn aml yn cael eu darllen.	Mae'n dangos y bydd y rhai sy'n credu yn Iesu yn cael eu hatgyfodi i dreulio tragwyddoldeb gyda Duw.
Mae'n bosibl y bydd canhwyllau'n cael eu cynnau ar gyfer angladd mewn eglwys.	Mae'n dangos y gred mai Iesu yw 'goleuni'r byd' sy'n arwain ffordd i'r nefoedd.
Mae rhai Cristnogion yn ystyried ei bod hi'n bwysig iddyn nhw gael eu claddu yn hytrach na'u hamlosgi.	Mae'n dangos y gred sydd gan rai Cristnogion y bydd esgyrn yn meirw'n ailffurfio ar Ddydd y Farn, ar gyfer atgyfodiad y corff.

Islam

Arferion defodau angladdol	Credoau y mae'r arfer hwn yn eu dangos
Pan fydd Mwslim ar fin marw, mae'r Kalimah (sy'n aml yn cael ei alw'n Shahadah) yn cael ei sibrwd wrth y clustiau, yn union fel digwyddodd adeg genedigaeth.	Mae'n dangos y gred eich bod yn dychwelyd at y creawdwr ar ôl marw.
Mae amdo gwyn syml yn cael ei lapio am y corff marw.	Mae'n dangos y gred bod pawb yn gydradd o flaen Duw mewn marwolaeth.
Fel arfer mae'r corff yn cael ei gladdu.	Mae'n dangos y gred y dylai'r corff aros yn gyfan, yn barod i atgyfodi ar Ddydd y Farn.
Mae safle'r bedd yn aml yn cael ei godi'n dwmpath, yn aml heb unrhyw garreg fedd.	Mae'n dangos bod pawb yn gydradd mewn marwolaeth.
Wrth i'r corff gael ei ostwng i'r bedd, dywedir y geiriau canlynol o'r Qur'an 20.55 yn aml: 'Byddwn yn eich dwyn ymlaen unwaith eto.'	Mae'n dangos y gred y bydd Duw yn dod â phobl yn ôl yn fyw ryw ddiwrnod.
Mae'r bedd yn wynebu Makkah fel arfer.	Makkah yw'r ddinas fwyaf sanctaidd i Fwslimiaid.

Thema 1: Materion bywyd a marwolaeth

Atebion: www.hoddereducation.co.uk/fynodiadau adolygu

Iddewiaeth

Arferion defodau angladdol	Credoau y mae'r arfer hwn yn eu dangos
Wrth i berson farw, adroddir gweddi'r Shema: "Gwrando, O Israel, un Arglwydd yw'r Arglwydd ein Duw.'	Mae'n dangos y gred mai dim ond un Duw sydd, y creawdwr.
Mae'r corff marw yn cael ei lapio mewn amdo syml.	Mae'n dangos bod y cyfoethog a'r tlawd yr un fath.
Mae'r tallith (siôl weddïo) yn aml yn cael ei roi ar y corff ac weithiau yn cael ei dorri.	Mae'n dangos cred rhai Iddewon fod dyletswyddau bywyd, wedi'u cynrychioli gan ymylon y tallith, wedi dod i ben nawr.
Yn aml bydd galarwyr yn rhwygo eu dillad.	Mae'n dangos y galar y mae'r teulu agos a ffrindiau yn ei deimlo, sy'n amhosibl ei atgyweirio.
Drwy gydol y flwyddyn nesaf mae gwahanol ddefodau ac arferion. Yn ystod y 30 diwrnod ar ôl yr angladd, dydy'r galarwyr ddim yn mynd allan er mwyn pleser.	Mae'n dangos pwysigrwydd dangos parch at Dduw ac mae'n helpu i gadw'r cof am y meirw'n fyw.

Dyneiddiaeth

Arferion defodau angladdol	Credoau y mae'r arfer hwn yn eu dangos
Mae'n bosibl cynnal yr angladd mewn llawer o wahanol fannau.	Mae'n dangos nad ydyn nhw'n credu bod mannau addoli'n bwysig.
Dewisir darlleniadau a chaneuon sy'n adlewyrchu diddordebau a bywyd yr ymadawedig.	Mae'n dangos nad ydy dyneiddwyr yn credu yn Nuw neu yn awdurdod testun sanctaidd.
Cofir bywyd y person yn yr angladd ond fel arfer fydd dim sôn am Dduw neu ddarlleniadau o destunau sanctaidd.	Mae'n dangos y gred mai'r bywyd hwn sydd fwyaf pwysig a does dim awgrym am fywyd ar ôl marwolaeth mewn lle gwell.

Gweithgaredd

Deall cysyniadau

Mae llawer o gysyniadau pwysig yn yr uned hon. Mae'n bwysig eich bod chi'n deall beth yw ystyr y cysyniadau a sut maen nhw'n gysylltiedig.

Ar gyfer pob un o'r parau canlynol, ysgrifennwch frawddeg sy'n dangos y cysylltiad rhwng y ddau air.

Gair 1	Gair 2	Cysylltiad rhwng y ddau air
Bywyd ar ôl marwolaeth	Enaid	
Esblygiad	Y creu	
Ewthanasia	Ansawdd bywyd	
Erthyliad	Sancteiddrwydd bywyd	

Thema 1: Materion bywyd a marwolaeth

Thema 2: Materion daioni a drygioni

Y darlun mawr

Isod mae crynodeb o'r cwestiynau allweddol i'w hystyried ar gyfer y thema hon:
- Beth sy'n gwneud i weithred fod yn 'anghywir'?
- Sut rydyn ni'n gwneud penderfyniadau moesol?
- Beth sy'n achosi trosedd?
- Beth yw amcanion cosbi?
- Sut mae troseddwyr yn cael eu trin yn yr unfed ganrif ar hugain?
- Ydy defnyddio'r gosb eithaf byth yn gywir?
- A yw maddau wir yn bosibl?
- Pam mae pobl yn dioddef?
- O ble mae drygioni'n dod?
- Beth yw'r agweddau crefyddol at heddwch a gwrthdaro?

> **Cyngor**
>
> **Termau crefyddol ac arbenigol**
>
> Mae'n bwysig defnyddio termau arbenigol a thermau o'r crefyddau rydych chi wedi eu hastudio yn eich atebion i gwestiynau arholiad.

Meysydd astudio

ADOLYGU

Mae eich astudiaeth o Faterion daioni a drygioni wedi'i rhannu'n dri maes:
- Trosedd a chosb:
  - Beth sy'n gwneud i weithred fod yn 'anghywir'?; gwahaniaethau rhwng moesoldeb perthynol ac absoliwt; achosion trosedd; gwaith diwygwyr carchardai a chaplaniaid carchardai; credoau ynglŷn â'r gosb eithaf.
- Maddeuant:
  - Dysgeidiaethau am heddwch a gwrthdaro; maddeuant; ac enghreifftiau o faddeuant yn codi o gredoau personol.
- Daioni, drygioni a dioddefaint:
  - Safbwyntiau athronyddol ar darddiad drygioni; credoau am ewyllys rydd; a'r heriau athronyddol y mae credoau'n eu cynnig.

Ar gyfer pob un o'r tri maes, gwnewch yn siŵr eich bod yn gwybod digon o fanylion am ddwy grefydd wahanol neu ddau draddodiad crefyddol.

> **Cyngor**
>
> **Y defnydd o destunau sanctaidd**
>
> Os gallwch chi gyfeirio at ffynonellau doethineb neu destunau sanctaidd perthnasol i gefnogi eich ateb, bydd yn eich helpu i gael marciau uchel. Does dim angen i chi gofio'r union eiriau neu gyfeiriadau, ond dywedwch yn eich geiriau eich hunan beth sy'n cael ei ddweud a sut mae credinwyr yn eu dehongli nhw.

Cysyniadau allweddol

Moesoldeb – egwyddorion a safonau sy'n penderfynu pa weithredoedd sy'n gywir neu'n anghywir.

Ewyllys rydd – y gallu i wneud dewisiadau yn wirfoddol ac yn annibynnol; y gred nad oes dim wedi'i ragordeinio.

Cydwybod – synnwyr moesol person o'r hyn sy'n gywir neu'n anghywir. Mae rhai pobl grefyddol yn credu mai'r gydwybod yw'r arweiniad mewnol sy'n dod gan Dduw.

Cyfiawnder – tegwch; pan fo darpariaethau a chyfleoedd ar gael i bawb yn gyfartal ac yn derbyn beth sy'n ddyledus iddyn nhw.

Maddeuant – rhoi pardwn ar ôl gwneud rhywbeth o'i le; rhoi'r gorau i ddicter a'r dyhead i dalu'r pwyth yn ôl i ddrwgweithredwr.

Heddychiaeth – cred nad yw hi'n bosibl cyfiawnhau rhyfel a thrais.

Daioni – yr hyn sy'n cael ei ystyried yn foesol gywir, neu'n fuddiol, ac o fantais i ni.

Drygioni – yr hyn sy'n cael ei ystyried yn hynod anfoesol, yn ddrwg, ac yn anghywir.

Dioddefaint – gofid neu boen sydd wedi'u hachosi gan anaf, salwch neu golled. Gall dioddefaint fod yn gorfforol, yn emosiynol ac yn seicolegol neu'n ysbrydol.

Trosedd a chosb

Yn y maes astudio hwn byddwch chi'n ystyried beth sy'n gwneud i weithred fod yn 'anghywir' a'r gwahaniaeth rhwng moesoldeb absoliwt a pherthynol. Byddwch chi'n ystyried achosion trosedd, trin troseddwyr a'r safbwyntiau gwahanol ar ddefnyddio'r gosb eithaf.

Ymatebion crefyddol a moesegol

ADOLYGU

Mae dau fath cyffredin o **foesoldeb**:
- Moesoldeb absoliwt – pan mae gan berson egwyddor, er enghraifft, bod dwyn yn anghywir, a fydd e neu hi byth yn newid ei safbwynt beth bynnag yw'r amgylchiadau.
- Moesoldeb perthynol – pan mae gan berson egwyddor foesol ond mae'n ei addasu yn ôl sefyllfaoedd, er enghraifft, a oedd y person yn dwyn oherwydd nad oedd ganddo fwyd?

Mae cred mewn **ewyllys rydd** mewn llawer o ddysgeidiaethau a safbwyntiau crefyddol, ac mae'n dylanwadu ar agweddau at wneud pethau anghywir neu wael, oherwydd os oes ewyllys rydd, mae'n bosibl dewis yr hyn rydych chi'n ei wneud. Fodd bynnag, mae pob crefydd yn cydnabod hefyd nad yw gwneud yr hyn sy'n gywir byth yn hawdd ac yn syml.

Mae'r rhan fwyaf o grefyddau'n dysgu bod bodau dynol wedi cael ewyllys rydd i wneud penderfyniadau a dewisiadau. I wneud hyn, mae nifer o ffynonellau y gallen nhw eu defnyddio.

> Beth am hunanamddiffyn?

> Rwy'n gwybod bod lladd yn anghywir, ond…

> Lladd yw erthyliad, onid e?

> Pam mae rhyfeloedd, felly?

Cysyniadau allweddol

Moesoldeb – egwyddorion a safonau sy'n penderfynu pa weithredoedd sy'n gywir neu'n anghywir.

Ewyllys rydd – y gallu i wneud dewisiadau yn wirfoddol ac yn annibynnol; y gred nad oes dim wedi'i ragordeinio.

Cydwybod – synnwyr moesol person o'r hyn sy'n gywir neu'n anghywir. Mae rhai pobl grefyddol yn credu mai'r gydwybod yw'r arweiniad mewnol sy'n dod gan Dduw.

	Sefyllfa: beth yw'r sefyllfa? Er enghraifft, ydy hyn yn cael ei ystyried yn bechod mewn Cristnogaeth neu'n haram mewn Islam?
	Dysgeidiaeth: beth yw dysgeidiaeth y testunau sanctaidd a sylfaenwyr crefydd? Er enghraifft, beth mae'n ei ddweud yn y Beibl, y Torah, y Qur'an? Beth ddangosodd gweithredoedd Iesu y dylwn i ei wneud?
	Awdurdod: beth mae ffynonellau awdurdod eraill yn ei ddweud? Er enghraifft, offeiriaid, Maimonides, y gyfraith, meddygon?
	Dehongli: sut rydw i'n dehongli'r dysgeidiaethau a'r awdurdod ar gyfer y sefyllfa hon? Er enghraifft, fyddwn i'n gwneud ewyllys Allah?
	Rheswm: sut rydw i'n cydbwyso'r uchod i gyd â fy **nghydwybod** fy hun?

Thema 2: Materion daioni a drygioni

Credoau ac agweddau at achosion trosedd

Mae achosion trosedd yn gymhleth. Byddai'r rhan fwyaf o bobl yn cytuno bod pedwar ffactor sy'n cyfrannu, fel mae'r diagram yn ei ddangos. Mae dylanwadau a phwysau, fel presenoldeb drygioni a phechod yn y byd ac yn y ddynoliaeth, yn ychwanegu at y ffactorau y byddai llawer o gredinwyr crefyddol yn cyfeirio atyn nhw, ac maen nhw hefyd yn effeithio ar y ffactorau hyn.

Mae'r rhan fwyaf o grefyddau'n credu bod gan y canlynol ddylanwad mawr ar drosedd:
- presenoldeb drygioni a phechod yn y byd
- defnyddio alcohol a chyffuriau
- tlodi
- ansawdd bywyd teuluol
- hunan-barch isel.

Thema 2: Materion daioni a drygioni

Diagram: Achosion trosedd — Camddefnyddio alcohol a chyffuriau (Pwysau o'r gymdeithas); Tlodi (Pwysau o'r cyfryngau); Esgeulustod gan rieni (Pwysau gan gyfoedion); Hunan-barch isel (Pwysau o fywyd personol); Presenoldeb drygioni a phechod yn y byd a'r ddynoliaeth

Credoau ac agweddau at amcanion cosb

ADOLYGU

Beth bynnag allai achosion trosedd fod (mae safbwyntiau amrywiol a gwahanol), derbynnir yn gyffredinol bod rhaid i gosb fod â rhyw fath o amcan. Mae safbwyntiau gwahanol am hyn hefyd, fel mae'r tabl isod yn ei ddangos.

> I lawer o bobl, un o'r prif resymau dros gosbi yw cael **cyfiawnder** i'r dioddefwr ac i'r gymdeithas. Mae llawer o Fwslimiaid, Cristnogion ac Iddewon yn credu bod Duw yn dduw cyfiawnder a fydd yn ystyried gweithredoedd da a drwg credinwyr ar ôl iddyn nhw farw.

Cysyniad allweddol

Cyfiawnder – tegwch; pan fo darpariaethau a chyfleoedd ar gael i bawb yn gyfartal ac yn derbyn beth sy'n ddyledus iddyn nhw.

Mae chwe amcan cosbi:

Dial	Atgyweirio	Diwygio
Ffurf ar ddial ar ran y rhai a ddioddefodd gam neu ymosodiad.	Dylai troseddwyr gael yr hawl i 'dalu' am y cam maen nhw wedi'i wneud i ddangos ei bod hi'n ddrwg ganddyn nhw ac i 'atgyweirio' y difrod a wnaethon nhw.	Ceisio sicrhau bod y troseddwr yn cael ei helpu i newid ei ymagwedd a'i ffordd o fyw.
Amddiffyn	**Cyfiawnder**	**Atal**
Gwneud yn siŵr fod pawb, a'r gymdeithas ei hun, yn cael eu diogelu rhag trosedd arall bosibl gan droseddwr; mae angen diogelu'r troseddwyr eu hunain hefyd.	Er mwyn dangos bod y gyfraith ac awdurdod o'r pwys mwyaf a sicrhau bod y gyfraith yn cael ei chynnal a'i chyfiawnhau.	Ceisio atal pobl rhag cyflawni troseddau (neu annog pobl i beidio â gwneud hyn), oherwydd eu bod nhw'n gwybod beth yw'r gosb, ac yn gwybod y bydd hi'n cael ei rhoi i'r rhai sy'n cael eu dal yn cyflawni trosedd.

Mae gwahanol agweddau a safbwyntiau ynghylch ai amcanion cosbi yw pob un o'r rhain, neu rai ohonyn nhw, a hefyd ynghylch pa rai allai fod yn fwy pwysig nag eraill.

Mae dysgeidiaethau crefyddau am amcanion a phwrpasau cosbi'n amrywio rhwng y crefyddau, ac weithiau o fewn y crefyddau.

Credoau a dysgeidiaethau am amcanion cosbi

ADOLYGU

Cristnogaeth

- Mae Cristnogion yn credu bod pawb wedi'u creu i fod â dewis rhydd i dderbyn neu i wrthod ffyrdd Duw.
- Os yw pobl yn pechu neu'n cyflawni troseddau, yna rhaid i gyfiawnder ddilyn, ond hefyd dysgodd Iesu fod maddeuant yn bwysig.
- Mae'r rhan fwyaf o Gristnogion yn credu, er mwyn cael cyfiawnder, fod rhaid cosbi a cheisio maddeuant.
- Mae'r rhan fwyaf o Gristnogion yn credu mai Duw fydd y barnwr olaf ar ddiwedd bywyd.
- Dysgodd Iesu mai tosturio y dylai Cristnogion ei wneud, nid dial.

Islam

- Mae'r Qur'an yn dysgu y dylai credinwyr wneud y dewis rhwng gweithredoedd da a drygionus.
- Gwelir cosb fel agwedd bwysig ar gyfiawnder ond mae maddeuant yn bwysig hefyd. Mae Allah yn cael ei adnabod hefyd fel yr Un Trugarog, yr Un Tosturiol a'r Un Hael.
- Allah fydd y barnwr olaf ar Ddydd y Farn (Qiyamah).
- Mae Qur'an 16:90 yn dysgu mai Duw sy'n gosod y rheolau ac yn dangos y ffordd, a'i fod yn ceryddu fel ffordd o atgoffa.
- Mae rhai gwledydd yn arfer system cyfraith Shari'ah sy'n gosod cyfreithiau a chosbau'n seiliedig ar y Qur'an a'r Sunnah.

Iddewiaeth

- Oherwydd bod Duw wedi creu byd cyfiawn, mae Iddewon yn credu bod yn rhaid iddyn nhw ddangos cyfiawnder eu hunain.
- Yn Deuteronomium mae'n dweud y dylai barnwyr fod yn deg a pheidio â derbyn llwgrwobrwyon.
- Er bod Iddewon yn cael eu dysgu i fod yn faddeugar, does neb yn gallu maddau ar ran rhywun arall.

Cyngor

Cyfarwyddiadau cwestiynau arholiad

Edrychwch yn ofalus ar y cyfarwyddiadau yn y cwestiwn. Cofiwch y gallwch chi danlinellu'r rhain er mwyn gwneud yn siŵr eich bod yn cofio beth yw ffocws y cwestiwn.

Triniaeth troseddwyr a gwaith diwygwyr carchardai a chaplaniaid carchardai

ADOLYGU

Gweithgaredd

Safbwyntiau tebyg

Yn aml bydd safbwyntiau a rhesymau tebyg ar draws crefyddau a thraddodiadau anghrefyddol. Dyma rai ymatebion gan gaplaniaid o draddodiadau crefyddol gwahanol. Ystyriwch pa rai allai fod yn safbwynt i grefyddau eraill.

> Fel Cristion, rwy'n credu bod rhan o Dduw ym mhob un, felly mae'n bwysig dangos parch at bob person. Rwy'n arwain y gwasanaeth wythnosol yn y carchar ac yn rhoi'r Cymun. Dysgodd Iesu ei bod hi'n bwysig maddau ac estyn allan i'r rhai sy'n cael bywyd yn anodd. Rwy'n ceisio dilyn ei enghraifft a'i ddysgeidiaeth.

> Fel Mwslim rwy'n credu mai Allah a'n creodd ni i gyd a bod dyletswydd arnon ni i gefnogi pawb yn yr ummah fel rhan o Greadigaeth Allah. Weithiau mae fy rôl yn un ymarferol, fel trafod beth yw bwydydd halal a haram, ac weithiau mae'n ysbrydol, fel darllen y Qur'an gyda'n gilydd.

> Drwy fy ngwaith fel caplan carchar, rwy'n dangos chesed (caredigrwydd cariadus) tuag at greadigaeth Duw. Dydw i ddim yn ymweld â charchar i geisio rhoi tröedigaeth i unrhyw un ond i helpu Iddewon yn y carchar sydd ag anghenion corfforol ac ysbrydol. Gallai hyn gynnwys dathlu gwyliau arbennig, gweddïo a thrafod y mitzvot yn y Torah.

Cwestiynau enghreifftiol

Gofynnwyd i Iolo ysgrifennu am sut mae gwaith diwygwyr carchardai a chaplaniaid carchardai yn adlewyrchu credoau crefyddol. Dyma ei ymateb:

Mae llawer o Gristnogion yn ymwneud â gwirfoddoli mewn carchardai. Yn aml maen nhw'n gwneud hyn oherwydd eu bod nhw eisiau gofalu am eraill fel gwnaeth Iesu a dangos bod pob person yn arbennig. Yn y gorffennol buodd pobl fel Elizabeth Fry a helpodd garcharorion i ddarllen. Yn aml bydd caplaniaid yn helpu pobl sydd ag angen gweddïo.

Dydy ateb Iolo ddim wir yn canolbwyntio ar waith diwygwyr carchardai, hefyd fyddai e ddim yn ennill llawer o farciau am ei ddefnydd o iaith grefyddol neu ddysgeidiaethau crefyddol. Ailysgrifennwch ei ateb, gan gyfeirio at ymatebion y credinwyr uchod.

Ymatebion i'r gosb eithaf

Mae ymatebion amrywiol i'r gosb eithaf, yn ôl y ffordd mae gwahanol gredinwyr yn dehongli ac yn deall darnau o'u testunau sanctaidd a'u hawdurdodau crefyddol.

Cristnogaeth

Yn erbyn:
- Mae'r rhan fwyaf o Gristnogion yn credu mai Duw yn unig sydd â'r hawl i gymryd bywyd.
- Un o'r Deg Gorchymyn yw: 'Na ladd.' (Exodus 20:13)
- Dysgodd Iesu, 'Os bydd rhywun yn dy daro ar dy foch dde, tro'r llall ato hefyd.' (Mathew 5:39)
- Dywedodd Iesu: 'Carwch eich gelynion, a gweddïwch dros y rhai sy'n eich erlid.' (Mathew 5:44)
- Mae llawer o Gristnogion yn gweld y ddwy ddadl uchod fel rhai sy'n groes i ddysgeidiaeth 'llygad am lygad' yr Hen Destament. (Exodus 21:24)
- Byddai rhai Cristnogion yn dadlau bod y 'rheol euraidd' (gwneud i eraill fel rydych chi'n dymuno iddyn nhw wneud i chi) yn gwrthdaro â chymryd bywyd drwy'r gosb eithaf.
- Mae'r Crynwyr yn ymgyrchu yn erbyn y gosb eithaf ers bron i 200 mlynedd, oherwydd eu bod nhw'n credu y dylai pob bywyd dynol gael ei barchu.

O blaid:
- Mae rhai Cristnogion yn credu bod y gosb eithaf yn dilyn yr Hen Destament: Exodus 21:24 'llygad am lygad, dant am ddant', a Genesis 9:6 'A dywallto waed dyn, trwy ddyn y tywelltir ei waed yntau.'
- Yn aml mae hyn wedi'i gyfiawnhau ymhellach drwy ddweud mai'r awdurdodau sy'n rhoi'r gosb eithaf, ac nid unigolyn sy'n gweithredu yn ei ddicter, ac mai bwriad y gosb eithaf yw cynnal cyfraith a threfn.
- Hefyd byddai rhai'n dadlau bod methu dangos difrifoldeb rhai troseddau'n golygu nad yw troseddwyr yn ofni cosb ddifrifol ac felly eu bod nhw'n fwy tueddol o gyflawni trosedd difrifol.

Islam

Yn erbyn:
- Mae nifer cynyddol o Fwslimiaid yn anghytuno â'r gosb eithaf. Maen nhw'n galw ar wledydd i'w diddymu hi ac maen nhw'n defnyddio Qur'an 17:33 'Peidiwch byth â chymryd bywyd, y mae Duw wedi'i wneud yn sanctaidd' i amddiffyn eu safbwynt.
- Mae rhai eisiau pwysleisio bod maddeuant a chymod yn bwysig yn y grefydd.
- Mae llawer yn cytuno bod cosbi'n rhan greiddiol o egwyddor cyfiawnder, ond bod ffyrdd mwy buddiol o gosbi troseddwr ac o gadw cyfraith a threfn yn y gymdeithas.

O blaid:
- Er bydd troseddwyr yn cael eu cosbi gan Dduw ar Ddydd y Farn, dylen nhw gael eu cosbi ar y ddaear.
- Mae Qur'an 17:33 yn dweud 'Peidiwch byth â chymryd bywyd', ond mae'n ychwanegu, 'heblaw am achos cyfiawn'. A chredir bod llofruddio neu ymosod ar Islam yn achosion cyfiawn o'r fath.
- Mewn rhai gwledydd, cyfraith Shari'ah yw cyfraith y wlad. Mae hon yn nodi'r rheolau a'r cosbau, gan gynnwys defnyddio dienyddio.

Iddewiaeth

Yn erbyn:
- Mae llawer o Iddewon yn ymgyrchu ers tro yn erbyn y gosb eithaf.
- Mae rhai'n credu ei fod yn gwrthdaro ag un o'r Deg Gorchymyn, 'Na ladd.'
- Mae rhai'n credu bod y gosb eithaf yn methu atal troseddwyr o gwbl.

O blaid:
- Mae Lefiticus 24:17 yn dweud: 'Os bydd rhywun yn cymryd bywyd rhywun arall, rhaid ei roi i farwolaeth.'

Cyngor

Cwestiwn (ch)

Er mwyn ennill marciau llawn mewn cwestiynau gwerthuso math (ch), dylech chi gynnwys cyfeiriadau at grefydd a chred yn eich dadleuon, a chynnwys iaith grefyddol ac arbenigol gyffredinol. Hefyd mae angen i chi ddangos eich bod wedi ystyried mwy nag un safbwynt.

Gweithgaredd

Safbwyntiau gwahanol

Mae'r pwyntiau wrth bob un o'r dwylo'n rhoi safbwynt ar ddefnyddio'r gosb eithaf. Dewiswch bum pwynt o'r dwylo y byddech chi'n eu cynnwys mewn ateb math (ch) a rhowch fanylion pellach ar gyfer pob pwynt.

Ar yr un llaw:
- Mae'r Beibl yn dweud 'Llygad am Lygad'.
- Os yw Duw am i rywun farw, yna bydd yn marw.
- Mae rhai pobl yn dweud bod y gosb eithaf yn rhwystro pobl eraill rhag cyflawni troseddau ac mai dyma'r unig ffordd o gael cyfiawnder.
- Mae'n rhy gostus i gadw llofruddion yn y carchar am oes.
- Mae rhai testunau sanctaidd, fel y Qur'an, yn nodi bod rhai troseddau yn haeddu'r gosb eithaf.
- Os bydd y troseddwr yn cael ei ryddhau yna gall lofruddio eto.
- Mae'n well gan rai troseddwyr golli eu bywyd na'i dreulio yn y carchar.

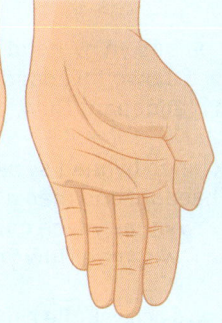

Ar y llaw arall:
- Dysgodd Iesu bwysigrwydd trugaredd.
- Mae pob bywyd yn gysegredig.
- Ni wnaiff cymryd un bywyd ddod ag un arall yn ôl.
- Yn y Deg Gorchymyn mae'n dweud 'Na ladd'.
- Mae rhai pobl yn cael eu dienyddio am droseddau sydd ddim yn ymwneud â chymryd bywyd, e.e. masnachu cyffuriau.
- Gall camgymeriadau ddigwydd a gall y person anghywir gael ei ddienyddio.

Maddeuant

Yn y maes astudio hwn bydd angen i chi wybod am y dysgeidiaethau am heddwch a gwrthdaro a **maddeuant** o'r crefyddau rydych chi'n eu hastudio a sut mae credinwyr wedi rhoi'r dysgeidiaethau hyn ar waith.

> Mae gan bob crefydd ddysgeidiaethau eglur am bwysigrwydd maddeuant, nid bod hynny'n haws, ond oherwydd ei fod yn galluogi dealltwriaeth ysbrydol ddyfnach o'r hunan ac o'r byd lle rydyn ni'n byw.

Cysyniad allweddol

Maddeuant – rhoi pardwn ar ôl gwneud rhywbeth o'i le; rhoi'r gorau i ddicter a'r dyhead i dalu'r pwyth yn ôl i ddrwgweithredwr.

Dysgeidiaethau crefyddol am faddeuant

ADOLYGU

Cristnogaeth

- Mae Cristnogion yn credu bod Duw yn maddau eu pechodau iddyn nhw os ydyn nhw'n eu cyffesu nhw.
- Yng Ngweddi'r Arglwydd, mae'r geiriau 'maddau i ni ein pechodau fel y maddeuwn ninnau i'n dyledwyr' yn dangos esiampl eglur.
- Hefyd, dywedodd Iesu, 'Ond os na faddeuwch i eraill eu camweddau, ni fydd eich Tad chwaith yn maddau eich camweddau chwi'. (Mathew 6:15)
- Ar ddechrau Dameg y Gwas Anfaddeugar (Mathew 18:21–35) dywedodd Iesu wrth ei ddisgyblion y dylen nhw faddau i bobl 'nid hyd seithwaith … ond hyd saith deg seithwaith'. Mewn geiriau eraill, ddylai dim bod terfyn i faddeuant.
- Esiampl Iesu ei hun ar y groes oedd dweud wrth y rhai a oedd yn ei groeshoelio, 'O Dad maddau iddynt oherwydd ni wyddant beth maent yn ei wneud.'
- I Gatholigion, mae maddeuant yn dod drwy gyffesu ac arfer gweithredoedd crefyddol o wneud iawn, er enghraifft adrodd gweddïau penodol.
- I Gristnogion Efengylaidd, mae maddeuant pechodau'n dod drwy ffydd yng Nghrist a'r iawn ar y groes.

Islam

- Yn ôl Islam, mae dau fath o faddeuant: maddeuant Duw a maddeuant dynol.
- Mae angen y ddau ar bobl, gan eu bod yn gwneud camgymeriadau yn eu gweithredoedd tuag at Dduw a'u gweithredoedd tuag at ei gilydd.
- Yn ôl y Qur'an, does dim terfyn i faddeuant Duw, yn enwedig i'r rhai sy'n edifarhau.
- Dywed Surah 42:30: 'A pha drychineb bynnag sy'n eich taro – mae am yr hyn y mae eich dwylo wedi'i haeddu; ond mae'n maddau llawer.'
- Mae Surah 64:14 yn atgoffa dilynwyr, 'os ydych chi'n rhoi pardwn ac yn anghofio ac yn maddau – yna'n wir, mae Duw yn Faddeugar ac yn Drugarog'.
- Mae esiampl Muhammad yn cynnwys achlysur lle helpodd hen fenyw a oedd wedi mynd yn sâl, er ei bod hi wedi anadlu llwch tuag ato sawl gwaith.

Iddewiaeth

- Mae Iddewon yn credu bod maddau yn mitzvah, (gorchymyn neu ddyletswydd dwyfol).
- Mae Micha 7:18 yn dweud nad yw Duw yn dal ei ddig am byth, ond ymhyfryda mewn trugaredd.
- Mae'r Torah yn sôn yn benodol bod dial neu ddal dig wedi'i wahardd. (Lefiticus 19:17: 'Nid wyt i gasáu dy frawd a'th chwaer yn dy galon.')
- Mae edifeirwch yn bwysig ac mae'n cynnwys dod â'r weithred anghywir i ben, dangos eich bod yn edifar am rywbeth, cyffesu, ac yna 'dychwelyd' (teshuva).
- Yn ystod Yom Kippur mae Iddewon yn gwneud iawn am bechodau'r flwyddyn flaenorol drwy weddïo, adfyfyrio a cheisio maddeuant.

Atebion: www.hoddereducation.co.uk/fynodiadau adolygu

Enghreifftiau o faddeuant

Maddeuant Cristnogol ar waith

Gee Walker yw mam Anthony Walker, a lofruddiwyd yn ystod ymosodiad â chymhelliant hiliol yn Lerpwl yn 2005. Fel Cristion roedd hi'n teimlo ei bod hi'n bwysig dilyn esiampl a dysgeidiaeth Iesu a maddau i lofruddion ei mab: 'Mae'n rhaid i mi faddau iddyn nhw. Allaf i ddim casáu. Casineb yw'r hyn a laddodd Anthony.'

Roedd **Desmond Tutu** yn esgob Anglicanaidd yn Ne Affrica ac yn weithredwr hawliau sifil yn ystod apartheid, cyfundrefn oedd yn gwahaniaethu yn erbyn pobl ddu yn Ne Affrica. Ar ôl i'r llywodraeth newid ac i apartheid ddod i ben, arweiniodd Tutu y Comisiwn Gwirionedd a Chymodi yn Ne Affrica, lle roedd maddeuant ac adfer yn egwyddorion allweddol. Roedd angen i bobl ofyn am faddeuant, ei gynnig, ei dderbyn a'i gael. Meddai, 'Os ydych chi'n dal i fod yn ddig, rydych chi wedi eich cloi mewn cyflwr o fod yn ddioddefydd, ac rydych chi'n gadael i'r troseddwr effeithio ar eich bywyd. Pan fyddwch chi'n maddau, rydych chi'n gollwng gafael, mae'n gollwng gafael arnoch chi, ac mae'n debygol y bydd yn gollwng gafael ar y troseddwr.'

Maddeuant Mwslimaidd ar waith

Ganwyd **Khaled Hosseini** yn Afganistan lle roedd ei dad yn ddiplomydd. Daeth Hosseini yn feddyg a symud i America ond cafodd llawer o'i deulu a arhosodd yn Afganistan eu carcharu neu diflannon nhw. Daeth yn Gennad Ewyllys Da i Uwch Gomisiynydd y Cenhedloedd Unedig ar gyfer Ffoaduriaid. Hefyd sefydlodd Sefydliad Khaled Hosseini, mudiad dielw sy'n adeiladu lloches i deuluoedd o ffoaduriaid ac yn cynnig addysg, gofal iechyd a chyfleoedd economaidd yn Afganistan. Meddai, 'Ro'n i'n meddwl tybed ai dyna sut roedd maddeuant yn egino ... yn casglu ei eiddo'n boenus, yn pacio ac yn sleifio i ffwrdd heb ddweud wrth neb ynghanol y nos.'

Maddeuant Iddewig ar waith

Yn ystod yr Holocost yn yr Ail Ryfel Byd, cafodd arbrofion eu gwneud ar **Eva Kor** yn Auschwitz, gwersyll marwolaeth y Natsïaid. Bu farw ei mam, ei thad a'i dwy chwaer hynaf i gyd, ond llwyddodd hi a'i gefeilles i oroesi. Meddai hi, 'Fy maddeuant i ... yw fy ngweithred hunanryddhau a hunanrymuso. Maddeuais i i'r Natsïaid, nid oherwydd eu bod nhw'n haeddu hynny, ond oherwydd fy mod i'n haeddu hynny.'

> **Cyngor**
>
> **Enghreifftiau o faddeuant**
>
> Ym mhob traddodiad crefyddol a llwybr bywyd, mae enghreifftiau o bobl sydd wedi maddau i eraill oherwydd y credoau personol sydd ganddyn nhw. Yn eich atebion, gallwch chi gyfeirio at enghreifftiau lleol, at bobl enwog fel y rhai a nodir uchod neu i eraill fel Martin Luther King. Cofiwch fod rhaid i'ch atebion fod yn bobl o draddodiadau crefyddol ac y bydd angen i chi gyfeirio at sut mae eu gweithredoedd yn adlewyrchu dysgeidiaethau'r grefydd.

> **Gweithgaredd**
>
> **Dau draddodiad gwahanol**
>
> Mewn llawer o'ch atebion, bydd angen i chi gyfeirio at ddau draddodiad crefyddol gwahanol a'r nodweddion tebyg a'r gwahaniaethau rhyngddyn nhw. Rhaid i'r rhain gynnwys dysgeidiaethau pwysig o bob un o'r traddodiadau.
>
> Defnyddiwch y diagram Venn i ddangos y nodweddion tebyg a'r gwahaniaethau rhwng y ddau draddodiad rydych chi'n eu hastudio.

Heddwch a gwrthdaro

> **Cysyniad allweddol**
>
> **Heddychiaeth** – cred nad yw hi'n bosibl cyfiawnhau rhyfel a thrais.

Agweddau Cristnogol at heddwch a gwrthdaro

- Mae'r gorchymyn i beidio â lladd yn un o'r Deg Gorchymyn.
- Dysgodd Iesu ei bod hi nid yn unig yn bwysig osgoi gwrthdaro ond bod yn dangnefeddwyr hefyd ('Gwyn eu byd y tangnefeddwyr').
- Mae rhai enwadau crefyddol, fel Cymdeithas Grefyddol y Cyfeillion (y Crynwyr), yn **heddychwyr**.
- Mae llawer o Gristnogion yn arfer saith amod damcaniaeth Rhyfel Cyfiawn a ddatblygwyd o ysgrifeniadau St Thomas Aquinas yn y drydedd ganrif ar ddeg.
- Yr amodau yw bod rhaid i ryfel: fod yn deg; cael ei gyhoeddi gan lywodraeth; cael ei ymladd er mwyn dod â daioni; bod yn ddewis olaf; bod â siawns rhesymol o lwyddo; defnyddio grym angenrheidiol yn unig, ac ymosod ar dargedau cyfreithlon yn unig.

Agweddau Islamaidd at heddwch a gwrthdaro

- Mae'r gair Islam yn tarddu o'r gair 'salaam', sy'n golygu 'heddwch. Mae rhai Mwslimiaid yn heddychwyr, ond bydd llawer yn ymladd i amddiffyn eu hunain fel mae'r Qur'an yn dysgu: 'Ymladdwch yn ffordd Allah y sawl sy'n ymladd yn eich erbyn.'
- Mae'r jihad mwyaf yn cyfeirio at yr ymdrech fewnol neu'r gwrthdaro yn erbyn temtasiynau.
- Mae'r jihad lleiaf yn dysgu bod rhaid i wrthdaro ddigwydd weithiau er mwyn amddiffyn gwerthoedd Islam.
- Bu'r Proffwyd Muhammad yn ymladd mewn brwydrau. Mae'r Hadith yn dweud, 'Mae'r sawl sy'n brwydro i sicrhau mai gair Allah sydd oruchaf yn gwasanaethu achos Allah.'
- Mae amodau ar gyfer cymryd rhan mewn Jihad Lleiaf. Yr amodau yw bod rhaid i ryfel: gael ei ymladd dros achos da; fod yn ddewis olaf; gael ei awdurdodi gan awdurdod Mwslimaidd; achosi cyn lleied o ddioddefaint ag sy'n bosibl; beidio â thargedu sifiliaid diniwed, fel yr henoed neu blant, a rhaid iddo ddod i ben pan mae'r gelyn yn ildio.

Agweddau Iddewig at heddwch a gwrthdaro

- Heddwch yw'r cyflwr delfrydol mewn Iddewiaeth fel mae'r Talmud yn ei ddweud, ond mae llawer o Iddewon yn derbyn y gall rhyfel fod yn anochel.
- Yn y Torah, mae enghreifftiau o Dduw yn amddiffyn yr hen Israeliaid wrth iddyn nhw ymladd: 'Pan fyddwch chi'n mynd i ryfel ... peidiwch ag ofni oherwydd bydd yr Arglwydd eich Duw a'ch arweiniodd allan o wlad yr Aifft gyda chi.'
- Mae tri math o ryfel yn cael eu cyfiawnhau mewn Iddewiaeth: gorfodol (rhyfel wedi'i orchymyn gan Dduw); amddiffynnol (er mwyn hunanamddiffyn) a dewisol (rhaid mai dewis olaf yw e a rhaid cyfyngu ar y sifiliaid sy'n cael eu lladd).
- Dylai gelynion gael eu trin yn drugarog (Diarhebion 25:21).
- Mae'r Gymdeithas Heddwch Iddewig yn cefnogi heddychiaeth a'r rhai sy'n wrthwynebwyr cydwybodol ac yn gwrthod ymladd mewn rhyfeloedd.

Atebion: www.hoddereducation.co.uk/fynodiadau adolygu

Daioni, drygioni a dioddefaint

Mae'r maes astudio hwn yn canolbwyntio ar ddaioni, drygioni a dioddefaint. Bydd angen i chi ystyried tarddiad drygioni a sut mae'n gysylltiedig â dioddefaint ac ewyllys rydd. I lawer o gredinwyr mae cysylltiad rhwng ewyllys rydd, drygioni, pechod a maddeuant.

> Mae'n anodd diffinio **daioni** gan fod gan bobl safbwyntiau gwahanol. Byddai'r rhan fwyaf o bobl yn dweud mai absenoldeb drygioni yw e.

> Mae dau fath gwahanol o **ddrygioni**: drygioni moesol, wedi'i achosi gan weithredoedd dynol. Efallai y byddai rhai credinwyr crefyddol yn ystyried mai gweithredoedd pechadurus yw'r rhain. Hefyd, drygioni naturiol, wedi'i achosi gan drychinebau naturiol fel daeargrynfeydd.

> Mae pawb yn gyfarwydd â **dioddefaint** ac mae'n gymaint rhan o fywyd yn y byd fel bod gan bob crefydd bethau pwysig i'w dweud am ei darddiad, ei le mewn bywyd a sut i ddelio ag e.

Cysyniadau allweddol

Daioni – yr hyn sy'n cael ei ystyried yn foesol gywir, neu'n fuddiol, ac o fantais i ni.

Drygioni – yr hyn sy'n cael ei ystyried yn hynod anfoesol, yn ddrwg, ac yn anghywir.

Dioddefaint – gofid neu boen sydd wedi'u hachosi gan anaf, salwch neu golled. Gall dioddefaint fod yn gorfforol, yn emosiynol ac yn seicolegol neu'n ysbrydol.

Dysgeidiaethau crefyddol am darddiad drygioni

Cristnogaeth

Tarddiad drygioni:
- Mae nifer o safbwyntiau gwahanol am natur drygioni mewn Cristnogaeth.
- Mae rhai Cristnogion yn credu mai grym drygionus yw'r Diafol (Satan) sy'n gallu temtio pobl. Yn Genesis, cafodd Adda ac Efa eu temtio gan y Diafol, ac oherwydd iddyn nhw fod yn anufudd, mae bodau dynol wedi'u geni â phechod gwreiddiol. Felly mae ganddyn nhw ysfa gynhenid i wneud pethau sy'n ddrygionus.
- Mae Cristnogion eraill yn credu nad person yw'r Diafol; wedi'r cyfan, os yw Duw yn hollalluog, yna allai'r Diafol ddim bodoli.
- Roedd Awstin Sant yn credu bod bodau dynol wedi'u creu i fod yn dda ond bod ewyllys rydd yn gadael iddyn nhw droi oddi wrth ddaioni tuag at ddrygioni.

Islam

Tarddiad drygioni:
- Yn Islam, mae popeth sy'n digwydd yn rhan o gynllun Duw (Al-Qadr).
- Mae bodau dynol yn cael ewyllys rydd a bydd rhaid iddyn nhw ateb am eu gweithredoedd ar Ddydd y Farn.
- Mae llawer o Fwslimiaid yn credu bod Shaytan yn ceisio temtio bodau dynol i ffyrdd drygioni, ond drwy ddilyn y Qur'an a ffordd y Proffwyd Muhammad, byddan nhw'n gallu gwrthsefyll drygioni.

Iddewiaeth

Tarddiad drygioni:
- Dydy'r rhan fwyaf o Iddewon ddim yn credu mewn bod drygionus fel Satan.
- Mae gweithredoedd drygionus yn digwydd oherwydd bod pobl yn cael eu geni â dwy duedd a'r ewyllys rydd i wneud daioni (yetzer hatov) neu ddrygioni (yetzer hara).
- Mae'r Torah (Deuteronomium 30:15–19) yn dysgu y bydd y rhai sy'n cael eu temtio gan ddrygioni'n profi marwolaeth a difodiant. Mae astudio'r Torah yn helpu pobl i ddewis yetzer hatov.
- Yn Berakhot 9:5 mae'n dweud bod rhaid i Iddewon 'roi bendith ar y drygioni sy'n cynnwys daioni, a bendith ar y daioni sy'n cynnwys drygioni'.
- Mae Avodah Zarah 3b yn dweud, 'Does dim Gehenna yn y byd i ddod. Yn hytrach, mae'r Un Bendigedig Sanctaidd yn dod â'r haul o'i wain, ac mae'n taro ar y ddaear: caiff y drygionus eu cosbi ganddo, caiff y cyfiawn eu gwella ganddo.'

Dysgeidiaethau crefyddol am ddioddefaint

Cristnogaeth

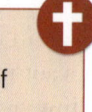

- Mae rhai Cristnogion yn credu bod dioddef drwy ddrygioni'n helpu i ddatblygu enaid moesol creu eneidiau yw'r enw ar hyn. Roedd Sant Irenaeus a'r diweddar John Hick yn credu bod Duw yn creu bodau dynol sydd â'r potensial am dwf ysbrydol. Drwy ddioddefaint mae eneidiau moesol yn cael eu datblygu.
- Mae llawer o Gristnogion yn credu bod dioddefaint yn rhan o fywyd er nad ydyn nhw'n gwybod beth yw ei bwrpas yn aml. Mae stori Job yn dysgu bod holi Duw am ddioddefaint yn anghywir, gan na fyddai bodau dynol yn gallu deall ffyrdd Duw.
- Drwy ddioddefaint mae rhai Cristnogion yn credu eu bod nhw'n deall dioddefaint Iesu. I Gatholigion, mae'n ddirgelwch sydd wedi'i gynrychioli ym mhum dirgelwch trist y llaswyr.

Iddewiaeth

Yn ystod yr Holocost (Shoah) roedd llawer o Iddewon yn holi sut gallai Duw cariadus adael i'r fath ddioddefaint ddigwydd. Mae llawer o safbwyntiau gwahanol, gan gynnwys rhai fel:
- 'Ydy amau Duw yn anghywir? Fel bodau dynol, allwn ni ddim deall Duw.'
- 'Oherwydd yr Holocost dwi wedi troi'n atheist. Sut gallai Duw cariadus adael i'r fath ddioddefaint ddigwydd?'
- 'Digwyddodd dioddefaint yn ystod yr Holocost oherwydd gweithredoedd dynol. Rhoddodd Duw ewyllys rydd i ni a bodau dynol ddewisodd wneud drygioni.'

Mae Diwrnod Cofio'r Holocost (27 Ionawr) yn coffáu'r rhai a ddioddefodd yn ystod yr Holocost a hil-laddiadau eraill. Trefnir digwyddiadau i addysgu pobl am ganlyniadau rhagfarn a gwahaniaethu. Yng Nghymru, mae gwasanaethau coffáu a sgyrsiau gan oroeswyr yr Holocost a hil-laddiadau eraill.

Islam

- Gall dioddefaint fod yn brawf i ddangos ffydd yn ewyllys Allah.
- Mae'n bwysig helpu eraill sy'n dioddef drwy roi zakat.

Dysgeidiaethau crefyddol am ewyllys rydd

Cristnogaeth

- Mae Duw wedi rhoi rhyddid i bawb fyw eu bywydau.
- Mae gan enwadau safbwyntiau gwahanol ar y berthynas rhwng rhagordeiniad ac ewyllys rydd.
- Mae llawer o Fethodistiaid yn credu, er bod Duw yn hollwybodus ac yn gwybod pa ddewisiadau y bydd pob person yn eu gwneud bob amser, ei fod Ef yn dal i roi'r gallu iddyn nhw ddewis (neu beidio â dewis) popeth.
- Mae llawer o Lutheriaid yn credu bod dynoliaeth yn rhydd i ddewis a gweithredu ym mhob agwedd ac eithrio dewis iachawdwriaeth.

Islam

- Er bod llawer o Fwslimiaid yn credu mewn rhagordeiniad, maen nhw'n credu bod ganddyn nhw ewyllys rhydd.
- Mae Allah yn gwybod beth yw'r canlyniad terfynol: Surah 22.70.
- Rhoddodd Allah ewyllys rydd fel nad yw pobl yn bypedau. Mae'n eu galluogi nhw i ddysgu o gamsyniadau: Surah 30.41.
- Defnyddir y Qur'an a'r Hadith wrth wneud penderfyniadau pwysig.
- Mae gan bob person ewyllys rydd i ddewis a ddylen nhw ufuddhau i Allah.
- Ar Ddydd y Farn, mae effaith ewyllys rydd yn cael ei phenderfynu.

Iddewiaeth

- Er bod llawer o Iddewon yn credu mewn rhagordeiniad, maen nhw'n credu bod ganddyn nhw ewyllys rhydd. Credir bod Duw yn gwybod beth yw'r canlyniad terfynol.
- Mae'r Torah yn dysgu bod gan Iddewon ddewis i gadw'r mitzvot ai peidio.
- Mae Iddewon yn credu bod bodau dynol wedi'u geni â dwy duedd – yr awydd i wneud gweithredoedd daionus (yetzer hatov) a'r awydd i wneud gweithredoedd drygionus (yetzer hara).

Mae llawer o safbwyntiau gwahanol mewn crefyddau a rhwng crefyddau ynghylch natur Duw:

Ar y naill law:
- Petai Duw yn hollalluog, yna byddai'n atal dioddefaint.
- Petai Duw yn hollgariadus, yna fyddai pobl dda ddim yn dioddef.
- Petai Duw yn hollalluog, yna fyddai'r Diafol ddim yn bodoli.

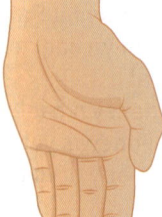

Ar y llaw arall:
- Weithiau mae rheswm dros anfon dioddefaint, fel yn stori Job.
- Cafodd bodau dynol ewyllys rydd i ddewis gwneud daioni neu ddrygioni.
- Mae rhai pobl yn credu nad rhywun go iawn yw'r Diafol.

Gweithgaredd

Cymysgu a chyfateb

Edrychwch ar y cwestiynau pwysig hyn a'r atebion sy'n dilyn. Pa ateb(ion) sy'n cyfateb i bob cwestiwn? Cofiwch, gallai un ateb gyfateb i fwy nag un cwestiwn.

1 Ydy ein tynged wedi'i benderfynu?
2 Beth yw'r gwahaniaeth rhwng drygioni a drwg?
3 Pam mae rhai bodau dynol yn gwneud gweithredoedd drygionus a rhai'n gwneud daioni?
4 Ydy rhai bodau dynol wedi'u geni i wneud drygioni?
5 Os yw Duw yn hollalluog, yna pam mae drygioni?

Atebion:

(a) Cristion ydw i ac rwy'n credu bod Duw wedi rhoi ewyllys rydd i ni i gyd i wneud beth rydyn ni ei eisiau.
(b) Fel Iddew, rwy'n credu bod pobl yn cael eu geni â'r duedd i wneud daioni a'r duedd i wneud drygioni. Ein hastudiaeth o'r Torah sy'n ein hatal ni rhag gwneud drygioni.
(c) Fel Cristion, rwy'n credu bod grym drygionus o'r enw Satan sy'n ein temtio ni, yn union fel y temtiwyd Adda ac Efa yng Ngardd Eden, ac y temtiwyd Iesu yn yr anialwch.
(ch) Oherwydd i Adda ac Efa fod yn anufudd yng Ngardd Eden, rwy'n credu ein bod ni i gyd wedi cael ein geni â phechod gwreiddiol.
(d) Os yw rhywun yn gwneud gweithred ddrygionus, yna mae hi'n ddrwg ac yn anfoesol ac yn aml yn groes i ddysgeidiaethau crefyddol. Mae dau fath o ddrygioni – moesol a naturiol.

Gweithgaredd

Defnydd o eiriau gorchymyn

Yn yr arholiad bydd pedwar cwestiwn o'r uned hon. Bydd pob un o'r cwestiynau'n gofyn am bethau gwahanol. Cysylltwch â phob un o'r geiriau gorchymyn mewn cwestiynau arholiad yn y tabl â'r ystyr cywir.

Gorchymyn	Ystyr
Beth yw ystyr …? [2 farc]	Gwerthuso safbwynt o fwy nag un persbectif. Gall y rhain fod i gyd 'o blaid' y gosodiad, gallan nhw i gyd fod 'yn erbyn' y gosodiad neu gallan nhw fod yn gymysgedd o 'o blaid' ac 'yn erbyn', e.e.: 'Mae hi'n bwysig maddau i bobl eraill bob amser.' Trafodwch y gosodiad hwn gan ddangos eich bod wedi ystyried mwy nag un safbwynt. (Rhaid i chi gyfeirio at grefydd a chred yn eich ateb.)
Disgrifiwch … [5 marc]	Diffiniad o derm allweddol (yn gysylltiedig ag un o'r termau allweddol a nodwyd ar gyfer pob uned), e.e.: Beth yw ystyr cydwybod?
Esboniwch … [8 marc]	Dangos gwybodaeth a dealltwriaeth drwy ddisgrifio cred, dysgeidiaeth, arfer, digwyddiad ac ati, e.e.: Disgrifiwch ddysgeidiaethau crefyddol am ewyllys rydd.
Trafodwch y gosodiad hwn gan ddangos eich bod wedi ystyried mwy nag un safbwynt. (Rhaid i chi gyfeirio at grefydd a chred yn eich ateb.) [15 marc]	Dangos gwybodaeth a dealltwriaeth o destun, gan esbonio'r gosodiadau a wneir gan resymu a/neu roi tystiolaeth, er enghraifft: • Esboniwch sut… • Esboniwch pam… • Esboniwch brif nodweddion… • Esboniwch bwysigrwydd/arwyddocâd… e.e.: O ddwy grefydd wahanol neu o ddau draddodiad crefyddol gwahanol, esboniwch sut mae credinwyr crefyddol yn ymateb i ddioddefaint.

Gridiau marcio

Ateb y cwestiynau

Mae'n bwysig gwybod beth yw strwythur y papur arholiad a'r math o gwestiynau fydd ynddo.

Ar gyfer pob cwestiwn arholiad ystyriwch ddau beth:
- **Faint** o farciau sy'n cael eu rhoi am y cwestiwn hwn? Bydd hyn yn eich helpu i ystyried faint o amser dylech chi ei dreulio ar eich ateb a dyfnder eich ateb.
- **Beth** mae'r cwestiwn yn gofyn i chi ei wneud? Ni fydd unrhyw gwestiwn byth yn gofyn i chi ysgrifennu popeth rydych chi'n ei wybod! Beth yw'r geiriau mwyaf pwysig yn y cwestiwn? Cofiwch y gallwch chi eu tanlinellu er mwyn eich helpu i ganolbwyntio ar beth mae'r cwestiwn yn ei ofyn.

Mae'n bwysig cofio bod **pedwar math** o gwestiwn. Mae pob un yn nodi uchafswm y marciau ar ôl y cwestiwn. Bydd y lle yn eich llyfryn arholiad yn rhoi syniad i chi faint dylech chi ei ysgrifennu. Mae'n bwysig hefyd eich bod yn edrych ar y gridiau marciau fel y gallwch chi weld beth sydd ei angen ar gyfer pob un o'r bandiau marciau.

Cwestiwn (a)

- 1 marc am bob pwynt perthnasol sy'n cael ei wneud.
- 2 farc am naill ai dau bwynt ar wahân neu un pwynt sy'n cael ei ddatblygu/esbonio/ehangu.

Dyma'r cwestiynau cyntaf bob amser ym mhob uned. Maen nhw'n gofyn i chi esbonio beth yw ystyr y cysyniad allweddol. Gall eich esboniad gynnwys enghraifft.

Cofiwch mai dim ond dau farc sydd ar gael am y cwestiynau hyn felly mae'n bwysig eich bod yn gallu rhoi diffiniad cywir a pherthnasol.

Cwestiwn (b)

Yn y cwestiynau hyn bydd disgwyl i chi ddisgrifio dysgeidiaeth, cred, syniad, arfer, lle, digwyddiad neu safbwynt crefyddol penodol. Mae uchafswm o bum marc am y math hwn o gwestiwn. I gael marciau llawn, dylech chi allu dangos eich **gwybodaeth** drwy ddefnyddio **termau crefyddol** addas ac **unrhyw ffynonellau doethineb neu destunau sanctaidd**.

Band	Disgrifiad o'r Band	Cyfanswm Marciau
3	Disgrifiad rhagorol, dealladwy yn dangos ymwybyddiaeth a dealltwriaeth o'r syniad, cred, arfer, dysgeidiaeth neu'r cysyniad crefyddol. Yn defnyddio ystod o iaith a thermau crefyddol/ arbenigol priodol a, lle bo'n berthnasol, ffynonellau doethineb ac awdurdod, yn eang, cywir a phriodol.	4–5
2	Disgrifiad da, cyffredinol gywir sy'n dangos ymwybyddiaeth a dealltwriaeth o'r syniad, cred, arfer, dysgeidiaeth neu'r cysyniad crefyddol. Yn defnyddio iaith a thermau crefyddol/arbenigol a, lle y bo'n briodol, ffynonellau o ddoethineb ac awdurdod yn gyffredinol gywir.	2–3
1	Datganiad cyfyngedig o wybodaeth am y syniad, cred, arfer, dysgeidiaeth neu'r cysyniad crefyddol. Yn defnyddio iaith a thermau crefyddol/arbenigol a, lle y bo'n briodol, ffynonellau o ddoethineb ac awdurdod mewn modd cyfyngedig.	1
0	Dim gwybodaeth berthnasol wedi'i darparu.	0

Atebion: www.hoddereducation.co.uk/fynodiadau adolygu

Cwestiwn (c)

Mae'r cwestiynau hyn yn disgwyl i chi 'esbonio' dysgeidiaeth, cred, syniad, arfer, digwyddiad neu safbwynt yn y crefyddau rydych chi wedi'u hastudio. Mae uchafswm o 8 marc am y math hwn o gwestiwn. Mae angen i chi ddefnyddio termau crefyddol addas a ffynonellau doethineb neu destunau sanctaidd perthnasol.

Band	Disgrifiad o'r Band	Cyfanswm Marciau
4	Esboniad rhagorol, hynod fanwl sy'n dangos ymwybyddiaeth a dealltwriaeth o'r syniad, cred, arfer, dysgeidiaeth neu'r cysyniad crefyddol. Yn defnyddio ystod o iaith a thermau crefyddol/arbenigol a ffynonellau doethineb ac awdurdod, yn eang, cywir a phriodol.	7–8
3	Esboniad da iawn yn dangos ymwybyddiaeth o'r syniad, cred, arfer, dysgeidiaeth neu'r cysyniad crefyddol. Yn defnyddio ystod o iaith a thermau crefyddol/arbenigol a ffynonellau doethineb ac awdurdod, yn gywir a phriodol.	5–6
2	Esboniad boddhaol sy'n dangos rhywfaint o ymwybyddiaeth o'r syniad, cred, arfer, dysgeidiaeth neu'r cysyniad crefyddol. Yn defnyddio iaith a thermau crefyddol/arbenigol a/neu ffynonellau o ddoethineb ac awdurdod gyda pheth cywirdeb.	3–4
1	Esboniad cyfyngedig sy'n dangos fawr ddim ymwybyddiaeth o'r syniad, cred, arfer, dysgeidiaeth neu'r cysyniad crefyddol. Yn defnyddio iaith a thermau crefyddol/arbenigol a/neu ffynonellau doethineb ac awdurdod mewn modd cyfyngedig heb fawr o gywirdeb.	1–2
0	Dim gwybodaeth berthnasol wedi'i darparu.	0

Cwestiwn (ch)

Mae'r rhain yn gwestiynau pwysig iawn gan eu bod yn werth 15 marc. Mae'r cwestiwn yn gofyn i chi ddarllen a deall gosodiad ac yna:

Trafodwch y gosodiad hwn gan ddangos eich bod wedi ystyried mwy nag un safbwynt. (Rhaid i chi gyfeirio at grefydd a chred yn eich ateb.) (15)

Mae'n **rhaid** i'r cwestiwn (ch) am fywyd a marwolaeth gynnwys credoau anghrefyddol.

Cwestiwn 1(ch), 2(ch) a 4(ch)

Band	Disgrifiad o'r Band	Cyfanswm Marciau
4	Dadansoddiad a gwerthusiad rhagorol, hynod fanwl o'r mater yn seiliedig ar wybodaeth gynhwysfawr a chywir am grefydd, dysgeidiaeth grefyddol a rhesymu moesol. Caiff barn glir wedi'i chefnogi'n dda ei llunio ac mae amrywiaeth gynhwysfawr o safbwyntiau gwahanol a/neu amgen yn cael eu hystyried. Yn defnyddio ac yn dehongli iaith a thermau crefyddol/ arbenigol a ffynonellau doethineb ac awdurdod yn eang, yn briodol a manwl.	12–15
3	Dadansoddiad a gwerthusiad da iawn a manwl o'r mater yn seiliedig ar wybodaeth drylwyr a chywir am grefydd, dysgeidiaeth grefyddol a rhesymu moesol. Caiff barn ei llunio gyda chefnogaeth ac mae amrywiaeth gytbwys o safbwyntiau gwahanol a/neu amgen yn cael eu hystyried. Yn defnyddio ac yn dehongli iaith a thermau crefyddol/arbenigol a ffynonellau doethineb ac awdurdod, yn briodol a manwl.	8–11
2	Dadansoddiad a gwerthusiad boddhaol o'r mater sy'n seiliedig ar rywfaint o wybodaeth gywir am grefydd, dysgeidiaeth grefyddol a rhesymu moesol. Mae rhai barnau'n cael eu ffurfio a rhai safbwyntiau gwahanol a/neu eraill yn cael eu hystyried. Yn defnyddio ac yn dehongli rhywfaint o iaith a thermau crefyddol/ arbenigol, a/neu ffynonellau doethineb ac awdurdod gyda pheth cywirdeb.	4–7
1	Dadansoddiad a gwerthusiad gwan o'r mater sy'n seiliedig ar wybodaeth gyfyngedig a/neu anghywir am grefydd, dysgeidiaeth grefyddol a/neu resymu moesol. Ymgais gyfyngedig a/neu wan neu ddim ymgais o gwbl i lunio barn neu i gynnig safbwyntiau gwahanol a/neu amgen. Defnydd gwael neu ddim defnydd o gwbl o iaith grefyddol/arbenigol, termau a/neu ffynonellau doethineb ac awdurdod.	1–3
0	Nid yw'r ymgeisydd wedi nodi safbwynt perthnasol.	0

Bydd 6 marc ar gael hefyd yng Nghwestiwn 1(ch) am sillafu, atalnodi a defnyddio gramadeg yn gywir.

Cwestiwn 3(ch) – Thema 2: Materion bywyd a marwolaeth

Band	Disgrifiad o'r Band	Cyfanswm Marciau
4	Dadansoddiad a gwerthusiad rhagorol, hynod fanwl o'r mater yn seiliedig ar wybodaeth gynhwysfawr a chywir am grefydd, dysgeidiaeth grefyddol a rhesymu moesol. Ystyriaeth ragorol a manwl iawn i gredoau anghrefyddol, fel credoau dyneiddwyr ac anffyddwyr. Caiff barn glir wedi'i chefnogi'n dda ei llunio ac mae amrywiaeth gynhwysfawr o safbwyntiau gwahanol a/neu amgen yn cael eu hystyried. Yn defnyddio ac yn dehongli iaith a thermau crefyddol/ arbenigol a ffynonellau doethineb ac awdurdod yn eang, yn briodol a manwl.	12–15
3	Dadansoddiad a gwerthusiad da iawn a manwl o'r mater yn seiliedig ar wybodaeth drylwyr a chywir am grefydd, dysgeidiaeth grefyddol a rhesymu moesol. Ystyriaeth fanwl a da o gredoau anghrefyddol, fel dyneiddiaeth ac atheïstiaeth/anffyddiaeth. Caiff barn ei llunio gyda chefnogaeth ac mae amrywiaeth gytbwys o safbwyntiau gwahanol a/neu amgen yn cael eu hystyried. Yn defnyddio ac yn dehongli iaith a thermau crefyddol/arbenigol a ffynonellau doethineb ac awdurdod, yn briodol a manwl.	8–11
2	Dadansoddiad a gwerthusiad boddhaol o'r mater sy'n seiliedig ar rywfaint o wybodaeth gywir am grefydd, dysgeidiaeth grefyddol a rhesymu moesol. Ystyriaeth weddol fanwl a boddhaol o gredoau anghrefyddol, fel dyneiddiaeth ac atheïstiaeth/anffyddiaeth. Mae rhai barnau'n cael eu ffurfio a rhai safbwyntiau gwahanol a/neu eraill yn cael eu hystyried. Yn defnyddio ac yn dehongli rhywfaint o iaith a thermau crefyddol/ arbenigol, a/neu ffynonellau doethineb ac awdurdod gyda pheth cywirdeb.	4–7
1	Dadansoddiad a gwerthusiad gwan o'r mater sy'n seiliedig ar wybodaeth gyfyngedig a/neu anghywir am grefydd, dysgeidiaeth grefyddol a/neu resymu moesol. Ystyriaeth sylfaenol neu ddim o gwbl o gredoau anghrefyddol, fel dyneiddiaeth ac atheïstiaeth/anffyddiaeth. Ymgais gyfyngedig a/neu wan neu ddim ymgais o gwbl i lunio barn neu i gynnig safbwyntiau gwahanol a/neu amgen. Defnydd gwael neu ddim defnydd o gwbl o iaith grefyddol/arbenigol, termau a/neu ffynonellau doethineb ac awdurdod.	1–3
0	Nid yw'r ymgeisydd wedi nodi safbwynt perthnasol.	0

Nodiadau

Published for
OXFORD INTERNATIONAL AQA EXAMINATIONS

International GCSE
BIOLOGY

Ann Fullick
Editor: Lawrie Ryan

OXFORD
UNIVERSITY PRESS

OXFORD
UNIVERSITY PRESS

Great Clarendon Street, Oxford, OX2 6DP, United Kingdom

Oxford University Press is a department of the University of Oxford. It furthers the University's objective of excellence in research, scholarship, and education by publishing worldwide. Oxford is a registered trade mark of Oxford University Press in the UK and in certain other countries.

Ann Fullick 2016

The moral rights of the author have been asserted.

First published in 2016

All rights reserved. No part of this publication may be reproduced, stored in a retrieval system, or transmitted, in any form or by any means, without the prior permission in writing of Oxford University Press, or as expressly permitted by law, by licence, or under terms agreed with the appropriate reprographics rights organisation. Enquiries concerning reproduction outside the scope of the above should be sent to the Rights Department, Oxford University Press, at the address above.

You must not circulate this work in any other form and you must impose this same condition on any acquirer.

British Library Cataloguing in Publication Data
Data available

978-0-19-837588-3

13

Paper used in the production of this book is a natural, recyclable product made from wood grown in sustainable forests. The manufacturing process conforms to the environmental regulations of the country of origin.

Printed in United Kingdom

Acknowledgements

The publishers would like to thank the following for permissions to use their photographs:

Cover: Shutterstock/sciencepics

p2t: Wim van Egmond/Visuals Unlimited/Corbis; **p2b:** Steve Gschmeissner/Science Photo Library; **p3:** iStockphoto; **p4t:** Eye of Science/Science Photo Library; **p4b:** Scott Camazine/Alamy; **p5l:** Science Photo Library; **p8:** Eric Grave/Science Photo Library; **p17:** ImageBroker/Imagebroker/FLPA; **p21:** Science Photo Library; **p23:** Eye of Science/Science Photo Library; **p25:** Lewis Whyld/PA Archive/Press Association Images; **p27:** Cancer Research UK; **p28:** SQ5 Simon Fraser/Royal Victoria Infirmary, Newcastle upon Tyne/Science Photo Library; **p31:** Juniors Bildarchiv GmbH/Alamy Stock Photo; **p34:** Penny Tweedie/Science Photo Library; **p35t:** BSIP Laurent/ Trunyo/Science Photo Library; **p35b:** Shutterstock; **p36:** Gary Carlson/Science Photo Library; **p37:** iStockphoto; **p38:** Eye of Science/Science Photo Library; **p40:** Erik Dreyer/Getty Images; **p41:** Paul Bock/Alamy; **p44:** Science Photo Library; **p47r:** Sean Dempsey/PA Archive/Press Association Images; **p49l:** Medical-on-Line/Alamy; **p49r:** Steve Allen/Science Photo Library; **p50:** St Bartholomew's Hospital/Science Photo Library; **p51:** National Cancer Institute/Science Photo Library; **p52:** withGod/Fotolia; **p53:** Shutterstock; **p55l:** Leonard Lessin/Science Photo Library; **p55r:** Trout55/iStockphoto; **p56r:** Image Source/Alamy; **p56l:** Maximilian Stock Ltd/Science Photo Library; **p57:** Dorling Kindersley/Getty Images; **p58:** J.C. Revy, ISM/Science Photo Library; **p59:** Martyn F. Chillmaid/Science Photo Library; **p60:** Ingo Arndt/Minden Pictures/FLPA; **p63:** Trevor Clifford Photography/Science Photo Library; **p65:** Dr P. Marazzi/Science Photo Library; **p66l:** Manfred Kage/Science Photo Library; **p66r:** Dr. Richard Kessel & Dr. Gene; **p68:** Shutterstock; **p72l:** Philippe Lissac/Godong/Corbis; **p72r:** Christian Larue/fotolia.com; **p75:** Shutterstock; **p76t:** Anthony Short; **p77t:** Frans Lanting Studio/Alamy Stock Photo; **p77b – p78t:** Anthony Short; **p78b:** Wayne R Bilenduke; **p79t:** Jeffrey Lepore/Science Photo Library; **p79b:** Tony Short; **p80t:** Arturo de Frias photography/Getty Images; **p80b:** Eugene Sergeev; **p81t:** Natiure Picutre Library/Kim Taylor; **p81b:** Andrew Rutherford -www.flickr.com/photos/arutherford1/Getty Images; **p82t:** Shutterstock; **p82b:** Thomas Imo/Alamy Stock Photo; **p83l:** Mike Goldwater/Alamy Stock Photo; **p83r:** Roger Coulam/Getty Images; **p84l:** Shutterstock; **p84r:** Thomas Marent/Minden Pictures/FLPA; **p85:** Ann Fullick; **p86:** Gavin Rodgers/Rex Features; **p87:** Gorilla/fotolia.com; **p88:** Kamila Panasiuk/fotolia.com; **p89:** MedicalRF.com/Corbis; **p92t:** Gavin Hellier/Getty Images; **p92b:** iStockphoto; **p95:** Steve Gschmeissner/Science Photo Library; **p96t:** Lea Paterson/Science Photo Library; **p96b:** Scott Camazine/Science Photo Library; **p97:** Shutterstock; **p100t:** Steve Gschmeissner/Science Photo Library; **p100b:** Dr. Harold Fisher, Visuals Unlimited/Science Photo Library; **p101:** Karl Schoendorfer/Rex Features; **p102t:** Scott Camazine/Alamy; **p102b:** Eye of Science/Science Photo Library; **p104 – p106t:** Shutterstock; **p106b:** St Mary's Hospital Medical School/Science Photo Library; **p107:** CC Studio/Science Photo Library; **p109:** iStockphoto; **p110:** CDC/Science Photo Library; **p111:** Phototake Inc/Alamy; **p113:** Christian Darkin/Alamy Stock Photo; **p114:** SAPS; **p117:** Fuse/Getty Images; **p118:** iStockphoto; **p119t:** Cordelia Molloy/Science Photo Library; **p119b:** FLPA/Chris Mattison; **p122:** iStockphoto; **p125:** FLPA/Wayne Hutchinson; **p128t:** iStockphoto; **p128b:** Steve Gschmeissner/Science Photo Library; **p130:** iStockphoto; **p131t:** Mat Hayward/fotolia.com; **p131r:** iStockphoto; **p132t:** Shutterstock; **p132b:** Anthony Short; **p134t** Corbis; **p134b:** CNRI/Science Photo Library; **p139t:** Perla Copernik/Alamy Stock Photo; **p139b:** Dietmar Temps/Shutterstock.com; **p140:** Zephyr/Science Photo Library; **p142:** Dr. Stanley Flegler, Visuals Unlimited/Science Photo Library; **p143l:** Look at Sciences/Science Photo Library; **p143r:** iStockphoto; **p146:** Steve Hamilton/Getty Images; **p148:** Roslin Roslin Institute/Press Association Images; **p151:** International Rice Research Institute (IRRI); **p152:** Courtesy Golden Rice Humanitarian Board.goldenrice.org; **p153l:** A&M University/Rex Features; **p153r:** Pat Sullivan/AP/Press Association Images; **p157t:** sodapix/Getty Images; **p157b:** English Heritage Photo Library; **p158t:** Phil Degginger/Alamy; **p158b:** Zoonar GmbH/Alamy; **p159:** NickR/fotolia.com; **p160:** ZSSD/Minden Pictures/FLPA; **p161t:** iStockphoto; **p161b:** Ulla Lohman; **p162:** iStockphoto; **p163t:** Norbert Wu/Minden Pictures/FLPA; **p163b:** Murton/Southampton Oceanography Centre/Science Photo Library; **p164:** Louise Murray/Science Photo Library; **p165t:** Anthony Short; **p165b** FLPA/Mike Lane/Holt; **p166:** FLPA/Bob Gibbons; **p167l:** iStockphoto; **p167r:** David Hughes/fotolia.com; **p168t – p169t:** iStockphoto; **p169b:** Nature Picture Library/Phil Savoie; **p171t:** Roxana/fotolia.com; **p171m:** Lynwood Chase/Science Photo Library; **p171b:** iStockphoto; **p172t:** Cosmin Manci/fotolia.com; **p172b:** Steve Gschmeissner/Science Photo Library; **p175t:** WLDavies/iStockphoto; **p175b:** coopder/iStock; **p176t:** David R. Frazier Photolibrary, Inc/Alamy; **p176b:** Westend61 – WEP/Getty Images; **p178t – p179:** iStockphoto; **p180:** 5pillarsuk.com; **p181t:** thenational.ae; **p181b:** FLPA/Gerard Lacz; **p182:** iStockphoto; **p183:** Copper Age/Getty Images; **p184:** iStockphoto; **p185t:** iStockphoto; **p185b:** Steve Morgan/Alamy; **p188:** NOAA/Science Photo Library; **p189:** Skyscan Photolibrary/Alamy; **p191;** Shutterstock; **p192:** Rob & Ann Simpson/Getty Images; **p194:** Ton Koene/Visuals Unlimited/Corbis; **p195:** Suzi Eszterhas/Minden Pictures/FLPA; **p197:** fotolia.com.

The publishers would like to thank the following for permissions to use their statistics:

p105: Open University; **p109:** Office of national Statistics; **p199:** intergovernmental panel on Climate Change.

Although we have made every effort to trace and contact all copyright holders before publication this has not been possible in all cases. If notified, the publisher will rectify any errors or omissions at the earliest opportunity.

Links to third party websites are provided by Oxford in good faith and for information only. Oxford disclaims any responsibility for the materials contained in any third party website referenced in this work.

Biology Contents

How to use this book   v

Practical skills   1

1 Cell structure and organisation   2
- 1.1 Animal and plant cells   2
- 1.2 Eukaryotes and prokaryotes   4
- 1.3 Specialised cells   6
- 1.4 Tissues and organs   8
- 1.5 Organ systems   10
- 1.6 Diffusion   12
- 1.7 Osmosis   14
- 1.8 Active transport   16
- Summary questions   18
- Practice questions   19

2 Cell division and differentiation   20
- 2.1 Cell division, growth, and differentiation   20
- 2.2 Cell division in sexual reproduction   22
- 2.3 Stem cells   24
- 2.4 Cell growth and cancer   26
- Summary questions   28
- Practice questions   29

3 Human biology – Breathing   30
- 3.1 Exchanging materials   30
- 3.2 Breathing and gas exchange in the lungs   32
- 3.3 Artificial breathing aids   34
- 3.4 Aerobic respiration   36
- 3.5 The effect of exercise on the body   38
- 3.6 Anaerobic respiration   40
- Summary questions   42
- Practice questions   43

4 Human biology – Circulation   44
- 4.1 The circulatory system and the heart   44
- 4.2 Helping the heart   46
- 4.3 Keeping the blood flowing   48
- 4.4 Transport in the blood   50
- 4.5 The immune system and blood groups   52
- Summary questions   54
- Practice questions   55

5 Human biology – Digestion   56
- 5.1 Carbohydrates, lipids, and proteins   56
- 5.2 Catalysts and enzymes   58
- 5.3 Factors affecting enzyme action   60
- 5.4 The digestive system   62
- 5.5 Making digestion efficient   64
- 5.6 Exchange in the gut   66
- 5.7 Making use of enzymes   68
- Summary questions   70
- Practice questions   71

6 Nervous coordination and behaviour   72
- 6.1 Responding to change   72
- 6.2 Reflex actions   74
- 6.3 Animal behaviour   76
- 6.4 Animal communications   78
- 6.5 Reproductive behaviours   80
- 6.6 Human use of animal behaviours   82
- Summary questions   84
- Practice questions   85

7 Homeostasis   86
- 7.1 Principles of homeostasis   86
- 7.2 Removing waste products   88
- 7.3 The human kidney   90
- 7.4 Controlling body temperature   92
- 7.5 Controlling blood glucose   94
- 7.6 Treating diabetes   96
- Summary questions   98
- Practice questions   99

8 Defending ourselves against disease   100
- 8.1 Pathogens and disease   100
- 8.2 Defence mechanisms   102
- 8.3 Immunity   104
- 8.4 Using drugs to treat disease   106
- 8.5 Changing pathogens   108
- 8.6 Growing and investigating bacteria   110
- Summary questions   112
- Practice questions   113

9 Plants as organisms   114
- 9.1 Photosynthesis   114
- 9.2 Limiting factors   116
- 9.3 How plants use glucose   118
- 9.4 Exchange in plants   120
- 9.5 Evaporation and transpiration   122
- 9.6 Transport systems in plants   124
- Summary questions   126
- Practice questions   127

10 Variation and inheritance   128
- 10.1 Inheritance   128
- 10.2 Types of reproduction   130
- 10.3 Causes of variation   132
- 10.4 From Mendel to modern genetics   134
- 10.5 Inheritance in action   136
- 10.6 DNA and family trees   138
- 10.7 Inherited conditions in humans   140
- 10.8 More inherited conditions in humans   142
- Summary questions   144
- Practice questions   145

11 Genetic manipulation — 146
- 11.1 Cloning — 146
- 11.2 Adult cell cloning — 148
- 11.3 Genetic engineering — 150
- 11.4 Making choices about genetic technology — 152
- Summary questions — 154
- Practice questions — 155

12 Evolution, adaptations and interdependence — 156
- 12.1 Theories of evolution — 156
- 12.2 Natural selection — 158
- 12.3 Isolation and the evolution of new species — 160
- 12.4 Adapt and survive — 162
- 12.5 Adaptations in animals — 164
- 12.6 Adaptations in plants — 166
- 12.7 Competition in animals — 168
- 12.8 Competition in plants — 170
- 12.9 Adaptations in parasites — 172
- Summary questions — 174
- Practice questions — 175

13 Ecology — 176
- 13.1 Pyramids of biomass — 176
- 13.2 Energy transfers — 178
- 13.3 Making food production efficient — 180
- 13.4 Decay processes — 182
- 13.5 The carbon cycle — 184
- Summary questions — 186
- Practice questions — 187

14 Human population and pollution — 188
- 14.1 The effects of the human population explosion — 188
- 14.2 Land and water pollution — 190
- 14.3 Air pollution — 192
- 14.4 Deforestation — 194
- 14.5 Global warming — 196
- 14.6 Analysing the evidence — 198
- Summary questions — 200
- Practice questions — 201

Experimental data handling — 202
- Investigations — 202
- Setting up investigations — 204
- Using data — 206

Exam questions and answers — 208
Glossary — 211
Answers — 221
Index — 250

How to use this book

This book has been written for you by experienced teachers and subject experts. It covers what you need to know for your exams and is packed full of features to help you achieve the very best that you can.

Figure 1 *Many diagrams are as important for you to learn as the text, so make sure you revise them carefully*

Key words are highlighted in the text. You can look them up in the glossary at the back of the book if you are not sure what they mean.

Required practical

This feature helps you to become familiar with key practicals. It may be a simple introduction, a reminder, or the basis for a practical in the classroom.

Summary questions

These questions give you the chance to test whether you have learnt and understood everything in the topic. If you get any wrong, go back and have another look. They are designed to be increasingly challenging.

And at the end of each chapter you will find …

Chapter summary questions

These will test you on what you have learnt throughout the whole chapter, helping you to work out what you have understood and where you need to go back and revise.

Practice questions

These questions are examples of the types of questions that you will answer in your actual exam, so you can get lots of practice during your course.

Learning objectives

Each topic begins with key statements that you should know by the end of the lesson.

Study tip

These hints give you important advice on things to remember and what to watch out for.

Did you know …?

There are lots of interesting and often strange facts about science. This feature tells you about many of them.

⚭ links

Links will tell you where you can find more information about what you are learning and how different topics link up.

Key points

At the end of the topic are the important points that you must remember. They can be used to help with revision and summarising your knowledge.

Practical skills

During this course, you will develop your understanding of the scientific process and the skills associated with scientific enquiry. Practical work is an important part of the course as it develops these skills and in addition it reinforces concepts and knowledge developed during the course.

As part of this course, you are expected to undertake practical work in many topics and must carry out the five required practicals listed below:

Required practicals

1 Investigating the effect of different concentrations of solutions separated by a partially permeable membrane.
2 Investigating how variables effect the rate of photosynthesis.
3 Investigating how different temperatures and pH affect the rate of digestion.
4 Investigating the effects of exercise on the human body.
5 Investigating the effect of disinfectants and antibiotics on uncontaminated cultures of microorganisms.

In Paper 2, you will be assessed on aspects of the practical skills listed below, and may be required to read and interpret information from scales given in diagrams and charts, present data in appropriate formats, design investigations, and evaluate information that is presented to you.

Designing a practical procedure

- Design a practical procedure to answer a question, solve a problem, or test a hypothesis.
- Comment on/evaluate plans for practical procedures.
- Select suitable apparatus for carrying out experiments accurately and safely.

Control

- Appreciate that, unless certain variables are controlled, experimental results may not be valid.
- Recognise the need to choose appropriate sample sizes, and study control groups where necessary.

Risk assessment

- Identify possible hazards in practical situations, the risks associated with these hazards, and methods of minimising the risks.

Collecting data

- Make and record observations and measurements with appropriate precision and record data collected in an appropriate format (such as a table, chart, or graph).

Analysing data

- Recognise and identify the cause of anomalous results and suggest what should be done about them.
- Appreciate when it is appropriate to calculate a mean, calculate a mean from a set of at least three results, and recognise when it is appropriate to ignore anomalous results in calculating a mean.
- Recognise and identify the causes of random errors and systematic errors.
- Recognise patterns in data, form hypotheses, and deduce relationships.
- Use and interpret tabular and graphical representations of data.

Making conclusions

- Draw conclusions that are consistent with the evidence obtained and support them with scientific explanations.

Evaluation

- Evaluate data, considering its repeatability, reproducibility, and validity in presenting and justifying conclusions.
- Evaluate methods of data collection and appreciate that the evidence obtained may not allow a conclusion to be made with confidence.
- Suggest ways of improving an investigation or practical procedure to obtain extra evidence to allow a conclusion to be made.

Chapter 1 Cell structure and organisation

1.1 Animal and plant cells

Learning objectives

After this topic, you should know:
- the main parts of animal and human cells
- the similarities and differences between plant and animal cells.

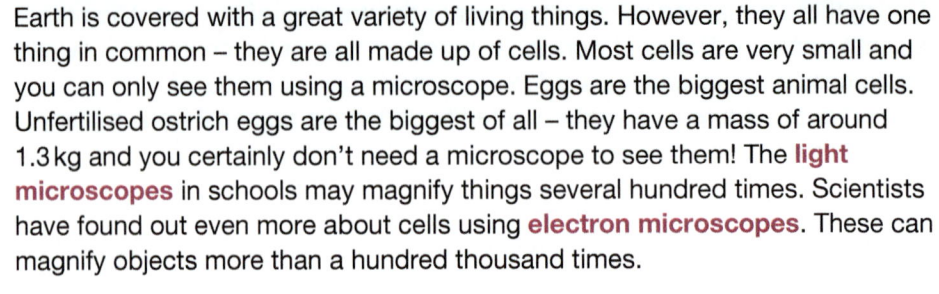

Earth is covered with a great variety of living things. However, they all have one thing in common – they are all made up of cells. Most cells are very small and you can only see them using a microscope. Eggs are the biggest animal cells. Unfertilised ostrich eggs are the biggest of all – they have a mass of around 1.3 kg and you certainly don't need a microscope to see them! The **light microscopes** in schools may magnify things several hundred times. Scientists have found out even more about cells using **electron microscopes**. These can magnify objects more than a hundred thousand times.

Most of the organisms you see around you are **eukaryotes**. This includes all animals and plants. Many microorganisms are **prokaryotes**. You will compare **eukaryotic cells** and **prokaryotic cells** on page 5.

Animal cells – structure and function

All eukaryotic cells have some features in common. You can see these clearly in animal cells. Human cells have the same features as other animal cells, and so do the cells of most other living things.

- The **nucleus** – controls all the activities of the cell. It contains the **genes** on the **chromosomes** that carry the instructions for making the proteins needed to build new cells or new organisms.
- The **cytoplasm** – a liquid gel in which most of the chemical reactions needed for life take place, for example, the first stages of respiration.
- The **cell membrane** – controls the passage of substances such as glucose and mineral **ions** into the cell. It also controls the movement of substances such as urea or hormones out of the cell.
- The **mitochondria** – structures in the cytoplasm where oxygen is used and where most of the energy is released during respiration.
- **Ribosomes** – where **protein synthesis** takes place, making all the proteins needed in the cell.

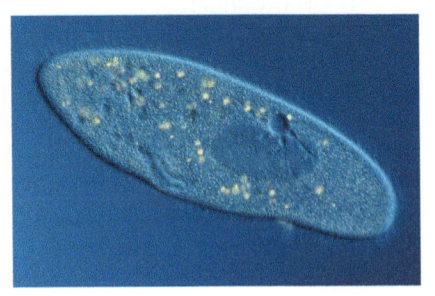

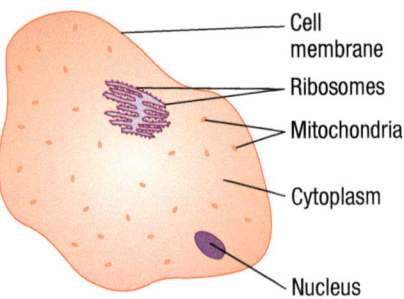

Figure 1 *Diagrams of cells are much easier to understand than the real thing seen under a microscope. The top picture shows an animal cell magnified ×2000 times under an electron microscope. Below it is the way that a model animal cell is drawn to show the main features common to most living cells, including those in humans*

Plant cells – structure and function

Plants are very different organisms from animals. They make their own food by photosynthesis. They stay in one place, and do not move their whole bodies about from one place to another.

Plant cells have all the features of a typical animal cell, but they also contain features that are needed for their very different way of life. **Algae** are simple aquatic organisms. They also make their own food and have many similar features to plant cells. For centuries they were classified as plants, but now they are part of a different kingdom.

Figure 2 *Algal cells contain a nucleus and chloroplasts so they can photosynthesise*

Animal and plant cells

All plant and **algal cells** have:
- a **cell wall** made of **cellulose** that strengthens the cell and gives it support.

Many (but not all) plant cells also have these other features:
- **Chloroplasts** are found in all the green parts of the plant. They are green because they contain the green substance **chlorophyll**. Chlorophyll absorbs light energy to make food by photosynthesis. Root cells do not have chloroplasts because they are underground and do not photosynthesise.
- A **permanent vacuole** is a space in the cytoplasm filled with cell sap. This is important for keeping the cells rigid to support the plant.

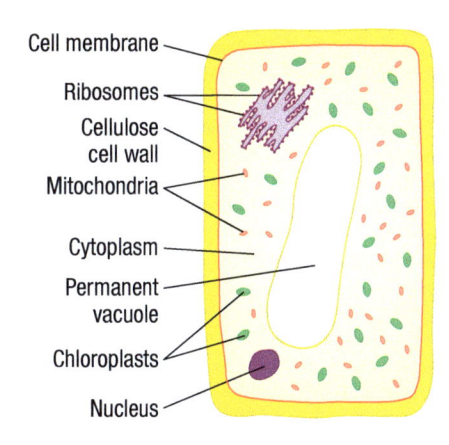

Figure 3 *A plant cell has many features in common with an animal cell, as well as other features that are unique to plants*

Labels: Cell membrane, Ribosomes, Cellulose cell wall, Mitochondria, Cytoplasm, Permanent vacuole, Chloroplasts, Nucleus

Study tip
Remember that not all plant cells have chloroplasts. Don't confuse chloroplasts and chlorophyll.

links
For more information on photosynthesis, look at 9.1 Photosynthesis.

Did you know ...?
The best light microscopes magnify cells ×2000. To give an idea of scale, this would make an average person about 3.5 km tall. An electron microscope magnifies cells ×2 000 000, making an average person around 3500 km tall!

Practical

Looking at cells
Set up a microscope to look at plant cells, for example, from onions, *Elodea*, and/or algal cells. You should see the cell wall, the cytoplasm, and sometimes a vacuole. You will see chloroplasts in the *Elodea* and the algae, but not in the onion cells because they do not photosynthesise.

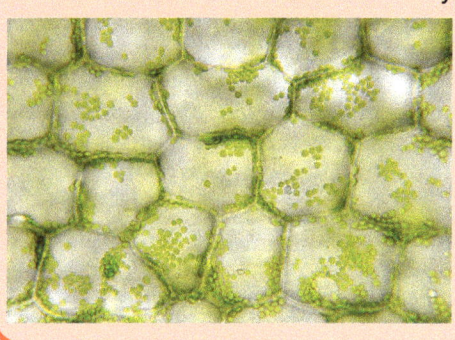

Figure 4 *Some of the common features of plant cells show up well under a light microscope. Here, the features are magnified ×40*

Study tip
Learn all the parts of cells and their functions. This will help you answer many different questions on the biology papers, not just the ones on cell structure.

Summary questions

1. **a** List the main structures you would expect to find in an animal cell.
   b You would find all the things that are present in animal cells in a plant cell or algal cell, too. There are three extra features that may be found in plant cells but not in animal cells. What are they?
   c What are the main functions of these three extra structures?
2. Why are the nucleus and the mitochondria so important in all cells?
3. Chloroplasts are found in many plant cells but not in all of them. Give an example of plant cells without chloroplasts, and explain why they have none.

Key points
- Most human cells are similar to most other animal cells and contain features common to all cells – a nucleus, cytoplasm, cell membrane, mitochondria, and ribosomes.
- Plant and algal cells contain all the structures seen in animal cells as well as a cellulose cell wall. Many plant cells also contain chloroplasts and a permanent vacuole filled with sap.

Cell structure and organisation

1.2 Eukaryotes and prokaryotes

Learning objectives

After this topic, you should know:

- the similarities and differences between prokaryotic cells and eukaryotic cells
- how bacteria compare to animal and plant cells.

Using units

1 km = 1000 m
1 m = 100 cm
1 cm = 10 mm
1 mm = 1000 μm (micrometres)

Bacteria are single-celled living organisms that are much smaller than animal and plant cells. Most bacteria are less than 1 μm in length. They are prokaryotic cells. You could fit hundreds of thousands of bacteria onto the full stop at the end of this sentence, so you can't see individual bacteria without a powerful microscope.

When you culture bacteria on an agar plate, you grow many millions of bacteria. This enables you to see the bacterial colony with your naked eye.

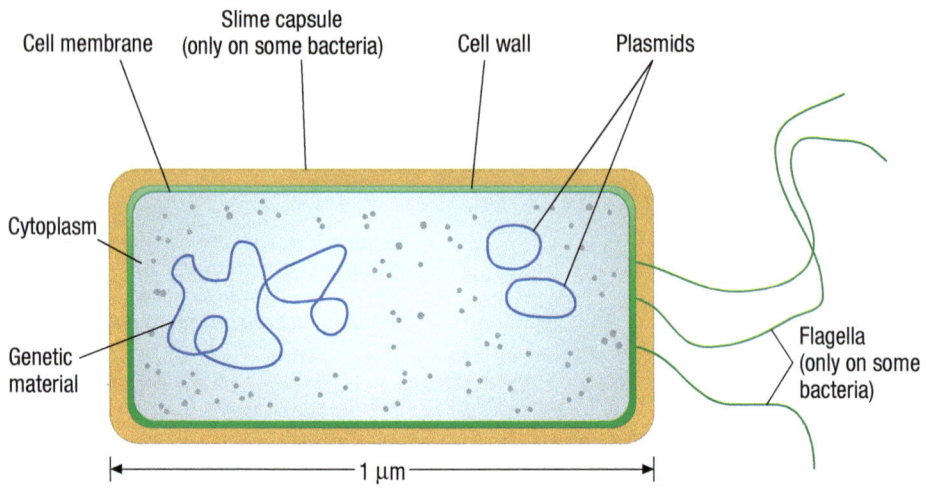

Figure 1 *Bacteria come in a variety of shapes, but they all have the same basic structure*

Bacterial cells

Each bacterium is a single cell. It is made up of cytoplasm surrounded by a membrane and a cell wall. Inside the bacterial cell is the genetic material. Unlike animal, plant, and algal cells, the genes are not contained in a nucleus. The long strand of DNA (the bacterial chromosome) is usually circular and is found free in the cytoplasm.

Many bacterial cells also contain plasmids, which are small, circular bits of DNA. These carry extra genetic information. Plasmids are widely used by scientists in the process of genetic engineering.

Some bacteria have specialised structures. A slime, capsule around the outside of the cell wall protects some bacteria from your immune system. Others have tiny whip-like threads called flagella to help them move around.

Although some bacteria cause disease, many are harmless. Some are actually really useful to humans. People use them to make foods like yoghurt and cheese. Others are used in sewage treatment and to make medicines. Bacteria are vital as decomposers in food chains and webs, and in natural cycles such as the carbon and nitrogen cycles. They are also an important part of a healthy gut.

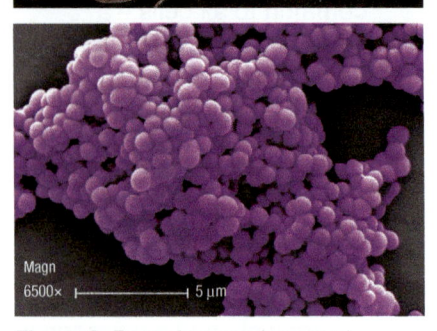

Figure 2 *Bacteria come in several different shapes and sizes. This helps us to identify them under the microscope*

Eukaryotes and prokaryotes

Comparing eukaryotic cells with prokaryotic cells

As you have seen, all living things are made of cells. Prokaryotic organisms such as bacteria are often made of single cells. Eukaryotic organisms are often multicellular, including plants, fish, and people.

- **Prokaryotic cells** are smaller and simpler than eukaryotic cells. They are often an order of magnitude smaller than plant cells, for example. They do not have a nucleus or any other membrane-bound organelles. They have a cell wall, but it is *not* made of cellulose.
- **Eukaryotic cells** are larger and more complex that prokaryotic cells. They all have a nucleus, although a few types, such as red blood cells, lose their nucleus as they grow and mature. They have many different cell organelles, all surrounded by membranes. Plant cells have cell walls made of cellulose.

The main similarities and differences are summarised in the following table:

Prokaryotic cells	Eukaryotic cells
Very small cells often less than 5 µm	Bigger cells usually between 10 and 100 µm
No nucleus – loop of DNA	Membrane-bound nucleus containing DNA
No membrane-bound organelles	Membrane-bound organelles
Cell wall not made of cellulose	Animal cells have no cell wall, plant cells have cellulose cell wall
Some genes may be in separate circular structures called plasmids	No plasmids

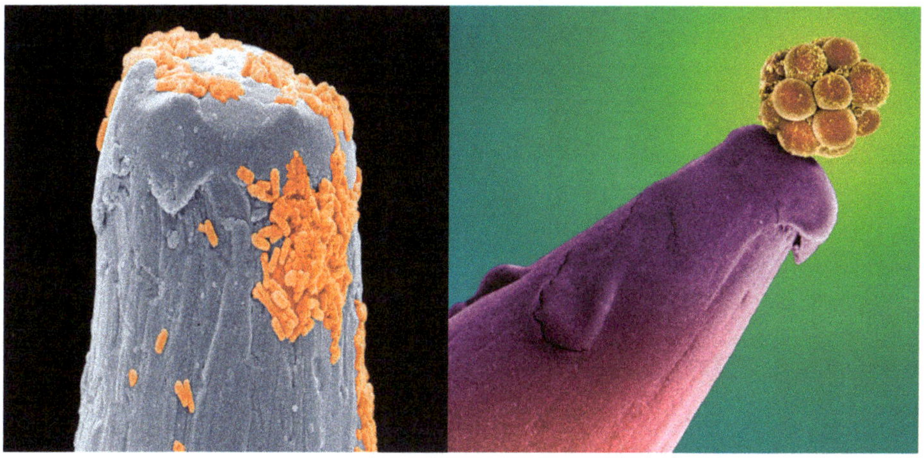

Figure 3 *These scanning electron micrographs show prokaryotic bacterial cells on the right and eukaryotic human cells on the left, balanced on the end of a pin. The bacteria are magnified more than ×1500, but the human cells are only magnified around ×300 – yet they are still much bigger*

Did you know …?

When making sourdough bread, a mixture of yeast and bacteria is used to provide a natural raising agent. This gives the bread its typical sharp taste.

Study tip

Be clear about the similarities and differences between animal, plant, algal, and bacterial cells.

Summary questions

1. a What is unusual about the genetic material in bacterial cells?
   b Which are bigger, bacterial cells or human cells?
   c What is the difference between the cell walls of plant cells and the cell walls of bacteria?
2. Explain how bacteria are both useful and/or damaging to people.
3. Make a table to compare the structures in animal, plant, algal, and bacterial cells.

Key points

- A bacterial cell consists of cytoplasm and a membrane surrounded by a cell wall. The genes are not in a distinct nucleus. Some of the genes are in circular structures called plasmids.
- Animal and plant cells are eukaryotic cells and bacterial cells are prokaryotic cells.

Cell structure and organisation

1.3 Specialised cells

Learning objectives

After this topic, you should know:
- that cells may be specialised to carry out a particular function.

links
You can find out much more about the organisation of specialised cells into tissues, organs, and organ systems in 1.4 Tissues and organs and 1.5 Organ systems.

Did you know …?
An adult human who is not overweight will typically have 30 to 50 billion fat cells in their body.

The smallest living organisms are single cells. They can carry out all of the functions of life. These functions range from feeding and respiration to excretion and reproduction.

Most organisms are bigger and are made up of lots of cells. Some of these cells become **specialised** in order to carry out particular jobs.

When a cell becomes specialised, its structure is adapted to suit the particular job it does. As a result, specialised cells often look very different to a typical plant or animal cell. Sometimes cells become so specialised that they only have one function within the body. Examples of this include sperm cells, egg cells, red blood cells, and nerve cells. Some specialised cells, such as egg and sperm cells, work individually. Others are adapted to work as part of a tissue, an organ, or a whole organism.

Fat cells

If you eat more food than you need, your body makes fat and stores it in fat cells. The fat can be broken down and used to transfer energy when it is needed. Fat cells help animals, including humans, to survive when food is in short supply. Thousands of fat cells together form adipose tissue.

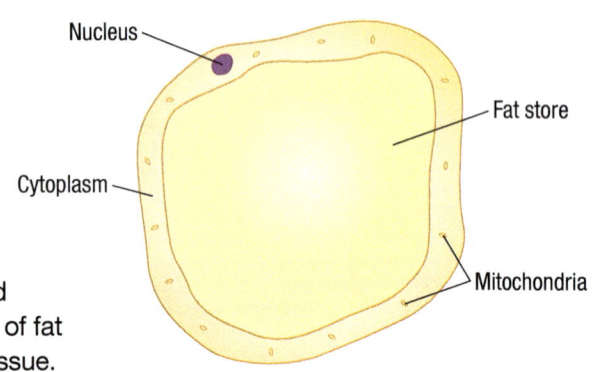

Fat cells have three main adaptations:
- They have a small amount of cytoplasm and large amounts of fat.
- They have few mitochondria as the cell needs very little energy.
- They can expand – a fat cell can end up 1000 times its original size as it fills up with fat.

Cone cells from human eye

There are cone cells in the light-sensitive layer of your eye (the retina). They make it possible for you to see in colour.

Cone cells have three main adaptations:
- The outer segment contains a special chemical, a visual pigment, which changes chemically in coloured light. It needs energy to change back to its original form. The visual pigments are based on the vitamin A in your diet.
- The middle segment is packed full of mitochondria. The mitochondria transfer the energy needed to reform the visual pigment. This lets you see continually in colour.
- The final part of the cone cell is made up of specialised synapses that connect to the **optic nerve**. When coloured light makes your visual pigment change, a nerve impulse is triggered. This makes its way along the optic nerve to your brain.

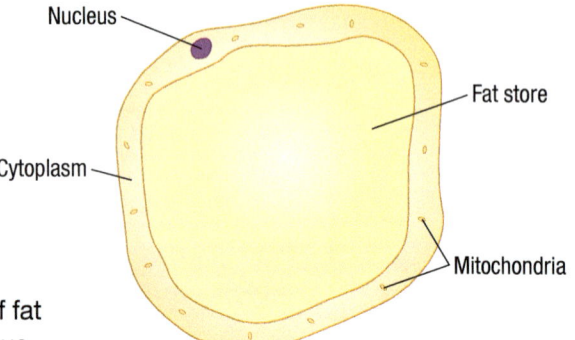

Specialised cells

Root hair cells

You find **root hair cells** close to the tips of growing roots. Plants need to take in lots of water (and dissolved mineral ions). The root hair cells help them to take up water and mineral ions more efficiently. The water and mineral ions then pass easily across the root to the **xylem tissue**. The xylem tissue carries water and **mineral ions** up into the rest of the plant. Mineral ions are moved into the cell by active transport.

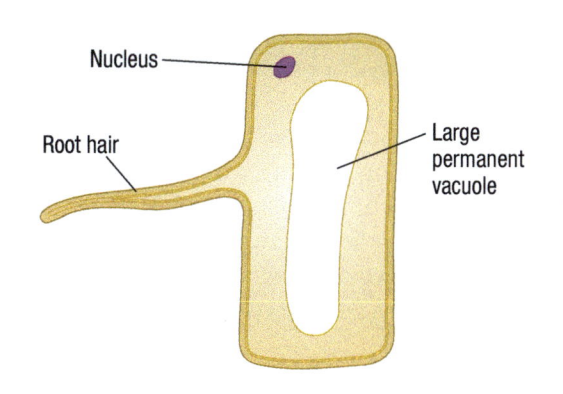

Root hair cells have two main adaptations:
- The root hairs increase the surface area for water to move into the cell.
- The root hair cells have a large permanent vacuole that speeds up the movement of water by osmosis from the soil across the root hair cell.

Sperm cells

Sperm cells are usually released a long way from the egg they are going to fertilise. They contain the genetic information from the male parent. Depending on the type of animal, sperm cells need to move through water or the female reproductive system to reach an egg. Then they have to break into the egg.

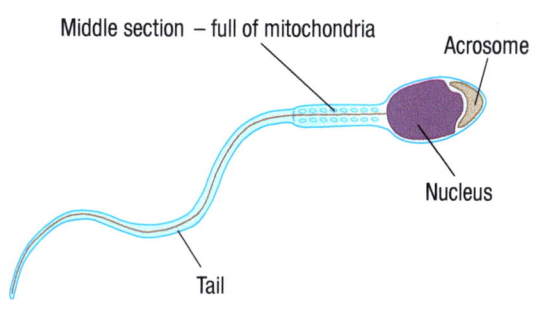

Sperm cells have several adaptations to make all this possible:
- A long tail whips from side to side and helps move the sperm towards the egg.
- The middle section is full of mitochondria, which provide the energy for the tail to work.
- The acrosome stores digestive enzymes for breaking down the outer layers of the egg.
- A large nucleus contains the genetic information to be passed on.

links
You can find out more about osmosis in 1.7 Osmosis and about active transport in 1.8 Active transport. You will find out more about the specialised cells of the phloem and xylem in plants in 9.6 Transport systems in plants.

Practical

Observing specialised cells

Try looking at different specialised cells under a microscope.

When you look at a specialised cell, there are two useful questions you can ask yourself:
- How is this cell different in structure from a generalised cell?
- How does the difference in structure help the cell to carry out its function?

Summary questions

1. Make a table to explain how the structure of each cell discussed in this topic is adapted to its function.

2. a Muscle cells can contract (shorten) and are used to move the body around and also to move substances around your body. Muscle cells usually contain many mitochondria. Explain why this is an important adaptation.
   b The palisade cells are found near the top surface of a leaf. They contain many chloroplasts. Why is this an important adaptation?

3. Explain the types of features you would look for to decide on the function of an unknown specialised cell.

Key points

- Cells may be specialised to carry out a particular function.
- Examples of specialised cells are fat cells, cone cells, root hair cells, and sperm cells.
- Cells may be specialised to work as tissues, organs, or whole organisms.

Cell structure and organisation

1.4 Tissues and organs

Learning objectives

After this topic, you should know:

- how specialised cells become organised into tissues
- how several different tissues work together to form an organ.

Large **multicellular organisms** have to overcome problems linked to their size. They develop different ways of exchanging materials. During the development of a multicellular organism, cells **differentiate**. They become specialised to carry out particular jobs. For example, in animals, muscle cells have a different structure to blood cells and nerve cells. In plants, the cells where photosynthesis takes place are very different to root hair cells.

However, the adaptations of multicellular organisms go beyond specialised cells. Similar specialised cells are often found grouped together to form a tissue.

Tissues

A **tissue** is a group of cells with similar structure and function working together. **Muscular tissue** can contract to bring about movement. **Glandular tissue** contains secretory cells that can produce and **secrete** (release) substances such as enzymes and hormones. **Epithelial tissue** covers the outside of your body as well as your internal organs.

Plants have tissues too. **Epidermal tissues** cover the surfaces and protect them. **Palisade mesophyll** contains lots of chloroplasts and can carry out photosynthesis, whilst **spongy mesophyll** has some chloroplasts for photosynthesis but also has big air spaces and a large surface area to make the diffusion of gases easier. **Xylem** and **phloem** are the transport tissues in plants. They carry water and dissolved mineral ions from the roots up to the leaves and transport dissolved food from the leaves around the plant.

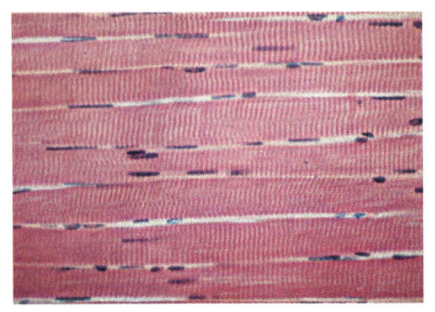

Figure 1 *Muscle tissue contracts to move your skeleton around*

Organs

Organs are made up of tissues. One organ can contain several tissues, all working together. For example, the stomach is an organ involved in the digestion of your food. It contains:

- muscular tissue, to churn the food and **digestive juices** together and move the contents through the digestive system
- glandular tissue, to produce the digestive juices that break down food
- epithelial tissue, which covers the inside and the outside of the organ.

∞ **links**

For more information on specialised cells, see 1.3 Specialised cells.

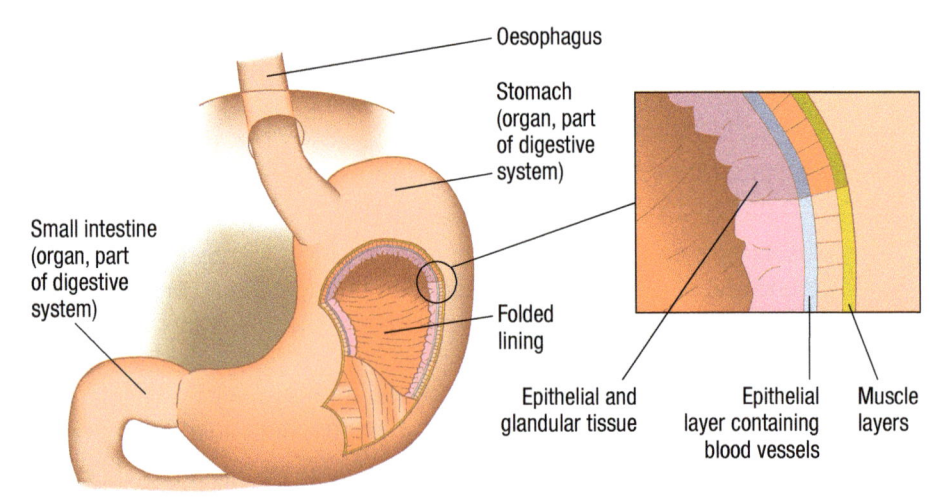

Figure 2 *The stomach contains several different tissues, each with a different function in the organ*

8

The pancreas is an organ that has two important functions. It makes hormones to control our blood glucose, as well as some of the enzymes that digest our food. It contains two very different types of glandular tissue to produce these different secretions.

Plant organs

Animals are not the only organisms to have organs – plants do, too.

Plants have differentiated cells that form specialised tissues. Within the body of a plant, tissues such as the palisade and spongy mesophyll, xylem, and phloem are arranged to form organs. Each organ carries out its own particular functions.

Plant organs include the leaves, stems, and roots, each of which has a very specific job to do (Figure 3).

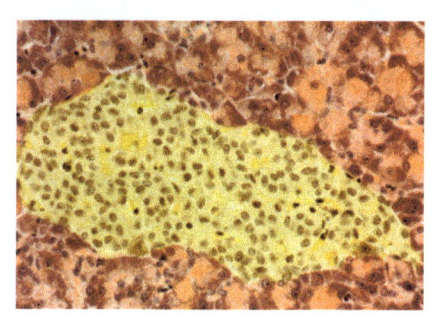

Figure 4 *The pancreas, showing two different types of glandular tissue*

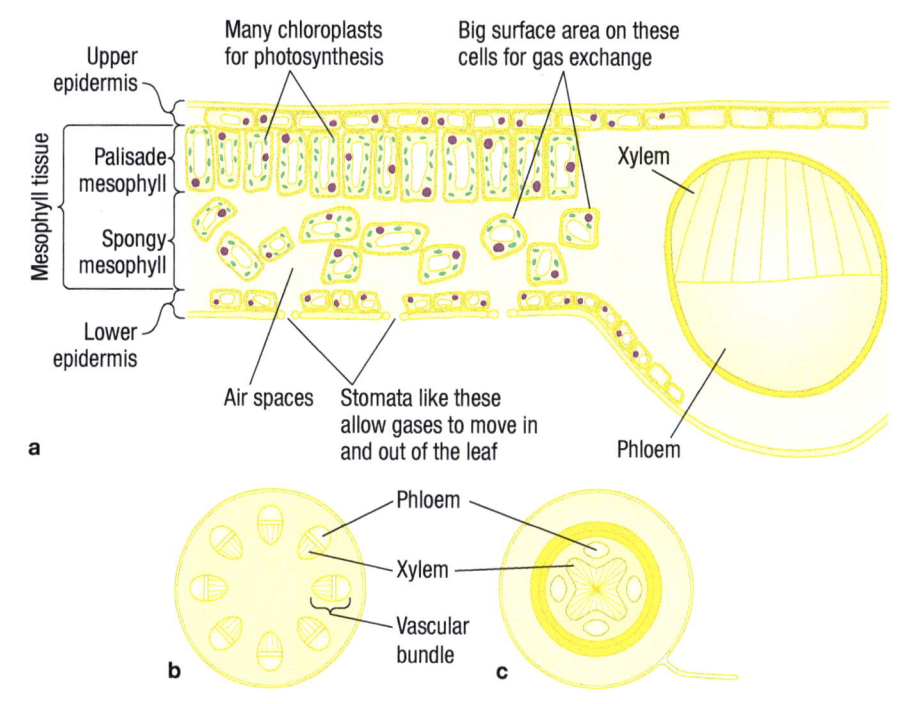

Figure 3 *Plants have specific tissues to carry out particular functions. They are arranged in organs such as **a** the leaf, **b** the stem, and **c** the roots*

To summarise, whether in a plant or an animal, an organ is a collection of different tissues working together to carry out important functions for the organism.

Did you know ...?

Some trees, such as the giant redwood, have trunks that are over 40 m tall. A plant cell is about 100 μm long. So the plant organ is 400 000 times bigger than the individual cells.

Did you know ...?

A human liver cell is about 10 μm (1×10^{-5} m) in diameter. A human liver is about 22 cm across. It contains a lot of liver cells!

Summary questions

1. **a** What is a tissue?
   b What is an organ?
2. State whether each of the following is a specialised cell, a tissue, or an organ and explain your answer:
   a sperm
   b kidney
   c stomach.
3. **a** Explain how the tissues in a leaf are arranged to form an effective organ for photosynthesis.
   b Explain how the stomach is adapted for its role in the digestion of food.

Key points

- A tissue is a group of cells with similar structure and function.
- Organs are made of tissues. One organ may contain several types of tissue.
- Animal organs include the stomach and the heart.
- Plant organs include stems, roots, and leaves.

Cell structure and organisation

1.5 Organ systems

Learning objectives

After this topic, you should know:
- what makes up an organ system
- the main organs of the digestive system.

A whole multicellular organism is made up of a number of **organ systems** working together. Organ systems are groups of organs that all work together to perform a particular function. The way one organ functions often depends on other organs in the system. The human digestive system is a good example of an organ system.

The digestive system

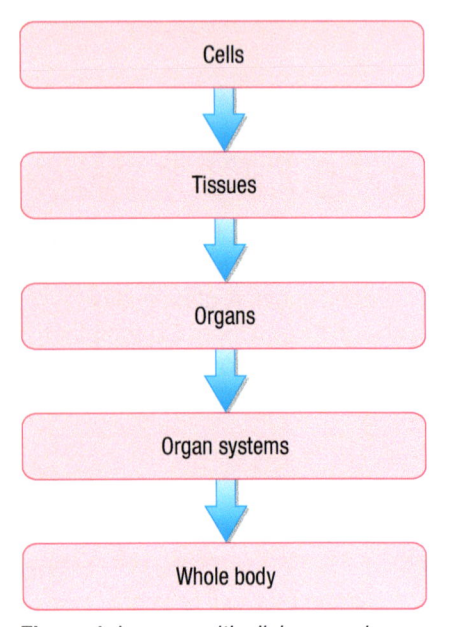

Cells → Tissues → Organs → Organ systems → Whole body

Figure 1 *Larger multicellular organisms have many levels of organisation*

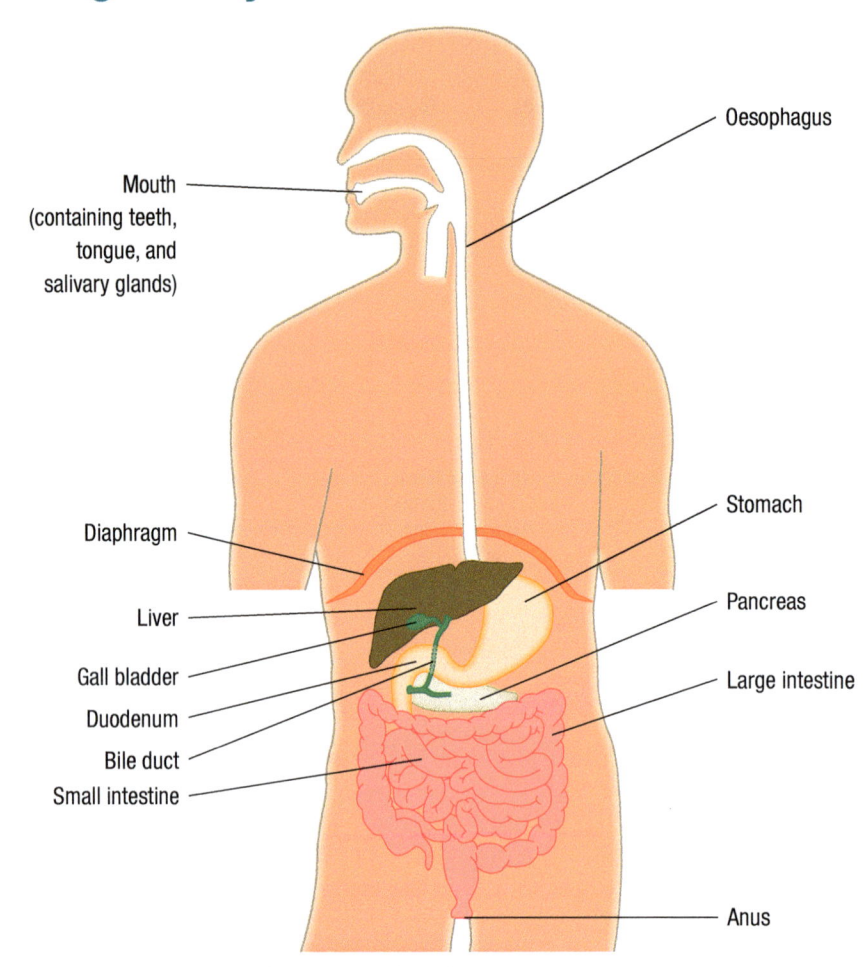

Labels on diagram: Mouth (containing teeth, tongue, and salivary glands), Oesophagus, Diaphragm, Liver, Gall bladder, Duodenum, Bile duct, Small intestine, Stomach, Pancreas, Large intestine, Anus

Figure 2 *The main organs of the human digestive system*

The **digestive system** is one of several organ systems that make it possible for mammals and other animals to exchange substances with the environment. The food you eat is made up of large insoluble **molecules**. Your body cannot take these molecules in and use them. They need to be digested (broken down) into smaller, soluble molecules that can be absorbed into your bloodstream and used by your cells. This is the function of your digestive system. The digestive system is made up of many different organs that all work together. They include:

Organ systems

Part of the digestive system	Function
Glands (e.g. salivary glands, the pancreas)	Produce digestive juices containing enzymes that chemically break down food molecules
Stomach	Where the digestion of protein in food takes place
Liver	Produces bile, which helps in the digestion of lipids (fats)
Small intestine	Where digestion takes place and where soluble food is absorbed into the bloodstream
Large intestine	Where water is absorbed from undigested food, producing faeces

links
You will find out more about the adaptations of the villi in the small intestine as an exchange surface in 5.6 Exchange in the gut, and about the role of the liver and bile in the digestion of food in 5.5 Making digestion efficient.

Did you know ... ?
The human digestive system is between 6 m and 9 m long. That is about 9 million times longer than an average human cell!

You will learn a lot more about the human digestive system and how it works in Chapter 5. Other human organ systems include:
- the breathing system, which allows the body to exchange the gases oxygen and carbon dioxide with the environment
- the cardiovascular system (the heart and the blood vessels), which carries substances to and from the cells of the body.

Plant organ systems

In small plants, the whole body works as an organ system with the roots, stems, and leaves working together to allow the plant to exchange substances with the environment. For example, water comes into the plant through the roots, is carried through the plant in the stems, and is lost into the environment again through the leaves. You will learn more about how plant organ systems work in Chapter 9.

Figure 3 *The organs of a plant*

Summary questions

1 Match each organ (A–D) to its correct function (1–4):

A	Stem	1	Breaking down large insoluble molecules into smaller soluble molecules
B	Root	2	Photosynthesising in plants
C	Small intestine	3	Providing support in plants
D	Leaf	4	Anchoring plants and obtaining water and minerals from soil

2 Explain the difference between organs and organ systems, giving two examples.

3 Using the human digestive system as an example, explain how the organs in an organ system rely on each other to function properly.

Key points
- Organ systems are groups of organs that perform a particular function.
- The digestive system in a mammal is an example of a system where substances are exchanged with the environment.

Cell structure and organisation

1.6 Diffusion

Learning objectives

After this topic, you should know:
- how diffusion takes place and why it is important in living organisms
- what affects the rate of diffusion.

Your cells need to take in substances such as glucose and oxygen for respiration. Cells also need to get rid of waste products and release chemicals that are needed elsewhere in your body. Dissolved substances and gases can move into and out of your cells across the cell membrane. One of the main ways in which they move is by **diffusion**.

Diffusion

Diffusion is the spreading out of the particles of a gas, or of any substance in solution (a **solute**). This results in the **net movement** (overall movement) of particles. The net movement is from an area of high concentration to an area of lower concentration. It takes place because of the random movement of the particles. The motion of the particles causes them to bump into each other, and this moves them all around.

Imagine a room containing a group of boys and a group of girls. If everyone closes their eyes and moves around briskly but randomly, children will bump into each other. They will scatter until the room contains a mixture of boys and girls. This gives you a good model of diffusion (Figure 1).

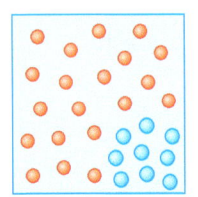

Figure 1 *The random movement of particles results in substances spreading out, or diffusing, from an area of higher concentration to an area of lower concentration*

At the moment when the blue particles are added to the red particles they are not mixed at all

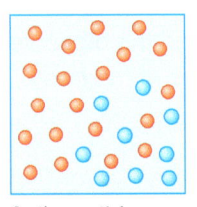

As the particles move randomly, the blue ones begin to mix with the red ones

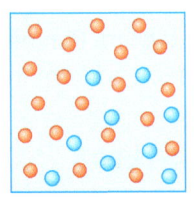

As the particles move and spread out, they bump into each other. This helps them to keep spreading randomly

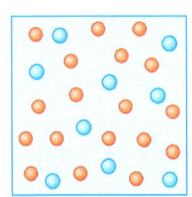

Eventually, the particles are completely mixed and diffusion is complete

Rate of diffusion

If there is a big difference in concentration between two areas, diffusion will take place quickly. Many particles will move randomly towards the area of low concentration. Only a few will move randomly in the other direction.

However, if there is only a small difference in concentration between two areas, the net movement by diffusion will be quite slow. The number of particles moving into the area of lower concentration by random movement will only be slightly more than the number of particles that are leaving the area.

net movement = particles moving in − particles moving out

In general, the greater the difference in concentration, the faster the rate of diffusion. This difference between two areas of concentration is called the **concentration gradient**. The bigger the difference, the steeper the concentration gradient and the faster the rate of diffusion. In other words, diffusion occurs *down* a concentration gradient (Figure 2).

Temperature also affects the rate of diffusion. An increase in temperature means the particles in a gas or a solution move around more quickly. When this happens, diffusion takes place more rapidly as the random movement of the particles speeds up.

Diffusion

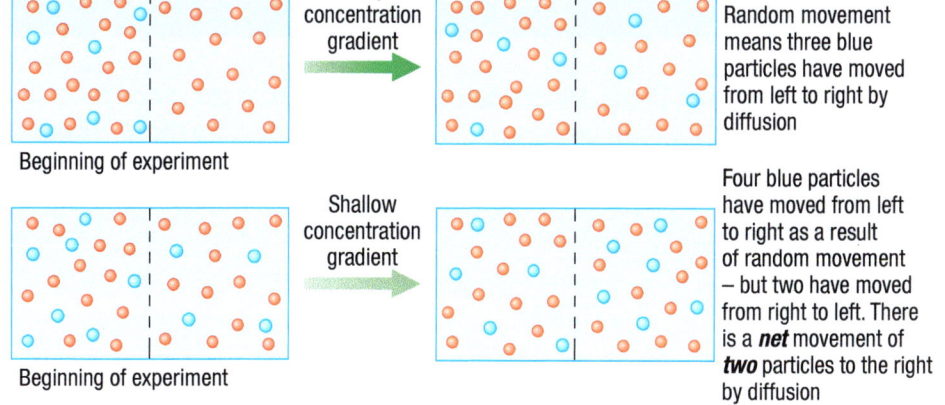

Figure 2 *This diagram shows the effect of concentration on the rate of diffusion. This is why so many body systems are adapted to maintain steep concentration gradients*

Both types of particles can pass through this membrane – it is freely permeable

Steep concentration gradient → Random movement means three blue particles have moved from left to right by diffusion

Shallow concentration gradient → Four blue particles have moved from left to right as a result of random movement – but two have moved from right to left. There is a **net** movement of **two** particles to the right by diffusion

Diffusion in living organisms

Dissolved substances move into and out of your cells by diffusion across the cell membrane. These substances include **simple sugars** such as glucose, gases such as oxygen, and waste products such as urea from the breakdown of amino acids in your liver.

The oxygen you need for **respiration** passes from the air into your lungs. From the lungs it enters your red blood cells through the cell membranes by diffusion. The oxygen moves down a concentration gradient from a region of high oxygen concentration to a region of lower oxygen concentration. Oxygen then also moves by diffusion, down a concentration gradient, from the blood cells into the cells of the body where it is needed.

Carbon dioxide moves by diffusion, down a concentration gradient, from the body cells into the red blood cells and then into the air in the lungs in a similar way.

Individual cells may be adapted to make diffusion easier and more rapid. The most common adaptation is to increase the surface area of the cell membrane. Increasing the surface area means there is more room for diffusion to take place. By folding up the membrane of a cell, or the tissue lining an organ, the area over which diffusion can take place is greatly increased. Therefore the rate of diffusion is also greatly increased, so that much more of a substance moves by diffusion in a given time.

Study tip

Particles move randomly, but the net movement is from a region of high concentration to a region of lower concentration.

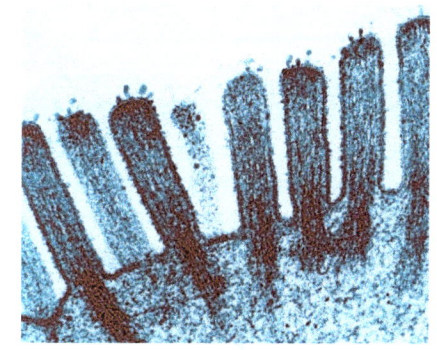

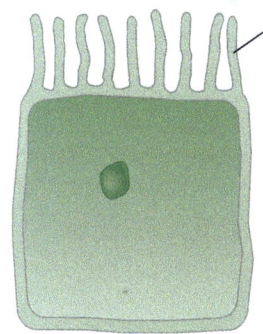

Infoldings of the cell membrane form microvilli, which increase the surface area of the cell

Figure 3 *An increase in the surface area of a cell membrane means diffusion can take place more quickly. This is an intestinal cell*

Summary questions

1. Explain the process of diffusion in terms of the particles involved.
2. a Explain why diffusion takes place faster when there is an increase in temperature.
   b Explain in terms of diffusion why so many cells have folded membranes along at least one surface.
3. Explain the following statements in terms of diffusion:
   a Digested food products move from the inside of your gut into the bloodstream.
   b Carbon dioxide moves from the blood in the capillaries in your lungs to the air in the lungs.
   c Male moths can track down a mate from up to 3 miles away because of the special chemicals produced by the female.

Key points

- Diffusion is the net movement of particles from an area where they are at a high concentration to an area where they are at a lower concentration, down a concentration gradient.
- The greater the difference in concentration, the faster the rate of diffusion.
- Dissolved substances such as glucose and gases such as oxygen move in and out of cells by diffusion.

Cell structure and organisation

1.7 Osmosis

Learning objectives

After this topic, you should know:
- what happens in osmosis
- why osmosis is so important in cells.

Study tip

Remember, all particles can diffuse from an area of high concentration to an area of lower concentration, provided they are *soluble* and *small* enough to pass through the membrane. Osmosis refers only to the diffusion of water through a partially permeable membrane.

Diffusion takes place when particles can spread freely from one place to another. However, the solutions inside cells are separated from those outside by the cell membrane. This membrane does not let all types of particles through. Membranes that only let some types of particles through are called **partially permeable membranes**.

The process of osmosis

Partially permeable cell membranes let water move across them. Remember:
- A *dilute* solution of sugar contains a *high* concentration of water (the solvent). It has a *low* concentration of sugar (the solute).
- A *concentrated* sugar solution contains a relatively *low* concentration of water and a *high* concentration of sugar.

The cytoplasm of a cell is made up of chemicals dissolved in water inside a partially permeable bag of cell membrane. The cytoplasm contains a fairly concentrated solution of salts and sugars. Water moves from a dilute solution (with a high concentration of water molecules) to a concentrated solution (with fewer water molecules) across the membrane of the cell.

This special type of diffusion, where water moves across a partially permeable membrane, is called **osmosis**.

The concentration inside your body cells needs to stay the same for them to work properly. However, the concentration of the solutions outside your cells may be very different to the concentration inside them. This concentration gradient can cause water to move into or out of the cells by osmosis.

- If the concentration of solutes in the solution outside the cell is *lower* than the concentration inside the cell, the solution is **hypotonic** to the cell.
- If the concentration of solutes in the solution outside the cell is *the same* as the concentration inside the cell, the solution is **isotonic** to the cell.
- If the concentration of solutes in the solution outside the cell is *higher* than the concentration inside the cell, the solution is **hypertonic** to the cell.

Required practical

Investigating osmosis

You can make model cells using bags made of partially permeable membrane (Figure 1). You can see what happens to them if the concentrations of the solutions inside or outside the 'cells' change.

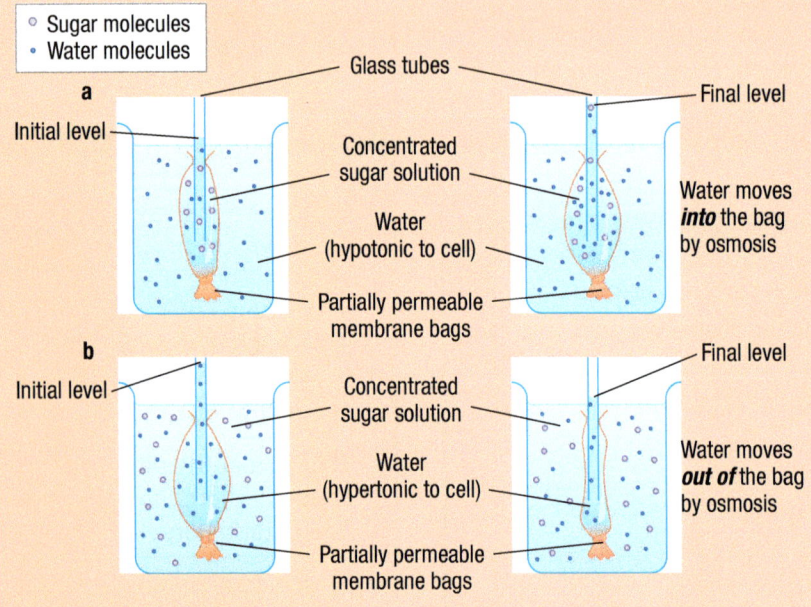

Figure 1 *A model of osmosis in a cell. In a the 'cell' contents are more concentrated than the surrounding solution. In b the 'cell' contents are less concentrated than the surrounding solution*

Osmosis in animals

If a cell uses up water in its chemical reactions, the cytoplasm becomes more concentrated. The surrounding fluid becomes hypotonic and more water immediately moves in by osmosis.

If the cytoplasm becomes too dilute because more water is made in chemical reactions, the surrounding fluid becomes hypertonic and water leaves the cell by osmosis. So osmosis restores the balance in both cases.

However, osmosis can also cause big problems in animal cells. If the solution outside the cell becomes much more dilute than the cell contents (hypotonic), a lot of water will move into the cell by osmosis. The cell will swell and may burst.

If the solution outside the cell becomes more concentrated than the cell contents (hypertonic), water will move out of the cell by osmosis. The cytoplasm will become too concentrated and the cell will shrivel up. Then it can no longer survive.

Once you understand the effect osmosis can have on cells, the importance of maintaining constant internal conditions in the human body becomes clear.

Osmosis in plants

Plants rely on osmosis to support their stems and leaves. Water moves into plant cells by osmosis. This causes the vacuole to swell and press the cytoplasm against the plant cell walls. The pressure builds up until no more water can physically enter the cell – this pressure is known as **turgor**. Turgor pressure makes the cells hard and rigid, which in turn keeps the leaves and stems of the plant rigid and firm.

Plants need the fluid surrounding the cells to always be hypotonic to the cytoplasm, with a lower concentration of solutes and a higher concentration of water than the plant cells themselves. This keeps water moving by osmosis in the right direction and the cells are turgid. If the solution surrounding the plant cells is hypertonic to (more concentrated than) the cell contents, water will leave the cells by osmosis. The cells will no longer be firm and swollen – they become flaccid (soft) as there is no pressure on the cell walls. At this point, the plant wilts as turgor no longer supports the plant tissues.

If more water is lost by osmosis, the vacuole and cytoplasm shrink, and eventually the cell membrane pulls away from the cell wall. This is **plasmolysis**. Plasmolysis is usually only seen in laboratory experiments. Plasmolysed cells die quickly unless the osmotic balance is restored.

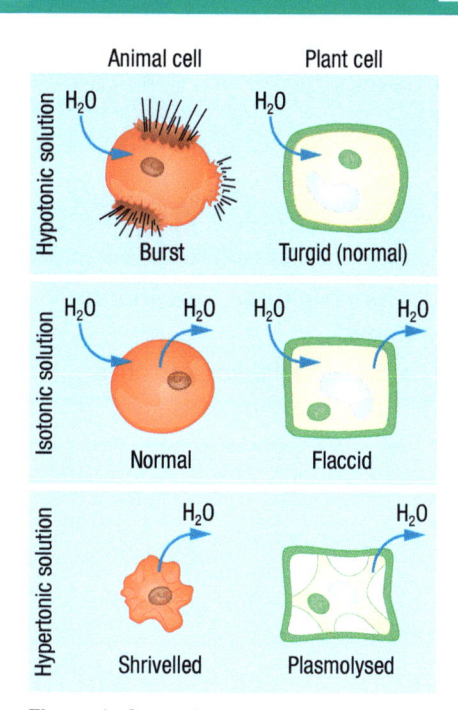

Figure 2 *Osmosis is important in all living organisms*

Study tip

When writing about osmosis, be careful to specify whether it is the concentration of water or solutes you are referring to. Simply saying 'higher concentration outside cell' will gain no marks!

Summary questions

1 **a** What is the difference between osmosis and simple diffusion?
  b How does osmosis help to maintain the cytoplasm of plant and body cells at a specific concentration?

2 **a** Define the following terms:
     i isotonic solution   **ii** hypotonic solution   **iii** hypertonic solution.
  b Why is it so important for the cells of the human body that the solute concentration of the fluid surrounding the cells is kept as constant as possible?

3 Explain why osmosis is so important in the support systems of plants.

4 Animals that live in fresh water have a constant problem with their water balance. The single-celled organism called *Amoeba* has a special vacuole in its cell. It fills with water and then moves to the outside of the cell and bursts. A new vacuole starts forming straight away.
  Explain in terms of osmosis why the *Amoeba* needs one of these vacuoles.

Key points

- Osmosis is a special case of diffusion. It is the movement of water from a dilute to a more concentrated solution through a partially permeable membrane that allows water to pass through.

- Differences in the concentrations of solutions inside and outside a cell cause water to move into or out of the cell by osmosis.

- Osmosis is important to maintain turgor in plant cells. Animal cells can be damaged if the concentrations inside and outside the cells are not kept the same.

Cell structure and organisation

1.8 Active transport

Learning objectives

After this topic, you should know:
- the importance of active transport in cells.

Cells need to move substances in and out. Water often moves across the cell boundaries by osmosis. Dissolved substances also need to move in and out of cells. There are two main ways in which this happens:
- Substances move by diffusion, down a concentration gradient. This must be in the right direction to be useful to the cells.
- Sometimes the substances needed by a cell have to be absorbed against a concentration gradient. This needs a special process called **active transport**.

Moving substances by active transport

Active transport allows cells to move substances from an area of low concentration to an area of high concentration. This movement is *against* the concentration gradient. As a result, cells can absorb ions from very dilute solutions. It also enables them to move substances, such as sugars and ions, from one place to another through the cell membranes.

It takes energy for the active transport system to carry a molecule across the membrane and then return to its original position (Figure 1). The energy for active transport comes from cellular respiration. Scientists have shown in a number of different cells that the rate of respiration and the rate of active transport are closely linked (Figure 2).

In other words, if a cell is releasing plenty of energy, it can carry out lots of active transport. Examples include root hair cells and the cells lining your gut. Cells involved in a lot of active transport usually have many mitochondria to provide the energy they need.

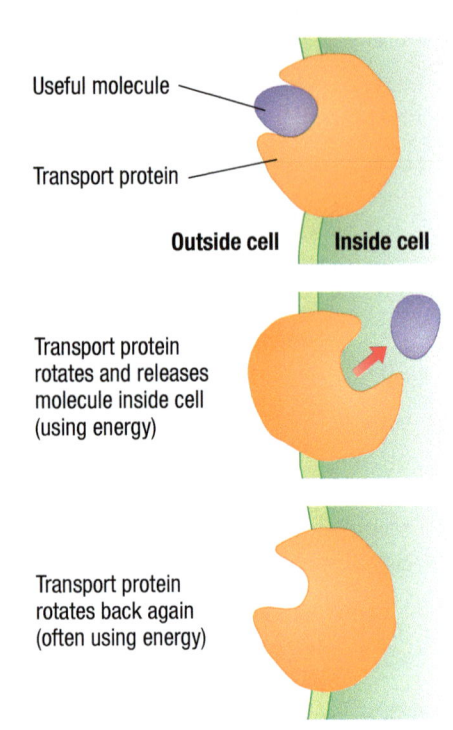

Figure 1 *Active transport uses energy to move substances against a concentration gradient*

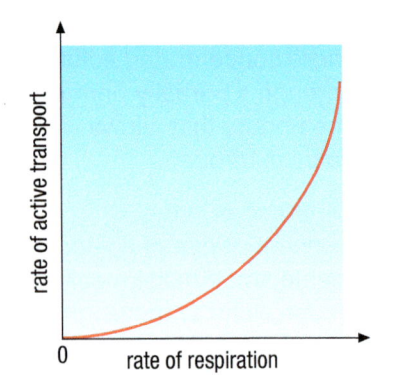

Figure 2 *The rate of active transport depends on the rate of respiration*

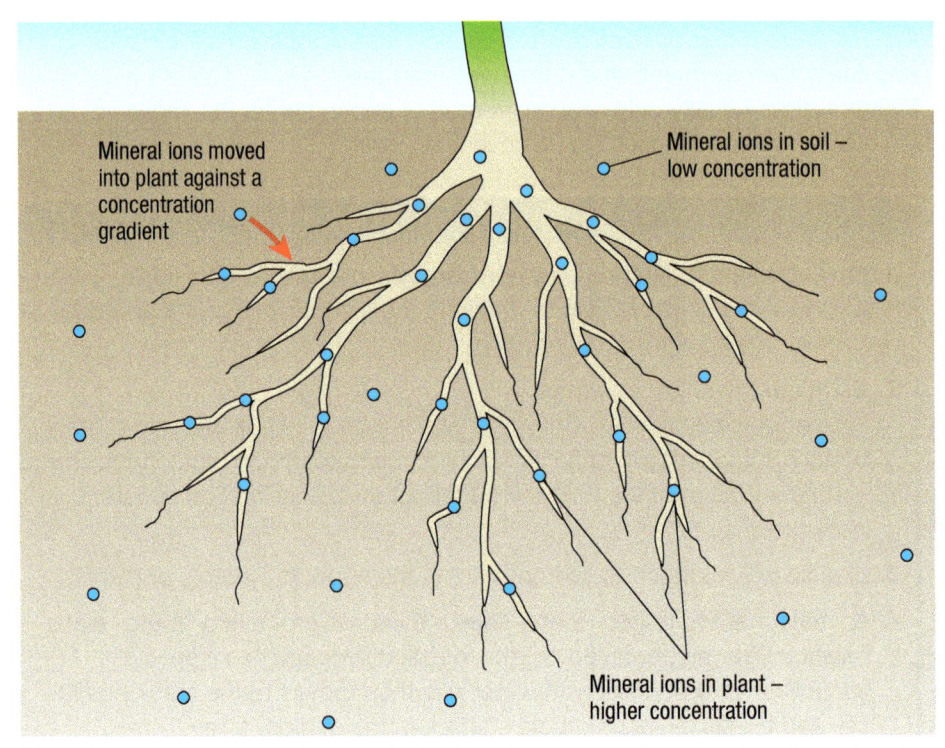

Figure 3 *Plants use energy from respiration in active transport to move mineral ions from the soil into the roots against a concentration gradient*

Active transport

The importance of active transport

Active transport is widely used in cells. There are some situations in which it is particularly important. For example, mineral ions in the soil, such as nitrate ions, are usually found in very dilute solutions. These solutions are more dilute than the solution within the plant cells. By using active transport, plants can absorb these mineral ions, even though it is against a concentration gradient (Figure 3).

Sugars, such as the simple sugar glucose, are actively absorbed out of your gut and **kidney tubules** into your blood. This is often done against a large concentration gradient.

links
You can find out more about the absorption of glucose in the gut in 5.4 The digestive system and about the absorption of solutes in the kidney in 7.3 The human kidney.

Study tip
Do not refer to movement *along* a concentration gradient. Always refer to movement as *down* a concentration gradient (from high to low) for diffusion or osmosis and *against* a concentration gradient (from low to high) for active transport.

Figure 4 *Some crocodiles have special salt glands in their tongues. These remove excess salt from the body against the concentration gradient by active transport. That's why members of the crocodile species* Crocodylus porosus *can live in estuaries and even in the sea*

Did you know ... ?
People with cystic fibrosis (see 10.7 Inherited conditions in humans) have thick, sticky mucus in their lungs, guts, and reproductive systems. This is the result of a mutation affecting a protein involved in the active transport system of the mucus-producing cells.

Summary questions

1 Explain how active transport works in a cell.

2 a How does active transport differ from diffusion and osmosis?
  b Why do cells that carry out a lot of active transport also usually have many mitochondria?

3 Explain fully why active transport is so important to:
  a marine birds such as albatrosses, which have special salt glands producing very salty liquid
  b plants.

Key points
- Substances are sometimes absorbed against a concentration gradient by active transport.
- Active transport uses energy from respiration.
- Cells can absorb ions from very dilute solutions (e.g., root hair cells), and actively absorb substances such as sugars and salt against a concentration gradient, using active transport (e.g., glucose may be absorbed from low concentrations in the small intestine and the kidney tubules).

Cell structure and organisation: 1.1–1.8

Summary questions

1

Figure 1

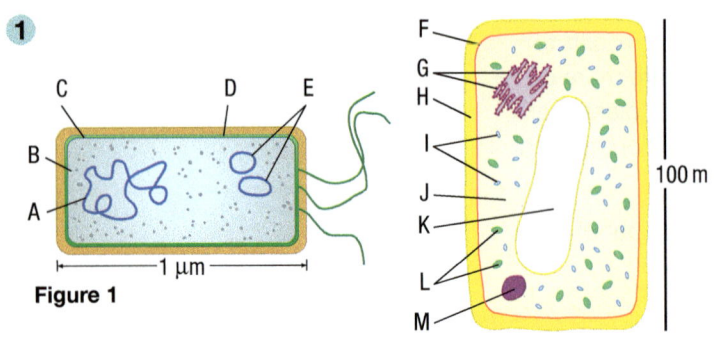

Figure 2

a Name the structures labelled A–E in the bacterial cell (Figure 1).

b Name the structures labelled F–M in the plant cell (Figure 2).

c Explain the similarities and differences between a bacterial cell and a plant cell.

d Explain the similarities and differences between a bacterial cell and a non-specialised animal cell.

2 a Produce a table to compare diffusion, osmosis, and active transport. Write a brief explanation of the advantages and disadvantages of all three processes in cells.

b In an experiment to investigate osmosis, two Visking tubing bags were set up with sugar solution inside the bags and water outside the bags. Bag A was kept at 20 °C and bag B was kept at 30 °C (Figure 3).

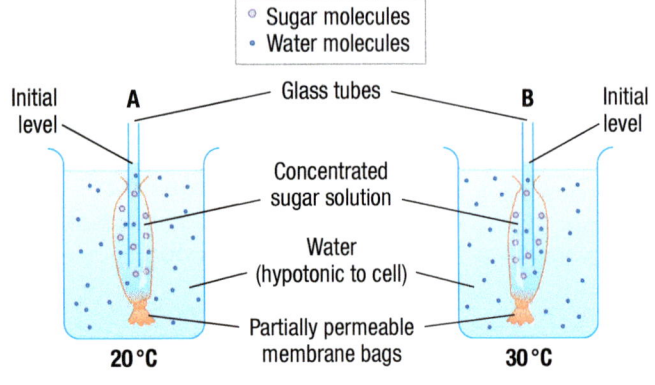

Figure 3

Describe what you would expect to happen and explain it in terms of osmosis and particle movements.

3 Plants have specialised cells, tissues, and organs, just as animals do.

a Give **three** examples of plant tissues.

b What are the main plant organs and what do they do?

c Which plant tissues are found in all of the main plant organs, and why?

4 Figure 4 shows the human digestive system.

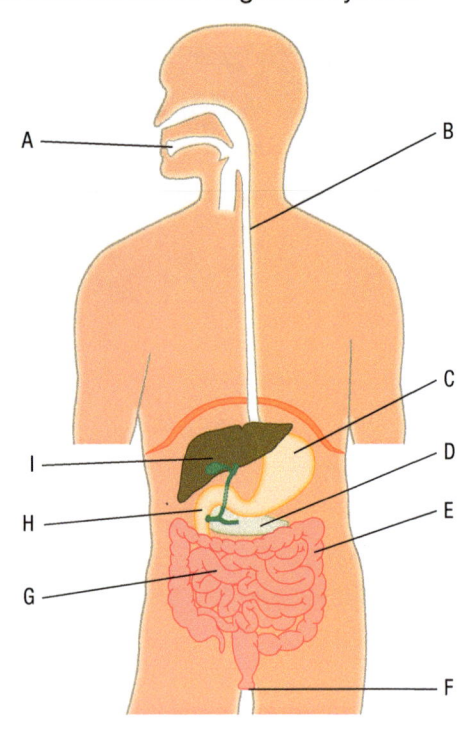

Figure 4

a What is an organ system?

b Make a table and name the parts of the human digestive system labelled A–I in Figure 4. Give the function of each organ in the digestive system as a whole.

c Select **two** examples of individual tissues that you would find in an organ of the digestive system and explain how they are specialised for their role.

Practice questions

End of chapter questions

1 Figure 1 shows a typical plant, animal, and bacterial cell.

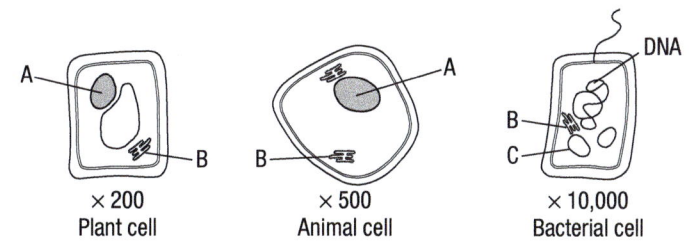

×200 Plant cell   ×500 Animal cell   ×10,000 Bacterial cell

Figure 1

   a Name the structures A, B, and C. (4)

   b Describe the function of the nucleus in cells. (2)

   c Which parts of a bacterial cell carry out the same function as the nucleus does in plant and animal cells? (2)

   d Calculate the length of each cell in µm (1 µm = 0.001 mm). Use the formula:
   length on diagram = real length × magnification
   i   Plant cell ....
   ii Animal cell ....
   iii Bacterial cell .... (3)

   e Ribosomes make protein molecules for the cell.
   Suggest two possible uses for these protein molecules. (2)

   f Suggest why there are no mitochondria in bacterial cells. (1)

2 The two plant cells in Figure 2 are very different because they have been specialised to carry out different functions.

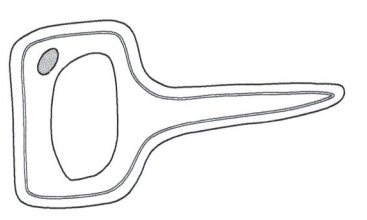

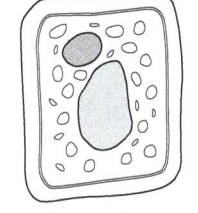

Root hair cell   Mesophyll cell

Figure 2

   a Describe the function of each cell. (5)

   b *In this question you will be assessed on using good English, organising information clearly, and using specialist terms where appropriate.*

   Compare and contrast the structures of these two cells in relation to their function. (6)

3 The plant in pot A has been adequately watered and is healthy. The plant in pot B has not been given enough water and is wilting.

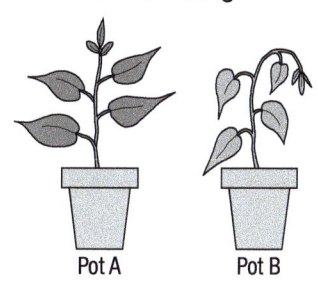

Pot A   Pot B

Figure 3

   a Draw and label a stem cell from each plant.
   Use the correct term to describe the state of each cell. (4)

   b Explain in detail why the plant in pot A remains upright whilst the plant in pot B does not. (3)

4 Some scientists wish to grow mouse skin cells in tissue culture. They know that the tissue culture liquid must have the same concentration of salts and sugars as the cytoplasm of the cell.

They made solutions at four different concentrations and added some mouse skin cells.

After 24 hours they removed some cells and observed them under a microscope.

The following table shows the results.

Test number	1	2	3	4	Control
Concentration of salts in mol/dm³	0.24	0.26	0.28	0.30	Fresh cell from mouse
Appearance of cells					

   a Name the term that describes a solution that has the same concentration as the contents of the cells. (1)

   b Which concentration of salts is suitable for the tissue culture liquid? (1)

   c *In this question you will be assessed on using good English, organising information clearly, and using specialist terms where appropriate.*

   The concentration in test 1 is not suitable as it has damaged the cells.

   Explain why the solution in test 1 has damaged the cells. (6)

19

Chapter 2 Cell division and differentiation

2.1 Cell division, growth, and differentiation

Learning objectives

After this topic, you should know:
- how cells divide by mitosis
- how cell differentiation varies in animals and plants.

links

For more information on alleles, look at Chapter 10 Variation and inheritance.

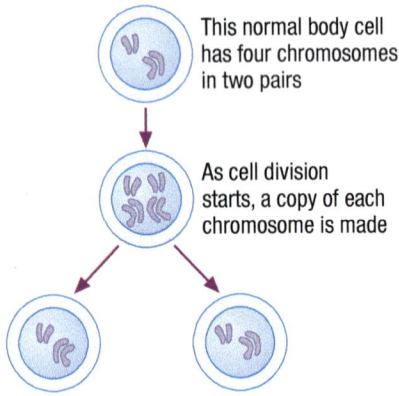

This normal body cell has four chromosomes in two pairs

As cell division starts, a copy of each chromosome is made

The cell divides in two to form two daughter cells. Each daughter cell has a nucleus containing four chromosomes identical to the ones in the original parent cell.

Figure 1 *Two identical cells are formed by the simple division that takes place during mitosis. This cell is shown with only two pairs of chromosomes rather than 23*

New cells are needed for an organism, or part of an organism, to grow. They are also needed to replace cells that become worn out and to repair damaged tissue. However, the new cells must have the same genetic information as the originals so they can do the same job.

Each of your cells has a nucleus that contains chromosomes. Chromosomes carry the genes that contain the instructions for making both new cells and all the tissues and organs needed to make an entire new you.

A gene is a small packet of information that controls a characteristic, or part of a characteristic, of your body. It is a section of DNA. Different forms of the same gene are known as **alleles**. Different alleles of the same gene may result in different characteristics. For example, there is a gene which determines whether or not you have dimples – one allele gives dimples, another allele gives no dimples. The genes are grouped together on chromosomes. A chromosome may carry several hundred or even thousands of genes.

You have 46 chromosomes in the nucleus of your body cells. They are arranged in 23 pairs. One of each pair is inherited from your father and one from your mother. Your sex cells (gametes) have only one of each pair of chromosomes.

Mitosis

The cell division in normal body cells produces two identical cells and is called **mitosis**. As a result of mitosis, all your body cells have the same chromosomes. This means that they have the same genetic information. Mitosis produces the additional cells needed for growth or replacement.

In asexual reproduction, the cells of the offspring are produced by mitosis from the cells of their parent. This is why they contain exactly the same alleles as their parent, with no genetic variation.

How does mitosis work? Before a cell divides, it produces new identical copies of the chromosomes in the nucleus. Then the cell divides once to form two genetically identical cells (Figure 1).

In some parts of an animal or plant, cell division like this carries on rapidly all the time. Your skin is a good example. You constantly lose cells from the skin's surface, and make new cells to replace them. In fact, about 300 million body cells die every minute, so mitosis is very important.

Practical

Observing mitosis

View a special preparation of a growing root tip under a microscope. You should be able to see the different stages of mitosis as they are taking place. Use Figure 2 for reference.
- Describe your observations of mitosis.

Cell division, growth, and differentiation

Differentiation

In the early development of animal and plant embryos, the cells are unspecialised. Each one of them (known as a **stem cell**) can become any type of cell that is needed.

In many animals, the cells become specialised very early in life. By the time a human baby is born, most of its cells are specialised. They will all do a particular job, such as liver cells, skin cells, or muscle cells. They have differentiated. Some of their genes have been switched on and others have been switched off.

This means that when, for example, a muscle cell divides by mitosis, it can only form more muscle cells. So, in a mature (adult) animal, cell division is mainly restricted. It is needed for the repair of damaged tissue and to replace worn-out cells, because in most adult cells, differentiation has already occurred. Specialised cells can divide by mitosis, but they only form the same sort of cell. Some differentiated cells, such as red blood cells, cannot divide so **adult stem cells** replace dead or damaged cells.

In contrast, most plant cells are able to differentiate all through their lives. Undifferentiated cells are formed at active regions in the stems and roots. These regions of actively dividing plant cells are known as the meristems. In these areas, mitosis takes place almost continuously.

Plants keep growing all through their lives at these growing points. The plant cells produced don't differentiate until they are in their final position in the plant. Even then, the differentiation isn't permanent. You can move a plant cell from one part of a plant to another. There it can redifferentiate and become a completely different type of cell. You can't do that with animal cells – once a muscle cell, always a muscle cell.

Producing identical offspring is known as **cloning**. You can produce huge numbers of identical plant clones from a tiny piece of leaf tissue. This is because, in the right conditions, a plant cell will become unspecialised and undergo mitosis many times. Each of these undifferentiated cells will produce more cells by mitosis. Given different conditions, these will then differentiate to form a tiny new plant. The new plant will be identical to the original parent.

It is difficult to clone animals because animal cells differentiate permanently, early in embryo development. The cells can't change back. Animal clones can only be made by cloning embryos, although by using very specialised techniques the nuclei of adult cells can be used to make an embryo.

Summary questions

1 Define the following terms:
   a chromosome   b gene   c allele.

2 a Explain why the chromosome number must stay the same when the cells divide to make other normal body cells.
   b Explain clearly what happens during mitosis and why it is so important in the body.

3 a What is differentiation, and why is it important in living organisms?
   b How does differentiation differ in animal and plant cells?
   c Explain how this difference affects the cloning of plants and animals.

links

You learned about the results of differentiation in 1.3 Specialised cells and 1.4 Tissues and organs.

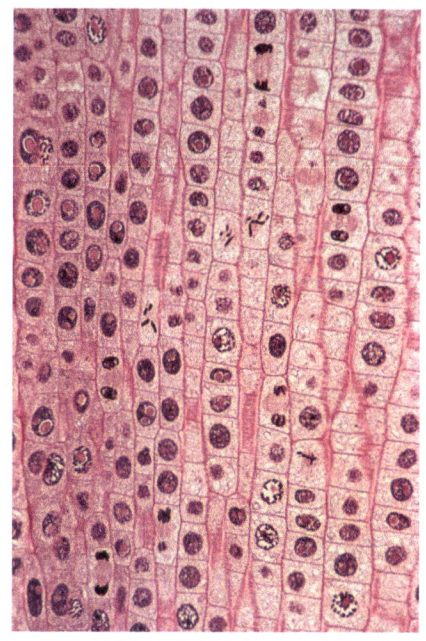

Figure 2 *The undifferentiated cells in this onion root tip are dividing rapidly. You can see mitosis taking place, with the chromosomes in different positions as the cells divide*

Study tip

Cells produced by mitosis are genetically identical.

Key points

- In body cells, chromosomes are found in pairs.

- Body cells divide by mitosis to produce more identical cells for growth, repair, and replacement, or in some cases asexual reproduction.

- In plant cells, mitosis takes place throughout life in the meristems found in the shoot and root tips.

- Most types of animal cell differentiate at an early stage of development. Many plant cells can differentiate throughout their life.

Cell division and differentiation

2.2 Cell division in sexual reproduction

Learning objectives

After this topic, you should know:
- how cells divide by meiosis to form gametes
- how sexual reproduction gives rise to variation.

Mitosis takes place all the time, in tissues all over your body. Yet there is another type of cell division that takes place only in the reproductive organs of animals and plants. In humans, these are the ovaries and the testes. **Meiosis** results in sex cells, called **gametes**, with only half the original number of chromosomes.

Meiosis

The female gametes, the egg cells or **ova**, are made in the ovaries. The male gametes, or sperm, are made in the testes.

The gametes are formed by meiosis. In meiosis, the chromosome number is reduced by half in the following way:
- When a cell divides to form gametes, the chromosomes (the genetic information) are copied so there are four sets of chromosomes instead of the normal two sets. This is very similar to mitosis.
- The cell then divides twice in quick succession to form four gametes, each with a single set of chromosomes (Figure 1).

Each gamete that is produced is slightly different from all the others. They contain random mixtures of the original chromosome pairs. This introduces variation.

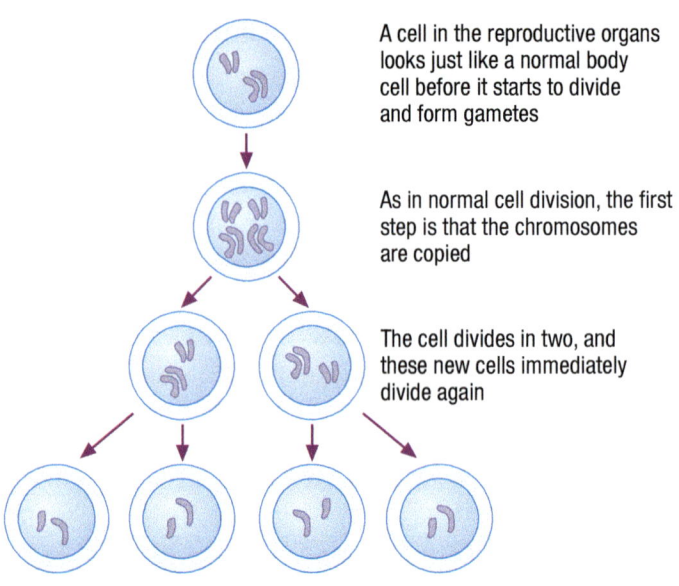

??? Did you know ... ?

The testes can produce around 400 million sperm by meiosis every 24 hours. Only one sperm is needed to fertilise an egg, but each sperm needs to travel 100 000 times its own length to reach the ovum, and less than one in a million make it.

A cell in the reproductive organs looks just like a normal body cell before it starts to divide and form gametes

As in normal cell division, the first step is that the chromosomes are copied

The cell divides in two, and these new cells immediately divide again

This gives four sex cells, each with a single set of chromosomes – in this case two instead of the original four

Figure 1 *The formation of sex cells in the ovaries and testes involves meiosis to halve the chromosome number. The original cell is shown with only two pairs of chromosomes, to make it easier to follow what is happening*

Cell division in sexual reproduction

Fertilisation

More variation is added when fertilisation takes place. Each sex cell has a single set of chromosomes. When two sex cells join during fertilisation, the single new cell formed has a full set of chromosomes. In humans, the egg cell (ovum) has 23 chromosomes and so does the sperm. When they join together, they produce a single new body cell with 46 chromosomes in 23 pairs – the correct number of chromosomes for all humans.

The combination of genes on the chromosomes of every newly fertilised ovum is unique. Once fertilisation is complete, the unique new cell begins to divide by mitosis to form a new individual. As the organism develops, the cells differentiate to form different kinds of cells. Mitosis will continue long after the fetus is fully developed and the baby is born. It is still important for adults for the repair of the body and replacement of worn-out cells.

In fact, about 80% of fertilised eggs never make it to become a live baby – about 50% never even implant into the lining of the womb.

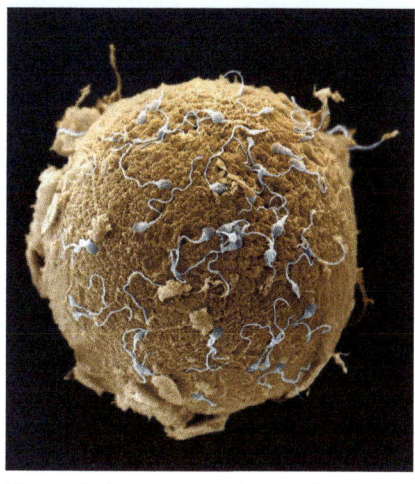

Figure 2 *At the moment of fertilisation, the chromosomes of the two gametes are combined. The new cell has a complete set of chromosomes, like any other body cell. This new cell will then grow and divide by mitosis to form a new individual*

Variation

The differences between asexual and sexual reproduction are reflected in the different types of cell division involved:

- In asexual reproduction, the offspring are produced from the parent cells as a result of mitosis. They contain exactly the same chromosomes and the same genes as their parents. There is little variation in the genetic material.
- In sexual reproduction, the gametes are produced by meiosis in the sex organs of the parents. This introduces variation as each gamete is different. Then, when the gametes fuse, one of each pair of chromosomes, and so one of each pair of genes, comes from each parent.

The combination of genes in the new pair of chromosomes will contain alleles from each parent. This also helps to produce variation in the characteristics of the offspring.

Study tip

Learn to spell mitosis and meiosis.
Remember their meanings:
Mitosis – **m**aking **i**dentical **t**wo.
Meiosis – **m**aking **e**ggs (and sperm).

Summary questions

1. **a** How many pairs of chromosomes are there in a normal human body cell?
   b How many chromosomes are there in a human sperm cell?
   c How many chromosomes are there in a fertilised human egg cell?
2. Sexual reproduction results in variation. Explain clearly exactly how this comes about.
3. **a** What is the name of the special type of cell division that produces gametes in the reproductive organs? Describe clearly what happens to the chromosomes in this process.
   b Where in your body would this type of cell division take place?
   c Explain why this type of cell division is so important in sexual reproduction.

Key points

- Cells in the reproductive organs divide by meiosis to form gametes (sex cells).
- Body cells have two sets of chromosomes – gametes have only one set.
- In meiosis, the genetic material is copied and then the cell divides twice to form four gametes, each with a single set of chromosomes.
- Sexual reproduction gives rise to variation because genetic information from two parents is combined.

Cell division and differentiation

2.3 Stem cells

Learning objectives

After this topic, you should know:
- how stem cells are different from other body cells
- why scientists hope that it will be possible to use stem cells to treat a number of health problems.

The function of stem cells

An egg and a sperm cell fuse to form a **zygote**, a single new cell. That cell divides and becomes a hollow ball of cells – the embryo. The inner cells of this ball are the stem cells. Stem cells differentiate to form the specialised cells of your body that make up your various tissues and organs. They will eventually produce every type of cell in your body.

Even when you are an adult, some of your stem cells remain. Your bone marrow is a good source of stem cells. Scientists now think there may be a tiny number of stem cells in most of the different tissues in your body. This includes your blood, brain, muscles, and liver.

Many of your differentiated cells can divide to replace themselves. However, some tissues cannot do this. The stem cells can stay in these tissues for many years. They are only needed if the cells are injured or affected by disease. Then they start dividing to replace the different types of damaged cell.

Using stem cells

Many people suffer and even die because parts of their body stop working properly. For example, spinal injuries can cause paralysis. That's because if the spinal nerves are damaged, they do not repair themselves. Millions of people would benefit if doctors could replace damaged body parts.

In 1998, there was a breakthrough. Two American scientists managed to culture human **embryonic stem cells**. These were capable of forming other types of cell.

Scientists hope that the embryonic stem cells can be encouraged to grow into almost any of the different types of cell needed in the body. For example, scientists in the USA have grown nerve cells from embryonic stem cells. In rats, these have been used to reconnect damaged spinal nerves. The rats regained some movement of their legs. In 2010, the first trials using nerve cells grown from embryonic stem cells were carried out in humans. The nerve cells were injected into the spinal cords of patients with new, severe spinal cord injuries. These first trials were to make sure that the technique is safe. The scientists and doctors hope it will not be long before they can use stem cells to help people who have been paralysed to walk again.

Scientists might also be able to grow whole new organs from embryonic stem cells. These could then be used in transplant surgery (Figure 1). Scientists in Edinburgh have already grown functioning kidney structures using stem cells from amniotic fluid.

Doctors in the USA and the UK are carrying out trials to see if embryonic stem cells can be used to treat common causes of blindness. They have to discover first if it is safe to inject stem cells into the eyes, and then find out whether the stem cells can restore sight. Conditions ranging from infertility to dementia could eventually be treated using stem cells.

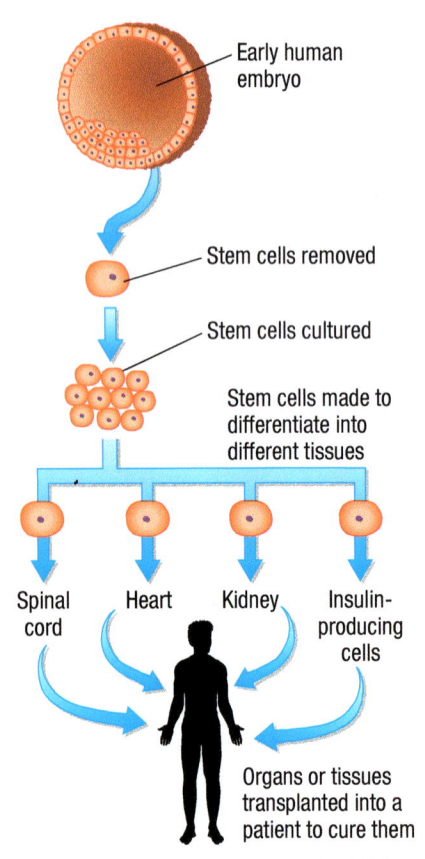

Figure 1 *This shows one way in which scientists hope embryonic stem cells might be formed into adult cells and used as human treatments in the future*

Problems with stem cells

Many embryonic stem cells come from aborted embryos. Others come from spare embryos in fertility treatment. This raises ethical issues. There are people, including many religious groups, who feel this is wrong. They question the use of a potential human being as a source of cells, even to cure others. Some people feel that, as the embryo cannot give permission, using it is a violation of its human rights.

In addition, progress in developing therapies using stem cells has been relatively slow, although in fact scientists have been working with them for less than 20 years. There is some concern that embryonic stem cells might cause cancer if they are used to treat sick people. This has certainly been seen in mice. Furthermore, making stem cells is slow, difficult, expensive and hard to control.

The future of stem cell research

Scientists have found embryonic stem cells in the umbilical cord blood of newborn babies and even in the amniotic fluid that surrounds the fetus as it grows. These sources of embryonic stem cells may help to overcome some of the ethical concerns.

Scientists are also finding ways of growing the **adult stem cells** found in bone marrow and some other tissues. So far, they can only develop into a limited range of cell types. However, this is another possible way of avoiding the controversial use of embryonic tissue. Adult stem cells have been used successfully to treat some forms of heart disease and to grow some new organs such as **tracheas** (windpipes).

The area of stem cell research known as **therapeutic cloning** could be very useful. However, it is proving very difficult. It involves using the nuclei from the cells of an adult to produce a cloned early embryo of themselves. This would provide a source of perfectly matched embryonic stem cells. In theory, these could then be used to grow new organs for the original donor. The new organs would not be rejected by the body because they have been made from the body's own cells.

Most people remain excited by the possibilities of embryonic stem cell use in treating many diseases. At the moment, after years of relatively slow progress, hopes are high again that stem cells will change the future of medicine. People don't know how many of these hopes will be fulfilled – only time will tell.

Figure 2 *In 2010, Ciaran Finn-Lynch was the first child to be given a life-saving new windpipe grown using his own stem cells. His recovery wasn't easy, but a year later he was back at school*

Summary questions

1. **a** What is the difference between a stem cell and a normal body cell?
   b What are the different types of stem cells?
2. **a** What are the advantages of using stem cells to treat diseases?
   b Suggest three areas in which the use of stem cells could provide valuable medical treatments.
   c Explain how successful stem cell treatments have been so far.
3. **a** What are the difficulties with stem cell research?
   b How are scientists hoping to overcome ethical objections to using embryonic stem cells in their research?

Key points

- Cells from human embryos and adult bone marrow, called stem cells, can be made to differentiate into many different types of human cell.
- Stem cells have the potential to treat previously incurable conditions. Scientists may be able to grow nerve cells to cure paralysis or grow whole new organs for people who need them.

Cell division and differentiation

2.4 Cell growth and cancer

Learning objectives

After this topic, you should know:
- what a tumour is and how the growth of a tumour can be triggered
- how cancer differs from a benign tumour.

The cells in your body divide on a regular basis to bring about growth. They divide in a set sequence, known as the **cell cycle**, which involves several different stages. A tumour forms when control of this sequence is lost and the cells grow in an abnormal, uncontrolled way.

The cell cycle

The cell cycle in normal, healthy cells follows a regular pattern:
- there is a period of active cell division, when mitosis takes place and the number of cells increases
- this is followed by a long period of non-division called interphase. During this time, the cells get bigger, increase their mass, carry out normal cell activities, and replicate their DNA ready for the next division.

The length of the cell cycle varies considerably. It can take less than 24 hours, or it can take several years, depending on which cells are involved and at which stage of life. The cell cycles are very short during the development of the embryo and fetus, when new cells are being made all the time. They remain fairly rapid during childhood, but the cell cycle slows down once **puberty** is over and the body is adult. However, even in adults, the cell cycle in some tissues of the body continues to turn over fairly quickly. These are the regions where there is continued growth or a regular replacement of cells, such as the hair follicles, the skin, the bone marrow, and the lining of the digestive system.

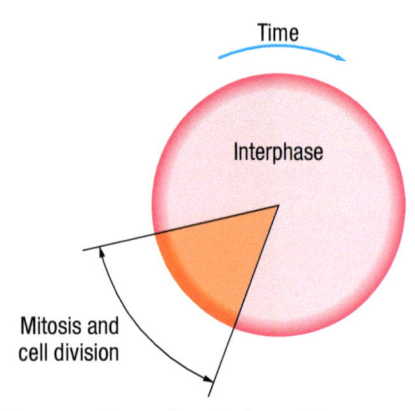

Figure 1 *The cell cycle. In rapidly growing tissue, interphase may only last a few hours, but in adult animals it can last for years*

Tumour formation

Tumour cells do not respond to the normal mechanisms that control the cell cycle. They divide rapidly with very little non-dividing time for growth in between each division. This results in a mass of abnormally growing cells called a **tumour**, which invades surrounding tissues (Figure 2).

Benign tumours grow in one place and do not invade other tissues. This does not mean that they do not cause any health problems – a benign tumour can grow very large very quickly, and if it causes pressure or damage to an organ, this can be life-threatening. For example, benign tumours in the brain can be very dangerous because there is no extra space for them to grow into.

Malignant tumours can spread around the body, invading healthy tissue. A malignant tumour is often referred to as **cancer**. The initial tumour may split up, releasing small clumps of cells into the bloodstream or lymph system. The cells circulate and are carried around the body where they may lodge in another organ. Then they continue their uncontrolled division and form secondary tumours. Cancer cells not only divide more rapidly than normal cells, they also live longer. The growing tumour often completely disrupts normal tissues and, if left untreated, will often kill the organism. Because of the way in which malignant tumours spread (**metastase**), it can be very difficult to treat them.

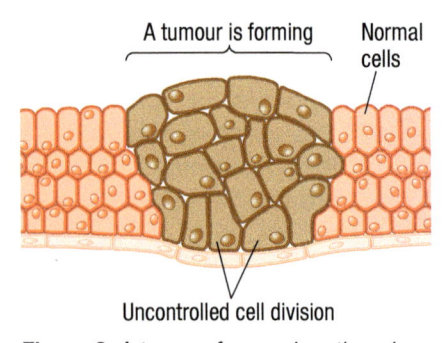

Figure 2 *A tumour forms when there is uncontrolled cell division*

Cell growth and cancer

The causes of cancer

What causes the cell cycle to become uncontrolled, triggering the formation of tumours? Scientists don't know all of the answers, but some of the causes of tumours are well known:

- Most cancers are the result of mutations – changes in the genetic material of cells. Chemicals such as asbestos and the tar found in tobacco smoke can cause mutations that trigger the formation of tumours. Cancer-causing chemicals such as these are known as **carcinogens**.
- **Ionising radiation**, such as UV light and X-rays, can also interrupt the normal cell cycle and cause tumours to form. For example, melanomas (Figure 3) appear when there is uncontrolled growth of pigment-forming cells in the skin as a result of exposure to UV light from the sun.
- About 15% of human cancers are caused by virus infections. For example, cervical cancer is almost always the result of infection by the human papilloma virus. This is why young girls in the UK are now routinely vaccinated against the virus.

Did you know…?

The two main ways of treating cancer at the moment are:
- **radiotherapy**, when the cancer cells are destroyed by targeted doses of radiation
- **chemotherapy**, when chemicals are used to either stop the cancer cells dividing or to make them 'self-destruct'.

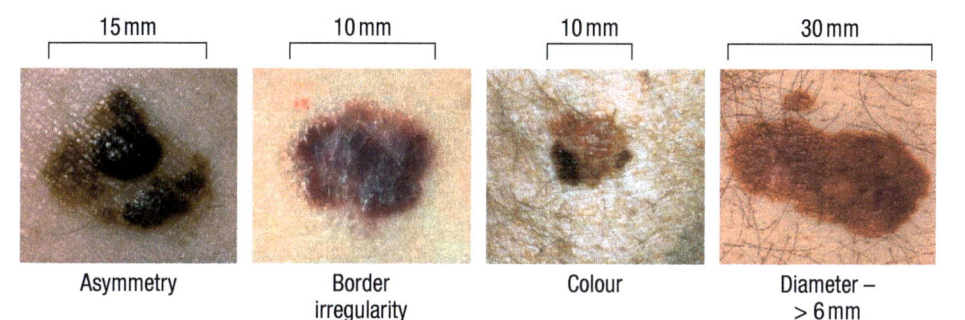

15 mm	10 mm	10 mm	30 mm
Asymmetry	Border irregularity	Colour	Diameter – > 6 mm

Figure 3 *Melanomas look like moles on the skin, but they are malignant tumours triggered by exposure to UV radiation. Over 2000 people a year die from melanomas in the UK alone, so it is important to know the signs to look out for*

Did you know…?

Around 35 000 people die every year from lung cancer in the UK alone. About 90% of lung tumours develop as a result of breathing in the carcinogens in cigarette smoke.

Summary questions

1. **a** What is the cell cycle?
   b Explain how and why you would expect the length of the cell cycle to vary:
      i between an early embryo in the first days after fertilisation and a 5-year-old child
      ii between a 13-year-old student and a 70-year-old adult.

2. **a** What is a tumour?
   b Explain the difference between a benign tumour and a malignant tumour.
   c Why can both types of tumour cause serious health problems?

3. One of the most common methods of treating cancers is chemotherapy. The chemotherapy drugs target and destroy the fast-dividing cancer cells but they often affect other parts of the body, particularly the hair follicles, the skin cells, the cells lining the stomach, and the bone marrow cells.
   a How do the drugs used in chemotherapy work?
   b Why do you think that healthy hair, skin, bone marrow, and stomach lining cells are particularly badly affected by the drugs used to treat cancer?

Key points

- Tumours result from the abnormal, uncontrolled growth of cells.
- Benign tumours form in one place and do not spread to other tissues.
- Malignant tumours invade healthy tissue and may spread in the bloodstream to other healthy tissues, where they can form secondary tumours.
- Tumours can be caused by a number of factors, including chemical carcinogens (e.g., those in tobacco smoke and asbestos) and ionising radiation (e.g., UV light and X-rays).

Cell division and differentiation: 2.1–2.4

Summary questions

1. **a** What is mitosis?
   b Explain, using diagrams, what takes place when a cell divides by mitosis.
   c Mitosis is very important during the development of a baby from a fertilised egg. It is also important throughout life. Why?

2. What is meiosis, and where does it take place?

3. **a** Why is meiosis so important?
   b Explain, using labelled diagrams, what takes place when a cell divides by meiosis.

4. **a** What are stem cells?
   b It is hoped that many different medical problems may be cured using stem cells. Explain how this might work.
   c There are some ethical issues associated with the use of embryonic stem cells. Explain the arguments both for and against their use.

5. Figure 1 is an MRI scan that clearly shows a brain tumour.

   a What is a tumour?
   b The tumour shown in Figure 1 could be a benign or a malignant tumour. Explain the similarities and differences between the diagnoses in terms of the situation for the patient.

6. A man had small-cell cancer, which is a tumour of the lungs. It spread rapidly to his liver and bones, forming secondary tumours.
   a What is a tumour?
   b Is small-cell lung cancer a benign or a malignant tumour? Give a reason for your answer.
   c How did the tumour cells spread to his liver and his bones?
   d Suggest what might have caused the first tumour to grow in the man's lung.

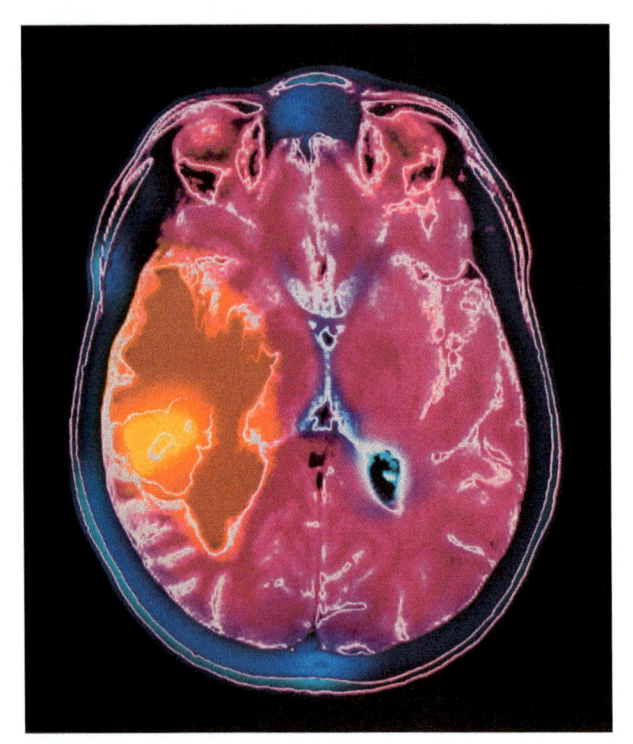

Figure 1

Practice questions

1 List A contains words about genetic information in cells. List B contains explanations of the words.

Match each word in list A with the correct explanation in list B.

List A	List B
Chromosome	a different form of one gene
Allele	a cell with a single set of chromosomes
Gene	a structure carrying a large number of genes
Nucleus	a section of genetic material coding for one characteristic
Gamete	the part of a cell that contains the genetic material

(5)

2 Cells from organism Z have three pairs of chromosomes.

   a Copy and complete stages C and D of the diagram below to show the chromosomes at each stage of meiosis.

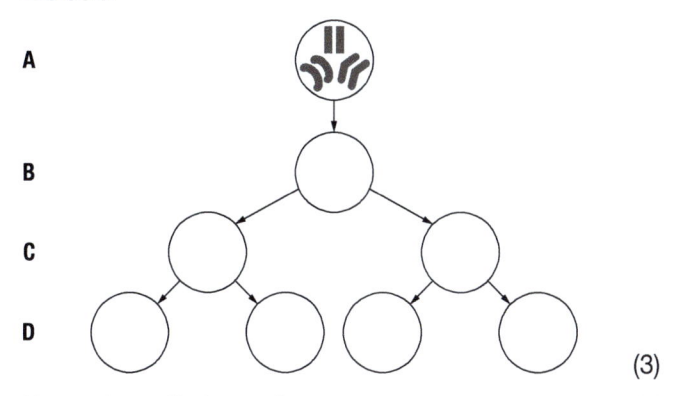

(3)

   b Name the cells formed at stage D. (1)

   c Complete the diagram below to show a cell from organism Z, which has been formed by mitosis.

(1)

3 The numbers **i** to **v** represent stages in the life cycle of a sunflower plant.

   i Pollen grains from one sunflower fuse with the ova of another sunflower at fertilisation.
   ii A fertilised ovum develops into a seed.
   iii The seed germinates. It develops a radicle (early root) and a plumule (early shoot).
   iv The seed grows a shoot and a single root.
   v The shoot develops into a stem and leaves. The single root forms a complex root system.

   a Put a number from the stages **i** to **v** in each box to represent the stage at which you would find:

Differentiated cells	
Cells with a single set of chromosomes	
Undifferentiated cells	
Cells dividing rapidly by mitosis	
An embryo	

(5)

   b The following terms describe the organisation within a plant or animal:

   *organ   cell   organism
   tissue   organ system*

   Rearrange these words in increasing order of complexity. (2)

   c Use words from the list in **b** above to describe each of these parts of the sunflower plant:
   i phloem
   ii stem
   iii root hair cell
   iv water transport system
   v sunflower plant.

Chapter 3 Human biology – Breathing

3.1 Exchanging materials

Learning objectives

After this topic, you should know:

- how the surface area to volume ratio varies depending on the size of an organism
- why large multicellular organisms need special systems for exchanging materials with the environment.

For many single-celled organisms, diffusion, osmosis, and active transport are all that is needed to exchange materials with their environment. A single-celled organism such as *Amoeba* has a relatively large surface area compared with the volume of the cell. This is known as the surface area to volume ratio. So, for example, in *Amoeba* the diffusion distances are small enough for all the oxygen needed by the organism to be moved into the cell from the surrounding water by simple diffusion. The carbon dioxide produced during metabolism can be removed in the same way.

Surface area to volume ratio

The surface area to volume ratio is very important in biology. It makes a big difference to the way in which animals can exchange substances with the environment. Surface area to volume ratio is also important when you consider how energy is transferred to and from the surroundings by living organisms, and how water evaporates from the surfaces of plants and animals.

∞ links

You will use the idea of surface area to volume ratio when you study the adaptations of animals and plants for living in a variety of different habitats in 12.4 Adapt and survive through to 12.7 Competition in animals.

Worked example

1 cm × 1 cm × 1 cm
SA : V ratio = 6 : 1

3 cm × 3 cm × 3 cm
SA : V ratio = 54 : 27 = 2 : 1

Surface area to volume ratio

The ratio of surface area to volume falls as objects get bigger. You can see this clearly in the diagram. In a small object, the surface area to volume (SA : V) ratio is relatively large. This means that the diffusion distances are short and that simple diffusion is sufficient for the exchange of materials.

As organisms get bigger, the surface area to volume ratio falls. As the distances between the centre of the organism and the surface get bigger, simple diffusion is no longer enough to exchange materials between the cells and the environment.

Getting bigger

As living organisms get bigger and more complex, their surface area to volume ratio gets smaller. This makes it increasingly difficult to exchange materials quickly enough with the outside world:

- Gases and food molecules can no longer reach every cell inside the organism by simple diffusion.
- Metabolic waste cannot be removed fast enough to avoid poisoning the cells.

So in many larger organisms, there are special surfaces where the exchange of materials takes place. These surfaces are adapted to be as effective as possible. You can find them in humans, in other animals, and in plants.

Adaptations for exchanging materials

There are various adaptations to make the process of exchange more efficient. The effectiveness of an **exchange surface** can be increased by:

Study tip

Active transport requires energy. You will remember this if you think about mineral ions having to *push* into the root hair cells *against* a concentration gradient.

- having a large surface area that provides a big area over which exchange can take place
- being thin, which provides a short diffusion path
- having an efficient blood supply (in animals), which moves the diffusing substances away and maintains a concentration (diffusion) gradient
- being **ventilated** (in animals), which makes gaseous exchange more efficient by maintaining steep concentration gradients.

Different organisms have very different adaptations for the exchange of materials, such as the leaves of a plant, the gills of a fish, and the kidneys of a desert rat. For example, scientists have recently discovered that the common musk turtle has a specially adapted tongue (see Figure 1).

Its tongue is covered in tiny buds that greatly increase the surface area. Its tongue also has a good blood supply. These turtles don't just use their tongue for eating – they use it for **gaseous exchange**, too. The buds on the tongue absorb oxygen dissolved in the water that passes over them. Most turtles have to surface regularly for air. However, the musk turtle's tongue is so effective at gaseous exchange that it can stay underwater for months at a time.

Examples of adaptations

Many of your own organ systems are specialised for exchanging materials. This is because the human surface area to volume ratio is so low that without specialised organs the cells inside your body cannot possibly get the food and oxygen they need, or get rid of the waste they produce quickly enough.

One of these exchange systems is your breathing system, particularly your lungs. Air is moved into and out of your lungs when you breathe, ventilating millions of tiny air sacs called **alveoli**. The alveoli have an enormous surface area, thin walls made of flattened cells, and a very rich blood supply, all making your lungs very effective for gas exchange.

Animals are not the only organisms that need effective gas and solute exchange systems. Even the smallest plants need specialised exchange systems to get the water, mineral ions, and carbon dioxide they need. Plants need to be able to take in plenty of water and dissolved mineral ions through their root systems. The roots have a very large surface area that is increased still more by root hair cells. Water is constantly moved away from the roots in the transpiration stream, which maintains a steep concentration gradient into the cells.

Plant leaves are also modified to make gaseous and solute exchange as effective as possible. Flat, thin leaves, the presence of air spaces in the spongy mesophyll tissue, and the **stomata** all help to provide a big surface area. They also maintain a steep concentration gradient for the diffusion of substances needed by plants, such as water and carbon dioxide.

Figure 1 *The common musk turtle has a very unusual tongue, which is adapted for gaseous exchange*

links
You will find much more detail about the alveoli of the lungs as a site of gas exchange in 3.2 Breathing and gas exchange in the lungs.

links
You can see how active transport and osmosis are important in plant roots in 1.8 Active transport and 9.4 Exchange in plants.
You can find out more about the transpiration stream in 9.5 Evaporation and transpiration.

links
You can find out more about the adaptations of plant leaves for diffusion and the exchange of materials in 9.4 Exchange in plants.

Key points
- Single-celled organisms have a relatively large surface area to volume ratio, so all necessary exchanges with the environment take place over this surface.
- In multicellular organisms, many organs are specialised with effective exchange surfaces.
- Exchange surfaces usually have a large surface area and thin walls, which provide short diffusion distances. In animals, exchange surfaces will have an efficient blood supply or, for gaseous exchange, will be ventilated.

Summary questions

1. Explain clearly how the surface area to volume ratio of an organism affects the way in which it exchanges materials with the environment.
2. **a** How does the tongue of a musk turtle differ from the tongues of most reptiles?
   b How does this adaptation help musk turtles survive?
3. **a** Summarise the adaptations you would expect to see in effective exchange surfaces, and explain the importance of each adaptation.
   b Explain how three different exchange surfaces show some or all of these adaptations to help them operate efficiently.

3.2 Breathing and gas exchange in the lungs

Human biology – Breathing

Learning objectives

After this topic, you should know:

- the structure of your respiratory system
- how you move air into and out of your lungs
- how gases are exchanged in the alveoli of your lungs.

For a gas exchange system to work efficiently, you need a steep concentration gradient. Humans are like many big, complex mammals in that they move air in and out of their lungs regularly. By changing the composition of the air in the lungs, they maintain a steep concentration gradient for both oxygen diffusing into and carbon dioxide diffusing out of the blood. This is known as ventilating the lungs or **breathing**. It takes place in a specially adapted **respiratory (breathing) system**.

The respiratory (breathing) system

Your lungs are found in the upper part of your body – in your chest, or **thorax**. They are protected by your bony ribcage. They are separated from the digestive organs beneath (in your **abdomen**) by the **diaphragm**. The diaphragm is a strong sheet of muscle. The job of your breathing system is to move air in and out of your lungs. The lungs provide an efficient surface for gas exchange in the alveoli (Figure 1).

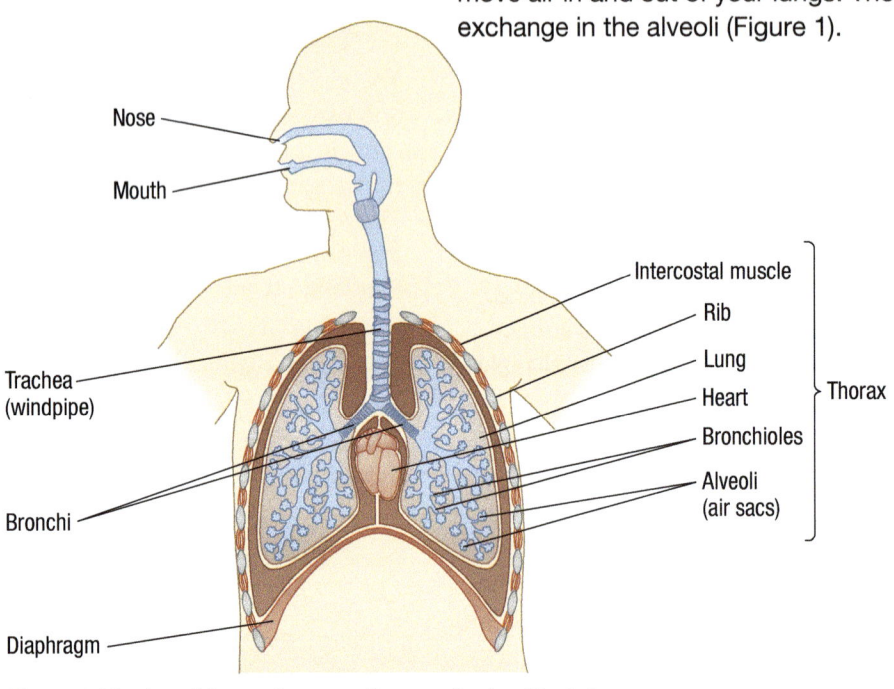

Figure 1 *The breathing system supplies your body with vital oxygen and removes waste carbon dioxide*

Moving air in and out of the lungs

Ventilation of the lungs is brought about by movements of your ribcage and diaphragm. You can see and feel the movements of your ribcage, but not your diaphragm.

When you breathe in, your **intercostal muscles** contract, which pulls your ribs upwards and outwards. At the same time, your diaphragm muscles contract, which flattens your diaphragm from its normal domed shape. These two movements *increase* the volume of your thorax. Because the same amount of gas is now inside a much bigger space, the pressure inside your thorax drops. Pressure inside the thorax is now lower than the pressure of air outside your body. As a result, air moves into your lungs, pushed in by atmospheric pressure.

When the intercostal muscles relax, your ribs drop down and in again. When the diaphragm relaxes, it curves back up into your thorax, resuming its domed shape. As a result, the volume of your thorax gets smaller again. This increases the pressure inside the chest so the air is squeezed and forced out of the lungs. That is how you breathe out (Figure 2).

When you breathe in, oxygen-rich air moves into your lungs. This maintains a steep concentration gradient with the blood. As a result, oxygen continually diffuses into your bloodstream through the gas exchange surfaces of your alveoli. Breathing out removes carbon dioxide-rich air from the lungs. This maintains a concentration gradient so carbon dioxide can continually diffuse out of the bloodstream into the air in the lungs.

links

You can find out more about diffusion and concentration gradients in 1.6 Diffusion.

Table 1 *The composition of inhaled and exhaled air (~ means approximately)*

Atmospheric gas	% of air breathed in	% of air breathed out
nitrogen	~80	~80
oxygen	20	~16
carbon dioxide	0.04	~4

Breathing and gas exchange in the lungs

Adaptations of the alveoli

Your lungs are specially adapted to make gas exchange more efficient. They are made up of clusters of alveoli which provide a very large surface area. This is important in order to achieve the most effective diffusion of oxygen and carbon dioxide.

The alveoli also have a rich supply of blood **capillaries**. This maintains a concentration gradient in both directions – the blood coming to the lungs is always relatively low in oxygen and high in carbon dioxide compared with the inhaled air.

As a result, gas exchange takes place along the steepest concentration gradients possible. This makes the exchange rapid and effective. The layer of cells between the air in the lungs and the blood in the capillaries is also very thin. This allows diffusion to take place over the shortest possible distance (see Figure 3).

Breathing in

3. Atmospheric air at higher pressure than chest – so air is drawn into the lungs
2. Increased volume means **lower pressure** in the chest
1. As ribs move up and out and diaphragm flattens, the **volume** of the chest **increases**

Breathing out

3. Pressure in chest higher than outside – so air is forced out of the lungs
2. Decreased volume means **increased pressure** in the chest
1. As ribs fall and diaphragm moves up, the **volume** of the chest **gets smaller**

Figure 2 Ventilation of the lungs

Figure 3 The alveoli are adapted so gas exchange can take place as efficiently as possible in the lungs

Labels on Figure 3:
- Direction of blood flow
- Oxygen
- Carbon dioxide
- Air
- Air in
- Air out
- Oxygen moves into blood by diffusion
- Carbon dioxide passes out of blood by diffusion
- An alveolus
- Good blood supply maintains concentration gradient for diffusion by removing oxygen and bringing lots of carbon dioxide
- Ventilation moves air in and out and helps maintain a steep diffusion gradient
- Very thin walls of the alveolus and the capillary (a single cell thick) provide a short diffusion distance between the air and the blood

Did you know ...?

If all the alveoli in your lungs were spread out flat, they would have a surface area about the size of 20 table tennis tables.

Summary questions

1. Explain clearly how air is moved into and out of your lungs.
2. What is meant by the term gaseous exchange, and why is it so important in your body?
3. **a** Draw a bar chart to show the difference in composition between the air you breathe in and the air you breathe out (use Table 1 on Page 32).
   b People often say you breathe in oxygen and breathe out carbon dioxide. Use your bar chart to explain why this is wrong.
   c Explain how your respiratory system is adapted to make gaseous exchange as efficient as possible.

Key points

- The lungs are in your thorax. They are protected by your ribcage and separated from your abdomen by the diaphragm.
- The intercostal muscles contract to move your ribs up and out as the diaphragm flattens, increasing the volume of your thorax. The pressure decreases and air moves into your lungs.
- The intercostal muscles relax and the ribs move down and in as the diaphragm domes up, decreasing the volume of your thorax. The pressure increases and air is forced out of your lungs.
- The alveoli provide a very large surface area and have a rich supply of blood capillaries. This means gases can diffuse into and out of the blood as efficiently as possible.

33

3.3 Artificial breathing aids

Human biology – Breathing

Learning objectives

After this topic, you should know:
- different ways in which people can be helped to breathe if their lungs become damaged or diseased.

Did you know ...?

Nowadays, nearly everybody is vaccinated against polio and the disease has almost been wiped out worldwide.

A healthy person breathes automatically 24 hours a day, whether they are awake or asleep. However, this spontaneous breathing can be lost if someone is paralysed in an accident or by disease. This means the person can no longer stimulate the intercostal muscles and diaphragm to contract and relax.

There are a number of artificial aids for supporting or taking over breathing that have saved countless lives. Mechanical ventilation systems work in two main ways – **negative pressure** and **positive pressure**.

Negative pressure ventilators

Negative pressure ventilators cause air to be drawn into the lungs, which is then exhaled passively as the chest collapses down.

Polio is a disease that can leave people paralysed and unable to breathe. To keep polio sufferers alive until their bodies recovered, an external negative pressure ventilator was developed. This was commonly known as the iron lung.

The patient lay in a metal cylinder with their head sticking out and a tight seal around the neck. Air was pumped out of the chamber, lowering the pressure inside to form a **vacuum**. As a result, the chest wall of the patient moved up. This increased the volume and decreased the pressure inside the chest. Air from the outside was drawn into the lungs, just like normal breathing.

The vacuum then switched off automatically and air moved back into the chamber, increasing the pressure. The ribs moved down, lowering the volume and increasing the pressure inside the thorax. This forced air out of the lungs.

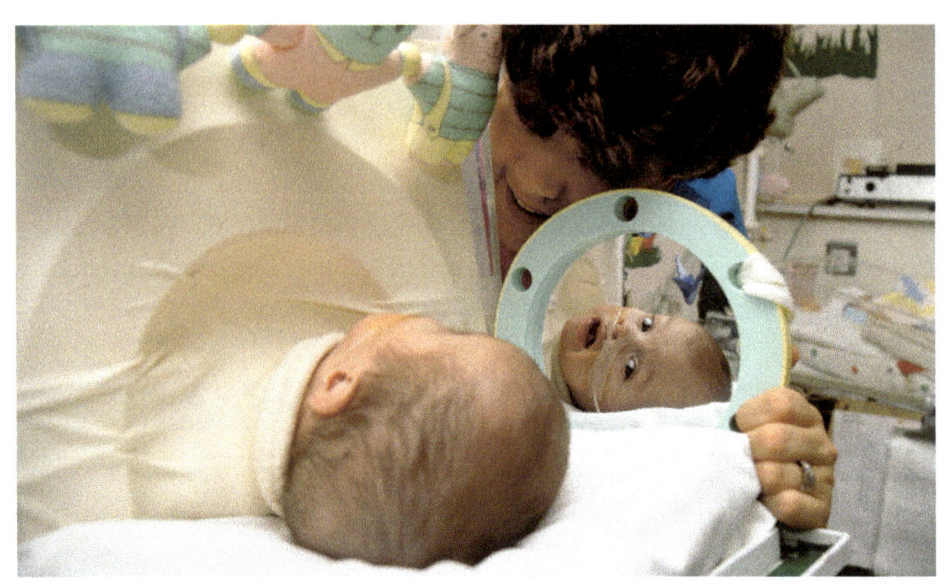

Figure 1 *Without a negative pressure ventilator to draw air into its lungs, this child would have died*

A more modern version, called the 'shell', is a mini-cylinder that fits just around the chest so it is much easier for the patient to use. These ventilators were used mainly with paralysed patients. However, negative pressure ventilation is not used much any more. It has been overtaken by positive pressure systems.

Artificial breathing aids

Positive pressure ventilators

A positive pressure ventilator forces a carefully measured 'breath' of air into the lungs under a positive pressure. It's a bit like blowing up a balloon. Once the lungs have been inflated, the air pressure stops. The lungs then deflate as the ribs move down again, forcing the air back out of the lungs.

Positive pressure ventilation can be used in patients with many different problems:

- It can be given using a simple face mask or by a tube going into the trachea. Positive pressure bag ventilators are held and squeezed by doctors or nurses in emergency treatments (see Figure 2). They are very simple and temporary but can save lives.
- Full-scale positive pressure ventilating machines can keep patients alive during major surgery. They can also help people who are paralysed to survive for years.

One of the big benefits of positive pressure ventilation is that patients do not have to be placed inside an iron lung machine. The equipment can be used at home and the patient can move about. Another benefit is that patients can have some control over the machine. Modern systems can link a ventilator with computer systems, which help patients to manage their own breathing much more easily.

For many years, positive pressure ventilation involved inserting a tube down the trachea of the patient, often through an incision in the neck. However, the more recent development of effective masks that cover just the mouth or the mouth and nose has greatly improved the quality of life for patients who need positive pressure ventilation for part of the day or all the time (Figure 3).

Figure 2 *Using a positive pressure bag ventilator in an emergency situation saves many lives each year*

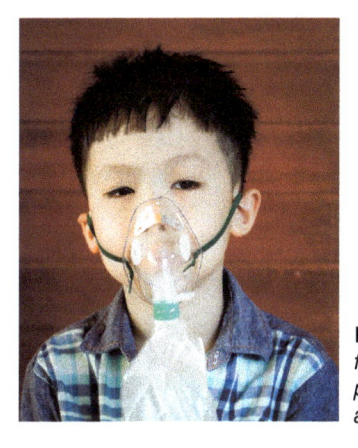

Figure 3 *Positive pressure ventilators using a facial mask are now widely used both for patients who struggle to get enough oxygen and for those who cannot breathe unaided*

Summary questions

1. Why would someone who becomes paralysed through an accident or disease need a mechanical ventilation system?

2. a How does an external negative pressure ventilator work?
   b How does this compare to the natural breathing process?
   c What are the main disadvantages of a negative pressure ventilator?

3. a Explain how a positive pressure ventilator works.
   b How does this compare to the natural breathing process?
   c What are the main advantages and disadvantages of positive pressure ventilators?

Key points

- Different types of artificial breathing aids have been developed over the years to help people when they become paralysed by accident or disease and cannot ventilate their lungs. These include negative pressure ventilators and positive pressure ventilators.

- The different methods have advantages and disadvantages.

Human biology – Breathing

3.4 Aerobic respiration

Learning objectives

After this topic, you should know:
- the chemistry of aerobic respiration
- where aerobic respiration takes place in your cells.

One of the most important enzyme-controlled processes in living things is aerobic respiration. It takes place all the time in plant and animal cells.

Your digestive system, lungs, and circulation all work to provide your cells with the glucose and oxygen they need for respiration.

During aerobic respiration, glucose (a sugar) reacts with oxygen. This reaction transfers energy that your cells can use. This energy is vital for everything that goes on in your body.

Carbon dioxide and water are produced as waste products of the reaction. The process is called aerobic respiration because it uses oxygen from the air.

Aerobic respiration can be represented by the equation:

glucose + oxygen → carbon dioxide + water

$$C_6H_{12}O_6 + 6O_2 \rightarrow 6CO_2 + 6H_2O$$

Did you know …?

The average energy needs of a teenage boy are around 11 510 kJ every day – but teenage girls only need 8830 kJ a day. This is partly because, on average, girls are smaller than boys, but it is also because boys have more muscle cells, which means more mitochondria demanding fuel for aerobic respiration.

Practical

Investigating respiration

Animals, plants and microorganisms all respire. It is possible to show that cellular respiration is taking place. You can either deprive a living organism of the things it needs to respire, or show that waste products are produced from the reaction.

Depriving a living thing of food and/or oxygen would kill it. This would be unethical, so scientists concentrate on the products of respiration. Carbon dioxide is the easiest to identify. You can also measure the energy released to the surroundings.

Limewater goes cloudy when carbon dioxide bubbles through it. The higher the concentration of carbon dioxide, the quicker the limewater goes cloudy. This gives us an easy way of showing that carbon dioxide has been produced. You can also look for a rise in temperature to show that energy is being released during respiration.

- Plan an ethical investigation into aerobic respiration in living organisms.

Mitochondria – the site of respiration

Aerobic respiration involves lots of chemical reactions. Each reaction is controlled by a different enzyme. Most of these reactions take place in the mitochondria of your cells.

Mitochondria are tiny rod-shaped parts (organelles) that are found in almost all plant and animal cells as well as in fungi and algal cells. They have a folded inner membrane that provides a large surface area for the enzymes involved in aerobic respiration.

The number of mitochondria in a cell shows you how active the cell is.

Outer membrane

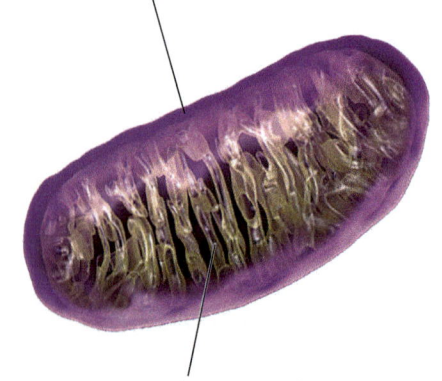

Folded inner membrane gives a large surface area where the enzymes involved in aerobic respiration are found

Figure 1 *Mitochondria are the powerhouses that transfer energy for all the functions of your cells*

Aerobic respiration

Reasons for respiration

The energy transferred during respiration may be used by the organism in a variety of ways:

- Living cells need energy to carry out the basic functions of life. They build up large molecules from smaller ones to make new cell material. Much of the energy transferred in respiration is used for these 'building' activities (synthesis reactions).
- In animals, energy transferred from respiration is used to make muscles contract. Muscles are working all the time in your body. Even when you sleep, your heart beats, you breathe, and your gut churns. All muscular activities use energy.
- Mammals and birds maintain a constant internal body temperature almost regardless of the temperature of their surroundings. Doing this uses energy transferred from respiration. So on cold days you will shiver, and the energy transferred from your active muscles warms your body.
- In plants, the energy transferred from respiration is used to move mineral ions such as nitrates from the soil into root hair cells by active transport. It is also used to convert sugars, nitrates, and other nutrients into amino acids, which are then built up into proteins.

links

You can find out more about active transport and the movement of mineral ions into root hair cells in 1.8 Active transport, about the use of energy in Chapter 13 Ecology, and about warming and temperature control in 7.4 Controlling body temperature.

Figure 2 *When the weather is cold, birds like this robin need a lot of energy from respiration just to keep warm. Giving them extra food supplies during the winter can therefore mean the difference between life and death*

Study tip

Make sure you know the word equation and balanced symbol equation for aerobic respiration. Remember that aerobic respiration takes place in the mitochondria.

Summary questions

1   a   Give the word equation for aerobic respiration.
    b   Give the balanced symbol equation for aerobic respiration.
    c   Why do muscle cells have many mitochondria whilst fat cells have very few?

2   You need a regular supply of food to provide energy for your cells. If you don't get enough to eat, you become thin and stop growing. You don't want to move around and you start to feel cold.
    a   What are the three main uses of the energy released in your body during aerobic respiration?
    b   How does this explain the symptoms of starvation described above?

3   Plan an experiment to show that during aerobic respiration:
    a   oxygen is taken up   b   carbon dioxide is released.

Key points

- Aerobic respiration involves chemical reactions that use oxygen and glucose and transfer energy.
- Most of the reactions in aerobic respiration take place inside the mitochondria.
- The energy transferred during aerobic respiration may be used for building up large molecules, for muscle contraction in animals, for maintaining body temperature when it is cold in birds and mammals, and in plants for taking in nitrates from the soil and building up amino acids and then proteins.

Human biology – Breathing

3.5 The effect of exercise on the body

Learning objectives

After this topic, you should know:
- how your body responds to the increased demand for glucose and oxygen during exercise.

Your muscles need a lot of energy. They move you around and help support your body against gravity. Your heart is made of muscle and pumps blood around your body. The movement of food along your gut depends on muscles, too.

Muscle tissue is made up of protein fibres that contract when they are supplied with energy transferred from respiration. Muscle fibres need a lot of energy to contract. They contain many mitochondria to carry out aerobic respiration and transfer the energy needed.

Muscle fibres usually occur in big blocks or groups known as muscles, which contract to cause movement. They then relax, which allows other muscles to work.

Your muscles also store glucose as the carbohydrate **glycogen**. Glycogen can be converted rapidly back to glucose to use during exercise. The glucose is used in aerobic respiration to provide the energy to make your muscles contract:

glucose + oxygen → carbon dioxide + water
$C_6H_{12}O_6 + 6O_2 \rightarrow 6CO_2 + 6H_2O$

The response to exercise

Even when you are not moving about, your muscles use up a certain amount of oxygen and glucose. However, when you begin to exercise, many muscles start contracting harder and faster. As a result, they need more glucose and oxygen to supply their energy needs. During exercise the muscles also produce increased amounts of carbon dioxide. This needs to be removed for muscles to keep working effectively.

During exercise, when muscular activity increases, several changes take place in your body:

- Your heart rate increases and the arteries supplying blood to your muscles dilate (widen). These changes increase the blood flow to your exercising muscles. This in turn increases the rate of supply of oxygen and glucose to the muscles. It also increases the rate at which carbon dioxide is removed from the muscles.
- Your breathing rate increases and you breathe more deeply. This means you breathe more often and also bring more air into your lungs each time you breathe in. The rate at which oxygen is brought into your body and picked up by your red blood cells is increased, and this oxygen is carried to your exercising muscles. The increased breathing rate also means that carbon dioxide can be removed more quickly from the blood in the lungs and breathed out.
- Glycogen stored in the muscles is converted back to glucose, to supply the cells with the fuel they need for increased cellular respiration.

In this way, the heart rate and breathing rate increase during exercise to supply the muscles with what they need and to remove the extra waste produced. Cellular respiration increases to supply the muscle cells with the energy they need to contract during exercise. The increase in your breathing and heart rate is needed to keep up with the demands of the cells.

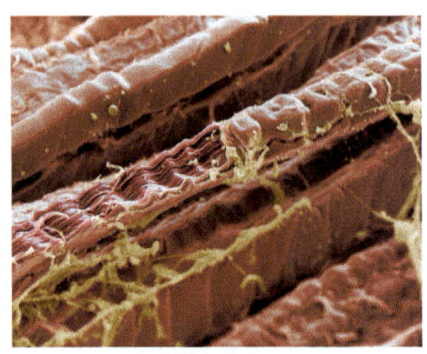

Figure 1 *All the work done by your muscles is based on these special protein fibres, which use energy transferred from respiration to contract*

Did you know …?

The maximum rate to which you should push your heart is usually calculated as approximately 220 beats per minute minus your age. When you exercise, you should ideally get your heart rate into the range between 60% and 90% of your maximum rate.

Study tip

You need to be clear about:
- the difference between the rate and the depth of breathing
- the difference between the breathing rate and the rate of respiration.

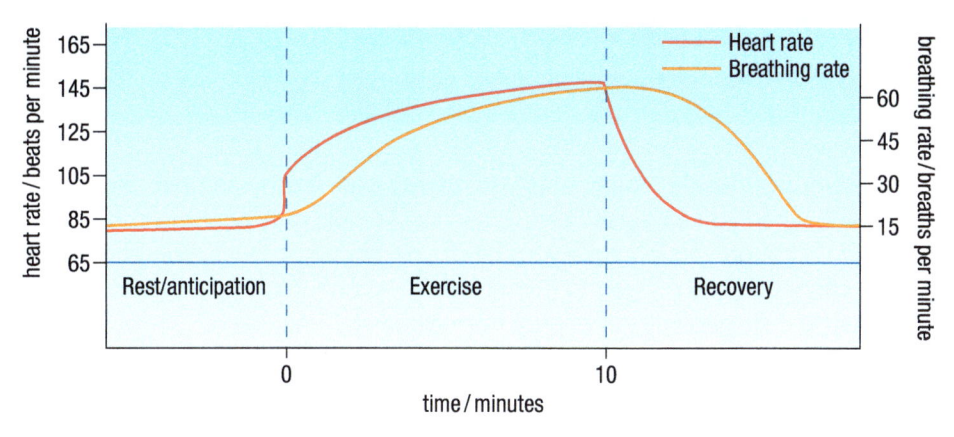

Figure 2 *The changes measured in the heart and breathing rate before, during, and after a period of exercise*

	Unfit person	Fit person
Amount of blood pumped out of the heart during each beat at rest (cm^3)	64	80
Volume of the heart at rest (cm^3)	120	140
Resting breathing rate (breaths/min)	14	12
Resting heart rate (beats/min)	72	63

Figure 3 *The heart and lung functions of a fit person and an unfit person at rest*

Study tip

A common mistake is to think that breathing becomes faster *because* the heart is beating faster. This is wrong – the two responses are not linked together. They are controlled separately. They are two different responses to the need of the muscles for more glucose and oxygen for respiration when they are working hard.

Required practical

The effect of exercise on the body

Investigate the effect of exercise on the human body using yourself and your classmates as experimental organisms. Plan and carry out your own investigation – here are some ideas to get you started:

1 You will need to find your resting breathing rate and heart rate. Take at least three readings and find the **mean**.
2 Exercise gently for a set period of time, for example, 2 minutes.
3 Record your heart and breathing rates at regular intervals after exercise until they return to resting rates.
4 *Either* vary the intensity of your exercise – you could try moderate and/or hard exercise *or* vary the length of your period of exercise.
5 Record all your results and produce graphs to show the data.
6 Put the data from the whole class together. Look for patterns and give biological reasons to explain your findings.

Summary questions

1 **a** What is glycogen?
  b Why do you think muscles contain a store of glycogen but most other tissues of the body do not?
2 Using Figure 2 and Figure 3, describe the effect of exercise on the heart rate and the breathing rate of an unfit person. Explain fully why these changes happen, and what you would expect to see if the person doing the exercise was fitter.
3 Plan an investigation into the fitness levels of your classmates. Describe how you might carry out this investigation, and explain what you would expect the results to be.

Key points

- During exercise the human body needs to react to the increased demand for energy from the muscle cells

- Body responses to exercise include:
  – an increase in the heart rate, increasing blood flow to the muscles
  – an increase in the breathing rate and depth of breathing
  – glycogen stores in the muscles are converted to glucose for cellular respiration.

- These responses act to increase the rate of supply of glucose and oxygen to the muscles and the rate of removal of carbon dioxide from the muscles.

Human biology – Breathing

3.6 Anaerobic respiration

Learning objectives

After this topic, you should know:

- why less energy is transferred by anaerobic respiration than by aerobic respiration
- what is meant by an oxygen debt
- that anaerobic respiration takes place in lots of different organisms, including bacteria and fungi.

Your everyday muscle movements use energy transferr by aerobic respiration. However, when you exercise hard, your muscle cells may become short of oxygen. Although you increase your heart and breathing rates, sometimes the blood cannot supply oxygen to the muscles fast enough. When this happens, the muscle cells can still get energy from glucose. They use **anaerobic respiration**, which takes place without oxygen.

In anaerobic respiration, glucose is not broken down completely. It produces **lactic acid** instead of carbon dioxide and water, and transfers a smaller amount of energy to the cells.

If you are fit, your heart and lungs will be able to keep a good supply of oxygen going to your muscles whilst you exercise. If you are unfit, your muscles will run short of oxygen much sooner.

Muscle fatigue

Using your muscle fibres vigorously for a long time can make them fatigued and they stop contracting efficiently. For example, repeated movements can soon lead to anaerobic respiration in your muscles – particularly if you're not used to the exercise.

One cause of this muscle fatigue is the build-up of lactic acid, which is made by anaerobic respiration in the muscle cells. Blood flowing through the muscles eventually removes the lactic acid.

Anaerobic respiration is not as efficient as aerobic respiration because the glucose molecules are not broken down completely. Since the breakdown of glucose is incomplete, far less energy is transferred than during aerobic respiration.

The end product of anaerobic respiration is lactic acid. This leads to the transfer of a small amount of energy, instead of the carbon dioxide and water plus lots of energy transferred by aerobic respiration.

Anaerobic respiration can be represented by the equation:

$$\text{glucose} \rightarrow \text{lactic acid}$$
$$C_6H_{12}O_6 \rightarrow 2C_3H_6O_3$$

Figure 1 *Training hard is the simplest way to avoid anaerobic respiration. When you are fit, you can get oxygen to your muscles and remove carbon dioxide more efficiently*

Oxygen debt

If you have been exercising hard, you often carry on puffing and panting for some time after you stop. The length of time for which you remain out of breath depends on how fit you are. So why do you carry on breathing faster and more deeply when you have stopped using your muscles?

The waste lactic acid you produce during anaerobic respiration is a problem. You cannot simply get rid of lactic acid by breathing it out, as you can with carbon dioxide. As a result, when the exercise is over, lactic acid has to be broken down to produce carbon dioxide and water. This needs oxygen.

The amount of oxygen needed to break down the lactic acid to carbon dioxide and water is known as the **oxygen debt**.

Practical

Making lactic acid

Repeat a single action many times. For example, you could step up and down, lift a weight, or clench and unclench your fist. You will soon feel the effect of a build-up of lactic acid in your muscles.

- How can you tell when your muscles have started to respire anaerobically?

After running a race, your heart rate and breathing rate stay high to supply the extra oxygen needed to pay off the oxygen debt. The bigger the debt (the larger the amount of lactic acid), the longer you will puff and pant!

Oxygen debt repayment can be represented by the equation:

lactic acid + oxygen → carbon dioxide + water

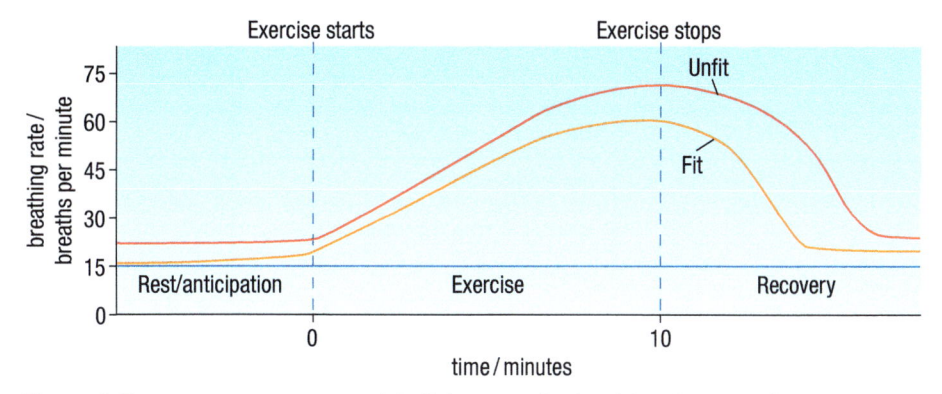

Figure 2 *Everyone gets an oxygen debt if they exercise hard, but if you are fit you can pay it off faster*

Anaerobic respiration in other organisms

Humans and other animals are not the only living organisms that can respire anaerobically. Plants and microorganisms can also respire without oxygen. This allows them to survive in environments with low oxygen levels. However, when plant cells respire anaerobically they do not form lactic acid – they form ethanol and carbon dioxide. Some microorganisms form lactic acid during anaerobic respiration – the bacteria used to produce yoghurts, for example. Other microorganisms, such as yeast, form ethanol and carbon dioxide. People have made use of the products of anaerobic respiration for thousands of years in the production of bread and alcoholic drinks. Relatively small amounts of energy are transferred during anaerobic respiration in bacteria and fungi:

glucose → ethanol + carbon dioxide
$C_6H_{12}O_6 \rightarrow 2C_2H_5OH + 2CO_2$

Study tip

Note that energy is not an actual product in a chemical reaction – so do not include it when answering questions requiring you to write a word equation or balanced symbol equation.

Summary questions

1 If you exercise very hard or for a long time, your muscles begin to ache and do not work as effectively. Explain why.

2 If you exercise vigorously, you often puff and pant for some time after you stop. Explain what is happening.

3 a What is anaerobic respiration?
  b Explain how anaerobic respiration differs between animals, plants, and microorganisms. In each case, give the word and balanced symbol equations for what is happening, and explain the benefits to the organism of being able to respire in this way.

Did you know ...?

In a 100m sprint, some athletes do not breathe at all. The muscles use the oxygen taken in before the start of the race and don't get any more oxygen until the race is over. The race only takes a few seconds but it uses a lot of energy so a big oxygen debt can develop, even though the athletes are very fit.

Figure 3 *Anaerobic respiration in yeast cells produces ethanol and carbon dioxide*

Key points

- Anaerobic respiration is respiration without oxygen. When this takes place in muscle cells, glucose is incompletely broken down to form lactic acid.

- During long periods of exercise muscles become fatigued and stop contracting efficiently. One cause is the build-up of lactic acid in the muscles. Blood flowing through the muscles eventually removes the lactic acid.

- The anaerobic breakdown of glucose releases less energy than aerobic respiration.

- After exercise, oxygen is still needed to break down the lactic acid that has built up. The amount of oxygen needed is known as the oxygen debt.

- Anaerobic respiration in plant cells and some microorganisms results in the production of ethanol and carbon dioxide.

Human biology – Breathing: 3.1–3.6

Summary questions

1 a How are the lungs adapted to allow the exchange of oxygen and carbon dioxide between the air and the blood?

b How is air moved in and out of the lungs and how does this ventilation of the lungs make gaseous exchange more efficient?

2 Some people suffer from sleep apnoea. They stop breathing in their sleep, which disturbs them and can be dangerous. A nasal intermittent positive pressure ventilation system can be used to help them sleep safely through the night.

a What is a positive pressure ventilation system?

b Explain how a positive pressure ventilation system differs from normal breathing.

c What are the advantages of a system like this over a negative pressure ventilation system?

3 Some students investigated the process of cellular respiration. They set up three vacuum flasks. One contained live, soaked peas. One contained dry peas. One contained peas which had been soaked and then boiled. They took daily observations of the temperature in each flask for a week. The results are shown in the table.

Day	Room temperature (°C)	Temperature in flask A containing live, soaked peas (°C)	Temperature in flask B containing dry peas (°C)	Temperature in flask C containing soaked, boiled peas (°C)
1	20.0	20.0	20.0	20.0
2	20.0	20.5	20.0	20.0
3	20.0	21.0	20.0	20.0
4	20.0	21.5	20.0	20.0
5	20.0	22.0	20.0	20.0
6	20.0	22.2	20.0	20.5
7	20.0	22.5	20.0	21.0

a Plot a graph to show these results.

b Explain the results in flask A containing the live, soaked peas.

c Why were the results in flask B the same as the room temperature readings?

d Why was the room temperature in the lab recorded every day?

e Look at the results for flask C.
  i Why is the temperature at 20°C for the first five days?
  ii After five days the temperature increases. Suggest **two** possible explanations for the temperature increase.

4 It is often said that taking regular exercise and getting fit is good for your heart and your lungs. The following table shows the effect of getting fit on the heart and lungs of one person.

	Before getting fit	After getting fit
Amount of blood pumped out of the heart during each beat (cm^3)	64	80
Heart volume (cm^3)	120	140
Breathing rate (breaths/min)	14	12
Heart rate (beats/min)	72	63

a The table shows the effect of getting fit on the heart and lungs of one person. Display the data in the table in four bar charts.

b Use the information in your bar charts to help you explain exactly what effect increased fitness has on:
  i your heart
  ii your lungs.

5 a What is aerobic respiration?

b What is anaerobic respiration?

c How does anaerobic respiration differ between a human cell and a yeast cell?

d Define the term oxygen debt.

e Explain the difference in the responses to exercise of a fit and an unfit individual in terms of their muscles, heart and lung function, and oxygen debt.

6 Athletes want to be able to use their muscles aerobically for as long as possible when they compete. They train to develop their heart and lungs. Many athletes also train at altitude. There is less oxygen in the air at altitude so your body makes more red blood cells, which helps to avoid oxygen debt. Some athletes remove some of their own blood, store it, and then transfuse it back into their system just before a competition. This is called blood doping and it is illegal. Other athletes use hormones to stimulate the growth of extra red blood cells. This is also illegal.

a Why do athletes want to be able to use their muscles aerobically for as long as possible?

b How does developing more red blood cells by training at altitude help athletic performance?

c How does blood doping help performance?

d Explain in detail what happens to the muscles if the body cannot supply glucose and oxygen quickly enough when they are working hard.

Practice questions

End of chapter questions

1 Figure 1 is a diagram of the human respiratory system.

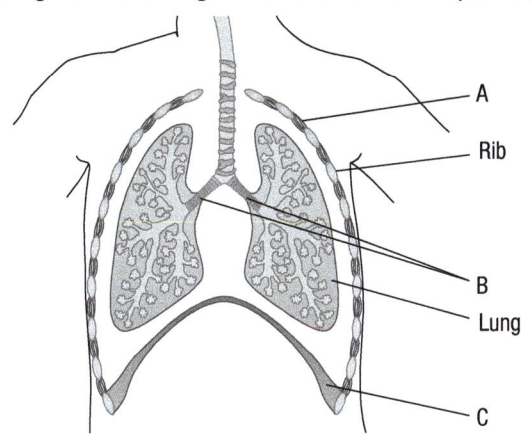

Figure 1

a Names the structures labelled A–C. (3)

b Describe the sequence of events that occurs so that air is drawn into the lungs during inhalation (breathing in). (5)

2 Figure 2 shows an alveolus and a blood capillary.

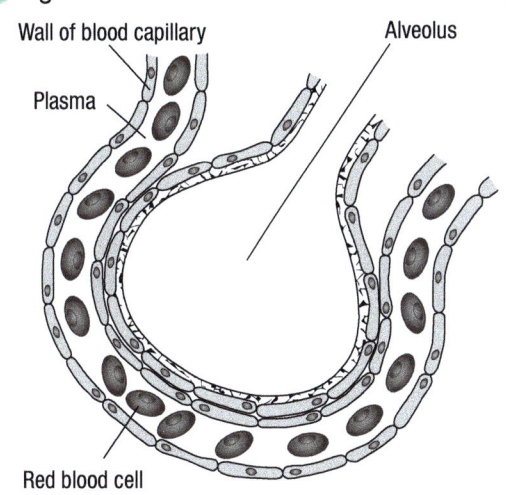

Figure 2

a Give **two** features seen in Figure 2 that increase the diffusion of oxygen from the air in the alveolus into the blood. Explain how each feature increases the rate of diffusion. (4)

b A steep diffusion gradient also increases the rate of oxygen diffusion. Give **two** ways in which a steep diffusion gradient is maintained between the air in the alveolus and the blood in the capillary. (2)

c A constant supply of oxygen is required for all body cells for aerobic respiration.
  i Copy and complete the word and balanced symbol equations for aerobic respiration:
  .... + oxygen → carbon dioxide + ...
  .... + 6O$_2$ → ... CO$_2$ + ... (4)
  ii Name the cell parts where aerobic respiration takes place. (1)
  iii Muscle cells contain a large number of these cell parts. Why? (2)

3 *In this question you will be assessed on using good English, organising information clearly, and using specialist terms where appropriate.*

Figure 3 shows a design for an artificial lung.

Many people with lung disease are confined to a wheelchair or are unable to do much exercise. Scientists hope that a portable artificial lung, the size of a spectacle case, can be developed. This device might replace the need for lung transplants and allow patients to live a more normal life.

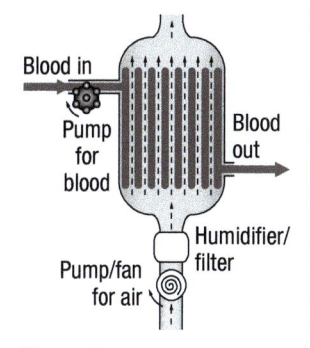

Figure 3

When scientists design an artificial lung, what features of a normal lung must they copy? Suggest the advantages of the artificial lung compared to a lung transplant. (6)

4 Yeast is used to make bread. Sealed inside the dough, the yeast cells must respire anaerobically.

a Give the word equation for the anaerobic respiration in yeast cells. (3)

b Suggest which product of anaerobic respiration causes the dough to rise. Give a reason. (2)

c Food scientists investigated the anaerobic respiration of yeast in bread dough. They made a dough mixture and divided it into five measuring cylinders. They subjected each measuring cylinder to a different temperature for 15 minutes.

The following table shows their results.

Temperature of measuring cylinder (°C)	0	20	40	60	80
Volume of dough at 0 minutes (cm³)	22	21	21	22	21
Volume of dough at 15 minutes (cm³)	22	27	44	23	21

  i Suggest the best temperature at which to leave bread dough to rise before it is baked. (1)
  ii Use scientific knowledge and understanding to explain why the investigation gave the results seen in the table. (5)

Chapter 4 Human biology – Circulation

4.1 The circulatory system and the heart

Learning objectives

After this topic, you should know:
- how substances are transported to and from cells
- the function of the heart.

∞ links
To find out more about how digested food gets into the transport system, see 5.6 Exchange in the gut.
To find out more about how oxygen and carbon dioxide enter or leave the blood, see 3.2 Breathing and gas exchange in the lungs.
To learn how oxygen is used in the cells and how carbon dioxide is produced, read 3.4 Aerobic respiration.

You are made up of billions of cells, and most of them are a long way from a direct source of food or oxygen. This means that direct diffusion is not enough to supply cells in multicellular organisms such as humans, whose surface area to volume ratio is small. A **transport system** is vital to carry substances from where they come into your body (e.g., the digestive system, the lungs) to the cells where they are needed. This transport system is needed to supply your body cells with glucose and oxygen for respiration, and to remove the waste materials that are the by-products of respiration. This is the function of your **circulatory system**. It has three parts:

- the **blood vessels** (the tubes that carry blood around your body)
- the **heart** (which pumps blood around your body)
- the **blood** (the liquid that carries substances around your body).

A double circulation

You have two transport systems, called a **double circulatory system**.

- One transport system carries blood from your heart to your lungs and back again. This allows oxygen and carbon dioxide to be exchanged with the air in the lungs.
- The other transport system carries blood to all other organs of your body and back again to the heart.

A double circulation like this is vital in warm-blooded, active animals such as humans. It makes our circulatory system very efficient. Fully **oxygenated** blood returns to the heart from the lungs. This blood can then be sent off to different parts of the body at high pressure, so more areas of your body can receive fully oxygenated blood quickly.

In your circulatory system, **arteries** carry blood away from your heart to the organs of the body. Blood returns to your heart in the **veins**. The two are linked by systems of tiny blood vessels called capillaries (Figure 1).

The heart as a pump

Your heart is the organ that pumps blood around your body. It is made up of two pumps (for the double circulation) that beat together about 70 times each minute. The walls of your heart are almost entirely muscle. This muscle is supplied with oxygen by the **coronary arteries** (Figure 2).

Figure 1 The two separate circulation systems supply the lungs and the rest of the body

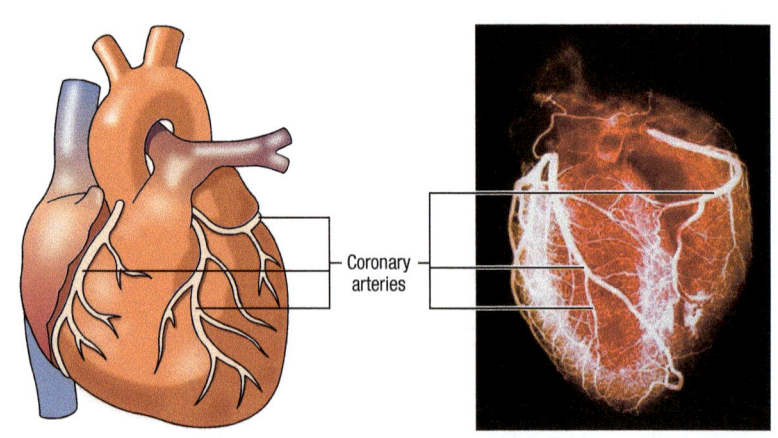

Figure 2 The muscles of the heart work hard, so they need a good supply of oxygen and glucose. This is supplied by the blood in the coronary arteries

The circulatory system and the heart

The structure of the human heart is perfectly adapted for pumping blood to your lungs and your body. The two sides of the heart fill and empty at the same time. This gives a strong, coordinated heartbeat.

Blood enters the top chambers of your heart (the **atria**). The blood coming into the right atrium from the **vena cava** is **deoxygenated** blood from your body. The blood coming into the left atrium in the **pulmonary vein** is oxygenated blood from your lungs. The atria contract together and force blood down into the **ventricles**. Valves close to stop blood flowing backwards out of the heart.

- The ventricles contract and force blood out of the heart.
- The right ventricle forces deoxygenated blood to the lungs in the **pulmonary artery**.
- The left ventricle pumps oxygenated blood around the body in a big artery called the **aorta**.

As blood is pumped into the pulmonary artery and the aorta, valves close to prevent backflow of blood to the heart. They make sure the blood flows in the right direction.

The muscle wall of the left ventricle is noticeably thicker than the wall of the right ventricle. This allows the left ventricle to develop much more pressure than the right. This higher pressure is needed as the blood leaving the left ventricle travels through the arterial system all over your body, whilst the blood leaving the right ventricle moves only through the pulmonary arteries to your lungs.

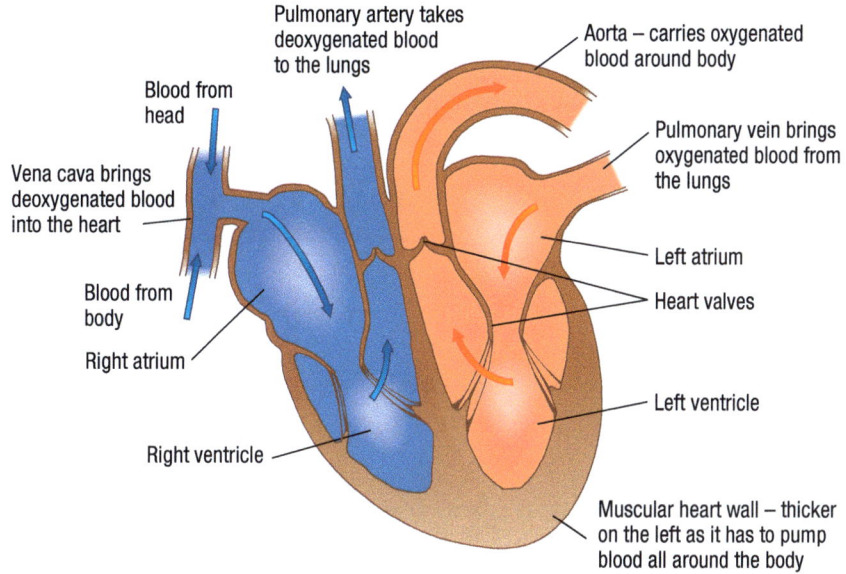

Figure 3 The structure of the heart – you always label the diagram as if looking at the heart in a person who is facing you

Summary questions

1. Explain carefully why people need a blood circulation system.
2. Blood in the arteries is usually bright red because it is full of oxygen. This is not true of the blood in the pulmonary arteries. Why not?
3. Make a flow chart showing the route of a unit of blood as it passes through the heart and the lungs in a double circulatory system.
4. a Describe how the heart pumps blood around the body.
   b Explain the importance of the following in making the heart an effective pump in the circulatory system of the body:
      i heart valves
      ii coronary arteries
      iii the thickened muscular wall of the left ventricle.

Study tip

Remember:
Arteries carry blood **a**way from the heart and veins carry blood back to the heart. This applies to the circulation system of the lungs as well!

Did you know … ?

The noise of the heartbeat that you can hear through a stethoscope is actually the sound of the valves of the heart closing to prevent the blood from flowing backwards.

Study tip

Remember:
- the heart has *four* chambers
- ventricles pump blood *out* of the heart.

Key points

- The circulatory system transfers substances to and from the body cells. It consists of the blood vessels, the heart, and the blood.
- Humans have a double circulatory system.
- The heart is an organ that pumps blood around the body.
- The valves prevent backflow, ensuring that blood flows in the right direction through the heart.

Human biology – Circulation

4.2 Helping the heart

Learning objectives

After this topic, you should know:
- how the heart keeps its natural rhythm
- how artificial pacemakers work
- what artificial hearts can do.

When you are an adult, your heart has a natural resting rhythm of around 70 beats per minute. If you are really fit, your resting heart rate will be slower – around 60 beats per minute.

You don't have to think about making your heart beat regularly. Your resting heart rate is controlled by a group of cells found in the right atrium of your heart, which acts as a **pacemaker**. These cells produce a regular electrical signal that spreads through the heart and makes it contract.

Artificial pacemakers

If the natural pacemaker stops working properly, this can cause serious problems. If the heart beats too slowly, the person affected will not get enough oxygen. If the heart beats too fast, it cannot pump blood properly.

Problems with the rhythm of the heart can often be solved using an **artificial pacemaker**. This is an electrical device used to correct irregularities in the heart rate, which is implanted into your chest. Artificial pacemakers only weigh between 20 g and 50 g, and they are attached to your heart by two wires. The operation to install the pacemaker is often carried out whilst you are still awake.

The artificial pacemaker sends strong, regular electrical signals to your heart that stimulate it to beat properly. Modern pacemakers are often very sensitive to what your body needs. So, if your heart is beating regularly on its own then the pacemaker does not send signals, but if your rhythm goes wrong then the pacemaker kicks in and keeps the heart beating smoothly. Some artificial pacemakers can even detect when you are active and breathing faster and will stimulate your heart to beat faster whilst you exercise.

If you have a pacemaker fitted, you will need regular medical check-ups throughout your life. However, most people feel that this is a small price to pay for the increase in the quality and length of life that a pacemaker brings.

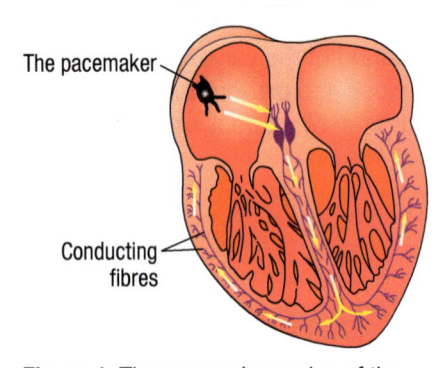

Figure 1 *The pacemaker region of the heart, which controls the basic rhythm of the heart*

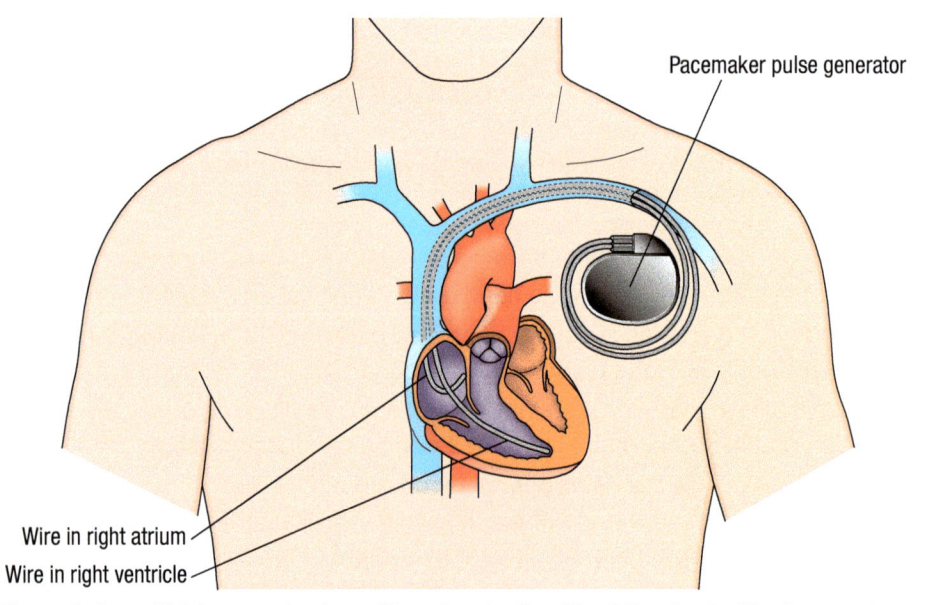

Figure 2 *An artificial pacemaker is positioned under the skin of the chest with wires running to the heart itself*

Helping the heart

Artificial hearts

Sometimes an artificial pacemaker to keep the heart beating steadily is not enough to restore health. For many different reasons, people can need a new heart. New technologies can help us overcome even the worst of problems. When people need a heart transplant, they have to wait for a donor heart that is a tissue match. However, there are never enough hearts to go around. Many people die before they get a chance to have a new heart.

For years, scientists have been developing artificial hearts. They have developed temporary hearts that can support your natural heart until it can be replaced. However, replacing your heart permanently with a machine is still a long way off.

Since 2004, about 1000 people worldwide have been fitted with a completely artificial heart. These artificial hearts need a lot of machinery to keep them working. Most patients have to stay in hospital until they have their transplant.

In 2011, 40-year-old Matthew Green became the first UK patient to leave hospital and go home with a completely artificial heart. He carried the machine operating the heart in a backpack! There is always a risk of the blood clotting in the artificial heart, which can kill the patient. Yet this new technology gives people a chance to live a relatively normal life whilst they wait for a heart transplant.

Artificial hearts can also be used to give a diseased heart a rest, so that it can recover. Patients have a part or whole artificial heart implanted that removes the strain of keeping the blood circulating for a few weeks or months. However, the resources needed to develop artificial hearts and the cost of each one mean that they are not yet widely used in patients.

links
You can find out more about heart disease in 4.3 'Keeping the blood flowing'.

Figure 4 *Matthew Green on a walk with his family. His artificial heart is being carried by his wife*

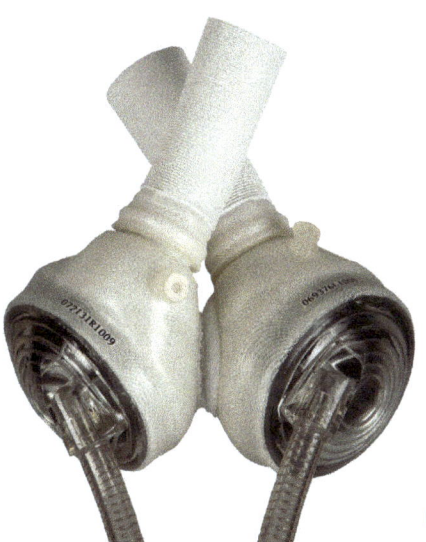

Figure 3 *This amazing artificial heart uses air pressure to pump blood around the body*

Summary questions

1. How is the heartbeat controlled in a healthy adult heart?
2. Explain how problems in the rhythm of the heart might be overcome using an artificial pacemaker.
3. What are the main uses and limitations of artificial hearts?
4. Discuss some scientific and social arguments for and against the continued development of artificial hearts.

Key points

- The resting heart rate is controlled by a group of cells in the right atrium that form a natural pacemaker.
- Artificial pacemakers are electrical devices used to correct irregularities in the heart rhythm.
- Artificial hearts are occasionally used to keep patients alive whilst they wait for a transplant, or for their heart to rest and recover.

Human biology – Circulation

4.3 Keeping the blood flowing

Learning objectives

After this topic, you should know:
- how the blood flows round the body
- that there are different types of blood vessels
- why valves are so important.

Did you know … ?
No cell in your body is more than 0.05 mm away from a capillary.

Practical

Blood flow

You can practise finding your pulse and looking for the valves in the veins in your hands and wrists.

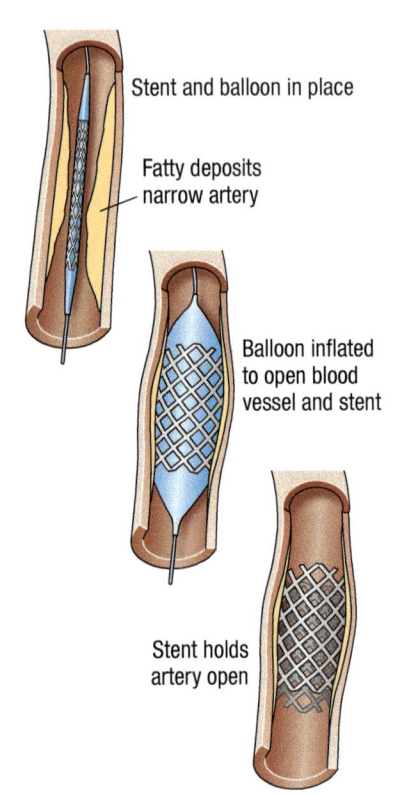

Figure 2 A stent being positioned in an artery

The blood vessels

Blood is carried around your body in three main types of blood vessels, each adapted for a different function:

- Your arteries carry blood away from your heart to the organs of your body. This blood is usually bright red oxygenated blood. The arteries stretch as the blood is forced through them and go back into shape afterwards. You can feel this as a pulse where the arteries run close to the skin's surface (e.g., at your wrist). Arteries have thick walls containing muscle and elastic fibres, and small lumens (spaces in the middle through which blood flows). As the blood in the arteries is under pressure, it is very dangerous if an artery is cut, because the blood will spurt out rapidly every time the heart beats.

- Your veins carry blood from the organs towards your heart. This blood is usually low in oxygen and so is a deep purple-red colour. Veins do not have a pulse. They have much thinner walls than arteries and often have **valves** to prevent the backflow of blood as it returns to the heart.

- Throughout the body, capillaries form a huge network of tiny vessels linking the arteries and the veins. Capillaries are narrow, with very thin walls. This enables substances, such as oxygen and glucose, to easily diffuse out of your blood and into your cells. The substances produced by your cells, such as carbon dioxide, pass easily into the blood through the walls of the capillaries.

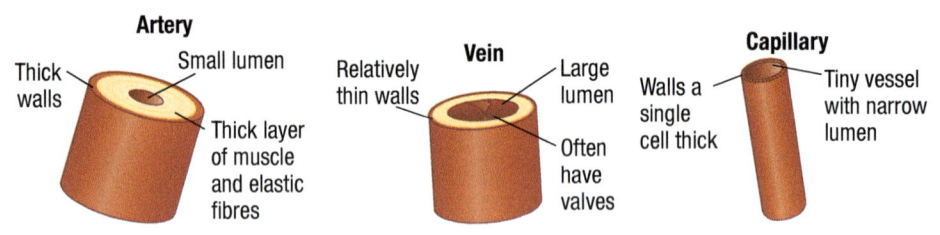

Figure 1 The three main types of blood vessels

Problems with blood flow through the heart

The coronary arteries that supply blood to the heart muscle can become narrow as you age. They also get narrower when fatty deposits build up on the lining of the vessel. This is known as **coronary heart disease**. If the flow of blood through the coronary arteries is restricted in this way, an insufficient supply of oxygen reaches your heart muscle. This can cause pain, a heart attack, and even death.

Doctors often solve the problem of coronary heart disease using **stents**. A stent is a metal mesh that is placed in the artery. A tiny balloon is inflated to open up the blood vessel and the stent at the same time. The balloon is deflated and removed but the stent remains in place, holding the blood vessel open (Figure 2). As soon as this is done, the blood in the coronary artery flows freely. Doctors can put a stent in place without a general anaesthetic.

It isn't only coronary arteries that can narrow and cause problems. Stents can be used to open up an artery and improve blood flow almost anywhere in the body. Many stents now also release drugs to prevent the blood from clotting. However, there are some questions about the costs and benefits of this treatment. Some studies suggest that the benefits to the patient do not justify the additional expense of the drugs.

Keeping the blood flowing

Doctors can also carry out bypass surgery. In this operation, they replace the narrow or blocked coronary arteries with bits of veins from other parts of the body. This works for badly blocked arteries where stents cannot help. This surgery is expensive and involves a general anaesthetic.

Leaky valves

Another problem with the blood flow through the heart itself comes from faulty valves. The heart valves keep the blood flowing in the right direction. These valves have to withstand a lot of pressure, so over time they may weaken and start to leak or become stiff and not open fully. When this happens, the heart does not work as well. The person affected can become very breathless and they will eventually die if the problem is not solved.

Doctors can operate on the heart and replace the faulty valve. Mechanical valves are made of materials such as titanium and polymers. They last a very long time. However, with a mechanical valve you have to take medicine for the rest of your life to prevent your blood from clotting around it.

Biological valves are based on valves taken from animals such as pigs or cattle, or sometimes from human donors. These work extremely well and the patient does not need any medication. However, they only last about 12–15 years.

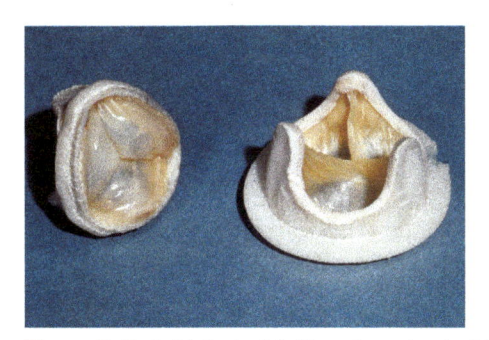

Figure 3 *Both biological (left) and mechanical (right) heart valves work very well. They each have advantages and disadvantages for the patient*

Study tip

Blood comes from the veins into the atria, through valves to the ventricles and then out via arteries.

Summary questions

1 Describe the following blood vessels:
   a artery
   b vein
   c capillaries.
2 a Draw a diagram that explains the way in which the arteries, veins, and capillaries are linked to each other and to the heart.
   b Label the diagram, and explain what is happening in the capillaries.
3 a What is a stent?
   b Make a table to show the advantages and disadvantages of using a stent to improve blood flow through the coronary arteries, compared with bypass surgery.
4 a Explain why a valve that does not close properly causes major problems in the heart.
   b Describe how mechanical and biological replacement heart valves can be used to solve the problems, and discuss the advantages and disadvantages of each type.

Key points

- Blood flows around the body via the blood vessels. The main types of blood vessels are arteries, veins, and capillaries.
- Substances diffuse in and out of the blood in the capillaries.
- Stents can be used to keep narrowed or blocked arteries open.
- Heart valves keep the blood flowing in the right direction.
- Damaged heart valves can be replaced by biological or mechanical valves.

Human biology – Circulation

4.4 Transport in the blood

Learning objectives

After this topic, you should know:
- that blood is made up of many different components
- the function of each main component of blood.

Your blood is a unique fluid based on a liquid called **plasma**. Plasma carries **red blood cells**, **white blood cells**, and **platelets** suspended in it. It also carries many dissolved substances around your body.

> **Did you know ... ?**
> The average person has between 4.7 and 5.0 litres of blood.

Blood plasma as a transport medium

Your blood plasma is a yellow liquid. Plasma transports all of your blood cells and some other substances around your body:

- Waste carbon dioxide produced in the organs of the body is carried to the lungs in the plasma, to be breathed out.
- **Urea** is carried to your kidneys. Urea is a waste product formed in your liver from the breakdown of proteins. It travels dissolved in the plasma from the liver to the kidneys. In the kidneys, the urea is removed from your blood to form **urine**.
- All the small, soluble products of digestion pass into the blood from your small intestine. These food molecules are carried in the plasma around your body to the other organs and individual cells.

Red blood cells

Red blood cells pick up oxygen from your lungs. They carry the oxygen to the organs, tissues, and cells where it is needed. These blood cells have adaptations that make them very efficient at their job:

- They have a very unusual shape – they are **biconcave discs**. This means that they are concave (pushed in) on both sides. This gives the cells an increased surface area over which the diffusion of oxygen can take place.
- Red blood cells are packed full of a special red **pigment** called **haemoglobin** that can carry oxygen.
- They do not have a nucleus. This makes more space to pack in molecules of haemoglobin.

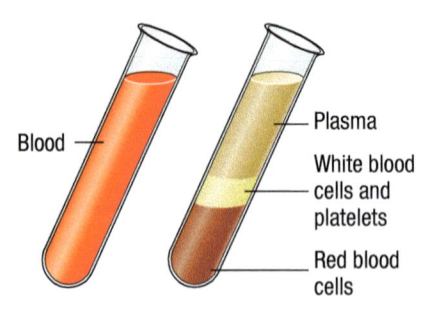

Figure 1 *The main components of blood. The red colour of your blood comes from the red blood cells*

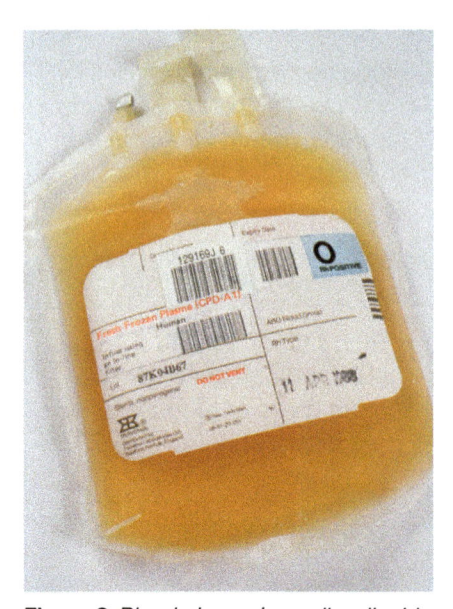

Figure 2 *Blood plasma is a yellow liquid that transports everything you need – and need to get rid of – around your body*

> **Did you know ... ?**
> There are more red blood cells than any other type of blood cell in your body – about 5 million in each cubic millimetre of your blood.

haemoglobin + oxygen → oxyhaemoglobin → oxygen + haemoglobin

Or   oxygen + haemoglobin ⇌ oxyhaemoglobin

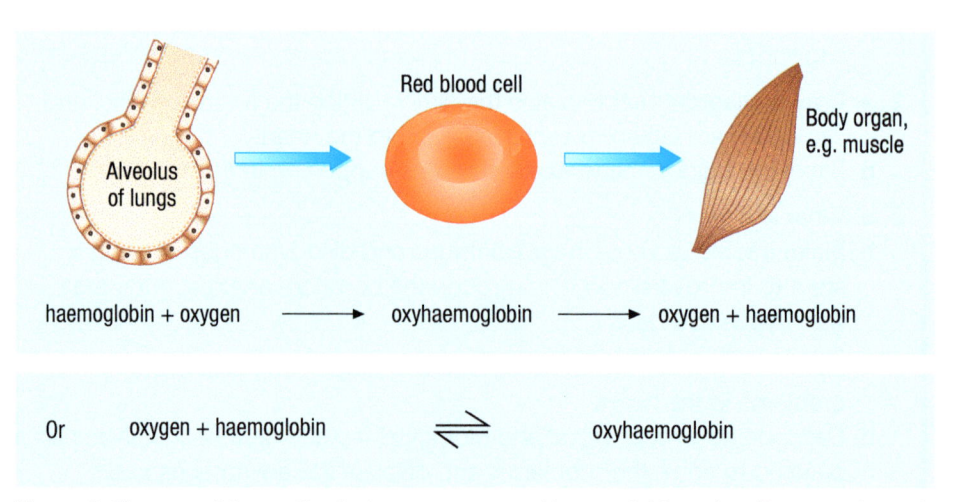

Figure 3 *The reversible reaction between oxygen and haemoglobin makes life as you know it possible by carrying oxygen to all the places where it is needed*

In the lungs where there is a high concentration of oxygen, haemoglobin reacts with oxygen to form bright red **oxyhaemoglobin**. In other organs, where the concentration of oxygen is lower, the oxyhaemoglobin splits up. It forms purple-red haemoglobin and oxygen, which diffuses into the cells where it is needed.

White blood cells

White blood cells are much bigger than red blood cells and there are fewer of them. They have a nucleus and form part of the body's defence system against harmful microorganisms. Some white blood cells form antibodies against microorganisms. Some form antitoxins against poisons made by microorganisms. Yet others (phagocytes) engulf and digest invading bacteria and viruses.

Platelets

Platelets are small fragments of cells that have no nucleus. They are very important in helping the blood to clot at the site of a wound. Blood clotting is a series of enzyme-controlled reactions that result in the change of fibrinogen into fibrin. This produces a network (or web) of protein fibres. The fibres then capture lots of red blood cells and more platelets to form a jelly-like clot. This stops you bleeding to death. The clot dries and hardens to form a scab. The scab protects the new skin as it grows and stops bacteria getting into your body through the wound.

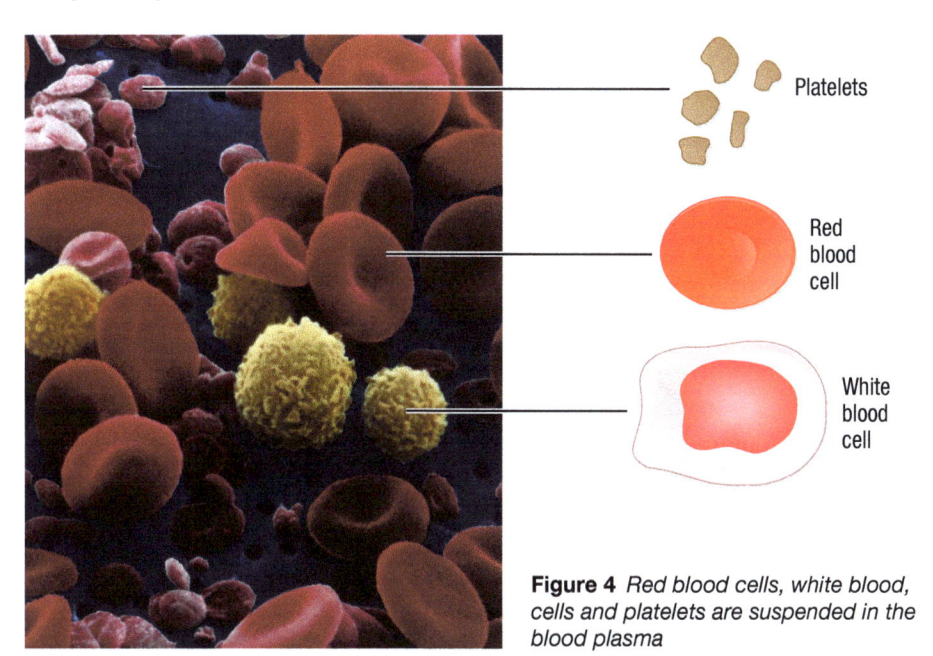

Figure 4 *Red blood cells, white blood, cells and platelets are suspended in the blood plasma*

Did you know …?

One red blood cell contains about 250 million molecules of haemoglobin. This allows it to carry 1000 million molecules of oxygen!

Key points

- Your blood plasma, and the blood cells suspended in it, transport dissolved food molecules, carbon dioxide, and urea.
- Your red blood cells carry oxygen from your lungs to the organs of the body.
- Red blood cells are adapted to carry oxygen by being biconcave, which provides a bigger surface area, by containing haemoglobin, and by having no nucleus so more haemoglobin can fit in.
- White blood cells are part of the defence system of the body.
- Platelets are cell fragments involved in blood clotting.
- Blood clotting involves a series of enzyme-controlled reactions that turn fibrinogen to fibrin to form a network of fibres and a scab.

Summary questions

1. State three functions of the blood.
2. a Why is it not accurate to describe blood as a red liquid?
   b What actually makes blood red?
   c Give three important functions of blood plasma.
3. Explain carefully the main ways in which blood helps you to avoid infection, including a description of the parts of the blood involved.

Human biology – Circulation

4.5 The immune system and blood groups

Learning objectives

After this topic, you should know:
- how antigens and antibodies are involved in the main human blood groups
- why blood typing and tissue matching are so important in transplant surgery.

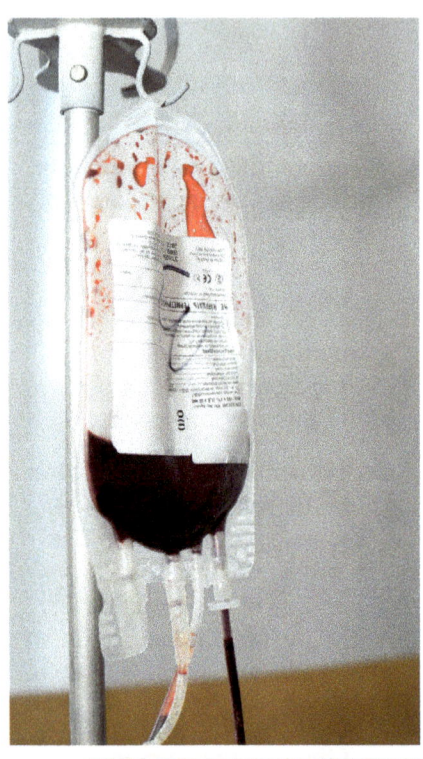

Every cell has proteins called **antigens** on its surface. The combination of antigens on your cells is unique to you. It will be different to the antigens on anyone else's cells, unless you have an identical twin. The antigens on the microorganisms that get into your body are also different to the ones on your own cells. Your **immune system** recognises these different antigens.

White blood cells are large blood cells that have a nucleus. Some of your white blood cells make **antibodies** that attach to 'foreign' antigens. They either destroy the cells carrying the antigens, or enable other white blood cells to engulf and digest them.

Antigens and human blood groups

A number of different antigens are found specifically on the surface of the red blood cells. They give us the different human blood groups. There are several different blood grouping systems, but the best known is the ABO system. This has four different blood groups – **A**, **B**, **AB**, and **O**. In this system there are two possible antigens on the red blood cells – antigen **A** and antigen **B**. There are also two possible antibodies in your plasma – antibody **a** and antibody **b**. These antibodies are there all the time – that is, they are not made in response to a particular antigen.

Table 1 shows the combinations of antibodies and antigens that give the four ABO blood groups.

Table 1 *The ABO compatibility table*

Blood group	Antigen on red blood cells	Antibody in plasma
A	A	b
B	B	a
AB	A and B	None
O	None	a and b

If blood from different groups is mixed, there may be a reaction between the antigen and the complementary antibody. This causes the red blood cells to **agglutinate** (stick together). This means they cannot work properly and they clog up capillaries or even larger vessels. In a healthy person this is not important, since everyone keeps their blood in their own circulatory system. However, if someone loses a lot of blood as a result of an accident or an operation, blood may need to be given from one person to another in a blood transfusion.

Before a transfusion, it is vital that the blood groups of both the donor and the recipient are known, so that the right blood can be given to prevent agglutination. The donor's blood containing a particular antigen must not be given to a recipient whose blood contains the matching antibody. This is why blood group O is so useful – because its cells have no antigens it does not react with any blood antibodies. It is the universal donor and can be given to anyone. Other blood groups have to be matched more carefully (Figure 1). Blood typing before a blood transfusion is vital because an error can be fatal.

Donor	Recipient A	B	AB	O
A	✓	✗	✓	✗
B	✗	✓	✓	✗
AB	✗	✗	✓	✗
O	✓	✓	✓	✓

(✓ = blood compatible, ✗ = blood incompatible and a transfusion would fail)

Figure 1 *Mixing the wrong blood groups can cause agglutination and be fatal*

Antigens and organ transplants

In an organ transplant, a diseased organ is replaced with a healthy one from a **donor**. The donor is often someone who has died suddenly in an accident or following a stroke or heart attack. However, for some organs such as the kidney, a living donor is sometimes used. Successful organ transplants can restore the recipient to health and allow them to lead an almost completely normal life.

The biggest problem in an organ transplant is that the antigens on the surface of the donor organ are different to those of the **recipient** – the person who needs the new organ. The recipient makes antibodies that will attack the antigens on the donor organ. This may result in the rejection and destruction of the new organ.

There are a number of ways of reducing the risk of a transplanted organ being rejected.
- The match between the antigens of the donor and the recipient is made as close as possible. For example, you can use a donor heart from someone with the same blood group and with a 'tissue type' as close as possible to the recipient.
- The recipient is treated with drugs that suppress their immune system (**immunosuppressant drugs**) for the rest of their lives. This helps to prevent the rejection of their new organ. Immunosuppressant drugs are improving all the time, so the need for a really close tissue match is becoming less important.

The disadvantage of taking immunosuppressant drugs is that they prevent patients from dealing effectively with infectious diseases. Recipients have to take great care if they become ill in any way, which is a small price to pay for a new working organ.

Transplanted organs don't last forever, although survival times are increasing as immunosuppressant drugs get better. Eventually, the donor organ will also start to fail and then the patient will need another transplant.

In general, even with modern immunosuppressant drugs, a good tissue match makes a transplant more likely to succeed. This is why artificial hearts (see page 47) are needed to help people survive until a donated organ becomes available.

Study tip

There are only *two* antigens in the ABO blood group system, A and B. AB has both and O has none. That is why no one reacts to O blood.

Figure 2 *Abeer bin Madeeha had a heart transplant. Drugs prevent his body from rejecting the foreign antigens*

Key points

- Antigens are proteins on the surface of cells.
- There are four ABO blood groups – A, B, AB, and O. These are based on the type of antigens on the surface of red blood cells and the type of antibodies in the blood plasma.
- In organ transplants, a diseased organ is replaced with a healthy one from a donor. The recipient's antibodies may attack the antigens on the donor organ as they do not recognise them.
- To prevent rejection of the transplanted organ, a donor organ with a similar tissue type to the recipient is used and immunosuppressant drugs are given that suppress the recipient's immune response.

Summary questions

1. State the difference between an antigen and an antibody.
2. **a** Explain why someone with blood group O is particularly welcome as a blood donor.
   b Explain why there can be problems when a person of blood group O needs a blood transfusion.
3. Why is tissue typing so important before a successful heart transplant?
4. Explain the main advantages and disadvantages of using a transplant to replace a damaged heart, compared with an artificial organ.

Human biology – Circulation: 4.1–4.5

Summary questions

1 Figure 1 is a diagram of the human heart.

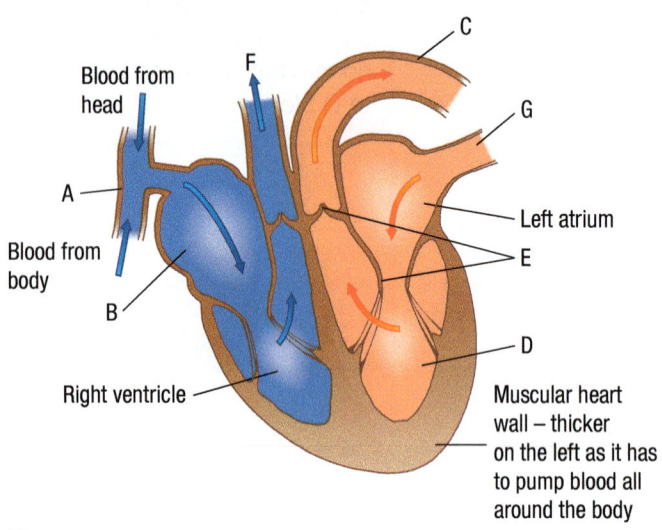

Figure 1

Labels on diagram: Blood from head, A, Blood from body, B, Right ventricle, C, F, G, Left atrium, E, D, Muscular heart wall – thicker on the left as it has to pump blood all around the body

a Name the parts labelled A–G.

b Describe how the blood flows through the heart from the point where it enters the heart from the head and body.

c Compare the structure and function of the arteries, veins, and capillaries.

2 Here are descriptions of three heart problems. In each case, use what you know about the heart and the circulatory system to explain the problems caused by the condition.

a The valve that stops blood flowing back into the left ventricle of the heart after it has been pumped into the aorta becomes weak and floppy and begins to leak.

b Some babies are born with a 'hole in the heart' – there is a gap in the central dividing wall of the heart. They may look blue in colour and have very little energy.

c The coronary arteries supplying blood to the heart muscle itself may become clogged with fatty material. The person affected may get chest pain when they exercise or they may even have a heart attack.

3 Exchanging materials with the outside world by diffusion is vital for most living organisms. Give four different adaptations that are found in living organisms to make this more efficient. For each adaptation, explain how it makes the exchange process more efficient, and give at least one example of where this adaptation is seen.

4 If a patient has a blocked blood vessel, doctors may be able to open up the blocked vessel using a stent or replace the blocked vessel with bits of healthy blood vessel taken from other parts of the patient's body.

Figure 2 shows the results of these procedures in one group of patients after one year.

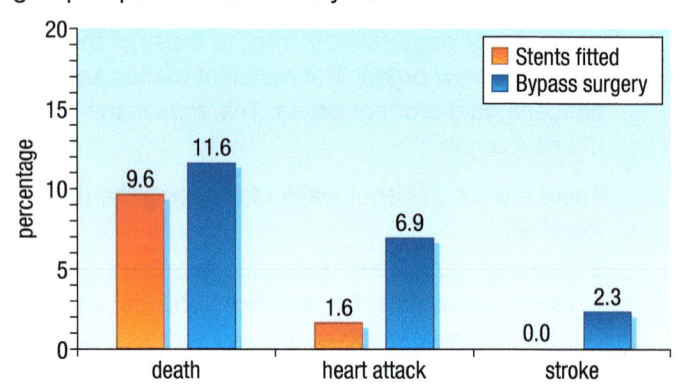

Figure 2

Bar chart – percentage vs death, heart attack, stroke. Stents fitted: 9.6, 1.6, 0.0. Bypass surgery: 11.6, 6.9, 2.3.

a What is a stent, and how does it work?

b Which technique does the evidence suggest is the most successful for treating blocked coronary arteries? Explain your answer.

c What additional information would you need to be able to decide whether this evidence was reproducible, repeatable, and valid?

5 Table 1 shows the compatibility of ABO blood groups.

Donor	Recipient			
	A	B	AB	O
A	✓	✗	✓	✗
B	✗	✓	✓	✗
AB	✗	✗	✓	✗
O	✓	✓	✓	✓

a What is meant by compatibility of blood groups?

b Explain carefully the importance of blood group compatibility in:
  i blood transfusions
  ii organ transplants
and why in some ways compatibility can be more important in a blood transfusion than in an organ transplant.

Practice questions

1 Figure 1 shows a vertical section through the heart.

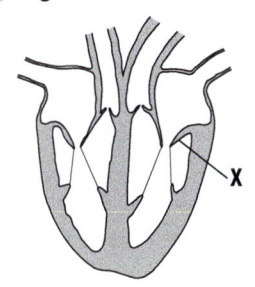

Figure 1

a Copy and complete sentences **i–iv** using the following words:

*aorta   left atrium   pulmonary artery
pulmonary vein   right atrium   vena cava*

   i Blood returning from the body enters the .... of the heart.
   ii The heart pumps blood to the lungs via the ....
   iii Blood returns from the lungs to the heart via the ....
   iv The heart pumps blood to the rest of the body via the .... (4)

b What is the function of the structure labelled **X** in Figure 1? (1)

c Patients with an irregular heartbeat may be fitted with a pacemaker.

Figure 2 shows an early type of pacemaker above a new, modern pacemaker.

Figure 3 shows an X-ray of a modern pacemaker inserted under the skin of the thorax.

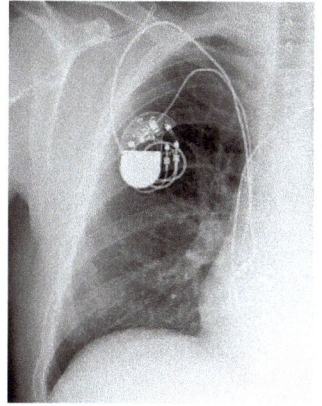

Figure 2   **Figure 3**

Suggest **two** advantages and **two** disadvantages of the modern pacemaker compared with the early type of pacemaker. (4)

2 Blood contains plasma, red blood cells, white blood cells, and platelets.

a State the function of white blood cells. (1)
b State the function of platelets. (1)
c Describe how oxygen is moved from the lungs to the tissues. (3)
d Plasma transports dissolved substances from one part of the body to another. Name **two** of these substances. Explain where they are transported to and why. (4)

3 In organ transplants and blood transfusions, it is important to match the antigens on the donor's cells to the recipient's cells.

a What is an antigen? (1)
b Describe the **two** things that will be done to reduce the likelihood of a new organ being rejected after transplantation. (2)
c A girl with blood group A requires an emergency blood transfusion after an accident. Name the blood groups that could be given to her safely and explain why. (4)

Chapter 5 Human biology – Digestion

5.1 Carbohydrates, lipids, and proteins

Learning objectives

After this topic, you should know:
- the chemical make up of carbohydrates, proteins, and lipids.

The food you take into your body is made up of big, insoluble molecules that are of no use to your cells. Your digestive system breaks these molecules down into small, soluble molecules that can be taken into your cells. Inside your cells, the digested food is built up into large, useful molecules again. Carbohydrates, lipids, and proteins are the main compounds that make up the structure of a cell. They are vital components in the balanced diet of any organism which cannot make its own food. Carbohydrates, lipids, and proteins are all large molecules that are often made up of smaller molecules joined together.

Carbohydrates

Carbohydrates provide us with energy. They contain the chemical elements carbon, hydrogen, and oxygen.

All carbohydrates are made up of units of sugar:
- Some carbohydrates contain only one or two units of sugar. The best known of these is glucose, $C_6H_{12}O_6$. These small carbohydrates are referred to as simple sugars.
- **Complex carbohydrates** such as starch and cellulose are made up of long chains of simple sugar units bonded together (Figure 1).

Carbohydrate-rich foods include bread, potatoes, rice, and pasta. Much of the carbohydrate food you take into your body will be broken down to form glucose. The glucose is used in respiration to provide energy for your cells. Carbohydrates in the form of cellulose are a very important support material in plants.

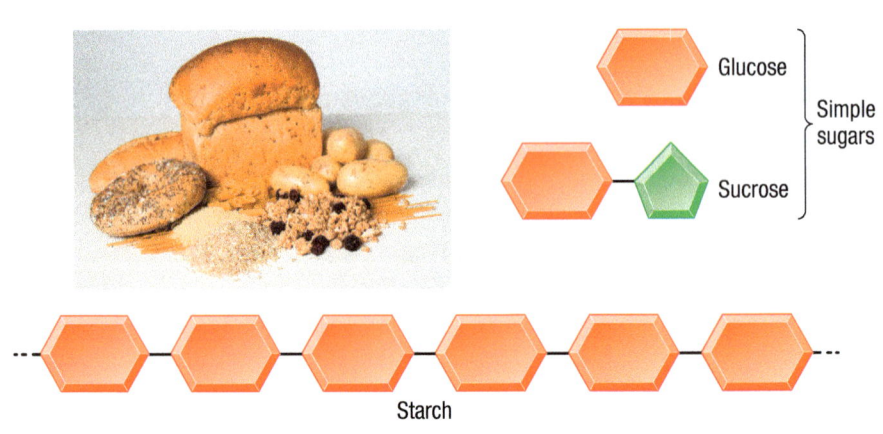

Figure 1 *Carbohydrates are all based on simple sugar units*

Lipids

Lipids are fats (solids) and oils (liquids). They are the most efficient energy store in your body and an important source of energy in your diet. Combined with other molecules, lipids are very important in your cell membranes, as hormones, and in your nervous system. Like carbohydrates, lipids are made up of carbon, hydrogen, and oxygen. All lipids are insoluble in water.

Lipids are made up of three molecules of fatty acids joined to a molecule of glycerol (Figure 2). The glycerol is always the same, but the fatty acids vary. It is the different fatty acids that cause some lipids to be solid fats and others to be liquid oils. Lipid-rich food includes all the oils, such as olive oil and corn oil, as well as butter, margarine, cheese, and cream.

Figure 2 *It is the combination of fatty acids joined to the glycerol molecule that affect the melting point of a lipid*

56

Carbohydrates, lipids, and proteins

Proteins

Proteins are used for building up the cells and tissues of your body as well as all your enzymes. They are made up of the elements carbon, hydrogen, oxygen, and nitrogen. Protein-rich foods include meat, fish, pulses, and cheese.

A protein molecule is made up of long chains of small units called **amino acids** (Figure 3). These amino acids are joined together into long chains to produce different proteins.

Figure 3 *Amino acids are the building blocks of proteins. They can join in an almost endless variety of ways to produce different proteins*

The long chains of amino acids that make up a protein are folded, coiled, and twisted to make specific 3-D shapes. It is these specific shapes that enable other molecules to fit into the protein. The bonds that hold the proteins in these 3-D shapes are very sensitive to temperature and pH, and can easily be broken. If this happens, the shape of the protein is lost and it may not function any more in your cells. The protein is **denatured**.

Proteins carry out many different functions in your body. They act as:
- structural components of tissues such as muscles and tendons
- hormones such as insulin
- antibodies, which destroy pathogens and are part of the immune system
- enzymes, which act as catalysts in the cells.

Did you know ...?

Between 15% and 16% of your body mass is protein. Protein is found in tissues ranging from your hair and nails to the muscles that move you around and the enzymes that control your body chemistry.

Practical

Food tests

You can identify the main food groups using standard food tests.
- *Carbohydrates* – Iodine test turns solution from yellowy-red to blue-black if starch is present. Benedict's test turns solution from blue to brick red on heating if a simple reducing sugar such as glucose is present.
- *Protein*: Biuret test turns solution from blue to purple if protein is present.
- *Lipids*: Ethanol (highly flammable, harmful) test gives a cloudy white layer if a lipid is present.

Safety: Wear eye protection.

Key points

- Simple sugars are carbohydrates that contain only one or two sugar units. Complex carbohydrates such as starch contain long chains of simple sugar units bonded together.
- Lipids consist of three molecules of fatty acids bonded to a molecule of glycerol.
- Protein molecules are made up of long chains of amino acids. These are folded to form specific shapes that are related to their different functions (e.g., as enzymes, antibodies, or hormones).

Summary questions

1. **a** What is a protein?
   b How are proteins used in the body?
2. Describe the main similarities and differences between the three main groups of chemicals (carbohydrates, proteins, and lipids) in the body.
3. How would you test a food sample to see if it contained:
   a starch
   b lipids?
4. **a** Explain why lipids can be either fats or oils.
   b Explain how simple sugars are related to complex carbohydrates.

Human biology – Digestion

5.2 Catalysts and enzymes

Learning objectives

After this topic, you should know:
- what a catalyst is
- how enzymes work as biological catalysts.

In everyday life, you control the rate of chemical reactions all the time. For example, you increase the temperature of your oven to speed up chemical reactions when you cook. You place food in your fridge to slow down reactions that cause food to go off.

Sometimes special chemicals known as **catalysts** are used to speed up reactions. A catalyst speeds up a chemical reaction, but it is not used up in the reaction. You can use a catalyst over and over again. For example, manganese(IV) oxide (MnO_2) catalyses the breakdown of hydrogen peroxide into oxygen and water.

Enzymes – biological catalysts

In your body, chemical reaction rates are controlled by enzymes. These are special biological catalysts that speed up reactions.

An enzyme is a large protein molecule folded into a specific shape. This special shape allows other molecules (substrates) to fit into the enzyme protein. Scientists call this part of the enzyme molecule its **active site**. The shape of an enzyme is vital for the enzyme's function (the way it works).

Enzymes are involved in:
- building large molecules from lots of smaller ones
- changing one molecule into another
- breaking down large molecules into smaller ones.

Enzymes do not change a reaction in any way – they just make it happen faster. Different enzymes catalyse (speed up) specific types of reaction. In your body you need to build large molecules from smaller ones, such as making glycogen from glucose or proteins from amino acids. You need to change certain molecules into different ones, for example one sugar into another, such as glucose to fructose, and you need to break down large molecules into smaller ones, such as breaking down insoluble food molecules into small, soluble molecules, such as glucose. All these reactions are speeded up using enzymes.

Each of your cells can have a hundred or more chemical reactions going on within it at any one time. Each of the different types of reaction is controlled by a different specific enzyme. Enzymes deliver the control that makes it possible for your cell chemistry to work without one reaction interfering with another.

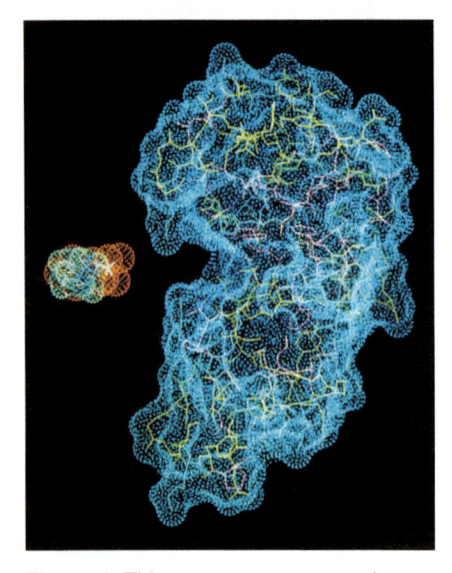

Figure 1 *This computer-generated model of an enzyme shows you the active site and the substrate molecule that fits into it*

Did you know ... ?

For chemicals to react, they need to collide with sufficient energy to break the chemical bonds that hold the molecules together. Enzymes lower the energy needed to break the bonds, which is how they speed up the reactions (because a higher proportion of molecules have sufficient energy to react).

Catalysts and enzymes

Practical

Breaking down hydrogen peroxide

You can investigate the impact of both an inorganic catalyst and an enzyme on the breakdown of 20 vol hydrogen peroxide solution into oxygen and water using:

a manganese(IV) oxide, and **b** raw liver or potato (both contain the enzyme catalase).

Your liver plays an important role in your body by breaking down toxins (poisons). Hydrogen peroxide is a poisonous compound that is often a waste product of reactions in cells. It is important that it is broken down into harmless oxygen and water quickly, before it causes any damage.

You can determine the rate of the reaction by measuring the volume of oxygen produced over time. A simple way to do a quick comparison between the inorganic catalyst and the enzyme is to add a drop of washing-up liquid to the hydrogen peroxide. Add the catalyst or the enzyme and measure how quickly the foam produced by the bubbles of oxygen gas rises up the test tube!

- Describe your observations and interpret the graph (Figure 2).

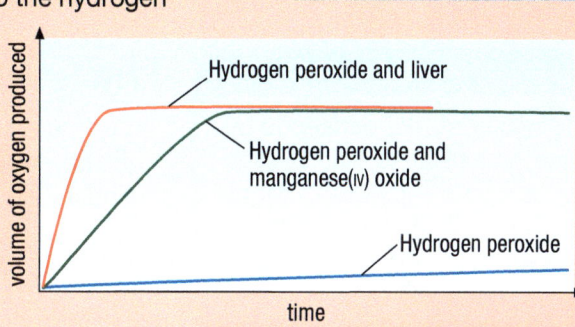

Figure 2 *The decomposition of hydrogen peroxide to oxygen and water goes much faster using a catalyst like manganese(IV) oxide. Raw liver contains the enzyme catalase, which speeds up the same reaction*

Safety: Wear eye protection. 20 'vol' hydrogen peroxide – irritant. Manganese(IV) oxide – harmful.

How do enzymes work?

The substrate (reactant) of the reaction to be catalysed fits into the active site of the enzyme. You can think of it like a lock and key. Once the substrate is in place, the enzyme and the substrate bind together.

The reaction then takes place rapidly and the products are released from the surface of the enzyme (Figure 3). Remember that enzymes can join small molecules together as well as break up large ones.

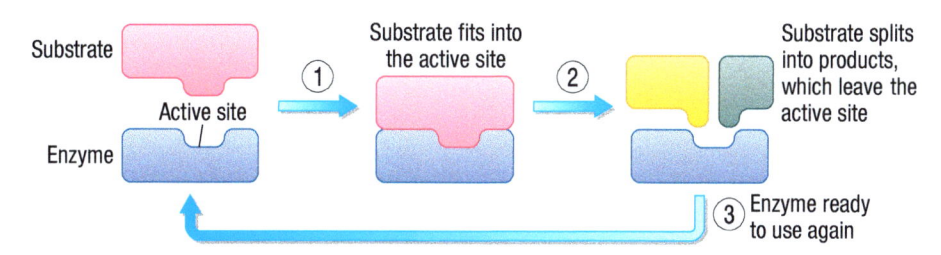

Figure 3 *Enzymes act as catalysts using the 'lock-and-key' mechanism shown here*

Study tip

Remember that the way an enzyme works depends on the shape of the active site that allows it to bind with the substrate.

Key points

- Catalysts increase the rate of chemical reactions without changing chemically themselves.
- Enzymes are biological catalysts.
- Enzymes are proteins. The amino acid chains are folded to form the active site, which matches the shape of a specific substrate.
- The substrate binds to the active site and the reaction is catalysed by the enzyme.

Summary questions

1. Define the following terms:
   a catalyst
   b enzyme
   c active site.

2. a What are enzymes made of?
   b Explain carefully how enzymes act to speed up reactions in your body.

3. a Give **three** clear examples of the types of reactions that are catalysed by enzymes.
   b Explain the importance of enzymes within cells.

Human biology – Digestion

5.3 Factors affecting enzyme action

Learning objectives

After this topic, you should know:
- how temperature and pH affect enzyme action
- how digestive enzymes differ from most of the enzymes in your body.

Study tip

Enzymes are *not* denatured by low temperatures, only by high ones. Low temperatures simply cause enzyme activity to slow down.

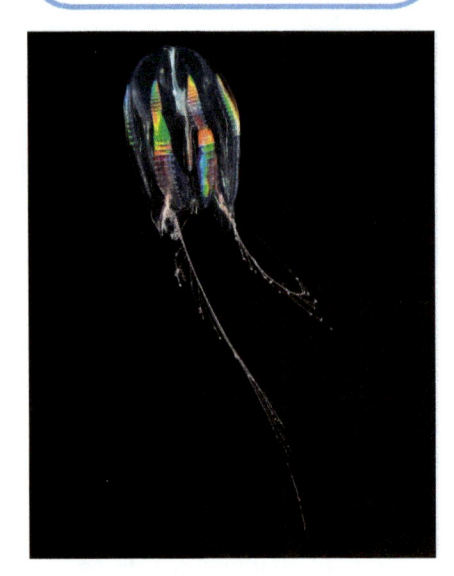

Figure 1 *The magical light display of this comb jelly is caused by the action of an enzyme called luciferase*

Did you know … ?

Not all enzymes work best at around 40 °C. Bacteria living in hot springs survive at temperatures up to 80 °C and higher. On the other hand, some bacteria that live in the very cold, deep seas have enzymes that work effectively at 0 °C and below.

A container of milk left at the back of your fridge for a week or two will be disgusting. The milk will go off as enzymes in bacteria break down the protein structure.

Leave your milk in the sun for a day and the same thing happens – but much faster. Temperature affects the rate at which chemical reactions take place, even when they are controlled by biological catalysts.

Biological reactions are affected by the same factors as any other chemical reactions. These factors include concentration, temperature, and surface area. However, in living organisms, an increase in temperature only increases the rate of reaction up to a certain point.

The effect of temperature on enzyme action

The reactions that take place in cells happen at relatively low temperatures. As with other reactions, the rate of enzyme-controlled reactions increases as the temperature increases.

However, for most organisms this is only true up to temperatures of about 40 °C. After this, the protein structure of the enzyme is affected by the high temperature. The long amino acid chains begin to unravel and, as a result, the shape of the active site changes. The substrate will no longer fit in the active site. The enzyme has been denatured. It can no longer act as a catalyst, so the rate of the reaction drops dramatically. Most human enzymes work best at 37 °C, which is normal human body temperature.

Without enzymes, none of the reactions in your body would happen fast enough to keep you alive. This is why it is so dangerous if your temperature goes too high when you are ill. Once your body temperature reaches about 41 °C, your enzymes start to be denatured and you will soon die.

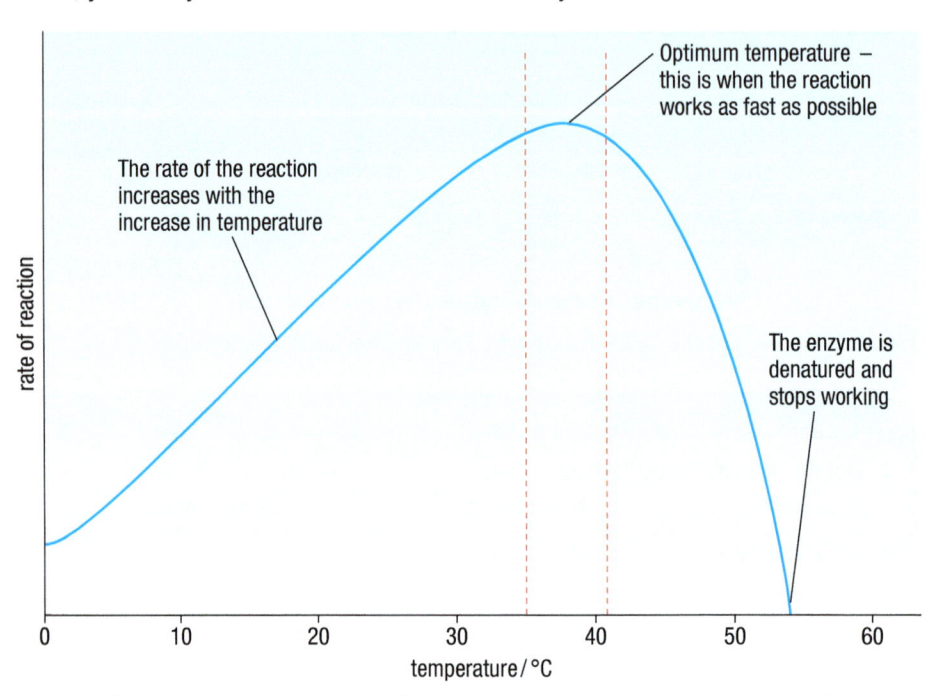

Figure 2 *The rate of an enzyme-controlled reaction increases as the temperature rises – but only until the protein structure of the enzyme breaks down*

Factors affecting enzyme action

Effect of pH on enzyme action

The shape of the active site of an enzyme comes from forces between the different parts of the protein molecule. These forces hold the folded chains in place. A change in the pH affects these forces. That's why it changes the shape of the molecule. As a result, the specific shape of the active site is lost, so the enzyme no longer acts as a catalyst.

Different enzymes work best at different pH levels. A change in the pH can stop them working completely.

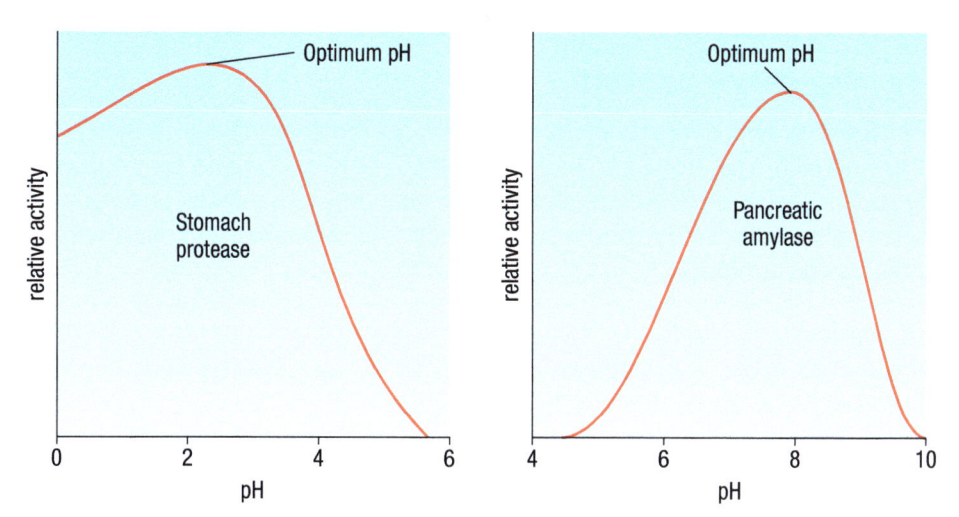

Figure 3 *These two digestive enzymes need very different pH levels to work at their maximum rate. The protease found in the stomach is mixed with hydrochloric acid, whilst pancreatic amylase is found in the first part of the small intestine along with alkaline bile*

The digestive enzymes

Most of your enzymes work *inside* the cells of your body, controlling the rate of the chemical reactions. Your digestive enzymes are different. They work *outside* your cells. They are produced by specialised cells in glands (such as the salivary glands and pancreas) and in the lining of your gut. The enzymes then pass out of these cells into the gut itself, where they come into contact with food molecules.

Your food is made up of large, insoluble molecules that your body cannot absorb. They need to be broken down or **digested** to form smaller, soluble molecules that can be absorbed and used by your cells. It is this chemical breakdown of your food which is controlled by digestive enzymes.

Different areas of the digestive system have different pH levels, which allow the enzymes in that region to work as efficiently as possible. For example, the mouth and small intestine are slightly alkaline, whilst the stomach has a low, acidic pH value.

Summary questions

1. Explain carefully, with the help of diagrams, how temperature affects enzyme-controlled reactions and why.
2. Look at Figure 3.
   a. At which pH does the protease in the stomach work best?
   b. At which pH does amylase work best?
   c. What happens to the activity of the enzymes as the pH increases?
   d. Explain why this change in activity happens.

links

You have already discovered many of the different organs in the human digestive system in 1.4 Tissues and organs and 1.5 Organ systems.

Study tip

Enzymes aren't killed (they are molecules, not living things) – so make sure that you use the term denatured.

Key points

- The shape of an enzyme is vital for the functioning of the enzyme.
- High temperatures denature the enzyme, changing the shape of the active site.
- Different enzymes work best at different pH values.
- Digestive enzymes are produced by specialised cells in glands and in the lining of the gut. The enzymes pass out of the cells into the gut, where they come into contact with food molecules and catalyse the breakdown of large molecules into smaller ones.

Human biology – Digestion

5.4 The digestive system

Learning objectives

After this topic, you should know:

- how the food you eat is digested in your body
- the role played by the different parts of the digestive system
- the different digestive enzymes.

The food you take in and eat is made up of large, insoluble molecules, including starch (a carbohydrate), proteins, and fats. Your body cannot absorb and use these molecules, so they need to be broken down or digested to form smaller, soluble molecules. These can then be absorbed in your small intestine and used by your cells. This process of digestion takes place in your digestive system.

The digestive system

The digestive system starts at one end with your mouth and finishes at the other end with your anus. It is made up of many different organs, as you saw in Figure 2 on page 10. There are also glands, such as the pancreas and the salivary glands, that make and release digestive juices containing enzymes to break down your food.

∞ links

For information on the structure of the digestive system, look back at 1.4 Tissues and organs and 1.5 Organ systems.

The stomach and the small intestine are the main organs where food is digested. Enzymes break down the large, insoluble food molecules into smaller, soluble ones.

Your small intestine is also where the soluble food molecules are absorbed into your blood. The digested food molecules are small enough to pass freely through the walls of the small intestine into the blood vessels by diffusion. They move in this direction because there is a very high concentration of food molecules in the gut and a much lower concentration in the blood. They move into the blood down a steep concentration gradient. Some substances are also moved from the gut into your blood by active transport. Villi and microvilli greatly increase the surface area of the small intestine so that the absorption of digested food is very efficient. Once absorbed, digested food molecules are transported in the bloodstream around your body.

The muscular walls of the gut squeeze the undigested food onwards into your large intestine. This is where water is absorbed from the undigested food into your blood. The material that remains makes up the bulk of your faeces. Faeces are stored and then pass out of your body through the anus back into the environment.

Digestive enzymes

Most of your enzymes work *inside* the cells of your body, controlling the rate of chemical reactions. Your digestive enzymes are different. They work *outside* your cells. They are produced by specialised cells in glands (such as the salivary glands and pancreas), and in the lining of your gut.

The enzymes then pass out of these cells into the gut itself. Your gut is a hollow, muscular tube that squeezes your food. It helps to break up your food into small pieces with a large surface area for your enzymes to work on. It mixes your food with your digestive juices so that the enzymes come into contact with as much of the food as possible. The muscles of the gut move your food along from one area to the next.

∞ links

For more information on moving substances in and out of cells, see 1.6 Diffusion, 1.7 Osmosis, and 1.8 Active transport. For more information on the adaptations of the gut for absorption, see 5.6 Exchange in the gut.

Study tip

Learn the names of the parts of the digestive system. Make sure that you know the difference between the larger, lobed liver and the smaller, thinner pancreas.

?? Did you know …?

When Alexis St Martin suffered a terrible gunshot wound in 1822, Dr William Beaumont managed to save his life. However, Alexis was left with a hole (or fistula) from his stomach to the outside world. Dr Beaumont then used this hole to find out what happened in Alexis's stomach as he digested food!

Digesting carbohydrates

Enzymes that break down carbohydrates are called carbohydrases. Starch is one of the most common carbohydrates that you eat. It is broken down into sugars in your mouth and small intestine. This reaction is catalysed by an enzyme called **amylase**.

Amylase is produced in your salivary glands, so the digestion of starch starts in your mouth. Amylase is also made in the pancreas and the small intestine. No digestion takes place inside the pancreas. All the enzymes made there flow into your small intestine, where most of the starch you eat is digested.

> **Study tip**
>
> Learn three examples of digestive enzyme reactions:
> Amylase   starch → sugars
> Protease protein → amino acids
> Lipase   lipids → fatty acids + glycerol

Required practical

Investigating factors that affect the rate of digestion

The enzyme amylase breaks down starch into simple sugars.

Iodine may be used as an indicator for starch.

Set up test tubes containing the same volumes of starch solution and amylase in water baths at different temperatures ranging from 0 °C to 60 °C.

Sample the starch/amylase mixture from each temperature at regular intervals and record the time taken for the amylase to break down the starch at each temperature.

You can use the same basic experimental set-up to investigate the effect of pH on amylase activity. Keep all of the tubes at the same temperature but vary the pH of the tubes between pH 5 and pH 9.

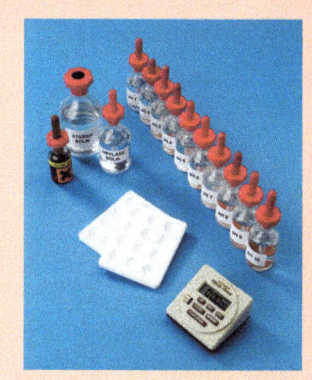

Figure 1 *Use spotting tiles with a drop of iodine solution in each well to test your samples for starch*

Digesting proteins

The breakdown of protein foods such as meat, fish and cheese into amino acids is catalysed by **protease** enzymes. Proteases are produced by your stomach, your pancreas, and your small intestine. The breakdown of proteins into amino acids takes place in your stomach and small intestine.

Digesting fats

The lipids (fats and oils) that you eat are broken down into fatty acids and glycerol in the small intestine. The reaction is catalysed by **lipase** enzymes, which are made in your pancreas and your small intestine. Again, the enzymes made in the pancreas are passed into the small intestine.

Once your food molecules have been completely digested into soluble glucose, amino acids, fatty acids, and glycerol, they leave your small intestine. They pass into your bloodstream to be carried around the body to the cells that need them.

Summary questions

1 Make a table that describes amylase, protease, and lipase. For each enzyme, show where it is made, which reaction it catalyses, and where it works in the gut.

2 Why is digestion of food so important? Explain your answer in terms of the molecules involved.

Key points

- Digestion involves the breakdown of large, insoluble molecules into soluble substances that can be absorbed into the blood across the wall of the small intestine.
- Digestive enzymes are produced by specialised cells in glands and in the lining of the gut.
- Carbohydrases such as amylase catalyse the breakdown of carbohydrates such as starch to sugars.
- Proteases catalyse the breakdown of proteins to amino acids.
- Lipases catalyse the breakdown of lipids to fatty acids and glycerol.

Human biology – Digestion

5.5 Making digestion efficient

Learning objectives

After this topic, you should know:
- the roles of hydrochloric acid and bile in making digestion more efficient.

Required practical (alternative)

Breaking down protein

You can see the effect of acid on the protease found in the stomach (called pepsin) quite simply. Set up three test tubes: one containing stomach protease, one containing hydrochloric acid, and one containing a mixture of the two. Keep them at body temperature in a water bath. Add a similar-sized chunk of meat to all three of them. Set up a webcam and watch for a few hours to see what happens.
- What conclusions can you make?

Figure 1 *These test tubes show clearly the importance of protein-digesting enzymes and hydrochloric acid in your stomach. Meat was added to each tube at the same time*

Safety: Wear eye protection (if HCl is stronger than 6.5 M then chemical splash-proof eye protection would be needed).

Your digestive system produces many enzymes that speed up the breakdown of the food you eat. As your body is kept at a fairly steady 37 °C, your enzymes have an optimum temperature that allows them to work as fast as possible.

Keeping the pH in your gut at optimum levels isn't that easy, because different enzymes work best at different pH levels. For example, the protease enzyme found in your stomach works best in acidic conditions, whilst the proteases made in your pancreas need alkaline conditions to work at their best. So, your body makes a variety of different chemicals that help to keep conditions ideal for your enzymes all the way through your gut.

Changing pH in the gut

You have around 35 million glands in the lining of your stomach. These secrete a protease enzyme to digest the protein you eat. This stomach protease works best in an acidic pH, so your stomach also produces a relatively concentrated solution of hydrochloric acid from the same glands. In fact, your stomach produces around 3 litres of hydrochloric acid a day! This acid allows your stomach protease enzymes to work very effectively. It also kills most of the bacteria that you take in with your food.

Your stomach also produces a thick layer of mucus. This coats your stomach walls and protects them from being digested by the acid and the enzymes.

After a few hours – depending on the size and the type of the meal you have eaten – your food leaves your stomach. It moves on into your small intestine. Some of the enzymes that catalyse digestion in your small intestine are made in your pancreas. Some are also made in the small intestine itself. They all work best in an alkaline environment.

The acidic liquid coming from your stomach needs to become an alkaline mix in your small intestine. Your liver makes a greeny-yellow alkaline liquid called **bile** so this can happen. Bile is stored in your gall bladder until it is needed.

As food comes into the small intestine from the stomach, bile is squirted onto it through the bile duct. The bile neutralises the acid that was added to the food in the stomach. This provides the alkaline conditions necessary for the enzymes in the small intestine to work most effectively.

Altering the surface area

It is very important for the enzymes of the gut to have the largest possible surface area of food to work on. This is not a problem with carbohydrates and proteins. However, the fats that you eat do not mix with all the watery liquids in your gut. They stay as large globules (like oil in water) that make it difficult for the lipase enzymes to act.

This is the second important function of bile – it **emulsifies** the fats in your food. This means that bile physically breaks up large drops of fat into smaller droplets. This provides a much bigger surface area of fats for the lipase enzymes to act upon. The larger surface area helps the lipase chemically break down the fats more quickly into fatty acids and glycerol.

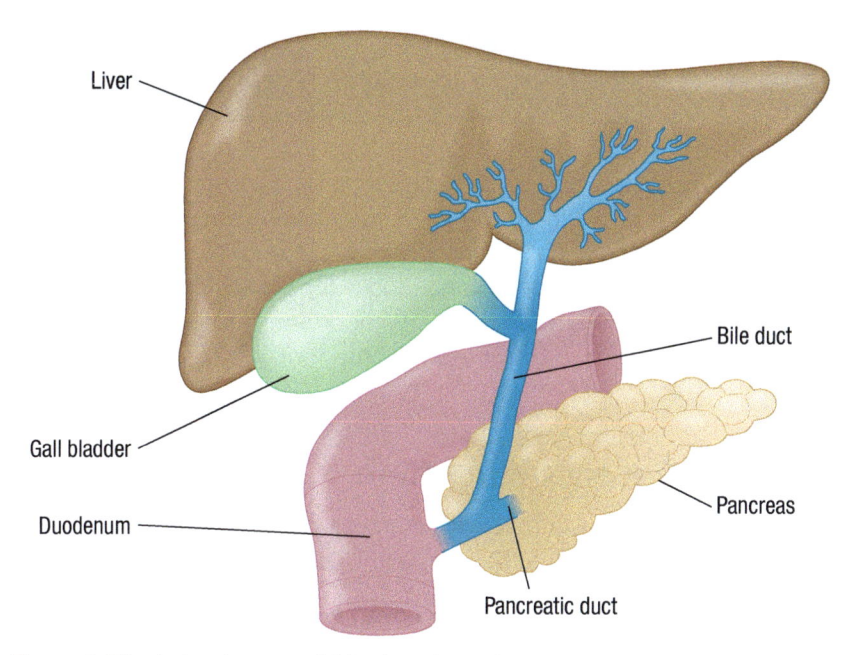

Liver
Gall bladder
Duodenum
Bile duct
Pancreas
Pancreatic duct

Figure 2 *Bile drains down small bile ducts in the liver. Most of it is stored in the gall bladder until it is needed*

Sometimes gall stones form, which can block the gall bladder and bile ducts. The stones can range from a few millimetres to several centimetres in diameter and can cause terrible pain (Figure 3). They can also stop bile being released onto the food in the small intestine, which reduces the efficiency of digestion.

Figure 3 *Gall stones can be very large and can cause extreme pain*

Summary questions

1 Look at Figure 1 opposite and Figure 3 on Page 61.
   a In what conditions does the protease from the stomach work best?
   b How does your body create the right pH in the stomach for this enzyme?
   c In what conditions do the proteases in the small intestine work best?
   d How does your body create the right pH in the small intestine for these enzymes?

2 Draw and label a diagram to explain how bile produces a big surface area for lipase to work on and explain why this is important.

3 Use everything you have learnt about digestion to describe the passage of a meal containing bread, butter, and egg through your digestive system from beginning to end.

Making digestion efficient

Did you know …?

If someone develops a stomach ulcer, the protective mucus is lost and acid production may increase. The lining of the stomach is then attacked by the acid and the protein-digesting enzymes, which is very painful.

links

For information on the sensitivity of enzymes to temperature and pH, look back at 5.3 Factors affecting enzyme action.

Study tip

Understand that:
Hydrochloric acid gives the stomach a low pH suitable for the protease secreted there to work efficiently.
Alkaline bile neutralises the acid and gives a high pH for the enzymes from the pancreas and small intestine to work well.
- Bile is **not** an enzyme as it does **not** break down fat molecules.
- Instead it emulsifies the fat into tiny droplets, which increases the surface area for lipase to act on, increasing the rate of digestion.

Key points

- The protease enzymes of the stomach work best in acid conditions. The stomach produces hydrochloric acid, which maintains a low pH.
- The enzymes made in the pancreas and the small intestine work best in alkaline conditions.
- Bile produced by the liver, stored in the gall bladder, and released through the bile duct neutralises acid and emulsifies fats.

Human biology – Digestion

5.6 Exchange in the gut

Learning objectives

After this topic, you should know:
- how the small intestine is adapted to enable you to absorb food efficiently
- why villi are so important.

The food you eat is broken down in your gut. Large food molecules are digested by enzymes to give simple sugars (e.g., glucose), amino acids, fatty acids, and glycerol. Your body cells need these products of digestion to provide fuel for respiration and the building blocks for growth and repair. A successful exchange surface is therefore very important. Your digestive system, particularly the **small intestine**, is adapted for the effective exchange of solutes.

Absorption in the small intestine

For the digested food molecules to reach your cells, they must move from inside your small intestine into your bloodstream. They do this by a combination of diffusion and active transport.

The digested food molecules are small enough to pass freely through the walls of the small intestine into the blood vessels. They move in this direction because there is a very high concentration of food molecules in the gut and a much lower concentration in the blood. They move into the blood down a steep concentration gradient.

The lining of the small intestine is folded into thousands of tiny finger-like projections known as **villi** (singular: villus). These greatly increase the uptake of digested food by diffusion (Figure 1). Only a certain number of digested food molecules can diffuse over a given surface area of gut lining at any one time. Increasing the surface area means that there is more room for diffusion to take place (Figure 2).

Each individual villus is itself covered in many microscopic microvilli. This increases the surface area available for diffusion even more.

links
You will find information on glucose, amino acids, fatty acids, and glycerol in 5.4 'The digestive system'.

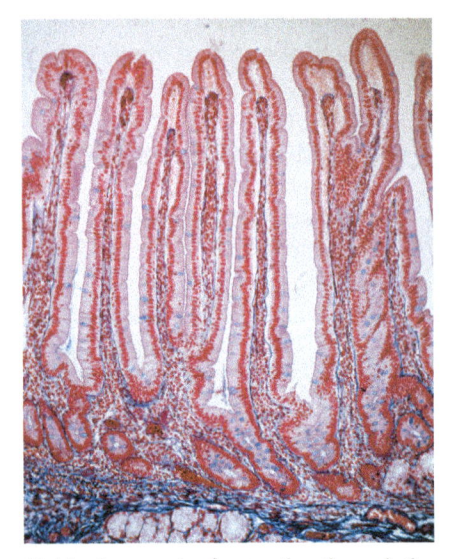

Light micrograph of a section through the villi of the small intestine

Scanning electron micrograph of the villi of the small intestine

Figure 1 *The villi of the small intestine increase the surface area available for diffusion many times over. This means you can absorb enough digested food to survive*

The lining of the small intestine has an excellent blood supply. This carries away the digested food molecules as soon as they have diffused from one side to the other. So, a steep concentration gradient is maintained all the time, from the inside of the intestine to the blood (see Figure 3). This in turn ensures that diffusion is as rapid and efficient as possible down the concentration gradient.

Active transport in the small intestine

Diffusion isn't the only way in which dissolved products of digestion move from the gut into the blood. As the time since your last meal increases, you will have

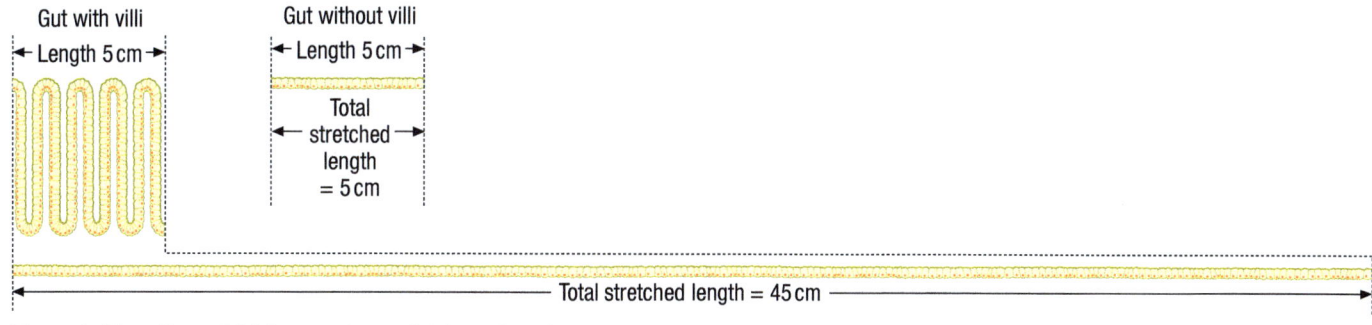

Figure 2 *The effect of folding on the available surface for exchange*

more dissolved food molecules in your blood than in your digestive system. Glucose and other dissolved food molecules are then moved from the small intestine into the blood by active transport. The digested food molecules have to move against the concentration gradient. This makes sure that none of the digested food is wasted and lost in your faeces.

Did you know ... ?

Although your gut is only around 7 metres long and a few centimetres wide, the way it is folded into your body along with the villi and microvilli give you a surface area for the absorption of digested products of between 200 and 300 m²!

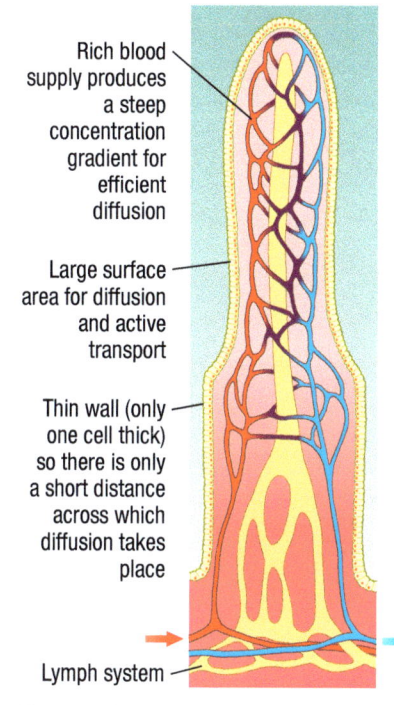

Figure 3 *Thousands of finger-like projections in the wall of the small intestine – the villi – make it possible for all the digested food molecules to be transferred from your small intestine into your blood by diffusion and active transport*

Summary questions

1 In the following sentences, match each beginning (A, B, C or D) to its correct ending (1 to 4).

A	Food needs to be broken down into small soluble molecules ...	1	... by diffusion and active transport.
B	The villi are ...	2	... carry away the digested food to the cells and maintain a steep concentration gradient.
C	Food molecules move from the small intestine into the bloodstream ...	3	... so diffusion across the gut lining can take place.
D	The small intestine has a rich blood supply to ...	4	... finger-like projections in the lining of the small intestine that increase the surface area for diffusion.

2 Explain why a folded gut wall can absorb more nutrients than a flat one.

3 Coeliac disease is caused by gluten, a protein found in wheat, oats, and rye. Affected people react to gluten – the villi become flattened and the lining of the small intestine becomes damaged.
  a Why do you think people with untreated coeliac disease are often quite thin?
  b If someone with coeliac disease stops eating any food containing gluten, they will gradually gain weight and no longer suffer malnutrition. Suggest why this might be.

Key points

- The villi in the small intestine provide a large surface area with an extensive network of blood capillaries.
- The villi mean the small intestine is well adapted as an exchange surface to absorb the products of digestion, both by diffusion and by active transport.

Human biology – Digestion

5.7 Making use of enzymes

Learning objectives

After this topic, you should know:
- how enzymes are used in the home
- how enzymes are used in the food industry.

Enzymes were first isolated from living cells in the 19th century. Now people not only know how important they are in the cells of the body and in digestion, they are using them more and more in industry. Some microorganisms produce enzymes which pass out of the cells and are easy for us to use. In other cases the whole microorganism is used.

Enzymes in the home

In the past, people boiled and scrubbed their clothes to get them clean – by hand. Now many people have washing machines and enzymes ready and waiting to digest the stains.

Many people use **biological detergents** to remove stains such as grass, sweat, and food from their clothes. Biological washing powders contain proteases and lipases. These enzymes break down the proteins and fats in the stains. They help provide you with a cleaner wash. Biological detergents work best at lower temperatures than non-biological detergents. This is because the enzymes work best at lower temperatures. They are denatured if the water is too hot. This means you use less electricity, too.

Figure 1 *Dishwashers do the washing up for us. Dishwasher powders contain enzymes similar to the proteases in your gut that digest cooked-on proteins like egg*

Practical

Investigating biological washing powder

Weigh a chunk of cooked egg white and leave it in a strong solution of biological washing powder.
- What do you think will happen to the egg white?
- How can you measure just how effective the protease enzymes are?
- How could you investigate the effect of surface area on enzyme action?

Enzymes in industry

Pure enzymes have many uses in industry.

Proteases are used to make baby foods. They pre-digest some of the protein in the food. When babies first begin to eat solid foods they are not very good at it. Treating the food with protease enzymes makes it easier for a baby's digestive system to cope with. It is easier for them to get the amino acids they need from their food.

Carbohydrases are used to convert starch into sugar (glucose) syrup. Manufacturers use huge quantities of sugar syrup in food production. You will see it on the ingredients labels on all sorts of foods.

Starch is made by plants like corn, and it is very cheap. Using enzymes to convert this plant starch into sweet sugar provides a cheap source of sweetness for food manufacturers.

It is also important for the process of making fuel (ethanol) from plants. The starch needs to be broken down into simple sugars so that yeasts can use it as a fuel for anaerobic respiration.

Figure 2 *Learning to eat solid food isn't easy. Having some of it pre-digested by protease enzymes can make it easier to get the goodness you need to grow!*

Making use of enzymes

Sometimes the glucose syrup made from starch is passed into another process that uses a different set of enzymes. Isomerase enzymes are used to change glucose syrup into fructose syrup.

Glucose and fructose contain exactly the same amount of energy (1700 kJ or 400 kcal per 100 g). However, fructose is much sweeter than glucose. Much smaller amounts are needed to make food taste sweet. So fructose is widely used in 'slimming' foods. The food tastes sweet but contains fewer calories.

The advantages and disadvantages of using enzymes

In industrial processes, many of the reactions need high temperatures and pressures to make them go fast enough to produce the products needed. This needs expensive equipment and buildings which also use a lot of energy.

Enzymes can solve industrial problems like these. They catalyse reactions at relatively low temperatures and normal pressures. Enzyme-based processes are therefore often fairly cheap to run.

One problem with enzymes is that they are denatured at high temperatures, so the temperature must be kept down (usually below 45 °C). The pH also needs to be kept within carefully controlled limits that suit the enzyme. It costs money to control these conditions.

Many enzymes are also expensive to produce. Whole microorganisms are relatively cheap, but they need to be supplied with food and oxygen and their waste products need to be removed. They use some of the substrate to grow more microbes. Pure enzymes use the substrate more efficiently, but they are also more expensive to produce.

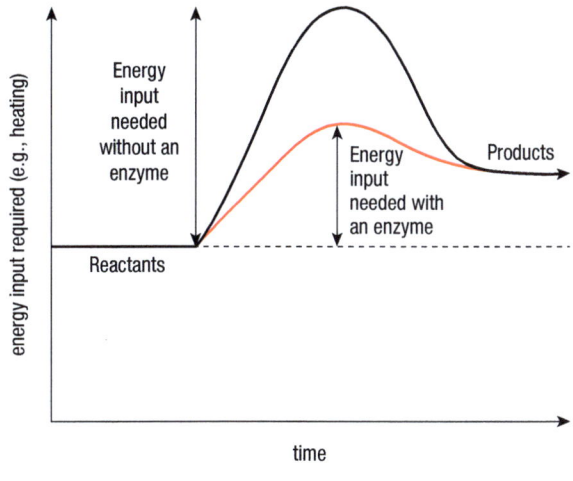

Figure 3 *This graph shows you how using an enzyme reduces the energy input needed for a reaction. In industry, using an enzyme and so reducing your heating costs can make a process an economic success*

Summary questions

1. List three enzymes and the ways in which manufacturers use them in the food industry.
2. Biological washing powders contain enzymes in tiny capsules. Explain why:
   a they are more effective than non-biological powders at lower temperatures
   b they are not more effective at high temperatures.
3. Make a table to show the advantages and disadvantages of using enzymes in industry.

Key points

- Some microorganisms produce enzymes which pass out of the cells and can be used in different ways. These enzymes have many uses in the home and in industry.

Human biology – Digestion: 5.1–5.7

Summary questions

1 Imagine a meal of rice and chicken, with oil used to cook the chicken. Describe what happens to this meal in the digestive system after it is eaten until the remains are removed from the body.

2 Explain how each of the following adaptations makes digestion more efficient:

   a the acid pH in the stomach and the alkaline pH in the small intestine

   b the release of bile from the gall bladder onto the food entering the small intestine

   c the villi of the small intestine.

3

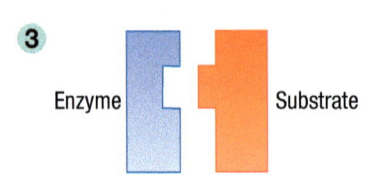

Enzyme   Substrate

Figure 1

   a Describe the structure of a protein.

   b Draw diagrams based on Figure 1 to help you to explain how an enzyme catalyses a reaction.

   c Using your knowledge of the structure of a protein molecule, explain why pH and temperature can affect the way in which a protein carries out its function in a cell.

4 The results in Table 1 and Table 2 come from a student who was investigating the breakdown of hydrogen peroxide using manganese(IV) oxide and grated raw potato.

Table 1 *Using manganese(IV) oxide*

Temperature (°C)	Time taken (s)
20	106
30	51
40	26
50	12

Table 2 *Using grated raw potato*

Temperature (°C)	Time taken (s)
20	114
30	96
40	80
50	120
60	no reaction

   a Draw a graph of the results using manganese(IV) oxide.

   b What do these results tell you about the effect of temperature on a catalysed reaction? Explain your observation.

   c Draw a graph of the results when grated raw potato was added to the hydrogen peroxide.

   d What does this graph tell you about the effect of temperature on an enzyme-catalysed reaction?

   e Why does temperature have this effect on the enzyme-catalysed reaction but not on the reaction catalysed by manganese(IV) oxide?

5 Students investigated two protease enzymes, A and B. They added samples of enzymes A and B to test tubes containing solutions at a range of pH values. After 20 minutes they tested the activity of the enzyme in each test tube.

The following table shows their results.

pH of solution in test tube	2	4	6	8	10	12
Activity of enzyme A in arbitrary units	0	0	12	32	24	8
Activity of enzyme B in arbitrary units	26	20	6	0	0	0

   a Name **two** variables that the students should have controlled in this investigation.

   b Give **one** way in which the students could have made this investigation more reliable.

   c What conclusions can the students make from these results about the enzymes A and B?

   d The students are told that the two enzymes are pepsin (produced in the stomach) and trypsin (produced by the pancreas).

   Suggest which letter represents pepsin and which letter represents trypsin. Give reasons for your answer.

End of chapter questions

Practice questions

1 Figure 1 is a diagram of the human digestive system.

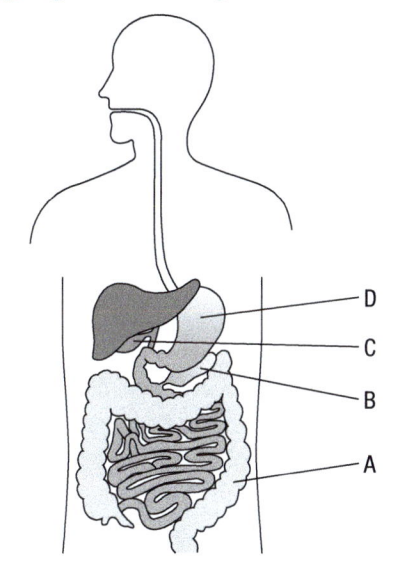

Figure 1

a i Name the parts labelled A, B, C, and D. (4)
ii Copy and complete the following sentences using the letters A–D from the Figure 1:
Part .... churns the food by muscular action.
Fats are emulsified by bile from part ....
Protease enzymes are produced by parts .... and ....
Water is reabsorbed in part .... (5)

b *In this question you will be assessed on using good English, organising information clearly, and using specialist terms where appropriate.*

Describe the role of digestive enzymes in breaking down large, insoluble food molecules into small, soluble molecules that can be absorbed. (6)

2 Figure 2 represents large molecules found in our body.

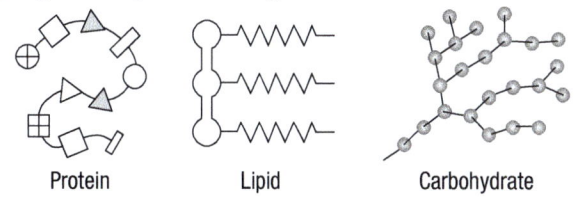

Protein   Lipid   Carbohydrate
Figure 2

a Name the small molecules represented by these symbols:

i   ii   iii   iv   (4)

b Enzymes are proteins.
i What is an enzyme? (1)
ii Explain how the specific shape of an enzyme is essential for it to work. (3)
iii Give the term used to describe an enzyme that has lost its specific shape. (1)
iv Name **two** factors that can cause an enzyme to lose its shape. (2)

c Name **three** other types of proteins found in the body. Describe the function of each type of protein. (6)

3 Enzymes have many uses in the home and in industry.

a Which type of organisms are used to produce these enzymes? (1)

b Babies may have difficulty digesting proteins in their food. Manufacturers of baby food use enzymes to pre-digest the protein in the food to overcome this difficulty.

Copy and complete the following sentences:
i Proteins are pre-digested using enzymes called .... (1)
ii This pre-digestion produces .... (1)

c A manufacturer of baby food uses enzyme V to pre-digest protein. He tries four new enzymes – W, X, Y, and Z – to see if he can reduce the time taken to pre-digest the protein.

Figure 3 shows the time taken for the enzymes to completely pre-digest the protein. The manufacturer uses the same concentration of enzyme and the same mass of protein in each experiment.

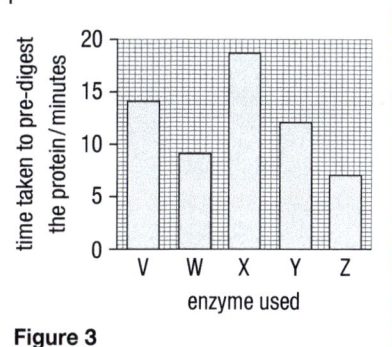

Figure 3

i How long did it take enzyme V to pre-digest the protein? (1)
ii Which enzyme would you advise the baby food manufacturer to use? Give a reason for your answer. (2)
iii State **two** other factors that should be controlled in the manufacturer's investigations. (2)

Chapter 6 Nervous coordination and behaviour

6.1 Responding to change

Learning objectives

After this topic, you should know:
- why you need a nervous system
- how receptors enable you to respond to changes in your surroundings.

You need to know what is going on in the world around you. Your **nervous system** makes this possible. It enables you to react to your surroundings and coordinate your behaviour.

Your nervous system carries electrical signals (**impulses**) that travel fast – between 1 metre and 120 metres per second. This means you can react to changes in your surroundings very quickly.

The nervous system

Like all living things, you need to avoid danger, find food, and, eventually, find a mate! This is where your nervous system comes into its own. Your body is particularly sensitive to changes in the world around you. Any changes (known as **stimuli**) are picked up by cells called **receptors**.

Receptor cells, such as the light receptor cells in your eyes, are similar to most animal cells. They have a nucleus, cytoplasm, and a cell membrane. These receptors are usually found clustered together in special **sense organs**, such as your eyes and your skin. Humans and other animals have many different types of sensory receptor (Figure 2).

Figure 1 *Your body is made up of millions of cells that have to work together. Whatever you do with your body, whether it's walking to school or playing on the computer, your movements need to be coordinated*

Did you know ... ?

Some male moths have receptors which are so sensitive they can detect the scent of a female several kilometres away and follow the scent trail to find her!

Figure 2 *This fennec fox relies on its sensory receptors to detect changes in the environment*

Responding to change

How your nervous system works

Once a sensory receptor detects a stimulus, the information (sent as an electrical impulse) passes along special cells called **neurones**. These are usually found in bundles that contain hundreds or even thousands of neurones, which are known as **nerves**.

The impulse travels along the neurone until it reaches the **central nervous system**, or CNS. The CNS is made up of the brain and the spinal cord. The cells that carry impulses from your sense organs to your central nervous system are called **sensory neurones**.

Your brain gets huge amounts of information from all the sensory receptors in your body. It coordinates the response to the information, and sends impulses out along special cells. These cells, called **motor neurones**, carry information from the CNS to the rest of your body. They carry impulses to make the right bits of your body – the **effector organs** – respond (Figure 3).

Effector organs are muscles or glands. Your muscles respond to the arrival of impulses by contracting. Your glands respond by releasing (secreting) chemical substances, for example, your salivary glands produce and release extra saliva when you smell food cooking.

The way your nervous system works can be summed up as:

receptor → sensory neurone → coordinator (CNS) → motor neurone → effector

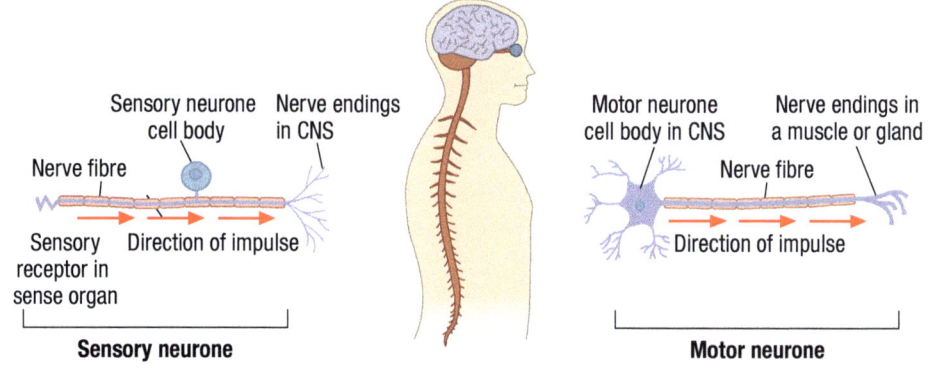

Figure 3 The rapid responses of our nervous system allow us to respond to our surroundings quickly – and in the right way!

> **Study tip**
>
> Be careful to use the terms neurone and nerve correctly. Talk about **impulses** (*not* messages) travelling along a neurone.

Summary questions

1. **a** What is the main function of the nervous system?
   b What is the difference between a neurone and a nerve?
   c What is the difference between a sensory neurone and a motor neurone?
2. Make a table to show the different types of sense receptor. For each one, give an example of the sort of things it responds to, for instance, touch receptors respond to an insect crawling on your skin.
3. Explain what happens in your nervous system when you see a piece of fruit, pick it up, and eat it.

> **Key points**
>
> - The nervous system uses electrical impulses to enable you to react quickly to your surroundings and coordinate what you do.
> - Cells called receptors detect stimuli (changes in the environment).
> - Impulses from receptors pass along sensory neurones to the brain or spinal cord (CNS). The brain coordinates the response, and impulses are sent along motor neurones from the brain (CNS) to the effector organs.
> - Effectors include muscles and glands.

6.2 Reflex actions

Nervous coordination and behaviour

Learning objectives

After this topic, you should know:
- what reflexes are
- why reflexes are important in your body.

Practical

The stick-drop and hand-squeeze tests

A couple of ways in which you can investigate how quickly nerve impulses travel in your body are:
- using either stop clocks or ICT to measure how quickly you can catch a metre rule
- standing in a circle holding hands with your eyes closed and measuring how long it takes a hand squeeze to pass around the circle.

Study tip

Make sure you are clear about the link between the term 'motor' and movement. Motor neurones stimulate the muscles to contract. Think 'motor cars move'!

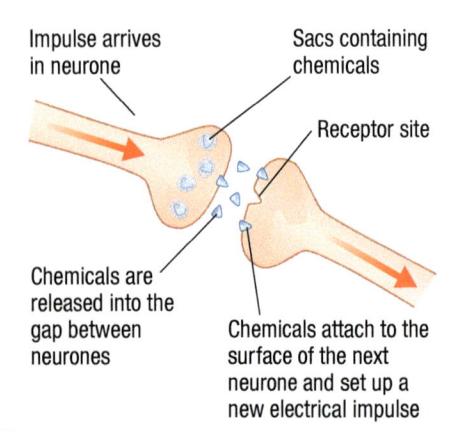

Your nervous system lets you take in information from your surroundings and respond in the right way. However, some of your responses are so fast that they happen without giving you time to think.

When you touch something hot, or sharp, you pull your hand back before you feel the pain. If something comes near your face, you blink. Automatic responses like these are known as **reflexes**.

What are reflexes for?

Reflexes are very important both for humans and for other animals. They help you to avoid danger or harm because they happen so fast. There are also lots of reflexes that take care of your basic bodily functions. These functions include breathing and moving food through your gut.

Reflexes do not involve the conscious areas of your brain. It would make life very difficult if you had to think consciously about those things all the time – and it would be fatal if you forgot to breathe!

How do reflexes work?

Reflex actions often involve just three types of neurone. These are:
- sensory neurones
- motor neurones
- **relay neurones** – these connect a sensory neurone and a motor neurone, and are found in the CNS.

An electrical impulse passes from a sensory receptor along a sensory neurone to the CNS. It then passes along a relay neurone (usually in the spinal cord) and straight back along a motor neurone. From there, the impulse arrives at an effector organ. The effector organ will be a muscle or a gland. This pathway is called a **reflex arc**.

The key point about a reflex arc is that the impulse bypasses the conscious areas of your brain. The result is that the time between the stimulus and the reflex action is as short as possible.

How synapses work

Your neurones are not joined up directly to each other. There are junctions between them called **synapses**, which form physical gaps between the neurones. The electrical impulses travelling along your neurones have to cross these synapses. They cannot leap the gap. Look at Figure 1 to see what happens next.

The reflex arc in detail

Look at Figure 2. It shows what would happen if you touched a hot object.
- When you touch the object, a receptor in your skin is stimulated. An electrical impulse from a receptor passes along a sensory neurone to the central nervous system – in this case, the spinal cord.

Figure 1 *When an impulse arrives at the junction between two neurones, chemicals called neurotransmitters are released that cross the synapse and arrive at receptor sites on the next neurone. This starts up a new electrical impulse in the next neurone*

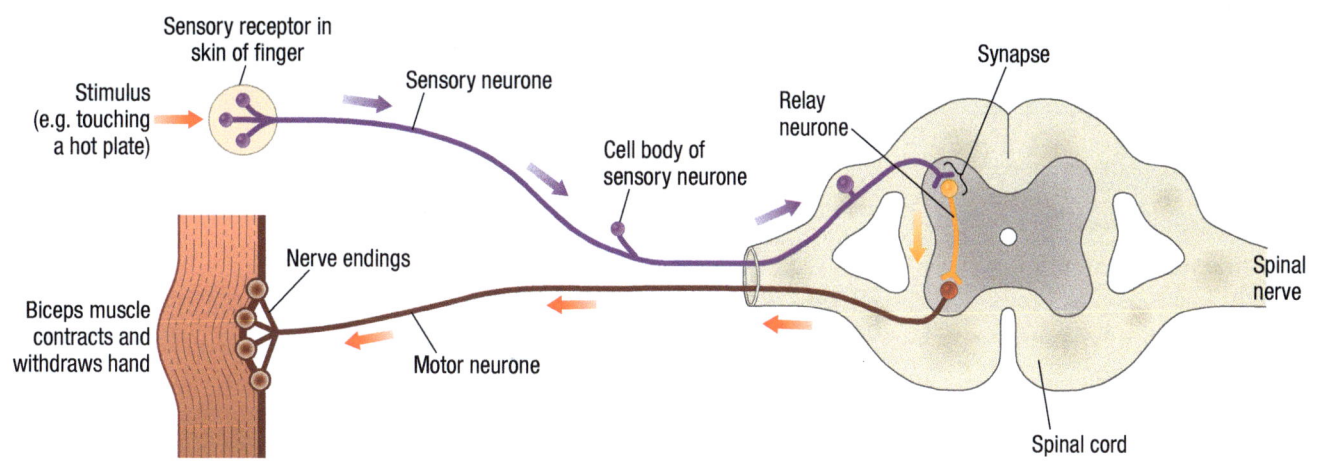

Figure 2 *The reflex action that moves your hand away from something hot can save you from being burnt. Reflex actions are quick and automatic – you do not think about them*

- When an impulse from the sensory neurone arrives at the synapse with a relay neurone, a neurotransmitter is released which acts as a chemical messenger. This chemical crosses the synapse to the relay neurone, where it sets off a new electrical impulse that travels along the relay neurone. The diffusion of the neurotransmitter across the synapse is slower than the electrical impulse in the neurones, but it makes it possible for the impulse to cross the gap between them.
- When the impulse reaches the synapse between the relay neurone and a motor neurone returning to the arm, another neurotransmitter is released. Again, the chemical crosses the synapse and starts a new electrical impulse travelling down the motor neurone to an effector. When the impulse reaches the effector organ, it is stimulated to respond. In this example, the impulses arrive in the muscles of the arm, causing them to contract. This action moves the hand rapidly away from the source of pain. If the effector organ is a gland, it will respond by releasing (secreting) chemical substances.

The reflex pathway is not very different from a normal conscious action. However, in a reflex action the coordinator is a relay neurone either in the spinal cord or in the unconscious areas of the brain. The whole reflex is very fast indeed.

An impulse also travels up the spinal cord to the conscious areas of your brain. You know about the reflex action, but only after it has happened.

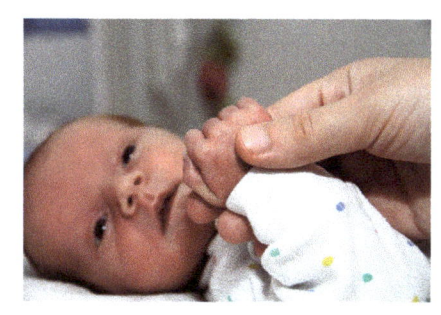

Figure 3 *Newborn babies have a number of special reflexes that disappear as they grow. This grasp reflex is one of them*

Study tip

Learn the reflex pathway off by heart:

stimulus → receptor → sensory neurone → relay neurone → motor neurone → effector → response

Summary questions

1. **a** Why are reflexes important?
   b Why is it important that reflexes don't go to the conscious areas of your brain?
2. Explain why some actions, such as breathing and swallowing, are reflex actions, whilst others, such as speaking and eating, are under your conscious control.
3. Make a flow chart to explain what happens when you step on a pin. Make sure you include an explanation of how a synapse works.

Key points

- Some responses to stimuli are automatic and rapid, and are called 'reflex actions'. They involve sensory, relay, and motor neurones.
- Reflex actions control everyday bodily functions, such as breathing and digestion, and help you to avoid danger.
- There are gaps between neurones called synapses. The release of chemicals into the synapse allows the impulse to cross from one neurone to another.

Nervous coordination and behaviour

6.3 Animal behaviour

Learning objectives

After this topic, you should know:
- some different types of animal behaviour.

You see animal behaviour going on around you all the time in pets and farm animals, in the wildlife in your home, garden, and the countryside – and most of all in yourself. Biologists define behaviour as:

an action made in response to a stimulus, which modifies the relationship between the organism and the environment.

This means that animals pick up changes in the world around them and respond in a way that changes the situation in some way. Some of the behaviour that rules the lives of animals is **innate** or instinctive and some of it is **learnt**.

Different types of behaviour

- Innate behaviour is found in all members of a species. It isn't learnt by the animal. It is the result of specific nerve pathways laid down as the embryo develops. Some innate behaviour involves very basic responses. For example, invertebrates such as woodlice move randomly until they find themselves somewhere dark and damp – then they stop moving. This allows them to stay safe from drying out and hidden from predators. But some very complex behaviours, from competing for a mate and building a web or a nest to travelling thousands of miles in migration, are also innate behaviours (see 6.4 Animal communications).

- **Habituation** happens when a stimulus is repeated time after time and nothing happens, good or bad. Eventually the animal stops responding to that stimulus, and the response does not return when it meets the stimulus again. Habituation is particularly important in the development of young animals as they learn not to react to the neutral features of the natural world. For example, many different types of animals have to learn to ignore the movement and noise of the wind or the ocean, or their nervous systems would be constantly firing off false alarms.

Figure 1 *This tiny, beautiful nest is made by the hummingbird from spider webs, moss, and down in a complex piece of innate behaviour. No one teaches her how to do it – and she must get it right first time or her offspring will not survive*

Figure 2 *Imprinting makes sure that these tiny ducklings stay close to their mother and so stay as safe as possible*

Animal behaviour

- **Imprinting** is a very specialised form of learning behaviour that is seen only in very young animals. At a receptive stage of its early life, the young animal identifies with and attaches itself emotionally to another large organism. This is usually the parent. Once an animal has imprinted it will follow the parent whilst it is young, and relate to other similar animals throughout its life. Imprinting enables the animal to recognise other animals of the same species. If the parent isn't available, the baby animal will imprint on any available object – including humans!

- **Classic conditioning** takes place when animals learn to associate an existing unconditioned reflex with a new stimulus. The most famous example of this is the work of the Russian scientist Pavlov, who carried out research into the behaviour of dogs. When dogs see and smell their food, they begin to salivate before they start eating. Ringing a bell does not affect the production of saliva. Pavlov tried ringing a bell before presenting his experimental dogs with their food. In time, the dogs began salivating when they heard the bell, even when there was no food to see, smell, or eat. The normal food response had become conditioned. The dogs learnt that the bell was a signal for food arriving and so their bodies responded.

- **Operant conditioning** is also known as trial-and-error learning. This takes place when a piece of trial behaviour by an animal is either rewarded (something good happens, such as it gets food) or punished (something bad happens, such as the animal gets hurt). An animal will usually repeat the behaviour several times. If something good happens every time, the behaviour is likely to be repeated and used in the long term. If the behaviour always results in punishment, it is likely that the animal will stop trying it. Operant learning plays an important part in the way animals, including people, learn in everyday life. It is also widely used by people who want to train animals to carry out particular behaviours.

Figure 3 *When scientists raise rare birds, such as the Californian condor, from eggs, they use puppets of the parents and stay hidden to prevent the young birds imprinting on people rather than their own kind*

∞ links
You will learn more about animal behaviours in 6.4 Animal communications and 6.5 Reproductive behaviours.

Figure 4 *Cats are not naturally gifted with technology, but if they once jump onto a desk near a computer, they quickly learn that it is a warm place to settle down for a nap – but only when the computer is switched on*

Summary questions

1 Define animal behaviour.

2 Make a table to compare innate behaviour, imprinting, habituation, classic conditioning, and operant conditioning.

3 Find out more about two of the following types of behaviour: innate behaviour, imprinting, habituation, or classic conditioning. Write a brief report on each, including at least one example of a scientific investigation into the behaviour and several examples from the natural world.

Key points

- The different behaviours displayed by animals include:
  - innate behaviour
  - imprinting
  - habituation
  - classic conditioning
  - operant conditioning.

Nervous coordination and behaviour

6.4 Animal communications

Learning objectives

After this topic, you should know:
- some methods of communication in the animal kingdom.

A lot of animal behaviour is based on communication between both members of the same species, and members of different species. Animals use a wide variety of types of signals to communicate with each other. Three of the most common forms of communication involve sound signals, visual signals, and chemical signals.

Sound signals

To communicate using sound, animals need to be able to make sounds, hear sounds, and interpret sounds. Humans shape sounds into speech to communicate everything from simple needs to sophisticated ideas. People can also use speech to communicate with other species of animals, such as cats, dogs, cattle, and sheep, even if they do not understand what we say to them.

Social primates such as chimpanzees use a wide range of sounds to communicate complex emotions, from friendship to rage. Other mammals also use sound to communicate. This ranges from the howling of wolves that maintains contact between the pack members and defends their territory, to the gentle sounds made by a mother sheep as she bonds with her newborn lamb.

It is not only mammals that use sound to communicate. Birds sing to mark their territories, find possible mates, and warn off rivals. Frogs and toads do a similar thing, inflating their throats to amplify the sound so it travels as far as possible (Figure 1). Male crickets and cicadas make sounds by rubbing parts of their bodies together. These sounds are to attract a mate, and they can be very loud. Different animals can hear sounds in different ranges. For example, bats make sounds that are too high for humans to hear. These sounds allow the bats to use echolocation to fly in the dark, and they also act as communication between the bats so they don't collide in mid-air. Humpbacked whales make very low sounds that can travel for miles underwater. Scientists think these sounds act as a signal between males and females during mating behaviour.

Figure 1 *The communication sounds made by these tiny tropical frogs are used to mark territories and attract females, but they are so loud that they are easily heard by other species too*

Visual signals

Animals do not only use sound to communicate. Animals such as humans that communicate using sound often rely heavily on visual communication as well. Raised eyebrows, a clenched fist, tension in the lips, dilated pupils – visual cues like these can tell us whether someone is happy or sad, attracted to us, or angry, without them saying a word. In many different species of animals, and between species of animals, visual cues indicate whether an animal is hungry or sleepy, playful or aggressive. Many of these visual signals can be read by more than one species (Figure 2).

Figure 2 *Communication across species – the playful body language of a sled dog communicates to a polar bear. Instead of the bear killing and eating the dog, the animals ended up playing together*

Many forms of visual communication in the animal world are linked to selecting a mate, reproduction, and raising offspring. Examples include the magnificent feathers of the peacock and birds of paradise; the red, swollen body parts that signal that a female primate is ready to mate; the gaping beaks of baby birds that stimulate their parents to feed them; or the large eyes of many young mammals that trigger a protective response in adults.

Other visual signals warn of danger. The black-and-yellow colours of wasps, bees, and hornets warn that they sting. The coral snake uses bright colours to warn that it is poisonous (Figure 3). Many beetles, such as the common garden ladybug, use strong reds and yellows to warn potential predators that they don't taste good.

Chemical signals

Chemical signals are key to communication in many animal species – they even play an important role for humans. Chemical signals include both scents that you are aware of and chemicals known as pheromones that you cannot consciously smell but that affect the way you behave. Chemical signals are widely used by animals to identify both members of the same species and individuals within the species. Pheromones are often involved in sexual attraction, and they are used to communicate who is dominant in a social group. In some species, including horses, cattle, sheep, and cats, the males curl back their top lip to capture the chemical signals from fertile females, or the faeces and urine of rival males, using a specialised sense organ.

Chemical signals are very important in defence for many animals, especially insects and other invertebrates. Squirting unpleasant smelling and/or tasting substances protects many insects from birds and other predators. In social insects such as bees and ants, chemicals are used to communicate everything from where to find food to giving warning of attack by another colony.

Figure 3 *Lying snakes. The coral snake at the top of this image is deadly poisonous. The milk snake below is harmless, but mimics a coral snake well enough to communicate the same warning - milk snakes are usually left alone!*

∞ links

You will learn more about reproductive behaviour in 6.5 Reproductive behaviours.

Figure 4 *The female oak eggar moth produces a chemical signal that is picked up by the male moth's feathery antennae. By following her chemical signals, the male can find her and mate*

Summary questions

1 Describe the three main ways in which animals communicate.
2 Give examples of how sound might be used:
   a to communicate territory boundaries
   b to show aggression towards another animal
   c to help find a mate.
3 *Communication between species is almost as important as communication between members of the same species.* Discuss this statement, and give examples of different types of communication to support your arguments.

Key points

- Animals use a variety of types of signal to communicate with each other.
- These signals include sound signals, visual signals, and chemical signals.

Nervous coordination and behaviour

6.5 Reproductive behaviours

Learning objectives

After this topic, you should know:
- some of the reproductive behaviours used by animals to find and keep a mate
- some of the specialised behaviours in animals which help to make sure that as many offspring survive as possible.

In terms of survival of the species, the most important thing that any animal can do is reproduce. For many animals this involves finding a mate and then trying to make sure that as many offspring as possible survive to adulthood. Here are some of the many different ways of reproducing and parenting that have evolved over time.

Finding a mate

Animals that use sexual reproduction need to find and select a mate. To give their offspring the best possible chance of survival, they need to select the best quality mate who will pass on the best alleles to the offspring. Choosing a mate usually involves a process of courtship. This is a set of behaviours that help the animals to select a mate and then build a bond between the pair. In most species the females decide which males they will mate with, so courtship behaviour has evolved to advertise the quality of each male as a potential mate. Sometimes this involves direct fighting between the males (Figure 1), and the females stay with the winner (this happens in most deer species, wild horses, and sheep). Often the competition is less direct – it may involve singing (many birds, frogs, and insects), or displaying dramatic feathers or markings such as those shown in Figure 2 (peacocks, birds of paradise, macaws), bringing gifts of food (many spiders), or building a nest (many birds, sticklebacks). Displaying males do not risk physical damage in the competition, and the females get to choose the mate who seems strongest and fittest. Once the female has chosen her mate, they may form a strong pair bond through a variety of different behaviours and displays – usually including mating.

Animals have a number of different mating strategies. These include:
- Finding a mate for life, for example, swans, albatrosses, and black vultures. This is rare in the animal kingdom.
- Having several different mates over a lifetime, for example, in a pride of lions the dominant male, who breeds with all the females, may change several times over the breeding life of any one female.
- Having one mate for a single breeding season, for example, many types of penguins and garden birds.
- Having several mates over a single breeding season, for example, kittens or puppies in a litter may have several fathers.

Figure 1 *When males compete by fighting they show off their strength but risk injury and even death*

Figure 2 *The dramatic display of the male peacock has evolved to convince females that he is a high-quality mate, but without risking his life*

Parental care

Some animals produce many offspring and leave them to look after themselves. Most of the offspring die or are eaten, but a few usually survive. This strategy is common in invertebrates, fish, amphibians, and reptiles. Other species have developed special behaviours for rearing their young. These behaviours often involve the parents in the care of their offspring. Species where one or both of the parents takes care of the offspring usually produce relatively few offspring, but more of them survive. Parenting behaviour can be risky for the parents. It uses up time and resources and makes them vulnerable to starvation and to predators. For some animals, parenting can even result in death. But parental care can be a very successful evolutionary strategy. It increases the chances of the offspring surviving. It also increases the chances of those offspring reproducing and passing the parental genes on to the next generation.

Examples of parental behaviour include:
- Mouth brooding – some fish and frogs keep their eggs and even their young in their mouths until the eggs hatch or the young are big enough to look after themselves.
- Egg-laying and incubation – many reptiles and birds lay eggs that contain food for the developing offspring, so they can grow to a stage at which they are more likely to survive before they hatch. Birds also incubate their eggs, keeping them warm as the young develop inside and then caring for the offspring after hatching. Some young birds can feed themselves immediately, but they need to be taught where to find food and how to avoid danger. Some species hatch featherless and helpless. They need dedicated parental care, including feeding, until their feathers grow and they are strong enough to fly.
- Young mammals develop inside their mother, and a small number of offspring are produced at one time. Once the babies are born the mother usually displays strong parenting behaviour. She produces milk to feed her young. Male mammals are less likely to be involved in rearing their offspring. Some young mammals, such as foals, camels, and lambs, are born able to walk and keep up with the adults. They learn from their mothers how to feed themselves and how to behave. Some mammals, such as mice, kittens, and chimpanzees, are born very helpless and need continual care until they can see and walk. Often the parental care continues for months and even years. Primate babies take longest to grow and mature. The female orangutan looks after her baby for around 8 years before having another. For chimpanzees, growing up takes 3–5 years. Parental behaviour involves many things, from feeding and grooming to teaching the infant how to find food and how to behave with other animals. Human babies are the slowest-growing primates.

Figure 3 *Providing food and protection to a large brood of babies is very exhausting for the parents*

Figure 4 *The behaviour needed to take care of a baby for many years can put a mother at risk but it greatly increases the chances of her offspring surviving to adulthood*

Key points

- Sexual reproduction requires the finding and selection of a suitable mate, and can involve courtship behaviours that advertise the individual's quality.
- Animals have different mating strategies, including selecting a mate for life, several mates over a lifetime, a mate for a single breeding season, or several mates over one breeding season.
- Some animals have developed special behaviours for rearing their young.
- Parental care can be a successful evolutionary strategy, giving an increased chance of survival for the offspring and an increased chance of parental genes being passed on by the offspring, but it may involve risks to the parents.

Summary questions

1 What are the main mating strategies seen in the animal kingdom?
2 Animals select their mates in different ways.
  a Males usually show some form of courtship display. Why do they do this?
  b Describe three different types of courtship behaviour and suggest the advantages and disadvantages to the animals in the examples you have chosen.
3 a There are two basic strategies for the production of offspring. Give both, and explain the advantages and disadvantages of each one.
  b *Parental care may involve risks to the parents, but it is worth it for the evolutionary benefits*. Discuss this statement.

6.6 Nervous coordination and behaviour
Human use of animal behaviours

Learning objectives

After this topic, you should know:

- ways in which people use conditioning when training captive animals for specific purposes.

Long before scientists began to study behaviour, people knew how to change the behaviour of animals, often using what is now called operant conditioning. The same ideas are also used when parents bring up their children, teaching them how to behave in the home and in society.

Training animals

For much of human history people have shared their lives with animals, from the dogs and cats in their homes to the horses they ride and the cows, sheep, and goats they use to give them food, milk, and leather. Whenever people use animals, they train them and change their behaviour to suit their purposes. The main way in which they do this is to use operant conditioning.

In natural operant conditioning, a random piece of behaviour by an animal either gives it a benefit or harms it. People have adapted this natural learning process to train animals for specific purposes. Desirable behaviour is rewarded by a treat, or by fuss and attention. Undesirable behaviour is 'punished' by withholding treats or attention. In modern society, the way we use animals has become increasingly sophisticated, but the basics of training remain the same.

Figure 1 *When human babies learn to eat solid food they get the double reward of food and praise from their carers*

links
You learnt about different types of behaviours in 6.3 Animal behaviour, 6.4 Animal communications, and 6.5 Reproductive behaviours.

Training sniffer dogs

People today can fly all over the world. There are huge gatherings of people at sporting, musical, and political events. Most of the people who travel, and who attend big events, do so for entirely innocent reasons. Unfortunately, some people are not so innocent. There are two major problems for police and security forces:

- The movement of illegal drugs from the countries where they are grown to the countries where they will be used. Illegal drugs are worth millions of pounds to the criminals who sell them, but they cause immeasurable harm to the people who use them. Most countries try to prevent the movement of illegal drugs.
- The use of terrorist tactics to try and change the way people think. Terrorists frequently use explosives and guns to kill innocent people and destroy airliners. Countries around the world want to protect their citizens from the actions of terrorists.

Sniffer dogs are an important part of the fight against both illegal drugs and terrorists. Dogs have a highly developed sense of smell that is up to 10 000 times better than that of humans. They can be trained to detect substances such as drugs or explosives, and to indicate their find to a handler. The training of sniffer dogs involves operant conditioning.

In the early stages of training, the dog is exposed to the smell it has to detect. When it approaches the substance and responds, it is rewarded using treats, praise, or a toy. If it doesn't sniff the substance it is ignored. Once the dog always responds to the scent of the substance, the task gets harder – the substance is hidden. When the dog finds the substance and responds, it is again rewarded. Finally, the dog is only rewarded when it detects the desired object and responds in a particular way, for example, when it sits and stares or barks.

Figure 2 *Sniffer dogs can be trained through operant conditioning to indicate the presence of substances, from drugs or explosives to body parts*

Human use of animal behaviours

These highly trained dogs and their handlers are used at airports and large gatherings of people around the globe, and play an important role in keeping us safe.

Training police horses

Police forces around the world work to prevent crime and to capture criminals. At large public gatherings, including religious events, sporting occasions, and political rallies, the police also maintain public order. To help them, they often use horses. Police horses allow the police to see what is happening, and to move through a crowd – people will give way to horses more easily than to someone on foot. The police also use horses when searching for people in difficult, inaccessible terrain.

Like all riding horses, police horses must be obedient and responsive, able to walk forward, backwards or sideways on command, and must be safe in traffic.

Police horses also have to cope calmly with large crowds, lots of noise, sudden bangs and explosions, musical instruments, fire, and even rioting people. Their natural behaviour would be to panic and run away. This is where operant conditioning is very important. Potential police horses are gradually exposed to different difficult situations. Every time they respond calmly, they are rewarded by praise and sometimes food. They develop a strong bond of trust with their riders and will eventually move calmly through the loudest crowd and the most violent demonstration, helping to maintain law and order and keep people safe.

Figure 3 *The calm behaviour of police horses is the result of careful conditioning as they are trained*

Summary questions

1 Describe how operant conditioning is used to change behaviour.
2 Dogs are often used to help to detect people trapped in rubble after an earthquake or other natural disaster. Explain carefully the difficulties that have to be overcome, and how these dogs might be trained.
3 Look into three different examples of how people have trained captive animals for different purposes over time. Discuss the different purposes, how the behaviour of the animal has to be changed, and the different ways in which this has been done.

Key points

- Humans can make use of conditioning when training captive animals for specific purposes, including:
  – sniffer dogs
  – police horses.

Nervous coordination and behaviour: 6.1–6.6

Summary questions

1 This question is about animal responses. Match up the beginnings and ends of the sentences:

a	Many processes in the body …	A	… effector organs.
b	The nervous system allows you …	B	… secreted by glands.
c	The cells that are sensitive to light …	C	… to react to your surroundings and coordinate your behaviour.
d	Hormones are chemical substances …	D	… are found in the eyes.
e	Muscles and glands are known as …	E	… are known as nerves.
f	Bundles of neurones …	F	… are controlled by hormones.

2 a What is the job of your nervous system?

  b Where in your body would you find nervous receptors that respond to:

  i light **ii** sound **iii** heat **iv** touch?

  c Draw and label a simple diagram of a reflex arc. Explain carefully how a reflex arc works, and why it allows you to respond quickly to danger.

3 a Describe habituation and explain why it is such important behaviour in the development of young animals.

  b Konrad Lorenz hatched geese from eggs in incubators and found that the goslings would follow him around. More recently scientists hatched rare birds under the wings of microlight aircraft. When the birds grew up they followed the aircraft on the migration routes that they would normally learn from their parents.

  i What type of behaviour is described in this text?

  ii What is the value of this behaviour in normal animal development?

  iii From the text, explain how scientists are using this behaviour to help save rare species of birds.

4 A Skinner box is a piece of apparatus for testing how animals learn. The box contains a lever. If the lever is pushed or pressed, a pellet of food is delivered. Rats or pigeons placed in a Skinner box will push the lever accidentally as they move and explore the box. They very quickly learn that pressing the lever gets them a reward, and then spend all their time in the box pressing the lever and eating the food.

  a What type of behaviour is this?

  b How does this behaviour differ from the behaviour seen in Pavlov's dogs?

  c Discuss how humans make use of the behaviour demonstrated in a Skinner box to train animals they want to use for specific purposes.

5 a What are the **three** main ways in which animals communicate?

  b Discuss the main advantages and disadvantages of the three methods described in **a**, giving examples.

6 a What is courtship?

  Look at Figure 1.

Figure 1

  Explain how these two very different male animals advertise their qualities to the females of their species.

  b Discuss the advantages and disadvantages of each courtship strategy.

  c Some animals produce large numbers of offspring but provide no parental care. Explain how this works, and what its limitations are.

  d Describe three different types of parental care, and explain how each benefits the offspring and involves risks as well as benefits for the parents.

Practice questions

End of chapter questions

1 The body is coordinated by detecting stimuli in the environment, processing this information, and responding to it.

   a Copy and complete the sequence to show the parts involved:

      .... → coordination centre → .... (2)

   b A dog responds to stimuli.

Figure 1

      Write down the name of the organ which detects:
      i chemical substances
      ii sound and body movements
      iii light
      iv pressure. (4)

   c Describe the **two** ways in which coordination centres can send information to initiate a response. (2)

2 A man touches a hot saucepan and immediately his hand pulls away as a reflex action.

   a Copy and complete the pathway below showing a reflex action:

      stimulus → .... → sensory neurone → .... → .... → effector → .... (4)

   b Name the stimulus and effector in this reflex action:
      i stimulus   **ii** effector. (2)

   c The impulse is transferred from one neurone to the next across a synapse.
      i Describe how the electrical impulse in a neurone is passed across a synapse. (2)
      ii Where in the nervous system are synapses located? (1)

   d The nerve pathway from the hand to the spinal cord and back to the effector is 1.2 metres long. The time it takes for the impulse to reach the effector is 0.02 seconds. Calculate the speed of the impulse. (2)

3 A group of students were investigating the knee-jerk reflex. They wanted to find out how the speed of the hammer affected the distance the lower leg moved.

Figure 2 shows how the experiment was set up.

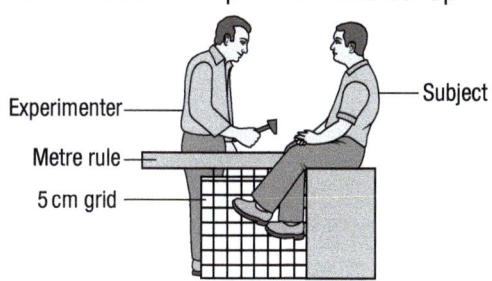

Figure 2

Each trial was recorded on a video. A frame was taken every 33 milliseconds. The video was then played using single-frame advance. The number of frames for the hammer to move to the knee was found. The faster the speed, the smaller was the number of frames. The video was also used to find the distance moved by the subject's toe.

In each trial, the experimenter held the hammer 20 cm from the subject's knee and then hit the subject's tendon. The experimenter used the hammer at a different speed in each trial.

The following table shows some of the results.

Trial number	1	2	3	4	5	6	7	8	9	10
Distance hammer moved to knee (cm)	20	20	20	20	20	20	20	20	20	20
Number of frames it took the hammer to move to the knee	15	14	12	10	9	8	7	6	2	2
Distance moved by toe (cm)	0	0	5	5	4	10	10	10	10	10

   a From the table, identify the independent variable, the dependent variable, and a control variable. (3)

   b Give **two** advantages of using a video to make the measurements. (2)

   c Suggest how the accuracy of this experiment could have been improved. (1)

   d Draw a conclusion from the results of the experiment. (2)

85

Chapter 7 Homeostasis

7.1 Principles of homeostasis

Learning objectives

After this topic, you should know:
- why it is important to control your internal environment
- how conditions inside your body are controlled.

The conditions inside your body are known as its **internal environment**. Your organs cannot work properly if this keeps changing. Many of the processes that go on inside your body aim to keep everything as constant as possible. This balancing act is called **homeostasis**.

Homeostasis involves your nervous system, your hormone system, and many of your body organs. Internal conditions that are controlled include:
- temperature
- the water content of the body
- the ion content of the body
- blood glucose levels.

links

For more information on the nervous system, including control systems and receptors, look back to 6.1 Responding to change.

How hormones work

Hormones are chemical substances that coordinate many body processes. Special endocrine glands make and secrete (release) these hormones into your blood. The hormones are then carried around your body in the bloodstream to their target organs. Hormones regulate the functions of many organs and cells. They can act very quickly, but often their effects are quite slow and long-lasting. A number of hormones are important in the processes of homeostasis.

> **Study tip**
>
> Always say that hormones are 'secreted' by glands – do not use the word 'excreted' instead. 'Excreted' refers to waste production, and hormones are not waste products.

Figure 1 *Everything you do, from eating a meal to running a marathon, affects your internal environment*

Controlling water and ions

Water moves in and out of your body cells by osmosis. How much it moves depends on the concentration of mineral ions (such as those in salt) and the amount of water in your body. If too much water moves into or out of your cells, they can be damaged or destroyed.

links

You can find out more about osmosis in 1.7 Osmosis.

You take water and ions into your body as you eat and drink. You lose water as you breathe out, and in your sweat. You lose ions in your sweat as well. You also lose water and ions in your urine, which is made in your **kidneys**.

Your kidneys can change the amount of ions and water lost in your urine, depending on your body conditions. They help to control the balance of water and mineral ions in your body. The concentration of the urine produced by your kidneys is controlled by both nerves and hormones.

For example, imagine drinking a lot of water all in one go. Your kidneys will remove the extra water from your blood and you will produce lots of very pale urine.

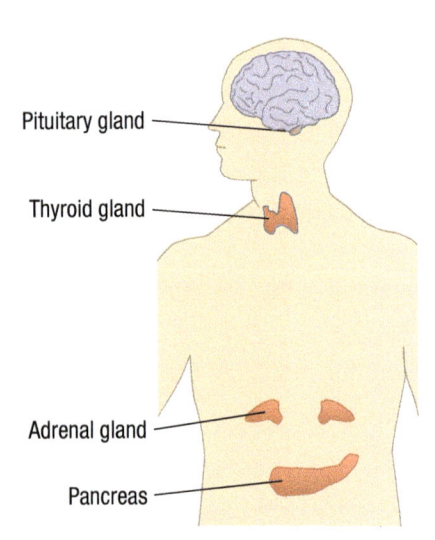

Figure 2 *Hormones act as chemical messages. They are made in glands in one part of the body, but have an effect somewhere else*

- Pituitary gland
- Thyroid gland
- Adrenal gland
- Pancreas

Principles of homeostasis

Controlling temperature

It is vital that your deep **core body temperature** is kept at 37 °C. Your enzymes work best at this temperature. At only a few degrees above or below normal body temperature, the reactions in your cells no longer take place at the ideal speed and you may die.

Your body controls your temperature in several ways. For example, you can sweat to cool down and shiver to warm up. Sweating causes the body to cool down because energy is transferred from the skin surface as the water in the sweat evaporates. The skin cools down as this happens, so the blood flowing through the skin will also be cooled down. Your nervous system is essential in coordinating the way your body responds to changes in temperature.

Once your body temperature drops below 35 °C, you are at risk of dying from **hypothermia**. For example, in the UK, several hundred old people die from the effects of cold each year, as do a number of younger people who get lost on mountains or try to walk home in the snow after a night out.

If your body temperature goes above about 40–42 °C, your enzymes and cells don't work properly. This means that you may die of heat stroke or heat exhaustion.

Controlling blood sugar

When you digest a meal, lots of glucose (simple sugar) passes into your blood. Left alone, your blood glucose levels would keep changing. The levels would be very high straight after a meal, but very low again a few hours later. This would cause chaos in your body.

However, the concentration of glucose in your blood is kept constant by hormones made in your pancreas. The pancreas acts as a coordination centre. This means your body cells are provided with the constant supply of energy that they need.

Figure 3 *You can change your behaviour to help control your temperature, for example, by adding extra clothing or turning up the heating when it's really cold, or wearing less or lighter clothing when it is hot*

Study tip

Sweating affects both temperature *and* water content of the body.
It cools the body by transferring energy from the skin to evaporate the water.

Key points

- Homeostasis is the process by which automatic control systems, including your nervous system, your hormones, and your body organs, maintain almost constant internal conditions.

- Homeostasis is important because body cells need almost constant conditions to work properly.

- Humans need to maintain a constant internal environment, controlling levels of water, ions, and blood glucose as well as temperature.

Summary questions

1 a Define a hormone.
   b How does coordination and control by hormones differ from coordination and control by the nervous system?

2 Why is it important to control:
   a water levels in the body
   b body temperature
   c glucose (sugar) levels in the blood?

3 a Look at the marathon runners in Figure 1. List the ways in which running is affecting their:
       i   water balance
       ii ion balance
       iii temperature.
   b It is much harder to run a marathon in a costume than in running clothes. Explain why this is.

Homeostasis

7.2 Removing waste products

Learning objectives

After this topic, you should know:
- how your body gets rid of waste products from your cells.

For your body to work properly, the conditions surrounding your millions of cells must stay as constant as possible. On the other hand, almost everything you do tends to change things. For example:
- as you move you transfer energy that warms the body
- as you respire you produce waste carbon dioxide and water
- when you digest food you take millions of molecules into your body.

Yet somehow, through homeostasis, you keep your internal conditions constant within a very narrow range. Many of the functions in your body help to keep your internal environment as constant as possible. Now you are going to find out more about some of them.

Figure 1 *The internal conditions of the human body hardly vary, despite our surroundings*

Removing waste products

No matter what you are doing, the cells of your body are constantly producing waste products. These are products of the chemical reactions that take place in the cells. The more extreme the conditions you put yourself in, the more waste products your cells make.

There are two main poisonous waste products – carbon dioxide and urea. They cause major problems for your body if their levels are allowed to build up.

Carbon dioxide

Carbon dioxide is produced during respiration. The cells in your body respire, and as they respire they produce carbon dioxide. It is vital that you remove this carbon dioxide because dissolved carbon dioxide produces an acidic solution that would affect the working of all the enzymes in your cells.

The carbon dioxide moves out of the cells into your blood. Your bloodstream carries it back to your lungs. Almost all of the carbon dioxide is removed from your body via your lungs when you breathe out. Water also leaves the body via the lungs when you breathe out, and the skin when you sweat.

∞ **links**

Find out more about the removal of carbon dioxide from the body in 3.2 'Breathing and gas exchange in the lungs'.

∞ **links**

For information on osmosis, look back to 1.7 'Osmosis'.
For information on body temperature, see 7.4 'Controlling body temperature'.
For information on controlling glucose levels, see 7.5 'Controlling blood glucose'.

Removing waste products

Urea

The other main waste product of your body is urea. When you eat more protein than you need, or when body tissues are worn out, the extra protein has to be broken down. Amino acids cannot be used as fuel for your body. Your **liver** removes the amino group from the amino acids by a process called deamination. This forms ammonia, which is then converted into urea to be excreted. The rest of the amino acid molecule can then be used in respiration or to make other molecules. The urea passes from the liver cells into your blood.

Urea is poisonous and if the levels build up in your blood, this will cause a lot of damage. Some urea and mineral ions are lost via the skin when you sweat. Fortunately the rest of the urea is filtered out of your blood by your kidneys. It is then passed out of your body in your urine, along with any excess water and ions.

Functions of the liver

Your liver is a large reddish-brown organ that carries out many different functions in your body. Liver cells grow and regenerate themselves very rapidly. A number of the functions of the liver are involved in homeostasis, such as:

- deamination of excess amino acids to form urea (see above)
- detoxifying poisonous substances, such as the ethanol in alcoholic drinks, and passing the breakdown products into the blood so they can be excreted in the urine via the kidneys
- breaking down old, worn-out red blood cells and storing the iron until it is needed to synthesise more red blood cells.

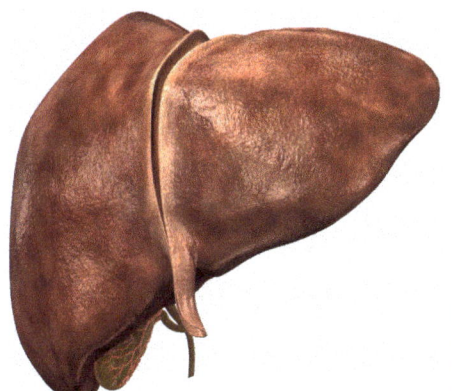

Figure 2 *Your liver weighs about 1.5 kg and plays a vital role in removing poisons from your body*

Did you know ... ?

The average person produces up to 900 litres of urine a year!

Study tip

Don't confuse *urea* and *urine*. Urea is a waste molecule made in the liver, carried to the kidneys in the blood. Urine is a waste liquid made by the kidneys for excretion, containing water, excess ions, and urea.

Study tip

Be careful not to confuse the liver and the kidneys. Remember that urea is made in the liver but is finally excreted in urine via the kidneys.

Key points

- Water leaves the body via the lungs when we breathe out waste carbon dioxide, and via the skin when we sweat. Excess water is removed via the kidneys in the urine.
- Urea and ions are lost via the skin when we sweat. Excess ions are removed via the kidneys in the urine.
- In the liver excess amino acids are deaminated to form ammonia which is converted to urea and excreted, poisonous substances are detoxified and the waste products excreted in the urine, and old red blood cells are broken down and the iron is stored.

Summary questions

1. There are two main waste products that have to be removed from the human body – carbon dioxide and urea. For each waste product, describe:
   a how it is formed
   b why it has to be removed
   c where it is removed from the body.
2. a What is urea?
   b Explain how the liver is involved in the production of urea.
   c Why is the liver sometimes described as an organ of homeostasis?
3. Draw a spider diagram with the word 'homeostasis' in the centre. Make as many links in the diagram as you can. Label the links made.

7.3 The human kidney

Homeostasis

Your kidneys are one of the main organs that help to maintain homeostasis. They keep the conditions inside your body as constant as possible.

What are the functions of your kidneys?
Your kidneys are involved in excretion – the removal of waste products. They filter poisonous urea out of your blood. It is removed from the body in your urine, which is produced constantly by your kidneys and stored temporarily in your **bladder**. Your urine also contains excess mineral ions and water not needed by your body. The exact quantities vary depending on what you have taken in and given out.

The kidneys and water balance in the body
Your kidneys are also important for homeostasis in the water balance of your body. You gain water when you drink and eat. You lose water constantly from your lungs. The water evaporates into the air in your lungs and is breathed out. Whenever you exercise or get hot, you sweat more and lose more water.

So how do your kidneys balance all these changes? If you are short of water, your kidneys conserve it. You produce very little urine and most of the water is saved for use in your body. If you drink too much water, your kidneys produce lots of urine to get rid of the excess.

The ion concentration of your body is very important. You take in mineral ions with your food, so the amount you take in varies.

Some ions are lost through your skin when you sweat. Again, your kidneys are most important in maintaining mineral ion balance. They remove excess mineral ions and excrete them in your urine.

How do your kidneys work?
Your kidneys filter your blood. Glucose, mineral ions, urea, and water are all forced under pressure out of the blood into the kidney tubules. It is a mass movement of all the substances small enough to pass through the filter.

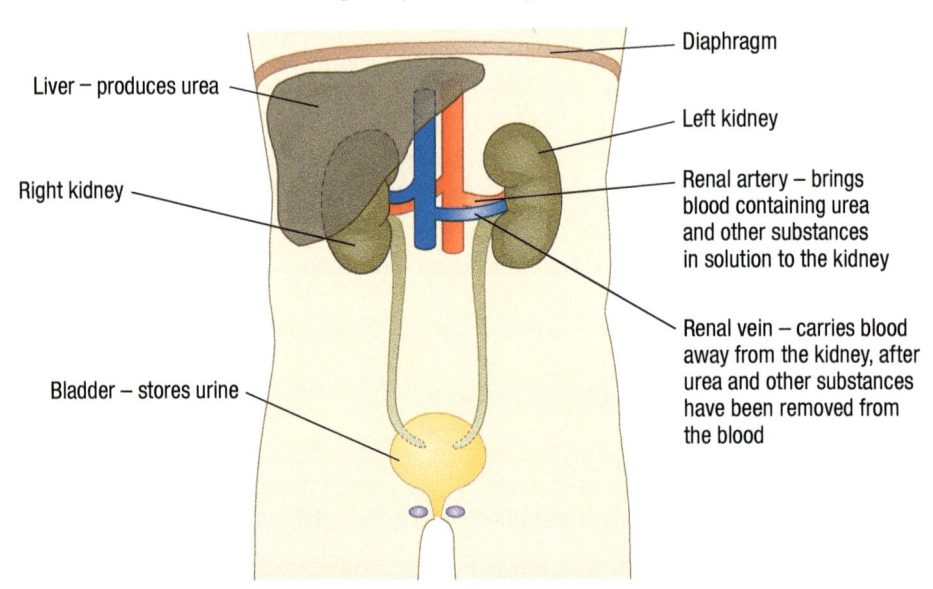

Figure 1 *The kidney is a very important organ of homeostasis. It controls the balance of water and mineral ions in the body and gets rid of urea*

Learning objectives

After this topic, you should know:
- why your kidneys are so important and how they work
- the importance of the hormone ADH in water balance.

Did you know ... ?
All the blood in your body passes through your kidneys about once every five minutes. Your kidneys filter about 180 litres of water out of your blood during the day. About 99% of it is returned straight back into your blood. So, on average, you produce about 1800 cm³ of urine a day. Urine trickles into your bladder, where it is stored. When the bladder will feel the need to empty it. Water, urea, and ions are all colourless, but your urine is yellow. This is the result of **urobilins** – yellow pigments that come from the breakdown of old red blood cells in your liver. They are excreted by your kidneys in the urine along with everything else.

Study tip
Understand that *all* small molecules are filtered in the kidney, but the useful ones such as glucose are reabsorbed. Only large molecules such as proteins cannot be filtered.

links
For information on diffusion, look back to 1.6 Diffusion.
For information on active transport, see 1.8 Active transport.

Blood cells and large molecules such as proteins are left behind. They are too big to pass through the membrane of the tubule that acts as a filter.

All of the glucose forced into the kidney tubules is reabsorbed back into the blood by active transport, but the amounts of water and dissolved mineral ions that are reabsorbed vary. It depends on what is needed by your body. This is known as **selective reabsorption**. The amount of water reabsorbed is controlled by a sensitive feedback mechanism (see below). Urea, excess ions and excess water are released as urine.

ADH and water balance

The amount of water in the blood is maintained at an almost constant level by a **negative feedback system** involving the hormone **ADH**. ADH is secreted by the pituitary gland.

Receptor cells in the brain detect the concentration of solutes in the blood plasma. If the water content of the blood is too low, the pituitary gland releases lots of ADH into the blood. This affects the kidneys so they reabsorb much more water. This results in a relatively small volume of very concentrated urine, and the concentration of solutes in the blood returns to normal levels.

On the other hand, if the water content of the blood is too high, less ADH is released into the blood. Less water is reabsorbed in the kidneys, so you produce a large volume of dilute urine and the blood solute concentration returns back to normal.

On a hot day, if you drink little and exercise a lot, you will lose a lot of water in your sweat and produce very little urine. This will be concentrated and relatively dark yellow. On a cool day, if you drink a lot of liquid and do very little, you will produce a lot of dilute, almost colourless urine (Figure 2).

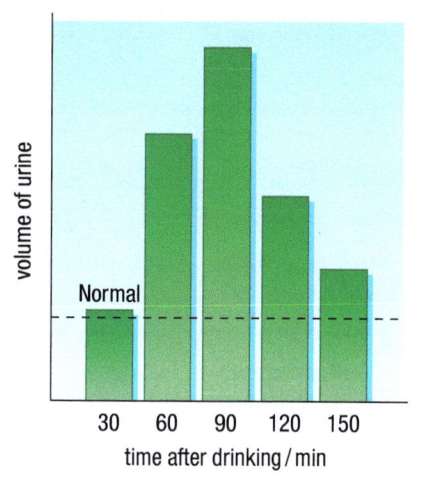

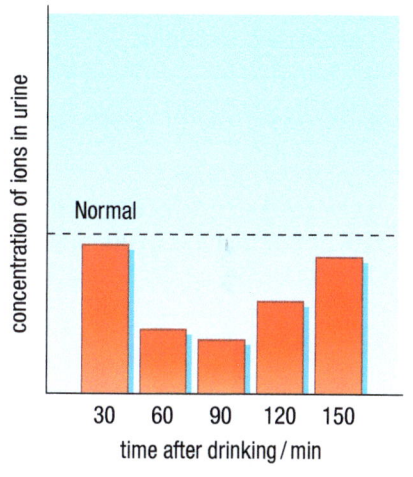

Figure 2 *These data show how your kidneys respond when you drink a lot. They show the volume of urine produced and the concentration of ions in the urine after a student drank a large volume of water*

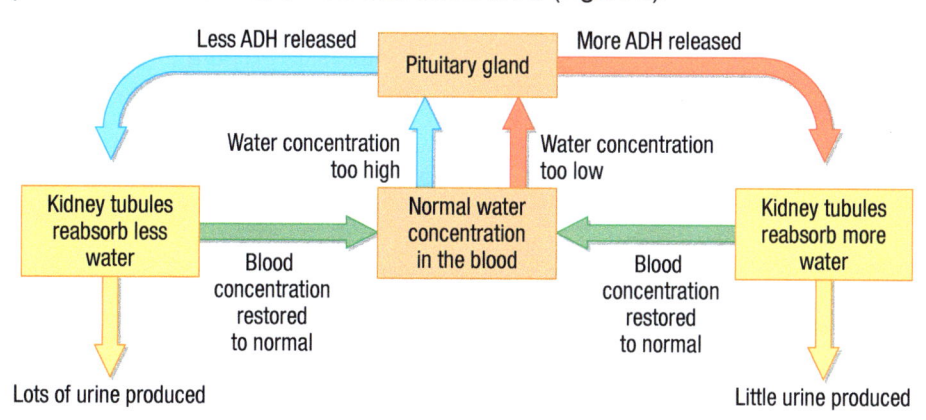

Figure 3 *The concentration of the blood – and the amount of urine you produce – is controlled by the hormone ADH via a negative feedback mechanism*

Summary questions

1 a What is the function of the kidneys?
   b How do the kidneys carry out their job?
2 Why do your kidneys have to work hard after you have eaten a lot of processed food?
3 Explain how ADH stimulates your kidneys to maintain the water balance of your blood:
   a on a cool day when you stayed inside and drank lots of cups of tea
   b on a hot sports day when you ran three races and had forgotten your drink bottle.

Key points

- A healthy kidney produces urine by filtering the blood. It then reabsorbs *all* of the glucose, plus any mineral ions and water needed by your body.
- Excess mineral ions and water, along with urea, are released as urine.
- The water balance of the blood is maintained by the hormone ADH, which changes the amount of water reabsorbed by the kidney. ADH production is controlled by a negative feedback mechanism.

7.4 Controlling body temperature

Homeostasis

Learning objectives

After this topic, you should know:
- how your body monitors its temperature
- how your body maintains a relatively constant core temperature regardless of the external conditions.

Study tip

Learn how to spell thermoregulatory centre, and remember that it is in the brain.

Wherever you go and whatever you do, your body temperature needs to stay at around 37 °C. This is the temperature at which your enzymes work best. Your skin temperature can vary enormously without problems. It is the temperature deep inside your body, known as the core body temperature, which must be kept as stable as possible.

At only a few degrees above or below normal body temperature, your enzymes don't function properly. Many things can affect your internal body temperature, including:
- energy transferred in your muscles during exercise
- fevers caused by disease
- the external temperature rising or falling.

Basic temperature control

You can change your clothing, light a fire, and turn on the heating or air-conditioning to help control your body temperature. However, it is your internal control mechanisms that are most important. Body temperature is monitored and controlled by the **thermoregulatory centre** in your brain. This centre contains receptors that are sensitive to temperature changes in the blood flowing through the brain itself.

Extra information comes from the temperature receptors in the skin. These send impulses to the thermoregulatory centre, giving information about the skin temperature. The receptors are so sensitive they can detect a difference in temperature as small as 0.5 °C. Impulses from the skin prepare the thermoregulatory centre so it reacts rapidly to any changes in blood temperature that may follow.

If your temperature starts to go up, your sweat glands release more sweat, which cools the body down. Your skin also looks redder as more blood flows through it, cooling you down. If your temperature starts to go down, you will look pale as less blood flows through your skin, transferring less energy to the surroundings.

Cooling the body down

If you get too hot, your enzymes denature and can no longer catalyse the reactions in your cells. When your core body temperature begins to rise, impulses are sent from the thermoregulatory centre to the body so more energy is transferred to the environment to cool you down:

- The blood vessels that supply your surface skin capillaries dilate (open wider). This is called vasodilation and it lets more blood flow through the capillaries. Your skin flushes, so you transfer more energy to the surroundings by radiation.
- Your rate of sweating goes up so your sweat glands are producing more sweat. This extra sweat cools your body down as the water evaporates from your skin, transferring energy from the skin to the environment. In humid weather, when the water in sweat does not evaporate, it is much harder to keep cool.

Figure 1 *People in different parts of the world live in conditions of extreme heat and extreme cold and still maintain a constant internal body temperature*

As you lose more water through sweating when it is hot or when you are exercising hard, it is important to take in more fluid through your drink and/or food to balance this loss.

Keeping warm

It is just as dangerous for your core temperature to drop as it is for it to rise. If you get very cold, the rate of the enzyme-controlled reactions in your cells falls too low. When this happens, you don't transfer enough energy for the reactions of your metabolism and your cells begin to die. If your core body temperature starts to fall, impulses are sent from your thermoregulatory centre to the body to reduce energy transfers and so minimise cooling.

- The blood vessels that supply your skin capillaries constrict (close up) to reduce the flow of blood through the capillaries. This vasoconstriction reduces the energy transferred to the environment through the surface of the skin.
- Your muscles contract and relax rapidly, causing you to shiver. These muscle contractions need lots of respiration, transferring energy to the tissues and raising your body temperature. As you warm up, the shivering stops.

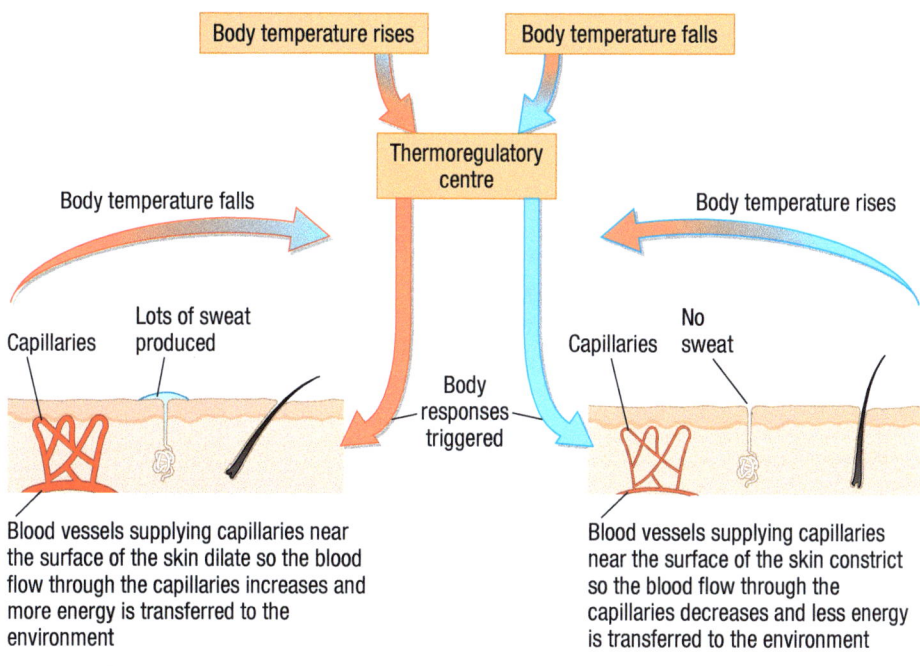

Figure 2 *Changes in your core body temperature set off automatic responses to oppose the changes and maintain a steady internal temperature*

links

For more on enzyme reactions, see 5.3 Factors affecting enzyme action.

Study tip

Never say that capillaries dilate or constrict. They are not able to do this as they have no muscle cells! Instead, it is the blood vessels supplying the capillaries that dilate or constrict.

Also, blood vessels *never* move! Either more blood flows in vessels near the skin surface, or more blood flows in the vessels lower down.

Key points

- Your body temperature is monitored and controlled by the thermoregulatory centre in your brain.
- Your body responds to cool you down or warm you up if your core body temperature changes, so it is maintained at around 37 °C.
- The blood vessels that supply the capillaries in the skin dilate and constrict to control the blood flow to the surface, controlling the transfer of energy to the environment.
- Energy is transferred through the evaporation of water in sweat from the surface of the skin to cool the body down.
- Shivering involves contraction of the muscles, transferring energy from respiration to warm the body.

Summary questions

1. **a** Why is it so important to maintain a body temperature of about 37 °C?
   b Explain why it is so important that the core body temperature does not rise above around 40 °C or fall much below 35 °C.
2. Explain the role of:
   a the thermoregulatory centre in the brain, and
   b the temperature sensors in the skin in maintaining a constant core body temperature.
3. Explain how the body responds to both an increase and a decrease in core temperature to return the core temperature to normal levels.

Homeostasis

7.5 Controlling blood glucose

Learning objectives

After this topic, you should know:
- how your blood glucose level is controlled
- the difference between type 1 and type 2 diabetes.

It is essential that your cells have a constant supply of the glucose they need for respiration. To achieve this, one of your body systems controls your blood sugar levels to within very narrow limits.

Insulin and the control of blood glucose levels

When you digest a meal, large amounts of glucose pass into your blood. Without a control mechanism, your blood glucose levels would vary significantly. They would range from very high after a meal to very low several hours later – so low that cells would not have enough glucose to respire.

This situation is prevented by your pancreas. The pancreas is a small pink organ found under your stomach. It constantly monitors and controls your blood glucose concentration using two hormones. The best known of these is **insulin**.

When your blood glucose concentration rises after you have eaten a meal, the pancreas produces and releases insulin. Insulin allows glucose to move from the blood into your cells where it is used. Soluble glucose is also converted to an insoluble carbohydrate called glycogen. Insulin controls the storage of glycogen in your liver and muscles. This is where most of the glucose is stored, and the glycogen can be converted back into glucose when it is needed. As a result, your blood glucose concentration stays stable within a narrow range of concentrations.

When the glycogen stores in the liver and muscles are full, any excess glucose is converted into lipids and stored. If you regularly take in food that, when digested, provides more glucose than can be stored as glycogen, you will gradually store more and more lipids and may eventually become **obese**.

Study tip

Make sure you know the difference between:
- glucose – the sugar used in respiration
- glycogen – a storage carbohydrate found in the liver and muscles
- glucagon – a hormone.

If you cannot spell these words correctly you are likely to lose marks in your exams.

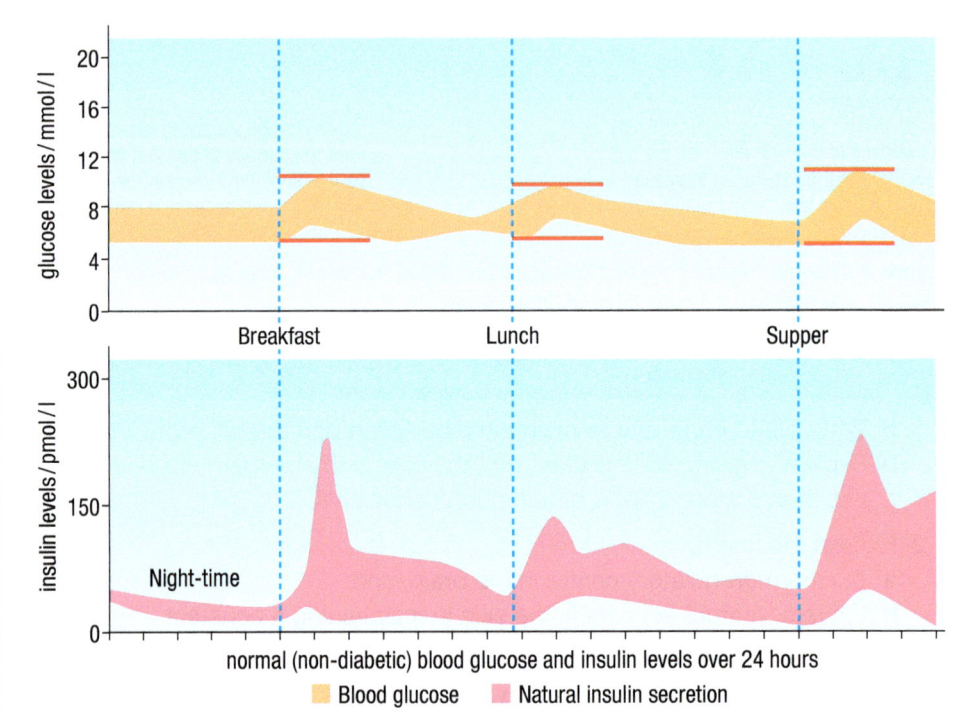

Figure 1 *Insulin is secreted from the pancreas after meals to keep your blood glucose concentration stable within narrow limits*

Glucagon and control of blood glucose levels

The control of your blood sugar doesn't just involve insulin. When your blood glucose concentration falls below the ideal range, the pancreas produces and secretes a second hormone, **glucagon**. Glucagon triggers the conversion of glycogen to glucose in the liver. In this way, the stored glucose is released back into the blood.

By using two hormones and the glycogen store in your liver, your pancreas keeps your blood glucose concentration fairly constant. It does this using feedback control, which involves switching between the two hormones.

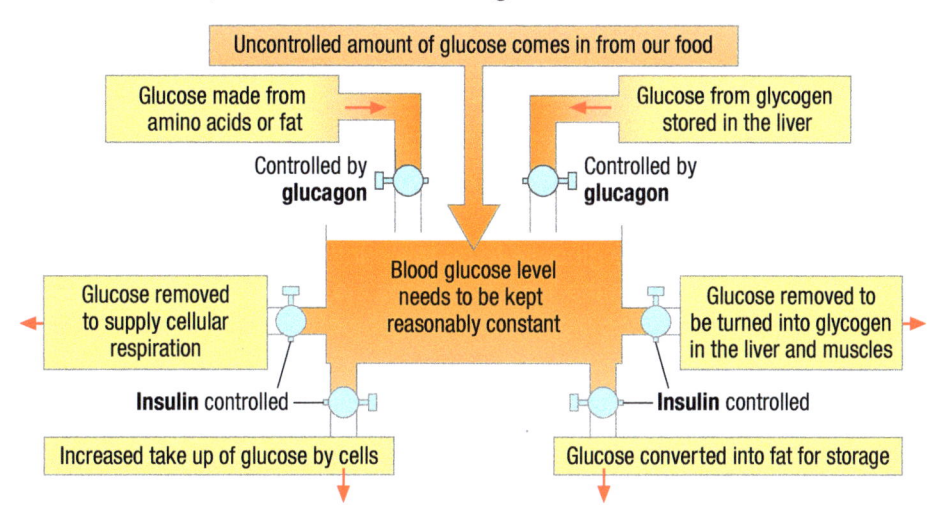

Figure 2 *This model of your blood glucose control system shows the blood glucose as a tank. It has both controlled and uncontrolled inlets and outlets. Control is given by the hormones insulin and glucagon*

What causes diabetes?

If your pancreas does not make enough (or any) insulin, your blood glucose concentration is not controlled. You have **type 1 diabetes**.

Without insulin your blood glucose levels get very high after you eat. Eventually your kidneys excrete glucose in your urine. You produce lots of urine and feel thirsty all the time. Without insulin, glucose cannot get into the cells of your body, so you lack energy and feel tired. You break down fat and protein to use as fuel instead, so you lose weight. Type 1 diabetes usually starts in young children and teenagers, and there seems to be a genetic element to the development of the disease.

Type 2 diabetes is another, very common type of diabetes. It gets more common as people get older and is often linked to obesity, lack of exercise or both. There is also a strong genetic tendency to develop type 2 diabetes. In type 2 diabetes, the pancreas still makes insulin, although it may make less than your body needs. Most importantly, your body cells stop responding properly to the insulin you make. In countries such as the UK and the USA, levels of type 2 diabetes are rising rapidly as the number of obese people in the population increases.

Summary questions

1. Define the following terms:
   a hormone   b insulin   c diabetes   d glycogen.
2. a Explain how your pancreas keeps your blood glucose level constant.
   b Why is it so important to control the level of glucose in your blood?
3. Explain the difference between type 1 and type 2 diabetes.

Controlling blood glucose

Study tip

The pancreas produces two hormones:
- insulin, which reduces blood glucose concentration
- glucagon, which increases blood glucose concentration.

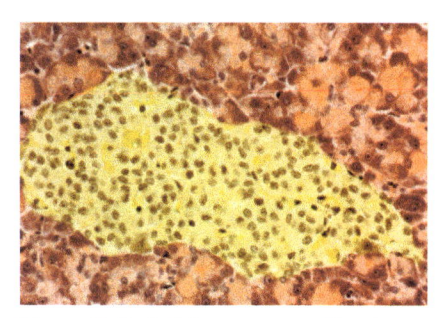

Figure 3 *Part of the pancreas. The tissue stained red makes digestive enzymes, and the central yellow area contains the cells that make insulin*

Key points

- Your blood glucose concentration is monitored and controlled by your pancreas.
- If blood glucose levels are too high, the pancreas produces the hormone insulin, which allows glucose to move from the blood into the cells and to be stored as glycogen in the liver and muscles.
- When blood glucose levels fall, the pancreas produces a second hormone, glucagon, which causes glycogen to be converted back into glucose and released into the blood.
- In type 1 diabetes, the blood glucose may rise to fatally high levels because the pancreas does not produce enough insulin.
- In type 2 diabetes, the body stops responding to its own insulin. Obesity is a significant factor in the development of type 2 diabetes.

7.6 Treating diabetes

Homeostasis

Learning objectives

After this topic, you should know:
- how the treatment of diabetes has developed over time
- the differences in the way Type 1 and Type 2 diabetes are treated.

Before there was any treatment for diabetes, people would waste away. Eventually they would fall into a coma and die.

The treatment of diabetes has developed over the years and continues to improve today. There are now some very effective ways of treating people with diabetes, although over the long term, even well-managed diabetes may cause problems with the circulatory system, the kidneys or the eyesight.

Treating type 1 diabetes

If you have type 1 diabetes, you need replacement insulin before meals. Insulin is a protein that would be digested in your stomach, so it is usually given as an injection to get it into your blood.

This injected insulin allows glucose to be taken into your body cells and converted into glycogen in the liver. This stops the concentration of glucose in your blood from getting too high. Then, as the blood glucose levels fall, the glycogen is converted back to glucose. As a result, your blood glucose levels are kept as stable as possible.

If you have type 1 diabetes, you also need to be careful about the amount of carbohydrate you eat. You need to have regular meals. Like everyone else, you need to exercise to keep your heart and blood vessels healthy. However, taking exercise needs careful planning to keep your blood sugar levels steady and your cells supplied with glucose as your cells respire more rapidly to produce the energy needed for your muscles to work.

Insulin injections treat diabetes successfully but they do not cure it. Until a cure is developed, someone with type 1 diabetes has to inject insulin every day of their life.

Using insulin from other organisms

In the early 1920s, Frederick Banting and Charles Best made some dogs diabetic by removing their pancreases. Then they gave them extracts of pancreas taken from other dogs. People now know these extracts contained insulin. Banting and Best realised that extracts of animal pancreas could keep people with diabetes alive. Many dogs died in the search for a successful treatment. However, the lives of millions of people have been saved over the years since.

For years, insulin from animals was used to treat people with diabetes, although there were problems. Animal insulin is not identical to human insulin and the supply depended on how many animals were killed for meat. So sometimes there was not enough insulin to go around.

In recent years, genetic engineering has been used to develop bacteria that can produce pure human insulin. This is genetically identical to natural human insulin and the supply is constant. This is now used by most people with type 1 diabetes. However, some people do not think this type of interference with genetic material is ethical.

Ways of delivering the insulin are changing too. More and more people with diabetes wear a pump that delivers insulin automatically all the time, although the individual still has to carry out lots of blood tests to make sure their glucose levels are correct.

Figure 1 *The treatment of Type 1 diabetes involves regular blood glucose tests and insulin injections to keep blood glucose levels constant*

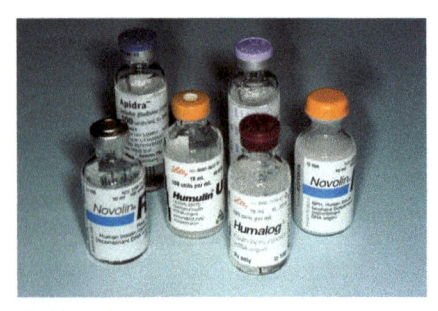

Figure 2 *Treatments such as human insulin allow a person to manage type 1 diabetes and live with it, but they do not cure the condition*

Treating diabetes

Curing type 1 diabetes

Scientists and doctors want to find a treatment that means people with diabetes never have to take insulin again. However, so far no treatment is widely available.

- Doctors can transplant a pancreas successfully. However, the operations are quite difficult and rather risky. These transplants are still only carried out on a few hundred people each year in the UK. There are 250 000 people in the UK with type 1 diabetes and there are simply not enough donors available. What's more, the patient exchanges one sort of medicine (insulin) for another (immunosuppressants).
- Transplanting the pancreatic cells that make insulin from both dead and living donors has been tried, with very limited success so far.

In 2005, scientists produced insulin-secreting cells from embryonic stem cells and used them to cure diabetes in mice. In 2008, UK scientists discovered a completely new technique. Using genetic engineering, they turned mouse pancreas cells that normally make enzymes into insulin-producing cells. Other groups are using adult stem cells from diabetic patients to try the same idea.

Scientists hope that eventually they will be able to genetically engineer faulty human pancreatic cells so they work properly. Then they will be able to return them to the patient with no rejection issues. It still seems likely that the best long-term cure will be to use stem cells from human embryos that have been specially created for the process. However, for some people, this is not ethically acceptable.

Although much more research is needed, scientists hope that before too long, type 1 diabetes will be an illness they can cure rather than simply treat and manage.

Treating type 2 diabetes

If you develop type 2 diabetes, which is linked to obesity, lack of exercise, and old age, you can often deal with it without needing to inject insulin. Many people can restore their normal blood glucose balance by taking three simple steps:

- eating a balanced diet with carefully controlled amounts of carbohydrates
- losing weight
- doing regular exercise.

If this doesn't work there are drugs that:

- help insulin work on the body cells more effectively
- help your pancreas make more insulin
- reduce the amount of glucose you absorb from your gut.

Only if all of these treatments do not work will you end up having insulin injections.

Type 2 diabetes usually affects older people. However, it is becoming more and more common in young people who are very **overweight**.

links

For information on embryonic stem cells, look back to 2.3 Stem cells.

Figure 3 *Losing weight and taking exercise seem simple ways to overcome type 2 diabetes. However, some people object to being given this advice and ignore it until they need medication to control the diabetes*

Summary questions

1. It is a common misconception that diabetes is treated only by using insulin injections.
   a. Explain why this is not always true for people with type 1 diabetes.
   b. Explain why treatment with insulin injections is relatively uncommon for people with type 2 diabetes.
2. a. Compare modern insulin treatment with the original insulin used to treat diabetics and evaluate the two treatments.
   b. Transplanting a pancreas to replace natural insulin production seems to be the ideal treatment for type 1 diabetes. Compare this treatment with insulin injections and explain why it is not more widely used.

Key points

- Type 1 diabetes may be controlled by injecting insulin, careful diet control, and exercise.
- Type 2 diabetes can be controlled by careful diet, exercise, and by drugs that help the cells respond to insulin.

Homeostasis: 7.1–7.6

Summary questions

1 a What is homeostasis?

b Write a paragraph explaining why control of the conditions inside your body is so important.

2 a Negative feedback is involved in many different aspects of homeostasis. Draw a clear diagram showing how feedback systems are important in the control of:
  i water balance in the body
  ii temperature control in the body
  iii control of the blood sugar in the body.

b Draw and label a diagram to summarise the general principles of feedback control in the body.

3 In August 2003 a heatwave hit Europe. Figure 1 shows the effect it had on the number of deaths in Paris.

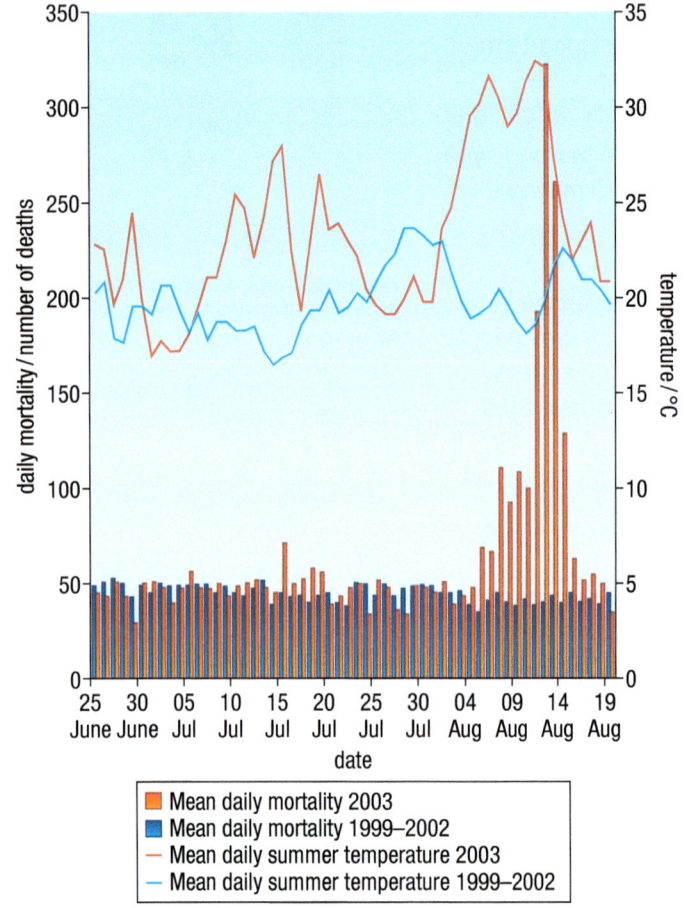

Figure 1

a What effect did the Paris heatwave have on deaths in the city?

b From the data, what temperature begins to have an effect on the death rate?

c Explain why more people die when conditions are very hot.

4 Figure 2 shows the blood glucose levels of a non-diabetic person and someone with type 1 diabetes managed with regular insulin injections. They both eat at the same times.

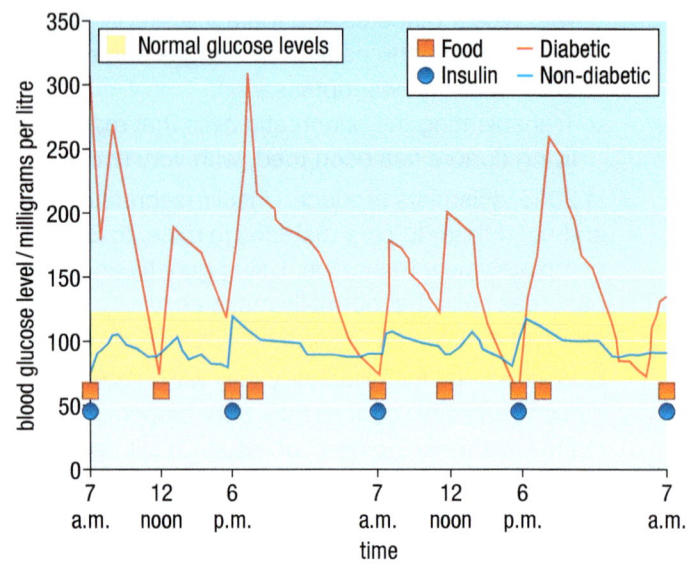

Figure 2

Use Figure 2 to help you to answer the questions below:

a What happens to the blood glucose levels in both individuals after eating?

b What is the range of blood glucose concentration of the non-diabetic person?

c What is the range of blood glucose concentration of the person with diabetes?

d Figure 2 shows the effect of regular insulin injections on the blood glucose level of someone with diabetes. Why are the insulin injections so important to their health and well-being? What does this data suggest are the limitations of insulin injections?

e People with diabetes have to monitor the amount of carbohydrate in their diet. Explain why.

Practice questions

1 Automatic control systems in the body keep conditions inside the body relatively constant.

   a Name this process. (1)

   b Give **three** examples of internal conditions that are controlled automatically. (3)

   c Name the organ of the body that contains:
      i the thermoregulatory centre
      ii receptors for blood glucose. (2)

2 A walker falls through thin ice into very cold water.

   The walker's core body temperature falls. He may die of hypothermia (when core body temperature falls too low).

   a **i** Which part of the brain monitors the fall in core body temperature? (1)
      ii How does this part of the brain detect the fall in core body temperature? (2)

   b Whilst in the water the walker begins to shiver. Shivering helps to stop the core body temperature falling too quickly. Explain how. (2)

   c The walker had been drinking alcohol. Alcohol causes changes to the blood vessels supplying the skin capillaries, making the skin look red.
      i Describe the change to the blood vessels. (1)
      ii The walker is much more likely to die of hypothermia than someone who has not been drinking alcohol. Explain why. (2)

3 The kidney is the main organ involved in regulating the amount of water in the body.

   a Describe how the blood is filtered in the kidney so that waste molecules are excreted in the urine, but useful molecules are not. (4)

   b The volume of urine excreted depends on the concentration of water in the blood.
      i Where is the water content of the blood monitored? (1)
      ii Name the hormone that acts on the kidney to control how much water is excreted. (1)
      iii Name the gland that releases this hormone. (1)

   c *In this question you will be assessed on using good English, organising information clearly, and using specialist terms where appropriate.*

   On a very hot day, a builder starts work. After one hour he becomes very thirsty. He visits the toilet and passes a small volume of concentrated urine. He drinks two large bottles of water and feels much better. Half an hour later he visits the toilet again and passes a large volume of dilute urine.

   Use the words named in part **b** to explain how the builder's body has responded to the water content of his blood since he started work. (6)

Chapter 8 Defending ourselves against disease

8.1 Pathogens and disease

Learning objectives

After this topic, you should know:
- what pathogens are
- how they cause disease.

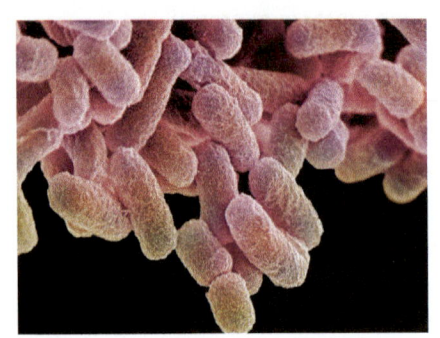

Figure 1 Many bacteria are very useful to humans but some, such as these E. coli, are pathogens and cause disease

links
Find out more about the structure of bacteria by looking back to 1.2 Eukaryotes and prokaryotes.

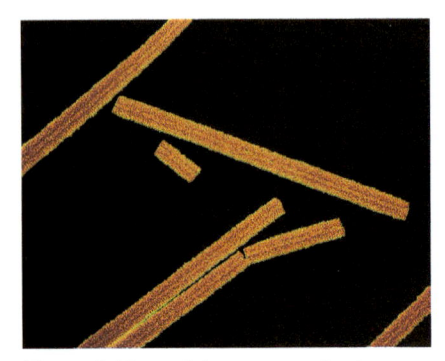

Figure 2 These tobacco mosaic viruses cause disease in plants

links
For more information on bacteria that are resistant to antibiotics, see 8.5 Changing pathogens.

Infectious diseases are found all over the world, in every country. Some infectious diseases are fairly mild, such as the common cold and tonsillitis. Others are known killers, such as influenza and HIV/Aids.

An infectious disease is caused by a **microorganism** entering and attacking your body. People can pass these microorganisms from one person to another. This is what is meant by **infectious**.

Microorganisms that cause disease are called **pathogens**. Common pathogens are bacteria and viruses. Pathogens can attack all sorts of different organisms, including plants.

The differences between bacteria and viruses

Bacteria are single-celled living organisms that are much smaller than animal and plant cells.

Although some bacteria cause disease, many are harmless and some are really useful to us. People use them to make food like yoghurt and cheese, to treat sewage, and to make medicines. Bacteria are also important in the environment, as decomposers, and in your body.

Pathogenic bacteria are the minority – but they are significant because of the major effects they can have on individuals and society.

Did you know ... ?
Scientists estimate that most people have between 1 kg and 2 kg of bacteria in their guts, made up of around 500 different species.

Viruses are even smaller than bacteria. They usually have regular shapes. Viruses cause diseases in every type of living organism, from people to bacteria.

How pathogens cause disease

Once bacteria and viruses are inside your body, they reproduce rapidly. This is how they make you ill.
- Bacteria divide rapidly by splitting in two (called binary fission). They often produce toxins (poisons) which affect your body. Sometimes they directly damage your cells.
- Viruses take over the cells of your body as they reproduce, damaging and destroying the cells. They very rarely produce toxins.

Common disease symptoms are a high temperature, headaches, and rashes. These are caused by the damage and toxins produced by the pathogens. The symptoms also appear as a result of the way your body responds to the damage and toxins.

You catch an infectious disease when you pick up a pathogen from someone else who is infected with the disease.

Pathogens and disease

Understanding infections

Pathogens have caused infectious diseases in human beings for many thousands of years. People have been writing about diseases such as tuberculosis, smallpox, and plague throughout recorded history. However, although people have recognised the symptoms of infectious diseases for many centuries, it is only in the past 150–200 years that they have really understood the causes of these diseases and how they are spread.

It has been the work of people such as Ignaz Semmelweis and Louis Pasteur that has helped people reach the understanding of pathogens that they have today.

The work of Ignaz Semmelweis

Semmelweis was a doctor in the mid-1850s. At the time, many women in hospital died from childbed fever a few days after giving birth. However, no one knew what caused it.

Semmelweis noticed that his medical students went straight from dissecting a dead body to delivering a baby without washing their hands. The women delivered by medical students and doctors rather than midwives were much more likely to die. Semmelweis wondered if they were carrying the cause of disease from the corpses to their patients.

When another doctor died from symptoms identical to childbed fever after cutting himself whilst working on a body, Semmelweis became convinced that the fever was caused by some kind of infectious agent. He therefore insisted that his medical students wash their hands before delivering babies. Immediately, fewer mothers died from the fever. However, other doctors were very resistant to Semmelweis's ideas.

Other discoveries

Also in the mid- to late 19th century:
- Louis Pasteur showed that microorganisms caused disease. He also developed vaccines to prevent the spread of diseases such as anthrax and rabies.
- Joseph Lister started to use antiseptic chemicals to destroy pathogens before they caused infection in operating theatres.
- As microscopes improved, it became possible to see pathogens ever more clearly too. This helped to convince people that they were really there!

Understanding how infectious diseases are spread from one person to another makes it possible for us to take a number of measures to prevent their spread.

Summary questions

1. **a** What causes infectious diseases?
   b How do viruses differ from bacteria in the way they cause disease?
   c How do pathogens make you ill?
2. Give five examples of things that people now know they can do to reduce the spread of pathogens and so lower the risk of disease, for example, hand-washing in hospitals.
3. Explain carefully why you think it took so long for people to recognise the causes of the infectious diseases that have caused illness and death in human populations for many thousands of years.

Did you know ... ?

In hospitals today, bacteria such as MRSA, which are resistant to antibiotics, are causing lots of problems. Simply reminding doctors, nurses, and visitors to wash their hands more often is part of the answer – just as it was in Semmelweis's time!

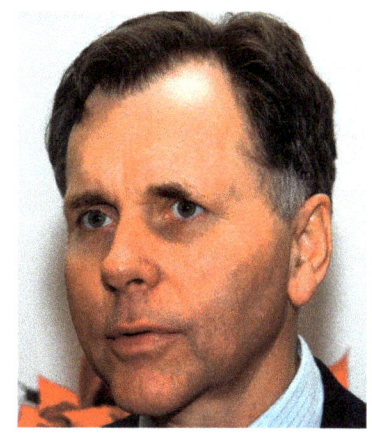

Figure 3 Scientists and doctors are still discovering more about the role of pathogens in disease. Barry Marshall won a Nobel Prize in 2005 after a long battle to convince other doctors and scientists that most stomach ulcers are actually caused by a bacterium called Helicobacter pylori

Study tip

Remember the ways to stop the spread of infections in hospitals:
- more hand washing
- greater use of disinfectants
- better cleaning.

Key points

- Infectious diseases are caused by microorganisms, such as bacteria and viruses, called pathogens.
- Bacteria and viruses reproduce rapidly inside your body. Bacteria can produce toxins that make you feel ill.
- Viruses live and reproduce inside cells, causing damage.

Defending ourselves against disease

8.2 Defence mechanisms

Learning objectives

After this topic, you should know:
- how your white blood cells protect you from disease.

There are a number of ways in which pathogens spread from one person to another. The more pathogens that get into your body, the more likely it is that you will get an infectious disease.

- **Droplet infection** – When you are ill, you expel tiny droplets full of pathogens from your breathing system when you cough, sneeze, or talk. Other people breathe in the droplets, along with the pathogens they contain, so they pick up the infection, for example flu (influenza), tuberculosis, or the common cold.

Figure 1 Droplets carrying millions of pathogens fly out of your mouth and nose at up to 100 miles an hour when you sneeze

- **Direct contact** – Some diseases, such as impetigo and sexually transmitted diseases such as genital herpes, are spread by direct contact of the skin.
- **Contaminated food and drink** – Eating raw, undercooked, or contaminated food, or drinking water containing sewage, can spread disease such as diarrhoea, cholera, or salmonellosis. You get these diseases by taking large numbers of microorganisms straight into your gut.
- **Through a break in your skin** – Pathogens such as HIV/Aids or hepatitis can enter your body through cuts, scratches, and needle punctures.

When people live in crowded conditions with no sewage treatment, infectious diseases can spread very rapidly.

Preventing microorganisms getting into your body

Each day, you come across millions of disease-causing microorganisms. Fortunately, your body has several ways of stopping these pathogens getting inside:

- Your skin covers your body and acts as a barrier. It prevents bacteria and viruses from reaching the tissues beneath that can be infected.
- If you damage or cut your skin, you bleed. Your blood quickly forms a clot, which dries into a scab. The scab forms a seal over the cut, stopping pathogens getting in through the wound.
- Your breathing system could be a weak link in your body defences. Every time you breathe you draw air, which is full of pathogens, into the airways of the lungs. However, your breathing system produces sticky liquid, called mucus. This mucus covers the lining of your lungs and tubes, such as the bronchi and bronchioles. It traps the pathogens. The mucus is then moved up and out of your body or swallowed down into your gut where the acid destroys the microorganisms.
- In the same way, the stomach acid destroys most of the pathogens you take in through your mouth.

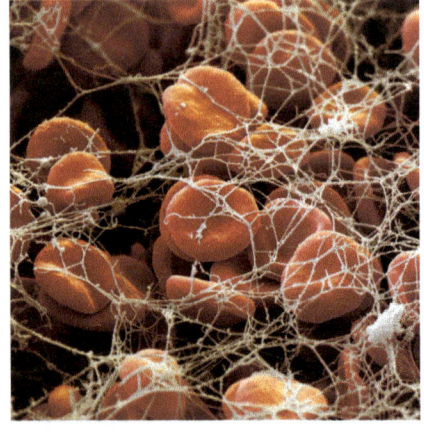

Figure 2 When you get a cut, the platelets in your blood set up a chain of events to form a clot that dries into a scab. This stops pathogens from getting into your body. It also stops you from bleeding to death

links
To find out more about your blood and clotting, see 4.4 Transport in the blood.

Defence mechanisms

How white blood cells protect you from disease

In spite of your body's defence mechanisms, some pathogens still get inside your body. Once there, they will meet your second line of defence – the white blood cells of your immune system.

The white blood cells help to defend your body against pathogens in several ways, summarised in Table 1.

Table 1 *Ways in which your white blood cells destroy pathogens and protect you against disease*

Role of white blood cell	How it protects you against disease
Ingesting microorganisms	Some white blood cells ingest (take in) pathogens, digesting and destroying them so they can't make you ill. This process is called **phagocytosis**.
Producing antibodies	Some white blood cells produce special chemicals called antibodies. These target particular bacteria or viruses and destroy them. You need a unique antibody for each type of pathogen. When your white blood cells have met and produced antibodies against a particular pathogen once, the right antibodies can be made very quickly if that pathogen gets into the body again.
Producing antitoxins	Some white blood cells produce antitoxins. These counteract (cancel out) the toxins (poisons) released by pathogens.

Did you know …?

Mucus produced from your nose turns green when you have a cold. This happens because some white blood cells contain green-coloured enzymes. When you have a cold these white blood cells destroy the cold viruses and any bacteria in the mucus of your nose. The dead white blood cells, along with the dead bacteria and viruses, are removed in the mucus, making it look green.

Summary questions

1. **a** What are the four main ways in which diseases are spread?
   b For each method of spread, explain how the pathogens are passed from one person to another.

2. Certain diseases mean that you cannot fight infections very well. Explain why the following symptoms would make you less able to cope with pathogens:
   a Your blood won't clot properly.
   b The number of white cells in your blood falls.

3. Here are three common habits. Explain carefully how each one helps to prevent the spread of disease:
   a Washing your hands before preparing a salad.
   b Throwing away tissues after you have blown your nose.
   c Regularly wiping kitchen surfaces with disinfectant.

4. Explain in detail how the white blood cells in your body work.

Key points

- Your white blood cells help to defend you against pathogens by ingesting them (phagocytosis), making antibodies, and making antitoxins.

Defending ourselves against disease

8.3 Immunity

Learning objectives

After this topic, you should know:
- how your immune system works
- how vaccination protects you against disease.

Every cell has unique proteins called antigens on its surface. The antigens on the microorganisms that get into your body are different to the ones on your own cells. Your immune system recognises they are different. Your white blood cells then make specific antibodies, which attach to the antigens and destroy that particular pathogen. The first time you meet a new pathogen you get ill because there is a delay whilst your body sorts out the antibody that is needed.

Some of your white blood cells (the memory cells) will then 'remember' the right antibody needed to destroy a particular pathogen. If you meet that pathogen again, these memory cells can make the same antibody very quickly. This time you completely destroy the invaders before they have time to make you feel unwell. You are immune to that disease.

Vaccination

Some pathogens, such as the bacteria that cause meningitis, can make you seriously ill very quickly. In fact, you can die before your body manages to make the right antibodies. Fortunately, you can be protected against many of these serious diseases by **immunisation** (also known as **vaccination**).

Immunisation involves giving you a **vaccine**. A vaccine is usually made of a dead or inactivated form of the disease-causing microorganism. It works by stimulating your body's natural immune response to invading pathogens (Figure 2).

A small amount of dead or inactive pathogen is introduced into your body. This gives your white blood cells the chance to develop the right antibodies against the pathogen without you getting ill.

Then, if you meet the live pathogens, your white blood cells can respond rapidly. They can make the right antibodies just as if you had already had the disease, so that you are protected against it.

Doctors use vaccines to protect us against both bacterial diseases (such as tetanus and diphtheria) and viral diseases (such as polio, measles, and mumps). For example, the MMR vaccine protects against measles, mumps, and rubella. Vaccines have saved millions of lives around the world. One disease – smallpox – has been completely wiped out by vaccinations. Doctors hope that polio will also disappear in the next few years.

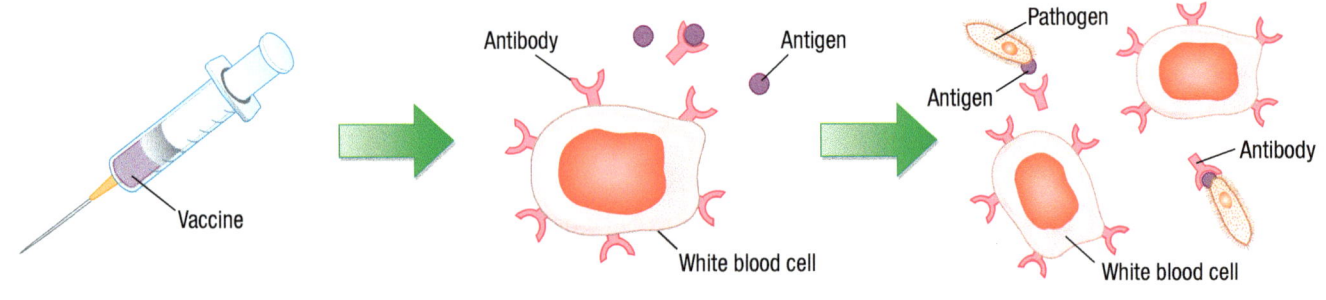

Figure 1 *No one likes having a vaccination very much – but they save millions of lives around the world every year!*

Small amounts of dead or inactive pathogen are put into your body, often by injection.

The antigens in the vaccine stimulate your white blood cells to make antibodies. The antibodies destroy the antigens without any risk of you getting the disease.

You are immune to future infections by the pathogen. That's because your body can respond rapidly and make the correct antibody as if you had already had the disease.

Figure 2 *This is how vaccines protect you against dangerous infectious diseases*

Herd immunity

If a large proportion of the population is immune to a disease, the spread of the pathogen is very much reduced. This is known as **herd immunity**. If, for any reason, the number of people taking up a vaccine falls, the disease can reappear. This is what happened in the UK in the 1970s when there was a scare about the safety of whooping cough vaccine. Vaccination rates fell from over 80% to around 30%. In the following years, thousands of children got whooping cough again and a substantial number died. Yet the vaccine was as safe as any medicine – and when people eventually realised this and enough children were vaccinated for herd immunity to be effective again, the number of cases of the disease and associated deaths quickly fell once more.

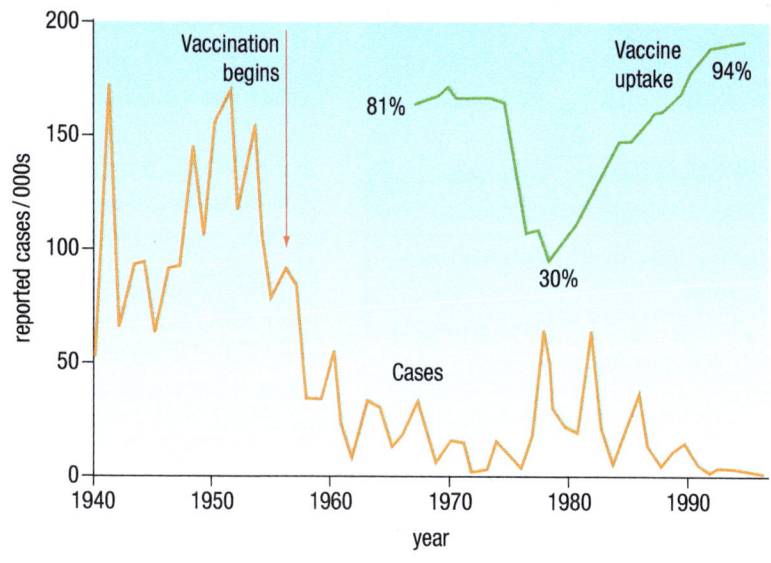

Figure 3 *Graph showing the effect of the whooping cough scare on both uptake of the vaccine and the number of cases of the disease (Source: Open University)*

No medicine is completely risk-free. Very rarely, a child will react badly to a vaccine with tragic results. Making the decision to have your baby immunised can be difficult. Yet because vaccines are so successful, you rarely see the terrible diseases that they protect you against. A hundred years ago, nearly 50% of all deaths of children and young people were caused by infectious diseases. The development of antibiotics and vaccines means that now only 0.5% of all deaths in the same age group are due to infectious disease. Before vaccination, many children were also left permanently damaged by serious infections. Parents today are often aware of the very small risks associated with vaccination, but sometimes forget about the terrible dangers of the diseases children are being vaccinated against.

Society needs as many people as possible to be immunised against as many diseases as possible to keep the pool of infection in the population very low. On the other hand, there is a remote chance that something may go wrong with a vaccination. For the great majority, vaccination is the best option both for the child and for society.

Study tip

High levels of antibodies do not stay in your blood forever – immunity is the ability of white blood cells called memory cells to produce the right antibodies quickly if you are re-infected by a pathogen.

Key points

- You can be immunised against a disease by introducing small amounts of dead or inactive pathogens into your body (vaccination).

- Vaccines stimulate white blood cells to produce antibodies to destroy the pathogen. This produces immunity to that pathogen because the body can respond rapidly, making the correct antibody as if you had had the disease.

- If a large proportion of the population is immune to a pathogen the spread of disease is greatly reduced.

- The MMR vaccine protects children against measles, mumps, and rubella.

Summary questions

1. **a** What is an antigen?
   b What is an antibody?
   c Give an example of **one** bacterial and **one** viral disease that you can be immunised against.

2. Explain carefully, using diagrams if they help you:
   a how the immune system of your body works
   b how vaccines use your natural immune system to protect you against serious diseases.

3. Explain why vaccines can be used against both bacterial and viral diseases.

Defending ourselves against disease

8.4 Using drugs to treat disease

Learning objectives

After this topic, you should know:
- what medicines are and how some of them work
- the ways in which antibiotics can and cannot be used.

When you have an infectious disease, you generally take medicines that contain useful **drugs**. Often the medicine doesn't affect the pathogen that is causing the problems – it just eases the symptoms and makes you feel better.

Drugs such as aspirin and paracetamol are very useful as painkillers. When you have a cold, they will help relieve your headache and sore throat. On the other hand, they will have no effect on the viruses that have entered your tissues and made you feel ill.

Many of the medicines you can buy at a chemists or supermarket relieve your symptoms but do not kill the pathogens, so they do not cure you any faster. You have to wait for your immune system to overcome the pathogens.

Antibiotics

Drugs that make us feel better are useful, but what people really need are drugs that can cure infectious diseases. You can use antiseptics and disinfectants to kill bacteria outside the body and so reduce the risk of infections spreading, but these are generally far too poisonous to use inside your body – they would kill you and your pathogens at the same time!

The drugs that have really changed the way in which doctors treat infectious diseases are antibiotics. These are medicines that can work inside your body to kill the bacteria that cause diseases.

Discovering penicillin

In the early 20th century, doctors and scientists were on the lookout for chemicals that might kill bacteria and so cure some of the terrible infectious diseases of the day. In 1928, Alexander Fleming was growing lots of bacteria on agar plates to investigate them. Fleming was rather careless, and his lab was quite untidy. He often left the lids off his plates for a long time and forgot about experiments he had set up!

After one holiday, Fleming saw that lots of his culture plates had mould growing on them. He noticed a clear ring in the jelly around some of the spots of mould. Something had killed the bacteria covering the jelly.

Fleming saw how important this was. He called the mould penicillin. He worked hard to extract a juice from the mould, but he couldn't get much penicillin and he couldn't make it survive, even in a fridge. So Fleming couldn't prove that an extract of the mould would actually kill bacteria and make people better. By 1934, he gave up on penicillin and went on to do different work.

About 10 years after penicillin was first discovered, Ernst Chain and Howard Florey set about trying to find better ways of extracting penicillin from the mould so that they could use it on people. They gave some penicillin they extracted to a man dying of a blood infection. The effect was amazing and he recovered – until the penicillin ran out. Florey and Chain even tried to collect unused penicillin from the patient's urine, but in spite of this he died.

Chain and Florey kept working and eventually they managed to make penicillin on an industrial scale, producing enough antibiotic to supply the demands of the Second World War. Doctors have used it as a medicine ever since.

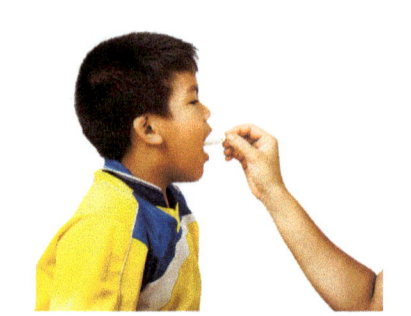

Figure 1 *Taking a painkiller will make this child feel better, but he will not actually get well any faster as a result*

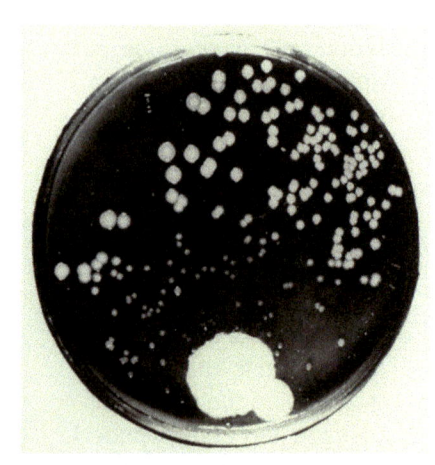

Figure 2 *Alexander Fleming was on the lookout for something that would kill bacteria. Because he noticed the effect of this mould on his cultures, millions of lives have been saved around the world*

Using drugs to treat disease

How antibiotics work

Antibiotics such as penicillin work by killing the infective bacteria that cause disease whilst they are inside your body. They damage the bacterial cells without harming your own cells. They have had an enormous effect on our society. Doctors can now cure bacterial diseases that killed millions of people in the past.

If you need antibiotics, you usually take a pill or syrup, but if you are very ill antibiotics may be fed straight into your bloodstream so that they reach the pathogens in your cells as quickly as possible. Some antibiotics kill a wide range of bacteria. Others are very specific and only work against very specific bacteria. It is very important that the right antibiotic is chosen and used.

Unfortunately, antibiotics are not the complete answer to the problem of infectious diseases. They have no effect on diseases caused by viruses. The problem with viral pathogens is that they reproduce inside the cells of your body. It is extremely difficult to develop drugs that kill the viruses without damaging the cells and tissues of your body at the same time.

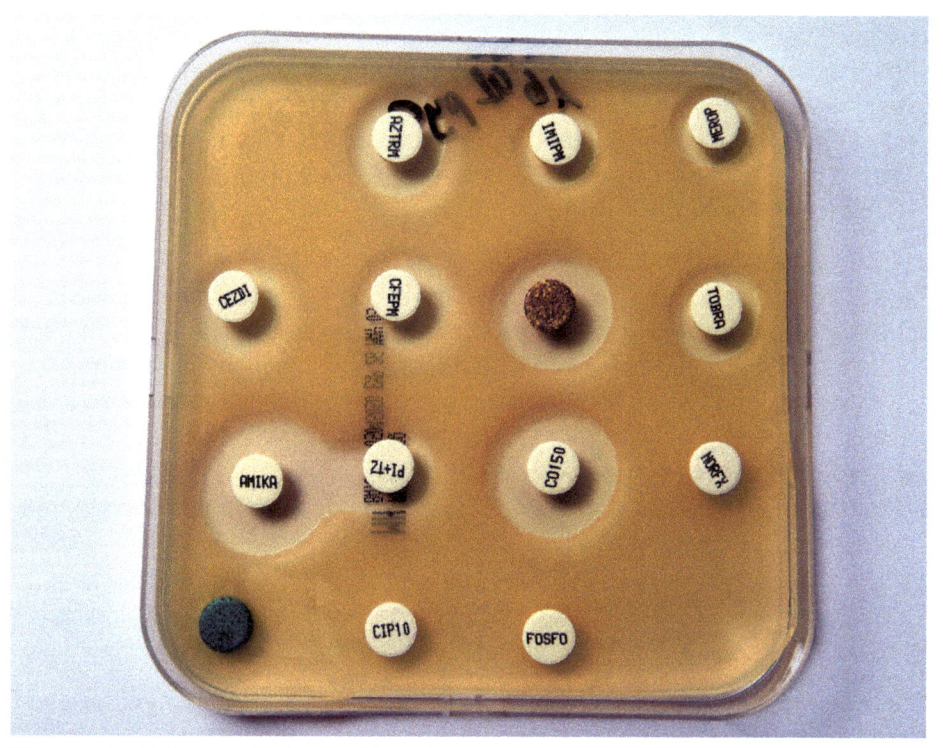

Figure 3 *Penicillin was the first antibiotic. Now there are many different ones that kill different types of bacterium. Here, several different antibiotics are being tested*

Study tip

Don't confuse antiseptic, antibodies, and antibiotics:
- Antiseptic is a liquid that kills microorganisms in the environment.
- Antibiotics are drugs that kill bacteria (*not* viruses) in the body.
- Antibodies are proteins made by white blood cells to kill pathogens (both bacteria and viruses).

Key points

- Some medicines relieve the symptoms of disease but do not kill the pathogens which cause it.
- Antibiotics cure bacterial diseases by killing the bacteria inside your body.
- Antibiotics do not destroy viruses because viruses reproduce inside body cells. It is difficult to develop drugs that can destroy viruses without damaging your body cells.

Summary questions

1. What is the main difference between drugs such as paracetamol and drugs such as penicillin?
2. a How did Alexander Fleming discover penicillin?
   b Why was it so difficult to make a medicine out of penicillin?
   c Who developed the industrial process that made it possible to mass-produce penicillin?
3. Explain why it is so much more difficult to develop medicines against viruses than it has been to develop antibacterial drugs.

107

Defending ourselves against disease

8.5 Changing pathogens

Learning objectives

After this topic, you should know:

- what is meant by antibiotic resistance, and how it can be prevented from developing
- the part played by mutation in the development of antibiotic-resistant strains of bacteria.

Study tip

Remember that mutations occur by chance only. They are not caused by the antibiotic.

If you are given an antibiotic and use it properly, the bacteria that have made you ill are killed off. However, some bacteria develop resistance to antibiotics. They have a natural **mutation** (change in their genetic material) that means they are not affected by the antibiotic. These mutations happen by chance and they produce new strains of bacteria by **natural selection**.

More types of bacteria are becoming resistant to more antibiotics, so bacterial diseases are becoming more difficult to treat. Over the years, antibiotics have been used inappropriately and when they are not really needed. This has increased the rate at which antibiotic-resistant strains have developed.

Antibiotic-resistant bacteria

Normally, an antibiotic kills the bacteria of a non-resistant strain. However, individual resistant bacteria survive and reproduce, so the population of resistant bacteria increases. Antibiotics may no longer be active against this new resistant strain of the pathogen. What's more, in some cases existing vaccines are no longer effective against the mutated, resistant pathogen. As a result, the new strain will spread rapidly because no one is immune to it and there is no effective treatment. This is what has happened with bacteria such as MRSA (see below).

To prevent more resistant strains of bacteria appearing:

- It is important not to overuse antibiotics. It's best to use them only when you really need them. For this reason, doctors no longer use antibiotics to treat non-serious infections such as mild throat or ear infections. Also, since antibiotics don't affect viruses, people should not demand antibiotics to treat an illness which their doctor thinks is caused by a virus.
- Some antibiotics treat very specific bacteria, whilst others treat many different types of bacteria. The right type of antibiotic must be used to treat each bacterial infection.
- It is also important that people finish their course of medicine every time. This is to make sure that even bacteria in the early stages of developing resistance are killed by the antibiotic.

Hopefully, steps like these will slow down the rate of development of resistant strains.

The MRSA story

Hospitals use a lot of antibiotics to treat infections. As a result of natural selection, some of the bacteria in hospitals are resistant to many antibiotics. This is what has happened with the bacterium known as **MRSA**, which stands for methicillin-resistant *Staphylococcus aureus*.

As doctors and nurses move from patient to patient, these antibiotic-resistant bacteria are spread easily.

MRSA alone now causes or contributes to over 1000 deaths every year in UK hospitals and care homes, yet a number of simple measures can reduce the spread of microorganisms such as MRSA.

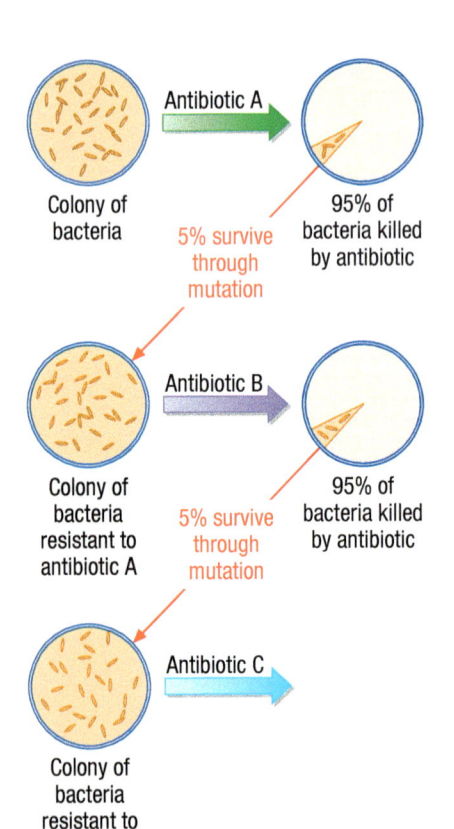

Figure 1 *Bacteria can develop resistance to many different antibiotics in a process of natural selection, as this simple model shows*

- Antibiotics should only be used when they are really needed.
- Specific bacteria should be treated with specific antibiotics.
- Medical staff should wash their hands with soap and water or alcohol gel between patients, and wear disposable clothing or clothing that is regularly sterilised.
- Hospitals should have high standards of hygiene so that they are really clean.
- Patients who become infected with antibiotic-resistant bacteria should be looked after in isolation from other patients.
- Visitors to hospitals and care homes should wash their hands as they enter and leave.

Simple common-sense measures such as these can have a considerable effect in reducing deaths from antibiotic-resistant bacteria.

Medicines for the future

In recent years, doctors have found strains of bacteria that are resistant to even the strongest antibiotics. In these cases, there is nothing more that antibiotics can do for a patient and he or she may well die. Scientists are constantly looking for new antibiotics. However, it isn't easy to find chemicals that kill bacteria without damaging human cells.

Penicillin and several other antibiotics are made by moulds. Scientists are collecting soil samples from all over the world to try to find another mould to produce a new antibiotic against antibiotic-resistant bacteria such as MRSA. They are also spreading the search much wider than moulds. For example, crocodiles have teeth full of rotting meat, they live in dirty water, and fight a lot, but the terrible bites they inflict on each other do not become infected. Scientists have extracted peptides from crocodile and alligator blood which seem to act as antibiotics, and which they hope to turn into human medicines.

Similarly:
- Scientists are analysing the protective slime that covers fish. They have isolated proteins in the slime that have antibiotic properties, which may be useful.
- Scientists in Germany and Australia have found that certain types of honey (used since the time of the Ancient Egyptians to help heal wounds) have antibiotic properties that kill many bacteria, including MRSA. Doctors are using manuka honey dressings to treat infected wounds.

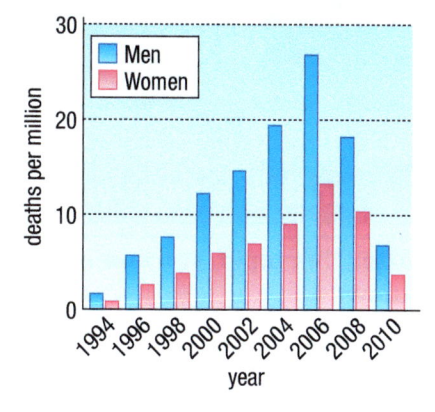

Figure 2 *The number of deaths in which MRSA played a part, 1993–2010 (Source: Office for National Statistics)*

Figure 3 *Scientists are looking throughout the natural world for new antibiotics – including undertaking investigations into crocodile blood*

Summary questions

1 Make a flow chart to show how bacteria develop resistance to antibiotics.

2 a Is MRSA a bacterium or a virus?
  b How does MRSA illustrate the importance of not using antibiotics too frequently or when they are not really necessary?

3 Use Figure 2 to help you answer the following questions:
  a How could you explain the increase in deaths linked to MRSA?
  b Suggest reasons for the difference in deaths from MRSA between men and women.
  c Deaths from MRSA and other hospital-acquired infections are falling. How could you explain this fall, which is still continuing in most places?

Key points

- Mutations of pathogens produce new strains.
- Antibiotics kill the non-resistant strain of bacteria, but individual resistant pathogens survive and reproduce, so the population increases by natural selection.
- The new resistant strain can spread rapidly as people are not immune to it and antibiotics and vaccination may not be effective against it.
- To prevent antibiotic resistance getting worse, it is important not to overuse antibiotics, and to use them correctly when they are needed.
- The development of antibiotic resistance means new antibiotics must be developed.

Defending ourselves against disease

8.6 Growing and investigating bacteria

Learning objectives

After this topic, you should know:
- how to grow an uncontaminated culture of bacteria in the lab
- how uncontaminated cultures are used
- why bacteria are cultured at lower temperatures in schools than in industry.

Did you know …?

You are surrounded by disease-causing bacteria all the time. If you cultured bacteria at 37 °C (human body temperature) there would be a very high risk of growing some dangerous pathogens.

To find out more about microorganisms, you need to culture them. This means you grow very large numbers of them so that you can see all of the bacteria (the colony) as a whole. Many microorganisms can be grown in the laboratory. This helps scientists learn more about them. Scientists can find out what nutrients microorganisms need for growth and can investigate which chemicals are best at killing them. Bacteria are the most commonly cultured microorganisms.

Growing microorganisms in the lab

To culture (grow) microorganisms, you must provide them with everything they need. This means giving them a liquid or gel containing nutrients – a **culture medium**. This contains carbohydrate as an energy source, various minerals, a nitrogen source so they can make proteins, and sometimes other chemicals. Most microorganisms also need warmth and oxygen to grow.

You usually provide the nutrients in **agar** jelly. Hot agar containing all the nutrients your bacteria will need is poured into a Petri dish. It is then left to cool and set before you add the microorganisms.

You must take great care when you are culturing microorganisms. The bacteria you want to grow may be harmless. However, there is always the risk that a **mutation** (a change in the DNA) will take place and produce a new and dangerous pathogen.

You also want to keep the pure strains of bacteria you are culturing free from any other microorganisms. Such contamination might come from your skin, the air, the soil, or the water around you. Investigations need uncontaminated cultures of microorganisms. Whenever you are culturing microorganisms, you must carry out strict health and safety procedures to protect yourself and others (Figure 1).

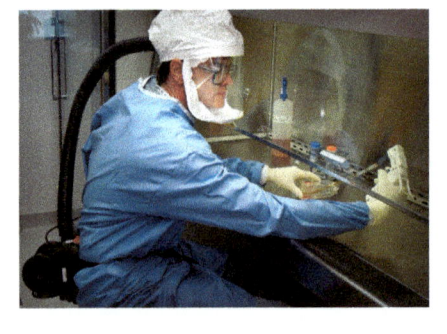

Figure 1 *When working with the most dangerous pathogens, scientists need to be very careful. Sensible safety precautions are needed when working with microorganisms*

Growing useful organisms

You can prepare an uncontaminated culture of microorganisms in the laboratory by following a number of steps:

Step 1
The Petri dishes on which you will grow your microorganisms must be sterilised before using them. The nutrient agar, which will provide food for the microorganisms, must also be sterilised. This kills off any unwanted microorganisms. You can use heat to sterilise glass dishes. A special oven called an autoclave is often used. It sterilises by using steam at high pressure. Plastic Petri dishes are often bought ready-sterilised. UV light or gamma radiation is used to kill the bacteria.

Study tip

Make sure you understand that you sterilise solutions and equipment to kill all the bacteria already on them. Otherwise the bacteria would grow and contaminate the culture you are studying.

Step 2

The next step is to **inoculate** the sterile agar with the microorganisms you want to grow.

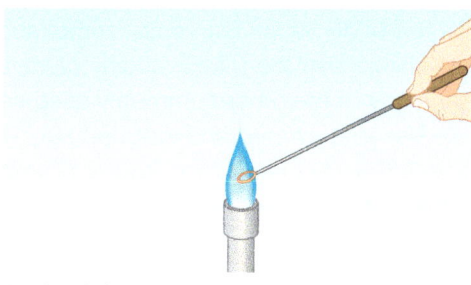

Sterilise the inoculating loop used to transfer microorganisms to the agar by heating it in the flame of a Bunsen burner until it is red hot and then letting it cool. Do not put the loop down or blow on it as it cools.

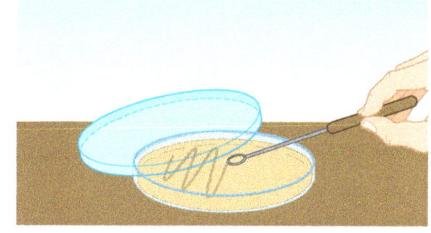

Dip the sterilised loop in a suspension of the bacteria you want to grow and use it to make zigzag streaks across the surface of the agar. Replace the lid on the dish as quickly as possible to avoid contamination.

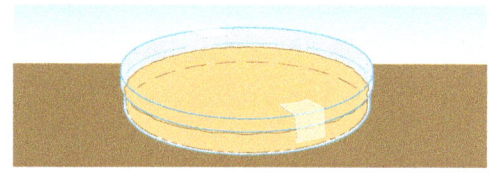

Fix the lid of the Petri dish with adhesive tape to prevent microorganisms from the air contaminating the culture – or microbes from the culture escaping. Do not seal all the way around the edge, so that oxygen can get into the dish and prevent harmful anaerobic bacteria from growing.

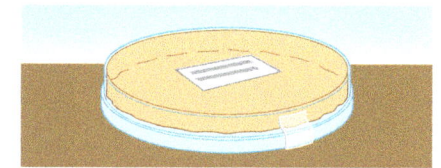

The Petri dish should be labelled and stored upside down to stop condensation falling onto the agar surface.

Figure 2 *Culturing microorganisms safely in the laboratory*

Step 3

Once you have inoculated your plates, the secured Petri dishes need to be incubated (kept warm) for several days so the microorganisms can grow (Figure 3). In school and college laboratories, the maximum temperature at which cultures are incubated is 25 °C. This greatly reduces the likelihood that you will grow pathogens that might be harmful to people. In industrial conditions, bacterial cultures, (e.g., genetically modified insulin-producing bacteria), are often grown at higher temperatures to enable the microorganisms to grow more rapidly. A hospital lab would also incubate human pathogens at 37 °C, so they grow as fast as possible to be identified.

Summary questions

1. **a** Why do scientists culture microorganisms in the laboratory?
   b What is agar jelly, and why is it so important in setting up bacterial cultures?

2. When you set up a culture of bacteria in a Petri dish (Figure 2), you give the bacteria everything they need to grow as fast as possible. However, these ideal conditions do not last forever. What might limit the growth of the bacteria in a culture on a Petri dish?

3. **a** Why do you grow bacteria at 25 °C or below in the school lab when this is not their optimum temperature for growth?
   b Why are bacteria cultured at much higher temperatures in industrial plants?

Required practical

You can investigate the effect of disinfectants and antibiotics on the growth of bacteria by adding circles of filter paper soaked in different types or concentrations of disinfectant or antibiotic when you set up your culture plate. An area of clear jelly indicates that the bacteria have been killed or cannot grow.

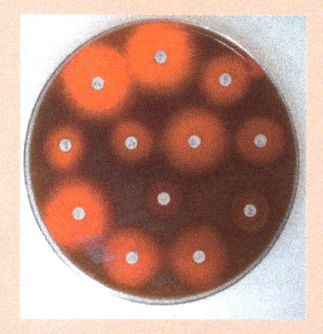

Figure 3 *Culturing microorganisms makes it possible for us to observe how different chemicals affect them*

Key points

- An uncontaminated culture of microorganisms can be grown using sterilised Petri dishes and agar. You sterilise the inoculating loop before use and fix the lid of the Petri dish to prevent unwanted microorganisms getting in. The culture is left upside down at about 25 °C for a few days.

- Uncontaminated cultures are needed so you can investigate the effect of chemicals such as disinfectants and antibiotics on microorganisms.

- Cultures should be incubated at a maximum temperature of 25 °C in schools and colleges to reduce the likelihood of harmful pathogens growing, although in industry they are cultured at higher temperatures.

Defending ourselves against disease: 8.1–8.6

Summary questions

1. Bacteria and viruses are very small.
   a How do they get into the body?
   b How do bacteria cause the symptoms of disease?
   c How do viruses make you ill?

2. a Vancomycin is an antibiotic that doctors used for patients infected with MRSA and other antibiotic-resistant bacteria. Now they are finding that some infections are resistant to vancomycin. Explain how this may have happened.
   b What can people do to prevent the problem of antibiotic resistance getting worse?

3. a How would you set up a culture of bacteria in a school lab?
   b Describe how you would test to find out the right strength of disinfectant to use to wash the school floors.

4. The body has a number of defences against pathogens. Some of them are very general and work against any pathogen that enters your body. Others are very specific to a particular pathogen.

   Describe all of the ways in which your body defends you against pathogens causing disease.

5. Vaccination uses your body's natural defence system to protect you against disease.
   a Explain how vaccination works.
   b Why are you vaccinated against some diseases and not others?

6. Measles is a disease that affects millions of people around the world. Approximately every three minutes, someone, somewhere dies of measles – a total of 164 000 people each year. Others are left blind or brain-damaged by the disease.

   Mumps is another common infectious disease, which is usually relatively mild but can cause sterility in men, deafness, and meningitis.

   Rubella is a mild disease in adults but can cause serious problems in the developing fetus if a pregnant woman becomes infected.

   The MMR (measles, mumps, and rubella) vaccine protects children against all of these viral diseases.

   However, a doctor who has since been discredited and struck off the medical register started a scare story about the safety of the MMR vaccine. In spite of the fact that all the evidence shows that the MMR vaccine carries no more risk than any of the other commonly used vaccines, many people became worried and stopped having their children vaccinated. Use Figure 1 to help you answer the following questions:

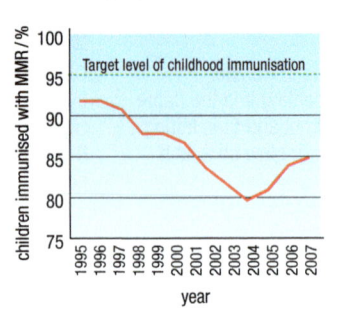

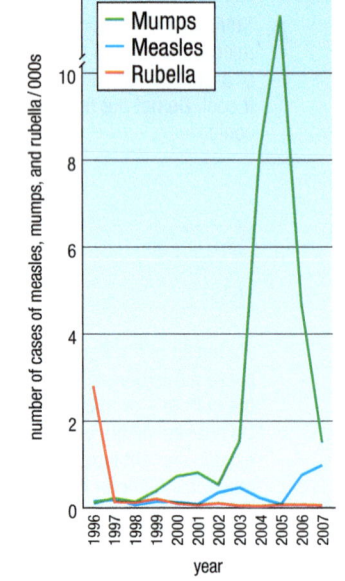

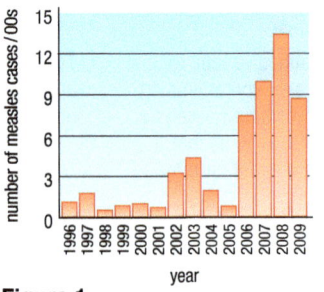

   Figure 1

   a Based on this evidence, when do you think the MMR scare story was published?
   b What happened to the number of children infected with measles after the scare?
   c What happened to the number of cases of mumps in 2005?
   d Why did the number of cases of measles and mumps remain stable for several years after the numbers of children being vaccinated started to fall?
   e In 2011, levels of uptake of the MMR vaccine were over 90% for children aged 5 years and under. The aim is to get levels up to 95% of the population as soon as possible.
      i Why is it important to get vaccination levels so high?
      ii Describe the pattern you would expect to see in the number of cases of measles and mumps over the next few years, and explain your answer.

Practice questions

End of chapter questions

1 Copy and complete the following sentences:
   a Microorganisms that cause infection are called .... (1)
   b These microorganisms may be bacteria or .... (1)
   c Bacteria may produce .... that make us feel ill. (1)

2 Polio is a disease caused by a virus. In the UK, children are given polio vaccine to protect them against the disease.
   a Copy and complete the following sentences:
      i It is difficult to kill the polio virus inside the body because .... (1)
      ii The vaccine contains an .... form of the polio virus. (1)
      iii The vaccine stimulates the white blood cells to produce ...., which destroy the virus. (1)
   b Figure 1 shows the number of cases of polio in the UK between 1948 and 1968.

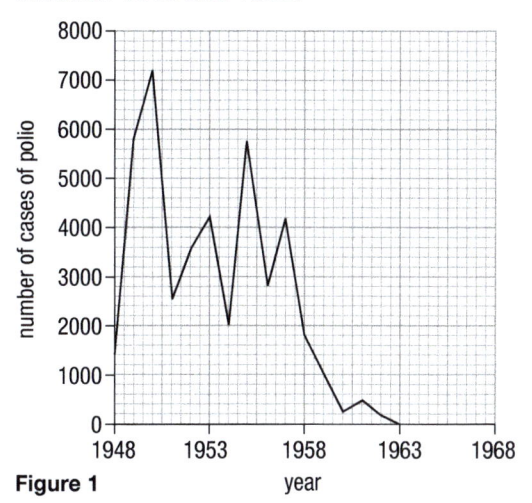

   Figure 1

   i In which year was the number of cases of polio highest? (1)
   ii Polio vaccination was first used in the UK in 1955. How many years did it take for the number of cases of polio to fall to zero? (1)
   iii There have been no cases of polio in the UK for many years. However, children are still vaccinated against the disease. Suggest one reason for this. (1)

3 The blood system supplies body tissues with essential materials.
   a Blood contains red blood cells, white blood cells, and platelets.
      i Give the function of white blood cells. (1)
      ii Give the function of platelets. (1)
      iii Figure 2 shows a magnified red blood cell.

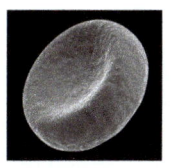

      Figure 2

      The average diameter of a real red blood cell is 0.008 millimetres.
      In Figure 2, the diameter of the red blood cell is 10 millimetres.
      Use the formula below to calculate the magnification of the photograph:
      diameter on photograph
      = real diameter × magnification (2)
      iv Some blood capillaries have an internal diameter of approximately 0.01 millimetres.
      Use the information given in part to explain why only one red blood cell at a time can pass through a capillary. (2)
      v Red blood cells transport oxygen.
      Describe how oxygen is moved from the lungs to the tissues. (3)
   b Two students did the same step-up exercise for three minutes.
      One of the students was fit. The other student was unfit.
      Figure 3 shows how the students' heart rates changed during and after the exercise.

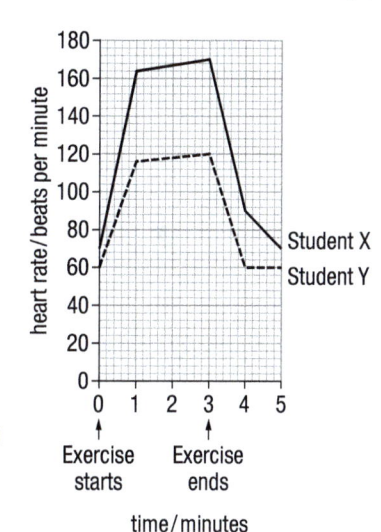

      Figure 3

      i Use the information in the Figure 3 to suggest which student was the fittest.
      Explain your choice. (3)
      ii Explain the advantage to the students of the change in heart rate during exercise. (4)

Chapter 9 Plants as organisms

9.1 Photosynthesis

Learning objectives

After this topic, you should know:
- the raw materials for photosynthesis
- the energy source for photosynthesis
- how plants absorb light.

Like all living organisms, plants and algae need food to provide them with the chemicals needed for growth and respiration. However, plants don't need to eat – they can make their own food by photosynthesis. This takes place in the green parts of plants (especially the leaves) when it is light. Algae can also carry out photosynthesis.

The process of photosynthesis

The cells in algae and plant leaves are full of small green parts called chloroplasts, which contain a green substance called chlorophyll. During photosynthesis, light is absorbed by the chlorophyll in the chloroplasts. This energy is then used to convert carbon dioxide from the air plus water from the soil into a simple sugar called **glucose**. This chemical reaction also produces oxygen gas as a by-product. The oxygen is released into the air, which you can then use when you breathe it in.

Photosynthesis can be represented by the equation:

$$\text{carbon dioxide} + \text{water} \xrightarrow{\text{light}} \text{glucose} + \text{oxygen}$$

$$6CO_2 + 6H_2O \xrightarrow{\text{light}} C_6H_{12}O_6 + 6O_2$$

Some of the glucose produced during photosynthesis is used immediately by the cells of the plant for respiration. However, a lot of the glucose is converted into insoluble starch or other large molecules.

Study tip

Learn the word and chemical equations for photosynthesis. Remember that the process needs light, which normally comes from the Sun.

Figure 1 The oxygen produced as a by-product of photosynthesis is vital for life on Earth. You can demonstrate that it is produced using water plants such as this *Cabomba*

Practical

Demonstrating photosynthesis in a water plant

You will need this experimental method to carry out the **Required practical** in 9.2 *Limiting factors*

It isn't easy to measure the rate of photosynthesis of a land plant in a school laboratory. However, using water plants such as *Cabomba* or *Elodea*, you can show that a plant is photosynthesising by observing the oxygen it gives off (Figure 1). As a water plant photosynthesises it produces bubbles of colourless gas which you can see. You can count the number of bubbles produced in a given time, or you can collect the gas and measure the volume produced in a given time (Figure 2). Both methods give you a way of measuring the rate of photosynthesis. The gas produced by the plant will relight a glowing splint, showing that it is rich in oxygen.

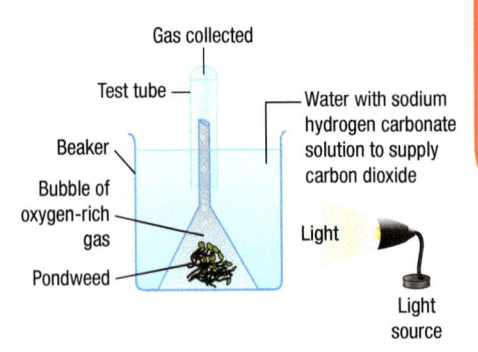

Figure 2 Diagram to show simple apparatus for measuring the rate of photosynthesis

Leaf adaptations

For photosynthesis to be successful, a plant needs plenty of carbon dioxide, light, and water. The leaves of plants are perfectly adapted as organs of photosynthesis because:

- most leaves are broad, giving them a large surface area for light to fall on
- they contain chlorophyll in the chloroplasts to absorb light energy
- they have air spaces that allow carbon dioxide to get to the cells, and oxygen to leave them by diffusion
- they have veins, which bring plenty of water in the xylem to the cells of the leaves and remove the products of photosynthesis in the phloem.

These adaptations mean the plant can photosynthesise as much as possible whenever there is light available.

Algae are aquatic so they are adapted to photosynthesising in water. They have a large surface area and absorb carbon dioxide dissolved in the water around them. The oxygen they produce also dissolves in the water around them as it is released.

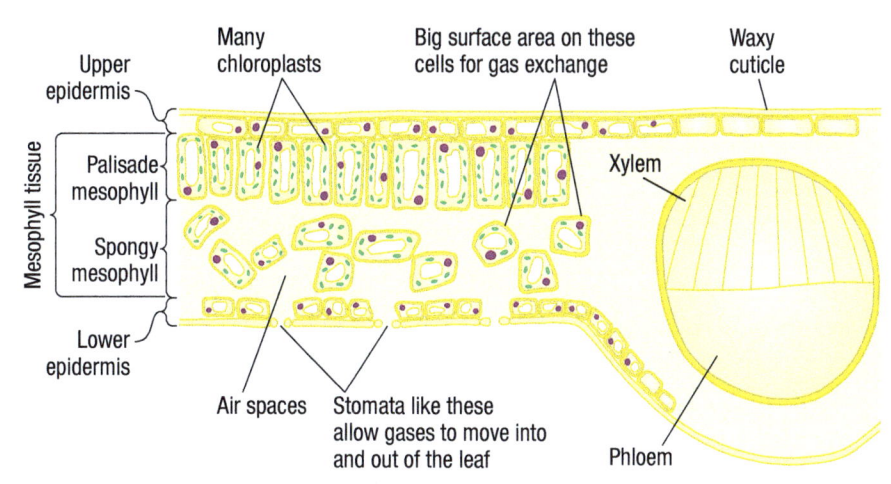

Figure 3 *A section (slice) through a leaf, showing the different tissues and how they are adapted for photosynthesis*

Did you know ...?

Every year, plants produce about 368 000 000 000 tonnes of oxygen, so there is plenty to go around!

Summary questions

1. **a** Where does a plant get the carbon dioxide and water that it needs for photosynthesis, and how does it get the light it needs?
   b Where do algae get carbon dioxide and water from?
2. Describe the path taken by a carbon atom as it moves from being part of the carbon dioxide in the air to being part of a starch molecule in a plant.
3. Explain carefully why a water plant kept in the light for 24 hours will produce gas that will relight a glowing splint, whereas a water plant kept in the dark for 24 hours produces a gas which can put out a glowing splint.

links

For more on the structure and function of plant cells, see 1.1 Animal and plant cells.

Study tip

Practise labelling the parts and cells in the cross-section of a leaf, and be sure that you know the function of each one.

Key points

- During photosynthesis, light energy is absorbed by chlorophyll in the chloroplasts of the green parts of the plant. It is used to convert carbon dioxide and water into sugar (glucose). Oxygen is released as a by-product.

- Photosynthesis can be represented by the following word and balanced symbol equation:

  carbon dioxide + water $\xrightarrow{\text{light energy}}$ glucose + oxygen

  $6CO_2 + 6H_2O \xrightarrow{\text{light energy}} C_6H_{12}O_6 + 6O_2$

- Leaves are well adapted to maximise the amount of photosynthesis which can take place.

115

9.2 Limiting factors

Plants as organisms

Learning objectives

After this topic, you should know:
- which factors limit the rate of photosynthesis in plants
- how farmers can use what they know about limiting factors to grow more food.

You may have noticed that plants grow quickly in the summer, yet they hardly grow at all in the winter. Plants need light, warmth, and carbon dioxide if they are going to photosynthesise and grow as fast as they can. Sometimes any one or more of these things can be in short supply, limiting the amount of photosynthesis a plant can manage. This is why they are known as **limiting factors**.

Light

The most obvious factor affecting the rate of photosynthesis is light intensity. If there is plenty of light, lots of photosynthesis can take place. In low light, photosynthesis will stop whatever the other conditions are around the plant. For most plants, the brighter the light, the faster the rate of photosynthesis.

Temperature

Temperature affects all chemical reactions, including photosynthesis. As the temperature rises, the rate of photosynthesis increases as the reaction speeds up. However, photosynthesis is controlled by enzymes. Most enzymes are destroyed (denatured) once the temperature rises to around 40–45 °C. So, if the temperature gets too high, the enzymes controlling photosynthesis are denatured and the rate of photosynthesis will fall.

Carbon dioxide levels

Plants need carbon dioxide to make glucose. The atmosphere is only about 0.04% carbon dioxide, which often limits the rate of photosynthesis. Increasing the carbon dioxide levels will increase the rate at which photosynthesis takes place.

On a sunny day, carbon dioxide levels are the most common limiting factor for plants. The carbon dioxide levels around a plant tend to rise at night, when the plant respires but doesn't photosynthesise. As light and temperature levels increase in the morning, the carbon dioxide around the plant is used up.

In a garden, woodland, or field (rather than a lab or greenhouse where conditions can be controlled), light, temperature, and carbon dioxide levels interact, and any one of them might be the factor that limits photosynthesis.

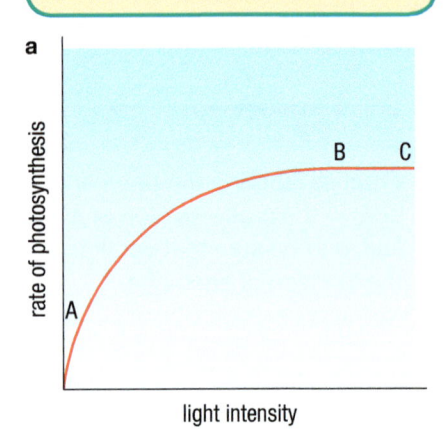

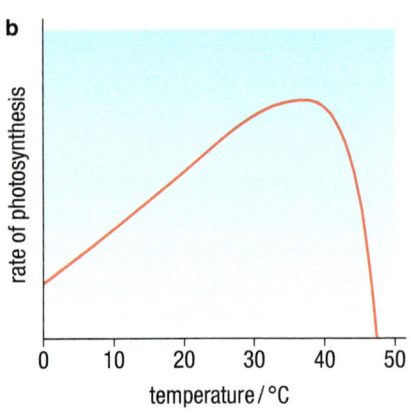

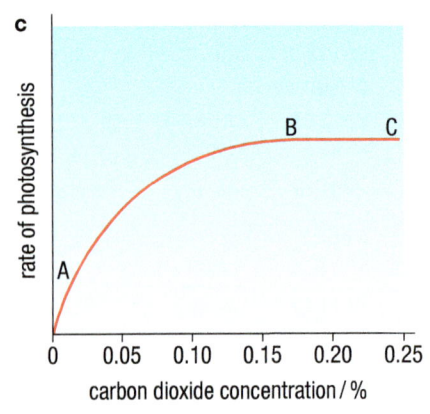

Figure 1 Light, temperature, and carbon dioxide levels all affect the rate of photosynthesis in a plant

Required practical

Investigating the effect of variables on the rate of photosynthesis

Using water plants and the apparatus described on page 114, you can investigate:
- the effect of light intensity on the rate of photosynthesis by changing the distance of a light source from the plant
- the effect of temperature on the rate of photosynthesis by varying the temperature of the water surrounding the plant
- the effect of carbon dioxide levels on the rate of photosynthesis by changing the concentration of sodium hydrogen carbonate in the surrounding water.

Remember to keep all other variables constant each time.

Limiting factors

Making the most of photosynthesis

The more a plant photosynthesises, the faster it grows. Farmers want their plants to grow as fast and as big as possible to make the best profit. Out in the fields it is almost impossible to influence the growing conditions, but by using greenhouses farmers can artificially control the environment of their plants. Most importantly, in greenhouses the atmosphere is warmer inside than out. This speeds up the rate of photosynthesis so plants grow faster, flower and fruit earlier, and produce higher yields. You can also use greenhouses to protect delicate fruits from harsh weather conditions.

Controlling a crop's environment

Companies use big commercial greenhouses to control the temperature and the levels of light and carbon dioxide. The levels are varied to get the fastest possible rates of photosynthesis. For example:

- Carbon dioxide levels are increased during the day when light levels are at their highest, so they do not act as a limiting factor.
- The optimum temperature for enzyme activity is maintained all the time.
- Artificial lighting is used to prolong the hours of photosynthesis and to increase the light intensity.

As a result, the plants photosynthesise for as long as possible and grow increasingly quickly. Artificial lighting can be used to give year-round production by plants, and to grow plants out of their normal season or out of their normal habitat.

The greenhouses are huge and conditions are controlled using computer software. This all costs a lot of money, but controlling the environment has many benefits. Turnover is fast, which means profits can be high. The crops are clean and unspoilt. There is no ploughing or preparing the land, and crops can be grown where the land is poor.

It takes a lot of energy to keep conditions in the greenhouses just right, but fewer staff are needed. Monitoring systems and alarms are vital in case things go wrong, but for plants grown in controlled greenhouse conditions, limiting factors no longer limit their rate of photosynthesis and growth.

Summary questions

1 What are the **three** main limiting factors that affect the rate of photosynthesis in a plant?

2 a In each of these situations, **one** factor in particular is most likely to be limiting photosynthesis. In each case listed below, suggest which factor this is, and explain why the rate of photosynthesis is limited.
   i   A wheat field first thing in the morning.
   ii The same field later on in the day.
   iii Plants growing on a woodland floor in a cold winter.
   iv Plants growing on a woodland floor in a hot summer.
   b Why is it impossible to be certain which factor is involved in each of these cases?

3 Look at graph **a** in Figure 1.
   a Explain what is happening between points A and B on the graph.
   b Explain what is happening between points B and C on the graph.
   c Now look at graph **b** in Figure 1. Explain why it is a different shape to the other two graphs shown in Figure 1.

Did you know ... ?

The first recorded greenhouse was built in about 30 AD for Tiberius Caesar, a Roman emperor who wanted to eat cucumbers out of season.

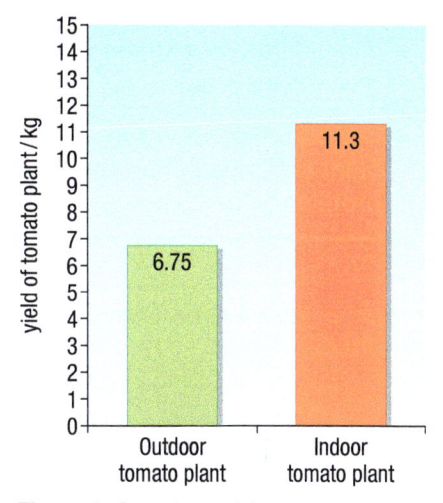

Figure 2 *One piece of American research showed that the crop yield inside a greenhouse was almost double that of crops grown outdoors*

Figure 3 *Controlling the temperature, light, and carbon dioxide level in a greenhouse removes limiting factors and enables farmers to achieve the biggest yields possible in the shortest time*

Key points

- The rate of photosynthesis may be limited by shortage of light, low temperature, and shortage of carbon dioxide.
- Farmers can artificially control the light intensity, temperature, and carbon dioxide concentration when growing crops in greenhouses to increase the rate of photosynthesis and so increase the yield of the crops.

Plants as organisms

9.3 How plants use glucose

Learning objectives

After this topic, you should know:
- what plants do with the glucose they make
- the extra materials that plant cells need to produce proteins

Plants and algae make glucose when they photosynthesise. This glucose is vital for their survival. Some of the glucose produced during photosynthesis is used immediately by the plant and algal cells. They use it for respiration, to provide energy for cell functions such as growth and reproduction.

Using glucose

Plant cells and algal cells, like any other living cells, respire all the time. They use some of the glucose produced during photosynthesis as they respire. The glucose is broken down using oxygen to provide energy for the cells. Carbon dioxide and water are the waste products of the reaction. Chemically, respiration is the reverse of photosynthesis.

The energy transferred in respiration is used to build up smaller molecules into bigger molecules. Some of the glucose made in photosynthesis is changed into insoluble starch for storage (see below). Plants and algae also build up glucose into more complex carbohydrates such as cellulose. They use this to strengthen their cell walls.

Plants use some of the glucose from photosynthesis to make amino acids. They do this by combining sugars with **nitrate ions** and other **mineral ions** from the soil. These amino acids are then built up into proteins to be used in their cells (see later). This needs energy from respiration.

Algae also make amino acids. They do this by taking the nitrate ions and other materials they need from the water they live in.

Plants and algae also use glucose from photosynthesis and energy from respiration to build up fats and oils. These may be used in the cells as an energy store. In addition, plants often use fats or oils as an energy store in their seeds. Seeds provide lots of energy for the new plant as it germinates.

Figure 1 *Worldwide, photosynthesis in algae produces more oxygen and biomass than photosynthesis in plants does, but people often forget all about them*

Starch for storage

Plants make food by photosynthesis in their leaves and other green parts, but the food is needed all over the plant. It is moved around the plant in the phloem.

Plants convert some of the glucose produced in photosynthesis into starch to be stored. Glucose is soluble in water. If it were stored in plant cells, it could affect the way water moves into and out of the cells by osmosis. Lots of glucose stored in plant cells could affect the water balance of the whole plant.

Starch is insoluble in water, so it will have no effect on the water balance of the plant. This means that plants can store large amounts of starch in their cells.

Starch is the main energy store in plants and it is found all over a plant:
- Starch is stored in the cells of the leaves. It provides an energy store for when it is dark or when light levels are low.
- Starch is also kept in special storage areas of a plant. For example, many plants produce **tubers** and bulbs which are full of stored starch, to help them survive through the winter. You often take advantage of these starch stores, found in vegetables such as potatoes, by eating them yourself.

?? Did you know …?

Some algal cells are very rich in oils. They are even being considered as a possible source of biofuels for the future.

∞ links

For more information on transport in plants, see 9.6 Transport systems in plants. For more on osmosis in plants, see 1.7 Osmosis.

How plants use glucose

Practical

Making starch

The presence of starch in a leaf is evidence that photosynthesis has taken place. You can test for starch using the iodine solution test. Take a leaf from a plant kept in the light and a leaf from plant kept in the dark for at least 24 hours. Leaves have to be specially prepared so the iodine solution can reach the cells. Just adding iodine solution to a leaf is not enough, because the waterproof cuticle keeps the iodine out so it can't react with the starch. Also, the green chlorophyll would mask any colour changes if the iodine did react with the starch.

You therefore need to treat the leaves by boiling them in ethanol, to destroy the waxy cuticle and then to remove the colour. The leaves are then rinsed in hot water to soften them. After treating the leaves, add iodine solution to them both. Iodine solution turns blue-black in the presence of starch.

Figure 2 The leaf on the right has been kept in the dark. Its starch stores have been used for respiration or moved to other parts of the plant. The leaf on the left has been in the light and been able to photosynthesise. The glucose has been converted to starch, which is clearly visible when it reacts with iodine and turns blue-black

Safety: Take care when using ethanol. It is volatile, highly flammable, and harmful. Always wear eye protection. No naked flames – use a hot water bath to heat ethanol.

Study tip

Two important points to remember:
- Plants **respire** 24 hours a day to release energy.
- Glucose is soluble in water, but starch is insoluble.

Mineral ions, proteins, and plants

Plants make amino acids and build them up into proteins. However, to make amino acids from the carbohydrates produced by photosynthesis, plants must take in nitrates from the soil. Plants take up nitrate ions from the soil through their roots. The nitrate ions are moved into the root hair cells against a concentration gradient by active transport.

Some carnivorous plants, such as the Venus flytrap and sundews, are especially adapted to live in nutrient-poor soil. They can survive because they obtain most of their nutrients from the animals, such as insects, that they catch. Special enzymes then digest the insects. The carnivorous plants use the nutrients from the digested bodies of their victims in place of the nutrients that they cannot get from the poor soil in which they grow.

Figure 3 The Venus flytrap – an insect-eating plant

Summary questions

1 List as many ways as possible in which a plant uses the glucose produced by photosynthesis.

2 a Why is some of the glucose made by photosynthesis converted to starch to be stored in the plant?
  b Where might you find starch in a plant?
  c How could you show that a potato is a store of starch?

3 Explain why relatively few plants grow successfully in bogs, yet carnivorous plants are often found growing there.

Key points

- Plant and algal cells use the soluble glucose they produce during photosynthesis for respiration; to convert into insoluble starch for storage; to produce fats or oils for storage; and to produce fats, proteins, or cellulose for use in the cells and cell walls.

- Plant and algal cells also need other materials, including nitrate ions, to make the amino acids which make up proteins.

9.4 Exchange in plants

Plants as organisms

Learning objectives

After this topic, you should know:
- how the leaves of a plant are adapted for gaseous exchange
- how plant roots are adapted for the efficient uptake of water and mineral ions.

Animals aren't the only living organisms that need to exchange materials. Plants rely heavily on diffusion to obtain the carbon dioxide they need for photosynthesis. They use osmosis to take water from the soil and active transport to obtain mineral ions from the soil. Plants have adaptations that make these exchanges as efficient as possible.

Gas exchange in plants

Plants need carbon dioxide and water for photosynthesis to take place. They obtain the carbon dioxide they need by diffusion through their leaves. The flattened shape of the leaves increases the surface area for diffusion. Most plants have thin leaves. This means the distance the carbon dioxide has to diffuse from the outside air to the photosynthesising cells is kept as short as possible.

What's more, leaves have many air spaces in their structure. These allow carbon dioxide to come into contact with lots of cells and provide a large surface area for diffusion.

However, there is a problem: leaf cells constantly lose water by **evaporation**. If carbon dioxide could diffuse freely into and out of the leaves, water vapour would also be lost very quickly. Then the leaves – and the plant – would die.

When it is dark, the leaf cells don't need carbon dioxide to diffuse in because they are not photosynthesising. The amount of carbon dioxide needed by the plant cells in a leaf depends on the rate of photosynthesis. This in turn depends on other limiting factors such as light and temperature. For example, on bright, warm, sunny days, there is a high rate of photosynthesis and the plant needs a lot of carbon dioxide to come into the leaves by diffusion.

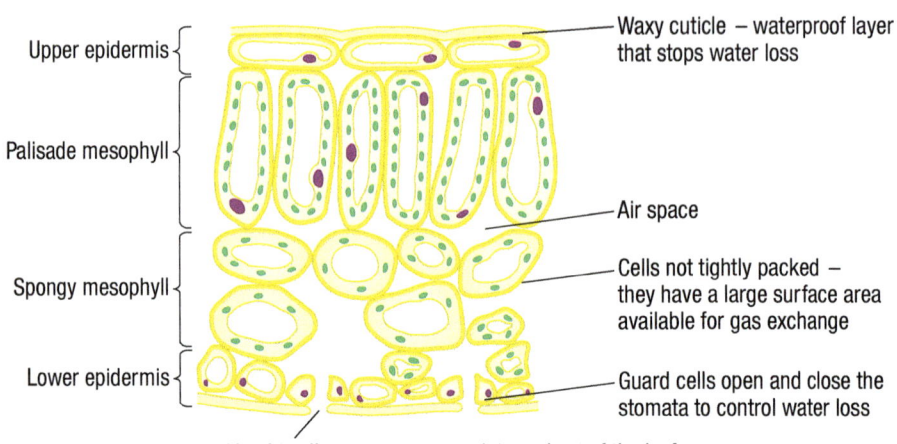

links
For more on photosynthesis, look back to 9.1 Photosynthesis.

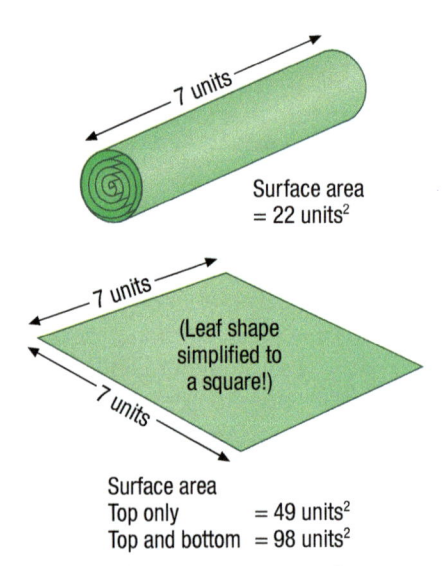

Figure 1 *The wide, flat shape of most leaves greatly increases the surface area for collecting light and exchanging gases, compared with more cylindrical leaves*

- 7 units — Surface area = 22 units^2
- (Leaf shape simplified to a square!) 7 units × 7 units
- Surface area Top only = 49 units^2
- Top and bottom = 98 units^2

Figure 2 *This cross-section of a leaf shows the arrangement of the cells inside. Lots of air spaces and short diffusion distances mean that the carbon dioxide needed for photosynthesis can reach the cells as efficiently as possible*

- Upper epidermis
- Palisade mesophyll
- Spongy mesophyll
- Lower epidermis
- Waxy cuticle – waterproof layer that stops water loss
- Air space
- Cells not tightly packed – they have a large surface area available for gas exchange
- Guard cells open and close the stomata to control water loss
- Stomata like this allow gases to move into and out of the leaf

Leaves are adapted to allow carbon dioxide in only when it is needed. They are covered with a waxy **cuticle**. This is a waterproof and gas-proof layer.

Exchange in plants

All over the leaf surface are small openings known as stomata. The stomata can be opened when the plant needs to allow air into the leaves. Carbon dioxide from the atmosphere diffuses into the air spaces and then into the cells down a concentration gradient. At the same time, oxygen produced by photosynthesis is removed from the leaf by diffusion into the surrounding air. This maintains a concentration gradient for oxygen from the cells into the air spaces of the leaf. The stomata can be closed the rest of the time to limit the loss of water.

The size of the stomata and their opening and closing is controlled by the **guard cells**.

Most of the water vapour lost by plants is lost from the leaves, and most of this loss takes place by diffusion through the stomata when they are open. This is one of the main reasons why it is important that plants can close their stomata – to limit the loss of water vapour.

Figure 3 *The size of the opening of the stomata is controlled by the guard cells. This in turn controls the carbon dioxide going into the leaf and the water vapour and oxygen leaving it*

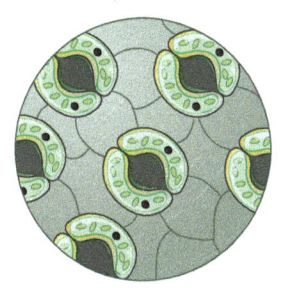

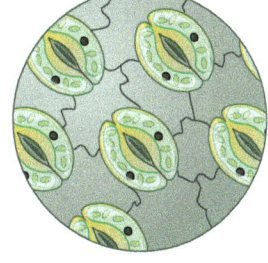

Open stomata   Closed stomata

Uptake of water and mineral ions in plants

Plant roots are adapted to take water and mineral ions from the soil as efficiently as possible. The roots themselves are thin, divided tubes with a large surface area. The cells on the outside of the roots near the growing tips have special adaptations that increase the surface area. These **root hair cells** have tiny projections from the cells which push out between the soil particles (Figure 4).

Water moves into the root hair cells by osmosis across the partially permeable root cell membrane. It then has only a short distance to move across the root to the xylem, where it is moved up and around the plant.

Plant roots are also adapted to take in mineral ions using active transport. They have plenty of mitochondria to supply the energy they need for this process. They also have all the advantages of a large surface area and the short pathways needed for the movement of water.

Did you know ... ?

Root hairs have an amazing effect – a 1 m² area of lawn grass has 350 m² of root surface area!

links

For more information on stomata, see 12.6 Adaptations in plants. For information on xylem, see 9.6 Transport systems in plants.

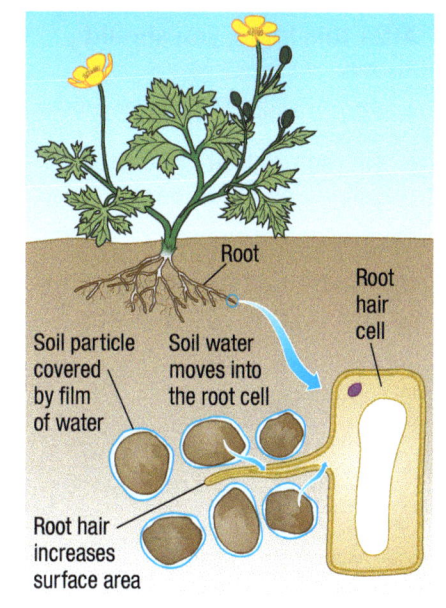

Figure 4 *Many small roots, and the presence of microscopic root hairs on the individual root cells, increase diffusion of substances from the soil into the plant*

Key points

- Plant leaves have stomata that allow the plant to obtain carbon dioxide from the atmosphere. The size of stomata is controlled by the guard cells which surround them.

- Carbon dioxide enters the leaf by diffusion. The surface area to volume ratio of leaves is increased by a flat, thin shape and internal air spaces.

- Plants mainly lose water vapour from their leaves, and most of this loss takes place through the stomata.

- Most of the water and mineral ions needed by a plant are absorbed by the root hair cells, which increase the surface area of the roots.

Summary questions

1. **a** What are stomata?
   b Describe their role in the plant.
   c How are stomata controlled?
2. How are plant roots adapted for the absorption of water and mineral ions?
3. Explain carefully how the adaptations of plants for the exchange of materials compare with human adaptations in the lungs and the gut.

Plants as organisms

9.5 Evaporation and transpiration

Learning objectives

After this topic, you should know:
- what transpiration is
- the factors that affect how quickly plants transpire.

The top of a tree may be many metres from the ground. Yet the leaves at the top need water just as much as those on the lower branches. So how do they get the water they need?

Water loss from the leaves

The stomata on the surface of plant leaves can be opened and closed by the guard cells that surround them. Plants open their stomata to take in carbon dioxide for photosynthesis. However, when the stomata are open, plants lose water vapour through them as well. The water vapour evaporates from the cells lining the air spaces and then passes out of the leaf through the stomata by diffusion. This loss of water vapour is known as **transpiration**.

As water evaporates from the leaves, more water is pulled up through the xylem to take its place. This constant movement of water molecules through the xylem from the roots to the leaves is known as the **transpiration stream** (Figure 2). It is driven by the evaporation of water from the leaves. So, anything that affects the rate of evaporation will affect transpiration.

Figure 1 *The transpiration stream in trees can pull litres of water many metres above the ground*

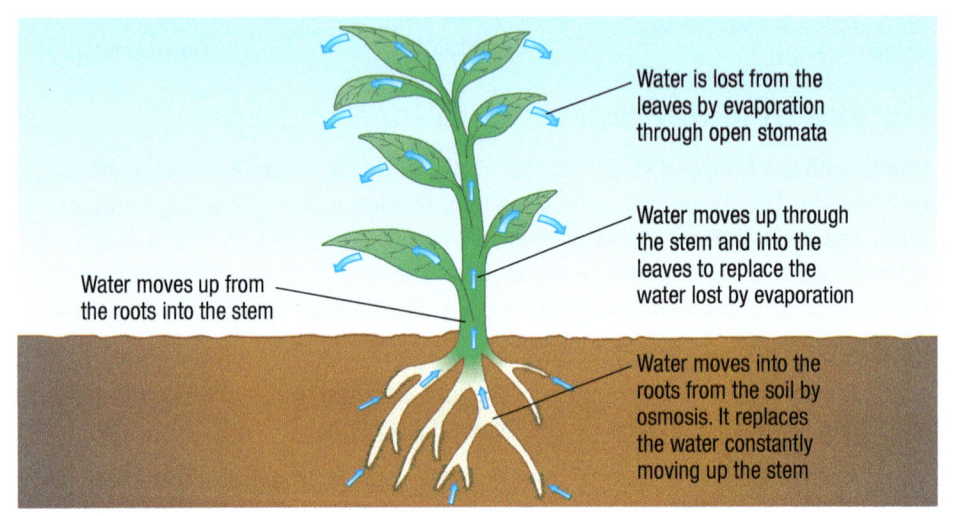

Figure 2 *The transpiration stream*

The effect of the environment on transpiration

Anything that increases the rate of photosynthesis will increase the rate of transpiration. This occurs because more stomata are opened up to let in carbon dioxide. In turn, more water is lost by evaporation and then diffusion through the open stomata. Warm, sunny conditions increase the rate of transpiration.

Conditions that increase the rate of evaporation and diffusion of water when the stomata are open will also make transpiration happen more rapidly. Hot, dry, windy conditions increase the rate of transpiration. Water evaporates more from the cells as the temperature increases, and diffusion also happens more quickly. Water vapour will diffuse more rapidly into dry air than into humid air, and windy conditions both increase the rate of evaporation and also maintain a steep concentration gradient from the inside of the leaf to the outside by removing water vapour as it diffuses out. So, each of these conditions individually increases the rate of transpiration, and combined they mean that a plant will lose a lot of water in this way.

Controlling water loss

Most plants have a variety of adaptations that help them to photosynthesise as much as possible whilst losing as little water as possible.

Most leaves have a waxy, waterproof layer (the cuticle) to prevent uncontrolled water loss. In very hot environments, the cuticle may be very thick and shiny. Most of the stomata are found on the underside of the leaves. This protects them from the direct light and energy of the Sun, and reduces the time for which they are open.

If a plant begins to lose water faster than it is replaced by the roots, it can take some drastic measures.
- The whole plant may wilt. **Wilting** is a protection mechanism against further water loss. The leaves all collapse and hang down. This greatly reduces the surface area available for water loss by evaporation.
- The stomata close, which stops photosynthesis and risks overheating. However, this prevents most water loss and any further wilting.

The plant will remain wilted until the temperature drops, the sun goes in, or it rains.

Study tip
Remember that the transpiration stream is driven by the loss of water by evaporation out of the stomata.

links
You learnt about osmosis, turgor, and the effect of losing water on plant cells in 1.7 Osmosis.

Practical

Evidence for transpiration

There are a number of experiments which can be done to investigate the movement of water in plants by transpiration. Many of them use a piece of apparatus known as a potometer (Figure 3).

A potometer can be used to show how the uptake of water by the plant changes with different conditions. This gives you a good idea of the amount of water lost by the plant in transpiration. A potometer measures water uptake, which is almost the same as transpiration but not quite, as some of the water is used in metabolism (e.g., in photosynthesis).

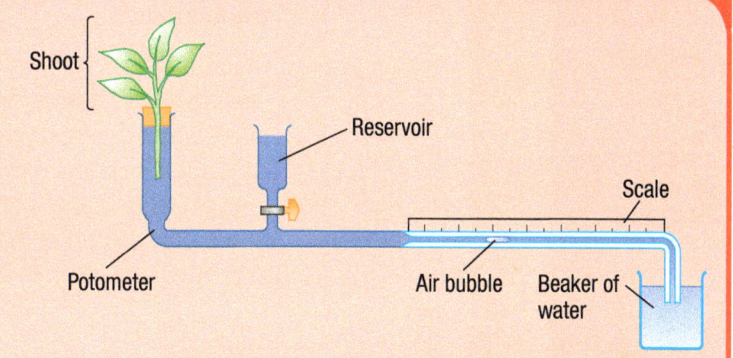

Figure 3 *A potometer is used to show the water uptake of a plant under different conditions*

Summary questions

1. **a** What is transpiration?
   b Describe how water moves up a plant in the transpiration stream.
2. **a** Which part of the leaves helps the plant to reduce water loss under normal conditions?
   b How will transpiration in a plant be affected if the top leaf surfaces are coated in petroleum jelly?
   c How will transpiration in a plant be affected if the bottom leaf surfaces are coated in petroleum jelly?
   d Explain the effect on transpiration of turning a fan towards the leaves of the plant.
   e What does a potometer actually measure?
3. Water lilies have their stomata on the tops of their leaves.
   a How will this affect transpiration in these plants?
   b Explain how the plants will cope with this situation.

Key points
- The loss of water vapour from plant leaves is known as transpiration.
- Water is lost through the stomata, which open to let in carbon dioxide for photosynthesis.
- Evaporation is more rapid in hot, dry, windy, or bright conditions. If plants lose water faster than it is gained by the roots, the stomata can close to prevent wilting.

Plants as organisms

9.6 Transport systems in plants

Learning objectives

After this topic, you should know:
- the substances that are transported in plants
- how transport in the xylem tissue differs from transport in the phloem tissue.

Plants make glucose (a simple sugar) by photosynthesis in the leaves and other green parts. This glucose is needed all over the plant. Similarly, water and mineral ions move into the plant from the soil through the roots, but they are needed by every cell of the plant. Water moves through the plant in the transpiration stream. Plants have two separate transport systems to move substances around their bodies. The phloem and the xylem contain different types of specialised cells, each adapted to their function.

Phloem – moving food

The phloem tissue transports the sugars made by photosynthesis from the leaves to the rest of the plant. This includes the growing areas of the stems and roots where the dissolved sugars are needed for making new plant cells. Food is also transported to the storage organs where it is needed to provide an energy store for the winter.

Phloem is a living tissue – the phloem cells are alive. The movement of dissolved sugars from the leaves to the rest of the plant is called **translocation**.

Phloem cells form long tubes that reach from the roots to the leaves. The cell walls between the cells break down to form specialised sieve plates. These allow water carrying dissolved food to move freely up and down the tubes to where it is needed. Phloem cells lose their internal structures but they are supported by companion cells that help to keep them alive. The mitochondria of the companion cells provide the energy needed to move dissolved food up and down the plant in the phloem.

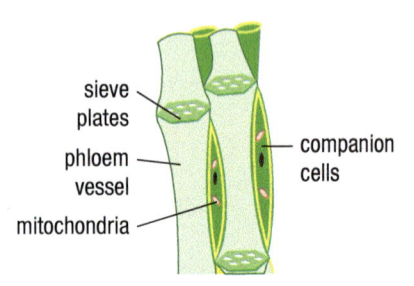

Figure 1 *The adaptations of the phloem cells mean that they are well adapted to their function of moving dissolved food around the plant*

Xylem – moving water and mineral ions

The xylem tissue is the other transport tissue in plants. It carries water and mineral ions from the soil around the plant to the stem and the leaves. Xylem is also important in supporting the plant. The structure of the xylem cells is adapted to their functions in two main ways:

- The cells are alive when they first form, but a special woody chemical called lignin builds up in spirals in the cell walls. The cells die and form long, hollow tubes that allow water and mineral ions to move freely through them from one end of the plant to the other.
- The spirals and rings of woody material in the xylem cells make them very strong and help them withstand the pressure of water moving up the plant. They also help support the plant stem.

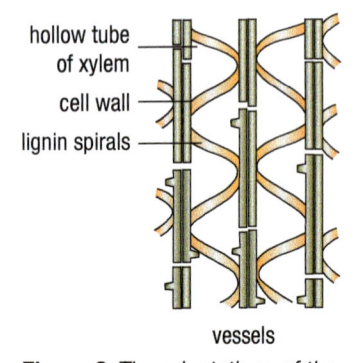

Figure 2 *The adaptations of the xylem cells mean they are well adapted to their function of moving water from the roots to the leaves of a plant and providing strength and support*

Practical

Evidence for movement through xylem

You can demonstrate the movement of water up the xylem by placing celery stalks in water containing a coloured dye. After a few hours, slice the stem in several places – you will see the coloured circles where the water and dye have been moved through the xylem.

Transport systems in plants

In woody plants like trees, the xylem makes up the bulk of the wood and the phloem is found in a ring just underneath the bark. This makes young trees in particular very vulnerable to damage by animals – if a complete ring of bark is eaten, transport in the phloem stops and the tree will die.

Study tip

Don't confuse xylem and phloem:
- For **ph**loem think '**f**ood' (sugar) transport.
- For xylem think 'transports water'.

Figure 3 *Without protective collars on the trunks, deer would destroy the transport tissue of young trees like these and kill them before they could become established in the woodland*

Why is transport so important?

It is vital to move the food made by photosynthesis around the plant – all the cells need sugars for respiration as well as for providing materials for growth. The movement of water and dissolved mineral ions from the roots is equally important – the mineral ions are needed for the production of proteins and other molecules within the cells.

The plant needs water for photosynthesis, when carbon dioxide and water combine to make glucose (plus oxygen). It also needs water to hold the plant upright. When a cell has plenty of water inside it, the vacuole presses the cytoplasm against the cell walls. This pressure of the cytoplasm against the cell walls gives support for young plants and for the structure of the leaves. For young plants and soft-stemmed plants – although not trees – this is the main method of support, combined with the strength of the xylem vessels.

Summary questions

1. **a** Why does a plant need a transport system?
   b Explain why a constant supply of sugar and water is so important to the cells of a plant.
2. Make a table to compare the xylem and phloem in a plant.
3. A local woodland trust has set up a scheme to put protective plastic covers around the trunks of young trees. Some local residents are objecting to this, saying it spoils the look of the woodland. Explain exactly why this protection is necessary, and what impact not protecting the trees would have on the wood.

Key points

- Flowering plants have separate transport systems.
- Xylem tissue transports water and mineral ions from the roots to the stems and leaves.
- Phloem tissue transports dissolved sugars from the leaves to the rest of the plant, including the growing regions and storage organs. This is called translocation
- The structure of the xylem and the phloem is related to their function.

Plants as organisms: 9.1–9.6

Summary questions

1. **a** Give the word and balanced symbol equations for photosynthesis.
   b Much of the glucose made in photosynthesis is turned into an insoluble storage compound. What is this compound?
   The values in the following table show the mean growth of two sets of oak seedlings. One set was grown in 85% full sunlight, the other set in only 35% full sunlight.

   c

Year	Mean height of seedlings grown in 85% full sunlight (cm)	Mean height of seedlings grown in 35% full sunlight (cm)
2005	12	10
2006	16	12.5
2007	18	14
2008	21	17
2009	28	20
2010	35	21
2011	36	23

   i Plot a graph to show the growth of both sets of oak seedlings.
   ii Using what you know about photosynthesis and limiting factors, explain the difference in the growth of the two sets of seedlings.

2. Palm oil is made from the fruit of oil palms. Large areas of tropical rainforests have been destroyed to make space to plant these oil palms, which grow rapidly.
   a Why do you think that oil palms grow rapidly in the conditions that support a tropical rainforest?
   b Where does the oil in the oil palm fruit come from?
   c What is it used for in the plant?
   d How else is glucose used in the plant?

3. Compare the adaptations of plant leaves for the exchange of carbon dioxide, oxygen, and water vapour with the adaptations of the roots for the absorption of water and mineral ions.

4. Figure 1 shows the two main transport tissues in plants.
   a Name tissue A and tissue B.
   b Explain, including labelled diagrams, how the structure of tissue A is adapted for its function in the plant.
   c Explain, including labelled diagrams, how the structure of tissue B is adapted for its function in the plant.

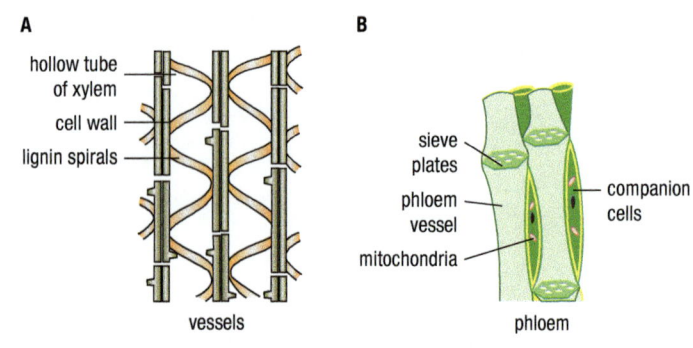

A
- hollow tube of xylem
- cell wall
- lignin spirals
- vessels

B
- sieve plates
- phloem vessel
- mitochondria
- companion cells
- phloem

Figure 1

5. Figure 2 shows apparatus (known as a potometer) often used to give an approximate measure of the transpiration taking place in the plant.

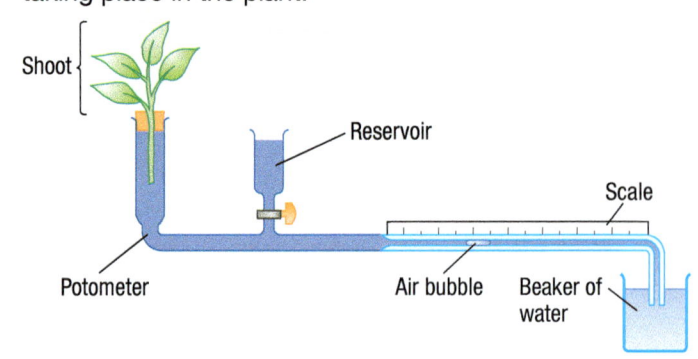

Shoot, Reservoir, Scale, Potometer, Air bubble, Beaker of water

Figure 2

   a What is transpiration?
   b Explain carefully what a potometer measures, and why it does *not* measure transpiration.
   c Readings are taken using a potometer with plants in different conditions. Explain how and why you would expect the readings to vary from the normal control shoot if:
   i a fan was set up to blow air over the plant
   ii the underside of all the leaves was covered with petroleum jelly.

Practice questions

1 a Copy and complete the word equation for photosynthesis:

.... + water $\xrightarrow{\text{light energy}}$ glucose + ... (2)

b Geraniums are green plants that grow in gardens.

Where does the light energy for photosynthesis in the geranium come from? How does the geranium absorb this light energy? (3)

c On a frosty morning in December, the rate of photosynthesis in the geranium plant is very slow.

Suggest which factors may be limiting and why. (4)

d Some of the glucose produced by the geranium plant is used for respiration. Give **three** other ways in which the plant uses the glucose produced in photosynthesis. (3)

2 a Water and food molecules need to be transported around the plant. **List A** contains words about these processes. **List B** contains explanations. Match the words in list A to the correct explanation in list B:

List A	List B
Translocation	The using up of glucose in respiration
	The transport of water from roots to leaves.
Xylem	The evaporation of water.
Stomata	Openings in the lower surface of the leaf for gas exchange.
Phloem	The cells that transport sugars around the plant.
Transpiration stream	The cells that transport water around the plant.
	The movement of sugars from the leaves to other tissues.

(5)

b Water is needed for photosynthesis. Give **two** other essential roles for water within the plant. (2)

c Explain why plants take up larger amounts of water from the soil in hot, dry, and windy conditions. (4)

d Describe the process by which root hairs take up mineral ions from the soil against a concentration gradient. (2)

e Why do plants need nitrate ions from the soil? (1)

3 A farmer has decided to grow strawberry plants in polytunnels.

The tunnels are enclosed spaces with walls made of plastic sheeting. The farmer decides to set up several small polytunnels, as models, so that he can work out the best conditions for the strawberry plants to grow. He needs help from a plant biologist, who provides some data.

The data is shown in Figure 2.

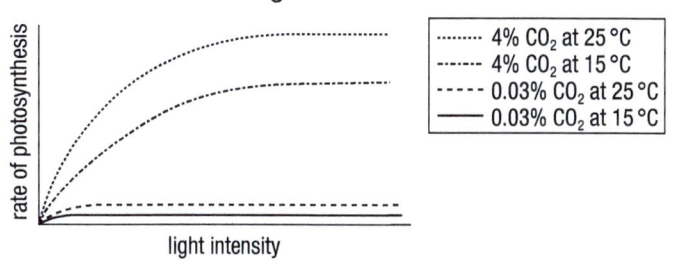

(graph: rate of photosynthesis vs light intensity)
- .... 4% CO_2 at 25 °C
- ------ 4% CO_2 at 15 °C
- ---- 0.03% CO_2 at 25 °C
- ―― 0.03% CO_2 at 15 °C

Figure 2

a *In this question you will be assessed on using good English, organising information clearly, and using specialist terms where appropriate.*

You are advising the farmer. Using all the information given, describe the factors the farmer should consider when building his model tunnels so that he can calculate the optimal conditions for growing strawberry plants. (6)

b Biologists often use models in their research. Suggest **one** reason why. (1)

4 Explain carefully why a water plant kept in the light for 24 hours will produce a gas that will relight a glowing splint, whereas a water plant kept in the dark for 24 hours will produce a gas that will put out a glowing splint. (4)

Chapter 10 Variation and inheritance

10.1 Inheritance

Learning objectives

After this topic, you should know:

- how parents pass on genetic information to their offspring
- why you resemble your parents but are not identical to them
- where the genetic information is found in a cell
- how both genes and environmental causes influence the characteristics of individuals.

Young animals and plants resemble their parents. For example, horses have foals, people have babies, and chestnut trees produce conkers that grow into little chestnut trees. Many of the smallest organisms that live in the world around you are actually identical to their parents, so what makes humans the way they are?

Why do you resemble your parents?

Most families have characteristics that you can see are clearly passed from generation to generation. Characteristics such as nose shape, eye colour, and dimples are inherited. They are passed on to you from your parents.

Your resemblance to your parents is the result of information carried by genes. These are passed on to you in the sex cells (gametes) from which you developed. This genetic information determines what you will be like.

Chromosomes and genes

The genetic information is carried in the nucleus of your cells and is passed from generation to generation during reproduction. The nucleus contains all the plans for making and organising a new cell and a whole new organism.

Inside the nuclei of all your cells, there are thread-like structures called chromosomes. The chromosomes are made up of large molecules of a special chemical called DNA (deoxyribonucleic acid). This is where the genetic information – the coded information that determines inherited characteristics – is actually stored.

DNA is a long molecule made up of two strands that are twisted together to make a spiral. This is known as a double helix – imagine a ladder that has been twisted round.

Figure 1 *This mother cat and her kittens are not identical, but they are obviously related*

links

For more on how sexual reproduction gives rise to genetic variety, see 2.2 Cell division in sexual reproduction and 10.2 Types of reproduction.

links

Find out more about DNA in 10.4 'From Mendel to modern genetics'.

Each different type of organism has a different number of chromosomes in its body cells. For example, humans have 46 chromosomes, potatoes have 48, and chickens have 78. Chromosomes always come in pairs. You have 23 pairs of chromosomes in all your normal body cells. You inherit half your chromosomes from your mother and half from your father.

Each of your chromosomes contains thousands of genes joined together. These are the units of inheritance.

Each gene is a small section of the long DNA molecule. Genes control what an organism is like. They determine its size, its shape, and its colour. Genes work at the level of the molecules in your body to control the development of all the different characteristics you can see. They do this by controlling all the different proteins made in your body. This means that genes determine which enzymes and other proteins are made in your body.

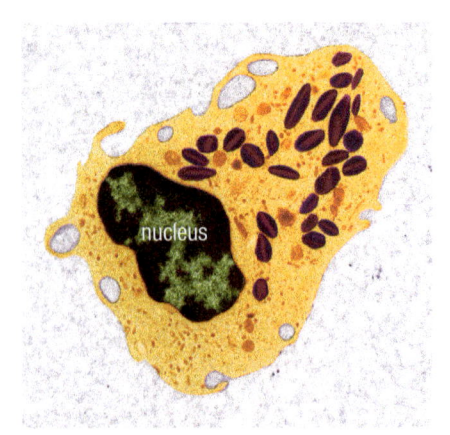

Figure 2 *The DNA that carries the genetic information is found in the nucleus of a cell*

Your chromosomes are organised so that both of the chromosomes in a pair carry genes controlling the same things. This means your genes also come in pairs – one from your father and one from your mother.

Some of your characteristics are decided by a single pair of genes. For example, there is one pair of genes which decides whether or not you will have dimples when you smile. However, most of your characteristics are the result of several different genes working together. For example, your hair and eye colour are both the result of several different genes.

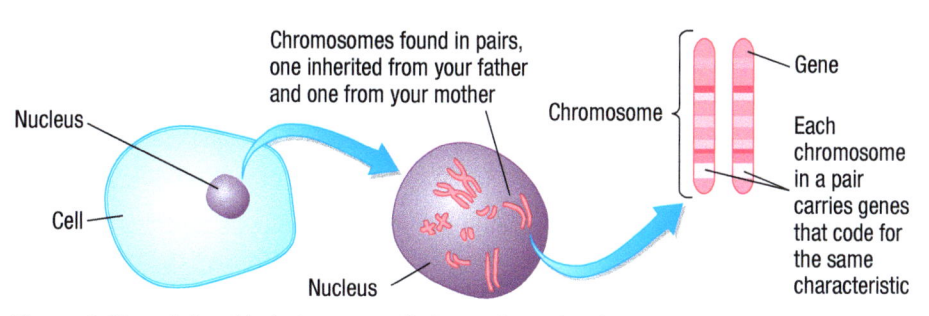

Figure 3 *The relationship between a cell, the nucleus, the chromosomes, and the genes*

Similarities and differences

Although individuals of the same kind of organism have characteristics in common, they do not all look identical. This is partly due to the genes they have inherited (**genetic causes**). However, the conditions in which individuals develop also affect their characteristics. For example, genetically identical plants would grow differently if they were planted in a shady spot compared with bright sunshine. These external influences are known as **environmental causes**.

The differences in characteristics between most organisms of the same species are due to a combination of genetic and environmental causes.

Inheritance

Study tip
Make sure you know the difference between chromosomes, genes, and DNA:

one chromosome → many genes → lots of DNA.

Did you know ... ?
Although scientists have analysed the entire human genome (the total amount of genetic information in the chromosomes), they are still not sure exactly how many genes humans have. At present, they think the human genome is made up of between 20 000 and 25 000 genes.

links
To find out more about the effect of genetic and environmental factors on characteristics, see 10.3 Causes of variation.

Summary questions

1 a What is the basic unit of inheritance?
  b Offspring inherit information from their parents, but do not look identical to them. Why not?
2 a Why do chromosomes come in pairs?
  b Why do genes come in pairs?
  c How many genes do scientists think humans have?
3 a Most organisms from the same species would not look the same even if they were given identical growing conditions. Explain why.
  b If genetically identical organisms have the same growing conditions, they should look identical. Explain why.
  c In reality, even genetically identical organisms do not have exactly the same characteristics. Why is this?

Key points
- Parents pass on genetic information to their offspring in the sex cells (gametes).
- The genetic information is found in the nucleus of your cells. The nucleus contains chromosomes, and chromosomes carry the genes that control the characteristics of your body.
- Chromosomes are normally found in pairs.
- Differences in the characteristics of individuals may be due to genetic causes, environmental causes, or both.

Variation and inheritance

10.2 Types of reproduction

Learning objectives

After this topic, you should know:
- what a clone is and why asexual reproduction results in offspring that are identical to their parents
- how sexual reproduction produces variation
- the role of alleles in introducing variation.

Reproduction is essential to living things. It is during reproduction that genetic information is passed on from parents to their offspring. There are two very different ways of reproducing – **asexual reproduction** and **sexual reproduction**.

Asexual reproduction

Asexual reproduction involves only one parent. There is no joining of special sex cells (gametes) and there is no genetic variation in the offspring. Asexual reproduction gives rise to genetically identical offspring known as **clones**. Their genetic material is identical to that of both the parent and each other.

Asexual reproduction is very common in the smallest animals and plants, and in fungi and bacteria too. However, many larger plants, such as daffodils, strawberries, and brambles, also reproduce asexually.

The cells of your body reproduce asexually all the time. They divide into two identical cells for growth and to replace worn-out tissues.

Figure 1 *A mass of daffodils such as this can contain hundreds of identical flowers because they come from bulbs that reproduce asexually. They also reproduce sexually using their flowers*

Sexual reproduction

Sexual reproduction involves a male sex cell and a female sex cell from two parents. These two special sex cells (gametes) join together to form a zygote which goes on to develop into a new individual.

The offspring that result from sexual reproduction inherit genetic information from both parents. This means that you will have some characteristics from both of your parents, but won't be identical to either of them. This introduces variation. The offspring of sexual reproduction show much more variation than the offspring from asexual reproduction.

- In plants, the gametes involved in sexual reproduction are found within ovules and pollen.
- In animals, they are called ova (eggs) and sperm.

Sexual reproduction is risky because it relies on the sex cells from two individuals meeting. However, it also introduces variation. That's why you find sexual reproduction in organisms ranging from single-celled organisms to people.

Study tip

Remember – in humans, the egg and sperm have 23 chromosomes each, which is half the usual number. When they fuse at fertilisation, the resulting zygote has 46 chromosomes again.

130

Variation

Why is sexual reproduction so important? The variation it produces is a great advantage in making sure that a species survives. Variation makes it more likely that at least a few of the offspring will have the ability to survive difficult conditions.

If you take a closer look at how sexual reproduction works, you can see how variation appears in the offspring.

Different genes control the development of different characteristics. Most things about you, such as your hair and eye colour, are controlled by several different pairs of genes. Each gene will have different forms, or **alleles**. Each allele will result in a different protein. A few of your characteristics are controlled by one single pair of genes, with just two possible alleles.

For example, there are genes that decide whether:
- your earlobes are attached closely to the side of your head or hang freely
- your thumb is straight or curved
- you have dimples when you smile
- you have hair on the second segment of your ring finger.

You can use these genes to help you understand how inheritance works.

Figure 2 Although there are some likenesses in this family group, the variety caused by the mixing of genetic information in the generations is clear

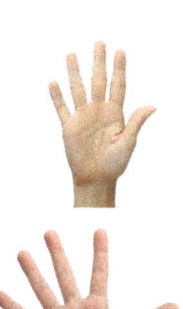

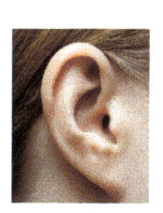

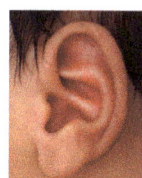

Figure 3 These are all human characteristics that are controlled by a single pair of genes. They can help us to understand how sexual reproduction introduces variation and how inheritance works

You will get a random mixture of genetic information from your parents, which is why you don't look exactly like either of them!

Summary questions

1. Define the following terms:
   a. asexual reproduction
   b. sexual reproduction
   c. gamete
   d. variation.

2. Compare the advantages and disadvantages of sexual reproduction with those of asexual reproduction.

3. Some animals such as *Hydra* and some plants such as daffodils reproduce both asexually and sexually.
   a. How do daffodils reproduce **i** asexually and **ii** sexually?
   b. How does this help to make *Hydra* and daffodils very successful organisms?
   c. Explain the genetic differences between a *Hydra*'s sexually and asexually produced offspring.

Study tip

Asexual reproduction = all the same genes and characteristics as the one parent.

Sexual reproduction = mixture of genes and characteristics from two parents.

Key points

- In asexual reproduction, there is no joining of gametes and only one parent. There is no genetic variation in the offspring.

- The genetically identical offspring of asexual reproduction are known as clones.

- In sexual reproduction, male and female gametes join together. The mixture of genetic information from two parents leads to genetic variation in the offspring.

- Different genes control the development of different characteristics of an organism. Some characteristics are controlled by a single gene. Each gene may have different forms called alleles.

10.3 Causes of variation

Variation and inheritance

Learning objectives

After this topic, you should know:
- some variation in a population is the result of genetic differences
- some variation in a population is affected by environmental factors.

Have a look at the ends of your fingers and notice the pattern of your fingerprints. No one else in the world will have exactly the same fingerprints as you. Even identical twins have different fingerprints. Animals and plants of the same species, even individuals with the same parents, show variation. What factors make each organism so different from the others around it?

Nature – genetic variation

The genes you inherit determine a lot about you. An apple seed will never grow into an oak tree. Environmental factors, such as the weather or soil conditions, do not matter. The basic characteristics of every species are determined by the genes they inherit.

Certain characteristics are clearly inherited, such as the species you belong to. The shapes of basic characteristics, from leaves to earlobes, as well as whether an organism is male or female, are also the result of genetic information inherited from the parent organisms.

Variation between individuals arises as a result of sexual reproduction, through which a new combination of genes appears every time a female and a male gamete fuse together. Sometimes one individual will show a new variation when a different characteristic results from a mutation. But your genes are only part of the story.

Nurture – environmental variation

Some differences between the organisms of a species are entirely due to the environment they live in. For example, you may have a scar as a result of an accident or an operation. People in countries where there is a lot of cheap food are often overweight. People from countries where there are food shortages as a result of droughts or floods are often very thin. The variation in the populations is a result of their environments.

Combined causes of variation

Genes play a major part in deciding how an organism will look, but the conditions in which it develops are important, too. Genetically identical plants can be grown under different conditions of light or soil nutrients. The resulting plants do not look identical. Plants deprived of light, carbon dioxide, or nutrients do not make as much food as plants with plenty of everything. They will be smaller and weaker. They have not been able to fulfil their genetic potential.

Many of the differences between individuals of the same species are the result of both their genes and their environment. For example, you inherit your hair colour and skin colour from your parents. However, whatever your inherited skin colour, it will be darker if you live in a sunny environment. If your hair is brown or blonde, it will be lighter if you live in a sunny country. You may have a genetic tendency to be overweight, but if you never have enough to eat you will be very thin.

Figure 1 *However much this Shetland pony eats, it will never be as tall as the thoroughbred. It just isn't in the genes!*

Figure 2 *The differences in these cows are partly genetic and partly down to their environment, from the milk they drank as calves to the quality of the grass they eat each day*

Causes of variation

Investigating variation

It is quite easy to produce genetically identical plants to investigate variation. You can then put them in different situations to see how the environment affects their appearance. Scientists also use groups of animals which are genetically very similar to investigate variation. You cannot easily do this in a school laboratory.

The only genetically identical humans are identical twins who come from the same fertilised egg. Scientists are very interested in identical twins, to find out how similar they are as adults. It would be unethical to take identical twins away from their parents and have them brought up differently to investigate environmental effect, but there are cases of identical twins who were adopted by different families. Some scientists have researched these separated identical twins and compared them with identical twins brought up together.

Often they look and act in a remarkably similar way. Scientists measure features such as height, weight, and IQ (a measure of intelligence). The evidence shows that some of the differences are mainly due to genetics and some are largely due to our environment. Height appears to be largely genetic, for example, but the environment has a relatively large effect on body mass.

Continuous and discontinuous variation

Look around at the people in your classroom, in the local market, or in a crowd watching sport. There are many different comparable features that vary across all the individuals. There will be some very short people, some very tall people, and many different heights in between. The same is true for foot size, weight, and intelligence. These characteristics show **continuous variation**, which means there is a gradual transition between the two extremes. Features which show continuous variation are usually determined by a number of different genes and are also affected by the environment (e.g., the availability of food, the impact of disease).

However not all features exist in a wide variety of forms. Some characteristics are either present or they are not. For example, you are female or male and you have blood group A, B, AB, or O. These features show **discontinuous variation**. Characteristics that show discontinuous variation are often determined by a single gene (or chromosome, in the case of sex), and there is little or no environmental impact on the features.

Figure 3 *The difference between characteristics showing continuous and discontinuous variation is very clear when you measure how they are distributed in a population*

Study tip

- Genes control the development of characteristics.
- Characteristics may be changed by the environment.

Key points

The causes of variation between organisms include:

- Genetic variation – different characteristics arise as a result of sexual reproduction or mutation (inherited characteristics).
- Environmental variation – different characteristics are caused by an organism's environment (acquired characteristics).
- A combination of genetic and environmental causes.

Summary questions

1 Give three causes for the variation seen between individual members of the same species of animals or plants.

2 Look at the graphs in Figure 3. Use them to help you to explain the difference between continuous and discontinuous variation in characteristics.

3 You are given 20 pots containing identical cloned seedlings all the same height. Explain how you would investigate the effects of temperature on the growth of these seedlings, compared with the impact of their genes.

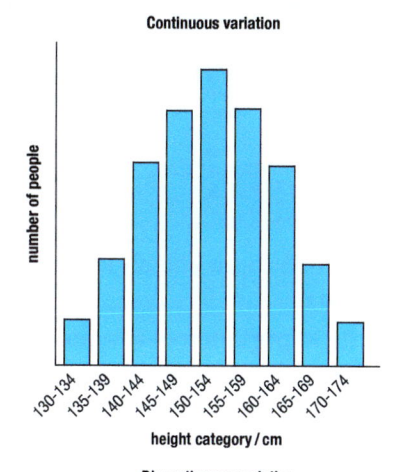

Variation and inheritance

10.4 From Mendel to modern genetics

Learning objectives

After this topic you should know:
- the importance of Gregor Mendel in developing our ideas about genetics
- how the sex chromosomes are inherited
- how to construct simple genetic diagrams.

Until about 150 years ago people had no idea how information was passed from one generation to the next. Today you can predict the outcome of a single genetic cross.

Mendel's discoveries

The man who first worked out how characteristics are passed from one generation to another was Gregor Mendel, an Austrian monk born in 1822. He carried out breeding experiments using peas. In one set of experiments Mendel cross-bred green peas with yellow peas and counted the different offspring carefully. He found that the colours were inherited in clear, predictable patterns.

Mendel explained his results by suggesting that there are separate units of inherited material. He realised some characteristics were dominant over others and that they never mixed together. Mendel kept records of everything he did, and analysed his results. This was almost unheard of in those days. Eventually in 1866 Mendel published his findings. He explained some of the basic laws of genetics using mathematical models in ways that are still used today.

Mendel was ahead of his time. As no one knew about genes or chromosomes, people simply didn't understand his theories. He died 20 years later with his ideas still ignored – but convinced that he was right. Sixteen years after Mendel's death, his work was finally recognised. By 1900, people had seen chromosomes through a microscope. Other scientists discovered Mendel's papers and repeated his experiments. When they published their results, they gave Mendel the credit for what they observed.

From then on ideas about genetics developed rapidly. It was suggested that Mendel's units of inheritance might be carried on the chromosomes seen under the microscope. The science of genetics as you know it today was born.

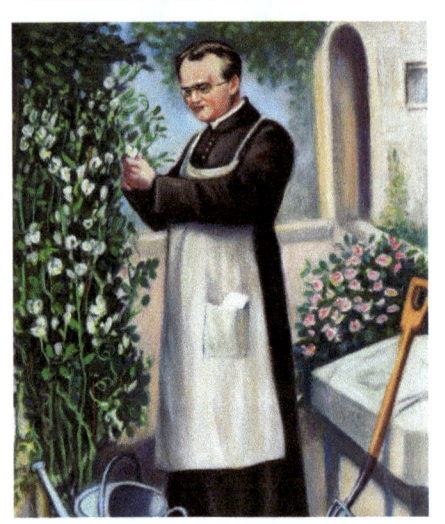

Figure 1 *Gregor Mendel was the father of modern genetics. His work with peas was not recognised in his own lifetime, but now people know just how right he was!*

Understanding genetics

Scientists have built on the work of Gregor Mendel. They now understand how genetic information is passed from parent to offspring. For example, they know that humans have 23 pairs of chromosomes. In 22 cases, each chromosome in the pair is a similar shape. Each one has genes carrying information about the same things. One pair of chromosomes is different – these are the **sex chromosomes**. Two X chromosomes mean you are female. One X chromosome and a much smaller one, known as the Y chromosome, mean you are male. Every egg contains an X chromosome. A sperm has a 50/50 chance of containing an X chromosome or a Y chromosome. Every time an egg and sperm combine, it is chance whether the egg will fuse with a sperm carrying an X chromosome or one carrying a Y chromosome. There is a 50% chance that a fertilised egg will be female and a 50% chance that it will be male.

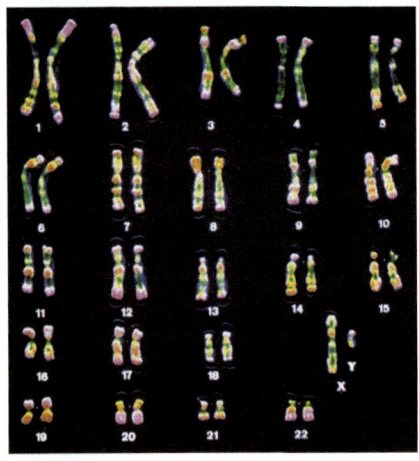

Figure 2 *This special photo, called a karyotype, shows the 23 pairs of human chromosomes. You can see the XY chromosomes (bottom right) which tell you they are from a male*

From Mendel to modern genetics

Punnet squares

You can use diagrams and models to help you understand genetics. The Punnett square is a very useful diagram. You can use it to help you predict the possible offspring from any genetic cross. Punnett squares can be drawn for whole chromosomes or individual genes.

When you use a Punnett square, always show the **genotype** (the genetic makeup) of the parents for the characteristic in question as well as their **phenotype** (physical characteristics). Work out the possible gametes that might be formed You can then use these gametes to work out the possible genotypes of the offspring. From this you can work out the possible phenotypes of the offspring as well. Figure 3 shows a Punnett square for the inheritance of the sex chromosomes.

Always give the genotypes and phenotypes of the parents.

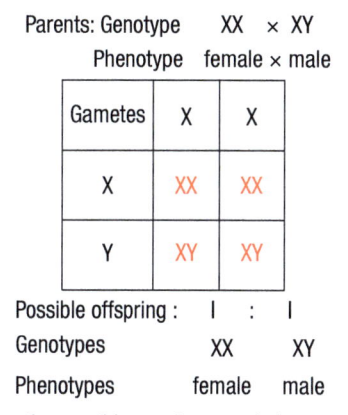

Parents: Genotype   XX × XY
Phenotype   female × male

Gametes	X	X
X	XX	XX
Y	XY	XY

Possible offspring :   I   :   I
Genotypes   XX   XY
Phenotypes   female   male

Always give the possible genotypes and phenotypes of the offspring and the probability that they will be produced.

Figure 3 *A Punnett square for the inheritance of the sex chromosomes*

Study tip

If asked to predict the outcome of a particular genetic cross, always use a Punnett square diagram and always write out the genotypes of the offspring and link all of these directly with their phenotypes.

Summary questions

1 Copy and complete this paragraph using the following words:

   male   sex chromosomes   23   X   22   XX   Y

   Humans have .... pairs of chromosomes. In .... pairs the chromosomes are always the same. The final pair are known as .... If you inherit .... you will be female, whilst an .... and a .... chromosome make you ....

2 a How did Mendel's experiments with peas convince him that there were distinct units of inheritance that were not blended together in the offspring?
  b Why didn't people accept Mendel's ideas at first?
  c The development of the microscope played an important part in helping convince people that Mendel was right. How?

3 A couple have two sons and are expecting another baby. Some people tell them that they are almost certain to have a girl this time. Explain why this is not true.

Key points

- Gregor Mendel was the first person to suggest separately inherited factors, which are now called genes.
- In human body cells the sex chromosomes determine whether you are female (XX) or male (XY).
- You can construct genetic diagrams to predict characteristics.

Variation and inheritance

10.5 Inheritance in action

Learning objectives

After this topic you should know:
- that different genes control different characteristics of an organism
- that some characteristics are dominant and some are recessive
- what the terms homozygous and heterozygous mean.

Study tip

Make sure that you use the terms gene and allele correctly. A gene is the overall term for a section of DNA which codes for one characteristic. An allele is a particular form of one gene.

Most of your characteristics, such as your eye colour and nose shape, are controlled by a number of genes. However, some characteristics, such as dimples or having attached earlobes, are controlled by a single gene. Often, there are only two possible alleles for a particular feature. However, sometimes you can inherit one of a number of different possibilities. You can make biological models that help you predict the outcome of any genetic cross.

How inheritance works

The chromosomes you inherit carry your genetic information in the form of genes. Many of these genes have different forms, or **alleles**. The genes operate at a molecular level to control your characteristics, because they code for the proteins that are made. Each allele codes for a different protein. The combination of alleles you inherit will determine your characteristics. Picture a gene as a position on a chromosome. An allele is the particular form of information in that position on an individual chromosome. For example, the gene for dimples may have the dimple (D) or the no-dimple (d) allele in place. Because you inherit one allele from each parent, you will have two alleles controlling whether or not you have dimples. When you chose the letters to represent alleles, try to choose letters that look different in upper case and lower case, such as T and t, A and a, or D and d. If the upper and lower case letters look similar it can be very confusing when you are using a Punnet square.

Genetic terms

Some words are useful when you are working with biological models such as Punnett squares or family trees:

- Genotype – this describes the genetic makeup of an individual regarding a particular characteristic, for example, **Dd** or **dd**.
- Phenotype – this describes the physical appearance of an individual regarding a particular characteristic, for example, dimples or no dimples.
- **Homozygous** – an individual with two identical alleles for a characteristic, for example, **DD** or **dd**.
- **Heterozygous** – an individual with different alleles for a characteristic, for example, **Dd**.
- **Dominant** alleles – alleles that control the development of a characteristic even when they are only present on one of your chromosomes, for example, the allele for dimples. You use an upper case letter to represent dominant alleles, for example, **D** for dimples. So, if you inherit **DD** or **Dd** from your parents, you will have dimples.
- **Recessive** alleles – alleles that only control the development of a characteristic if they are present on both chromosomes (i.e., when no dominant allele is present), for example, the allele for no dimples. You use a lower case letter to represent recessive alleles, for example, **d** for no dimples. You will only show the characteristic of no dimples if you have inherited two recessive alleles, **dd**.

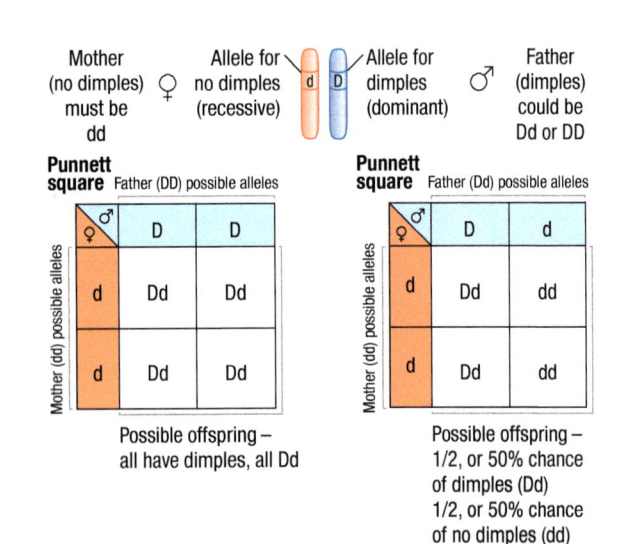

Figure 1 The different forms of genes, known as alleles, can result in the formation of quite different characteristics. Genetic diagrams such as these Punnett squares help you to explain what is happening and predict what the possible offspring might be like

Inheritance in action

Monohybrid crosses

When the genes from two parents are combined, it is called a genetic cross. **Monohybrid crosses** are genetic crosses that involve characteristics which are inherited on single genes. We use the different alleles of the parents to help us predict what the offspring will be like. Mendel showed that the possible offspring between crosses of different types of individuals in monohybrid inheritance fall into clear patterns that you can learn and predict.

The Punnett squares in Figure 2 help us to predict the possible offspring from a monohybrid cross. A Punnett square shows us:
- the alleles for a characteristic carried by the parents (the genotype of the parents)
- the possible gametes which can be formed from these
- how these could combine to form the characteristic in their offspring.

The genotype of the offspring allows you to work out the possible phenotypes too.

G = green (dominant allele)　　g = yellow (recessive allele)

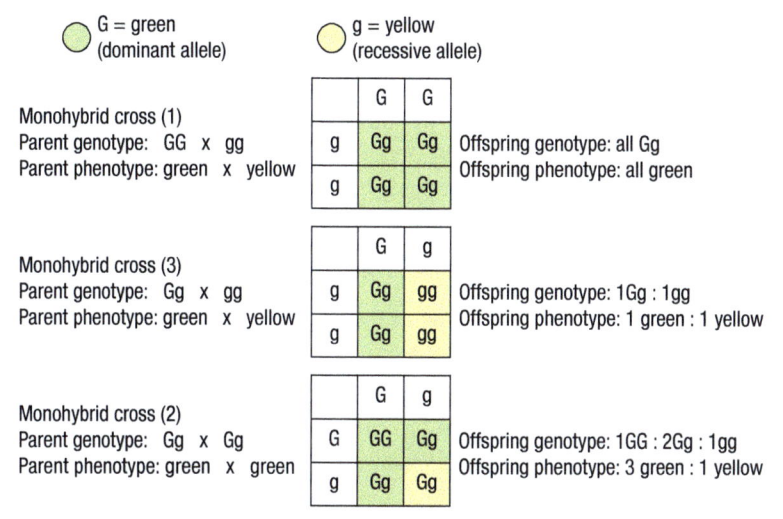

Monohybrid cross (1)
Parent genotype: GG x gg
Parent phenotype: green x yellow

	G	G
g	Gg	Gg
g	Gg	Gg

Offspring genotype: all Gg
Offspring phenotype: all green

Monohybrid cross (3)
Parent genotype: Gg x gg
Parent phenotype: green x yellow

	G	g
g	Gg	gg
g	Gg	gg

Offspring genotype: 1Gg : 1gg
Offspring phenotype: 1 green : 1 yellow

Monohybrid cross (2)
Parent genotype: Gg x Gg
Parent phenotype: green x green

	G	g
G	GG	Gg
g	Gg	gg

Offspring genotype: 1GG : 2Gg : 1gg
Offspring phenotype: 3 green : 1 yellow

Figure 2 *You can use Punnett squares to show the patterns of monohybrid inheritance. These are some of the crosses originally carried out by Mendel on green and yellow peas*

Summary questions

1. a Define the term dominant allele?
   b Define the term recessive allele?
   c Explain what is meant if an individual is homozygous recessive for a characteristic.

2. Draw a Punnett square similar to the ones in Figure 2 to show the possible offspring from a cross between two people who both have dimples and the genotype Dd.

3. The characteristic of having round peas or wrinkled peas is a monohybrid characteristic in peas. The allele for round peas is dominant to the allele for wrinkled peas.
   a Choose a suitable letter to represent the alleles for round and wrinkled peas.
   b What genotypes and phenotypes might you expect to see in the offspring if two heterozygous round pea plants are crossed? Use a Punnet square to help show your answer.
   c What genotypes and phenotypes might you expect to see in the offspring if a heterozygous round pea plant is crossed with a wrinkled pea plant? Use a Punnett square to help show your answer.

Key points

- Some characteristics are controlled by a single gene.
- Genes can have different forms called alleles.
- Some alleles are dominant – they always result in the development of a characteristic if present.
- Some alleles are recessive – they only result in the development of a characteristic if no dominant alleles are present.
- If both chromosomes in a pair contain the same allele of a gene, the individual is homozygous. If they contain different alleles of the same gene, the individual is heterozygous.
- You can construct Punnett squares to predict inherited characteristics.

10.6 DNA and family trees

Variation and inheritance

Learning objectives

After this topic, you should know:
- what DNA is
- how the information in the DNA results in different proteins in your body
- how family trees can be used with genetic diagrams to predict the outcomes of genetic crosses.

The work of Gregor Mendel was just the start of our understanding of inheritance. Today, you know that your features are inherited on genes carried on the chromosomes that are found in the nuclei of your cells.

DNA – the molecule of inheritance

The chromosomes are made up of long molecules of a chemical known as **DNA** (deoxyribonucleic acid). These very long strands of DNA twist to form a double helix structure. Your genes are small sections of this DNA.

The DNA carries the instructions to make the proteins that form most of your cell structures. These proteins include the enzymes that control your cell chemistry. This is how the relationship between the genes and the whole organism builds up.

The genes make up the chromosomes in the nucleus of the cell. They code for the proteins, which make up the different specialised cells that form tissues. These tissues then form organs and organ systems that make up the whole body. Different alleles of the same gene code for different proteins, which is why they end up coding for different characteristics.

Did you know ...?

Unless you have an identical twin, your DNA is unique to you. Scientists have used this to develop **DNA fingerprinting**, a way of identifying people from tiny traces of skin cells or body fluids.

The genetic code

The long strands of your DNA are made up of combinations of four different compounds called **bases** (Figure 1). These are grouped into threes, and each group of three bases codes for a particular amino acid.

Each gene is made up of hundreds or thousands of these bases. The order of the bases controls the order in which the amino acids are assembled to produce a particular protein for use in your body cells. Each gene codes for a particular combination of amino acids, which make a specific protein. This is sometimes referred to as the 'one gene, one protein' principle.

A change or mutation in a single group of bases can be enough to change or disrupt the whole protein structure and the way it works.

Study tip

Three bases on DNA code for one amino acid. Amino acids are joined together to make a protein. It is the particular sequence of amino acids that gives each protein a specific shape and function.

A section of three bases like this codes for one amino acid

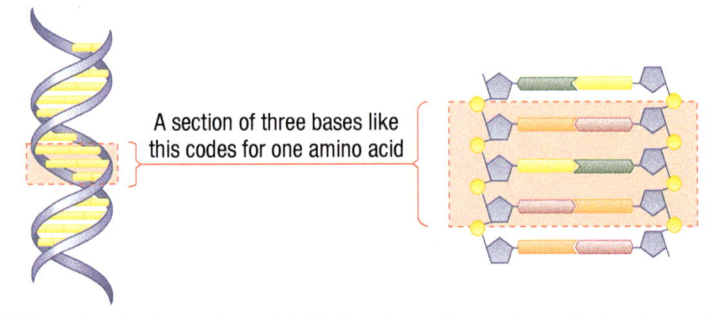

Figure 1 *DNA codes for the amino acids that make up the proteins that make up the enzymes and other protein components that make each individual*

DNA and family trees

Family trees

You can trace genetic characteristics through a family by drawing a family tree (Figures 2 and 3). Family trees show males and females and can be useful for tracing family likenesses. They can also be used for tracking inherited diseases, showing a physical characteristic, or showing the different alleles people or animals have inherited. Family trees can be used to work out where an individual is likely to be homozygous or heterozygous for particular alleles.

On a family tree, males are usually shown as squares and females as circles. Individuals with a particular characteristic are shaded. A family tree can show where a mutation may have taken place, and enables us to work out the possible genotypes of many of the family members. People often build up their family tree. They are also very important for domestic animals, racehorses, and animals which are kept and bred in zoos.

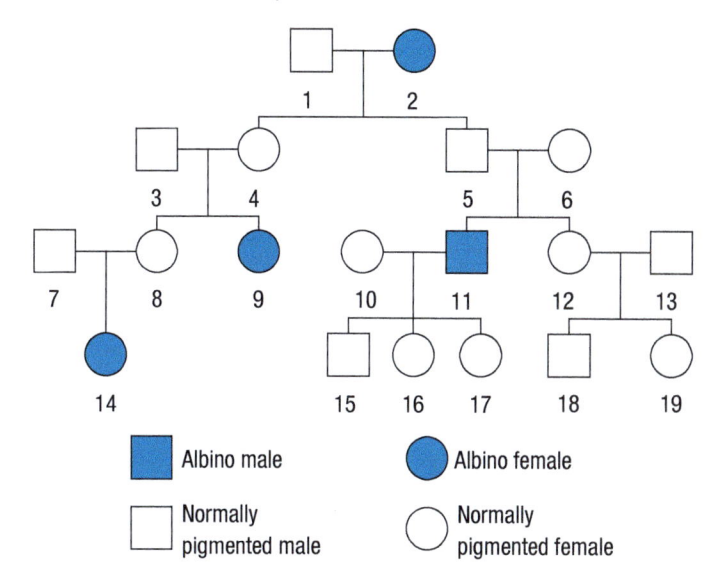

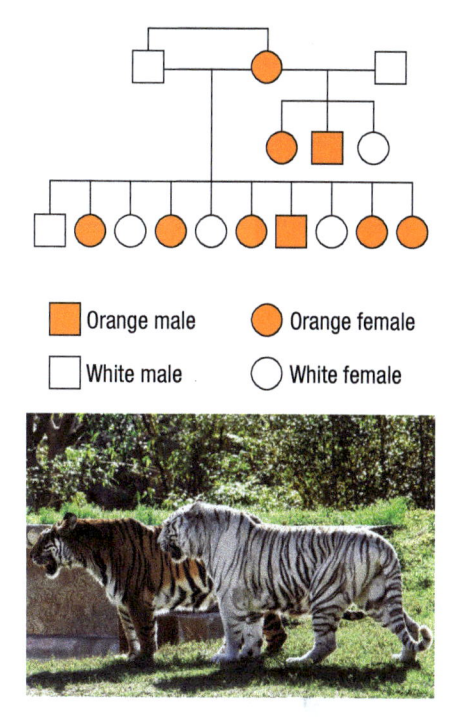

■ Orange male   ● Orange female
□ White male   ○ White female

Figure 2 *This animal family tree shows the inheritance of orange and white coat colours in tigers*

■ Albino male   ● Albino female
□ Normally pigmented male   ○ Normally pigmented female

Figure 3 *This human family tree shows the inheritance of albinism in people. Albinism is a recessive characteristic and the normal pigment of the skin, hair, and eyes is missing in affected people (albinos)*

Summary questions

1. **a** What is DNA?
   b Draw and label a diagram to show the structure of DNA.
2. Copy the family tree shown in Figure 3. For each individual shown, write down their possible genotype. If there are two possibilities, put both down.
3. Draw Punnet squares to show the possible genetic crosses between the following couples in Figure 3:
   a 1 and 2
   a 7 and 8.

Key points

- Chromosomes are made up of large molecules of DNA. DNA is made of long strands twisted to form a double helix, which contains combinations of four different compounds called bases.
- A gene is a small section of DNA that codes for a particular combination of amino acids which makes a specific protein.
- You can construct genetic diagrams, including family trees, to predict inherited characteristics.

10.7 Inherited conditions in humans

Variation and inheritance

Learning objectives

After this topic, you should know:

- how the human genetic disorders polydactyly and cystic fibrosis are inherited
- how you can use a genetic diagram to predict the risk of a child inheriting a genetic disorder.

Not all diseases are infectious. Sometimes diseases are the result of a change in the bases or coding of our genes and can be passed on from parent to child. These diseases are known as **genetic disorders** or **inherited disorders**.

You can use your knowledge of dominant and recessive alleles to work out the risk of inheriting a genetic disorder.

Polydactyly

Sometimes babies are born with extra fingers or toes. This is called **polydactyly**. The most common form of polydactyly is caused by a dominant allele. It can be inherited from one parent who has the condition. People often have their extra digit removed, but some people live quite happily with them.

If one of your parents has polydactyly and is heterozygous, you have a 50% (one in two) chance of inheriting the disorder. That's because half of their gametes will contain the faulty dominant allele. If they are homozygous, you will definitely have the condition (Figure 2).

Some dominant genetic disorders have a much more widespread effect on the way the body works than polydactyly does. For example, Huntington's disease is a dominant genetic disorder that develops in middle age. It affects the nervous system and eventually leads to death.

Cystic fibrosis

Cystic fibrosis (CF) is a genetic disorder that affects many organs of the body, particularly the lungs and the pancreas. Over 8500 people in the UK have cystic fibrosis.

Cystic fibrosis is a disorder of the cell membranes which means affected people are unable to move certain substances from one side of the membrane to the other. As a result, the mucus made by cells in many areas of the body becomes thick and sticky, causing a number of problems. The lungs and parts of the digestive system and reproductive system become clogged up by the thick, sticky mucus, which stops them working properly.

Treatment for cystic fibrosis includes physiotherapy and antibiotics to help keep the lungs clear of mucus and infections. The pancreas cannot make and secrete enzymes properly because the tubes through which the enzymes are released into the small intestine are blocked with mucus. People with cystic fibrosis are given enzymes to replace the ones the pancreas cannot produce and to thin the mucus. Although treatments are getting better all the time, there is still no cure.

Cystic fibrosis is caused by a recessive allele so it must be inherited from both parents if offspring are to suffer from the disease. Children affected by cystic fibrosis are usually born to parents who do not suffer from the disorder. They have a dominant, healthy allele, so their bodies work normally. However, they also carry the recessive cystic fibrosis allele. Because it gives them no symptoms, they have no idea it is there. They are known as **carriers**.

The incidence of cystic fibrosis varies around the world, for example, in the UK, one person in 25 carries the cystic fibrosis allele. Most of them will never be aware of it. The only situation in which it may become obvious is if they have children with a partner who also carries the allele. Then there is a 25% (one in four) chance that any child they have will be affected (Figure 3).

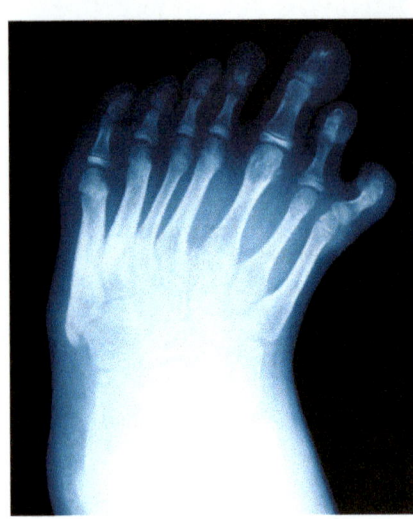

An X-ray of the hand of someone with polydactyly – count the number of fingers!

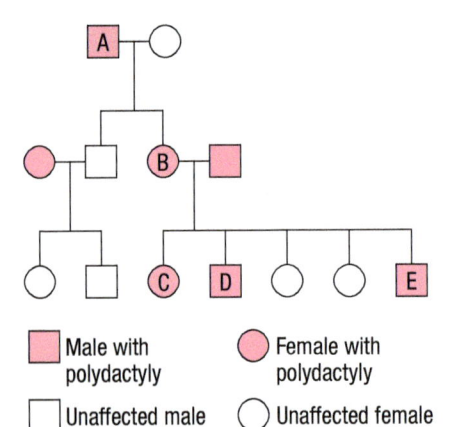

Figure 1 *Polydactyly is passed through a family by a dominant allele*

Inherited conditions in humans

🔗 links
You can find out more about how to construct and use genetic diagrams and the patterns of Mendelian inheritance in 10.4 From Mendel to modern genetics and 10.5 Inheritance in action.

The genetic lottery

When looking at the possibility of inheriting genetic disorders, it is important to remember that every time an egg and a sperm fuse it is down to chance which alleles combine. So, if two parents who are heterozygous for the cystic fibrosis allele have four children, there is a 25% (one in four) chance that each child will have the disorder. However, it may be that all four children have cystic fibrosis, or none of them might be affected. They might all be carriers, or none of them might inherit the faulty alleles (Figure 3). It's all down to chance!

N = dominant allele (normal metabolism)
n = recessive allele (cystic fibrosis)

Both parents are carriers (Nn)

	N	n
N	NN	Nn
n	Nn	nn

Genotype of offspring:
25% normal (NN)
50% carriers (Nn)
25% affected by cystic fibrosis (nn)

Phenotype of offspring:
3/4, or 75% chance normal
1/4, or 25% chance cystic fibrosis

Figure 3 *A genetic diagram for cystic fibrosis*

F = dominant allele (polydactyly)
f = recessive allele (normal number of fingers and toes)

Parent with polydactyly (Ff)

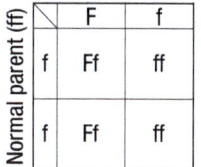

	F	f
Normal parent (ff) f	Ff	ff
f	Ff	ff

Genotype of offspring:
50% affected (Ff)
50% normal (ff)

Phenotype of offspring:
1/2, or 50% chance polydactyly
1/2, or 50% chance normal

Figure 2 *A genetic diagram for polydactyly*

Curing genetic disorders

So far doctors have no way of curing genetic disorders. In some cases the disorders are very minor, for example, colour blindness and most cases of polydactyly. However, some genetic disorders are very serious and can even shorten lives. Scientists hope that **genetic engineering** could be the answer. It should be possible to add healthy genes which would function normally in the cells. They have tried this in people affected by cystic fibrosis. Unfortunately, so far they have not yet managed to cure anyone with an inherited genetic disorder, but they remain very hopeful of this possibility.

🔗 links
Learn more about how scientists can change the genes in the cells of an organism in 11.3 Genetic engineering.

Summary questions

1. **a** What is polydactyly?
   b Why can one parent with the allele for polydactyly pass the condition on to their children even though the other parent is not affected?
   c Look at the family tree in Figure 1. For each of the five people labelled A to E, give their possible alleles and explain your answers.

2. **a** Why are carriers of cystic fibrosis not affected by the disorder themselves?
   b Why must both of your parents be carriers of the allele for cystic fibrosis if you are to inherit the disease?

3. A couple have a baby who has cystic fibrosis. Neither the couple, nor their parents, have any signs of the disorder.
   Draw genetic diagrams showing the possible genotypes of the grandparents and the parents to explain how this could happen.

Key points

- Some disorders are inherited.
- Polydactyly is caused by a dominant allele of a gene and can be inherited from either parent.
- Cystic fibrosis is caused by a recessive allele of a gene so must be inherited from both parents.
- You can use genetic diagrams to predict how genetic disorders might be inherited.

10.8 More inherited conditions in humans

Variation and inheritance

Learning objectives

After this topic, you should know:
- that some inherited conditions give heterozygous individuals protection against other diseases
- that some inherited conditions are the result of inheriting abnormal numbers of chromosomes rather than a fault in an individual gene.

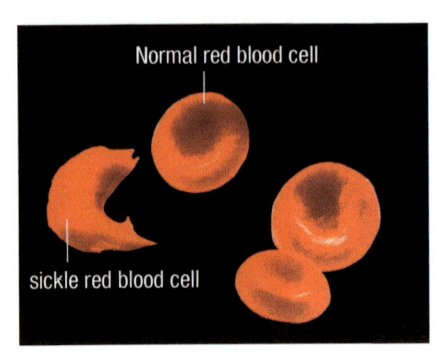

There are many different genetic disorders, some of which are extremely rare, with only a few families around the world affected. Others are relatively common. Some genetic disorders can even carry surprising advantages.

Sickle-cell anaemia

Sickle-cell anaemia is a genetic disorder that affects millions of people around the world. It affects the red blood cells that carry oxygen from your lungs to all the cells of your body. In sickle-cell anaemia, the red blood cells become sickle-shaped. When this happens, they don't carry oxygen effectively so you feel breathless, lack energy, and are tired. Affected children often fail to grow. The sickle-shaped cells also block small blood vessels. This can cause great pain and death of the tissue, leading to severe infections.

Sickle-cell anaemia causes the deaths of up to 2 million people a year. It is particularly common in people originating from Africa, the Mediterranean, India, and Spanish-speaking areas of the Americas. Sickle-cell anaemia is caused by a recessive allele, so you need to inherit one from each parent in order to be fully affected by the disease. However, even heterozygous people are partly affected and have some sickle cells in their blood.

In some ways, it is surprising that the sickle-cell allele survives and is so widespread as it has such a damaging impact on people who are homozygous. However, scientists have discovered that people who are heterozygous for sickle-cell anaemia are less likely to get malaria than people who are homozygous for the dominant normal allele. Malaria is another killer disease which affects the lives of millions of people worldwide. It is caused by a **parasite** passed from the blood of one person to another by mosquito bites.

People who are heterozygous for sickle-cell anaemia have some problems with their blood cells and it seems that this change in shape is enough to protect them against the malaria parasites. This gives them an advantage – and makes sure they survive to pass on their sickle-cell alleles to another generation. This means that sickle-cell anaemia persists at least partly because heterozygotes are protected against malaria. In parts of the world where there is no malaria, sickle-cell anaemia is very rare and is usually only found in families who originate from malarial areas.

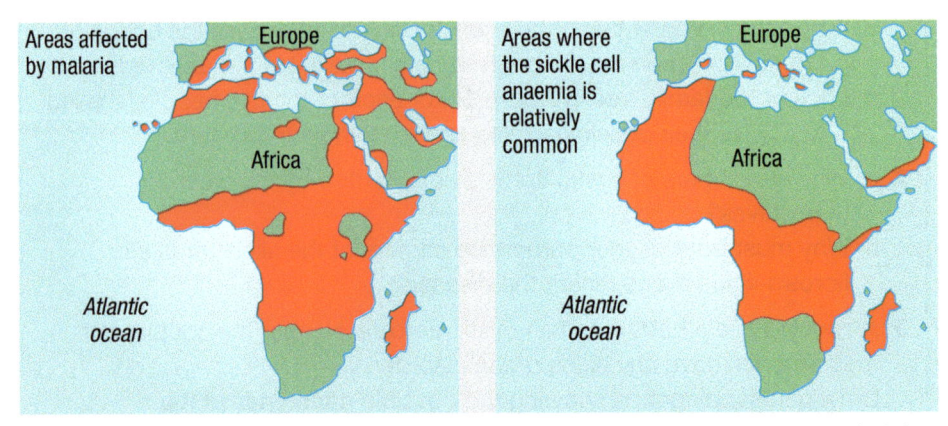

R = normal red blood cells (rbc)
r = sickle red blood cells

Both parents are heterozygous carriers (Rr × Rr)

	R	r
R	RR	Rr
r	Rr	rr

Offspring potential genotypes and phenotypes
1 homozygous dominant (Rr) – normal red blood cells
2 heterozygous (Rr) – some normal and some sickle red blood cells
1 homozygous recessive (rr) – sickle-cell anaemia

Figure 1 *The inheritance and effects of sickle-cell anaemia*

Figure 2 *This diagram shows the distribution of malaria (left) and sickle-cell anaemia (right) in Africa*

142

More inherited conditions in humans

Whole chromosome disorders

Some inherited disorders are not the result of a change in a single gene. They are caused by the inheritance of abnormal numbers of chromosomes. As the cells divide by meiosis to form the gametes, sometimes things go wrong. One of the gametes may end up with too few chromosomes or with an extra chromosome. Often these gametes cannot survive, but sometimes they do.

One of the most common inherited conditions resulting from the inheritance of an abnormal number of chromosomes is Down's syndrome. This is caused by an extra copy of chromosome number 21, so the baby has 47 chromosomes instead of 46. This can cause a number of developmental problems in many different areas of the body, including the brain, the heart, and the muscles.

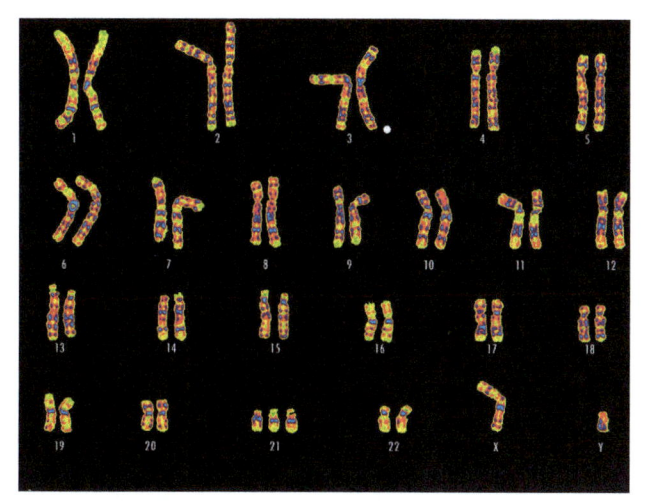

Figure 3 *Inheriting an extra chromosome can affect many systems in the body, which is seen clearly when someone is affected by Down's syndrome. Compare this karyotype with the normal human karyotype on Page 134*

links
To find out more about meiosis, look back to 2.2 Cell division in sexual reproduction.

Study tip
Learn which type of genes cause genetic disorders:
Dominant – polydactyly and Huntington's disease
Recessive – cystic fibrosis and sickle-cell anaemia.

Summary questions

1 **a** Sickle-cell anaemia is a recessive inherited disorder. Explain carefully what this means.
   b What are the main symptoms of sickle-cell anaemia? Explain how they are caused.

2 Using the letter R for the dominant normal allele and r for the recessive sickle-cell allele, carry out the following genetic crosses. For each cross state the likelihood of having a child with sickle-cell anaemia and a child carrying the sickle-cell allele.
   a One parent is homozygous dominant and the other is heterozygous.
   b Both parents are heterozygous.
   c One parent is homozygous dominant and the other has sickle-cell anaemia.

3 **a** What is Down's syndrome?
   b How does the inheritance of Down's syndrome differ from the inheritance of genetic disorders such as cystic fibrosis and sickle-cell anaemia?

Key points

- Sickle-cell anaemia is an inherited condition that affects the red blood cells and is caused by a recessive allele.
- Some inherited conditions are caused by the inheritance of abnormal numbers of chromosomes. For example, Down's syndrome is caused by the presence of an extra chromosome.

Variation and inheritance: 10.1–10.8

Summary questions

1. If you dig up a strawberry plant, it will often have many other small strawberry plants attached to it.
   a. How are these small plants produced?
   b. What sort of reproduction is this?
   c. Strawberry plants also produce seeds. How are these produced and what sort of reproduction is this?
   d. How are the new plants that you would grow from seeds different from the new plants grown directly from the parent plant?

2. a. What is a gamete?
   b. How do the chromosomes in a gamete differ from the chromosomes in a normal body cell?

3. a. What are chromosomes made of?
   b. What is a gene?
   c. Explain carefully how the information carried in a gene is expressed in the phenotype of an organism.

4. Explain what Mendel did, what was unusual about his work, and why people initially rejected his ideas. What developments in scientific ideas and technology helped people eventually to understand and accept Mendel's ideas?

5. Whether you have a straight thumb or a curved thumb is decided by a single gene with two alleles. The allele for a straight thumb, S, is dominant to the curved allele, s. Use this information to help you to answer the following questions:

   Josh has straight thumbs but Sami has curved thumbs. They are expecting a baby.
   a. You know exactly what Sami's thumb alleles are. What are they, and how do you know?
   b. If the baby has curved thumbs, what does this tell you about Josh's thumb alleles? Draw and complete a Punnett square to show the genetics of your explanation.
   c. If the baby has straight thumbs, what does this tell us about Josh's thumb alleles? Use Punnett squares to show the genetics of your explanation.

6. Amjid grew some purple-flowering pea plants from seeds he had bought at the garden centre. He planted them in his garden. Here are his results:

Seeds planted	247
Purple-flowered plants	242
White-flowered plants	1
Seeds not growing	4

   a. How would you explain these results?
   b. Amjid was interested in these plants, so he collected the seed from some of the purple-flowered plants and used them in the garden the following year. He made a careful note of what happened.

   Here are his results

Seeds planted	406
Purple-flowered plants	295
White-flowered plants	102
Seeds not growing	6

   Amjid was slightly surprised. He did not expect to find that a third of his flowers would be white.
   i. The purple allele, P, is dominant and the allele for white flowers, p, is recessive. Draw a genetic diagram that explains Amjid's numbers of purple and white flowers.
   ii. How accurate were Amjid's results compared with the expected ratio?

   c. Suggest another genetic cross that would confirm the genotype of the purple plants. Produce a genetic diagram to show the results you would expect.

7. Many human characteristics are the result of different genes interacting, but there are some characteristics which are the result of monohybrid inheritance.
   a. What is monohybrid inheritance?
   b. What is meant by the terms dominant allele and recessive allele?
   c. Describe two normal human characteristics that are inherited by monohybrid inheritance.
   d. Cystic fibrosis is a disorder that is inherited on a recessive allele. Explain what this means, and draw a genetic diagram to show how two healthy parents could have a child with cystic fibrosis.
   e. Huntington's disease is a serious human genetic disorder carried on a dominant allele. The problems it causes do not show up until the sufferer is middle-aged. Draw a genetic diagram to show how an affected individual could pass this disease to their offspring.

Practice questions

End of chapter questions

1 Copy and complete sentences **a–d** using the following words.

alleles   heterozygous   amino acid   genes   DNA skin   chromosomes   homozygous   gamete

a Inherited characteristics are controlled by .... made up of the chemical substance ....

b Human body cells have 46 ...., but the .... cells have only 23.

c Different forms of one gene are called ....

d If an individual inherits two different forms of one gene they are .... for that gene, but if they have two of the same form of the gene they are .... for the gene. (7)

2 A teacher wanted to grow new geranium plants to use for an investigation in science. She took five identical cuttings and planted them in identical pots of compost.

Figure 1

She gave the five pots to different students to take home for the long summer holiday.

a What type of reproduction is taking cuttings? (1)

b The parent plant produced red flowers. What colour flowers will the cuttings produce? Why? (2)

c When the plants were returned after the holiday, they were different heights and had different numbers and sizes of leaves. Name **two** factors that may have caused this variation. (2)

d The teacher wanted to use these plants as she said it would make the investigation more reliable than buying five new plants. Suggest reasons why. (2)

3 Copy and complete the passage by inserting the correct scientific term in each space provided:

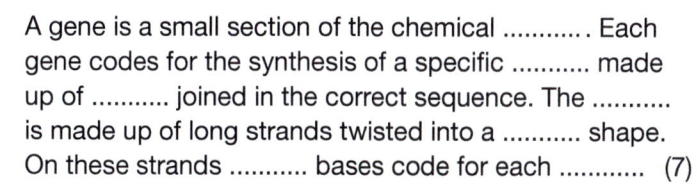

A gene is a small section of the chemical .... Each gene codes for the synthesis of a specific .... made up of .... joined in the correct sequence. The .... is made up of long strands twisted into a .... shape. On these strands .... bases code for each .... (7)

4 *In this question you will be assessed on using good English, organising information clearly, and using specialist terms where appropriate.*

A class in school included identical twin girls.

Twin A was 150 cm tall and weighed 51 kg. She had long, blonde, straight hair and blue eyes.

Twin B was 151 cm tall and weighed 63 kg. She had short, black, curly hair and blue eyes.

Use your knowledge and understanding of inheritance and variation due to genetic and environmental factors to evaluate the characteristics seen in these two girls. (6)

5 Figure 2 shows the present distribution of malaria and the sickle-cell allele in Africa.

Distribution of malaria   Distribution of sickle-cell allele

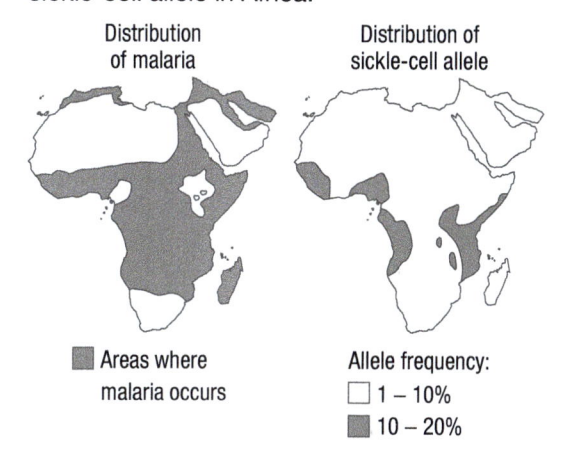

■ Areas where malaria occurs

Allele frequency:
□ 1 – 10%
■ 10 – 20%

Figure 2

a Draw a genetic diagram to show how sickle-cell anaemia can be inherited from parents who do not have the condition. Use the following key to symbols for alleles:

Hb_A Normal adult haemoglobin

Hb_S Sickle-cell haemoglobin (4)

b i   Explain the link between sickle-cell anaemia, resistance to malaria, and the frequency of the Hb_S allele. (3)

   ii Select and evaluate the evidence from the maps that accounts for the distribution of the sickle-cell allele and the resistance to malaria in parts of Africa. (2)

Chapter 11 Genetic manipulation

11.1 Cloning

Learning objectives

After this topic, you should know:
- different ways of creating clones
- why clones are useful.

A **clone** is an individual that has been produced asexually and is genetically identical to the parent. Many plants reproduce naturally by cloning. This has been used by farmers and gardeners for many years.

Cloning plants

Taking cuttings is a form of artificial asexual reproduction or cloning that has been carried out for hundreds of years.

In recent years, scientists have come up with a more modern way of cloning plants called **tissue culture**. It is more expensive, but it allows you to make thousands of new plants from one tiny piece of plant tissue.

The first step is to add a mixture of plant hormones to a small group of cells from the plant you want to clone, to produce a big mass of identical plant cells called a **callus**.

Then, using a different mixture of hormones and conditions, you can stimulate each of these cells to form a tiny new plant. This type of cloning guarantees that you can produce thousands of offspring with the characteristics you want from one individual plant.

Figure 1 Traditional methods of cloning plants by taking cuttings are still widely used

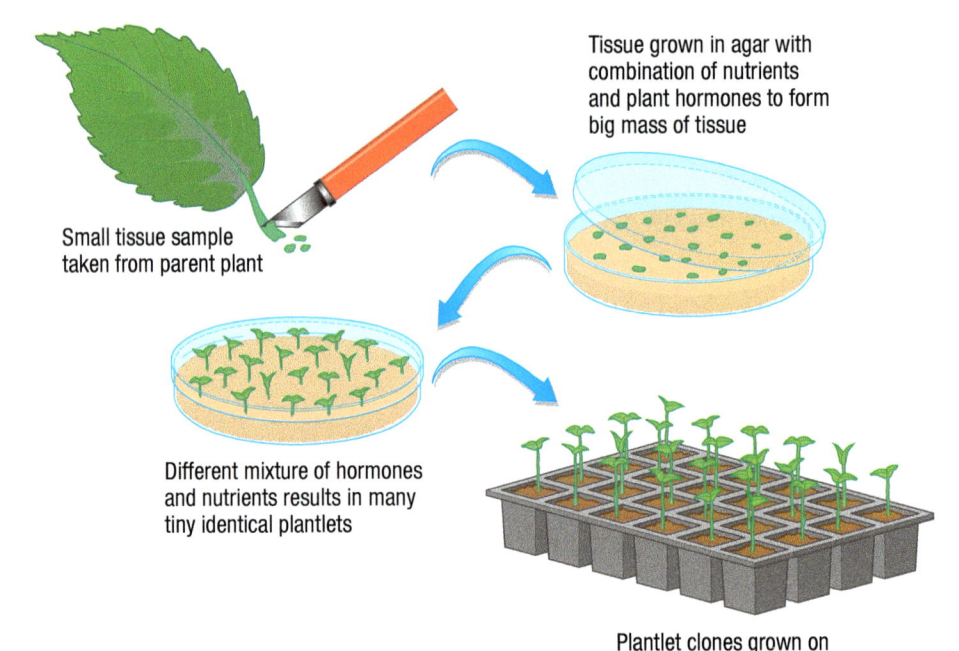

Figure 2 Tissue culture makes it possible to produce thousands of identical plants quickly and easily from one small tissue sample

Cloning animals

In recent years, cloning animals has become quite common in farming, particularly transplanting cloned cattle embryos. Cows normally produce only one or two calves at a time. If you use embryo cloning, your best cows can produce many more top-quality calves each year.

How does embryo cloning work? First, you give a top-quality cow fertility hormones so that it produces a lot of eggs. You then fertilise these eggs using sperm from a really good bull. Often, this is done inside the cow and the embryos that are produced are then gently washed out of her womb. Sometimes the eggs are collected and you add sperm in a laboratory to produce the embryos. Each embryo is not genetically the same as its mother as it is formed when the egg and sperm fuse.

At this very early stage of development, every cell of the embryo can still form all of the cells needed for a new cow. This is because the cells have not become specialised. These cells can be split apart and then transplanted into host mothers (Figure 3). The split cells are effectively identical twins.

Early embryo (cluster of identical cells)

1 Divide each embryo into several individual cells

2 Each cell grows into an identical embryo in the lab

3 Transfer embryos into their host mothers, which have been given hormones to get them ready for pregnancy

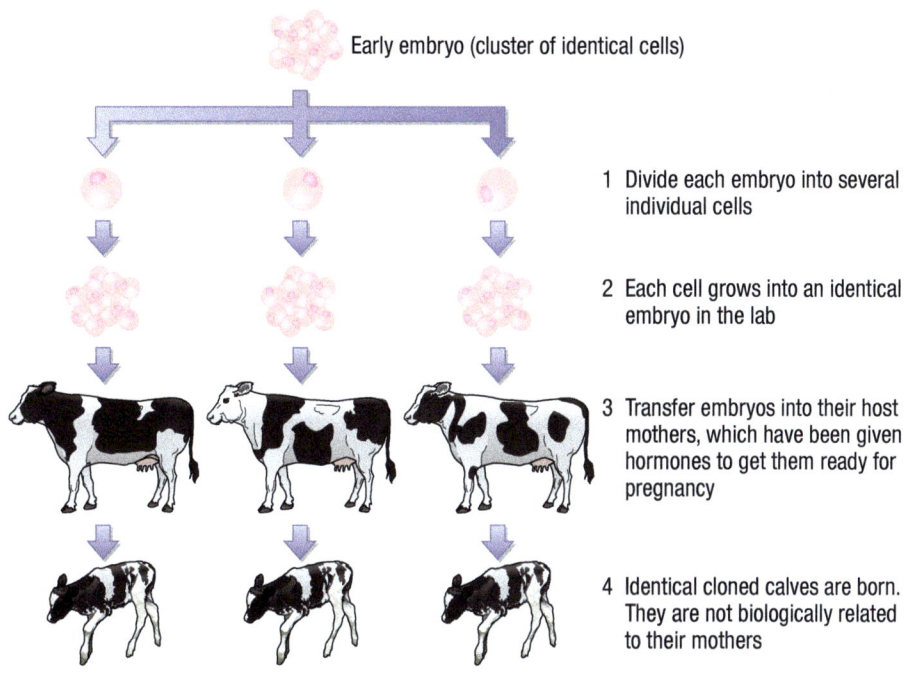

4 Identical cloned calves are born. They are not biologically related to their mothers

Figure 3 *Cloning cattle embryos*

Cloning cattle embryos and transferring them to host cattle is skilled and expensive work. However, it is worth it because a top cow might produce 8–10 calves through normal reproduction during her working life. By using embryo cloning, the same cow can produce 30 or more calves in a single year.

Cloning embryos also means that high-quality embryos can be transported all around the world. They can be carried to places where cattle with a high milk yield or lots of meat are badly needed for breeding with poor local stock. Embryo cloning is also used to make lots of identical copies of embryos that have been **genetically modified** to produce medically useful compounds.

Summary questions

1 Define the following terms:
 a cuttings
 b tissue cloning
 c asexual reproduction
 d embryo cloning.

2 a Cloning cattle embryos is very useful. Why?
 b Draw a flow chart to show the stages in the embryo cloning of cattle.
 c Suggest some of the economic and ethical issues raised by embryo cloning in cattle.

3 Make a table to compare the similarities and differences between tissue cloning in plants and embryo cloning in cattle.

Cloning

Study tip

Remember that clones have identical genetic information to each other.

links

For more information on cloning embryos, see 11.2 Adult cell cloning.

Key points

- Taking cuttings is an old, simple way of producing many identical new plants from a single parent plant.

- A modern technique for cloning plants is tissue culture, using small groups of cells taken from part of the original plant.

- Embryo cloning involves splitting apart cells from a developing animal embryo before they become specialised and then transplanting the identical embryos into host mothers.

Genetic manipulation

11.2 Adult cell cloning

Learning objectives

After this topic, you should know:
- how adult cell cloning is carried out.

Many small invertebrate animals such as *Hydra* reproduce asexually in a way which is quite similar to asexual reproduction in plants. Even some reptiles can reproduce asexually with eggs that do not need to be fertilised. However, mammals never reproduce asexually. True cloning of large mammals, without sexual reproduction, has been a major scientific breakthrough. It is the most complicated form of asexual reproduction you can find.

Adult cell cloning

To clone a cell from an adult animal is easy. The cells of your body reproduce asexually all the time to produce millions of identical cells. However, to take a cell from an adult animal and make an embryo or even a complete identical animal is a very different thing.

When a new whole animal is produced from the cell of another adult animal, it is known as **adult cell cloning**. This is still relatively rare. You place the nucleus of one normal body cell into the empty egg cell of another animal of the same species. Then you place the resulting embryo into the uterus of another adult female, where it develops until it is born.

Here are the steps involved:
- The nucleus is removed from an unfertilised egg cell.
- At the same time, the nucleus is taken from an adult body cell, for example, a skin cell of another animal of the same species.
- The nucleus from the adult cell is inserted in the empty egg cell.
- The new egg cell is given a tiny electric shock, which stimulates it to start dividing to form embryo cells. These contain the same genetic information as the original adult cell and the original adult animal.
- When the embryo has developed into a ball of cells, it is inserted into the womb of an adult female to continue its development.

Figure 1 *Dolly the sheep went on to have lambs of her own in the normal way*

Adult cell cloning has been used to produce a number of whole animal clones. The first large mammal ever to be cloned from the cell of another adult animal was Dolly the sheep, born in 1997.

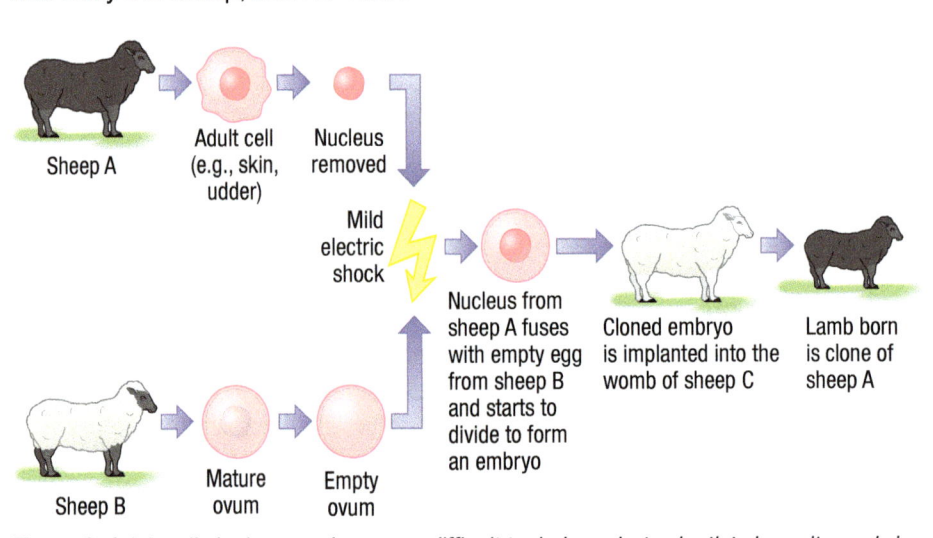

Figure 2 *Adult cell cloning remains a very difficult technique, but scientists hope it may bring benefits in the future*

Adult cell cloning

The birth of Dolly was the only success from hundreds of attempts at adult cell cloning. The cloning technique is tricky and unreliable, but scientists hope that it will become easier in future.

The benefits and disadvantages of adult cell cloning

One big hope for adult cell cloning is that it can be used to clone animals that have been genetically engineered to produce useful proteins in their milk. This would give us a good way of producing large numbers of cloned, medically useful animals.

This technique could also be used to help save animals from extinction, or even to bring back species of animals that died out years ago. The technique could be used to clone pets or prized animals, so that they continue even after the original has died. However, some people are not happy about this idea.

There are some disadvantages to this exciting science as well. Many people fear that the technique could lead to the cloning of human babies. This could be used to help infertile couples, but it could also be abused. Cloning of humans is not possible at the moment, but who knows what might be possible in the future?

Another problem is that modern cloning techniques produce lots of plants or animals with identical genes. In other words, cloning reduces variation in a population. This means the population is less able to survive any changes in the environment that might happen in the future. That's because if one of the individuals in the population does not contain a useful characteristic, none of them will.

In a more natural population, at least one or two individuals can usually survive change. They go on to reproduce and restock. Inability to survive environmental changes could be a problem in the future for cloned crop plants or for cloned farm animals.

Did you know ... ?

The only human clones alive at the moment are natural ones known as identical twins! However, the ability to clone mammals such as Dolly the sheep has led to fears that some people may want to have a clone of themselves produced – whatever the cost.

Study tip

Plants can be cloned by tissue culture or by taking cuttings. Animals can be cloned by dividing embryos or by adult cell cloning.

links

For more information on adult cell cloning, see 11.4 Making choices about genetic technology.

Key points

- In adult cell cloning, the nucleus of a cell from an adult animal is transferred to an empty egg cell from another animal. A small electric shock causes the egg cell to begin to divide and starts embryo development. The embryo is then placed in the womb of a third animal to develop.
- The animal that is born is genetically identical to the animal that donated the nucleus from the original adult body cell.

Summary questions

1 Make a flow chart to show how adult cell cloning works.
2 Explain clearly the differences between natural mammalian clones (identical twins), embryo clones, and adult cell clones.
3 What are the main advantages and disadvantages of the development of adult cell cloning techniques? How valid do you consider the main concerns expressed?

Genetic manipulation

11.3 Genetic engineering

Learning objectives

After this topic, you should know:
- how genes are transferred from one organism to another in genetic engineering
- the potential benefits and problems associated with genetically modified crops.

What is genetic engineering?

Genetic engineering involves changing the genetic material of an organism using the following process:

- You take a gene from one organism and transfer it to the genetic material of a completely different organism. Enzymes are used to isolate and cut out the required gene.
- The gene is then inserted into a vector using more enzymes. The vector – usually a bacterial plasmid or a virus – carries the new gene to another organism.
- The vector is then used to insert the gene into the required cells, which may be bacterial, animal, fungal, or plant cells.

So, for example, genes from the chromosomes of a human cell can be cut out using enzymes and transferred to the cell of a bacterium. The gene carries on making a human protein, even though it is now in a bacterium.

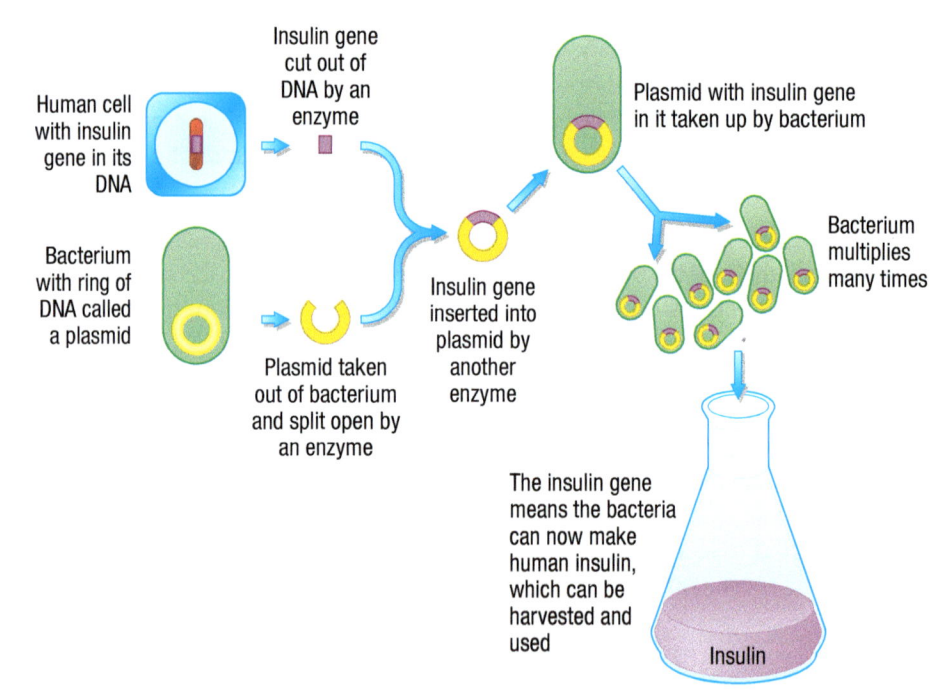

Figure 1 *The principles of genetic engineering. A bacterial cell receives a gene from a human so it makes a human protein – in this case, the human hormone insulin*

If genetically engineered bacteria are cultured on a large scale, they can make huge quantities of protein from other organisms. Humans now use them to make a number of drugs and hormones used as medicines, for example, genetically engineered bacteria are used to make human insulin (Figure 1).

links

To find out more about the use of insulin to treat diabetes, see 7.6 Treating diabetes.

Study tip

Cloning and genetic engineering are different! Learn the techniques for both processes.

Genetic engineering

Transferring genes to animal and plant cells

There is a limit to the types of proteins that bacteria are capable of making. As a result, genetic engineering has moved on. Scientists have found that genes from one organism can be transferred to the cells of another type of animal or plant at an early stage of their development. As the animal or plant grows, it develops with the new desired characteristics from the other organism. For example, glowing genes from jellyfish have been used to produce crop plants that glow in the dark when they are lacking in water. The farmer can then tell when the crops need irrigation.

Animals have been genetically engineered in a number of ways, but it is with plants that most progress has been made.

Genetically modified crops

Crops that have had their genes modified by genetic engineering techniques are known as **genetically modified crops (GM crops)**. Genetically modified crops often show increased yields. For example, genetically modified crops include plants that are resistant to attack by insects because they have been modified to make their own **pesticide**. This means that more of the crops survive to provide food for people. Growing GM plants that are more resistant than usual to **herbicides** means farmers can spray and kill weeds more effectively without damaging their crops. Again, this increases the crop yield.

Increasing crop yields is extremely important in providing food security for the world's human population, which is growing all the time. For example:

- Genetic engineering has resulted in many cereal plants with much shorter stems than the original plants. This means they are much less likely to be damaged by wind or storms, which increases the crop yield.
- Recent work on rice plants has produced crops that can withstand being completely covered in water for up to three weeks during flooding and still produce a high-yielding crop of rice (Figure 2). As more than 3.3 billion people worldwide rely on rice for a large proportion of their daily calorie intake, and climate change seems to be bringing much more severe flooding in many rice-growing countries, genetic modifications such as these could save millions of people from starvation.

Sometimes genetically modified crops contain genes from a completely different species, such as the jellyfish genes added to crop plants described earlier. Sometimes genetic modification simply speeds up normal selective breeding, by taking a gene from another closely related plant and inserting it into the genome. This has been done in the example of the flood-resistant rice.

Figure 2 *Rice is a vital staple food for millions of people. This genetically modified strain is still growing when traditional strains have been destroyed by prolonged flooding*

Summary questions

1 Early genetic engineering was carried out almost entirely in bacteria. Now, many different species of animals and plants have been genetically engineered. Explain why it is important to be able to modify the genomes of these different organisms.

2 Make a flow chart that explains the stages of transferring a gene for a shorter stem from one plant to another, using a bacterial plasmid as a vector.

3 Give three examples of ways in which food crops have been genetically modified. For each, explain how the change has increased the yield of the crop, and why this is important.

Key points

- Genes can be transferred to the cells of animals and plants at an early stage of their development so they develop desired characteristics. This is genetic engineering.

- In genetic engineering, genes from the chromosomes of humans and other organisms can be cut out using enzymes and transferred to the cells of bacteria and other organisms using a vector, which is usually a bacterial plasmid or a virus.

- Crops that have had their genes modified are known as genetically modified (GM) crops. GM crops often have improved resistance to insect attack or herbicides and they generally produce a higher yield.

151

11.4 Genetic manipulation
Making choices about genetic technology

Learning objectives

After this topic, you should know:
- some of the concerns and uncertainties about new genetic technologies such as cloning and genetic engineering.

Did you know …?
Short-stemmed flood- and drought-resistant plants are among the GM crops that are already helping to solve the problems of world hunger.

links
To find out more about GM crops, look back to 11.3 Genetic engineering.

Did you know …?
A great deal of work is currently being done on the lungs of people with cystic fibrosis and children with SCID (severe combined immunodeficiency). There have been some successes in using gene therapy to cure SCID, although there were also major problems.

Figure 1 *Yellow beta carotene is needed to make vitamin A in the body. The amount of beta carotene in golden rice and golden rice 2 is reflected in the depth of colour of the rice*

The benefits of genetic engineering and cloning are becoming more apparent all the time. However, there are some concerns about the use of these new technologies. More research is needed before scientists can fully understand any long-term impact they may have on individuals or on the environment.

Benefits of genetic engineering
People are already seeing many benefits from genetic engineering. Genetically engineered bacteria can make exactly the proteins humans need, in exactly the amounts needed, and in a very pure form. For example, pure human insulin is mass-produced using genetically engineered bacteria.

Some of the advantages of genetic engineering are:
- improved growth rates of plants and animals
- increased food value of crops, as genetically modified (GM) crops usually have much bigger yields than ordinary crops
- crops can be designed to grow well in dry, hot, or cold parts of the world
- crops can be engineered to produce plants that make their own pesticide or that are resistant to herbicides used to control weeds.

Human engineering
One huge potential benefit of genetic engineering that has still to be fully realised is curing human genetic conditions. Scientists are getting close to curing several conditions by putting healthy genes into affected cells using genetic engineering, so the cells work properly. Perhaps the cells of an early embryo can be engineered so that the individual develops into a healthy person. If these treatments become possible, many people would have new hope of a normal life for themselves or for their children. However, there is a lot of work to be done before gene therapy is widely used in people.

Concerns about genetic engineering
Genetic engineering is still a very new science, and no one can be sure what the long-term effects might be. For example, insects may become pesticide-resistant if they eat a constant diet of pesticide-producing plants.

Some people are concerned about the effect of eating GM food on human health. However, people eat a wide range of organisms with many different types of DNA every day as part of a normal diet, so this concern may well be unfounded. Others feel that farmers have enough varieties of crop plants without using GM crops.

Another concern is that genes from genetically modified plants and animals might spread into the wildlife of the countryside. Some people are very anxious about the effect these GM organisms might have on populations of wild flowers and insects. GM crops are often made infertile, which means that farmers in poor countries have to buy new seed each year. Many people are unhappy with this practice. If these infertility genes spread into wild populations, it could cause major problems in the environment – although scientists are working hard to prevent this.

Ever since genetically modified foods were first introduced, there has been controversy and discussion about them. For example, varieties of GM rice known as 'golden rice' and 'golden rice 2' have been developed. These varieties of rice produce large amounts of vitamin A. Up to 500 000 children go blind each year as a result of a lack of vitamin A in their diets. In theory, golden rice offers a solution to this problem.

Making choices about genetic technology

In fact, some people objected to the way in which the trials of the rice were run and the cost of the product, even though the rice is fertile and farmers can grow their own after they buy the original seed. No golden rice is yet being grown in countries affected by vitamin A blindness, and children continue to go blind due to vitamin A deficiency. However, the majority of plant scientists around the world believe that GM crops are the way forward in solving the problem of feeding the world's expanding population.

Another big concern is that people might want to manipulate the genes of their future children. This may be to make sure that they are born healthy, but there are also concerns that people might want to use it to have 'designer' children with particular characteristics such as high intelligence. Genetic engineering raises issues for us all to think about.

Cloning pets

Cloning plants and even some animals is widely used, but cloning mammals has also led to some ethical issues. Most of the research into cloning has been focused on farm and research animals, but some companies are hoping to be able to clone people's dying or dead pets for them. It has already been shown that a successful clone can be produced from a dead animal, as beef from a slaughterhouse has been used to create a live cloned calf.

Cloning your pet won't be easy or cheap. The issue is – should people be cloning their dead cats and dogs when there are thousands of unwanted animals already in existence? Even if a favourite pet cat is cloned, it may look nothing like the original because the coat colour of many cats is the result of genes switching on and off at random in the skin cells (Figure 2). A cloned pet will develop and grow in a different environment to the original animal as well. This means other characteristics that are affected by the environment will probably be different, too.

Figure 2 *The cat on the left is Rainbow. The cat on the right is Cc, Rainbow's clone. Rainbow and Cc share the same DNA, but they don't look the same*

To some people these are exciting events. To others they are a waste of time, money, and the lives of all the embryos that don't make it.

Did you know ... ?

It took 188 attempts to make CC, the first cat produced by adult cell cloning (Figure 2). 87 cloned embryos were produced, only one of which resulted in a kitten.

Did you know ... ?

Adult cell cloning has also been successfully carried out in dogs. In 2009, an American couple paid more than £100 000 to have a clone of their much-loved pet Labrador called Lancelot. The new dog is called Lancelot Encore (encore means 'again').

Figure 3 *Lancelot Encore, an adult cell clone, with his owners and a portrait of the original dog*

Study tip

Think about the pros and cons of these new techniques and be ready to discuss them in your exams.

Summary questions

1. Describe the main advantages and disadvantages of genetically modifying plants.
2. People get very concerned about cloning. Do you think these fears are justified? Explain your answer.
3. Summarise the use of genetic engineering and cloning in the treatment of human diseases so far.

Key points

- Concerns about GM crops include their effects on populations of wild flowers and insects, and uncertainty about the effects of eating GM crops on human health.

Genetic manipulation: 11.1–11.4

Summary questions

1. Tissue culture techniques mean that 50 000 new raspberry plants can be grown from one old plant, instead of two or three by taking cuttings. Cloning embryos from the best-bred cows means that they can be genetically responsible for 30 or more calves each year, instead of two or three.

   a How does tissue culture differ from taking cuttings?

   b How can one cow produce 30 or more calves in a year?

   c What are the similarities between cloning plants and cloning animals in this way?

   d What are the differences between the techniques for cloning animals and plants?

   e Why do you think there is so much interest in finding different ways to make the breeding of farm animals and plants increasingly efficient?

2. a Describe the process of adult cell cloning.

   b There has been a great deal of media interest and concern about cloning animals, but very little about cloning plants. Why do you think there is such a difference in the way people react to these two different technologies?

3. Human growth is usually controlled by growth hormones produced by the pituitary gland in the brain. If you don't make enough hormones, you don't grow properly and remain very small. This condition affects 1 in every 5000 children. Until recently, the only way to get human growth hormone was from the pituitary glands of dead bodies. Genetically engineered bacteria can now make plenty of pure human growth hormone.

   a Draw and label a diagram to explain how a healthy human gene for making growth hormone can be taken from a human chromosome and put into a working bacterial cell.

   b What are the advantages of producing substances such as growth hormone using genetic engineering?

4. In 2003, two mules called Idaho Gem and Idaho Star were born in America. They were clones of a famous racing mule. They were separated and sent to different stables to be reared and trained for racing. They both seem very healthy. So far Idaho Gem has been more successful than his cloned brother, winning several races against ordinary racing mules. There is a third clone, Utah Pioneer, which has not been raced.

   a The mules are genetically identical. How do you explain the fact that Idaho Gem has beaten Idaho Star in several races?

   b Why do you think one of the clones is not being raced?

   c The clones' progress is being carefully monitored by scientists. What type of data do you think will be available from these animals?

5. a What is meant by the term GM crops?

   b Explain the main concerns of people about the use of GM crops around the world.

   c Most plant scientists believe that GM technology will be the key to producing enough food to feed the world population. How can it be used to do that?

   d One concern people have about GM crops is that they might cross-pollinate with wild plants. Scientists need to find out how far pollen from a GM crop can travel to be able to answer these concerns.

   Describe how a trial to investigate this might be set up.

Practice questions

1 a What is a clone? (1)

b Clones of plants can be created by taking small blocks of stem, leaf, or root cells and growing them in a special medium. Name this type of cloning. (1)

c Animal clones can be created from embryos or by adult cell cloning. Briefly describe the steps in these two methods. (7)

d Suggest which method would be most suitable for creating a herd of cows that produce high yields of milk. Give reasons for your choice. (4)

2 The use of cloned animals in food production is controversial.

It is now possible to clone champion cows. Champion cows produce large quantities of milk.

a Describe how adult cell cloning could be used to produce a clone of a champion cow. (4)

b Read the passage below about cloning cattle:

> The government has been accused of 'inexcusable behaviour' because a calf of a cloned American champion cow has been born on a British farm. Campaigners say it will undermine trust in British food because the cloned cow's milk could enter the human food chain.
>
> However, supporters of cloning say that milk from clones and their offspring is as safe as the milk consumers drink every day.
>
> Those in favour of cloning say that an animal clone is a genetic copy. It is not the same as a genetically engineered animal. Opponents of cloning say that consumers will be uneasy about drinking milk from cloned animals.

Use the information in the passage and your own knowledge and understanding to evaluate whether or not the government should allow the production of milk from cloned 'champion' cows.

Remember to give a conclusion to your evaluation. (5)

3 Read the passage below. Use the information and your own knowledge to answer the questions that follow.

> At one time, the boll weevil destroyed cotton crops. Farmers sprayed the crops with a pesticide.
>
> The weevil died out but another insect, the bollworm moth, became resistant to this pesticide.
>
> In the 1990s, large crops of the cotton plant were destroyed by the bollworm moth. The pesticides then used to kill the moth were expensive and very poisonous, resulting in human deaths.
>
> Scientists investigated alternative ways to control the bollworm moth. They found out that a type of bacterium produced a poison that killed bollworm larvae (grubs).
>
> A GM cotton crop plant was developed that produced the poison to kill bollworms. This proved to be very effective and farmers were able to stop using pesticide sprays.
>
> Now farmers have another problem. Large numbers of other insects have multiplied because they were not killed when the farmers stopped using pesticides. Some of these insects have started to destroy the GM cotton and farmers are beginning to use pesticides again!

a i Give **one** advantage of spraying crops with pesticides. (1)

ii Give **two** disadvantages of spraying crops with pesticides. (2)

iii Give **one** economic advantage of using GM cotton. (1)

iv Some people object to using GM crops. Suggest **one** reason why. (1)

b *In this question you will be assessed on using good English, organising information clearly, and using specialist terms where appropriate.*

The GM cotton was genetically engineered to produce the same poison as the bacterium.

Describe fully how this is done. (6)

155

Chapter 12 Evolution, adaptations, and interdependence

12.1 Theories of evolution

Learning objectives

After this topic, you should know:
- the theory of evolution
- some of the evidence for evolution discovered by Darwin.

You are surrounded by an amazing variety of life on planet Earth. Questions such as 'Where has it all come from?' and 'When did life on Earth begin?' have puzzled people for many generations.

Darwin's theory of **evolution** by **natural selection** tells us that all the species of living things alive today have evolved from the first simple life forms. Scientists think these early forms of life developed on Earth more than 3 billion years ago. Most of us take these ideas for granted, but they are really quite new.

Until the 18th century, most people in Europe believed that the world had been created by God. They thought it was made, as described in the Christian Bible, a few thousand years ago. However, by the beginning of the 19th century, scientists were beginning to come up with new ideas.

Lamarck's theory of evolution

Jean-Baptiste Lamarck was a French biologist. He thought that all organisms were linked by what he called a 'fountain of life'. He made the great step forward of suggesting that individual animals adapted and evolved to suit their environment. His idea was that every type of animal evolved from primitive worms. The change from worms to other organisms was caused by the **inheritance of acquired characteristics**.

Lamarck's theory proposed that the way organisms behaved affected the features of their body – a case of 'use it or lose it'. If animals used something a lot over a lifetime, Lamarck thought this feature would grow and develop. Any useful changes that took place in an organism during its lifetime would be passed from a parent to its offspring. The neck of the giraffe is a good example (Figure 1). If a feature wasn't used, Lamarck thought it would shrink and be lost.

Lamarck's theory influenced the way **Charles Darwin** thought. However, there were several problems with Lamarck's ideas. There was no evidence for his 'fountain of life' and people didn't like the idea of being descended from worms. People could also see quite clearly that changes in their bodies – such as big muscles, for example – were not passed on to their children.

People now know that, in the great majority of cases, Lamarck's idea of inheritance cannot happen. However, his ideas paved the way for the scientists such as Darwin who followed him.

Figure 1 *In Lamarck's model of evolution, giraffes have long necks because each generation stretched up to reach the highest leaves. So each new generation had a slightly longer neck*

Charles Darwin and the origin of species

Our modern ideas about evolution began with the work of one of the most famous scientists of all time – Charles Darwin. Darwin set out in 1831 as the captain's companion and ship's naturalist on HMS *Beagle*. He was only 22 years old at the start of the voyage to South America and the South Sea Islands.

Darwin planned to study geology on the trip. Yet as the voyage went on, he became as excited by his collection of animals and plants as by his rock samples.

In South America, Darwin discovered a new form of the common rhea, an ostrich-like bird – although he had almost finished eating it before he noticed the differences! When he observed two different types of the same bird living in slightly different areas, this set Darwin thinking.

Theories of evolution

On the Galapagos Islands, Darwin was amazed by the variety of species. He noticed that they varied from island to island. Darwin found strong similarities between types of finches, iguanas, and tortoises on the different islands. Yet each was different and adapted to make the most of local conditions.

Darwin collected huge numbers of specimens of animals and plants during the voyage. He also made detailed drawings and kept written observations. The long journey home gave him plenty of time to think about what he had seen. Charles Darwin returned home after five years with some new ideas forming in his mind.

After returning to England, Darwin spent the next 20 years working on his ideas. Darwin's theory is that all living organisms have evolved from simpler life forms. This evolution has come about by a process of natural selection.

Reproduction always gives more offspring than the environment can support. Only those that have inherited features most suited to their environment – the 'fittest' – will survive. When they breed, they pass on the alleles for those useful inherited characteristics to their offspring. This is natural selection.

When Darwin suggested how evolution took place, no one knew about genes. He simply observed that useful inherited characteristics were passed on. Today, scientists know that it is useful genes/alleles that are passed from parents to their offspring in natural selection.

Figure 2 *Darwin was impressed by the marine iguanas he found on the Galapagos Islands and he studied them very carefully, comparing them in detail to land-dwelling iguanas*

Study tip

Remember the key steps in natural selection:

mutation of gene → advantage for survival → breed → pass on useful allele

Figure 3 *Darwin worked here in his study for around 20 years, carrying out experiments and organising his ideas on evolution by natural selection*

Summary questions

1 Define the following terms:
   a evolution
   b natural selection.
2 How did Jean-Baptiste Lamarck affect the development of ideas about evolution?
3 Explain the importance of the following in the development of Darwin's ideas:
   a South American rheas
   b Galapagos tortoises, iguanas, and finches
   c the long voyage of HMS *Beagle*
   d the 20 years from Darwin's return to the publication of his book, *The Origin of Species*.

Key points

- The theory of evolution states that all the species that are alive today – and many more which are now extinct – evolved from simple life forms that first developed more than 3 billion years ago.

- Darwin's theory is that evolution takes place through natural selection.

- Other theories, including that of Lamarck, are based mainly on the idea that changes that occur in an organism over its lifetime can be inherited. It is now understood that in the great majority of cases this is not true.

12.2 Natural selection

Learning objectives

After this topic, you should know:
- how natural selection works
- the timescales involved in evolution.

Scientists explain the variety of life today as the result of a process called natural selection. The idea was first suggested about 150 years ago by Charles Darwin.

Animals and plants are always in competition with each other. Sometimes an animal or plant gains an advantage in the competition. This might be against other species or against other members of its own species. That individual is more likely to survive and breed. This is known as natural selection.

Survival of the fittest

Charles Darwin was the first person to describe natural selection as the 'survival of the fittest'. Reproduction is a very wasteful process. Animals and plants always produce more offspring than the environment can support.

Genetic variation

The individual organisms in any species may show a wide range of variation. This is because of differences in the genes they inherit. Differences in the genes can arise as a result of mutation (see below). The offspring with the alleles that produce the characteristics best suited to the environment are more likely to survive to breed successfully. The alleles that have enabled these individuals to survive are then passed on to the next generation. Less well-adapted alleles will be lost. This is natural selection at work.

Think about rabbits. The rabbits with the best all-round eyesight, the sharpest hearing, and the longest legs will be the ones that are most likely to escape being eaten by a fox. They will be the ones most likely to live long enough to breed. What's more, they will pass those useful genes on to their babies. The slower, less alert rabbits will get eaten and their genes are less likely to be passed on.

The part played by mutation

New forms of genes (alleles) result from changes in existing genes. These changes are known as mutations. They are tiny changes in the long strands of DNA. Mutations occur quite naturally all the time through mistakes made in copying DNA when the cells divide. Mutations introduce more variation into the genes of a species as new and different alleles are produced. In terms of survival, this is very important.

Many mutations have no effect on the characteristics of an organism, and some mutations are harmful. However, just occasionally a mutation has a good effect. It produces an adaptation that makes an organism better suited to its environment. This makes it more likely to survive and breed. The mutant allele will gradually become more common in the population and will cause the species to evolve.

Figure 1 *The tiny number of thistles that will survive and grow into adults from this mass of floating seeds will have combinations of alleles that give them an advantage over all the others*

links
For more information on the competition between plants and animals in the natural world, look back to 12.7 Competition in animals and 12.8 Competition in plants.

Figure 2 *The natural world is often brutal. Foxes aren't the only animals to hunt rabbits! Only the best-adapted predators capture prey and survive to breed – and only the best-adapted prey animals escape to breed as well*

Did you know ... ?
Fruit flies can produce 200 offspring every two weeks. The yellow star thistle, an American weed, produces around 150 000 seeds per plant, per year. If all those offspring survived, we'd be overrun with fruit flies and yellow star thistles!

Natural selection

Natural selection in action

When new forms of a gene arise from mutation, there may be a relatively rapid change in a species. This is particularly true if the environment changes. If the mutation gives the organism an advantage in the changed environment, it will soon become common.

Malpeque Bay in Canada has some very large oyster beds. In 1915, the oyster fishermen noticed a few small, flabby oysters with pus-filled blisters among their healthy catch. By 1922, the oyster beds were almost empty. The oysters had been wiped out by a destructive new disease (soon known as Malpeque disease).

Fortunately, a few of the oysters had a chance mutation that made them resistant to the disease. These were the only ones to survive and breed. The oyster beds filled up again, and by 1940 they were producing more oysters than ever.

A new population of oysters had evolved. As a result of natural selection, almost every oyster in Malpeque Bay now carries an allele that makes it resistant to Malpeque disease. So the disease is no longer a problem.

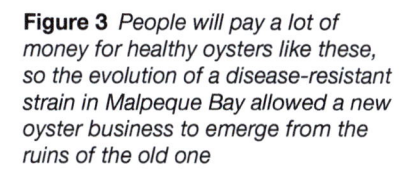

Figure 3 *People will pay a lot of money for healthy oysters like these, so the evolution of a disease-resistant strain in Malpeque Bay allowed a new oyster business to emerge from the ruins of the old one*

Timescales of evolution

Natural selection can bring about change very quickly. In bacteria, it can take a matter of days for the genetic make-up of a population to change. In the Malpeque Bay oysters, the population changed over about 20 years. However, to produce an entire new species rather than just a different population usually takes much longer. It has taken millions of years for the organisms present on Earth in the 21st century to evolve. There have been many different species that no longer exist, which lived on Earth many millions of years ago. The descendants of some of those species are the animals and plants you see around you.

links
For more information on genes, look back to 10.1 Inheritance.

links
You can find out about the evolution of antibiotic-resistant bacteria by natural selection in 8.5 Changing pathogens.

Study tip
Remember – mutations happen all the time by chance. Sometimes factors in the environment such as excess UV radiation can increase the rate of mutation.

Key points
- Natural selection works by selecting the organisms best adapted to a particular environment.
- Different organisms in a species may show a wide range of variation because of differences in their genes.
- The individuals with the characteristics most suited to their environment are most likely to survive and breed successfully.
- The alleles that have produced these successful characteristics are then passed on to the next generation.
- The timescales of evolution vary depending on the complexity and life cycle of organisms. For example, simple organisms such as bacteria evolve much faster than complex multicellular organisms such as mammals.

Summary questions

1 Many features that help animals and plants survive are the result of natural selection. Give **three** examples, for example, all-round eyesight in antelope, and use them to explain what is meant by natural selection.

2 a What is mutation?
  b Why is mutation important in natural selection?

3 Explain how the following characteristics of animals and plants have come about in terms of natural selection.
  a Male red deer have large sets of antlers.
  b Cacti have spines instead of leaves.
  c Camels can tolerate their body temperature rising far higher than most other mammals.

12.3 Isolation and the evolution of new species

Evolution, adaptations, and interdependence

Learning objectives

After this topic, you should know:
- how new species arise
- the importance of isolation in speciation.

links
Revisit your learning on genetic variation and natural selection by looking back to 12.2 Natural selection.

Did you know ... ?
Sometimes organisms are separated by **environmental isolation**. This is when the climate changes in one area where an organism lives, but not in other areas. For example, if the climate becomes warmer in one area, plants will flower at a different time of year. The breeding times of the plants and the animals linked with them will change and so new species will emerge.

Some of the best evidence scientists have about the history of life on Earth comes from **fossils**. Fossils are the remains of organisms from many hundreds of thousands or millions of years ago, that are found preserved in rocks, ice, and other places. The fossil record shows that many different **species** have appeared and then died out over millions of years. This is evolution in action. Natural selection takes place and new organisms adapted to the different conditions evolve. However, evolution is happening all the time. There is a natural cycle of new species appearing whilst others become extinct.

Isolation and evolution

You have already learnt about the role of genetic variation and natural selection in evolution. Any population of living organisms contains genetic variety. If one population becomes isolated from another, the conditions they are living in are likely to be different. This means that, within each group, different characteristics will be selected as preferable over time. The two populations might change so much over time that they cannot interbreed successfully and then a new species evolves. A species is a group of organisms with many features in common that can breed successfully producing fertile offspring.

How do populations become isolated?

The most common way in which populations become separated is by **geographical isolation**. This is when two populations become physically isolated by a geographical feature, for example, a new mountain range, a new river, or an area of land becoming an island. Earthquakes can separate areas of land, and volcanoes can produce completely new islands.

There are some well-known examples of populations becoming isolated. Australia separated from the other continents over 5 million years ago. That's when the Australian populations of marsupial mammals that carry their babies in pouches became geographically isolated. As a result of natural selection, many different species of marsupials evolved. Organisms as varied as kangaroos and koala bears appeared. Across the rest of the world, competition resulted in the evolution of other mammals with more efficient reproductive systems. In Australia, marsupials remain dominant.

Organisms in isolation

Organisms on islands are geographically isolated from the rest of the world. The closely related but very different species on the Galapagos Islands helped Darwin form his ideas about evolution.

When a species evolves in isolation and is found in only one place in the world, it is said to be **endemic** to that area. One area where scientists are finding many new endemic species is Borneo. It is one of the largest islands in the world. Borneo still contains huge areas of tropical rainforest.

Between 1994 and 2006, scientists discovered over 400 new species in the Borneo rainforest. There are more than 25 species of mammal found only on the island. All of these organisms have evolved through geographical isolation.

Figure 1 *Both the marsupial koala and the eucalyptus tree it feeds on have evolved in geographical isolation in Australia*

Isolation and the evolution of new species

Speciation

Any population will contain natural genetic variety. This means it contains a wide range of alleles controlling its characteristics that result from sexual reproduction and mutation. This is genetic variation.

In each population, the alleles that are selected will control characteristics that help the organism to survive and breed successfully. This is natural selection.

Sometimes, part of a population becomes isolated with new environmental conditions. Alleles for characteristics that enable organisms to survive and breed successfully in the new conditions will be selected. These are likely to be different from the alleles that gave success in the original environment. As a result of the selection of these different alleles, the characteristic features of the isolated organisms will change. Eventually, they can no longer interbreed with the original organisms and a new species forms. This is known as **speciation**.

This is what has happened on the island of Borneo, in Australia, and on the Galapagos Islands. If conditions in these isolated places are changed or the habitat is lost, the species that have evolved to survive within it could easily become extinct.

However, a similar version of speciation has also happened all over the world. Geographical isolation may involve very large areas, such as Borneo, or very small regions. Mount Bosavi is the crater of an extinct volcano in Papua New Guinea (Figure 3). It is only 4 km wide and the walls of the crater are 1 km high. The animals and plants trapped within the crater have evolved in different ways to those outside it.

Very few people have been inside the crater. During a three-week expedition in 2009, scientists discovered around 40 new species. These included mammals, fish, birds, reptiles, amphibians, insects, and plants. All of these species are the result of natural selection caused by the specialised environment of the isolated crater. They include an enormous 82 cm-long rat that weighs 1.5 kg!

Figure 2 *Lemurs are endemic to the island of Madagascar. Some 99 species and subspecies of lemur have evolved there, such as this ring-tailed lemur*

Study tip

Speciation is a difficult concept. If you cannot remember all the steps, at least remember that two groups of the same species become separated and different natural selection takes place in each group, so eventually they become so different that they are no longer able to interbreed.

Figure 3 *Mount Bosavi in Papua New Guinea is a small, geographically isolated environment where many new species have evolved*

Key points

- New species arise as a result of:
  - Isolation – two populations of a species become separated (e.g., geographically).
  - Genetic variation – each population has a wide range of alleles that control their characteristics.
  - Natural selection – in each population alleles are selected that control the characteristics which help the organism to survive and breed.
  - Speciation – the populations become so different that successful interbreeding is no longer possible.

Summary questions

1. **a** How might populations become isolated?
   b Why does this isolation lead to the evolution of new species?
2. Islands often have their own endemic organisms.
   a What is an endemic organism?
   b Why are endemic organisms common on islands?
   c How does this act as evidence for our current model of speciation and evolution?
3. Explain how genetic variation and natural selection result in the formation of new species in isolated populations.

Evolution, adaptations, and interdependence

12.4 Adapt and survive

Learning objectives

After this topic, you should know:
- what organisms need to live
- how organisms survive in many different conditions.

The variety of conditions on the surface of the Earth is huge. They range from hot, dry deserts to permanent ice and snow. There are deep, saltwater oceans and tiny, freshwater pools. Whatever the conditions, almost everywhere on Earth you will find living organisms that are able to survive and reproduce.

Survive and reproduce

Living organisms need a supply of materials from their surroundings and from other living organisms so that they can survive and reproduce successfully. What they need depends on the type of organism:
- Plants need light, carbon dioxide, water, oxygen, and nutrients to produce glucose and other larger molecules and to provide them with the energy they need to survive.
- Animals need food from other living organisms, water, and oxygen.
- Microorganisms need a range of things. Some are similar to plants, whilst some are similar to animals. Some don't need oxygen or light to survive.

Living organisms have special features known as **adaptations**. These features make it possible for them to survive in their particular habitat, even when the conditions are very extreme.

Plant adaptations

Plants need to photosynthesise to produce the glucose needed for energy and growth. They also need to have enough water to maintain their cells and tissues. They have adaptations that enable them to live in many different places. For example, most plants get water and mineral nutrients from the soil through their roots.

Epiphytes are found in rainforests. They have adaptations that allow them to live high above the ground attached to other plants. They collect water and nutrients from the air and in their specially adapted leaves.

Some plant adaptations are all about reproduction. For example, the South African sausage tree (*Kigelia pinnata*) is one of a relatively small number of plants that rely on bats to pollinate their flowers. The flowers open at night, have a strong perfume, and produce lots of nectar. They hang down below the branches and leaves, which makes it as easy as possible for the bats to approach and feed from them – and at the same time transfer pollen from one flower to another on their fur.

Animal adaptations

Animals cannot make their own food – they have to eat plants or other animals. This type of feeding is known as heterotrophic. Many of the adaptations of animals help them to get the food they need. This means that you can tell what a mammal eats by looking at its teeth.
- **Herbivores** have teeth adapted for grinding up plant cells.
- **Carnivores** have teeth adapted for tearing flesh or crushing bones.

Animals also often have adaptations to help them find and attract a mate.

links

For more information on plant adaptation, see 12.6 Adaptations in plants.

Study tip

Practise recognising plant and animal adaptations related to where they live. You may be asked to do this in your exams.

Figure 1 *Mangroves are trees that live in soil with very little oxygen, often with their roots covered by salty water. They have special adaptations to get rid of the salt through their leaves, and roots that grow in the air to get oxygen*

links

For more information on animal adaptations, see 12.5 Adaptations in animals.

Adapt and survive

Adapting to the environment

Some of the adaptations seen in animals and plants help them to survive in a particular environment. For example:
- Some sea birds get rid of all the extra salt they take in from the seawater by 'crying' very salty tears from a special salt gland.
- Animals that need to survive extreme winter temperatures often produce a chemical in their cells which acts as antifreeze. It stops the water in the cells from freezing and destroying the cell.
- Plants such as water lilies have lots of big air spaces in their leaves. This adaptation enables them to float on top of their watery environment and make food by photosynthesis.

Living in extreme environments

Organisms that survive and reproduce in the most difficult conditions are known as **extremophiles**. Many extremophiles are microorganisms. Microorganisms are found in more places in the world than any other living thing. These places range from ice packs to hot springs and geysers. Microorganisms have a range of adaptations which make this possible.

Some extremophiles live at very high temperatures. Bacteria known as thermophiles can survive at temperatures of over 45°C and often up to 80°C or higher. (In most organisms, enzymes stop working at around 40°C.) These extremophiles have specially adapted enzymes that do not denature and can work at these high temperatures. In fact, many of these organisms cannot survive and reproduce at lower temperatures. Larger organisms that live in very hot environments have similarly adapted enzymes.

Other bacteria have adaptations enabling them to grow and reproduce at very low temperatures, down to –15°C. They are found in ice packs and glaciers around the world.

Most living organisms struggle to survive in a very salty environment because of the problems it causes with water balance. However, there are species of extremophile bacteria that can only live in extremely salty environments, such as the Dead Sea and salt flats. These bacteria have adaptations to their cytoplasm so that water does not move out of their cells into their salty environment. However, in ordinary sea-water they would swell up and burst!

Figure 2 *Animals from the deep oceans are adapted to cope with enormous pressure, no light, and very cold, salty water. If these extremophiles are brought to the surface too quickly, they explode because of the rapid change in pressure*

Figure 3 *Black smoker bacteria live in deep ocean vents, 2500 m down, at temperatures of well over 100°C, with enormous pressure, no light, and an acid pH of about 2.8. They have adaptations to cope with some of the most extreme conditions on Earth*

Key points

- Organisms need a supply of materials from their surroundings and from other living organisms to survive and reproduce.
- Organisms, including microorganisms, have features (adaptations) that enable them to survive in the conditions in which they normally live.
- Extremophiles have adaptations that enable them to live in environments with extreme conditions of salt, temperature, or pressure.

Summary questions

1 Describe what plants and animals need from their surroundings to survive and reproduce, and explain the differences between them.

2 a What is an extremophile?
  b Give two examples of adaptations found in different extremophiles.

3 Explain what is meant by an adaptation, and give three examples of adaptations in either animals or plants to a particular environment or way of life.

Evolution, adaptations, and interdependence

12.5 Adaptations in animals

Learning objectives

After this topic, you should know:
- some of the ways in which animals are adapted to survive.

links

You can see a diagram explaining surface area to volume ratio in 3.1 Exchanging materials.

Figure 1 *The Arctic woolly bear moth caterpillar is adapted to survive up to 14 years of freezing and thawing before it becomes an adult moth. It contains a special chemical that acts like antifreeze and protects the cells from damage in the extreme conditions of the Arctic*

Study tip

Remember that animals living in very cold conditions often have a low surface area to volume ratio. This means that there is less area for energy to be transferred to the environment. The opposite can be true in hot climates.

Did you know ...?

Polar bears don't change colour. They have no natural predators on the land. They hunt seals all year round in the sea, where their white colour makes them less visible amongst the ice.

Animals have adaptations that help them to get the food and mates they need to survive and reproduce. They also have adaptations for survival in the conditions where they normally live. These include:

- Structural adaptations such as the shape or colour of the organism or part of the organism. Examples include the large surface area of an elephant's ears, which are an adaptation to help transfer energy to the surroundings and cool the animal.
- Behavioural adaptations such as migration, basking, and huddling together. For example, mammals such as wildebeest and zebra, and birds such as Arctic terns and swallows, migrate hundreds or even thousands of miles every year in search of food or ideal breeding conditions.
- Functional adaptations related to processes such as reproduction and metabolism. For example, the reproduction of many organisms is coordinated with when there will be plenty of food available for the offspring. And some seals that dive to great depths collapse their lungs to cope with the high pressures deep underwater. They have special chemicals in their muscles which store the oxygen they need until they return to the surface, reinflate their lungs, and breathe again.

Animals in cold climates

To survive in a cold environment, you must be able to keep yourself warm. Animals that live in very cold places, such as the Arctic, are adapted to reduce the energy transferred from their bodies to the environment.

You transfer energy to the environment through your body surface (mainly your skin), cooling you down. The amount of energy you transfer is closely linked to your surface area to volume ratio (SA:V). The larger the surface area to volume ratio, the larger the rate of energy transfer.

The ratio of surface area to volume falls as objects get bigger. This is why mammals in a cold climate grow to a large size – it keeps their surface area to volume ratio as small as possible, which helps them to keep warm (reduces energy transfers to the surroundings). The surface area to volume ratio is very important when you look at the adaptations of animals that live in cold climates. It explains why so many Arctic mammals, such as seals, walruses, whales, and polar bears, are relatively large.

Animals in very cold climates often have other adaptations, too. The surface area of the thinly skinned areas of their bodies, like their ears, is usually very small. This reduces the rate at which energy is transferred to the environment.

Many Arctic mammals have plenty of insulation, both inside and out. Inside they have blubber (a thick layer of fat that builds up under the skin). On the outside they have a thick fur coat that provides very effective insulation. These adaptations really reduce the rate of energy transfer to the environment through their skin.

The fat layer also provides a food store. Animals often build up their fat in the summer. Then they can live off their body fat through the winter when there is almost no food.

Penguins are well-known for huddling together to help them survive in very cold environments. This reduces the amount of exposed surface area of every bird. It reduces energy transfers to the environment and helps keep the birds warm.

Camouflage

Camouflage is a form of structural adaptation that is important both to **predators** (so their prey doesn't see them coming) and to prey (so they can't be seen) (Figure 2).

The colours that would camouflage an Arctic animal against plants in summer would stand out against the snow in winter. Many Arctic animals, including the Arctic fox, the Arctic hare, and the stoat, therefore have grey or brown summer coats that change to pure white in the winter.

The colour of the coat of a lioness is another example of effective camouflage. The sandy brown colour matches perfectly with the dried grasses of the African savannah. Her colour hides the lioness from the grazing animals that are her prey.

Surviving in dry climates

Dry climates are often also hot climates. For example, hot deserts are very difficult places for animals to live. There is scorching heat during the day, often followed by severe cold at night. Water is also in short supply. Cold deserts can also be dry because the water is frozen and unavailable to plants and animals.

The biggest challenges if you live in a desert are:
- coping with the lack of water
- stopping your body temperature from getting too high.

Many desert animals are adapted to need little or nothing to drink. They get the water they need from the food they eat. Mammals need to keep their body temperature the same all the time. So as the environment gets hotter, they have to find ways of keeping cool. Sweating means they lose water, which is not easy to replace in the desert. Animals that live in hot conditions adapt their behaviour to keep cool. They are often most active in the early morning and late evening, when it is not so hot. During the cold nights and the hottest times of the day, they rest in burrows or shady areas where the temperature doesn't change much.

Many desert animals are quite small, so their surface area is large compared to their volume. This helps them to transfer energy to the environment. They also often have large, thin ears to increase their surface area. These adaptations help them to transfer energy to their surroundings, cooling their bodies.

Another adaptation of many desert animals is to have thin fur. Any fur they do have is fine and silky. They also have relatively little body fat stored under the skin. These features all make it easier for them to transfer energy to the environment through the surface of the skin and so cool down.

Adaptations in animals

Figure 2 *This moth in an English woodland needs to avoid the birds that might eat it, so camouflage is an important adaptation for survival*

Figure 3 *Bactrian camels have to survive extremes of both heat (38 °C) and cold (−29 °C) in the rocky deserts of East and Central Asia. Adaptations that help them to survive include a thick winter coat, very little sweating, tissues that can cope with big fluctuations in their core temperature, a large store of fat in the humps, the ability to take water from their food, and drinking large amounts of water (around 135 litres) at a time when it becomes available*

Summary questions

1. **a** List the main problems that face animals living in cold conditions such as in the Arctic.
   b List the main problems that face animals living in the desert.
2. Animals that live in the Arctic are adapted to keep warm through the winter. Describe three of these adaptations and explain how they work.
3. **a** Describe the visible adaptations of an elephant that enable it to keep cool in hot conditions.
   b Suggest other ways in which animals might be adapted to survive in hot, dry conditions.
   c Describe and explain at least **two** adaptations that enable marine mammals such as whales and seals to survive in the seas and oceans of the world.

Key points

- All living things have adaptations that help them to survive in the conditions where they live.
- Animal adaptations include:
  - structural adaptations such as the shape and colour of the organism
  - behavioural adaptations such as migration
  - functional adaptations of processes such as reproduction and metabolism.

Evolution, adaptations, and interdependence

12.6 Adaptations in plants

Learning objectives

After this topic, you should know:
- some of the ways in which plants are adapted to survive.

Plants need light, water, space, and nutrients to survive. There are some places where plants cannot grow. In deep oceans, no light penetrates, so plants cannot photosynthesise. In the icy wastes of the Antarctic, it is simply too cold for plants to grow.

Almost everywhere else, including the hot, dry areas of the world, you find plants growing. Without them there would be no food for animals. However, plants need water for photosynthesis and to keep their tissues supported. If a plant does not get the water it needs, it wilts and eventually dies.

Plants take in water from the soil through their roots. It moves up through the plant and into the leaves. There are small openings called stomata in the leaves of a plant. These open to allow gases in and out for photosynthesis and respiration. At the same time, water vapour is lost through the stomata by diffusion after it evaporates from the surface of the cells into the air spaces in the leaves.

∞ **links**

To find out more about transport in plants and transpiration, look back to 9.5 Evaporation and transpiration and 9.6 Transport systems in plants.

The rate at which a plant loses water is linked to the conditions in which it grows. When a plant grows in hot and dry conditions, photosynthesis and respiration take place quickly. As a result, plants lose water vapour very quickly. Plants that live in very hot, dry conditions therefore need special adaptations to survive. Most plants either reduce their surface area so they lose less water or store water in their tissues. Some plants do both!

Changing surface area

When it comes to stopping water loss through the leaves, the surface area to volume ratio is very important to plants. A few desert plants have broad leaves with a large surface area. These leaves collect the dew that forms in the cold evenings. They then funnel the water towards their shallow roots.

Some plants in dry environments have curled leaves to reduce the surface area of the leaf. This also traps a layer of moist air around the leaf to reduce the amount of water that the plant loses by evaporation.

Most plants that live in dry conditions have leaves with a very small surface area. This adaptation cuts down the area from which water can be lost. Some desert plants have small, fleshy leaves with a thick cuticle to keep water loss down. The cuticle is a waxy covering on the leaf that stops water evaporating.

Figure 1 *The leaves of butcher's broom are really stems, not leaves. As a result of this adaptation to reduce water loss, the flowers and berries appear to grow out of the 'leaves'*

Some examples of plant adaptations are:
- Marram grass, which grows on sand dunes. It has tightly curled leaves to reduce the surface area for water loss so it can survive the dry conditions.
- Butcher's broom, which lives in shady, dry conditions under woodland trees and in hedgerows. To reduce water loss its 'leaves' are really flattened, leaf-like bits of stem. Stems have far fewer stomata than true leaves, so the butcher's broom loses very little water and can survive and reproduce in conditions where there is little competition from other species.

∞ **links**

For information on surface area to volume ratio, look back to 12.5 Adaptations in animals.

The best-known desert plants are the cacti. Their leaves have been reduced to spines with a very small surface area. This means that cacti only lose a tiny amount of water. Not only that, their sharp spines also discourage animals from eating them.

Collecting water

Many plants that live in very dry conditions have very large, specially adapted root systems. They may have extensive root systems that spread over a very wide area, roots that go down a very long way, or both. These adaptations allow the plant to take up as much water as possible from the soil. For example, the mesquite tree has roots that grow as far as 50 m down into the soil.

Storing water

Some plants cope with dry conditions by storing water in their tissues. When there is plenty of water after a period of rain, the plant stores it. Some plants use their fleshy leaves to store water, whilst other plants use their stems or roots.

For example, cacti don't just rely on their spiny leaves to help them survive in dry conditions. The fat green body of a cactus is its stem, which is full of water-storing tissue. These adaptations make cacti the most successful plants in a hot, dry climate.

Study tip

Remember that plants need their stomata open to exchange gases for photosynthesis and respiration. However, this leads to loss of water by evaporation, so desert plants have adaptations to conserve water.

Figure 2 *Plants such as this saguaro cactus (left) and apple tree (right) live in very different environments and have very different adaptations for maintaining their water balance*

Did you know ...?

After a storm, a large saguaro cactus in the desert can take in 1 tonne of water in a single day. Its adaptations for water conservation mean that it normally loses less than one glass of water a day even in the desert heat. A UK apple tree can lose a whole bath of water in the same amount of time!

Summary questions

1. **a** Why do plants need water?
   b How do plants get the water they need?

2. **a** How do plants lose water from their leaves?
   b Why does this make living in a dry place such a problem?

3. **a** Plants living in dry conditions have adaptations to reduce water loss from their leaves. Give three of these and explain how they work.
   b Preventing water loss from the leaves is not the only way in which plants can deal with dry conditions. Describe and explain three other adaptations seen in plants to help them survive in dry conditions.

Key points

- Plants lose water vapour from the surface of their leaves.
- Plant adaptations for surviving in dry conditions include reducing the surface area of the leaves, having water-storage tissues, and growing extensive root systems.

12.7 Competition in animals

Evolution, adaptations, and interdependence

Learning objectives

After this topic, you should know:
- why animals compete
- what makes an animal a successful competitor.

Did you know …?

Competition between members of different species for the same resources is known as **inter-specific competition**. Competition between members of the same species is known as **intra-specific competition**.

Animals and plants grow alongside lots of other living things. Some will be from the same species, whilst others will be completely different. In any area there is only a limited amount of food, water, and space, and a limited number of mates. As a result, living organisms have to compete for the things they need.

The best-adapted organisms are those most likely to win the **competition** for resources. They will be most likely to survive and produce healthy offspring.

What do animals compete for?

Animals compete for many things, including:
- food
- **territory**
- mates.

Competition for food

Competition for food is very common. Herbivores sometimes feed on many types of plant, and sometimes on only one or two different sorts. Many different species of herbivores will all eat the same plants. Just think how many types of animal eat grass!

The animals that eat a wide range of plants are most likely to be successful. If you are a picky eater, you risk dying out if anything happens to your only food source. An animal with wider tastes will just eat something else for a while!

Competition is also common among carnivores. They compete for prey. Small mammals such as mice are eaten by animals such as foxes, owls, hawks, and domestic cats. The different types of animals all hunt the same mice. The animals that are best-adapted to finding and catching mice will be most successful.

Carnivores have to compete with their own species and with different species for their prey. Some successful predators are adapted to have long legs for running fast and sharp eyes to spot prey. These features will be passed on to their offspring.

Animals often avoid direct competition with members of other species when they can. It is the competition between members of the same species which is most intense.

Prey animals compete with each other, too – to be the one that *isn't* caught! Their adaptations help to prevent them becoming a meal for a predator. Some animals contain poisons that make anything that eats them sick or even kills them. Very often these animals also have bright warning colours so that predators quickly learn which animals to avoid. Poison dart frogs are a good example (Figure 2).

Figure 1 *Some herbivores only feed on one particular plant, but this approach is risky. Pandas only eat bamboo, so they are vulnerable to competition from other animals that eat bamboo and to diseases that damage bamboo*

Figure 2 *The dramatic colours of this poison dart frog are a clear warning to predators to keep well away*

Competition for territory

For many animals, setting up and defending a territory is vital. A territory may simply be a place to build a nest, or it could be all the space needed for an animal to find food and reproduce (Figure 3). Most animals cannot reproduce successfully if they have no territory, so they will compete for the best spaces.

Competition in animals

This helps to make sure that they will be able to find enough food for themselves and for their young. For example, the number of territories of many small birds such as tits found in an area varies with the amount of food available. Many animals mark the boundaries of their territories to keep other competitors out. This is often done using urine or faeces to make a strongly scented boundary.

Competition for a mate

Competition for mates can be fierce. In many species, the male animals put a lot of effort into impressing the females. The males compete in different ways to win the privilege of mating with a female.

In some species – such as deer, lions, and elephant seals – the males fight between themselves. Then the winner gets to mate with several females.

Many male animals display to the females to get their attention. Some birds have spectacular adaptations to help them stand out. Male peacocks have the most amazing tail feathers. They use them for displaying to other males (to warn them off) and to females (to attract them). Birds of paradise also produce spectacular displays to attract a mate (Figure 4).

What makes a successful competitor?

A successful competitor is an animal that is adapted to be better at finding food or a mate than the other members of its own species. It also needs to be better at finding food than the members of other local species. In addition, it must be able to breed successfully.

Many animals are successful because they avoid competition with other species as much as possible. They feed in a way that no other local animals do, or they eat a type of food that other animals avoid. For example, one plant can feed many animals without direct competition. Caterpillars eat the leaves, greenfly drink the sap, butterflies suck nectar from the flowers, and beetles feed on pollen.

Figure 3 *The territory of a gannet pair may be small, but without a space they cannot build a nest and reproduce*

Figure 4 *The male bird of paradise uses a very spectacular display to attract a more camouflaged female*

Summary questions

1. **a** Animals that rely on a single type of food can easily become extinct. Explain why.
   b Give one example of animals competing with members of the same species for food.
   c Give one example of animals competing with members of other species for food.
   d Why is competition between members of the same species often more fierce than competition between different species?

2. **a** Give two ways in which animals compete for mates.
   b Suggest the advantages and disadvantages of the methods chosen in part **a**.

3. Explain some of the adaptations you would expect to find in the following organisms, and the advantages they would give:
   a an animal that hunts small mammals such as mice and voles
   b an animal that eats grass
   c an animal that is hunted by many different predators
   d an animal that feeds on the tender leaves at the top of trees.

Study tip

Learn to look at an animal and spot the adaptations that make it a successful competitor.

Key points

- Animals compete with each other for food, territories, and mates.
- Animals have adaptations that make them successful competitors.

Evolution, adaptations, and interdependence

12.8 Competition in plants

Learning objectives

After this topic, you should know:
- what plants compete for
- how plants compete.

Practical

Investigating competition in plants

Carry out an investigation to look at the effect of competition on plants. Set up two trays of seeds – one crowded and one spread out. Then monitor the plants' height and wet mass (mass after watering). Keep all of the conditions – light level, amount of water and nutrients available, and temperature – exactly the same for both sets of plants. The differences in their growth will be the result of overcrowding and competition for resources in one of the groups.

The data shows the growth of tree seedlings. You can get results in days rather than months by using cress seeds.

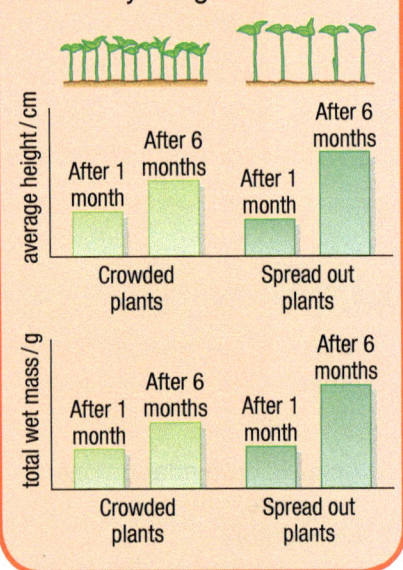

Plants compete fiercely with each other. They compete for:
- light for photosynthesis, to make food using energy from sunlight
- water for photosynthesis and to keep their tissues rigid and supported
- nutrients (ions) from the soil so they can make all the chemicals they need in their cells
- space to grow, allowing their roots to take in water and nutrients and their leaves to capture light.

Why do plants compete?

As with animals, plants are in competition both with other species of plants and with their own species.

Big, tall plants such as trees take up a lot of water and nutrients from the soil. They also prevent light from reaching the plants beneath them. So the plants around them need adaptations to help them to survive.

When a plant sheds its seeds they might land nearby. Then the parent plant will be in direct competition with its own seedlings. As the parent plant is large and settled, it will take most of the water, nutrients, and light. So the plant will deprive its own offspring of everything they need to grow successfully. The roots of some desert plants even produce a chemical that stops seeds from germinating, killing the competition even before it begins to grow!

Sometimes the seeds from a plant will all land close together, a long way from their parent. They will then compete with each other as they grow.

Coping with competition

Plants that grow close to other species often have adaptations which help them to avoid competition.

Small plants found in woodlands often grow and flower very early in the year. This is when plenty of light gets through the bare branches of the trees. The dormant trees take very little water out of the soil. The leaves shed the previous autumn have rotted down to provide nutrients in the soil. Plants such as snowdrops, anemones, and bluebells are all adapted to take advantage of these things. They flower, set seeds, and die back again before the trees are in full leaf.

Another way in which plants compete successfully is by having different types of roots. Some plants have shallow roots taking water and nutrients from near the surface of the soil, whilst other plants have long, deep roots that go far underground. In this way, both types of plants compete successfully for what they need without affecting each other.

Leguminous plants such as peas, beans, and clover all have special bacteria living in nodules on their roots (Figure 1). These bacteria fix nitrogen from the air – in other words, they carry out chemical reactions that produce nitrates. Some of these nitrates are used by the plants for making amino acids, which in turn are used to build up proteins for growth. This gives the plants a real advantage over competing species that have to take their nitrates from the soil.

Competition in plants

If one plant is growing in the shade of another, it may grow taller to reach the light. It may also grow leaves with a bigger surface area to take advantage of all the light it does get. Plants may have adaptations such as tendrils or suckers that allow them to climb up artificial structures or large trees to reach the light.

Some plants are adapted to prevent animals from eating them. They may have thorns, like the African acacia or the blackberry, or they may make poisons that mean they taste very bitter or make the animals that eat them ill. Either way, these plants compete successfully because they are less likely to be eaten than other plants without these adaptations.

Spreading the seeds

To reproduce successfully, a plant has to avoid competition with its own seedlings for light, space, water, and nutrients. Many plants use the wind to help them spread their seeds as far as possible. They produce fruits or seeds with special adaptations for flight to carry their seeds away. Examples of this are the parachutes of the dandelion 'clock' (Figure 2) and the winged seeds of the sycamore tree.

Some plants use mini-explosions to spread their seeds. The pods dry out, twist, and pop, flinging the seeds out and away. Gorse bushes and peas are examples of plants that use this method.

Juicy berries such as grapes and blackcurrants and nuts such as hazelnuts and walnuts are adaptations to tempt animals to eat them. The fruit is digested and the tough seeds are deposited well away from the parent plant in their own little pile of fertiliser!

Fruits that are sticky or covered in hooks, such as burrs, get caught up in the fur or feathers of a passing animal. They are carried around until they fall off hours or even days later.

Sometimes, the seeds of several different plants land on the soil and start to grow together. The plants that grow fastest will compete successfully against the slower-growing plants. For example:

- The plants that get their roots into the soil first will get most of the available water and nutrients.
- The plants that open their leaves fastest will be able to photosynthesise and grow faster still, depriving the competition of light.

Figure 1 *Clover has special bacteria in the roots that supply it with nitrates. This helps it to outcompete the grass, which has to take its minerals from the soil*

Figure 2 *The light seeds and fluffy parachutes of dandelion mean they are spread widely and compete very successfully*

Figure 3 *Coconuts will float for weeks or even months on ocean currents, which can carry them hundreds of miles from competition with their parents – or any other coconuts!*

Summary questions

1. **a** Suggest three ways in which plants can overcome the problems of growing in the shade of another plant.
   b How do snowdrops and bluebells grow and flower successfully in spite of living under large trees in woodlands?
2. **a** Why do so many plants have adaptations to make sure that their seeds are spread successfully?
   b Give three examples of successful adaptations for spreading seeds.
3. The dandelion is a successful weed. Carry out some research and evaluate the adaptations that make it a better competitor than many other plants on a school field.

Key points

- Plants often compete with each other for light, space, water, and nutrients (ions) from the soil.
- Plants have many adaptations that make them good competitors.

Evolution, adaptations, and interdependence

12.9 Adaptations in parasites

Learning objectives

After this topic, you should know:

- what a parasite is
- some of the adaptations of parasites to their way of life.

Some organisms have very special adaptations that enable them to live a way of life very different to that of most animals or plants. **Parasites** are organisms that are adapted for living in or on a host organism and feeding off it whilst it is still alive. The parasite gains an advantage, but the host is always harmed or damaged in some way. Parasites have adaptations so that they can feed effectively. Depending on their way of life, they may also have adaptations to prevent them being removed from the body of their host or attacked by the host's immune system.

Fleas – external parasites

Fleas are parasitic insects that live amongst the hairs and suck the blood of their many mammalian hosts. They have specially adapted sharp mouthparts that make it possible for them to pierce the skin of their host and also suck the blood (Figure 1). Flea saliva contains a special chemical to stop the blood from clotting and blocking their mouthparts as they drink it.

Fleas have flattened bodies that enable them to move easily between the hairs on the body of a mammal such as a cat or a dog. Their flattened body also means that they are not easily dislodged from their host. They have very hard bodies, so they are not damaged when the animal scratches at the itchy places caused by fleas. However, they also have very long and powerful hind legs, so that they can jump from host to host. They can survive for weeks in the environment as adults and as eggs, and up to a year as a pupa.

Figure 1 *Fleas are very well-adapted to life as external parasites*

Tapeworms – internal parasites

Tapeworms are parasitic flatworms that can grow many metres long. Tapeworms live in the intestines of their hosts, which include mammals, fish, birds, and reptiles. They do not feed off the body of their host, but instead deprive them of their digested food.

Tapeworms are specially adapted to survive in the gut. They have a head with fearsome-looking hooks and/or suckers that are used to attach the tapeworm firmly to the gut wall (Figure 2). The rest of the body is made up of about a thousand very thin, flattened segments that produce many eggs every day. A tapeworm does not need a mate to fertilise the eggs. The eggs are eaten by another animal, such as a cow or a pig, and this is where they begin their life cycle.

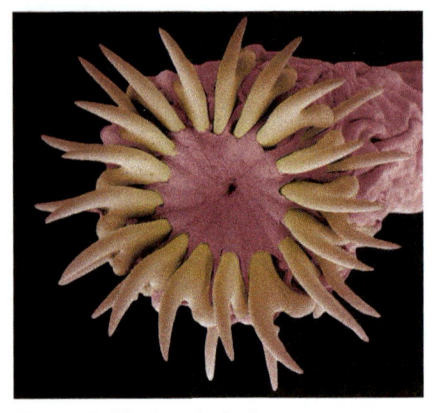

Figure 2 *The head of a human tapeworm is well-adapted for holding on to the lining of your gut*

Tapeworms do not have a gut, so they have to absorb nutrients directly across their skin. Their long, flattened shape provides a large surface area so they can absorb already digested, soluble food from their host. They also have a thick outer cuticle that protects them from the digestive enzymes of their host.

Did you know … ?

The largest segments of a tapeworm are pushed further and further back until they break off and are passed out in the faeces, full of eggs.

A person with a single tapeworm would pass about 8 or 9 segments each day – which would release about 750 000 eggs!

Tapeworms get into your body from infected, undercooked meat. Problems arise when the tapeworm becomes too large and starts blocking your bowel or robbing the host of vital nutrients. Very large tapeworms may cause deficiencies of vitamins such as vitamin B12 if left for too long.

Adaptations in parasites

Plasmodium falciparum – the malaria parasite

Malaria is caused by the single-celled parasite *Plasmodium falciparum*, which has a very complicated life cycle (Figure 3). It spends part of its life cycle in a mosquito and part in the human body. The parasites are passed on to people when the female *Anopheles* mosquitoes take two blood meals from people before laying their eggs. Once inside the human body, the parasites damage your liver and your blood and cause serious disease symptoms including fevers, chills, and exhausting sweats. However, people who are heterozygous for sickle-cell anaemia are protected from the worst effects of malaria.

There are several different stages in the life cycle of the malarial parasite. Each stage is adapted to survive in different places in different hosts (Figure 3).

Adaptations of the malaria parasite

Plasmodium, the protozoan parasite that causes malaria, has several adaptations that make it very successful:

- huge reproductive rates make many parasites
- different reproductive stages in the life cycle are each perfectly adapted to living in a different place in the host
- a very efficient vector – the female *Anopheles* mosquito – is used to spread the parasite from one host to the next
- the parasite mutates rapidly so it is almost impossible for people to develop immunity against it, produce a successful vaccine, or develop a drug that continues to work against the parasite.

links

You can find out more about the protective effect of sickle-cell anaemia in 10.8 More inherited conditions in humans.

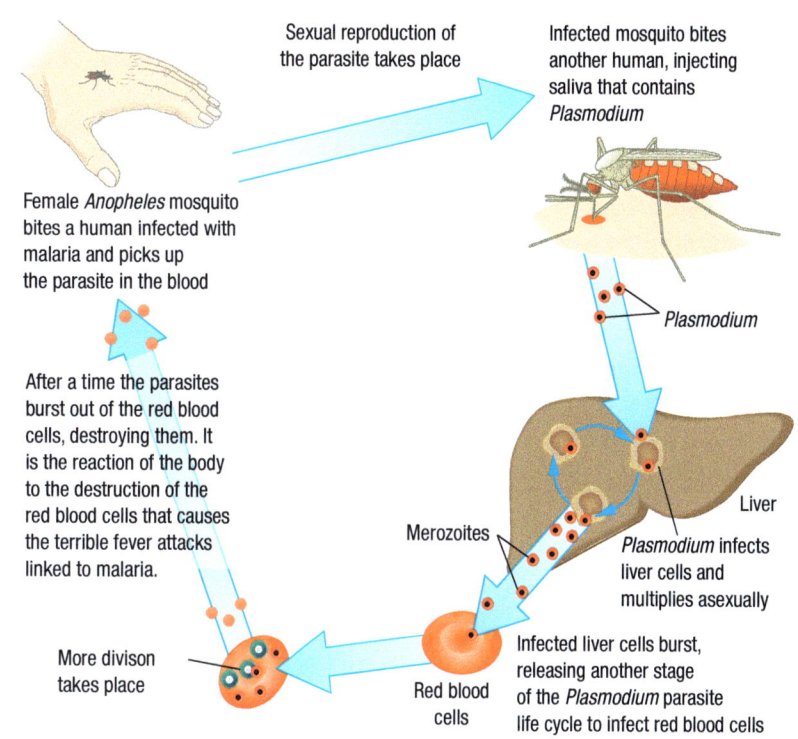

Figure 3 *Plasmodium is adapted to live both in mosquito guts and salivary glands and in human liver and blood cells at different times during its complex life cycle*

- Sexual reproduction of the parasite takes place
- Infected mosquito bites another human, injecting saliva that contains *Plasmodium*
- Female *Anopheles* mosquito bites a human infected with malaria and picks up the parasite in the blood
- *Plasmodium*
- After a time the parasites burst out of the red blood cells, destroying them. It is the reaction of the body to the destruction of the red blood cells that causes the terrible fever attacks linked to malaria.
- Merozoites
- Liver
- *Plasmodium* infects liver cells and multiplies asexually
- More division takes place
- Red blood cells
- Infected liver cells burst, releasing another stage of the *Plasmodium* parasite life cycle to infect red blood cells

Summary questions

1 How are fleas adapted to be effective external parasites?
2 Explain carefully how a tapeworm is adapted to life inside the gut.
3 Malaria is very difficult to treat medically and scientists have still not developed a really effective vaccine against the disease. Explain why you think *Plasmodium* is such an effective parasite, and why it is so difficult to develop medicines and vaccines against it.

Key points

- Parasites are adapted for living on or inside their hosts.
- Fleas are adapted to live amongst animal hair and to take blood meals.
- Tapeworms are adapted for life inside the gut of their hosts.
- The malaria parasite has a number of different forms that are adapted to living in different regions of both mosquitoes and humans.

Evolution, adaptations, and interdependence: 12.1–12.9

Summary questions

1. Match the following words to their definitions:

a	competition	A	an animal that eats plants
b	carnivore	B	an area where an animal lives and feeds
c	herbivore	C	an animal that eats meat
d	territory	D	the way in which animals compete with each other for food, water, space, and mates

2. Animals such as amphibians and reptiles do not control their own body temperature internally. They need energy transferred from their surroundings and cannot move until they are warm.
   a Why do you think that there are no frogs or snakes in the Arctic?
   b What problems do you think reptiles face in desert conditions, and what adaptations could they have to cope with them?
   c Most desert animals are quite small. Explain how this adaptation helps them survive in the harsh conditions.

3. a What are the main problems for plants living in a hot, dry climate?
   b Why does reducing the surface area of their leaves help plants to reduce water loss?
   c Describe **two** ways in which the surface area of the leaves of some desert plants is reduced.
   d Describe other plant adaptations for hot, dry conditions.
   e Why are cacti such perfect desert plants?

4. Bamboo plants all tend to flower and die at the same time. Why is this such bad news for pandas, but doesn't affect most other animals?

5. a Why is competition between animals of the same species so much more intense than the competition between different species?
   b How does marking out and defending a territory help an animal to compete successfully?
   c What are the advantages and disadvantages for males of having an elaborate courtship ritual and colouration compared with fighting over females?

6. Use the bar charts from the practical activity in *12.8 Competition in plants* to answer these questions.
   a Describe what happens to the height of both sets of seedlings over the first six months, and explain why the changes take place.
   b The total wet mass of the seedlings after one month was the same whether or not they were crowded. After six months there was a big difference.
      i Why do you think that both sets of seedlings had the same mass after one month?
      ii Explain why the seedlings that were more spread out each had more wet mass after six months.
   c When scientists carry out experiments such as the one described, they try to use large sample sizes. Why?
   d i Name a control variable mentioned in the practical.
     ii Why were other variables kept constant?

7. Figure 1 shows the life cycle of the *Plasmodium* parasite.

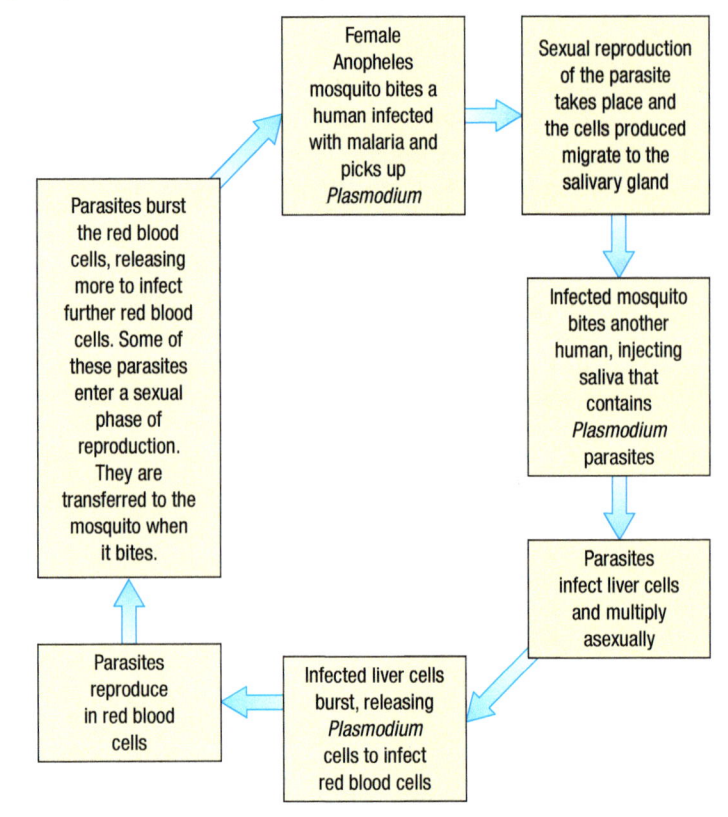

[Life cycle diagram showing:
- Female Anopheles mosquito bites a human infected with malaria and picks up *Plasmodium*
- Sexual reproduction of the parasite takes place and the cells produced migrate to the salivary gland
- Infected mosquito bites another human, injecting saliva that contains *Plasmodium* parasites
- Parasites infect liver cells and multiply asexually
- Infected liver cells burst, releasing *Plasmodium* cells to infect red blood cells
- Parasites reproduce in red blood cells
- Parasites burst the red blood cells, releasing more to infect further red blood cells. Some of these parasites enter a sexual phase of reproduction. They are transferred to the mosquito when it bites.]

Figure 1

Using Figure 1 to help you, give a clear description of the life cycle of the *Plasmodium* parasite and how it is adapted to survive and be passed on.

Practice questions

End of chapter questions

1 *In this question you will be assessed on using good English, organising information clearly, and using specialist terms where appropriate.*

Elephants, shown in Figure 1, can survive in hot, dry areas.

Figure 1

Explain how the large, thin ears, lack of a fat layer beneath the skin, and fine bristles instead of fur help the elephant to live in hot, dry areas. Suggest why they move about and feed in the early morning and evening. (6)

2 Figure 2 is a photograph of a flea taken under a microscope. A flea is a parasite that lives in the fur of animals such as cats and dogs.

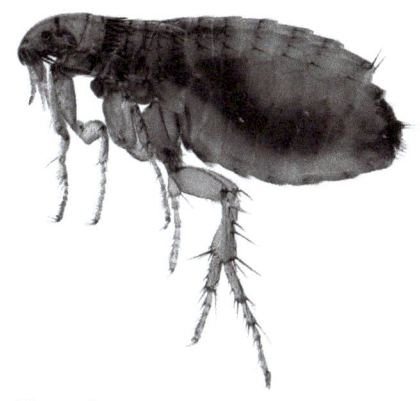

Figure 2

Suggest how each of the following adaptations helps the flea to survive in its habitat:

a no wings
b piercing mouth parts
c body flattened from side to side
d hard external exoskeleton
e long back legs with spring-like mechanism
f covered in bristles and combs. (6)

3 Gardeners may spray their vegetable plots with herbicide in the hope of growing bigger vegetables.

a What is a herbicide? (1)

b Explain, using your knowledge of competition in plants, how using a herbicide might increase the size of the vegetables. (5)

4 The gemsbok is a large herbivore living in dry, desert regions of South Africa. It feeds on grasses that are adapted to the dry conditions by obtaining moisture from the air as it cools at night. The following table shows the water content of these grasses and the feeding activity of the gemsbok over a 24-hour period.

Time of day	% water content of grasses	% of gemsboks feeding
03.00	18	40
06.00	23	60
09.00	25	20
12.00	08	17
15.00	06	16
18.00	05	19
21.00	07	30
24.00	14	50

a i Name the independent variable investigated. (1)
  ii Name a variable that should have been controlled. (1)

b How does the water content of the grasses change throughout the 24-hour period? (1)

c Between which recorded times are more than 30% of the gemsboks feeding? (1)

d Suggest **three** reasons why the gemsboks benefit from feeding at this time. (3)

175

Chapter 13 Ecology

13.1 Pyramids of biomass

Learning objectives

After this topic, you should know:
- where biomass comes from
- how to construct a pyramid of biomass.

Radiation from the Sun is the source of energy for most communities of living organisms on Earth. Light pours out continually onto the surface of the Earth. Green plants and algae absorb about 1% of this incident energy from light for photosynthesis. During photosynthesis, some of the energy is transferred to the chemical energy store of glucose molecules that are made. This energy is then stored in the substances that make up the cells of the plants and algae. This new material adds to the **biomass**.

Measuring biomass

Biomass is the mass of material in living organisms. Ultimately, almost all of the biomass on Earth is built up using energy from the Sun.

Biomass is often measured as the dry mass of biological material in grams. The main problem with measuring dry biomass is that you have to kill the living organisms to dry them out.

Wet biomass in grams can be measured instead. This does not involve killing the organisms, but this measurement is less reliable because the amount of water in living organisms can vary throughout the day and depending on conditions, so any results are less repeatable and reproducible than those for dry biomass.

The biomass made by plants is passed on through food chains or food webs. It goes into the animals that eat the plants. It then passes into the animals that eat other animals. No matter how long the food chain or how complex the food web, the original source of all the biomass involved is the Sun.

In a food chain, there are several **trophic levels**. There are usually more **producers** (plants) than **primary consumers** (herbivores). There are also usually more primary consumers than **secondary consumers** (carnivores). However, the number of organisms often does not accurately reflect what is happening to the biomass – the size of the organisms matters as well as the actual numbers. So, measuring the biomass produced is a useful way of looking at the feeding relationships between the different organisms.

Figure 1 *Plants such as this sugar cane can produce a huge mass of biological material in just one growing season*

Figure 2 *The difference in the water content between fresh plants and dried plants makes a huge difference to the amount of biological material you appear to have*

Pyramids of biomass

The amount of biomass at each stage of a food chain is less than it was at the previous stage. You can draw the total amount of biomass in the living organisms in the trophic levels at each stage of the food chain. When this biomass is drawn to scale, you can show it as a **pyramid of biomass**.

Only about 10% of the biomass from each trophic level is transferred to the level above it because:

- Not all organisms or parts of organisms at one stage are eaten by the stage above. For example, parts such as plant roots or animal bones may be left behind.
- Some of the materials and energy taken in are passed out and lost in the waste materials of the organism.

Study tip

All the energy for life comes from the Sun's radiation.

Pyramids of biomass

- Cellular respiration supplies all the energy needs for living processes in an organism, including movement. Much of the energy is eventually transferred to the surroundings, warming them up. For example, when a herbivore eats a plant, lots of the plant biomass is used in respiration by the animal cells to release energy. Only a relatively small proportion of the plant material is used to build new herbivore biomass by making new cells, building muscle tissue, etc. This means that very little of the plant biomass eaten by the herbivore in its lifetime is available to be passed on to any carnivore that eats it.

So, at each stage of a food chain, the amount of energy in the biomass that is passed on gets less. A large amount of plant biomass supports a smaller amount of herbivore biomass. This in turn supports an even smaller amount of carnivore biomass.

Oak tree → Aphid → Ladybird

Organism	Number	Biomass – dry mass (g)
oak tree	1	500 000
aphids	10 000	1000
ladybirds	200	50

Pyramid of numbers **Pyramid of biomass**

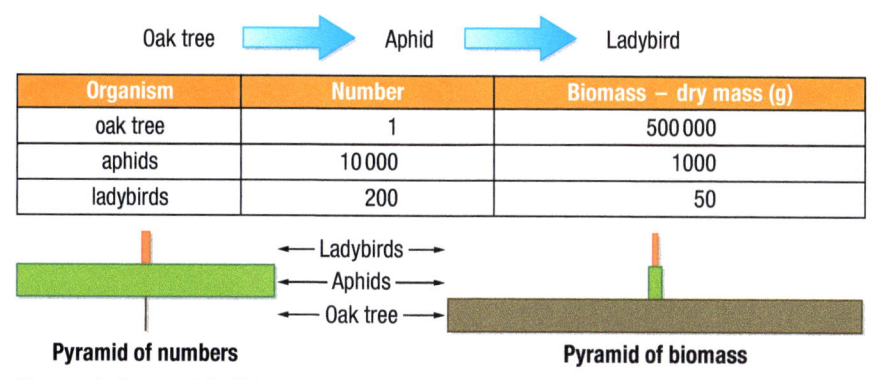

Figure 4 *A pyramid of biomass is drawn to scale to represent the biomass of the organisms at each level of a food chain*

Figure 3 *Any food chain can be turned into a pyramid of biomass such as this. The blocks should always be drawn to scale*

Study tip
Remember that a pyramid of biomass gets smaller as you go up and that the plants go on the bottom step.

Summary questions

1. **a** What is biomass?
   b Why is a pyramid of biomass always drawn to scale?

2.
Organism	Biomass – dry mass (g)
grass	100 000
sheep	5000
sheep ticks	30

   a Draw a pyramid of biomass for this grassland food chain.
   b Explain why the sheep ticks have so much less biomass than the grass cropped by the sheep.

3. Using the data in Figure 4, calculate the percentage biomass passed on from:
   a the producers to the primary consumers
   b the primary consumers to the secondary consumers.

Key points
- Radiation from the Sun is the source of energy for most living communities. Plants and algae transfer about 1% of the incident energy from light for photosynthesis. This energy is stored in the substances that make up the cells of the plants.
- The biomass at each stage can be drawn to scale and shown as a pyramid of biomass.

Ecology

13.2 Energy transfers

Learning objectives

After this topic, you should know:
- what happens to the material and energy in the biomass of organisms at each stage of a food chain
- how some of the energy is transferred to the environment.

The amounts of biomass and energy contained in living things get less as you progress up a food chain. As you have seen, only about 10% of the biomass from each trophic level is transferred to the level above. What happens to the rest?

Figure 1 *The amount of biomass in a lion is a lot less than the amount of biomass in the grass that feeds the zebra it preys on. But where does all the biomass go?*

Energy transfer in waste

The biomass that an animal eats is a source of energy, but not all of the energy can be used.

Firstly, herbivores cannot digest all of the plant material they eat. The material they can't digest is passed out of the body in faeces (Figure 2).

The meat that carnivores eat is easier to digest than plants. This means that carnivores need to eat less often and produce less waste. However, as with herbivores, most carnivores cannot digest all of their prey. Hooves, claws, bones, and teeth are often indigestible. Therefore, some of the biomass that they eat is lost in their faeces.

When an animal eats more protein than it needs, the excess is broken down. It gets passed out as urea in the urine. This is another way in which biomass – and energy – are transferred from the body to the surroundings.

Energy transfer due to movement

Part of the biomass eaten by an animal is used for respiration in its cells. This supplies all the energy needs for the living processes taking place within the body, including movement.

Movement needs a great deal of energy. The muscles use energy to contract and also get hot. So the more an animal moves about, the more energy (and biomass) it uses from its food.

Figure 2 *Animals such as camels and horses produce a lot of dung, which is made up of all the biomass they can't digest*

Figure 3 *Sea anemones are animals that don't move much, so they don't need much to eat*

Energy transfers

Keeping a constant body temperature

Respiration supplies all the energy needed for living processes, including movement. Much of this energy is eventually transferred to the surroundings, warming them.

Energy transfers to the surroundings are particularly large in mammals and birds. This is because they use energy all the time to keep their bodies at a constant temperature (i.e., to keep warm when it's cold or to cool down when it's hot). So mammals and birds need to eat far more food than animals such as fish and amphibians to achieve the same increase in biomass.

Practical

Investigating the energy released by respiration

Even plants transfer energy by heating their surroundings in cellular respiration. You can investigate this using germinating peas in a vacuum flask.
- What would be the best way to monitor the temperature continuously?
- Plan the investigation.

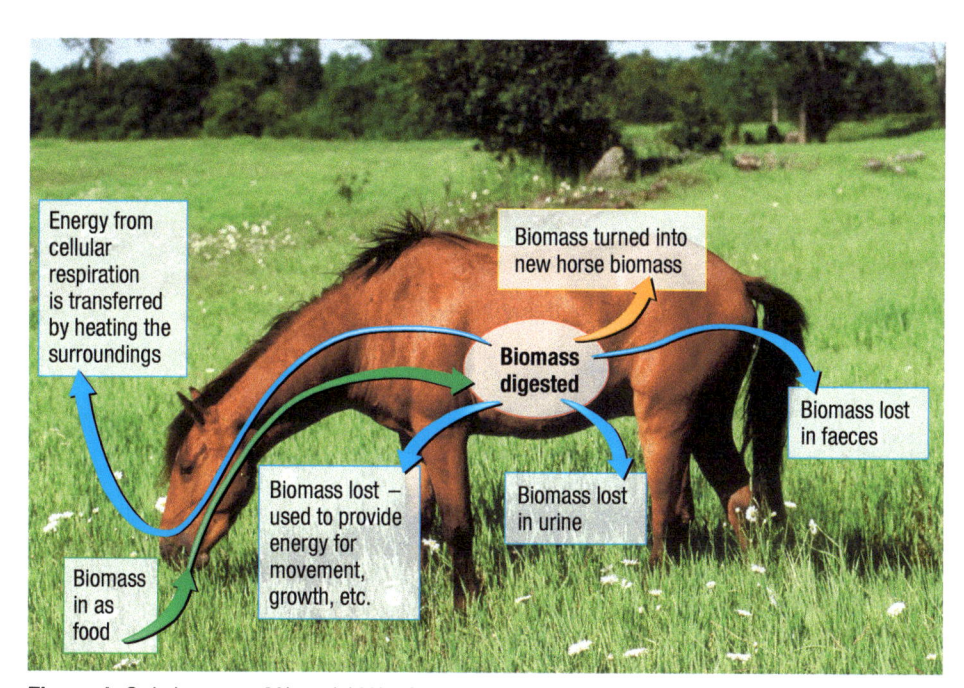

Figure 4 *Only between 2% and 10% of the biomass eaten by an animal such as this horse will get turned into new horse. The rest of the stored energy will be used for movement, transferred by heating the surroundings, or stored in waste materials*

Summary questions

1 a Why is biomass lost in faeces?
   b Why do animals that move around a lot use up more of the biomass they eat than animals that don't move much?

2 Explain why so much of the energy from the Sun that lands on the surface of the Earth is not turned into biomass in animals.

Key points

- Only about 10% of the biomass from each trophic level is transferred to the level above it because materials are lost and energy is transferred to the environment in the organism's waste material. Much of the energy from respiration is eventually transferred by heating the surroundings.

Ecology

13.3 Making food production efficient

Learning objectives

After this topic, you should know:
- that short food chains make food production more efficient
- how farmers can manage food production to reduce energy transfer to the environment.

links
For information on pyramids of biomass, look back to 13.1 Pyramids of biomass.

Figure 1 Many people enjoy eating meat and it is a useful part of a balanced diet. Yet reducing the stages in the food chain – at the very least not feeding animal products to farm animals and eating less meat and more plant material – makes food production more efficient

links
For information on energy transfers through a food chain, look back to 13.2 Energy transfers.

Pyramids of biomass show us that the organisms at each successive stage of a food chain contain less biomass and therefore store less energy. This has major implications for the way in which farmers produce food.

Food chains in food production

In the developed world, much of our diet consists of meat or other animal products such as eggs, cheese, and milk. The animals that farmers use to produce your food eat plants. By the time it reaches you, much of the energy from the plant has been transferred to the environment.

In some cases farmers even feed animals to animals. Ground-up fish, for example, is often part of commercial animal feed. This means that farmers have put another extra stage into the food chain. It goes, for example, from plant to fish, fish to chicken, chicken to people, making it even less efficient.

There is a limited amount of the Earth's surface that people can use to grow food. The most energy-efficient way to use this space is to grow plants and eat them directly. If people only ate plants, then in theory there would be plenty of food for everyone on the Earth. Biomass produced by plants would be used to feed people and produce human biomass.

Every extra stage that is introduced results in less energy getting to people at the end of the food chain. An example is feeding plants to animals before you eat the animals yourself. In turn, this means that there is less food to go around the human population.

Reducing the number of stages in food chains could dramatically increase the efficiency of human food production. Eating less meat would mean that there would be more food for everyone.

Artificially managed food production

Animals don't turn all of the food they eat into new animals. Some of the food can't be digested and is lost as waste. Energy is also transferred to the environment in moving around and maintaining a constant body temperature.

Farmers apply these ideas to food production to make it more efficient. People want meat, eggs, and milk – but they want them as cheaply as possible. So farmers want to get the maximum possible increase in biomass from animals without feeding them extra food. There are two ways of doing this:
- Limiting the movement of food animals so they don't transfer much energy in moving their muscles and so have more biomass available from their food for growth.
- Controlling the temperature of their surroundings so that food animals will not have to transfer as much energy keeping warm or cooling down. Again, this leaves more biomass spare for growth.

Controlling these factors means keeping the animals inside with restricted space to move, and at a constant ideal temperature. This is what happens in the massive poultry-rearing sheds where the majority of the chickens that you eat are produced.

Making food production efficient

Birds kept in these sheds can be ready to eat in a matter of weeks. They always have plenty of food, but there is not much room to move. There is also a risk of disease spreading quickly through the animals as they are so close together. The poultry need constant monitoring, which costs money, but they can be sold for meat very quickly.

Animals reared in this way can appear more like factory products than farm animals. That's why these intensive methods are sometimes referred to as factory farming.

Intensive farming methods are used because there has been a steady increase in demand for cheap meat and animal products. This is the only way in which farmers can meet these demands from consumers.

On the other hand, these animals live very unnatural and restricted lives. In comparison with intensively farmed chickens, birds reared outside grow more slowly but have a better quality of life. It takes more space, the weather can be a problem, and it is a slower process, but there is no heating or lighting to pay for.

More people are now aware of how our cheap meat and eggs are produced. As a result, there has been a backlash against the conditions in which intensively reared animals live. However, it is easy to forget that animals living outside sometimes have to contend with cold, rain, wind, and mud!

Increasingly, intensive systems are being developed with far greater awareness of animal welfare issues. Contented animals gain biomass more quickly than stressed ones, so everyone benefits. Many modern farming systems used globally are a careful compromise between maximum weight gain and animal well-being.

Figure 2 *Most people would like the animals that provide their meat to be reared in the best possible conditions, but what is best for the cattle is not always as easy to judge as you might think*

Food miles

Another aspect of efficiency in food production is how far the food travels. Food produced around the world can travel thousands of miles to reach your plate. This uses fuel, which increases the amount of carbon dioxide in the atmosphere. People are more aware of these 'food miles' now and many people try to buy meat, fruit, and vegetables that have been grown relatively locally.

Did you know …?

In countries such as the United Arab Emirates, huge herds of thousands of dairy cows are kept happy inside water-cooled, temperature-controlled buildings.

Study tip

Be clear about the ways in which the efficiency of food production can be improved to meet the needs of a growing human population. Make sure you have considered the advantages and disadvantages of each method before your exams.

Summary questions

1. Explain carefully why there would be more food for everyone if everyone ate only plants.
2. **a** Why are animals prevented from moving much and kept indoors in intensive farming?
   b Why is it important to keep cattle cool in hot temperatures and warm when it is cold to get the maximum gain in biomass?
3. **a** What are the advantages and disadvantages for a farmer of rearing animals intensively?
   b What are the advantages and disadvantages for a farmer of less intensive rearing methods?
4. What are food miles, and why do many people aim to keep their food miles as low as possible?

Key points

- Biomass and energy are reduced at each stage of a food chain. The efficiency of food production is improved by reducing the number of stages in a food chain.
- The efficiency of food production is improved by restricting energy transfer from animals to the environment by limiting their movement and by controlling the temperature of their surroundings.

Ecology

13.4 Decay processes

Learning objectives

After this topic, you should know:
- why things decay
- why decay processes are so important
- how materials are cycled in a stable community.

Living organisms remove materials from the environment for growth and other processes. For example, plants take nutrients from the soil all the time. These nutrients are passed on into animals through food chains and food webs. If this was a one-way process, the resources of the Earth would have been exhausted long ago.

Fortunately, all these materials are returned to the environment and recycled. For example, many trees shed their leaves each year, and most animals produce droppings at least once a day. Animals and plants eventually die as well. A group of organisms known as the **decomposers** then break down the waste and the dead animals and plants. In this process, decomposers return the nutrients and other materials to the environment. The same material is recycled over and over again. This process often leads to very stable communities of organisms.

The decay process

Decomposers are a group of microorganisms that include bacteria and fungi. They feed on waste droppings and dead organisms.

Detritus feeders, or **detritivores**, such as maggots and some types of worms, often start the process of decay. They eat dead animals and produce waste material. The bacteria and fungi then digest everything – dead animals, plants, and detritus feeders plus their waste. They use some of the nutrients to grow and reproduce. They also release waste products.

The waste products of decomposers are carbon dioxide, water, and nutrients that plants can use. When you say that things decay, they are actually being broken down and digested by microorganisms.

The decay process releases substances that plants need to grow. It makes sure that the soil contains the mineral ions that plants take up through their roots and use to make proteins and other chemicals in their cells. The decomposers also clean up the environment, removing the bodies of all the dead organisms.

Figure 1 *This orange is slowly being broken down by the action of decomposers. You can see the fungi clearly, but the bacteria are too small to be seen*

Did you know ...?

The 'Body Farm' is an American research site where scientists have buried human bodies in many different conditions. They are studying every stage of human decay, collecting data to help work out the time since death occurred. This will help police forces all over the world to solve murder cases.

Conditions for decay

The speed at which things decay depends partly on the temperature. Chemical reactions in microorganisms, like those in most living things, work faster in warm conditions. They slow down and might even stop if conditions are too cold. Decay also stops if it gets too hot. The enzymes in the decomposers are denatured (change shape and stop working).

Most microorganisms also grow better in moist conditions. The moisture makes it easier for them to digest their food and also prevents them from drying out. So the decay of dead plants and animals – as well as leaves and dung – takes place far more rapidly in warm, moist conditions than it does in cold, dry conditions.

Although some microorganisms are anaerobic (can survive without oxygen), most decomposers respire aerobically. This means that they need oxygen to release energy, grow, and reproduce. This is why decay takes place more rapidly in aerobic conditions when there is plenty of oxygen available.

Study tip

Learn the conditions needed for decay – warmth, moisture, and oxygen.

182

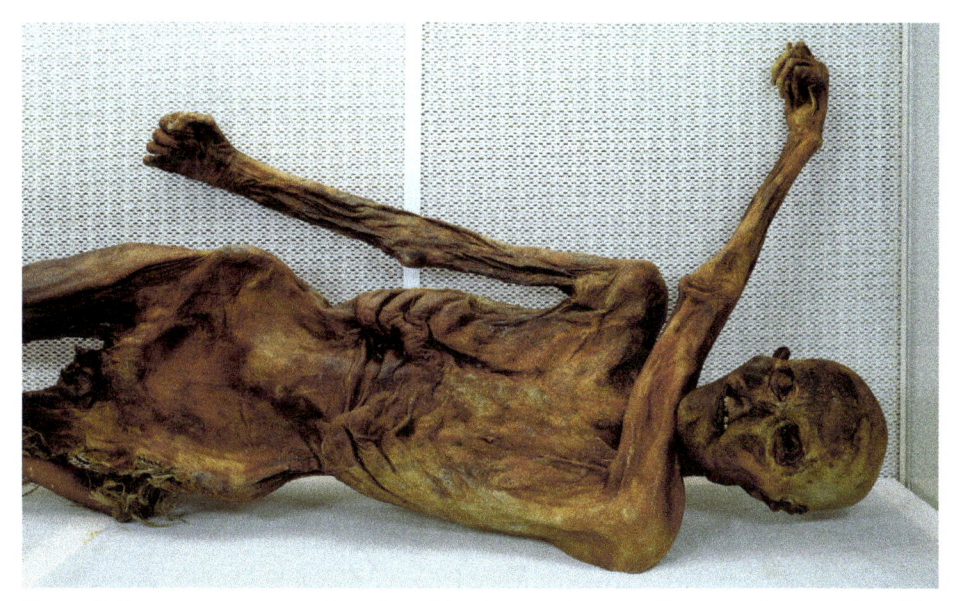

Figure 2 *Decomposers cannot function at low temperatures, so if an organism – such as this 4000-year-old man – is frozen as it dies, it will be preserved with very little decay*

The importance of decay in recycling

Decomposers are vital for recycling resources in the natural world. What's more, people can take advantage of the process of decay to help them recycle their waste.

In **sewage treatment plants**, microorganisms are used to break down the bodily waste humans produce. This makes the waste safe to release into rivers or the sea. These sewage works have been designed to provide the bacteria and other microorganisms with the conditions they need. This includes a good supply of oxygen.

Another place where the decomposers are useful is in the garden. Many gardeners have a **compost heap**. Grass cuttings, vegetable peelings, and weeds are put onto the compost heap. It is then left, to allow decomposing microorganisms to break all the plant material down. It forms a brown, crumbly substance known as compost, which can be used as a fertiliser. This may take weeks or months, depending on the temperature.

Decay processes

Practical

Investigating decay

Plan an investigation into the effect of temperature on how quickly things decay.
- Write a question that can be used as the title of this investigation.
- Identify the independent variable in the investigation.

Study tip

Decomposing microorganisms recycle all the molecules of life. Carbon goes into the atmosphere as carbon dioxide and mineral ions go into the soil to be used again by growing plants.

Key points

- Living things remove materials from the environment as they grow. These materials are returned to the environment either in waste materials or when living things die and decay.
- Materials decay because they are broken down (digested) by microorganisms. Microorganisms are more active and digest materials faster in warm, moist, aerobic conditions.
- The decay process releases substances that plants need to grow.

Summary questions

1. **a** What types of organisms are involved in the processes of decay?
   b Why are the processes of decay so important in keeping the soil fertile?
2. **a** Garden and kitchen waste added to a compost bin rots down and becomes compost much more rapidly in summer than in winter. Why is this?
   b During a particularly hot, dry summer, compost formation may slow down. Give a possible explanation for this.
   c Turning over the contents of a compost bin every so often can increase the rate at which decomposition takes place. Why is this?

Ecology

13.5 The carbon cycle

Learning objectives

After this topic, you should know:
- what the carbon cycle is
- the processes that remove carbon dioxide from the atmosphere and return it again.

Imagine a stable community of plants and animals. The processes that remove materials from the environment are balanced by processes that return materials. Materials are constantly cycled through the environment. One of the most important of these materials is carbon.

All of the main **molecules** that make up our bodies (carbohydrates, proteins, fats, and DNA) are based on carbon atoms combined with other **elements**.

The amount of carbon on the Earth is fixed. Some of the carbon is 'locked up' in **fossil fuels** such as coal, oil, and gas. They are known as **carbon sinks**. The carbon is only released when you burn the fossil fuels.

Huge amounts of carbon are combined with other elements in carbonate rocks such as limestone and chalk. There is a pool of carbon in the form of carbon dioxide in the air. Carbon dioxide is also found dissolved in the water of rivers, lakes, and oceans. These things all act as carbon sinks. This stored carbon is described as 'sequestered'.

All the time, a relatively small amount of available carbon is cycled between living things and the environment. This constant cycling of carbon is called the **carbon cycle**.

Photosynthesis

Green plants and algae remove carbon dioxide from the atmosphere for photosynthesis. They use the carbon from carbon dioxide to make carbohydrates, proteins, and fats. These make up the biomass of the plants and algae. The carbon is passed on to animals that eat the green plants and algae. The carbon goes on to become part of the carbohydrates, proteins, and fats in these animal bodies. When these animals are eaten by other animals, some of the carbon becomes in turn the carbohydrates, fats, and proteins that make up their bodies.

This is how carbon is taken out of the environment. But how is it returned?

Respiration

Living organisms respire all the time. Plants, algae, and animals all use oxygen to break down glucose, providing energy for their cells. Carbon dioxide is produced as a waste product. This is how carbon is returned to the atmosphere.

When plants, algae, and animals die, their bodies are broken down by detritus feeders and decomposers. The animals which feed on dead bodies and waste are called detritus feeders. They include animals such as worms, centipedes, and many insects. The decomposers are the bacteria and fungi which complete the breakdown process

Carbon is released into the atmosphere as carbon dioxide when these organisms and microorganisms respire. All of the carbon (in the form of carbon dioxide) released by the various living organisms is then available again. It is ready to be taken up by plants and algae in photosynthesis.

Combustion

Wood from trees contains lots of carbon, locked into the molecules of the plant during photosynthesis over many years. Fossil fuels also contain lots of carbon, which was locked away by photosynthesising organisms millions of years ago.

Figure 1 *Within the natural cycle of life and death in the living world, mineral nutrients are cycled between living organisms and the physical environment*

Did you know …?

Every year about 166 gigatonnes of carbon are cycled through the living world. That's 166 000 000 000 (166 × 10^9) tonnes – an awful lot of carbon!

When you burn wood or fossil fuels, carbon dioxide is produced, so you release some of that carbon back into the atmosphere. Huge quantities of fossil fuels are burnt worldwide to power our vehicles and to make electricity, whilst wood is burnt to heat homes and (in many countries) to cook food.

Photosynthesis: carbon dioxide + water **(+ energy)** → glucose + oxygen
Respiration: glucose + oxygen → carbon dioxide + water **(+ energy)**
Combustion: fossil fuel or wood + oxygen → carbon dioxide + water **(+ energy)**

The constant cycling of carbon in the carbon cycle is summarised in Figure 2.

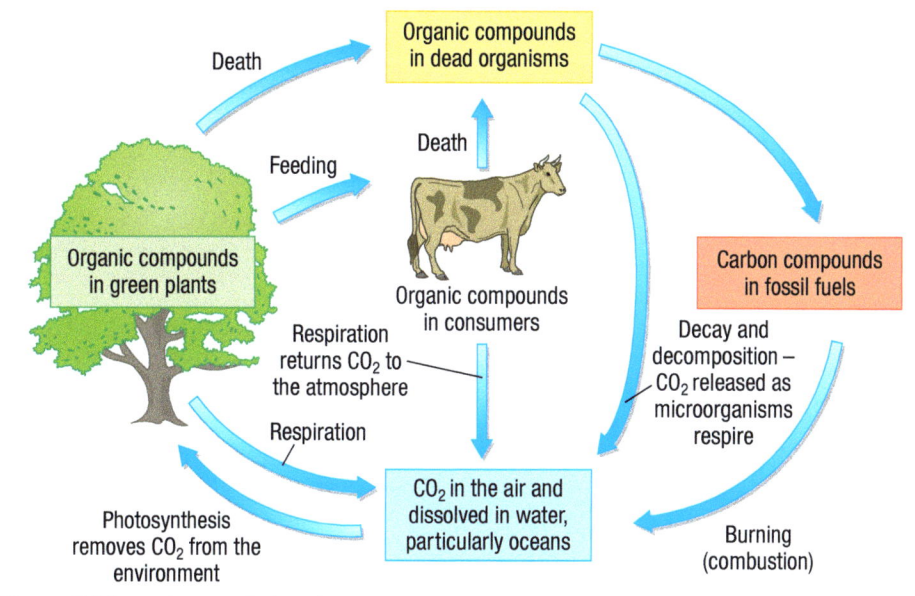

Figure 2 *The carbon cycle in nature*

Energy transfers

When plants and algae photosynthesise, they transfer energy into the food they make. This chemical energy is transferred from one organism to another through the carbon cycle. Some of the energy can be used for movement or transferred by heating the organisms and their surroundings at each stage. The decomposers break down all the waste and dead organisms and cycle the materials as plant nutrients. By this time, all of the energy originally absorbed by green plants and algae during photosynthesis has been transferred elsewhere.

For millions of years, the carbon cycle has regulated itself. However, as people burn more fossil fuels they are pouring increasing amounts of carbon dioxide into the atmosphere. Scientists fear that the carbon cycle may not cope as the levels of carbon dioxide in our atmosphere increase, and it may lead to climate change.

Figure 3 *Burning wood and fossil fuels to keep us warm, power our cars, or make our electricity, all releases locked-in carbon in the form of carbon dioxide*

Study tip

Make sure you can label the processes in a diagram of the carbon cycle.

∞ links

For more on the role of carbon dioxide in possible climate change, see 14.4 'Deforestation' and 14.5 'Global warming'.

Key points

- The constant cycling of carbon in nature is called the carbon cycle.
- Carbon dioxide is removed from the atmosphere by photosynthesis in plants and algae. It is returned to the atmosphere through respiration of all living organisms, including the decomposers, and through combustion of wood and fossil fuels.

Summary questions

1 **a** What is the carbon cycle?
   b What are the main processes involved in the carbon cycle?
   c Why is the carbon cycle so important for life on Earth?

2 **a** Where does the carbon come from that is used in photosynthesis?
   b Explain carefully how carbon is transferred through an ecosystem.

3 Explain the links between the processes of photosynthesis, respiration, and combustion, and describe the role of each process in the carbon cycle.

Ecology: 13.1–13.5

Summary questions

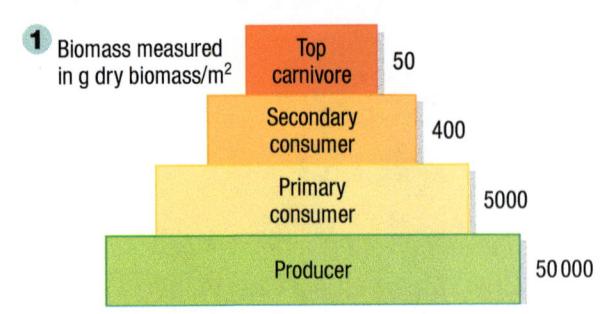

1 Biomass measured in g dry biomass/m²
- Top carnivore: 50
- Secondary consumer: 400
- Primary consumer: 5000
- Producer: 50 000

Figure 1

a Use the information in Figure 1 to calculate the percentage biomass passed on:
  i from producers to primary consumers
  ii from primary to secondary consumers
  iii from secondary consumers to top carnivores.

b In any food chain or food web, the biomass of the producers is much larger than that of any other level of the pyramid. Why is this?

c In any food chain or food web, there are only small numbers of top carnivores. Use your calculations from **a** to help you explain why.

d All of the animals in the pyramid of biomass shown here are unable to maintain a constant warm body temperature. What difference would it have made to the average percentage of biomass passed on between the levels if mammals and birds had been involved? Explain the difference.

2 The world population is increasing and there are food shortages in many parts of the world. Explain, using pyramids of biomass to help you, why there would be more efficient use of resources if people everywhere consumed much less meat and more plant material.

3 Chickens are often farmed intensively to provide meat as cheaply as possible. The birds arrive in the shed where they will be reared as 1-day-old chicks. They are slaughtered at 42 days of age when they weigh about 2 kg. The temperature, amount of food and water, and light levels are carefully controlled. About 20 000 chickens are reared together in one house. The table below shows their weight gain.

Age (days)	1	7	14	21	28	35	42
Mass (g)	36	141	404	795	1180	1657	1998

a Draw a graph to show the growth rate of these chickens.

b Explain why the temperature is so carefully controlled in the broiler house.

c Explain why so many birds are reared together in a relatively small area.

d Why are birds for eating reared like this?

e Draw a second line on the graph drawn in **a** to show how you would expect a chicken reared outside in a free-range system to gain in mass, and explain the difference.

4 Microorganisms decompose organic waste and dead bodies. People preserve food to stop this decomposition taking place. Use your knowledge of decomposition to explain how each method stops food going bad:

a Food may be frozen.

b Food may be cooked – cooked food keeps longer than fresh food.

c Food may be stored in a vacuum pack – with all the air sucked out.

d Food may be tinned – it is heated and sealed in an airtight container.

5

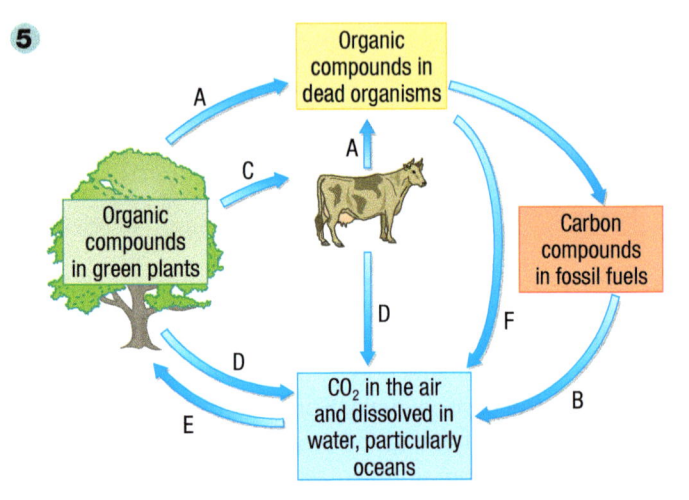

Figure 2

a How is carbon dioxide removed from the atmosphere in the carbon cycle?

b How does carbon dioxide get into the atmosphere?

c Where is most of the carbon stored?

d Why is the carbon cycle so important, and what could happen if the balance of the reactions was disturbed?

e List each of the processes labelled A–F in Figure 2.

6 a The temperature in the middle of a compost heap will be quite warm. Energy is transferred as microbes respire. How does this help the compost to be broken down more quickly?

b In sewage works, oxygen is bubbled through the tanks containing sewage and microorganisms. How does this help to ensure that human waste is broken down completely?

Practice questions

End of chapter questions

1 A woodland habitat contained the following:
- 40 trees
- 10 000 caterpillars, eating the leaves
- 350 birds, eating the caterpillars.

a Draw and label a pyramid of biomass for this woodland habitat. (3)

b Name the source of energy for the habitat. (1)

c Explain how this energy is captured, converted into chemical energy, and transferred to chemical components in the bodies of the caterpillars. (6)

d Scientists estimated the amount of energy contained in each layer of the pyramid.

The results are shown in the following table.

Organism	Energy in MJ
Trees	5 000 000
Caterpillars	20 000
Birds	1 000

i Calculate the percentage of energy present in caterpillars that is transferred to the birds. (2)

ii Suggest **two** reasons why not all the energy present in the caterpillars is transferred to the birds. (2)

e *In this question you will be assessed on using good English, organising information clearly, and using specialist terms where appropriate.*

In autumn, the leaves fall from the trees.

Describe how the carbon in the dead leaves is recycled so that the trees can use it again. (6)

2 Figure 1 shows what happens to the energy in the food a calf eats.

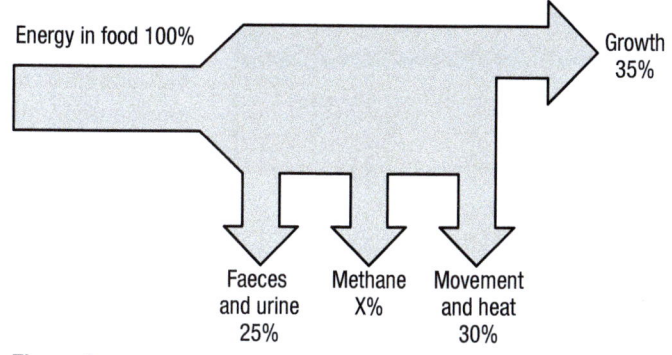

Energy in food 100% → Growth 35%
Faeces and urine 25%
Methane X%
Movement and heat 30%

Figure 1

In the calculations for the questions below, show clearly how you work out your answer.

a Calculate the percentage of energy transferred to the environment in methane (X). (2)

b The energy in the food the calf eats in one day is 10 megajoules.

Calculate the amount of this energy that would be transferred to the environment in faeces and urine. (2)

c Name the process that transfers the energy from the food into movement. (1)

d The farmer decides to move his calf indoors so that it will grow more quickly.

Suggest **two** reasons why. (2)

e The farmer's wife says she does not think that this is a good idea. Suggest a reason why. (1)

187

Chapter 14 Human population and pollution

14.1 The effects of the human population explosion

Learning objectives

After this topic, you should know:
- the effect of the growth in human population on the Earth and its resources and the increased waste produced as a result.

Humans have been on Earth for less than a million years. Yet human activity has changed the balance of nature on the planet enormously. Several of the changes humans have made seem to be driving many other species to extinction. Some people worry that human activity may even be threatening the survival of the human race itself.

Human population growth

For many thousands of years, people lived on the Earth in quite small numbers. There were only a few hundred million people. They were scattered all over the world, and the effects of their activity were usually small and local. Any changes could easily be absorbed by the environment where they lived.

However, in the past 200 years or so, the human population has grown very quickly. In 2011, the human population passed 7 billion people, and it is still growing.

If the population of any other species of animal or plant suddenly increased like this, nature would tend to restore the balance. Predators, lack of food, build-up of waste products, or diseases would reduce the population again. Yet humans have discovered how to grow more food than they could ever gather from the wild. Doctors can cure or prevent many killer diseases. Humans have no natural predators. This helps to explain why the human population has grown so fast.

In many parts of the world, our standard of living has also improved enormously. In the UK, people use vast amounts of electricity and fuel to provide energy for their homes and places of work. People use fossil fuels such as oil to generate this electricity. People also use oil and oil-based fuels to move about in cars, planes, trains, and boats at high speed, and to make materials such as plastics. People have more than enough to eat, and if they are ill they can often be made better.

The effect on land and resources

The increase in the human population has had an enormous effect on the environment. All these billions of people need land to live on. More and more land is used for the building of houses, shops, industrial sites, and roads. Some of these building projects destroy the habitats of other living organisms.

People use billions of acres of land around the world for farming. Wherever people farm, the natural animal and plant populations are often adversely affected.

In quarrying, people dig up great areas of land for the resources it holds, such as rocks and metal ores. This also reduces the land available for other organisms.

In this way, the huge human population drains the resources of the Earth. Raw materials are rapidly being used up. This includes **non-renewable** energy resources such as crude oil and natural gas. Also, once metal ores are processed, they cannot be replaced.

Figure 1 *The Earth – as the human population grows and standards of living increase, the human impact on the planet gets bigger every day*

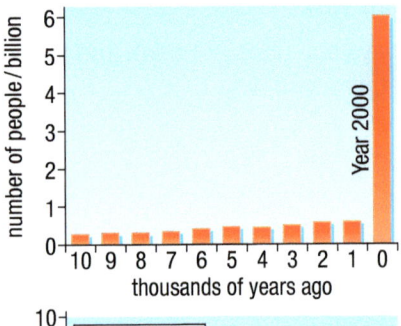

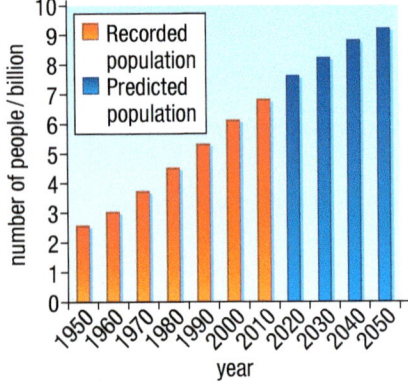

Figure 2 *This record of human population growth shows the massive increase during the past 60 years – and predicts more to come*

Did you know ...?

Current UN predictions suggest that the world population will soar to 244 billion by 2150 and to 134 trillion by 2300!

The effects of the human population explosion

Managing waste

Rapid growth in the human population along with an increase in the standard of living in many places around the world means that increasingly large amounts of waste are being produced. This includes human bodily waste and the rubbish from packaging, uneaten food, and disposable goods. The dumping of this waste is another way in which humans reduce the amount of land available for any other life apart from scavengers.

There has also been an increase in manufacturing and industry to produce the goods people want. This in turn has led to **industrial waste**.

The waste humans produce leads to some very difficult problems. If it is not handled properly, it can cause serious pollution. Our water may be polluted by **sewage**, by **fertilisers** from farms, and by toxic chemicals from industry. The air people breathe may be polluted with smoke and poisonous gases such as sulfur dioxide.

The land itself can be polluted with toxic chemicals, such as pesticides and herbicides from farming. It can also be contaminated with industrial waste, such as heavy metals. These chemicals in turn can be washed from the land into waterways.

If the ever-growing human population continues to affect the **ecology** of the Earth, everyone will pay the price.

Figure 3 *In the UK alone, hundreds of thousands of new houses and miles of new road systems are continuously being built. Every time people clear land like this, the homes of countless animals and plants are destroyed*

Study tip

As the human population rapidly increases there is a greater need for efficient food production. Learn the arguments for and against intensive farming.

links

For information on intensive farming, look back to 13.3 Making food production efficient.

Summary questions

1. **a** Suggest reasons why the human population has increased so rapidly over the past 200 years.
   b How do people reduce the amount of land available for other animals and plants?
2. What substances commonly pollute:
   a water   **b** air   **c** land?
3. **a** List examples of how the standard of living has increased over the past 100 years.
   b Give **three** examples of resources that humans are using up.
4. Explain clearly how the ever-increasing human population causes pollution in a number of different ways.

Key points

- The human population is growing rapidly and the standard of living is rising.
- More waste is being produced. Unless waste and chemical materials are properly handled, more pollution will be caused.

14.2 Land and water pollution

Human population and pollution

Learning objectives

After this topic, you should know:
- how human activities pollute the land
- how human activities pollute the water.

As the human population grows, more waste is produced. If it is not handled carefully, it may pollute the land, the water, or the air.

Polluting the land

People pollute the land in many different ways. The more people there are, the more bodily waste and waste water from homes (sewage) is produced. If the human waste is not treated properly, the soil becomes polluted with unpleasant chemicals and gut parasites. In the developed world, people produce huge amounts of household waste and hazardous (dangerous) industrial waste. The household waste goes into landfill sites, which take up a lot of room and destroy natural habitats. Toxic chemicals can also spread from the waste into the soil.

Toxic chemicals are also a problem in industrial waste. They can poison the soil for miles around. For example, after the Chernobyl nuclear accident in 1986, the soil was contaminated thousands of miles away from the original accident (Figure 1). Almost 30 years on, sheep from some farms in North Wales still cannot be sold for food because the radioactivity levels are too high.

Land can also be polluted as a side effect of farming. Weeds compete with crop plants for light, water, and mineral ions. Animal and fungal pests attack crops and eat them. Farmers increasingly use chemicals to protect their crops. Weedkillers (or **herbicides**) kill weeds but leave the crop unharmed. **Pesticides** kill the insects that might otherwise attack and destroy the crop.

The problem is that these chemicals are poisons. When they are sprayed onto crops, they also get into the soil. From there, they can be washed out into streams and rivers (see next page). They can also become part of food chains when the toxins get into organisms that feed on the plants or live in the soil. The level of toxin in the animals that first take in the affected plant material is small, but sometimes it cannot be broken down in the body. So, more and more toxin builds up in organisms at each stage along the food chain. This is known as bioaccumulation, and eventually it can lead to dangerous levels of poisons building up in the top predators (Figure 2).

Total Caesium 137 deposition per m^2 on 10 May 1986 in kBq/m^2

- More than 1480
- 40 – 1480
- 10 – 40
- 2 – 10
- Less than 2
- No data

Note – the map shows total deposition resulting from both the Chernobyl accident and nuclear weapon tests. However, at the level above 10 kBq/m^2, in most cases the effects of the Chernobyl accident are predominant.

Figure 1 *The accident at Chernobyl nuclear power plant polluted the land for thousands of miles*

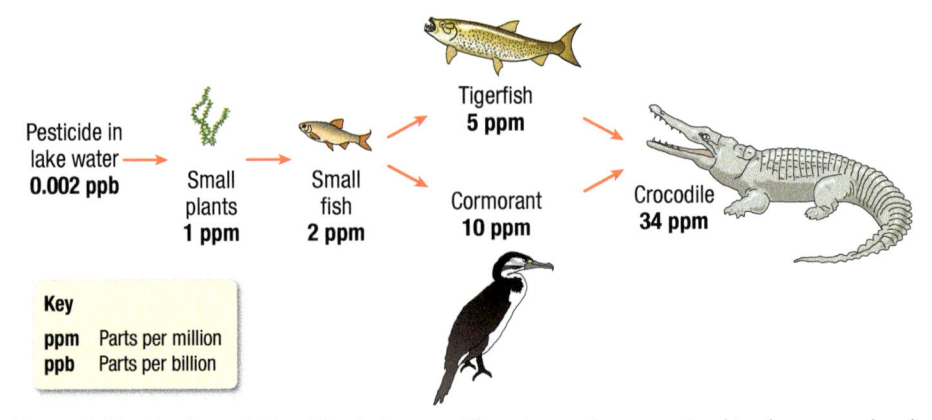

Pesticide in lake water → 0.002 ppb
Small plants 1 ppm
Small fish 2 ppm
Tigerfish 5 ppm
Cormorant 10 ppm
Crocodile 34 ppm

Key
ppm Parts per million
ppb Parts per billion

Figure 2 *The feeding relationships between different organisms can lead to dangerous levels of toxins building up in the top predators*

Land and water pollution

Polluting the water

A growing human population means a growing need for food. Farmers add fertilisers to the soil to make sure it stays **fertile** year after year. The minerals in these fertilisers, particularly the nitrates, are easily washed from the soil into local streams, ponds, and rivers. Untreated sewage that is washed into waterways or pumped out into the sea also causes high levels of nitrates in the water. The nitrates and other mineral ions stimulate the growth of algae and water plants, which grow rapidly. Some plants die naturally. Others die because there is so much competition for light that they are unable to photosynthesise. There is a big increase in microorganisms feeding on the dead plants. These microorganisms use up a lot of oxygen during respiration.

This increase in decomposers leads to a fall in oxygen levels dissolved in the water. This means there isn't enough oxygen to support some of the fish and other aerobic organisms living in it. They die – and are decomposed by yet more microorganisms. This uses up even more oxygen.

Eventually, the oxygen levels in the water fall so low that all aerobic aquatic animals die, and the pond or stream becomes dead (Figure 3). This is called **eutrophication**.

Toxic chemicals such as pesticides and herbicides or poisonous chemicals from landfill sites can also be washed into waterways. These chemicals can have the same bioaccumulation effect on aquatic food webs as they do on life on land. The largest carnivorous fish die or fail to breed because of the build-up of toxic chemicals in their bodies.

In many countries there are now strict controls on the use of chemicals on farms. The same restrictions apply to the treatment of sewage and to landfill sites, to help avoid these problems arising.

Pollution levels in water can be measured in many different ways. Oxygen and pH levels are measured using instruments. The water can be analysed to show the levels of polluting chemicals such as pesticides or industrial waste. Bioindicators – species such as salmon (found only in very clean water) and bloodworms (found only in very polluted water) – are also used to monitor pollution levels in our waterways.

> **Study tip**
>
> Learn to describe the sequence of events for eutrophication.

> **Study tip**
>
> Do not confuse fertilisers and pesticides. Fertilisers add useful substances to the ground for plants to use. If they get into streams, etc., they do not directly poison or kill animals. They only continue to encourage the growth of plants. Pesticides, on the other hand, are directly toxic to many living things.

Figure 3 *This stream may look green and healthy, but all the animal life it once supported is dead as a result of eutrophication*

Summary questions

1 a What is sewage?
   b Which mineral ions does sewage contain in high levels?
   c Why is it so important to dispose of sewage carefully?
2 Explain how industrial waste can have a negative effect on the environment.
3 a Farming can cause pollution of both the land and the water. Explain how this pollution comes about, and how the land and water pollution are linked.
   b In the UK, a chemical called DDT was used to kill insects. Some large birds of prey and herons began to die and their bodies were found to have very high levels of the pesticide DDT in them. Explain how this would have happened.

> **Key points**
>
> - Human activities pollute the land and water in several ways.
> - Toxic chemicals such as pesticides and herbicides can pollute the land.
> - If sewage is not properly handled and treated, it can pollute the water.
> - Fertilisers and toxic chemicals can be washed from the land into the water and pollute it.
> - Sewage and fertilisers can cause eutrophication in waterways.

Human population and pollution

14.3 Air pollution

Learning objectives

After this topic, you should know:
- how acid rain is formed
- how acid rain affects living organisms
- how air pollution causes global dimming and smog.

When the air you breathe is polluted, no one escapes the effects. A major source of air pollution is burning fossil fuels. As the human population grows and living standards increase, people are using more oil, coal, and natural gas. People also burn huge amounts of petrol, diesel, and aviation fuel derived from crude oil. Fossil fuels are a non-renewable resource – so eventually they will all be used up.

The formation of acid rain

When fossil fuels are burnt, carbon dioxide is released into the atmosphere as a waste product. In addition, fossil fuels often contain sulfur impurities. These react with oxygen when they burn to form **sulfur dioxide** gas. At high temperatures, for example, in car engines, nitrogen oxides are also released into the atmosphere.

Sulfur dioxide and nitrogen oxides can cause serious breathing problems for people if the concentrations get too high.

Sulfur dioxide and nitrogen oxides also dissolve in rainwater and react with oxygen in the air to form dilute sulfuric acid and nitric acid. This produces **acid rain**, which has been measured with a pH of 2.0 – more acidic than vinegar!

The effects of acid rain

Acid rain directly damages the environment. If it falls onto trees, it may kill the leaves, buds, flowers, and fruit, and as it soaks into the soil, it can destroy the roots as well (Figure 1). Whole ecosystems can be destroyed.

Acid rain also has an indirect effect on our environment. As acid rain falls into lakes, rivers, and streams, the water in them becomes slightly acidic. If the concentration of acid gets too high, plants and animals can no longer survive. Many lakes and streams have become dead – no longer able to support life – as a result of this.

Figure 1 *In some parts of Europe and America, huge areas of woodland are dying as a result of acid rain*

Acid rain is difficult to control. It is formed by pollution from factories. It also comes from the cars and other vehicles you use every day. The worst effects of acid rain are often not felt by the country that produced the pollution (Figure 2). The sulfur dioxide and nitrogen oxides are carried high in the air by the winds. As a result, it is often relatively 'clean' countries that get the acid rain from their dirtier neighbours. Their own clean air goes on to benefit someone else.

Figure 2 *Air pollution in one place can cause acid rain – and serious pollution problems – somewhere else entirely, even in another country*

The UK and other countries have worked hard to stop their vehicles, factories, and power stations producing the polluting gases. They have introduced measures to reduce the levels of sulfur dioxide and nitrogen oxides in the air. Low-sulfur petrol and diesel are now used in vehicles. More and more cars are fitted with catalytic converters. Once hot, these remove the acidic nitrogen oxides before they are released into the air. There are strict rules about the levels of sulfur dioxide and nitrogen oxides in the exhaust fumes of new cars.

Air pollution

In some countries, cleaner, low-sulfur fuels such as gas have been introduced into power stations, rather than coal, and more electricity is being generated using nuclear power. There are systems which can be put in power station chimneys to clean the flue gases before they are released into the atmosphere. These desulfurisation processes also produce sulfuric acid as a useful by-product, which can be used in a number of industrial processes. There is also an increasing interest in the use of **biofuels**, which only produce carbon dioxide and water as they burn.

As a result, the levels of sulfur dioxide in the air, and of acid rain, have fallen steadily over the past 40 years in the UK and in many other European countries (Figure 3). Unfortunately, there are still many countries around the world which do not have such controls in place.

Global dimming

One form of air pollution involves an increase in the number of tiny solid particles in the air. The sulfur products from the burning of fossil fuels are part of this problem. So is smoke from any type of burning. These particles reflect sunlight so that less light hits the surface of the Earth. This causes a dimming effect. Global dimming could lead to a cooling of the temperatures at the surface of the Earth.

In Europe, where sulfur emissions and smoke are being controlled, dimming is being reversed. In many developing countries, dimming continues to get worse as air pollution grows.

Smog

Both smoke and chemicals such as sulfur dioxide and nitrogen oxides also add to another form of air pollution – **smog**. Smog forms a haze of small particles and acidic gases which can be seen in the air over major cities around the world. When China hosted the Olympics in 2008, the government introduced measures to halve the number of cars on the city roads and close down factories, in order to lower pollution so that the air was clean enough for the athletes to compete.

Did you know ...?

In some countries such as Finland the acid rain falls as acid snow. This can be even more damaging as all the acid is released in the first melt water of spring. This causes an 'acid flush' that magnifies the effect of the acid rain, producing water with a very low pH.

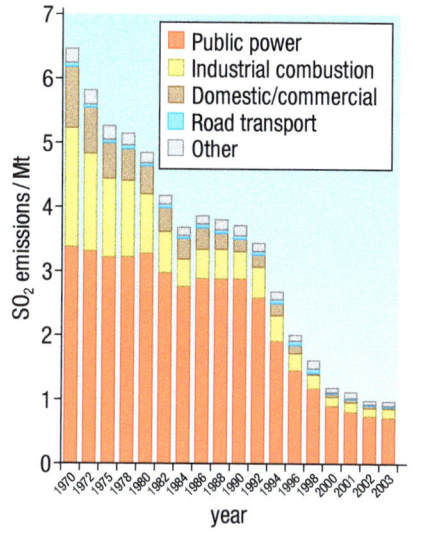

Figure 3 Bar chart showing the sources of sulfur dioxide emissions in the UK and how they have been reduced over time

Summary questions

1. Make a flow chart to show the production of acid rain, and explain why some countries that have strict controls on sulfur emissions still suffer acid rain damage to their buildings and ecosystems.

2. a Explain how pollution from cars and factories burning fossil fuels pollutes:
    i the air
    ii the water
    iii the land.
   b In order to get rid of acid rain, it is important that all countries in an area control their production of sulfur dioxide and nitrogen oxides. Explain why this is.

3. a What is global dimming?
   b Look at Figure 3. What was the percentage reduction in sulfur dioxide emissions in the UK between 1980 and 2002?
   c What is the main source of sulfur emissions in the UK?
   d Global dimming has been reversed in the UK and Europe between 1980 and the present day. Suggest an explanation for this.

Key points

- When people burn fossil fuels, carbon dioxide is released into the atmosphere.

- Sulfur dioxide and nitrogen oxides can be released when fossil fuels are burnt. These gases dissolve in rainwater and make it more acidic.

- Acid rain may damage trees directly. It can make lakes and rivers too acidic for plants and animals to live in.

- Air pollution can cause global dimming and smog as tiny solid particles in the air reflect away the sunlight.

Human population and pollution

14.4 Deforestation

Learning objectives

After this topic, you should know:
- what is meant by deforestation
- why loss of biodiversity matters.

As the world population grows humans need more land, more food, and more fuel. One solution to this has been to cut down huge areas of forests. The loss of our forests may have many long-term effects on the environment and ecology of the Earth.

The effects of deforestation

All around the world, large-scale **deforestation** is taking place for timber and to clear the land for farming. When the land is to be used for farming, the trees are often felled and burnt in what is known as slash-and-burn clearance. The wood isn't used, it is just burnt. The land produced is only fertile for a short time, after which more forest is destroyed. No trees are planted to replace those cut down.

There are three main reasons for deforestation:
1. The land is used to grow staple foods such as rice, or ingredients for making cheap food in the developed world, such as palm oil from oil palms.
2. The land may be used to rear more cattle for the beefburger market (see next page).
3. The land may be used to grow crops that can be used to make biofuels, such as sugarcane and maize for biofuels based on ethanol.

Large-scale deforestation in tropical areas has a number of negative effects:
- It increases the amount of carbon dioxide released into the atmosphere though combustion, as b. Burning the trees leads to an increase in carbon dioxide levels.
- It increases the amount of carbon dioxide released into the atmosphere through the action of microorganisms. The dead vegetation left behind decays – it is attacked by decomposing microorganisms, which use up oxygen and release more carbon dioxide.
- It reduces the rate at which carbon dioxide is removed from the atmosphere. Normally, trees and other plants use carbon dioxide in photosynthesis. They take it from the air and it gets locked up for years (sometimes for hundreds of years) in plant material such as wood. This means that when people destroy trees, they lose a vital carbon dioxide sink. Dead trees don't take carbon dioxide out of the atmosphere. In fact, they add to the carbon dioxide levels as they are burnt or decay.

Figure 1 Tropical rainforests are being destroyed by slash-and-burn clearance to provide cheap food

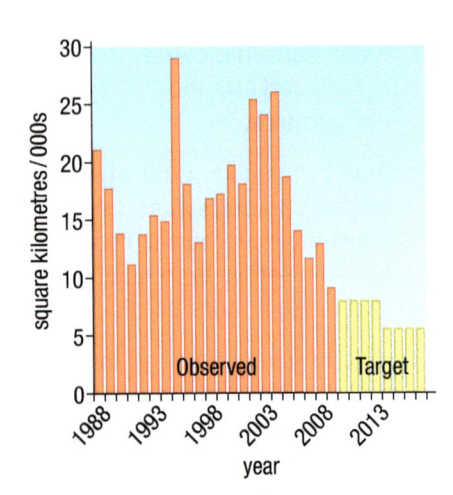

Figure 2 The rate of deforestation is devastating. Even in the high-profile Brazilian Amazon, where deforestation rates are dropping, around 8–10 000 km^2 of tropical rainforest is lost each year

Loss of biodiversity

Tropical rainforests contain more diversity of living organisms than any other land environment. When humans destroy these forests, they also decrease **biodiversity** as many species of animals and plants become extinct. Many of these species have not yet been identified or studied. Humans could be destroying sources of new medicines or food for the future.

For an animal such as the orang-utan, which eats around 300 different plant species, losing the forest habitat is driving the species to extinction. This is just one of hundreds if not thousands of species of living organisms of all different types that are endangered by the loss of their rainforest habitat.

Deforestation

Deforestation is taking place at a tremendous rate (Figure 2). In Brazil alone, an area about a quarter the size of England is lost each year. When the forests are cleared, they are often replaced by a monoculture (single species) such as oil palms. This process also greatly reduces biodiversity.

Cows, rice, and methane

It isn't just carbon dioxide levels that are increasing in the atmosphere as a result of deforestation. Much of the deforested land is used to produce food for the ever-increasing world population. One of these foods is rice. As rice grows in swampy conditions, known as paddy fields, **methane** gas is released.

Figure 3 *The loss of biodiversity, from large mammals such as the orang-utan to the smallest mosses or fungi, will potentially have far-reaching effects in the local ecosystems and for humans*

Did you know ...?

Methane is another greenhouse gas that affects global warming. It has a more powerful greenhouse effect per molecule than carbon dioxide.

Another food – and another source of methane gas – is cattle. Cows produce methane during their digestive processes and release it at regular intervals. In recent years, the number of cattle raised to produce cheap meat for fast food, such as burgers, has grown enormously. So the levels of methane are rising. Many of these cattle are raised on farms created by deforestation.

Peat bog destruction

Peat bogs are another resource that is being widely destroyed. Peat bogs form over thousands of years, usually in marshy areas. They are made of plant material that cannot decay completely because the conditions are very acidic and lack oxygen. Peat acts as a massive carbon store.

Peat can be burnt as a fuel and is also widely used by gardeners because it helps to improve the properties of the soil. When peat is burnt or used in gardens, carbon dioxide is released into the atmosphere and the carbon store is lost. Peat is formed very slowly, so it is being destroyed faster than it is made.

Did you know ...?

In the UK, the government is trying to persuade gardeners to use alternative, peat-free composts to reduce carbon dioxide emissions. Compost can be made from bark, from garden waste, from coconut husks, and from other sources – the problem is persuading gardeners to use them.

Study tip

Remember that trees, plants in peat bogs, and algae in the sea all use carbon dioxide for photosynthesis. Carbon compounds are then 'locked up' in these plants.

Summary questions

1. **a** What is biodiversity?
   b What is deforestation?
   c How does deforestation affect biodiversity, and why does it matter?
2. Give three reasons why deforestation increases the amount of carbon dioxide in the atmosphere.
3. **a** Why are the numbers of:
   i rice fields and cattle in the world increasing
   ii peat bogs in the world decreasing?
   b Explain why this is a cause for concern.

Key points

- Deforestation is the destruction or removal of areas of forest or woodland. Deforestation leads to loss of biodiversity.
- Large-scale deforestation has led to an increase in the amount of carbon dioxide released into the atmosphere (from burning and the actions of microorganisms). It has also reduced the rate at which carbon dioxide is removed from the air by plants.
- More rice fields and cattle have led to increased levels of methane in the atmosphere.

Human population and pollution

14.5 Global warming

Learning objectives

After this topic, you should know:
- what is meant by global warming
- how global warming could affect life on Earth.

Many scientists are very worried that the climate of the Earth is getting warmer. This is commonly called **global warming**.

Changing conditions

For millions of years, there has been a natural balance in the levels of carbon dioxide in the atmosphere. The carbon dioxide released by living things into the atmosphere from respiration has been matched by the amount removed. Around the world, carbon dioxide is removed from the atmosphere by plants all the time for photosynthesis. What is more, huge amounts of carbon dioxide are dissolved in the oceans and lakes. Carbon dioxide is **sequestered** in plants and water, as plants and water act as carbon dioxide sinks.

As a result, carbon dioxide levels in the air have stayed about the same for a long period. However, as a result of human activities, the levels of carbon dioxide are currently increasing. Unfortunately, the numbers of plants available to absorb the carbon dioxide are decreasing. The speed of these changes means that the natural sinks cannot cope. So the levels of carbon dioxide in the atmosphere are building up. At the same time, the levels of methane gas are increasing, too.

The greenhouse effect

Energy from the Sun reaches the Earth, warming it up, and much of it is radiated back out into space. However, gases such as carbon dioxide and methane absorb some of the energy transferred as the Earth cools down so it can't escape. As a result, the Earth and its surrounding atmosphere are kept warm and ideal for life. Because carbon dioxide and methane act like a greenhouse around the Earth, they are known as **greenhouse gases**. The way in which they keep the surface of the Earth warm is known as the **greenhouse effect**, and it is vital for life on Earth (Figure 1).

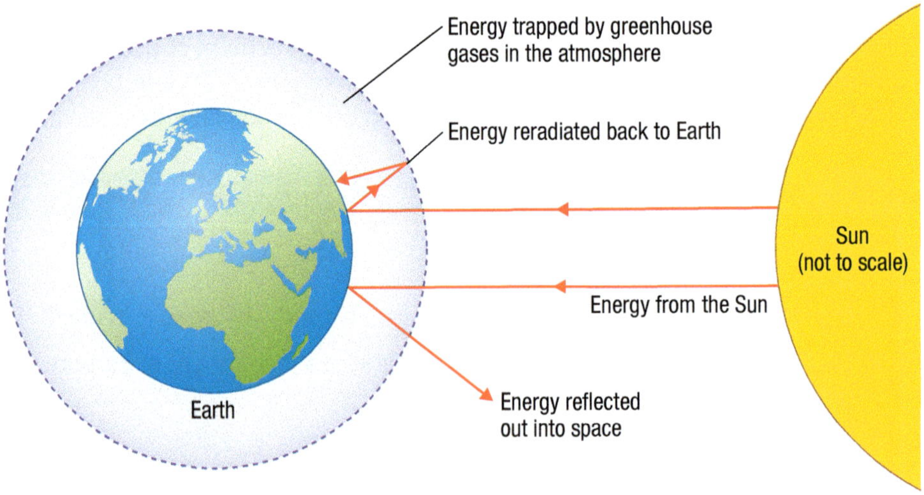

links

For information on how plants use carbon dioxide to make food, look back to 9.1 Photosynthesis.

Study tip

Remember which gas is which!
- Increasing methane and carbon dioxide levels are causing global warming.
- Sulfur dioxide and nitrogen oxides cause acid rain.

Figure 1 *The greenhouse effect – vital for life on Earth*

Global warming

The greenhouse effect is necessary to keep the Earth's surface at a suitable temperature for life. However, as the levels of carbon dioxide and methane go up, the greenhouse effect is increasing. There are more greenhouse gases in the atmosphere to trap the energy of the Sun and the average temperature at the Earth's surface is going up. The change is very small – only about 0.55 °C from the 1970s to the present day. This is not much, but an increase of only a few degrees Celsius may cause the following changes:

- **Climate change** – As the Earth's climate changes due to global warming, many scientists think that there will be an increase in severe and unpredictable weather conditions. Some people think that the very high winds and extensive flooding seen around the world in the 21st century are early examples of the effects of global warming.
- **Rising sea levels** – If the Earth warms up, the ice caps at the North and South Poles and many glaciers will melt. This will cause sea levels to rise. There is evidence that this is already happening. It will mean more flooding for low-lying shores, and eventually parts of countries, or even whole countries, may disappear beneath the seas.
- **Changes in migration patterns** – As climates become colder or hotter, and the seasons change, the migration patterns of birds, insects, and mammals may change.
- **Changes in distribution** – Some animals may extend their range as climate change makes conditions more favourable. Others may find their range shrinks. Some will disappear completely from an area or a country.
- **Reduced biodiversity** – As the climate changes, many organisms will be unable to survive and will become extinct (e.g., the potential loss of polar bears as Arctic ice melts).

Did you know …?

The change in the distribution pattern of organisms as a result of global warming can affect the spread of tropical diseases. For example, as the range of the *Anopheles* mosquito increases, so does the area of the world affected by malaria.

Figure 2 *Puffin populations in northern Scotland are failing to rear their chicks because a rise in sea temperatures reduces the numbers of small fish that puffins feed on. They may need to move to new breeding sites if they are to survive*

What's more, gases get less soluble in water as temperature increases. Therefore, as sea temperatures rise, less carbon dioxide can be sequestered in the water, which makes the situation worse. Global warming is a big problem for us all.

Summary questions

1. **a** Use the data in Figure 2 on Page 198 to draw a bar chart showing the maximum recorded level of carbon dioxide in the atmosphere every tenth year from 1970 to the year 2010.
   b Explain the trend you can see on your chart.
   c Describe and explain the greenhouse effect. How does it affect the conditions on Earth?
2. What is meant by global warming? Explain how it is related to the greenhouse effect and why it is perceived as a problem.
3. Research **one** possible result of global warming and write a report, giving examples of organisms that have been or might be affected.

Key points

- Increasing levels of carbon dioxide and methane in the atmosphere give rise to an increased greenhouse effect, leading to global warming – an increase in the temperature of the surface of the Earth.

- Global warming may cause a number of changes including climate change, a rise in sea level, changes in migration patterns and distribution of species, and loss of biodiversity.

Human population and pollution

14.6 Analysing the evidence

Learning objectives

After this topic, you should know:
- the type of data available about environmental issues
- the strength of the evidence for environmental change.

There is a lot of debate about environmental issues such as global warming and changing distributions of species. The great majority of scientists now think the evidence shows that global warming is at least partly linked to human activities such as the burning of fossil fuels and deforestation, but not everyone agrees. It is very important to analyse and interpret data concerning environmental issues very carefully, and to be thorough in your evaluation of the methods used to collect the data. Remember, any data used should be **repeatable**, **reproducible**, and **valid**.

Looking at evidence

There is hard scientific evidence for the build-up of greenhouse gases such as carbon dioxide in the atmosphere. For example, the monthly readings from the mountain top Mauna Loa observatory in Hawaii (Figure 1) provide us with a clear pattern of the changes in carbon dioxide levels over recent years. Scientists do not argue with this data. It is recorded in a simple, repeatable, reproducible, and valid way.

However, there are many other questions to which scientists do not have such clear-cut answers. These include:
- Has a similar rise in carbon dioxide and methane levels ever been seen before?
- Can the observed rise in greenhouse gases be clearly linked to human activities?
- Has the observed rise in greenhouse gases had any effect on temperature, climate, or weather?

It is much more difficult to obtain valid data to answer these questions.

Some extreme weather patterns have certainly been recorded in recent years. Yet throughout history there is evidence of other, equally violent, weather patterns. These occurred long before people caused mass deforestation or used huge quantities of fossil fuels.

Also, weather is not the same as climate. Weather can change from day to day, but climate is the weather in an area over a long period of time. It is evidence of climate change rather than freak weather that scientists are looking for, but the freak weather may be evidence of climate change!

How can you be sure?

How repeatable, reproducible, and valid are the data on which ideas about environmental change are based? Scientists measure the daily temperatures in many different places. They also look at how the temperature of the Earth has changed over time, and how levels of carbon dioxide in the atmosphere have changed over centuries. They collect many different types of evidence. For example, they use cores of ice that are thousands of years old (Figure 2), the rings in the trunks of trees, and the type of pollen found in peat bogs.

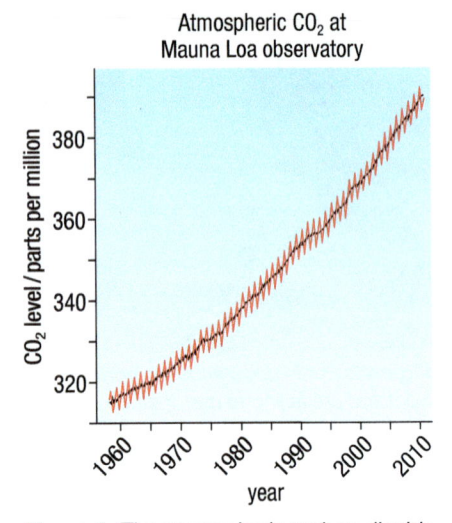

Figure 1 *The atmospheric carbon dioxide readings for this graph are taken monthly on a mountain top in Hawaii. There is a clear upward trend, which shows no sign of slowing down*

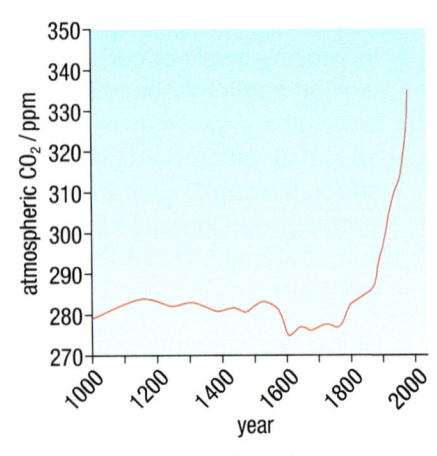

Figure 2 *This graph shows how carbon dioxide levels in the atmosphere have changed over centuries, based on cores of pure, undisturbed ice from the Antarctic*

Analysing the evidence

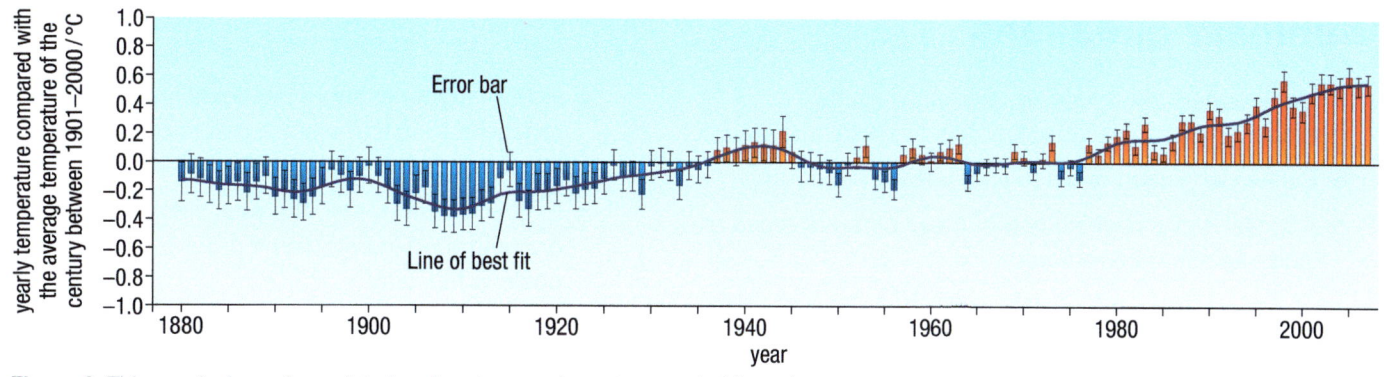

Figure 3 *This graph shows how global surface temperatures have varied from the 1901–2000 mean over 130 years. These data are widely regarded as very repeatable and reproducible*

Putting evidence together

In 2002, 500 billion tonnes of ice broke away from Antarctica and melted. Scientists have looked back at data from a number of sources to show that:
- the global surface temperature has been rising steadily
- the snow and ice cover in the northern hemisphere has been reducing
- sea levels have been rising (as a result of all the melting ice).

Many of these changes can be related to changes in atmospheric carbon dioxide levels and increased human activities, but it has been impossible so far to establish a complete link between the two.

Much of the evidence for climate change is published in well-respected journals, but there are some controversies. In 2009, it emerged that some scientists in the UK had hidden data that showed that global temperatures were falling slightly rather than rising. The scientists support the idea that human activities are causing global warming and did not want to publish data that might challenge this idea.

The evidence continues to be collected. At the moment, most people and governments are convinced that humans need to change the way they live, use less fossil fuels, and preserve the rainforests if they are to reduce the potential damage from global warming.

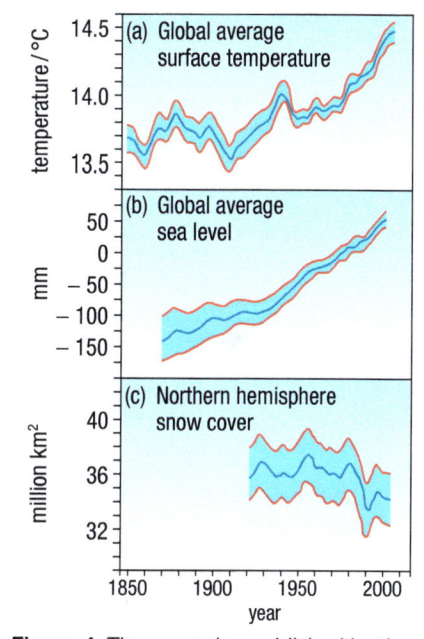

Figure 4 *These graphs, published by the IPCC (Intergovernmental Panel on Climate Change), show what appears to be a clear correlation between rising temperatures, melting snow, and rising sea levels*

Summary questions

1 Why do you think it is so important that data looking at the links between human behaviour and environmental changes should be repeatable, reproducible, and valid?

2 a Give a clear explanation of the difference between weather and climate.
  b What is the difference between an apparent correlation between factors such as carbon dioxide levels, human activities, global warming, and climate change, and one factor that is definitely causing an observed change?

3 Summarise the evidence shown on the graphs in Figures 2, 3, and 4. Explain what they appear to show, and how these data might be used as evidence for a human influence on global warming.
What other data might you need to help support that conclusion?

Study tip

Look for examples in the media of how humans pollute the Earth, and for ways of controlling pollution.

Key points

- There are a lot of data on environmental change.
- The validity, reproducibility, and repeatability of all data must be evaluated before conclusions can be drawn.

Human population and pollution: 14.1–14.6

Summary questions

1 a List the main ways in which humans reduce the amount of land available for other living things.

b Explain why each of these land uses is necessary.

c Suggest ways in which two of these different types of land use might be reduced.

2 a Draw a flow chart showing acid rain formation.

b Figure 1 is a bar chart showing the sulfur emissions made by European countries over time.

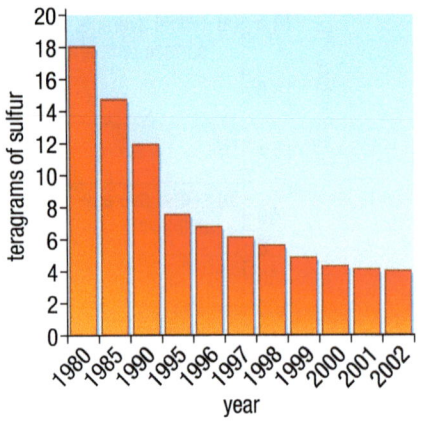

Figure 1

Use this graph to help you answer the following questions:
  i What was the level of sulfur emissions in 1980?
  ii What was the approximate level of sulfur in the air in the year that you were born? (Make sure you give your birth year in your answer.)
  iii What was the level of sulfur emissions in 2002?

c What do these data tell you about trends in the levels of sulfur emissions since 1980? Suggest explanations for the trends you have observed.

3 Figure 2 shows a food chain with increasing levels of pesticide in the bodies of the organisms involved.

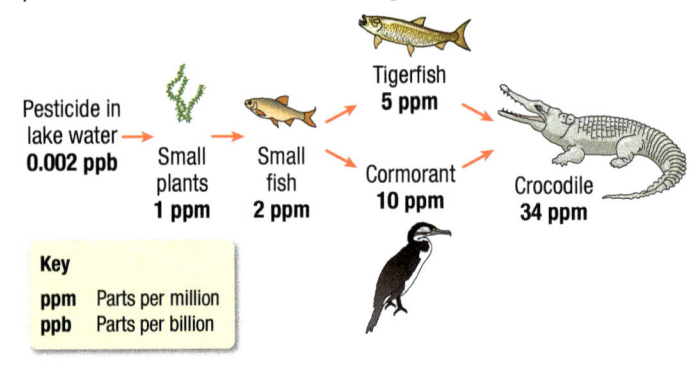

Pesticide in lake water 0.002 ppb → Small plants 1 ppm → Small fish 2 ppm → Tigerfish 5 ppm → Cormorant 10 ppm → Crocodile 34 ppm

Key
ppm Parts per million
ppb Parts per billion

Figure 2

a What is a food chain?

b How many times more pesticide is found in the body of a small fish than in the lake water?

c How many times more pesticide is found in the crocodile than in the small plants at the beginning of the food chain?

d Explain carefully how the pesticide becomes more concentrated in organisms progressing through a food chain in this way.

4 a Describe the environmental impacts of deforestation and peat bog destruction. Highlight the similarities and differences between the two.

The following table shows the amount of methane produced by different types of animal in a year.

b

Type of animal	Dairy cows	All other cattle	Sheep
Methane emissions (kg/year)	120	43	10

  i Plot a bar chart of the data in this table.
  ii Explain the advantages and disadvantages of farming different types of animals in terms of environmental effects and human benefits.

5 In Figure 1 on Page 198 you can see clearly annual variations in the levels of carbon dioxide recorded each year. These fluctuations are thought to be due to seasonal changes in the way plants are growing and photosynthesising through the year.

a Explain how changes in plant growth and rate of photosynthesis might affect carbon dioxide levels.

b How could you use the evidence of this data to argue against deforestation?

c How is the ever-increasing human population affecting the build-up of greenhouse gases?

d What type of evidence is used to investigate the effect of this build-up of greenhouse gases on the Earth's climate? Which types of evidence are most valid, repeatable, and reproducible?

Practice questions

1 The rapidly rising human population is increasing the amount of waste polluting the Earth.

Copy and complete the following sentences about pollution:

a Two gases that pollute the air are ...., which causes acid rain, and ...., which contributes to global warming.

b Two toxic chemicals that can be washed into streams and lakes from farms are .... and ....

c If sewage or fertilisers pollute water it leads to ...., which reduces the .... concentration of the water. (6)

2 a List **three** ways in which human activities are reducing the amount of land available for other animals and plants. (3)

b The activities listed in part **a** are reducing biodiversity.
  i What is biodiversity? (1)
  ii Choose **one** of the human activities you named in part **a** and explain how it is reducing biodiversity. (3)

3 Tropical rainforests in Brazil are being cleared to provide land to grow vast areas of sugar cane and to graze cattle.

a Why does Brazil grow huge quantities of sugar? (2)

b Name the gas that is continuously produced by the digestive processes in cows. (1)

c This deforestation is contributing to global warming by increasing carbon dioxide levels in the atmosphere.
  i How is carbon dioxide naturally removed from the atmosphere? (2)
  ii Explain **two** ways in which deforestation causes a rise in carbon dioxide levels in the air. (4)

d Give **three** likely effects of global warming on the Earth. (3)

4 Students investigated a stream where they thought a pipe may be discharging sewage into the water.

They chose four points – two upstream and two downstream from the pipe. They measured the percentage oxygen saturation of the water with an oxygen meter. At each point they also identified and counted the invertebrates found in a 3-minute kick sample.

Table 1 shows the students' results.

Table 1

Sample point	50 m upstream	25 m upstream	25 m downstream	50 m downstream
% oxygen saturation	88	90	5	22
Mayfly larvae	6	5	0	0
Diving beetles	14	17	1	3
Freshwater hoglice	2	1	66	58
Bloodworms	3	2	8	9

a Suggest which two species of invertebrates are good indicators of dissolved oxygen levels in water. Explain your choices. (4)

b Evaluate the evidence that the students were correct in thinking that the pipe was discharging sewage. (3)

c *In this question you will be assessed on using good English, organising information clearly, and using specialist terms where appropriate.*

Describe how the sewage would lead to the process of eutrophication. (6)

Experimental data handling

Investigations

Learning objectives

After this topic, you should know:

- what continuous and categoric variables are
- what is meant by repeatable, reproducible, and valid evidence
- what the link is between the independent and dependent variables
- what a hypothesis and a prediction are
- about risks in hazardous situations.

Science works for us all day, every day. Working as a scientist you will have knowledge of the world around you and particularly about the subject you are working with. You will observe the world around you. An enquiring mind will then lead you to start asking questions about what you have observed.

Science usually moves forward by slow, steady steps. Each small step is important in its own way. It builds on the body of knowledge that scientists already have.

Thinking scientifically

Deciding on what to measure

Variables can be one of two different types:

- A **categoric variable** is one that is best described by a label (usually a word). The colour of eyes is a categoric variable (e.g., blue or brown eyes).
- A **continuous variable** is one that you measure, so its value could be any number. Temperature (as measured by a thermometer or temperature sensor) is a continuous variable (e.g., 37.6 °C, 45.2 °C). Continuous variables can have values (called a quantity) that can be given by any measurements made (e.g., light intensity, flow rate, etc.).

When designing an investigation you should always try to measure continuous **data** whenever you can. If this is not always possible, you should then try to use ordered data. If there is no other way to measure your variable then you have to use a label (categoric variable).

Making your investigation repeatable, reproducible, and valid

When you are designing an investigation you must make sure that others can repeat any results you get – this makes it **reproducible**. You should also plan to make each result **repeatable**. You can do this by getting consistent sets of repeat measurements.

You must also make sure that you are measuring the actual thing you want to measure. If you don't, your data can't be used to answer your original question. This seems very obvious, but it is not always quite so easy. You need to make sure that you have controlled as many other variables as you can, so that no one can say that your investigation is not **valid**.

How might an independent variable be linked to a dependent variable?

The **independent variable** is the one you choose to vary in your investigation.

The **dependent variable** is used to judge the effect of varying the independent variable.

These variables may be linked together. If there is a pattern to be seen (e.g., as one thing gets bigger the other also gets bigger), it may be that:

- changing one has caused the other to change
- the two are related, but one is not necessarily the cause of the other.

Starting an investigation

Observation

As a scientist you use observations to ask questions. You can only ask useful questions if you know something about the observed event. You will not have all of the answers, but you know enough to start asking the correct questions.

When you are designing an investigation you have to observe carefully which variables are likely to have an effect.

What is a hypothesis?

A **hypothesis** is an idea based on observation that has some really good science to try to explain it.

When making hypotheses you can be very imaginative with your ideas. However, you should have some scientific reasoning behind those ideas so that they are not totally bizarre.

Remember, your explanation might not be correct, but you think it is. The only way you can check out your hypothesis is to make it into a prediction and then test it by carrying out an investigation:

observation + knowledge → hypothesis → prediction → investigation

Starting to design an investigation

An investigation starts with a question, followed by a **prediction**. You, as the scientist, predict that there is a relationship between two variables.

You should think about a preliminary investigation to find the most suitable range and interval for the independent variable.

Making your investigation safe

Remember that when you design your investigation, you must:
- look for any potential **hazards**
- decide how you will reduce any **risk**.

You will need to write these down in your plan:
- write down your plan
- make a risk assessment
- make a prediction
- draw a blank table ready for the results.

Study tip

Observations, backed up by creative thinking and good scientific knowledge, can lead to a hypothesis.

Key points

- Continuous data can give you more information than other types of data.
- You must design investigations that produce repeatable, reproducible, and valid results if you are to be believed.
- Be aware that just because two variables are related, this does not mean that there is a causal link.
- Hypotheses can lead to predictions and investigations.
- You must make a risk assessment, make a prediction, and write a plan.

Experimental data handling

Setting up investigations

Learning objectives

After this topic, you should know:
- what a fair test is
- how a survey is set up
- what a control group is
- how to decide on variables, range, and intervals
- how to ensure accuracy and precision
- the causes of error and anomalies.

Study tip

Trial runs will tell you a lot about how your investigation might work out. They should get you to ask yourself:
- Do you have the correct conditions?
- Have you chosen a sensible range?
- Have you got enough readings that are close together?
- Will you need to repeat your readings?

Study tip

A word of caution!
Just because your results show precision does not mean that your results are accurate.
Imagine that you carry out an investigation into the energy value of a type of crisp. You get readings of the amount of energy released that are all about the same. This means that your data will have precision, but it doesn't mean that they are necessarily accurate.

Fair testing

A **fair test** is one in which only the independent variable affects the dependent variable. All other variables are controlled.

This is easy to set up in the laboratory, but almost impossible in fieldwork. Plants and animals do not live in environments that are simple and easy to control. They live complex lives with variables changing constantly.

So how can you set up the fieldwork investigations? The best you can do is to make sure that all of the many variables change in much the same way, except for the one that you are investigating. Then at least the plants get the same weather, for example, even if it is constantly changing.

If you are investigating two variables in a large population then you will need to do a survey. Again, it is impossible to control all of the variables. Imagine if scientists were investigating the effect of diet on diabetes. They would have to choose people of the same age and family history to test. The larger the **sample size** tested, the more valid the results would be.

Control groups are used in these investigations to try to make sure that you are measuring the variable that you intend to measure. For example, when investigating the effects of a new drug, the control group will be given a **placebo**. The control group think they are taking the test drug, but the placebo does not contain the drug. In this way you can control the variable of 'thinking that the drug is working' and separate out the actual effect of the drug.

Designing an investigation

Accuracy

Your investigation must provide **accurate** data. Accurate data is essential if your results are going to have any meaning.

How do you know if you have accurate data?

It is very difficult to be certain. Accurate results are very close to the true value. It is not always possible to know what that true value is.
- Sometimes you can calculate a theoretical value and check it against the experimental evidence. Close agreement between these two values could indicate accurate data.
- You can draw a graph of your results and see how close each result is to the line of best fit.
- Try repeating your measurements with a different instrument and see if you get the same readings.

How do you get accurate data?
- Using instruments that measure accurately will help.
- The more carefully you use the measuring instruments, the more accuracy you will get.

Precision

Your investigation must provide data with sufficient precision. If it doesn't, you will not be able to make a valid conclusion.

How do you get precise and repeatable data?
- You have to repeat your tests as often as necessary to improve repeatability.
- You have to repeat your tests in exactly the same way each time.
- Use measuring instruments that have the appropriate scale divisions needed for a particular investigation. Smaller scale divisions have better resolution.

Making measurements
Using instruments

You cannot expect perfect results. When you choose an instrument, you need to know that it will give you the accuracy that you want (i.e., that it will give you a true reading).

When you choose an instrument, you need to decide how precise you need to be. Some instruments have smaller scale divisions than others. Instruments that measure the same thing can have different sensitivities. The resolution of an instrument refers to the smallest change in a value that can be detected. Choosing the wrong scale can cause you to miss important data or make silly conclusions.

You also need to be able to use an instrument properly.

Errors

Even when an instrument is used correctly, the results can still show differences. Results may differ because of a **random error**. This is most likely to be due to a poor measurement being made. It could be due to not carrying out the method consistently.

The error may be a **systematic error**. This means that the method was carried out consistently, but an error was being repeated.

Anomalies

Anomalies are results that are clearly out of line. They are not those that are due to the natural variation that you get from any measurement. These should be looked at carefully. There might be a very interesting reason why they are so different. If they are simply due to a random error then they should be ignored.

If anomalies can be identified whilst you are doing an investigation, then it is best to repeat that part of the investigation. If you find anomalies after you have finished collecting the data for an investigation, the anomalous results must be discarded.

Did you know ... ?

Imagine measuring the temperature after a set time when a sugar is used to heat a fixed volume of water.

Two students repeated this experiment, four times each. Their results are marked on Figure 1 below:

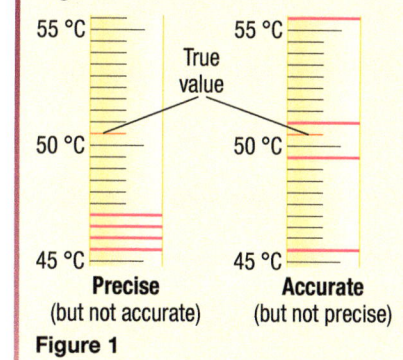

Figure 1

Precise (but not accurate) — Accurate (but not precise)

- A **precise** set of results is grouped closely together.
- An accurate set of results will have a mean (average) close to the true value.

Key points

- Care must be taken to ensure fair testing.
- You can use a trial run to make sure that you choose the best values for your variables.
- Careful use of the correct equipment can improve accuracy.
- If you repeat your results carefully you can improve precision.
- Results will nearly always vary. Better instruments give more accurate results.
- Resolution in an instrument is the smallest change that it can detect.
- Human error can produce random and systematic errors.
- You must examine anomalies.

Experimental data handling

Using data

Learning objectives

After this topic, you should know:
- what is meant by the range and the mean of a set of data
- how data should be displayed
- which charts and graphs are best to identify patterns in data
- how to identify relationships within data
- how scientists draw valid conclusions from relationships
- how to evaluate the reproducibility of an investigation.

Presenting data

Tables

Tables are really good for getting your results down quickly and clearly. You should design your table before you start your investigation.

The range of the data

Pick out the maximum and the minimum values and you have the range. You should always quote these two numbers when asked for a range. For example, the range is between … (the lowest value) and … (the highest value) Don't forget to include the units!

The mean of the data

Add up all of the measurements and divide by how many there are.

Bar charts

If you have a categoric independent variable and a continuous dependent variable you should use a **bar chart**.

Line graphs

If you have a continuous independent and a continuous dependent variable you should use a **line graph**.

Scatter graphs

These are used in much the same way as a line graph, but you might not expect to be able to draw such a clear line of best fit. For example, if you want to see if lung capacity is related to how long people can hold their breath, you might draw a scatter graph of your results.

Using data to draw conclusions

Identifying patterns and relationships

Now that you have a bar chart or a graph of your results, you can begin looking for patterns in your results. You must have an open mind at this point.

Firstly, there could still be some anomalous results. You might not have picked these out earlier. How do you spot an anomaly? It must be a significant distance away from the pattern, not just within normal variation.

A line of best fit will help to identify any anomalies at this stage. Ask yourself – do the anomalies represent something important, or were they just a mistake?

Secondly, remember that a line of best fit can be a straight line or it can be a curve – you have to decide based on your results.

Using data

The line of best fit will also lead you to consider what the relationship is between your two variables. You need to consider whether your graph shows a **linear relationship**. This simply means asking yourself whether you can you be confident about drawing a straight line of best fit on your graph. If the answer is yes, is this line positive or negative?

A **directly proportional** relationship is shown by a positive straight line that goes through the origin (0, 0).

Your results might also show a curved line of best fit. These can be predictable, complex, or very complex!

Drawing conclusions

Your graphs are designed to show the relationship between your two chosen variables. You need to consider what that relationship means for your conclusion. You must also take into account the repeatability and the validity of the data you are considering.

You must continue to have an open mind about your conclusion.

You will have made a prediction. This could be supported by your results, it might not be supported, or it could be partly supported. It might suggest some other hypothesis to you.

You must be willing to think carefully about your results. Remember that it is quite rare for a set of results to completely support a prediction and to be completely repeatable.

Look for possible links between variables. It may be that:
- changing one has caused the other to change
- the two are related, but one is not necessarily the cause of the other.

You must decide which is the most likely. Remember that a positive relationship does not always mean a causal link between the two variables.

Your conclusion must go no further than the **evidence** that you have. Any patterns you spot are only strictly valid with in the range of values that you tested. Further tests are needed to check whether the pattern continues beyond this range.

The purpose of the prediction was to test a hypothesis. The hypothesis can:
- be supported
- be refuted, or
- lead to another hypothesis.

You have to decide which it is using the evidence available.

Evaluation

If you are still uncertain about a conclusion, it might be down to the repeatability, reproducibility, and validity of the results. You could check reproducibility by:
- looking for other similar work on the Internet or from others in your class
- getting somebody else to redo your investigation
- trying an alternative method to see whether you get the same results.

Key points

- The range states the maximum and the minimum value.
- The mean is the sum of the values divided by how many values there are.
- Tables are best used during an investigation to record results.
- Bar charts are used when you have a categoric independent variable and a continuous dependent variable.
- Line graphs are used to display data that are continuous.
- Drawing lines of best fit help us to study the relationship between variables. The possible relationships are: linear, positive, and negative; directly proportional; predictable; and complex curves.
- Conclusions must go no further than the data available.
- The reproducibility of data can be checked by looking at other similar work done by others, perhaps on the Internet. It can also be checked by using a different method or by others checking your method.

Practice questions

In fish and chip shops, potatoes are cut into chips several hours before they are cooked.

The mass of water in the chips must be kept constant during this time.

To keep the water in the chips constant, the chips are kept in sodium chloride solution.

1 Figure 1 shows some apparatus and materials.

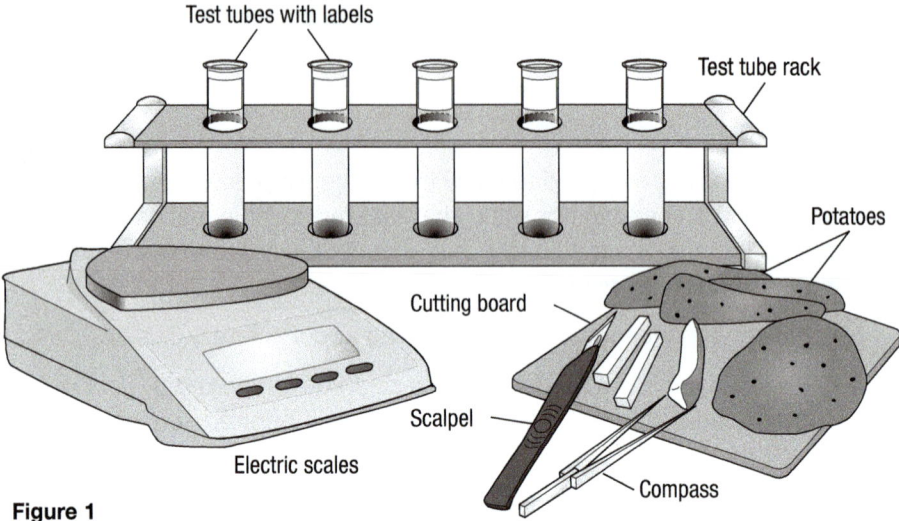

Figure 1 — Test tubes with labels, Test tube rack, Potatoes, Cutting board, Scalpel, Electric scales, Compass

In this question you will be assessed on using good English, organising information clearly, and using scientific terms where appropriate.

Describe how you would use the apparatus and materials shown in Figure 1 to find the concentration of sodium chloride in which to keep the chips so that the mass of water in the chips remains constant.

You should include:
– the measurements you would make
– how you would make the investigation a fair test.

> This answer would score 6 marks. The candidate has included all the necessary science points, has used appropriate scientific terms for the apparatus and materials, and has described a logical and detailed method.

First, I would cut up the potato using the scalpel so that I had chips exactly the same cross-section (say 5mm × 5mm) and length (say 5cm). I would then dilute some 1.0 mol/dm³ sodium chloride solution with distilled water to give 0.1, 0.2, 0.3, 0.4, 0.5, 0.6, 0.7, 0.8 mol/dm³ solutions in separate test tubes and label them. I would use pure water as well. I would use forceps to blot each chip dry, find its mass on the balance, and record the mass in a table. I would put one chip in each test tube, making sure I had the correct mass opposite each solution in my table.

I would leave them all for 24 hours. Next day, I would remove each one with forceps, blot it dry as before and find its mass. I would record the new mass in the next column of my table. The concentration of sodium chloride where there was least change in mass would be the best one to use.

(6)

In a similar investigation, a student investigated the effect of the concentration of sodium chloride solution on standard-sized cylinders cut from a potato.

Table 1 shows the student's results.

	Concentration of sodium chloride solution (mol/dm³)					
	0	0.2	0.4	0.6	0.8	1.0
Change in length of cylinders (mm)	+4.1	+1.5	−1.4	−3.6	−4.6	−5.2

2 On the graph paper below, draw a graph to display the student's results.
  – Add a suitable scale and label to the *y*-axis.
  – Plot the student's results.
  – Draw a line of best fit.

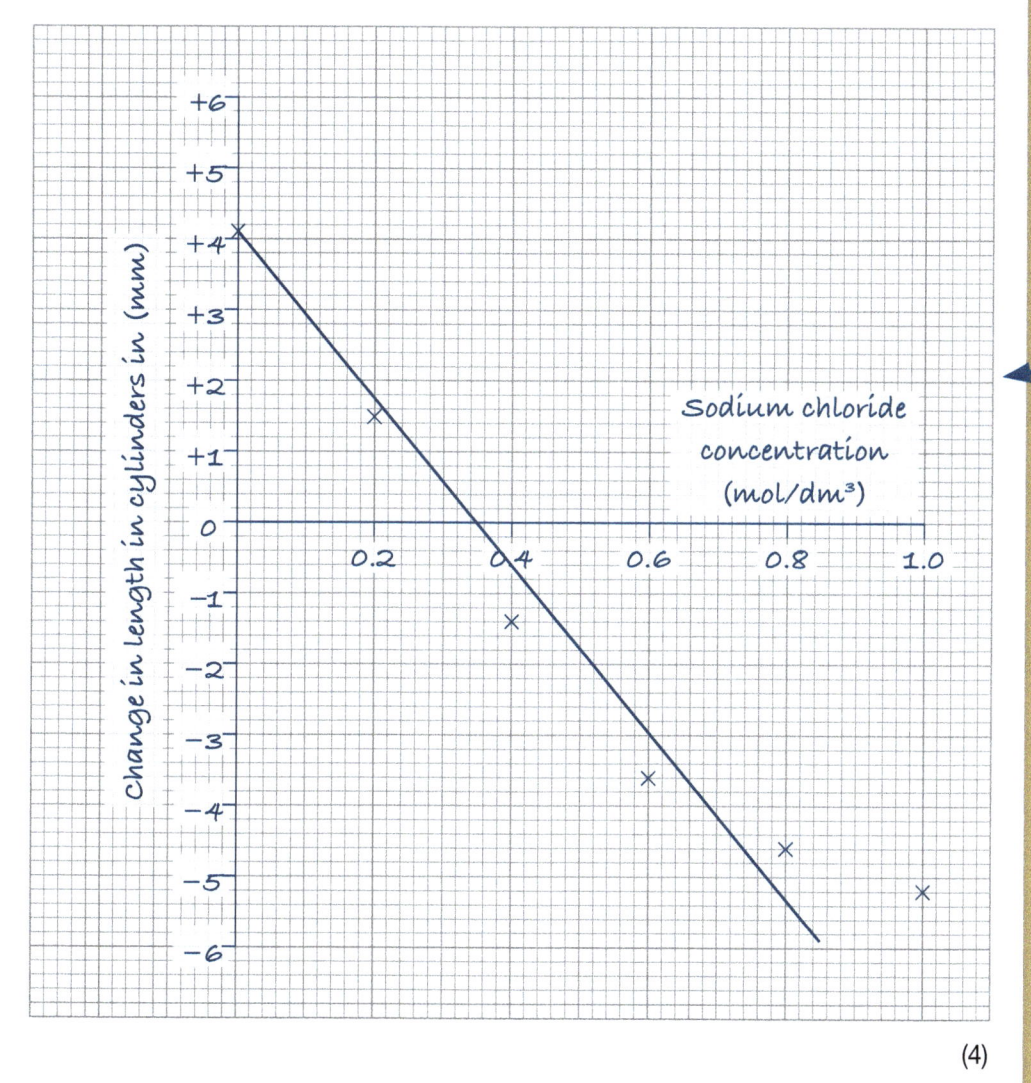

(4)

> The candidate would score 3 marks, 1 for correct scale and label on the *y*-axis, and 2 marks for correct plots. However, the line of best fit is not close enough, as it should show a smooth curve.

Practice questions

> This answer gains 1 mark as it is correct for the candidate's line.

3 In which concentration of sodium chloride would the chips *not* change mass?

Concentration 0.35 mol/dm³

(1)

4 Explain the changes in length of potato cylinders that were placed in the 1 mol/dm³ sodium chloride solution.

The cylinders shrank by 5.2 mm. This is because the liquid outside the cells had a higher concentration of salt than the liquid inside the cells and so water moved out of the cells by osmosis. This made the cells and the cylinders shrink in length.

(3)

> The candidate would gain 2 marks for correctly identifying the concentration gradient and for knowing that therefore water moves out of the cells into the liquid outside. However, they did not gain the final point, which would note that this is able to happen because the cell membranes are partially permeable.

Glossary

A

Abdomen The lower region of the body. In humans it contains the digestive organs, kidneys, etc.

Accurate Describes a measurement judged to be close to the true value.

Acid rain Rain that is acidic due to dissolved gases, such as sulfur dioxide, produced by the burning of fossil fuels.

Active site Site on an enzyme where the reactants bind.

Active transport Movement of substances against a concentration gradient and/or across a cell membrane, using energy.

Adaptation Special feature that makes an organism particularly well-suited to the environment where it lives.

ADH Anti-diuretic hormone secreted by the pituitary gland in the brain that affects the amount of water lost through the kidneys in the urine.

Adult cell cloning Process in which the nucleus of an adult cell of one animal is fused with an empty egg from another animal. The resulting embryo is placed inside the uterus of a third animal to develop.

Adult stem cell Stem cell (cells with the potential to differentiate and form a variety of other cell types) that is found in small quantities in adult tissues.

Aerobic respiration Breaking down food using oxygen to release energy for the cells.

Agar Nutrient jelly on which many microorganisms are cultured.

Agglutinate Stick together.

Agriculture Growing plants or other organisms on farms to supply human needs (e.g., for food, clothing, etc).

Algae Single-celled or simple multicellular organisms that can photosynthesise but are not plants.

Algal cell The cells of algae, single-celled, or simple multicellular organisms, which can photosynthesise but are not plants.

Allele Version of a particular gene.

Alveoli Tiny air sacs in the lungs which increase the surface area for gaseous exchange.

Amino acid Building block of protein. Protease enzymes break down proteins into amino acids.

Amylase Enzyme made in the salivary glands, pancreas, and small intestine, which speeds up the breakdown of starch into simple sugars.

Anaerobic respiration Breaking down food without oxygen to release energy for the cells.

Anomalous result Result that does not match the pattern seen in the other data collected or is well outside the range of other repeat readings. It should be retested and, if necessary, discarded.

Antibiotic Drug that destroys bacteria inside the body without damaging human cells.

Antibodies Proteins made by white blood cells which bind to specific antigens.

Antigen Unique protein on the surface of a cell. It is recognised by the immune system as 'self' or 'non-self'.

Aorta Main artery leaving the left ventricle carrying oxygenated blood to the body.

Artery Blood vessel which carries blood away from the heart. It usually carries oxygenated blood and it has a pulse.

Artificial pacemaker Electrical device which can be implanted to act as pacemaker for the heart when the natural pacemaker region fails.

Asexual reproduction Reproduction that involves only one individual with no fusing of gametes to produce the offspring. The offspring are genetically identical to the parent.

Atrium Small upper chambers of the heart. The right atrium receives blood from the body and the left atrium receives blood from the lungs.

B

Bacteria Single-celled microorganisms that can reproduce very rapidly. Many bacteria are useful (e.g., gut bacteria and decomposing bacteria), but some cause disease.

Bacterial colony Population of billions of bacteria grown in culture.

Glossary

Bar chart Chart with rectangular bars with lengths proportional to the values that they represent. The bars should be of equal width and are usually plotted horizontally or vertically. Also called a bar graph.

Bases Nitrogenous compounds that make up part of the structure of DNA.

Benign tumour Tumour that grows in one location and does not invade other tissues.

Biconcave disc The shape of red blood cells – a disc which is dimpled inwards on both sides.

Bile Yellowy-green liquid made in the liver and stored in the gall bladder. It is released into the small intestine and emulsifies fats.

Biodiversity The number and variety of different organisms found in a specified area.

Biofuel Fuel produced from biological material which is renewable and sustainable.

Biological detergent Washing detergent that contains enzymes.

Biomass Biological material from living or recently living organisms.

Bladder Organ where urine is stored until it is released from the body.

Blood circulation system System by which blood is pumped around the body.

Blood vessel Tube which carries blood around the body (i.e., arteries, veins, and capillaries).

Blood Liquid which is pumped around the body by the heart. It contains blood cells, dissolved food, oxygen, waste products, mineral ions, hormones, and other substances needed in the body or needing to be removed from the body.

Breathing The physical movement of air into and out of the lungs. In humans this is brought about by the action of the intercostal muscles on the ribs and the diaphragm.

C

Callus Mass of unspecialised plant tissue.

Cancer Common name for a malignant tumour.

Capillary Smallest type of blood vessels which run between individual cells. Capillaries have a wall which is only one cell thick.

Carbohydrate Molecules which provide us with energy. Carbohydrates contain the chemical elements carbon, hydrogen, and oxygen and are made up of single sugar units.

Carbon cycle The cycling of carbon through the living and non-living world.

Carbon sink Something that takes up more carbon dioxide than it produces (e.g., plants, the oceans).

Carcinogen Chemical that can cause mutations in cells and so trigger the formation of malignant tumours.

Carnivore Animal that eats other animals.

Carrier Individual that is heterozygous for a faulty allele that causes a genetic disease in the homozygous form.

Catalyst Substance which speeds up a chemical reaction. At the end of the reaction the catalyst remains chemically unchanged.

Categoric variable See Variable – categoric.

Cell cycle The sequence of events by which cells grow and divide.

Cell membrane Membrane around the contents of a cell which controls what moves in and out of the cell.

Cell wall Rigid structure which surrounds the cells of living organisms apart from animals.

Cellulose Large carbohydrate molecule which makes up plant and algal cell walls.

Central nervous system (CNS) Made up of the brain and spinal cord where information is processed.

Charles Darwin Victorian scientist who developed the theory of evolution by a process of natural selection.

Chemotherapy Treatment in which chemicals are used to either stop cancer cells dividing or to make them self-destruct.

Chlorophyll Green pigment contained in the chloroplasts.

Chloroplast Organelle in which photosynthesis takes place.

Chromosome Thread-like structure carrying the genetic information found in the nucleus of a cell.

Classification The organisation of living things into groups according to their similarities.

Clone Offspring produced by asexual reproduction which is genetically identical to its parent organism.

Cloning The production of offspring which are genetically identical to the parent organism.

Combustion The process of burning.

Competition The process by which living organisms compete with each other for limited resources such as food, light, or reproductive partners.

Glossary

Complex carbohydrate Carbohydrate made up of long chains of single sugar units (e.g., starch, cellulose).

Compost heap A site where garden rubbish and kitchen waste are decomposed by microorganisms.

Concentration gradient Gradient between an area where a substance is at a high concentration and an area where it is at a low concentration.

Continuous variable See Variable – continuous.

Control group If an experiment is to determine the effect of changing a single variable, a control is often set up in which the independent variable is not changed, therefore enabling a comparison to be made. If the investigation is of the survey type, a control group is usually established to serve the same purpose.

Control variable See Variable – control.

Core body temperature Internal temperature of the body.

Coronary artery Artery which carries oxygenated blood to the muscle of the heart.

Coronary heart disease Heart disease caused by problems with the coronary arteries that supply the heart muscle with oxygenated blood.

Culture medium Substance containing the nutrients needed for microorganisms to grow.

Cuticle Waxy covering of a leaf (or an insect) which reduces water loss from the surface.

Cystic fibrosis Genetic disease that affects the lungs, digestive, and reproductive systems. It is inherited through a recessive allele.

Cytoplasm Water-based gel in which the organelles of all living cells are suspended.

D

Data Information, either qualitative or quantitative, that has been collected.

Decomposer Microorganism that breaks down waste products and dead bodies.

Deforestation Removal of forests by felling, burning, etc.

Denatured Shape of an enzyme has been changed so that it can no longer speed up a reaction.

Deoxygenated Lacking in oxygen.

Dependent variable See Variable – dependent.

Detritivore Organism that feeds on organic waste from animals and the dead bodies of animals and plants.

Detritus feeder A detritus feeder is the same as a detritivore. Detritivores are larger animals that feed on dead plants, dead animals, and their wastes.

Dialysis machine Machine used to remove urea and excess mineral ions from the blood when the kidneys fail.

Dialysis The process of cleansing the blood through a dialysis machine when the kidneys have failed.

Diaphragm A strong sheet of muscle that separates the thorax from the digestive organs, used to change the volume of the chest during ventilation of the lungs.

Differentiated Specialised for a particular function.

Diffusion The net movement of particles of a gas or a solute from an area of high concentration to an area of low concentration (down a concentration gradient).

Digested Broken down into small molecules by the digestive enzymes.

Digestive juices The mixture of enzymes and other chemicals produced by the digestive system.

Digestive system Organ system where food is digested, running from the mouth to the anus.

Direct contact Means of spreading infectious diseases by skin contact between two people.

Directly proportional Relationship that, when drawn on a line graph, shows a positive linear relationship that crosses through the origin.

DNA fingerprint Pattern produced by analysing DNA which can be used to identify an individual.

DNA Deoxyribonucleic acid, the material of inheritance.

Dominant Describes a characteristic that will show up in the offspring even if only one of the alleles is inherited.

Donor Person who gives material from their body to another person who needs healthy tissues or organs (e.g., blood, kidneys). Donors may be alive or dead.

Double circulatory system The separate circulation of the blood from the heart to the lungs and then back to the heart and on to the body.

Droplet infection Means of spreading infectious diseases through tiny droplets full of pathogens, which are expelled from your body when you cough, sneeze, or talk.

Drug Chemical which causes changes in the body. Medical drugs cure disease or relieve symptoms. Recreational drugs alter the state of your mind and/or body.

Glossary

E

Ecology The scientific study of the relationships between living organisms and their environment.

Effector organ Muscles or glands which responds to impulses from the nervous system.

Electron microscope Instrument used to magnify specimens using a beam of electrons.

Element Substance made up of only one type of atom. An element cannot be broken down chemically into any simpler substance.

Embryonic stem cell Stem cell with the potential to form a number of different specialised cell types, which is taken from an early embryo.

Emulsifies Breaks down into tiny droplets which will form an emulsion.

Endemic When a species evolves in isolation and is found in only one place in the world– it is said to be endemic (particular) to that area.

Environmental cause External, not inherited, condition that affects the way in which characteristics of organisms develop.

Environmental isolation This occurs when the climate changes in one area where an organism lives but not in others.

Enzyme Protein molecule which acts as a biological catalyst. It changes the rate of chemical reactions without being affected itself at the end of the reaction.

Epidermal tissue Tissue of the epidermis – the outer layer of an organism.

Epithelial tissue Tissue made up of relatively unspecialised cells which covers and lines some parts of the body.

Error – human Often present in the collection of data, may be random or systematic. For example, the effect of human reaction time when recording short time intervals with a stopwatch.

Error – random Causes readings to be spread about the true value, due to results varying in an unpredictable way from one measurement to the next. Random errors are present when any measurement is made and cannot be corrected. The effect of random errors can be reduced by making more measurements and by calculating a new mean.

Error – systematic Causes readings to be spread about some value other than the true value, due to results differing from the true value by a consistent amount each time a measurement is made. Sources of systematic error can include the environment, methods of observation, or instruments used. Systematic errors cannot be dealt with by simple repeats. If a systematic error is suspected, the data collection should be repeated using a different technique or a different set of equipment, and the results compared.

Eutrophication Process by which excessive nutrients in water lead to very fast plant growth. When the plants die they are decomposed, which uses up a lot of oxygen so the water can no longer sustain animal life.

Evaporation The change of a liquid to a vapour at a temperature below its boiling point.

Evidence Data which has been shown to be valid.

Evolution Process of slow change in living organisms over long periods of time as those best-adapted to survive breed successfully.

Exchange surface Surface where materials are exchanged.

Extinction The permanent loss of all the members of a species.

Extremophile Organism which lives in environments that are very extreme (e.g., very high or very low temperatures, high salt levels, or high pressures).

F

Fair test A test in which only the independent variable has been allowed to affect the dependent variable.

False negative A test that shows that a specific problem is not present when in fact it is.

False positive A test that shows that a specific problem is present when in fact it is not.

Fatty acid Building block of lipids.

Fermentation Reaction in which the enzymes in yeast turn glucose into ethanol and carbon dioxide.

Fertile Describes soil that contains enough minerals (e.g., nitrates) to supply crop plants with all the nutrients needed for healthy growth.

Fertiliser Substance provided for plants that supplies them with essential nutrients for healthy growth.

Fossil fuel Fuel obtained from long-dead biological material.

Fossil Remains of an organism from many thousands or millions of years ago that have been preserved in rock, ice, amber, peat, etc.

G

Gamete Sex cell which has half the chromosome number of an ordinary cell.

Gametocytes The stage in the lifecycle of the malaria parasite Plasmodium that reproduces sexually and infects female mosquitos.

Gaseous exchange Exchange of gases (e.g., the exchange of oxygen and carbon dioxide which occurs between the air in the lungs and the blood).

Gene Short section of DNA carrying genetic information.

Genetic cause The alleles inherited by an organism that determine its characteristics directly.

Genetic disorder Disease which is inherited.

Genetic engineering Technique for changing the genetic information of a cell.

Genetic material DNA which carries the instructions for making a new cell or a new individual.

Genetically modified Describes an organism that has had its genetic material modified, usually by the addition of at least one new gene.

Genetically modified crop (GM crop) Crop that has had its genes modified by genetic engineering techniques.

Genotype The genetic make-up of an individual regarding a particular characteristic.

Geographical isolation This is when two populations become physically isolated by a geographical feature.

Glandular tissue Tissue which makes up the glands and secretes chemicals (e.g., enzymes, hormones).

Global warming Warming of the Earth due to greenhouse gases in the atmosphere trapping infrared radiation from the surface.

Glucagon Hormone involved in the control of blood sugar levels.

Glucose A simple sugar.

Glycerol Building block of lipids.

Glycogen Carbohydrate store in animals, including the muscles and liver of the human body.

Greenhouse effect The trapping of infrared radiation from the Sun as a result of greenhouse gases (e.g., carbon dioxide and methane) in the Earth's atmosphere. The greenhouse effect maintains the surface of the Earth at a temperature suitable for life.

Greenhouse gas Gases (e.g., carbon dioxide and methane), which absorb energy radiated from the Earth, and result in warming up the atmosphere.

Guard cell Cells which surround stomata in the leaves of plants and control their opening and closing.

H

Haemoglobin Red pigment which carries oxygen around the body.

Hazard Something (e.g., an object, a property of a substance, or an activity) that can cause harm.

Heart Muscular organ which pumps blood around the body.

Herbicide Chemical which kills plants.

Herbivore Animal which feeds on plants.

Herd immunity The target of vaccination programmes – when a large percentage of the population are immune to a disease, the spread of the pathogen is greatly reduced and it may disappear completely from a population.

Heterozygous An individual with different alleles for a characteristic.

Homeostasis Maintenance of constant internal body conditions.

Homozygous An individual with two identical alleles for a characteristic.

Hormone Chemical produced in glands which carries chemical messages around the body.

Horticulture Growing plants for food and for pleasure in gardens.

Hypertonic Solution with a higher concentration of solute molecules than another solution.

Hypothermia The state which occurs when the core body temperature falls below the normal range.

Hypothesis Proposal intended to explain certain facts or observations.

Hypotonic Solution with a lower concentration of solute molecules than another solution.

I

Immune response Response of the immune system to cells carrying foreign antigens. It results in the production of antibodies against the foreign cells and the destruction of those cells.

Immune system Body system which recognises and destroys foreign cells or proteins (e.g., invading pathogens).

Immunisation Giving a vaccine that allows immunity to develop without exposure to the disease itself.

Immunosuppressant drug Drug which suppresses the immune system of the recipient of a transplanted organ to prevent rejection.

Impulse Electrical signal carried along the neurones.

Independent variable See Variable – independent.

Industrial waste Waste produced by industrial processes.

Infectious disease Disease which can be passed from one individual to another.

Infectious Capable of causing infection.

Glossary

Inheritance of acquired characteristics Jean-Baptiste Lamarck's theory of how evolution took place.

Inherited disorder Passed on from parents to their offspring through genes.

Inoculate To make someone immune to a disease by injecting them with a vaccine which stimulates the immune system to make antibodies against the disease.

Insoluble molecule Molecule which will not dissolve in a particular solvent such as water.

Insulin Hormone involved in the control of blood sugar levels.

Intercostal muscles Muscles between the ribs which raise and lower them during breathing movements.

Internal environment Conditions inside the body.

Inter-specific competition Competition for resources between members of different species.

Intra-specific competition Competition for resources between members of the same species.

Ion Charged particle produced by the loss or gain of electrons.

Ionising radiation Radiation made of particles which produce ions in the materials that they pass through, which in turn can make them biologically active and may result in mutation and cancer.

Isotonic Having the same concentration of solutes as another solution.

J

Jean-Baptiste Lamarck French biologist who developed a theory of evolution based on the inheritance of acquired characteristics.

K

Kidney Organ which filters the blood and removes urea, excess salts, and water.

Kidney transplant Replacement of failed kidneys with a healthy kidney from a donor.

Kidney tubule Structure in the kidney where substances are reabsorbed back into the blood.

L

Lactic acid One product of anaerobic respiration. It builds up in muscles with exercise. Important in yoghurt- and cheese-making processes.

Light microscope Instrument used to magnify specimens using lenses and light.

Limiting factor Factor which limits the rate of a reaction (e.g., temperature, pH, and light levels limit photosynthesis).

Line graph Used when both variables are continuous. The line should normally be a line of best fit, and may be straight or a smooth curve. (Exceptionally, in some investigations, the line may be a point-to-point line.)

Linear relationship Relationship between two continuous variables that can be represented by a straight line on a graph.

Lipase Enzyme which breaks down fats and oils into fatty acids and glycerol.

Lipid Oil or fat.

Liver Large organ in the abdomen which carries out a wide range of functions in the body.

M

Malignant tumour Tumour that can spread around the body, invading healthy tissues as well as splitting and forming secondary tumours.

Mean The arithmetical average of a series of numbers.

Median The middle value in a list of data.

Meiosis Two-stage process of cell division which reduces the chromosome number of the daughter cells. It is involved in making the gametes for sexual reproduction.

Metastase The way in which malignant tumours spread around the body.

Methane Hydrocarbon gas that makes up the main flammable component of biogas.

Microorganism Bacteria, viruses, and other organisms which can only be seen using a microscope.

Mineral ion Chemical needed in small amounts as part of a balanced diet to keep the body healthy.

Mitochondria The site of aerobic cellular respiration in a cell.

Mitosis Asexual cell division where two identical cells are formed.

Molecule Particle made up of two or more atoms bonded together.

Monitor Make observations over a period of time.

Monohybrid cross Genetic cross involving the inheritance of a single gene.

Motor neurone Neurone that carries impulses from the central nervous system to the effector organs.

MRSA Methicillin-resistant *Staphylococcus aureus*. An antibiotic-resistant bacterium.

Multicellular organism Organism which is made up of many different cells which work together. Some of the cells are specialised for different functions in the organism.

Muscular tissue Tissue which makes up the muscles. It can contract and relax.

Mutation Change in the genetic material of an organism.

N

Natural selection Process by which evolution takes place. Organisms produce more offspring than the environment can support, so only those which are most suited to their environment – the 'fittest' – will survive to breed and pass on their useful alleles.

Negative feedback system System of control based on an increase in one substance triggering the release of another substance which brings about a reduction in levels of the initial stimulus.

Negative pressure Describes a system in which the external pressure is lower than the internal pressure.

Nerve Bundle of hundreds or even thousands of neurones.

Nervous system See Central nervous system.

Net movement Overall movement of a substance.

Neurone Basic cell of the nervous system which carries minute electrical impulses around the body.

Nitrate ion Ion needed by plants to make proteins.

Non-renewable Something which cannot be replaced once it is used up.

Nucleus (of a cell) Organelle found in many living cells, containing the genetic information.

O

Obese Very overweight, with a BMI of over 30.

Optic nerve Nerve carrying impulses from the retina of the eye to the brain.

Organ Group of different tissues working together to carry out a particular function.

Organ system Group of organs working together to carry out a particular function.

Osmosis Diffusion of water from a dilute to a more concentrated solution through a partially permeable membrane that allows the passage of water molecules.

Ova Female sex cells (gametes or egg cells) in animals.

Ovary Female sex organ which contains the eggs and produces sex hormones during the menstrual cycle.

Overweight Describes a person whose body carries excess fat and if whose BMI is between 25 and 30.

Oxygen debt Extra oxygen that must be taken into the body after exercise has stopped to complete the aerobic respiration of lactic acid.

Oxygenated Containing oxygen.

Oxyhaemoglobin Molecule formed when haemoglobin binds to oxygen molecules.

P

Pacemaker Something biological or artificial that sets the basic rhythm of the heart.

Palisade mesophyll Upper layer of mesophyll tissue in plant leaves that contains many chloroplasts for photosynthesis.

Pancreas Organ that produces the hormone insulin and many digestive enzymes.

Parasite Organism which lives in or on other living organisms and gets some or all of its nourishment from this host organism.

Partially permeable membrane Allows only certain substances to pass through.

Pathogen Microorganism which causes disease.

Permanent vacuole Space in the cytoplasm filled with cell sap which is there all the time.

Pesticide Chemical that kills animals.

Petal Feature of a plant adapted to contain the sex organs. May be brightly coloured or patterned to attract insects and other pollinators.

Phenotype The physical appearance/biochemistry of an individual regarding a particular characteristic.

Phloem tissue Living transport tissue in plants which carries sugars around the plant.

Photosynthesis Process by which plants make food using carbon dioxide, water, and light energy.

Pigment Coloured molecule.

Pituitary gland Small gland in the brain which produces a range of hormones controlling body functions.

Placebo Substance used in clinical trials which does not contain any drug at all.

Plasma Clear, yellow, liquid part of the blood which carries dissolved substances and blood cells around the body.

Plasmid Extra circle of DNA found in bacterial cytoplasm.

Plasmolysis The state of a plant cell when large amounts of water have moved out by osmosis and the protoplasm shrinks, pulling the cell membrane away from the cell wall.

Platelet Fragment of cell in the blood which is vital for the clotting mechanism to work.

Polydactyly Genetic condition inherited through a dominant allele which results in extra fingers and toes.

Positive pressure Describes a system where the external pressure is higher than the internal pressure.

Glossary

Precise Describes a measurement in which there is very little spread about the mean value. Precision depends only on the extent of random errors – it gives no indication of how close results are to the true value.

Predator Animal which preys on other animals for food.

Prediction Forecast or statement about the way in which something will happen in the future. In science it is not just a simple guess, because it is based on some prior knowledge or on a hypothesis.

Protease Enzyme which breaks down proteins.

Protein synthesis Process by which proteins are made on the ribosomes based on information from the genes in the nucleus.

Puberty Stage of development when the sexual organs and the body become adult.

Pulmonary artery Large blood vessel taking deoxygenated blood from the right ventricle of the heart to the lungs.

Pulmonary vein Large blood vessel bringing blood into the left atrium of the heart from the lungs.

Pyramid of biomass A model of the mass of biological material in the organisms at each level of a food chain.

R

Radiotherapy Cancer treatment in which cells are destroyed by targeted doses of radiation.

Random error See Error – random.

Range The maximum and minimum values of the independent or dependent variables, important in ensuring that any pattern is detected.

Receptor Special sensory cell that detects changes in the environment.

Recessive Describes a characteristic that will show up in offspring only if both of the alleles are inherited.

Recipient Person who receives a donor organ.

Red blood cell Blood cell which contains the red pigment haemoglobin. It is a biconcave disc shape and gives the blood its red colour.

Reflex arc Describes the sense organ, sensory neurone, relay neuron, motor neuron, and effector organ which bring about a reflex action.

Reflex Rapid automatic response of the nervous system that does not involve conscious thought.

Relay neurone Neurone located in the central nervous system (spinal cord or brain) which links a sensory neurone and a motor neurone in a reflex response.

Repeatable Describes a measurement for which the original experimenter can repeat the investigation using same method and equipment and obtain the same results.

Reproducible A measurement is reproducible if the investigation is repeated by another person, or by using different equipment or techniques, and the same results are obtained.

Respiration Process by which food molecules are broken down to release energy for the cells.

Respiratory (breathing) system System of the body including the airways and lungs that is specially adapted for the exchange of gases between the air and the blood.

Ribosome Site of protein synthesis in a cell.

Risk Likelihood that a hazard will actually cause harm. You can reduce risk by identifying the hazard and doing something to protect against that hazard.

Root hair cell Cell on the root of a plant with microscopic hairs which increases the surface area for the absorption of water from the soil.

S

Salivary gland Gland in the mouth which produces saliva containing the enzyme amylase.

Sample size Size of a sample in an investigation.

Secrete Release chemicals (e.g., hormones or enzymes).

Selective reabsorption Absorption of varying amounts of water and dissolved mineral ions back into the blood in the kidney, depending on what is needed by the body.

Sense organ Collection of special cells known as receptors which respond to changes in the surroundings (e.g., eye, ear).

Sensory neurone Neurone which carries impulses from the sensory organs to the central nervous system.

Sequestered Describes the storage of carbon dioxide directly or indirectly in plant material and water.

Sewage treatment plant Site where human waste is broken down using microorganisms.

Sewage A combination of bodily waste, waste water from homes, and rainfall overflow from street drains.

Sex chromosome Chromosome which carries the information about the sex of an individual.

Sexual reproduction Reproduction which involves the joining (fusion) of male and female gametes, producing genetic variety in the offspring.

Sickle-cell anaemia Genetic disorder affecting the structure of haemoglobin, which in turn affects the shape of red blood cells, making them sickle-shaped so they don't carry oxygen efficiently.

Simple sugar Small carbohydrate molecule made up of single sugar units or two sugar units joined together.

Small intestine Region of the digestive system where most of the digestion of food takes place.

Smog Haze of small particles and acidic gases which forms in the air over major cities as a result of the burning of fossil fuels in vehicles and pollution from industrial processes.

Solute Solid which dissolves in a solvent to form a solution.

Specialised Adapted for a particular function.

Speciation Formation of a new species.

Species Group of organisms with many features in common which can breed successfully, producing fertile offspring.

Sperm Male sex cell (gamete) in animals.

Spongy mesophyll Lower layer of mesophyll tissue in plant leaves that contains some chloroplasts and also has big air spaces to give a large surface area for the diffusion of gases.

Stem cell Undifferentiated cell with the potential to form a wide variety of different cell types.

Stent Metal mesh placed in an artery which is used to open up the blood vessel by the inflation of a tiny balloon.

Stimulus Change in the environment that is detected by sensory receptors.

Stomata Openings in the leaves of plants (particularly the underside) which allow gases to enter and leave the leaf. They are opened and closed by guard cells.

Sulfur dioxide Polluting gas formed when fossil fuels containing sulfur impurities are burnt.

Sustainable food production Methods of producing food which can be sustained over time without destroying the fertility of the land or oceans.

Synapse Gap between neurones where the transmission of information is chemical rather than electrical.

Systematic error See Error – systematic.

T

Territory Area where an animal lives and feeds, which it may mark out or defend against other animals.

Therapeutic cloning Cloning by transferring the nucleus of an adult cell to an empty egg to produce tissues or organs which could be used in medicine.

Thermoregulatory centre Area of the brain which is sensitive to blood temperature.

Thorax The upper (chest) region of the body. In humans it includes the ribcage, heart, and lungs.

Tissue culture Using small groups of cells from a plant to make new plants.

Tissue Group of specialised cells all carrying out the same function.

Trachea Main tube lined with cartilage rings which carries air from the nose and mouth down towards the lungs.

Translocation Movement of sugars from the leaves to the rest of a plant.

Transpiration stream Movement of water through a plant from the roots to the leaves as a result of the loss of water by evaporation from the surface of the leaves.

Transpiration Loss of water vapour from the leaves of plants through the stomata when they are opened to allow gas exchange for photosynthesis.

Transport system System for transporting substances around a multicellular living organism.

Tuber Modified part of a plant which is used to store food in the form of starch.

Tumour Mass of abnormally growing cells that forms when cells do not respond to the normal mechanisms which control the cell cycle.

Turgor The state of a plant cell when the pressure of the cell wall on the cytoplasm cancels out the tendency for water to move in by osmosis, so the cell is rigid.

Type 1 diabetes Form of diabetes caused when the pancreas cannot make insulin. It usually occurs in children and young adults and can be treated by regular insulin injections.

Type 2 diabetes Form of diabetes linked to obesity, diet, and exercise levels as well as genetics. The pancreas still makes insulin (although the levels may reduce) but the body cells stop responding to insulin.

Glossary

U

Urea Waste product formed by the breakdown of excess amino acids in the liver.

Urine Liquid produced by the kidneys containing the metabolic waste product urea along with excess water and salts from the body.

Urobilin Yellow pigment that comes from the breakdown of haemoglobin in the liver.

V

Vaccination Introducing small quantities of dead or inactive pathogens into the body to stimulate the white blood cells to produce antibodies that destroy the pathogens. This makes the person immune to future infection.

Vaccine Dead or inactive pathogen material used in vaccination.

Vacuum An area with little or no gas pressure.

Valid Describes whether an investigative procedure is suitable to answer the question being asked.

Valve Structure which prevents the backflow of liquid (e.g., the valves of the heart or the veins).

Variable Physical, chemical, or biological quantity or characteristic.

Vein Blood vessel which carries blood away from the heart. It usually carries deoxygenated blood and has valves to prevent the backflow of blood.

Vena cava Large vein going into the right atrium of the heart carrying deoxygenated blood from the body.

Ventricles Large chambers at the bottom of the heart. The right ventricle pumps blood to the lungs, the left ventricle pumps blood around the body.

Villi Finger-like projections from the lining of the small intestine which increase the surface area for the absorption of digested food into the blood.

Virus Microorganism which takes over body cells and reproduces rapidly, causing disease.

W

White blood cell Blood cell which is involved in the immune system of the body, engulfing bacteria, making antibodies, and making antitoxins.

Wilting Process by which plants droop when they are short of water or too hot. This reduces further water loss and prevents cell damage.

X

Xylem tissue Non-living transport tissue in plants, which transports water around the plant.

Y

Yeast Single-celled fungi which produce ethanol when they respire carbohydrates anaerobically.

Z

Zygote Cell formed when the male and female gametes fuse at fertilisation.

Answers

1 Cell structure and organisation

1.1
1. a Nucleus, cytoplasm, cell membrane, mitochondria, ribosomes.
   b Cell wall, chloroplasts, permanent vacuole.
   c Cell wall provides support and strengthening for the cell and the plant; chloroplasts for photosynthesis; permanent vacuole keeps the cells rigid to support the plant.
2. The nucleus controls all the activities of the cell and contains the instructions for making new cells or new organisms. Mitochondria are the site of aerobic respiration, so they produce energy for the cell.
3. Root cells in a plant do not have chloroplasts because they don't carry out photosynthesis – they are underground so have no light.

1.2
1. a It isn't contained in a nucleus and there are extra genes known as plasmids separate from the main genetic material.
   b Bacteria cells.
   c Plant cell walls are made of cellulose, bacteria cell walls are not.

2.
	Useful	Damaging
Bacteria	Food production, e.g., yoghurt and cheese Sewage treatment Making medicines Decomposers in natural cycles, e.g., carbon and nitrogen cycle Healthy gut	Diseases Decay
Fungi	Food production – bread Alcoholic drinks Antibiotics Decomposers in food chains and webs	Diseases Decay of food stuffs

3.
Feature	Animal cell	Plant or algal cell	Bacterial cell	Yeast cell
Cell membrane	Yes	Yes	Yes	Yes
Nucleus	Yes	Yes	No	Yes
Plasmids	No	No	Yes	No
Chloroplasts	No	Yes	No	No
Cell wall	No	Yes	Yes	Yes
Cytoplasm	Yes	Yes	Yes	Yes

1.3
1. Fat cells: not much cytoplasm so room for fat storage; ability to expand to store fat; few mitochondria as they do not need much energy, so do not waste space. Cone cells from human eye: outer segment containing visual pigment; middle segment packed full of mitochondria; specialised nerve ending. Root hair cells: no chloroplasts so no photosynthesis; root hair increases surface area for water uptake; vacuole to facilitate water movement; close to xylem tissue. Sperm cells: tail for movement to egg; mitochondria to provide energy for movement; acrosome full of digestive enzymes to break down the outside layers of the egg cell; large nucleus full of genetic material.
2. a It takes lots of energy for muscle cells to contract and move things around and this is supplied by the mitochondria, which are the cell organelles where energy is released.
   b Chloroplasts make food for the plant by photosynthesis. They need light energy for this. So having the cells near the top of the leaf packed with chloroplasts means they can make the best possible use of the light available.
3. Mitochondria – the number of mitochondria give an idea of how much energy the cell uses.
   Flagella or cilia – used to move the cell around or to move substances past the cell.
   Nucleus – tells you if the cell is capable of reproduction. Storage materials such as fat or starch.
   Cellulose cell walls – suggest plant cell.
   Chloroplasts – show photosynthesis takes place.
   Any other valid point.

1.4
1. a A tissue is a group of cells with similar structure and function.
   b Organs are made up of tissues. One organ can contain several tissues, all working together.
2. a Specialised cell – single cell adapted to function as a gamete
   b Organ – the kidney is a group of tissues with a collective function
   c Organ – the stomach is a group of tissues with one function
3. a Many chloroplasts in palisade mesophyll layer for photosynthesis; vascular bundle to maintain concentration gradients of gases, air spaces for gas exchange; stomata in underside of leaf to allow for gas exchange.
   b Folded lining increases surface area for absorption of products; glandular tissue for production of digestive juices; epithelial tissue for a good blood supply; muscular tissue churns food and digestive juices to encourage digestion and move food through digestive system.

1.5
1. A 3, B 4, C 1, D 2
2. Organs are made up of tissues. One organ can contain several tissues, all working together eg the stomach. Organ systems are groups of organs that perform a particular function eg the digestive system.
3. In the digestive system the salivary glands produce enzymes to start digestion, then the stomach churns up the food to a pulp. In the small intestine the gall bladder produces bile which helps in the digestion of fats in the small intestine The pancreas produces enzymes which chemically break down food molecules in the small intestine. Each organ is dependent on others in the system to function at its best.

1.6
1. Particles in a liquid or a gas move randomly. As the particles move they bump into each other and this makes them move apart. Diffusion is the spreading of the particles of a gas or of a substance in solution along a concentration gradient and this happens as a result of the random collisions. When the particles are concentrated, there are more collisions. Many particles will move randomly towards the area of low concentration. Only a few will move randomly in the other direction.
2. a Heating the gas or solution will speed up diffusion as the particles are moving faster.
   b Folded membranes provide an increased surface area so diffusion can take place more quickly.
3. a Concentration gradient between the gut (high concentration of digested food) and blood stream (low concentration of digested food) so digested food molecules move from the gut into the blood stream by diffusion. The large surface area of the lining of the small intestine gives a big area for diffusion to take place over and increases the rate at which it occurs.
   b There is a concentration gradient between the carbon dioxide concentration in the blood (high) and the air in the lungs (relatively low) so carbon dioxide moves from the blood into the air in the alveoli of the lungs along a concentration gradient by diffusion. Again, a large surface area and rich blood supply speed up the process.
   c The female moth produces chemicals which spread out into the air around her by diffusion. The further the distance from the female moth, the fewer molecules of the attractive chemical there will be. The male moth is sensitive to the chemical and flies up the concentration gradient, following the chemical as it gets stronger until it brings him to the female moth.

1.7
1. a In diffusion all the particles move freely along concentration gradients. In osmosis only water molecules move across a partially permeable membrane from an area of high concentration of water to an area of low concentration of water.
   b If the cell makes water during chemical reactions and the cytoplasm becomes too dilute, water moves out of the cell by osmosis. If the cell uses up water in chemical reactions and the cytoplasm becomes too concentrated, water moves in by osmosis to restore the balance.
2. a Isotonic solution – a solution with the same concentration of solutes as the inside of a cell. Hypotonic solution – a solution which has a lower concentration of solutes than the cytoplasm of a cell. Hypertonic solution – a solution which has a higher concentration of solutes than the inside of a cell.
   b If the solute concentration of the fluid surrounding the cells of the body is lower than the cell contents, water will move into the cells by osmosis, they will swell and may burst. If the solute concentration is higher than the cells then water will leave the cells by osmosis. The cells will shrink and stop working properly. So it is important for solute concentration of the fluid surrounding the body cells to be as constant as possible to minimise the changes in the size and shape of the cells of the body and to keep them working normally.

221

Answers

3 Plants rely on osmosis to support their stems and leaves. Water moves into plant cells by osmosis from the xylem. This causes the vacuole to swell and press the cytoplasm against the plant cell walls. The pressure builds up until turgor is reached when the pressure is so great that no more water can physically enter the cell. Turgor pressure makes the cells hard and rigid, which in turn keeps the leaves and stems of the plant rigid and firm.

4 The cytoplasm of *Amoeba* contains a lower concentration of water particles than the water in which the organism lives. The cell membrane is partially permeable, so water constantly moves into *Amoeba* from its surroundings by osmosis. If this continued without stopping, the organism would burst. Water can be moved into the vacuole by active transport, and then the vacuole moved to the outside of the cell using energy as well.

1.8

1 Transport protein or system in the membrane is usually used. The substrate molecule binds to the transport protein in the membrane. This moves across the membrane carrying the substance to the other side. The substrate is released and the carrier molecule returns to its original position. This all uses energy.

2 a In active transport substances are moved along a concentration gradient or across a partially permeable membrane which they cannot cross by diffusion. The process uses energy. Osmosis and diffusion both involve the movement of substances down a concentration gradient or across a partially permeable membrane and they do not use energy produced by the cell.

b Cellular respiration releases the energy needed for active transport. Cellular respiration takes place in the mitochondria so cells which carry out lots of active transport often have lots of mitochondria to provide the energy they need.

3 a They need to get rid of the excess salt from the salt water in the sea and they use active transport to secrete the salt against a concentration gradient into special salt glands that remove it from the body.

b Plants need to move mineral ions from the soil into their roots. Mineral ions are much more concentrated in the cytoplasm of plant cells than in soil water, so they have to be moved against a concentration gradient. This involves active transport and the use of energy from cellular respiration.

Answers to end of chapter summary questions

1 a A genetic material, B cytoplasm, C cell membrane, D cell wall, E Plasmids.
  b F cell membrane
    G Golgi body
    H Cell wall
    I Ribosomes
    J Cytoplasm
    K Vacuole
    L Chloroplasts
    M Nucleus
  c Similarities: Both have cell walls, cell membrane and cytoplasm. Both have genetic material but that of the plant involves chromosomes contained in a nucleus and that of a bacterial cell is a long circular strand of DNA found free in the cytoplasm with additional small loops of DNA known as plasmids.
    Differences: Bacterial cells are much smaller than plant cells. Plant cells contain chloroplasts which can carry out photosynthesis, bacteria do not. Plant cells have permanent vacuoles, bacterial cells do not, bacterial cells may have slime capsules, plant cells do not. Bacterial cells may have flagella to move them about, plant cells do not.
  d Similarities: Both have cell membrane, cytoplasm and nucleus.
    Differences: Bacterial cells are much smaller than animal cells. Bacterial cells have food storage granules which most animal cells do not. Bacterial cells have cell walls, animal cells don't, Bacterial cells have permanent vacuoles, animal cells do not.

2 a

Diffusion	Osmosis	Active transport
The net movement of particles from an area of high concentration to an area of lower concentration.	The net movement of water from a high concentration of water molecules to a lower concentration (dilute to more concentrated solution) across a partially permeable membrane.	The movement of a substance from a low concentration to a higher concentration, or across a partially permeable membrane.
Takes place because of the random movements of the particles of a gas or of a substance in solution in water.	Although all the particles are moving randomly, only the water molecules can pass through the partially permeable membrane.	Involves transport or carrier proteins which carry specific substances across a membrane.
Takes place along a concentration gradient.	Takes place along a concentration gradient of water molecules.	Takes place against a concentration gradient.
No energy from the cell is involved.	No energy from the cell is involved.	Uses energy from cellular respiration.

b Expect water to move into both A and B by osmosis as the inside of the bag is hypertonic to the outside. Expect water to move into bag B faster than bag A because at a higher temperature. Increase in temperature gives increased rate of random movements of the particles and so would increase the rate at which water particles would pass through the partially permeable membrane, so the rate of osmosis would increase.

3 a Xylem; phloem; epithelial tissue;
  b Leaves; for photosynthesis; stem; for structural support; roots; to absorb water and nutrients and to anchor into ground;
  c Xylem; for transport of water; phloem; for transport of mineral ions;

4 a Organ systems are groups of organs that all work together to perform a particular function.
  b

A	Mouth – chewing food
B	Oesophagus – passing food from mouth to stomach
C	Stomach – digesting protein
D	Pancreas – producing digestive juices that chemically break down food molecules
E	Large intestine – absorbing water from undigested food, producing faeces
F	Anus – passing faeces
G	Small intestine – digesting and absorbing soluble food into bloodstream
H	Duodenum – chemical digesting
I	Liver – producing bile

Answers to end of chapter practice questions

1 a A = nucleus; B = Golgi apparatus; C = Plasmid
  b Controls all the activities of the cell (1); contains the genetic material (1)
  c Plasmids (1); and loop of genetic material (1)
  d i 0.1 mm;
    ii 0.04 mm;
    iii 0.002 mm (3)
  e Two from: enzymes or named enzyme; to make cell parts or named cell parts; antibodies; antigens; hormones (2)
  f Bacterial cells are too small to contain them (1)

2 a Root hair cells absorb water from the soil (1) by osmosis (1), for photosynthesis. The mesophyll leaf cell absorbs light energy from the sun (1) which it uses in photosynthesis (1) to make glucose for the plant. (1)
  b Compare: both have cell wall for support; cell membrane for exchange of materials; mitochondria to provide energy by cell respiration and ribosomes to make proteins. *(Maximum of 3 marks)*
    Contrast: leaf cell has chloroplasts with chlorophyll to capture (absorb) light energy but root hair cells have none as they are underground in dark; root hair cell has long, thin projection to give maximum surface area for water absorption/active transport of minerals; root hair cell has larger permanent vacuole to store more water and pass it on to adjacent cells. *(Maximum of 3 marks)*

… Answers

3 a Pot A = turgid cell (1) – cell membrane in contact with cell wall and large amount of cell sap (1); Pot B = plasmolysed cell (1) – cell membrane coming away from cell wall and small amount of cell sap (1)
  b Water from roots passed up via xylem to stem and leaf cells (1) which keeps them turgid (1) so the contents press out against cell membrane and cell wall giving strength (1). (Answer could be reverse for wilting plant.)
4 a Isotonic (1)
  b 0.28 mol/dm³ (1)
  c There is a higher concentration (of salts/sugars) inside the cell/ higher concentration of water outside the cell (1), so the solution is hypotonic. (1) This causes water to diffuse into the cell (1) by osmosis (1), across the partially/semi-permeable cell membrane. (1) The cell fills up with water, swells and eventually bursts, (1) as it does not have a rigid cell wall like a plant cell to contain it. (1)   (Maximum of 6 marks)

2 Cell division and differentiation

2.1
1 Chromosomes are structures made of DNA found in pairs in the nucleus of the cells which contain the inherited material.
A gene is a small packet of information that controls a characteristic, or part of a characteristic, of your body. It is a section of DNA.
An allele is a particular form of a gene which codes for a particular characteristic.
2 a Cells need to be replaced with identical cells to do the same job.
  b In mitosis a cell divides to form two identical daughter cells. Copies are made of the chromosomes in the nucleus. Then the cell divides in two which each get a copy of the full set of chromosomes.
Mitosis is important for forming the identical cells needed for growth or the replacement of tissues.
3 a Differentiation is the process by which cells become specialised and adapted to carry out a particular function in the body of a living organism. It is important because all of the cells of an early embryo are the same but organisms need different cells to carry out different roles in the body, e.g., muscle cells, sperm cells and gut lining cells.
  b In animals, it occurs during embryo development and is permanent. In plants, it occurs throughout life and can be reversed or changed.
  c Plants can be cloned relatively easily. Differentiation can be reversed, mitosis is induced, conditions can be changed and more mitosis induced. The cells redifferentiate into new plant tissues. In animals, differentiation cannot be reversed, so clones cannot be made easily. In order to make clones, embryos have to be made.

2.2
1 a 23 (pairs)
  b 23
  c 46
2 Sexual reproduction involves the fusing of two special sex cells or gametes so it brings genetic information from two individuals together, which introduces variety. The gametes are made during the process of meiosis. During meiosis each gamete receives a random mixture of the original chromosome pairs so the gametes are all different from the original cells as well, which also introduces variety.
3 a Meiosis. After the chromosomes are copied, the cell divides twice quickly resulting in sex cells each with half the number of chromosomes.
  b In the reproductive organs/in the ovary or the testes.
  c Meiosis is important because it halves the chromosome number in the gametes, Then when two gametes fuse during sexual reproduction, the new individual has the correct normal number of chromosomes in pairs in the cells, e.g., in humans, 23 chromosomes in the gametes, 46 chromosomes in 23 pairs in a normal somatic cell.
Meiosis is also important because it introduces variety as each gamete receives a random mixture of the original chromosomes.

2.3
1 a A stem cell is undifferentiated cell which has the potential to differentiate and form different specialised cells in the body. A normal body cell is specialised for a specific function and if divided by mitosis can only form cells with the same specialisation.
  b Embryonic stem cells, adult stem cells.
2 a They can be used to make any type of adult cell to repair or replace damaged tissues, with no rejection issues.
  b Treating paralysis, treating degenerative diseases of the brain, growing new organs for transplant surgery, treating blindness, any other sensible suggestion.
  c Changing all the time – so far stem cells used successfully to treat cancers of the bone marrow, beginning to be used for restoring eyesight, some success in healing hearts after heart attack, any valid ideas as this will change from year to year.
3 a There are ethical objections and concerns over possible side effects.
  b By using stem cells from umbilical blood, adult stem cells and therapeutic cloning.

2.4
1 a The set sequence in which cells grow and divide. It involves a period of active mitotic cell division followed by a long period of when the cell does not divide but gets bigger, increases mass and replicates DNA ready for the next division.
  b i Expect the cell cycle to lengthen – at its most rapid in the early embryo and fetus when new cells are forming every few hours in the process of growth, differentiation and development, still fast in child which is growing but slower than before birth.
    ii Expect cell cycle to be much longer in the older person. 13 year old in puberty and so cells growing and dividing rapidly with growth spurt and development of secondary sexual characteristics. In 70 year old no more growth and less replacement so cell cycle slows right down.
2 a A mass of abnormally growing cells formed when the normal control of the cell cycle is lost and the cells divide rapidly without growing and maturing.
  b A benign tumour grows in one place and does not invade other tissues. A malignant tumour can spread around the body invading different healthy tissues.
  c A benign tumour can grow very large and cause pressure on and damage to an organ which can be life-threatening. The original tumour may split into pieces which are carried around the body in the blood or lymph where they continue their uncontrolled division to form secondary tumours. These tumours disrupt normal tissue and will usually cause death if untreated.
3 a They either stop the cancer cells dividing or make them self-destruct.
  b The drugs used to treat cancer are designed to target the rapidly dividing cancer cells. They also tend to affect other rapidly dividing cells. The cells of the hair follicles, the skin, the blood-forming bone marrow and the stomach lining are always dividing rapidly so they are more likely than other body cells to be affected by chemotherapy.

Answers to end of chapter summary questions
1 a Mitosis is cell division that takes place in the normal body cells and produces genetically identical daughter cells.
  b [Marks awarded for correct sequence of diagrams with suitable annotations.]
  c All the divisions from the fertilised egg to the baby are mitosis. After birth, all the divisions for growth are mitosis, together with all the divisions involved in repair and replacement of damaged tissues.
2 Meiosis is a special form of cell division to produce gametes in which the chromosome number is reduced by half. It takes place in the reproductive organs (the ovaries and testes).
3 a Meiosis is important because it halves the chromosome number of the cells, so that when two gametes fuse at fertilisation, the normal chromosome number is restored. It also allows variety to be introduced.
  b [Marks awarded for correct sequence of diagrams with appropriate annotations.]
4 a Stem cells are unspecialised cells which can differentiate (divide and change into many different types of cell) when they are needed.
  b They may be used to repair damaged body parts, e.g., grow new spinal nerves to cure paralysis; grow new organs for transplants; repair brains in demented patients. [Accept any other sensible suggestions.]
  c For: They offer tremendous hope of new treatments; they remove the need for donors in transplants; they could cure paralysis, heart disease, dementia etc; can grow tissues to order.
Against: Many embryonic stem cells come from aborted embryos or from fertility treatment and so this raises ethical issues about the use of unborn humans in research. Some people are also concerned about whether using stem cells may trigger cancer. There are also issues surrounding the cost and amount of time stem cell research takes.
5 a An abnormally growing mass of cells where the normal control of the cell cycle has been lost.
  b Similarities: either type of tumour can get very large and cause pressure or damage to an organ, which can be life threatening in itself; both can be treated by surgery, radiotherapy or chemotherapy.
Differences: malignant tumours can split into small pieces which spread to other areas of the body in the blood stream or lymph and grow into secondary tumours in other organs. They are much more difficult to treat than benign tumours because of this spread so the outlook for the patient if the cancer has spread is less positive.
6 a An abnormally growing mass of cells where the normal control of the cell has been lost.
Uncontrolled growth of abnormal cells. (1)
  b Malignant (1), because it has spread to other tissues (1) and formed secondary tumours (1).

Answers

c Via the bloodstream. (1)
d He may have been a cigarette smoker (1) and taken carcinogens from the smoke (1) into his lungs. (Allow any correct alternatives, e.g., he may have worked with asbestos (1) and breathed it in to his lungs (1).)

Answers to end of chapter practice questions

1 One mark for each correctly matched term and definition, as follows:
Chromosome – a structure carrying a large number of genes.
Allele – a different form of one gene.
Gene – a section of genetic material coding for one characteristic.
Nucleus – the part of a cell that contains the genetic material.
Gamete – a cell with a single set of chromosomes.

2 a B with chromosomes all doubled to make 12 in total (1); C with 2 cells each containing 3 pairs (1); D with all cells containing 3 different chromosomes (1).
b Gametes, ova, eggs, sperm. (1)
c Identical to cell at A. (1)

3 a One mark for each correct row (Maximum of 5 marks).

Differentiated cells	v
Cells with a single set of chromosomes	i
Undifferentiated cells	ii or iii or iv
Cells dividing rapidly by mitosis	iii or iv
An embryo	ii

b CELL → TISSUE → ORGAN → ORGAN SYSTEM → ORGANISM
(2 marks all correct; 1 mark if 1 error)
c Phloem = tissue (1); stem = organ (1); root hair = cell (1); water transport system = organ system (1); sunflower plant = organism (1)

3 Human biology – Breathing

3.1

1 As living organisms get bigger and more complex, their surface area to volume ratio gets smaller (diagrams to show this are useful here). As a result it is increasingly difficult to exchange materials quickly enough with the outside world. Gases and food molecules can no longer reach every cell inside the organism by simple diffusion and metabolic waste cannot be removed fast enough to avoid poisoning the cells. So in many larger organisms, there are special surfaces with very large surface areas where the exchange of materials takes place.

2 a It is covered in tiny buds with a very good blood supply.
b The tiny buds give it a large surface area so the turtle can use them for breathing – they absorb oxygen from the water which diffuses into the blood. It is so effective that the turtles can stay underwater for months at a time.

3 a Having a large surface area that provides a big area over which exchange can take place; being thin, which provides a short diffusion path having an efficient blood supply (in animals); this moves the diffusing substances away and maintains a concentration (diffusion) gradient; being ventilated (in animals) to make gaseous exchange more efficient by maintaining steep concentration gradients.
b Any three suitable exchange surfaces, e.g., alveoli of lungs, villi of small intestine, gills of fish, roots and leaves of plants with correct adaptations, e.g., examples of large surface area, thin, etc.

3.2

1 Intercostal muscles contract to move your ribs up and out and diaphragm muscles contract to flatten the diaphragm, so the volume of your thorax increases, the pressure decreases and air moves in. Intercostal muscles relax and the ribs move down and in and the diaphragm relaxes and domes up so the volume of your thorax decreases. The pressure increases and air is forced out.

2 Gaseous exchange is the exchange of the gases oxygen and carbon dioxide in the lungs. This is vital because oxygen is needed by the cells for cellular respiration to provide energy, whilst carbon dioxide is a poisonous waste product which must not be allowed to build up.

3 a [Marks awarded for well-drawn bar chart correctly labelled.]
b Bar chart shows that you breathe in air which is mainly nitrogen with oxygen and a tiny bit of carbon dioxide. The air you breathe out has less oxygen and more carbon dioxide. So you take oxygen out of the air into the blood and pass carbon dioxide out of the blood into the air and change the composition of the air. BUT you only breathe in oxygen and only breathe out carbon dioxide.
c Good ventilation system – breathing – to maintain a good concentration gradient; large surface area; good blood supply; small diffusion distances – alveoli.

3.3

1 Because breathing depends on the intercostal muscles and diaphragm contracting and relaxing and this has to be stimulated by nerves. If someone is paralysed and the spinal cord no longer works, the nerve messages can no longer reach the breathing muscles and so spontaneous breathing is lost.

2 a The patient is sealed into a unit and the air is then pumped out which lowers the pressure. As a result the chest wall moves up and out which increases the volume and decreases the pressure inside the chest. So air from the outside is drawn into the lungs as a result of the pressure differences, just like ordinary breathing. The vacuum is then switched off and air moves back into the chamber which increases the pressure again. This in turn pushes down on the ribs, increasing the pressure in the chest and forcing air out of the lungs.
b The principle is similar to normal breathing in that the chest is expanded and compressed, which causes the pressure to be lowered and then increased; this in turn forces air into the lungs and then out again. However, the changes are the result of artificial pressure changes in the machine rather than the movement of the ribs and diaphragm by muscles under the control of the nervous system.
c The patient has to be enclosed in a machine or a shell which fits around the chest all the time to maintain their breathing.

3 a It forces a carefully measured unit or breath of air into the lungs under positive pressure, rather like blowing up a balloon. Once the lungs are inflated the positive pressure stops and the lungs deflate as the ribs move down under gravity, forcing the air back out of the lungs.
b The method for getting air into the lungs is completely different from the natural process. The way air is removed from the lungs is similar to normal quiet exhalation.
c Advantages: it can be given with a simple face mask or tube into the trachea; it can be given very simply using a bag ventilator or using sophisticated machines that can keep breathing for people for many years. Can be delivered by simple mask over nose and mouth. Patients can remain mobile. Few disadvantages.

3.4

1 a Glucose + oxygen → carbon dioxide + water (+ energy)
b $C_6H_{12}O_6 + 6O_2 → 6CO_2 + 6H_2O$ (+ energy)
c Muscle cells are very active and need a lot of energy so they need large numbers of mitochondria to supply the energy. Fat cells use very little energy so need very few mitochondria.

2 a The main uses of energy in the body are for movement, building new molecules and heat generation.
b The symptoms of starvation are: people become very thin; stored energy is used up and growth stops; new proteins are not made and there is not enough energy or raw materials; people lack energy, as there is a lack of fuel for the mitochondria, people feel cold, as there is not enough fuel for the mitochondria; to produce heat energy.

3 [See Practical box 'Investigating respiration' on page 48 of the Student Book. Any sensible suggestions for practical investigations.]

3.5

1 a Glycogen is a complex carbohydrate stored in the muscles.
b Glycogen can be converted rapidly to glucose to provide fuel for aerobic respiration, which provides the body cells with energy. Muscle tissue often needs sudden supplies of energy to rapid contraction in a way that most other tissues do not, so muscle needs a glycogen store. Other tissues don't need the energy in the same way so have not evolved to have glycogen stores.

2 Heart rate: increases before exercise starts as a result of anticipation. It rises rapidly, followed by a steady rise and then falls quite sharply as the exercise finishes. Increased heart rate supplies muscles with the extra blood they need to bring glucose/sugar and oxygen to the muscle fibres, and to remove the carbon dioxide that rapidly builds up.
Breathing rate: increases more slowly and evenly than the heart rate, but remains high for some time after exercise. To begin with, increased heart rate supplies enough oxygen, then the breathing rate needs to increase to meet demand. When exercise stops, breathing rate remains high until the oxygen debt is paid off.

3 [Award marks based on ideas presented when predicting results. Look for clear, sensible ideas, safe investigation, realistic expectations, appropriate methods of recording and analysing, awareness of weakness in investigation. Look also for clear understanding of independent, dependent and control variables.]

3.6

1 The muscles become fatigued. After a long period of exercise, your muscles become short of oxygen and switch from aerobic to anaerobic respiration, which is less efficient. The glucose molecules are not broken down completely, so less energy is released than during aerobic respiration. The end products of anaerobic respiration are lactic acid and a small amount of energy.

Answers

2   The waste lactic acid you produce during exercise as a result of anaerobic respiration has to be broken down to produce carbon dioxide and water. This needs oxygen, and the amount of oxygen needed to break down the lactic acid is known as the oxygen debt. Even though your leg muscles have stopped, your heart rate and breathing rate stay high to supply extra oxygen until you have broken down all the lactic acid and paid off the oxygen debt.

3   a   Cellular respiration which takes place without oxygen.
    b   Animals – anaerobic respiration takes place in the muscles when there is not enough oxygen and the waste product is lactic acid and a relatively small amount of energy. This allows animals to continue running, etc., even when they cannot breathe fast enough to supply the oxygen they need.
        Glucose → lactic acid (+ energy)
        $C_6H_{12}O_6 \rightarrow 2C_3H_6O_3$ (+ energy)
        Plants and yeast – when they respire anaerobically they form ethanol and carbon dioxide. This allows them to continue to respire in low oxygen atmospheres. Not common in plants as they form oxygen during photosynthesis. Quite common in yeasts. People make use of it and deprive yeasts of oxygen to make alcoholic drinks.
        Glucose → ethanol + carbon dioxide (+ energy)
        $C_6H_{12}O_6 \rightarrow 2C_2H_5OH + 2CO_2$ (+ energy)

Answers to end of chapter summary questions

1   a   The alveoli provide a very large surface area with thin walls and a rich blood supply.
    b   Air is moved in and out of the lungs by movements of the ribcage and diaphragm. Breathing in: intercostal muscles contract, pulling ribs upwards and outwards. Diaphragm muscles contract flattening the diaphragm. These things increase the volume of the thorax, which lowers the air pressure so it is lower than the outside air. This is then pushed into the lungs by atmospheric pressure.
        Breathing out: intercostal muscles relax so ribs drop down and in. Diaphragm muscle relaxes so diaphragm domes up. These things reduce the volume of the thorax and increase the pressure, so air is forced out of the lungs.
        Constantly refreshing the air in the lungs maintains the best possible concentration gradients between the air and the blood for the movement of oxygen from the air into the blood and carbon dioxide out of the blood into the air in the lungs. This makes gaseous exchange more efficient.

2   a   A system which forces a carefully measured unit or breath of air into the lungs under positive pressure, rather like blowing up a balloon. Once the lungs are inflated the positive pressure stops and the lungs deflate as the ribs move down, forcing the air back out of the lungs.
    b   In normal breathing, the increase in volume of the chest creates a negative pressure – so that air is drawn into the lungs by the force of the atmospheric air. In positive pressure ventilation, the pressure in the chest does not change and air is forced in under pressure from the outside.
    c   Doesn't involve the patient being encased in an artificial lung or shell, so much easier for them to be mobile.

3   a   [Award marks for standard of graphs, axes, etc.]
    b   As the peas start to grow, they began to respire aerobically. As a result, a small amount of heat energy is produced so the temperature increased.
    c   Because the seeds were dry and not growing, so there was no respiration or heat produced.
    d   As a control level.
    e   i   Any reasonable explanation, e.g., the important thing about flask C is that the peas are dead so the temperature for the first five days remains at 20 °C as they are not respiring.
        ii Peas had gone mouldy and mould respiring so temperature goes up. Anomaly, e.g., sun on thermometer, poor reading, etc.

4   a   [Credit will be given in the subsequent answers for extracting and using the information on the bar charts.]
    b   i   Increased fitness means that the heart has a greater volume and pumps more blood at each beat. The heart therefore beats more slowly at rest.
        ii Increased fitness affects the lungs by lowering the breathing rate.

5   a   The breakdown of glucose in a cell using oxygen to release energy that can be used by the cell. Carbon dioxide and water are waste products of the reaction.
        Glucose + oxygen → carbon dioxide + water (+ energy)
        $C_6H_{12}O_6 + 6O_2 \rightarrow 6CO_2 + 6H_2O$ (+ energy)
    b   The breakdown of glucose in the cell in the absence of oxygen to release a small amount of energy to be used by the cell.
    c   In a human being the waste product is lactic acid.
        Glucose → lactic acid (+ energy)
        $C_6H_{12}O_6 \rightarrow 2C_3H_6O_3$ (+ energy)
        In a yeast cell the waste products are ethanol and carbon dioxide.
        Glucose → ethanol + carbon dioxide (+ energy)
        $C_6H_{12}O_6 \rightarrow 2C_2H_5OH + 2CO_2$ (+ energy)
    d   This is the amount of oxygen needed to convert the lactic acid produced during a period of anaerobic exercise in the muscles to carbon dioxide and water with the release of energy.
    e   When exercise begins the heart and breathing increase to bring more oxygen into the body. The capacity of the heart and lungs will be bigger in a fit individual than in an unfit person, and so the breathing and heart rate will not increase as much as a fit person can bring more air into the body and pump more oxygenated blood around the body with each breath or heartbeat than an unfit individual. The muscles of a fit individual will be bigger with a better blood supply than the muscles of an unfit individual, so they will contract more efficiently and use aerobic respiration for longer. So a fit individual will build up a smaller oxygen debt than an unfit individual for the same amount of exercise, and will be able to convert the lactic acid to carbon dioxide and water faster as they bring more oxygen into their body.

6   a   Aerobic respiration produces more energy to allow the muscles to contract more efficiently, so athletes want it to continue as long as possible before changing to less efficient anaerobic respiration.
    b   Red blood cells carry oxygen to the tissues, so if you have more red blood cells, you have more oxygen so aerobic respiration continues longer and muscles work more effectively.
    c   It increases the red blood cells in the body just before a performance and so allows more oxygen to be carried to the working muscles.
    d   They start anaerobic respiration where glucose is incompletely broken down to form lactic acid. Less energy is produced and the lactic acid can cause muscle fatigue.

Answers to end of chapter practice questions

1   a   A = intercostal muscles (1); B = bronchi (1); C = diaphragm (1)
    b   Any five from the following (must be in correct order):
        The intercostal muscles contract (1) and the ribcage is pulled up and out (1). The diaphragm contracts (1), which causes it to flatten (1). This increases the volume in the thorax (1), so the pressure decreases (1), pulling air in/air pushed in from the atmosphere where the pressure is now greater/there is greater atmospheric pressure (1).

2   a   Rounded/bubble shape (1) gives maximum surface area (1). Because walls are only one-cell thick/there are thin cells lining alveolus and/or capillary (1) this gives shorter diffusion path/there is a short distance for gases to diffuse (1). Allow – layer of water lining alveolus (1) to dissolve oxygen molecules (1). *(Maximum of 4 marks)*
    b   Fresh air with more oxygen is continually brought into alveolus by ventilation/breathing in (1). Blood in capillary is continually moving away taking oxygen with it (1).
    c   i   Glucose (1), water (1), C6H12O6 (1), 6 H2O (1) *(Ignore energy)*
        ii Mitochondria (1)
        iii Muscle cells require a lot of energy to contract (1), and mitochondria are the cell parts where energy is released in aerobic respiration. (1)

4   Marks awarded for this answer will be determined by the Quality of Written Communication (QWC) as well as the standard of the scientific response.

    • There is a clear description of most of the features of a normal lung which must be copied and at least two advantages of the artificial lung. The answer shows almost faultless spelling, punctuation and grammar. It is coherent and in an organised, logical sequence. It contains a range of appropriate or relevant specialist terms used accurately. *(5–6 marks)*

    • There is a description of at least three features of a normal lung which must be copied and at least one advantage of the artificial lung. There are some errors in spelling, punctuation and grammar. The answer has some structure and organisation. The use of specialist terms has been attempted, but not always accurately. *(3–4 marks)*

    • There is a description of at least two features of the lung which must be copied and at least one advantage of the artificial lung. The spelling, punctuation and grammar are very weak. The answer is poorly organised with almost no specialist terms and/or their use demonstrating a general lack of understanding of their meaning. *(1–2 marks)*

    • No relevant content. *(0 marks)*

    Examples of biology points made in the response:
    • large surface area
    • method of removing carbon dioxide
    • thin membrane
    • method of filtering the air going in/ventilation described
    • no need for tissue matching
    • no operation needed
    • few lungs become available

225

Answers

- no need for (immunosuppressant) drugs
- reference to ethics involved with transplants.

5 a Glucose (1) → carbon dioxide (1) + ethanol (1) (*Ignore energy*)
   b Carbon dioxide (1) as it is a gas and will form bubbles (1).
   c i 40 °C (1)
      ii Anaerobic respiration in yeasts is controlled by enzyme(s) (1). At 0 °C enzymes are inactive (1) so no carbon dioxide is produced and the volume does not increase (1). 40 °C is the optimum temperature so there is most activity and volume increase (1). By 60° C/80° C/ higher temperatures, the enzyme(s) have been denatured (1), so there is no volume increase (1).

(Maximum of 5 marks)

4 Human biology – Circulation

4.1

1 Most of the cells of the body are too far away from the air or even from the lungs to be able to get oxygen and get rid of their waste carbon dioxide by diffusion. They are also too far from the digestive system to be able to get the food they need by diffusion, and from the excretory organs to get rid of waste products. This is why people need a circulatory system. The blood carries everything that is needed by the cells and is carried close to every cell in the body in the capillary network, so food and oxygen can pass into the cells by diffusion along a concentration gradient. Waste products diffuse from the cells into the blood along a concentration gradient. The circulation of the blood by the pumping of the heart means substances are constantly renewed or removed which maintains the steep concentration gradients into and out of the cells. Any other sensible points.

2 Blood carried from heart to lungs is deoxygenated blood from the body, so it is dark (purply) red until it picks up oxygen again in the lungs. It is called an artery because it carries blood leaving the heart.

3 Vena cava, right atrium, atrium contracts, blood through valve, right ventricle, ventricle contracts, blood out through valve into pulmonary artery, to lungs where blood is oxygenated, back to heart through pulmonary vein, through valve into left atrium, left atrium contracts, blood through valve into left ventricle, left ventricle contracts, blood through valve into aorta, round body.

4 a Blood enters the atria of the heart (the top chambers). Deoxygenated blood comes into the right atrium from the body through the vena cava. Oxygenated blood from the lungs comes into the left atrium through the pulmonary vein. The atria contract together and force blood down into the larger lower chambers, the ventricles. Valves close to stop the blood flowing backwards as the ventricles contract. The right ventricle sends deoxygenated blood to the lungs in the pulmonary artery. The left ventricle pumps oxygenated blood around the body in the aorta. As the blood leaves the heart, more valves close to prevent it flowing backwards.
   b i The heart valves prevent the blood flowing backwards into the chambers they have just left, which makes the heart more efficient.
      ii The coronary arteries supply the heart muscle with oxygenated blood so that they can respire aerobically and contract efficiently.
      iii The thickened muscle of the left ventricle wall allows the heart to pump the blood all around the body very efficiently as it can pump harder than the right side, which only has to send blood to the lungs.

4.2

1 It is controlled by a group of cells called the sinoatrial node found in the right atrium of the heart, which act as a natural pacemaker. It produces a regular electrical signal that spreads through the heart and makes it contract.

2 An artificial pacemaker is a device which can be implanted into the chest and which sends regular electrical signals to the heart to stimulate it to contract and beat. If the heart is beating normally the artificial pacemaker doesn't do anything, but if the heart rhythm changes then the pacemaker kicks in and sends regular signals to the heart again. Some pacemakers can even measure additional demands during exercise and increase the heart rate to compensate.

3 Artificial hearts can be used to keep a patient alive until a suitable heart for transplant becomes available. In some cases they can be used to rest the heart of a patient and give it chance to recover. Eventually they may be used to replace the natural heart over the long term.

4 [Award marks for well-argued points backed by evidence where possible.]

4.3

1 a Artery – blood vessel that carries blood away from the heart; has pulse from blood forced through them from the heart beat; have a small lumen and thick walls of muscle and elastic fibres.
   b Vein – blood vessel that carries blood towards the heart; no pulse; valves to keep blood flowing in the right direction; large lumen; relatively thin walls.
   c Capillary – very tiny vessel with narrow lumen and walls one-cell thick, so ideal for diffusion of substances in and out.

2 a [Make sure students' diagrams show the capillary network between arteries and veins and link the arteries and veins to the heart.]
   b [These should be labelled: heart, lungs, artery to lungs, capillaries in lungs, vein to heart, artery to body, capillaries in organs of the body, vein to heart.]

3 a A stent is a metal mesh which is placed in an artery and opened up by the inflation of a tiny balloon. The stent holds a narrowed blood vessel open so the blood can flow freely.
   b Stent advantages: no anaesthetic, relatively cheap, effective. Stent disadvantages: can't open the most blocked or narrowed arteries. Bypass advantages: very effective against severe blockages. Bypass disadvantages: needs general anaesthetic, more expensive.

4 a Valves prevent the backflow of blood in the heart. If a valve does not close properly blood can flow backwards, which means that the full amount of blood does not leave the heart and the blood coming into a heart chamber mixes with blood that hasn't left, so the heart cannot pump as effectively as it should.
   b Doctors can operate on the heart and replace a leaky valve with either a mechanical valve made of titanium and plastic or a biological valve, which are based on valves taken from the hearts of pigs or cattle.

	Advantages	Disadvantages
Mechanical valve	Lasts a very long time, works well	Need to take medication to prevent clotting for the rest of life, open-heart surgery
Biological valve	Works extremely well, no medication needed	Has to be replaced after about 15 years

4.4

1 Any three from: transporting oxygen from the lungs to the cells of the body; transporting carbon dioxide from the cells of the body to the lungs; transporting digested food molecules from the gut to the cells; transporting urea from the liver to the kidneys; transporting the white blood cells of the immune system around the body; any other sensible point.

2 a Blood plasma is a yellow liquid with cells suspended in it.
   b Red blood cells.
   c Any three from: transports waste products, digested food, carbon dioxide, blood cells, hormones.

3 White blood cells form antibodies and actively digest microorganisms. Platelets help with clotting, which keeps the microorganisms out.

4.5

1 An antigen is a protein on the surface of the cell which is unique to that individual. An antibody is a protein made in the white blood cells in response to a foreign antigen.

2 a The cells have no antigens so they do no stimulate an immune response from other individuals regardless of their blood group. So blood group O can be given to anyone.
   b People with blood group O have both antibody a and b in their blood so they can only be given blood group O otherwise agglutination will take place.

3 It is necessary to match the antigens on the surface of the cells of the donor organ as closely as possible to the antigens on the surface of the cells of the person receiving the transplant to minimise the risk of rejection of the transplanted organ due to an immune response by the white cells.

4

Artificial organ	Transplant
In theory machines available to everyone, but in most cases tied to hospital whilst attached to artificial heart	Need donor, often not available
No problem with tissue matching	Need tissue match
Usually only a short-term solution until transplant available or heart recovers	Further surgery usually needed eventually as donor heart doesn't last forever
Expensive over the long term	After surgery, relatively low cost of medicine
Only with modern 'portable' hearts can lead anything like normal life and still very limited	Can lead relatively normal life

226

Answers

Answers to end of chapter summary questions

1 a A Vena cava
      B Right atrium
      C Aorta
      D Left ventricle
      E Heart valves
      F Pulmonary artery
      G Pulmonary vein
   b Vena cava, right atrium, atrium contracts, blood through valve, right ventricle, ventricle contracts, blood out through valves into pulmonary artery, to lungs where blood is oxygenated, back to heart through pulmonary vein, through valve into left atrium, left atrium contracts, blood through valve into left ventricle, left ventricle contracts, blood through valve into aorta, round body.
   c Artery – blood vessel that carries blood away from the heart; has pulse from blood forced through them from the heart beat; have a small lumen and thick walls of muscle and elastic fibres.
      Vein – blood vessel that carries blood towards the heart; no pulse; valves to keep blood flowing in the right direction; large lumen; relatively thin walls.
      Capillary – very tiny vessel with narrow lumen and walls one-cell thick, so ideal for diffusion of substances in and out.

2 a Not enough blood is pumped out of the heart into the circulation so the patient will suffer from a lack of oxygen. Because the heart never empties properly it will not pump as efficiently.
   b The gap in the centre of the heart allows the oxygenated blood on the left of the heart to become mixed with the deoxygenated blood on the right side of the heart. This means that the blood pumped around the body is not fully oxygenated so the baby will suffer the symptoms of lack of oxygen – lack of energy, blue colour, etc.
   c The coronary arteries supply the oxygen needed by the heart muscle to beat and pump blood around the body. If they are narrowed or blocked then not enough oxygen reaches the heart muscle so it cannot contract properly or may die. This is particularly noticeable when a person exercises and their heart needs more oxygen as it needs to beat harder and faster. If the heart cannot pump properly, not enough oxygen gets to the body either.

3 Large surface area – gives a bigger area over which exchange can take place – eg villi of small intestine, alveoli of lungs, gills of fish
   Thin – to provide a short diffusion path eg single cell thick walls of alveoli and blood capillaries
   Efficient blood supply in animals to maintain steep concentration gradients by bring diffusiong substances in and removing others eg rich blood supply to alveoli, villi etc
   Being ventilated (in animals) to maintain steep concentration gradients by bring substances and removing substances all the time

4 a A stent is a metal mesh which is placed in an artery and opened up by the inflation of a tiny balloon. The stent holds a narrowed blood vessel open so the blood can flow freely.
   b Stents, because the percentage of patients dying or having a heart attack or stroke was substantially lower after stents were fitted than after bypass surgery.
   c Whether the type of patients who were given stents were at exactly the same stage of illness/had the same number of risk factors for future illness as the patients given bypass surgery; whether the patients were all treated at the same hospital or at different hospitals, by the same doctors or different doctors, etc.; any sensible suggestion.

5 a A stent is a metal mesh which is placed in an artery and opened up by the inflation of a tiny balloon. The stent holds a narrowed blood vessel open so the blood can flow freely.
   b Stents, because the percentage of patients dying or having a heart attack or stroke was substantially lower after stents were fitted than after bypass surgery.
   c Whether the type of patients who were given stents were at exactly the same stage of illness/had the same number of risk factors for future illness as the patients given bypass surgery; whether the patients were all treated at the same hospital or at different hospitals, by the same doctors or different doctors, etc.; any sensible suggestion.

Answers to end of chapter practice questions

1 a i   Right atrium (1)
      ii   pulmonary artery (1)
      iii pulmonary vein (1)
      iv   aorta (1)
   b To prevent the blood flowing back (into the left atrium) (1)
   c Advantages: smaller; does not get in the way; less likely to be damaged *(Maximum of 2 marks)*
      Disadvantages: needs operation to insert/remove; harder to check/change battery *(Maximum of 2 marks)*

2 a Helps defend the body against pathogens/engulfs pathogens/produces antibodies against pathogens (1).
   b Starts the clotting mechanism at a wound site (1).
   c Absorbed by diffusion in lungs (1); binds to haemoglobin in red cells to form oxyhaemoglobin (1); splits from haemoglobin in tissues and diffuses into cells (1).
   d Any two from: urea (1); waste product from liver to kidneys for removal (1); carbon dioxide (1); waste product from cells to lungs for removal (1); soluble food molecules/glucose/amino acids/fatty acids/glycerol(1); from gut to cells/liver (1).

3 a A unique/specific protein on the surface of a cell (1).
   b Tissue typing (1); immunosuppressant drugs (1).
   c A, because her cells have the A antigen (1) and so her body recognises the new cells as 'self' (1); O, because the new cells have no antigen (1), so her body will react against them (1).

5 Human biology – Digestion

5.1

1 a A molecule made up of long chains of amino acids.
   b As structural components, as hormones, as antibodies and as catalysts (enzymes).

2 Similarities: all vital components of a balanced diet; all contain carbon, hydrogen and oxygen; all large molecules made up of smaller molecules joined together; any other sensible point.
   Differences: Carbohydrates are made of sugar units. Complex carbohydrates are long chains of sugar units joined together by condensation reactions. They are broken down into glucose in the body, which is used to provide energy in cellular respiration. Carbohydrate-rich foods include bread, potatoes, rice and pasta. [Any other sensible point.]
   Proteins are made up of single units called amino acids joined together. They contain nitrogen as well as carbon, hydrogen and oxygen. They are joined by peptide links. Molecules have complex 3-D shapes. Protein-rich foods include meat, fish, pulses and cheese. [Any other sensible point.]
   Lipids may be solids (fats) or liquids (oils). They are made up of three fatty acid molecules joined to a molecule of glycerol. They are the most energy-rich food. They are insoluble in water. Lipid-rich foods include olive oil, butter, cream. [Any other sensible point.]

3 a Iodine test – iodine turns from yellowy-red to blue-black in the presence of starch.
   b Ethanol test – cloudy white layer forms at the boundary if lipid is present.

4 a It depends on the fatty acids which are joined to the glycerol.
   b Complex carbohydrates are made up of long chains of simple sugars joined together by condensation reactions when a molecule of water is released each time two simple sugars are joined.

5.2

1 a Catalyst: a substance that speeds up a chemical reaction but is not used up or involved in the reaction and can be used many times over.
   b Enzyme: large protein molecules which act as biological catalysts.
   c Active site: an area in the structure of the enzyme that is a specific shape and which enables the substrate of the catalysed reaction to fit into the enzyme protein. This allows the enzyme to catalyse the reaction.

2 a Protein
   b The substrate (reactant) of the reaction to be catalysed fits into the active site of the enzyme like a lock and key. Once it is in place, the enzyme and the substrate bind together. The reaction takes place rapidly and the products are released from the surface of the enzyme, which is then ready to catalyse another reaction. [A diagram can help with this explanation and students should be given credit for a well labelled diagram used as part or all of their explanation.]

3 a Building up large molecules from smaller ones; breaking down large insoluble molecules into smaller soluble ones; changing one molecule into another; any other sensible suggestion.
   b The reactions needed for life to continue could not take place fast enough without enzymes to speed them up. Enzymes also control the many reactions so that they can take place in the same small area without interfering with each other.

5.3

1 To begin with, enzyme controlled reactions go faster as the temperature increases – increase in the speed of random movements of particles mean collisions between enzyme and substrate are more likely. However, once the temperature reaches around 40 °C the structure of the protein making up the enzyme starts to be affected. The bonds holding the protein in its complex 3-D shape start to break down and the shape of the active site changes. The substrate can no longer bind to the active site and so the enzyme cannot catalyse the reaction. [Students should include a diagram to show the effect of temperature on enzyme action and could draw a diagram to show the change in the shape of the active site.]

227

Answers

2   a   About pH 2.
    b   About pH 8.
    c   The activity levels fall fast.
    d   The increase in pH affects the shape of the active site of the enzyme, so it no longer bonds to the substrate. It is denatured and no longer catalyses the reaction.

5.4

1

Enzyme	Where it is made	Reaction catalysed	Where it works
Amylase	Salivary glands, pancreas, small intestine	Starch → sugars/glucose	Mouth, small intestine
Protease	Stomach, pancreas, small intestine	Proteins → amino acids	Stomach, small intestine
Lipase	Pancreas, small intestine	Lipids → fatty acids and glycerol	Small intestine

2   Large insoluble molecules in food cannot be absorbed into the blood so have to be digested to form small insoluble molecules that can be absorbed.

5.5

1   a   Acidic conditions
    b   Hydrochloric acid is made in glands in the stomach.
    c   Alkaline/alkali
    d   The liver produces bile that is stored in the gall bladder and released when food comes into the small intestine.

2   [Marks for a good diagram showing a large fat droplet coated in bile splitting into many small fat droplets.] This produces a larger surface area so enzymes can get to more fat molecules and break them down quickly.

3   Bread is mainly carbohydrate, butter is a lipid and egg has protein.
All food taken into the mouth and chewed (physically broken up) and coated in saliva to make it easier to swallow and to start the digestion of starch using amylase from the salivary glands.
Food swallowed down the oesophagus.
Stomach muscles churn the food and mix it with digestive juices – protease enzymes (pepsin) to break down proteins to amino acids and hydrochloric acid to give the acid pH needed for pepsin to work.
Food squirted out of the stomach into the first part of the small intestine (duodenum). Bile added from gall bladder to emulsify fats and give a bigger surface area for digestive enzymes to work on. It also neutralises the acid from the stomach and gives an alkaline pH, which is needed for the enzymes from the pancreas to work at their best.
In the duodenum (first part of the small intestine), digestive enzymes are added from the pancreas – amylase breaks down starch (carbohydrates) to glucose, proteases break down protein to amino acids and lipases break down lipids to give fatty acids and glycerol.
Semi-digested food squeezed on by peristalsis to the small intestine.
Amylase, proteases and lipases are made in the wall of the small intestine. The lining is covered with villi giving a large surface area so the products of digestion can be absorbed into the blood stream efficiently.
The remains of the sandwich, which cannot be digested, pass into the large intestine. Here water is removed. What is left is the faeces and these are passed out of the body through the anus.
Any other sensible points.

5.6

1   A 3, B 4, C 1, D 2
2   A folded gut wall has a much larger surface area over which nutrients can be absorbed.
3   a   Because they have flattened villi, so much smaller surface area is available for absorption of digested food; so much less food is absorbed; they don't get enough glucose and other nutrients and so lose weight and tend to be thin.
    b   Someone with coeliac disease is affected by gluten. The villi are flattened and surface area for absorption of digested food products is lost. Without gluten in the diet, the gut can recover and the villi will reappear. Then the body can absorb nutrients properly from the gut and so gain weight, etc.

5.7

1   Proteases: pre-digested baby food.
Carbohydrases: convert starch to glucose syrup.
Isomerase: converts glucose syrup to fructose syrup.
Any other suitable examples

2   a   The protease and lipase enzymes digest proteins and fats on the clothes, so the clothes get cleaner than detergent alone. The enzymes work best at lower temperatures. Detergent alone needs higher temperatures to work at its best, so biological detergents are much more effective at low temperatures.
    b   At temperatures above about 45°C, the enzymes may be denatured and so have no effect on cleaning.

3   Create a table of the advantages and disadvantages.

Answers to end of chapter summary questions

1   salivary amylase and/or pancreatic amylase and/or small intestine amylase break down insoluble starch into soluble sugars/glucose
- stomach/pancreatic/small intestine protease breaks down insoluble proteins into soluble amino acids
- pancreatic/small intestine lipase breaks down insoluble fats/lipids into soluble fatty acids and glycerol
- the small soluble molecules can be absorbed into the blood from the small intestine

2   a   Acid in the stomach creates optimal conditions for protease enzymes to catalyse the breakdown of food and kills bacteria.
The alkaline pH of the small intestine creates the optimal conditions for the enzymes of the small intestine to work.
    b   Bile neutralises the acid of the stomach to make the alkaline conditions of the small intestine.
    c   Villi greatly increase the uptake of digested food by diffusion. Only a certain number of digested food molecules can diffuse over a given surface area of gut lining at any one time. Increasing the surface area means that there is more room for diffusion to take place.

3   a   A molecule made up of long chains of amino acids.
    b
    c   Enzyme reactions speed up with the increase in temperature as the enzymes and substrates are moving faster with more energy, so more likely to collide and react. An enzyme can only work efficiently at the correct pH for it because the pH affects the forces that form the specific active site.

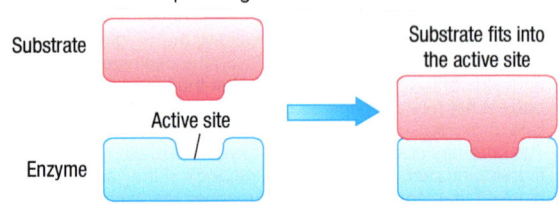

4   a   [Award marks for clearly labelled axes, correct axes, accurate plotting of points on graph etc.]
    b   The reaction speeds up with the increase in temperature.
Particles move faster with more energy, so more likely to collide react.
    c   [Award marks for clearly labelled axes, correct axes, accurate plotting of points on graph etc.]
    d   That it increases the rate up to about 40 °C and after that, the rate of the reaction decreases and eventually stops.
    e   Manganese(IV) oxide is a chemical and not adversely affected by temperature. Catalase is an enzyme made of protein – as temperature goes up, the enzyme is denatured, the shape of the active site is lost and it can no longer catalyse the reaction.

5   a   Any two from: temperature of test tubes; volume of solution; volume of A and B protease; concentration of A and B protease.
    b   Repeated the investigation/repeat each test three times and take a mean/repeat and discard any anomalous results.
    c   Optimum activity of enzyme A is pH 10. optimum pH of B is 2.
    d   Enzyme B must be pepsin because stomach is acid/has a pH of about 2. Enzyme A must be trypsin as pancreatic enzymes work best at alkaline pH/pH of 8–9.

Answers to end of chapter practice questions

1   a   i   A = Large intestine (1), B = pancreas (1), C = gall bladder (1), D = stomach (1)
      ii   D (1); C (1); B (1) and D (1); A (1).
    b   Scientific points:
- salivary amylase and/or pancreatic amylase and/or small intestine amylase break down insoluble starch into soluble sugars/glucose
- stomach/pancreatic/small intestine protease breaks down insoluble proteins into soluble amino acids
- pancreatic/small intestine lipase breaks down insoluble fats/lipids into soluble fatty acids and glycerol
- the small soluble molecules can be absorbed into the blood from the small intestine.   (6 marks maximum)

2   a   i   monosaccharides (1)   ii   Glycerol (1)
      iii   amino acids (1)   iv   fatty acids (1)
    b   i   Biological catalysts, they increase the rate of chemical reactions without being used up. (1)
      ii   the active site is complementary to the substrate, like a lock and key, to allow the enzyme and substrate to bind together. (3)
      iii   Denatured (1)
      iv   High temperature (1); incorrect pH (1)

Answers

    c Muscles (1) - structural and locomotory (1)
Antibodies (1) - defence, destroy pathogens (1)
Hormones (1) - regulatory, homeostasis (1)

3 a Microorganisms (1)
  b i Proteases (1) **ii** Amino acids (both words) (1)
  c i 14 minutes (1)
    ii Enzyme Z (1) – it takes the least time (to pre-digest protein)/works fastest (1) (*Allow only 7 minutes/less time/faster; do not allow 'works best'.*)
    iii Temperature (1); pH (1)

4 a The darker blue colour produced absorbs more light (1).
  b All starch is broken down. (1)
  c Because 40 °C is the optimum temperature for the enzyme's action (1) and the enzyme is denatured/destroyed/damaged at higher temperatures (1).
  d Fructose is sweeter than glucose (1) therefore needed in smaller quantities/so fewer calories in the slimming food (1).

6 Nervous coordination and behaviour

6.1
1 a To take in information from the environment around you and coordinate the response of the body so you can react to your surroundings.
  b A neurone is a single nerve cell, a nerve is a bundle of hundreds or thousands of neurones.
  c A sensory neurone carries impulses from your sense organs to the central nervous system, a motor neurone carries information from the CNS to the effector organs – muscles and glands – of your body.

2 [Marks awarded for table showing receptors for light, sound, position, smell (could also have temperature, pain, pressure) with student example of a stimulus for each one.]

3 Light from the fruit is detected by the sensory receptors in the eyes, an impulse travels along the sensory neurone to the brain, information is processed in the brain and an impulse is sent along a motor neurone to the muscles of the arm and hand so you pick up the fruit and put it in your mouth. [Give credit if students add anything further, e.g., sensory impulses from mouth/nose to brain with information about taste, smell of fruit, touch sensors send impulses about presence of fruit, motor impulses to muscles for chewing, etc.]

6.2
1 a They enable you to avoid damage and danger because they happen very fast. They control many of the vital functions of the body, such as breathing, without the need for conscious thought.
  b It would slow the process down so would not be so effective at preventing damage. It would be very difficult to consciously control breathing, heart rate, digestion, etc., and still be able to do anything else.

2 Reflex actions to operate automatically, even when you are asleep, so cannot rely on conscious thought processes, unlike speaking and eating, which you choose when to do.

3 Stimulus → receptor → sensory neurone → synapse → chemical message → relay neurone → synapse → chemical message → motor neurone → muscles in leg lift the foot.

6.3
1 An action made in response to a stimulus that modifies the relationship between the organism and the environment.

2 Make a table to compare the five types of behaviour.

3 Research and write a report.

6.4
1 Sound signals – making, hearing and interpreting sounds.
Visual signals – actions, ornaments and colours
Chemical signals – pheromones, used to identify other individuals

2 a Loud singing from birds indicates where their territory is to other birds and other species.
  b Dogs bark to show aggression towards another animal
  c Male cicadas make sounds by rubbing parts of their body to attract a female

3 Discuss the statement.

6.5
1 Mating for life, having several mates over a lifetime, having one mate for a breeding season, and having several mates in a single breeding season

2 a To display how strong and fit they are without the physical risk of fighting another male
  b Fighting another male to compete for the female - advantageous for strong animals but a risk to life.
Bringing gifts of food – no risk to life but requires energy to find the food Having extravagant plumage – no risk to life by displaying it but can have a detrimental effect on the animal the rest of the time, for example impeding flight speed so easier target for predators

3 a Leaving offspring after birth to look after themselves, advantage is it allows parents to not use more energy on them so they can go on to produce more offspring, but the risk is that fewer will survive without parental protection.
Parents that look after offspring can suffer from starvation and are therefore easily predated, and harder for them to produce more offspring quickly. However the offspring are more likely to survive.
  b Discuss the statement

6.6
1 By giving a positive reward in response to the desired behaviour and not to the undesirable one.

2 Dogs trained by operant conditioning to respond by sitting and staring or barking at people trapped in the rubble. Difficulties involve differentiating between people trapped and people not trapped - dog must only be searching for trapped ones, trained as above. Also dangerous and busy scenario so dog must be trained by rewarding him for staying calm and focused in these situations.

3 Discuss the purposes, changed behaviours and ways that this has been done.

Answers to end of chapter summary questions
1 a F   **d** B
  b C   **e** A
  c D   **f** E

2 a It enables you to react to your surroundings and to coordinate your behaviour.
  b i Eye   **iii** Skin
    ii Ear   **iv** Skin
  c Diagram of reflex arc. The explanation needs to include the following points: reference to three types of neurone: a sensory neurone; a motor neurone; a relay neurone. The relay neurone is found in the CNS, often in the spinal cord. An electrical impulse passes from the sensory receptor, along the sensory neurone to the CNS. It then passes to a relay neurone and straight back along a motor neurone to the effector organ (usually a muscle in a reflex). This is known as the 'reflex arc'. The junction between one neurone and the next is known as a 'synapse'. The time between the stimulus and the reflex action is as short as possible. This allows you to react to danger without thinking about it.

3 a Habituation takes place when a stimulus is repeated many times and has no effect on an organism, either good or bad. Eventually the organism stops responding to the stimulus and the response is lost permanently.
Importance: enables animals to stop reacting to neutral features of the natural world such as the wind, water movements, rain etc so their nervous system is not constantly firing false alarms
  b i Imprinting
    ii Allows young animals to identify and attach to their parents when young and to recognise and respond to other organisms of the same species when adult.
    iii Scientists presented newly hatched birds with a microlight lane so they imprinted on that. They could then use the plane as the parent, feeding them from it, use it to teach them to fly and mimic the parents in teaching them the migration route, increasing the chances of the birds surviving and going on the meet and bred with their own kind.

4 a Operant conditioning
  b Pavlov's dogs showed classical conditioning – they linked normal behaviour eg the response to food, to a neutral signal – the ringing of a bell. In operant conditioning the animal carries out a random behaviour that delivers a reward or punishment. This reinforces the use of the behaviour (or prevents it) so the animal learns that carrying out a particular behaviour has a particular consequence and repeats it
  c Humans present animals with the opportunity to carry out a random behaviour which is what they want them to do. They then reward that behaviour with attention, treats etc When the animal does not carry out the desired behaviour it is 'punished' by lack of attention, no treats. The animal learns that a particular behaviour gets reward and repeats it. Two extra marks for specific example.

5 a Visual signals, sound, chemical signals 3 marks
  b Sound – eg can be very specific, lots of variations eg human speech, primate communication; can carry a long way eg howler monkeys, whales; any other sensible point; any damage to sound producing mechanism prevents communication, loss of ability to hear prevents communication, any other sensible point
Visual signals – can be very species specific eg peacock tail, can be very dramatic or very subtle eg facial expressions, tail movements, any other sensible point; any damage to the ability to see eg blindness prevents communication, loss of signalling parts eg tail can reduce communication
Smell: Very species specific eg moths, can be used to communicate sexual state eg most mammals, any other sensible point; Can easily

229

Answers

be lost in wind or water; anything that reduces ability to smell eg infection of nose reduces ability to communicate.

6 a A set of behaviours that help determine which animals will mate and develop bonds between the pair. It advertises the quality of a male as a potential mate.
   b Impala – size, strength, size of horns, ability to fight other males
       Bower bird – ability to build a nest, supply decoration and food for female and her offspring
   c Impala adv: winner of fights usually gets mating rights over a group of females, females can see that the winning male is big and strong and has good genes to pass on to their offspring: disadv – males may be injured during fights, effort taken to keep fighting may mean males cannot survive after the breeding season – any other sensible suggestions
       Bower bird: Av – male bird does not risk harm in his display, male can demonstrate ability to provide for the female and her off-spring, if one female doesn't like the bower another may do; disadv – it can be exhausting, takes a lot of effort and no females may choose – any other sensible points
   d Benefits – huge numbers of offspring so some likely to survive even if most die, relatively little drain on parental resources; limitations are mainly that the parent has no way of increasing the survival chances of the offspring and they could all be wiped out
   e Students can choose any three types – the obvious ones listed in the text are mouth brooders, egg incubators and mammals – but any example is acceptable as long as student shows ways in which young benefit eg protection, reliable food source – and the risks to the parents – drain on resources making them vulnerable to disease or predation etc

Answers to end of chapter practice questions

1 a Receptor(s) (1), effector(s) (1)
   b i   Nose/tongue (1)   iii Eye (1)
      ii Ear (1)   iv   Skin (1)
   c By a nerve impulse to a muscle to contract (1); by causing a gland to secrete a hormone into the blood (1).
2 a Receptor (1), relay neurone (1), motor neurone (1), response (1)
   b Stimulus = hot saucepan/heat/high temperature (1); Effector = (arm) muscle (1)
   c i   When the (electrical) impulse reaches the synapse it causes a chemical substance to be released (1), which diffuses across the gap and causes an impulse to be initiated/triggered/started in the next neurone (1).
      ii Central nervous system (allow brain, spinal cord) (1).
   d 1.2/0.02 = 60 metres per second (2 marks for correct answer, even if no working shown. If answer is incorrect allow 1 mark for 1.2/0.02)
3 a Independent variable = number of frames it took the hammer to move to the knee/speed of hammer (1); dependent variable = distance moved by lower leg (1); control variable = distance hammer moved (1)
   b Can measure very short times/fast speeds (1); keeps a permanent record (1).
   c Repeating the trial and calculating means (1).
   d The faster the speed of the hammer the greater the movement (1), up to a maximum of 10 cm movement (1).

7 Homeostasis

7.1
1 a Chemical substances that coordinate many body processes. Made by endocrine glands and secreted directly into the blood stream. They are carried to their target organs in the blood.
   b Hormones: chemical, made by glands and carried in the blood stream, often relatively slow response, often act over a long period of time. Nerves: electrical, impulses travel in neurones, very fast response, act instantly.
2 a To stop too much water moving in or out of cells, damaging and destroying them.
   b Because the enzymes work best at 37 °C.
   c Because blood sugar that is too high or too low causes problems in the body.
3 a i   Losing water through sweating.
      ii Losing salt through sweating.
      iii Temperature going up with exercising.
   b Sweating cools you down and helps to keep the body temperature constant – a costume makes you sweat more (as you get hotter), which means you lose more water – but also makes it harder for sweat to evaporate (so you don't cool so effectively). Also, a costume is heavy so it's harder work to run.

7.2
1 a Carbon dioxide: formed during aerobic respiration:
       glucose + oxygen → energy + carbon dioxide + water
       Urea: excess amino acids from protein/worn out tissues; amino group removed from amino acids and converted to urea in the liver.
   b Both are poisonous to the cells/damage the body.
   c Carbon dioxide removed in the lungs.
       Urea removed by the kidneys.
2 a The waste product formed when excess amino acids are broken down in the liver.
   b Excess amino acids carried to the liver in the blood stream. The liver removes the amino group from the amino acids in a process called deamination. This initially forms ammonia, which is converted into urea. It is passed into the blood and carried to the kidneys to be excreted.
   c Involved in a number of processes which help to maintain a steady internal state in the body, e.g., deamination of excess amino acids to form urea; detoxifying poisonous substances such as ethanol and paracetamol so the levels do not build up in the blood; passing the breakdown products into the blood to be excreted; breaking down worn out red blood cells and storing the iron until it is needed again; any other sensible suggestion.
3 [Look for as many accurate points and connections as possible.]

7.3
1 a To filter out urea; to balance the water and salt level of blood.
   b They filter the blood – sugar, mineral ions, amino acids, urea and water are filtered out of the blood into the kidney tubule and then selectively reabsorbed as the liquid travels along the tubule. All of the sugar is taken back into the blood but the amounts of mineral ions and water vary with the needs of the body. Some urea returns to the blood along a concentration gradient.
2 Processed food often contains high levels of salt. Salt affects the concentration of the body fluids. The kidney is involved in balancing the levels of salt in the body and if salt levels go up the kidneys remove salt and excrete them in the urine.
3 a Your blood would become diluted. The kidneys would retain all but the excess salt and lose a lot of water, so you would produce a lot of very dilute urine.
   b Your kidneys would conserve both salt (because you are losing it in sweat) and water, so you would produce small quantities of very concentrated urine.

7.4
1 a This is the temperature at which enzymes work best.
   b Above around 40 °C the enzymes which are made of protein start to denature. This means the shape of the active sites change and the enzymes can no longer catalyse the reactions of the cell so the cells die. This quickly results in death of the whole organism and is irreversible. Below 35 °C the reactions of the body slow down even with enzymes catalysing them and they cannot take place fast enough to maintain life.
2 a The thermoregulatory centre in the brain is sensitive to the temperature of the blood flowing through it. It also receives information about the skin temperature from receptors in the skin and coordinates the body responses to keep the core temperature at 37 °C.
   b Temperature sensors in the skin send impulses to the thermoregulatory centre in the brain giving information about the temperature of the skin and the things it touches. This is important for maintaining the core temperature because if the external surroundings and the skin are cold, the body will tend to conserve heat to keep the core temperature up, and vice versa.
3 If core temperature increases, to lower body temperature: blood vessels supplying capillaries in skin dilate; more blood in capillaries so more heat is lost, more sweat produced by sweat glands, which cools the body as it evaporates. If core temperature decreases, to raise body temperature: blood vessels supplying blood to skin capillaries constrict; less blood transported to surface of skin so less heat is lost, shivering occurs by rapid muscle movement, which needs respiration – releasing heat energy.

7.5
1 Hormone: a chemical message carried in the blood which causes a change in the body.
   Insulin: a hormone made in the pancreas which causes glucose to pass from the blood into the cells where it is needed for energy.
   Diabetes: a condition when the pancreas cannot make enough insulin to control the blood sugar.
   Glycogen: an insoluble carbohydrate stored in the liver.
2 a Blood glucose levels go up above the ideal range. This is detected by the pancreas, which then secretes insulin. Insulin causes the liver to convert glucose to glycogen. This causes glucose to move out of

the blood into the cells of the body, therefore lowering blood glucose levels. When the blood sugar level falls, glucose is released back into the blood.

If the blood glucose level drops below the ideal range, this is detected by the pancreas. The pancreas secretes glucagon, which causes the liver to convert glycogen into glucose, which increases the blood glucose level.

b Glucose is needed for cellular respiration, which releases energy for everything. Too much or too little glucose in the blood causes problems.

3 Type 1 diabetes is a condition where the pancreas does not make enough or any insulin. It is treated by injections of insulin to help control blood glucose levels. Your diet needs to be carefully controlled with regular meals and the intake of carbohydrate carefully monitored. Type 2 diabetes is a condition where either the pancreas does not make enough insulin or your body does not react properly to the insulin than is produced. Type 2 diabetes is linked to obesity, old age and a lack of exercise. It can be treated by improving the diet, the amount of exercise and losing weight as well as insulin injections.

7.6
1 a People with type 1 diabetes need insulin injections but they also need to monitor and control their food intake carefully.

b Type 2 diabetes can often be treated and controlled or even cured by eating a carefully controlled balanced diet, losing weight and taking regular exercise. Because it can be caused by too little insulin being produced or by the cells becoming insensitive to insulin, it can also sometimes be treated by drugs that help the insulin the body makes have a bigger effect on the body cells, help the pancreas make more insulin or reduce the amount of glucose absorbed from the gut. If none of these treatments work, the patient will have to use insulin.

2 a Original – from pancreases of cattle and pigs used for meat; no control over quantities as used what was available from slaughterhouses; not exactly the same chemically.
Modern – produced by genetically modified bacteria; exact quantity and quality control; exactly the same as naturally occurring human insulin.
Genetically modified insulin is better as it is a match for the natural hormone and both quantity and quality of the product can be controlled to give better glucose control.

b Insulin treatment widely available; patient deals with it themselves; relatively cheap, etc.
Pancreatic transplant is a good idea but complex surgery; high risk; expensive; patients have to be on immunosuppressant drugs for the rest of their lives; needs repeating eventually; not enough donors. These are the reasons why it is not more widely used.

Answers to end of chapter summary questions
1 a The maintenance of a constant internal environment, for example in terms of a constant core temperature, the water and ion content of the body and the blood glucose levels.

b For cells to work properly they need to be at the right temperature (so enzymes work optimally); they need to be surrounded by the correct concentration of water and mineral ions in the blood so osmosis doesn't cause problems; they need glucose to provide energy and they need waste products to be removed as build up can change pH or poison systems. This is why the body systems must be controlled within fairly narrow limits.

2 a i [diagram: Pituitary gland / ADH / kidney tubules water regulation]

ii

iii [diagram: Thermoregulatory centre / body temperature regulation]

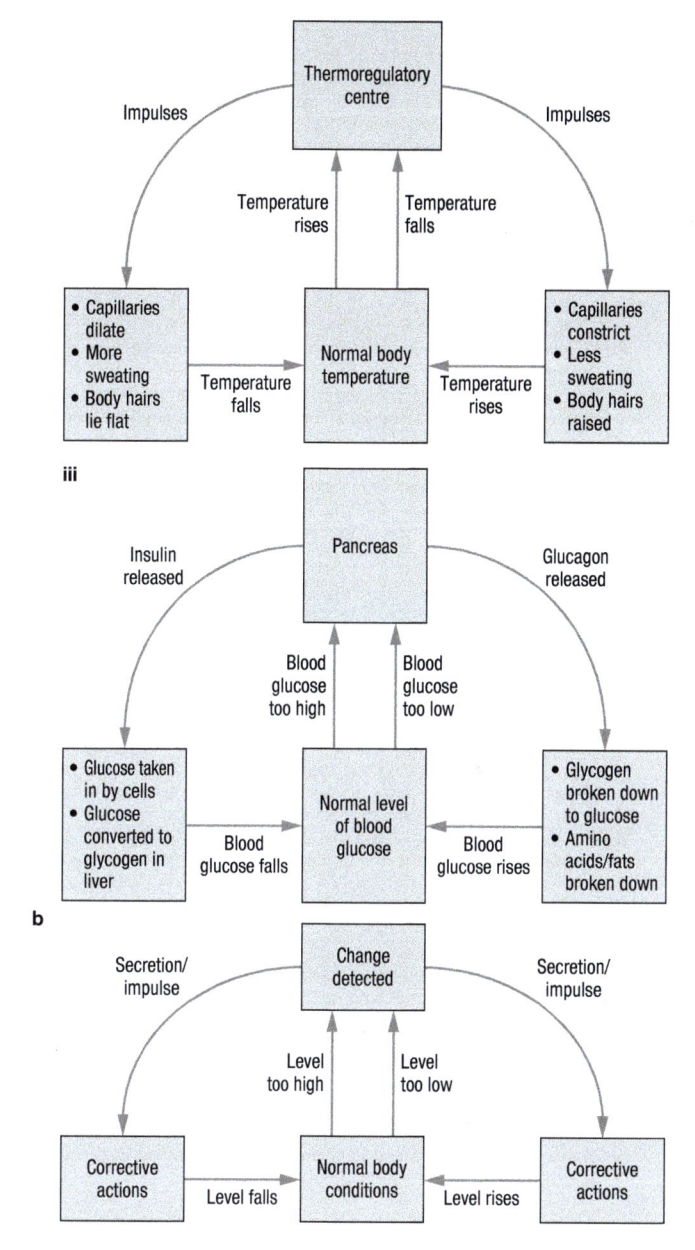

b [diagram: Pancreas / insulin / glucagon / blood glucose regulation]

[diagram: Change detected / Normal body conditions / Corrective actions]

3 a Deaths increased – gradually at first and then by a lot.
b Around 25 °C.
c When very hot (often humid), sweat doesn't evaporate to cool people down; people lose a lot of water by sweating so become dehydrated and therefore can't sweat and cool down; exercise in heat generates heat in muscles; body can't get rid of it by sweating, etc.; any sensible points.

4 a They go up.
b About 60–120 milligrams per litre.
c About 50–310 milligrams per litre.
d Insulin injections keep blood sugar levels within a reasonable range; prevent loss of blood sugar in the urine; allow cells to take up glucose etc. Limitations – can't keep blood sugar within the narrow range of natural insulin control.
e Carbohydrates broken down into glucose (blood sugar), so the more carbohydrate-rich food eaten, the higher the blood sugar levels will climb and the harder it is for the insulin injections to maintain safe and healthy levels of blood sugar.

Answers to end of chapter practice questions
1 a Homeostasis (1)
b Any three from: core body temperature, water content of body, ion content of body, blood glucose concentration (3).
c i Brain (1)
ii Pancreas (1)
2 a i Thermoregulatory centre (allow thermoregulation centre/ hypothalamus) (1).

Answers

    ii It has receptors (1) (ignore receptors in skin) that detect changes in the temperature of the blood/plasma (1).

  b Shivering causes the muscles to contract (1) resulting in increased respiration/more heat released/produced (1).

  c **i** Blood vessels/arteries/arterioles dilate/widen (1).
    ii There will be more blood close to/near surface (1) so more heat is lost/heat is lost faster/the body cools faster (1).

3 a All small molecules (accept list if it contains both waste and useful molecules) pass into the filtrate (1), but large ones such as proteins and lipids do not (1). Useful molecules (accept glucose, amino acids, some ions, some water) are reabsorbed (1), but waste molecules (accept urea, water, ions, poisons) are passed into urine. (1)

  b **i** Brain (1)
    ii ADH (anti-diuretic hormone) (1)
    iii Pituitary (1)

  c Scientific points:
As it was hot the worker sweated a lot so the water content of his blood fell. This was detected in the brain and the pituitary gland released ADH. The ADH caused the kidneys to reabsorb more water, so his urine was low volume and concentrated. After he drank the water the water content of his blood went up, so the brain caused the pituitary to stop making ADH, so less water was reabsorbed by the kidney and the urine was higher in volume and dilute.

(6 marks maximum)

8 Defending ourselves against disease

8.1

1 a Microorganisms known as pathogens. Pathogens include bacteria and viruses.

  b Bacteria may make you ill as a result of the toxins they produce as they divide rapidly or they may cause direct damage to your cells. Viruses take over the cells of your body as they reproduce, damaging and destroying cells, which is how they cause disease.

  c Pathogens make you ill as a result of the way your body reacts to the toxins they make or the cell damage they cause.

2 Any sensible suggestions should be accepted, such as: wiping work surfaces, cleaning toilets, using tissues to blow nose, washing hands before handling food, for example:

3 Any sensible points, e.g.,
- Pathogens are very small so until the development of microscopes people had no way of seeing bacteria or viruses.
- Because people couldn't see microorganisms it was very difficult to work out or understand how diseases spread.
- Evidence, such as doctors handwashing reducing the deaths of women after giving birth, was seen as against the Bible, which was very powerful.
- Still difficult to convince people if their ideas are entrenched, e.g., Barry Marshall attempting to show people that most stomach ulcers are the result of bacterial infections.

8.2

1 a Droplet infection, direct contact, contaminated food and drink, break in the skin.

  b When you cough, sneeze or talk, droplets full of pathogens pass into the air to be breathed in by someone else.
Pathogens on skin passed to someone else's skin on contact.
Pathogens taken in on food or in drink.
Pathogens can get through the barrier of the skin to the tissue underneath.

2 a Pathogens cannot be stopped from getting into cuts.
  b You have not got enough white blood cells to ingest pathogens or to produce antibodies/antitoxins, so pathogens are not destroyed.

3 a Prevents pathogens getting from your hands to the food.
  b Removes pathogens from where they might come into contact with other people or get on your hands.
  c Prevents pathogens from the gut being taken in with drinking water.

4 Explanation to include the ingestion of microorganisms, the production of antibodies and antitoxins.

8.3

1 a A unique protein found on the surface membrane of the cells of any organism.
  b A protein made by white blood cells in response to specific antigens. The antibodies attach themselves to the antigens and destroy the cell/pathogen.
  c Any sensible suggestions, for example: bacterial – TB, tetanus, diphtheria; viral – polio, measles, whooping cough.

2 a Every cell has unique proteins on its surface called 'antigens'. Your immune system recognises that the antigens on the microorganisms that get into your system are different from the ones on your own cells. Your white blood cells then make antibodies to destroy the antigens/pathogens. Once your white blood cells have learnt the right antibody needed to tackle a particular pathogen, they can make that antibody very quickly if the pathogen gets into your system again, and in this way you develop immunity to that disease.

  b A small quantity of dead or inactive pathogen is introduced into your body. This gives your white blood cells the chance to develop the right antibodies against the pathogen without you getting ill. Then, if you meet the live pathogens, your body can respond rapidly, making the right antibodies just as if you had already had the disease.

3 Vaccines can be made using inactive viruses or bacteria so can stimulate antibody production against either type of pathogen, thereby developing immunity.

8.4

1 Paracetamol relieves symptoms/makes you feel better, whereas antibiotics kill the bacteria and actually make you better.

2 a He noticed a clear area around mould growing on bacterial plates.
  b It was difficult to get much penicillin out of the mould and it does not keep easily.
  c Florey and Chain.

3 Viral pathogens reproduce inside your cells, so it is very difficult to develop a drug that destroys them without destroying your cells as well.

8.5

1 Students should show clear understanding of the different stages involved in the development of antibiotic resistance. Colony of bacteria treated with antibiotic 1 → 5% have mutation and survive → the surviving bacteria are treated with antibiotic 2 → 5% have a mutation and are resistant to antibiotic 1 and 2 → etc.

2 a Bacterium
  b MRSA has developed resistance to many antibiotics including methicillin as a result of them being used extensively in hospitals. Increasingly small colonies of antibiotic-resistant bacteria have survived and reproduced until now the majority of *Staphylococcus aureus* in hospitals are resistant to common antibiotics.

3 a Increased use of antibiotics leading to more resistant bacteria, lower hygiene standards in hospitals, people failing to wash their hands between patients, visitors, etc. Any other sensible point.

  b Possible reasons include: men are more likely to pick up infections than women; men are less likely to wash their hands thoroughly or use the alcohol gel in hospitals as patients or visitors than women; more men die than women; more men go into hospital than women; men are less likely to complete a course of medicine than women and so develop a resistant strain; any other sensible point.

  c A big effort has been made to reduce these infections including: reduction in prescription of antibiotics; treating conditions with very specific antibiotics for the pathogen rather than broad spectrum antibiotics; constant reminders to medical staff to wash hands/use alcohol gel between patients; constant reminders to patients and visitors to wash hands/use alcohol gels on entering and leaving hospitals, doctor's surgeries, wards, etc.; increasing hygiene standards in hospitals; nursing patients affected by antibiotic-resistant strains of bacteria in isolation; any other sensible point.

8.6

1 a To find out more about them. To find out which nutrients they need to grow and to investigate what will affect them and stop them growing.
  b Agar jelly is a culture medium containing nutrients. It provides the carbohydrates and other nutrients needed by bacteria, which are grown on it.

2 Using up the available food and oxygen; build up of waste products such as carbon dioxide and other toxins.

3 a Because this reduces the chances of growing microorganisms which might be harmful to people.
  b Because at higher temperatures the microorganisms grow much more rapidly.

Answers to end of chapter summary questions

1 a Breathed into the lungs; taken in through the mouth; through cuts and breaks in the skin; any other sensible suggestion.

  b They reproduce rapidly and often produce toxins or may damage cells directly. The body's reaction to these situations causes the symptoms of disease.

  c Viruses take over the cells of your body as they reproduce, damaging and destroying the cells. This, along with the reaction of the body to the damage, causes the symptoms of disease.

2 a Each time a colony of bacteria are exposed to an antibiotic, some individual bacteria may survive due to genetic mutations unique to them. The population of this resistant strain will steadily increase as the non-resistant strain are killed by the antibiotic. Resistance to vancomycin can develop through this process of natural selection. The pathogen can then spread quickly as patients will not have immunity against the new strain.

Answers

    b Use antibiotics carefully – only when they are needed – and make sure people always finish the course.

3 a Use sterile Petri dish and agar.
Sterilise the inoculating loop by heating it to red hot in the flame of a Bunsen and then let it cool. Do not put the loop down as it cools.
Innoculate agar with zigzag streaks of bacteria using sterile loop.
Replace the lid on the dish quickly to avoid contamination.
Secure the lid with adhesive tape but do not seal.
Label the culture and incubate at no warmer than 25 °C.

    b Include points such as: Inoculate agar plates with bacteria – ideally from school floor.
Add circles of filter paper soaked with different strengths of the disinfectant and incubate at no higher than 25 °C.
Look for areas of clear agar around the disinfectant-soaked disk.
Recommend lowest concentration that destroys the bacteria.

4 The skin covers the body and prevents entry of pathogens; if your skin is cut you bleed, washing pathogens out, and then the blood clots forming a seal over the healing skin and preventing the entry of any pathogens.
The breathing system produces sticky mucus, which traps pathogens from the air, and cilia, which move the mucus away from the lungs out of the body or into the stomach. The stomach produces acid, which kills most of the pathogens taken in through. The mouth the white blood cells of the immune system form antibodies against the antigens on any pathogens that get into the body.
Some of the white blood cells of the immune system engulf and digest pathogens.
Some of the white blood cells of the immune system produce antitoxins against the toxins produced by some bacteria so they no longer make you ill.

5 a A vaccine contains a dead or weakened form of a disease-causing pathogen. It works by triggering the body's natural immune responses. A small amount of the vaccine is injected into the body. The white blood cells develop the antibodies needed to destroy the pathogen without you becoming ill. Then, if you take the live pathogens into your body, the immune system can provide the right antibodies very quickly (as if you had had the disease) and destroy the pathogen before it can make you ill.

    b Some diseases are so dangerous that you can be dead or permanently damaged before the body has time to develop the right antibodies. These are the diseases you are usually vaccinated against. It is not worth the expense of vaccinating against less serious diseases.

6 a 1998
    b It has varied but the general trend has been for it to increase, particularly in the late 2000s.
    c It went up dramatically.
    d Because initially the majority of children were still vaccinated against measles and mumps. As years passed there was a bigger and bigger population of unvaccinated children who were vulnerable to the diseases.
    e i So that the population has herd immunity – when most people are immune to a disease, it cannot spread; this protects the small number of people not vaccinated.
      ii Expect it to continue to rise for a few more years perhaps and then gradually fall again as the proportion of the population who are vaccinated continues to rise.

Answers to end of chapter practice questions

1 a Pathogens (1)
    b Viruses (1)
    c Toxins (1)
2 a i Lives inside cells (1)
      ii Inactive (1)
      iii Antibodies (1)
    b i 1950 (1)
      ii 8 (years) (1)
      iii Any one from: disease could be reintroduced (from abroad); disease would spread if it came back; protection on holiday abroad; high proportion of immune people needed to prevent epidemic (1). *(1 mark maximum)*
3 a Any *four* from: May already have had the disease (1) so will rapidly produce antibodies/antitoxins against it (1); the bacteria were caught by the sticky mucus (in respiratory tract/trachea/bronchi) (1) and would be wafted up to be swallowed (1) and killed by acid in the stomach (1); there were not enough bacteria (1) and the body destroyed them before they could cause the disease (1).
(4 marks maximum)
    b Ingesting the bacteria (1) which kills them (1). Producing antibodies (1) which bind to the antigen on the bacteria (1) and removes them. Producing antitoxin (1) which neutralises the toxin (1).
4 a i Defence (accept specific functions of white cells) (1).
      ii Forming clot at site of wound (1).
      iii 100 ÷ 0.008 (1); equals 12 500 (1) *(Correct answer with or without working gains 2 marks; ignore any units)*
      iv The size of red blood cell is approximately same size as capillary or red blood cell is too big (1); therefore there is no room for more than one cell or only one can fit (1). *(Allow use of numbers; do not accept capillaries are narrow)*
      v In lungs, oxygen *diffuses* from the alveoli into the blood (1); in the red blood cell, oxygen combines with *haemoglobin*, forming *oxyhaemoglobin* (1); in tissues, *oxyhaemoglobin* splits up, releasing *oxygen*, which *diffuses* into the cells (1). *(For each mark, whole statement is required)*
    b i (Student Y) because she had the lower resting heart rate (1); the lower heart rate increase (1) and the quicker recovery time (1). *(Accept converse for Student X)*
      ii When exercising the *rate* of aerobic respiration in the muscles is higher (1); (the increased heart rate) increases *rate* of delivery of oxygen to the (respiring) muscles (1); and increases *rate* of delivery of glucose to the (respiring) muscles (1); and results in faster removal of carbon dioxide and lactic acid (1).

9 Plants as organisms

9.1
1 a CO_2 comes from the air; water from the soil; light energy from the Sun/electric light.
    b Carbon dioxide and water from the water it lives in; light from Sun or electric light.
2 From the air into the air spaces in the leaf; into plant cells; into chloroplasts; joined with water to make glucose; converted to starch for storage.
3 When a plant is in the light it carries out photosynthesis. During photosynthesis, the plant makes glucose from carbon dioxide and water using energy from light. The plant in the light produces oxygen that will relight the glowing splint. The plant in the dark produces carbon dioxide which will extinguish it.

9.2
1 Carbon dioxide, light and temperature.
2 a i Light levels are low until sunrise, temperature falls overnight.
      ii Carbon dioxide will limit photosynthesis.
      iii Low light levels in winter, days are shorter, temperature colder.
      iv Trees will limit the light, temperature will be warm so carbon dioxide will be limiting.
    b Each case is within the natural environment and light, temperature and carbon dioxide levels can interact meaning that at any time, any one of them may be the limiting factor for photosynthesis.
3 a As light intensity increases, so does the rate of photosynthesis. This tells us that light intensity is a limiting factor.
    b An increase in light intensity has no effect on the rate of photosynthesis, so it is no longer a limiting factor; something else probably is.
    c Temperature acts as a normal limiting factor to begin with; increase in temperature increases the rate of photosynthesis. But above a certain temperature, the enzymes in the cells are destroyed so no photosynthesis can take place.

9.3
1 Respiration; energy for cell functions; growth; reproduction; building up smaller molecules into bigger molecules; converted into starch for storage; making cellulose; making amino acids; building up fats and oils for a food store in seeds.
2 a Glucose is soluble and would affect the movement of water into and out of the plant cells. Starch is insoluble and so does not disturb the water balance of the plant.
    b Leaves, stems, roots and storage organs.
    c [Any sensible suggestions involving a slice of potato and dilute iodine solution.]
3 Bogs are wet and peaty and the soil contains very few minerals, especially nitrates. Plants need nitrates form the soil to make amino acids and build them into proteins. So many plants cannot grow well on bogs. Carnivorous plants trap insects and digest their bodies, which provides a good supply of nitrates and other minerals. So they can grow and thrive on bogs as they do not rely on them for their minerals.

9.4
1 a Stomata are small openings all over the leaf surface.
    b The stomata open during daylight allowing air into the leaves so that carbon dioxide enters the cells for photosynthesis, but they close the rest of the time to control the loss of water.
    c The opening and closing of the stomata is controlled by the guard cells.

Answers

2. Plant roots are thin, divided structures with a large surface area (SA). The cells on the outside of the roots near the growing tips also have extensions, called root hairs, which increase the SA for the uptake of substances from the soil. These tiny projections from the cells push out between the soil particles. The membranes of the root hair cells also have microvilli that increase the SA for diffusion and osmosis even more. The water then has only a short distance to move across the root to the xylem, where it is moved up and around the plant. Plant roots are also adapted to take in mineral ions using active transport. They have plenty of mitochondria to supply the energy they need, as well as all the advantages of the large SA and short pathways needed for the movement of water as well.

3. The adaptations are very similar: large SA, and small distances to travel. Plants are not always as effective as animals at maintaining concentration gradients through active circulation, but they have plenty of active transport systems to help them.

9.5

1. a Transpiration is the loss of water vapour from the surface of plant leaves through the stomata.
   b Water evaporates from the surface of the leaves. As this water evaporates, water is pulled up through the xylem to take its place. This constant movement of water molecules through the xylem from the roots to the leaves is known as the 'transpiration stream'.

2. a The waxy cuticle and the guard cells reduce the loss of water vapour.
   b Reduces water loss a little, as it would not cover all the stomata. Not a big effect as most stomata are on the underside of the leaves.
   c Greatly reduce the loss of water from the leaf, as most of the stomata would be covered and therefore little evaporation would take place. In turn, the rate of water uptake would be very much reduced.
   d The rate of transpiration would increase because the rapid air movement across the leaf would increase the rate of evaporation of water and so increase the uptake of water as well.
   e The uptake of water from the cut end of the plant stem.

3. a Transpire rapidly as stomata exposed directly to light and heat from the Sun.
   b Not a problem as they live in water, so never a shortage to bring up from the roots.

9.6

1. a To move food made in the leaves to the rest of the plant and to transport water and mineral ions taken from the soil to the rest of the plant.
   b All the cells need dissolved sugar for cellular respiration and also as the basis for making new plant material. Water is needed for photosynthesis to make sugar, and also to keep the cells rigid to support the plant.

2.

Xylem	Phloem
Mature cells are dead	Living cells
Transports water and minerals from the soils around the plant	Transports dissolved sugars from photosynthesis around the plant
Found on the inside of vascular bundles in the stem	Found on the outside of vascular bundles in the stem

3. The transport tissue of young trees is on the outside of the trunk under the bark. In young trees the bark is relatively soft and animals such as deer and even rabbits will eat it. If the bark is nibbled off all around the tree, water cannot move up from the roots and sugars cannot move down to the roots and the young tree will die. Plastic covers protect the young bark so it cannot be eaten. They can be removed once the trees are more mature. If this isn't done, most of the young trees are likely to be destroyed and the woodland will eventually die as the old, mature trees are not replaced.

Answers to end of chapter summary questions

1. a
   carbon dioxide + water $\xrightarrow{\text{light energy}}$ glucose + oxygen

   $6CO_2 + 6H_2O \xrightarrow{\text{light energy}} C_6H_{12}O_6 + 6O_2$

   b Starch
   c i Credit accurately drawn graphs, correctly labelled axes, etc.
     ii Plants in higher light intensity photosynthesise faster and therefore produce more food and grow well. Light will not limit them – CO_2 or temperature might. For plants in lower light, the light is a limiting factor on their growth.

2. a Because conditions are good for photosynthesis – plenty of light, water and warm temperatures allow rapid photosynthesis, which gives rapid growth.
   b Made from glucose made in photosynthesis.
   c Energy store for the developing embryo as the seed germinates and grows but before it can photosynthesise.
   d Energy for the plant cells for growth; to make complex carbohydrates such as cellulose for plant cell walls and starch for storage; combined with nitrates from the soil to make amino acids and proteins; any other sensible point.

3. Adaptations of leaves: thin and flat to give short diffusion distances; specialised cells with big air spaces and big surface area for gases to diffuse in and out of the leaf; xylem tissue bringing water into the leaf; stomata to allow carbon dioxide, oxygen and water vapour to diffuse in and out of leaves. All depends on passive processes of diffusion along concentration gradients.
   Adaptations of roots: long and thin to give big surface area for the absorption of water and mineral ions; specialised root hair cells to increase the surface area for movement of water into the roots and active transport of mineral ions; movement of water passive along concentration gradients, movement of mineral ions active.

4. a A = xylem   B = phloem
   b Students reproduce a diagram of tissue A with annotations to labels eg hollow tube of xylem allows free flow of water and minerals through plant; lignin spirals both withstand the pressure of the water moving through them and support and strengthen plant. Additional point: Xylem is a dead tissue and so not affected by heat, infection etc
   c An annotated version of fig B phloem is a living tissue – needs energy transferred from respiration to move sugars into and out of cells; phloem vessels almost hollow – just sieve plates at ends of cells – so water containing dissolved sugars etc can move easily through the plant.; companion cells support the phloem vessels and contain mitochondria to provide the energy needed to move the dissolved sugars into and out of cells/up and down the plant.

5. a Transpiration is the loss of water vapour from the surface of plant leaves through the stomata.
   b Potometer measures uptake of water by the shoot. Transpiration is the evaporation of water from the leaves. Some of the water taken up by the shoot is used by the plant for photosynthesis, support, etc., so not all the water taken up is transpired, although it gives a good approximation.
   c i The rate of transpiration would increase because the rapid air movement across the leaf would increase the rate of evaporation of water and so increase the uptake of water as well.
     ii It would greatly reduce the loss of water from the leaf, as most of the stomata would be covered and therefore little evaporation would take place. In turn, the rate of water uptake would be very much reduced.

Answers to end of chapter practice questions

1. a Carbon dioxide (1), oxygen (1).
   b The sun (1). The light energy is absorbed by chlorophyll/chloroplasts (1) in the leaf (mesophyll) cells (1).
   c Temperature (1) may be limiting as the enzymes work slowly in cold temperatures (1), or light (1) may be limiting as December is a very dark month and it is early morning (1).
   d Any **three** from: for storage as starch (1); for storage as fats/oils (1); to make proteins/enzymes/ named protein or enzyme (1); to make cellulose for cell walls. (3 marks maximum)

2. a Translocation – The movement of sugars from the leaves to other tissues (1); Xylem – The cells which transport water in the plant (1); Stomata – Openings in the lower surface of the leaf for gas exchange (1); Phloem – The cells which transport sugars in the plant (1); Transpiration stream – The transport of water from roots to leaves (1).
   b To provide turgor for cells to support leaves and stems (1); to dissolve gases/ions/small food molecules for transport (1).
   c Any four from the following possible answers, but they must be in the correct order:
   The transpiration stream is driven by the evaporation of water from the leaves (1). In hot weather, photosynthesis is faster and uses more water (1). Stomata will be open to take in more carbon dioxide (or at a faster rate), meaning that more water vapour can escape (1). Evaporation happens faster if it is hot, dry and windy, so more water is lost from leaves (1) and more water is drawn in by the roots to replace what is being used up and lost (1). (4 marks maximum)
   d Active transport (1), in which energy is required (1) (and a protein in the membrane transports the ion across against the concentration gradient).
   e To make (amino acids for) proteins/for DNA synthesis (1).

3. a Marks awarded for this answer will be determined by the Quality of Written Communication (QWC) as well as the standard of the scientific response.
   • There is a clear, balanced and detailed description referring to the data in the graph about light, temperature and carbon dioxide and how to set up a controlled experiment. The answer shows almost faultless spelling, punctuation and grammar. It is coherent and in an organised, logical sequence. It contains a range of appropriate or relevant specialist terms used accurately. (5–6 marks)

- There is some description of setting up a controlled experiment, including at least two variables. There are some errors in spelling, punctuation and grammar. The answer has some structure and organisation. The use of specialist terms has been attempted, but not always accurately. *(3–4 marks)*
- There is a brief description with reference to setting up several tunnels and mention of at least one variable, but little clarity and detail. The spelling, punctuation and grammar are very weak. The answer is poorly organised with almost no specialist terms and/or their use demonstrating a general lack of understanding of their meaning. *(1–2 marks)*
- No relevant content. *(0 marks)*

Examples of biology points made in the response:
- use of term limiting factors
- the more photosynthesis, the more growth
- carbon dioxide optimum around 4%
- plants need water
- control of light intensity
- types of light
- temperature control/25 °C
- idea that light changes with type of plastic/colour of plastic/thickness of plastic
- idea that might need heating/ventilation to control/monitor temperature
- idea that need to contain the carbon dioxide/have a source of carbon dioxide gas
- reference to having different sets of conditions in each model tunnel to be able to determine optimum/idea that might try slightly lower/higher temperature/carbon dioxide level to check cost effectiveness.

b Any one from the following: possible to mimic large scale events/idea of/on a small scale; can be used to predict changes/changes in variables; use of a description, e.g., to predict the spread of disease/can predict the effect of a chemical on all bacteria using a safe organism/can use fast breeding organisms to mimic processes which occur slowly in others/can predict the effect of global warming on organisms in a locality. *(1 mark maximum)*

4 When a plant is in the light it carries out photosynthesis. During photosynthesis, the plant makes glucose from carbon dioxide and water using energy from light.
The plant in the light produces oxygen that will relight the glowing splint. The plant in the dark is respiring and not photosynthesising and so produces carbon dioxide which will extinguish it.

10 Variation and inheritance

10.1
1 a The gene.
  b Offspring inherit information from both parents and so end up with a combination of characteristics, some from the father and some from the mother.
2 a You inherit one set from each parent.
  b Genes are carried on the chromosomes, so because chromosomes come in pairs, so do the genes – one from each parent.
  c 20 000–25 000.
3 a This is because there are genetic differences between all the members of a species unless they are identical twins or produced by asexual reproduction.
  b There are two sources of variety in individuals. One is the genetic information they inherit. The other is the variety in the environment in which they grow and develop. If both of these are identical – both the genetics and the environment – then the organisms should be identical too.
  c It is almost impossible for two organisms to experience identical environmental conditions, so there will always be environmentally caused differences between them.

10.2
1 a No fusion of gametes, only one parent, no variety.
  b Two parents, fusion of gametes, variety.
  c Sex cell.
  d The differences between individuals as a result of their genetic material.
2 Advantages of sexual reproduction: mixes genes, leads to variation, allows process of evolution, increases chances of a species surviving if environment changes.
Disadvantages of sexual reproduction: need to find a partner, risk of gametes not finding each other, generally slower.
Advantages of asexual reproduction: only involves one parent, simple and efficient, genes and characteristics conserved.
Disadvantages of sexual reproduction: no genetic variety – only produces clones, no evolution through natural selection.

3 a i By bulbs. ii By flowers.
  b They have the safety and reliability of asexual reproduction but the genetic variety which is introduced by sexual reproduction to help them survive changes in conditions.
  c Asexually produced offspring will all be genetically identical to the single parent. Sexually produced offspring will be genetically different from both parents and from each other as each will be the result of the fusing of a different egg and sperm and each one will have a different genetic mixture.

10.3
1 Genetic variation, variation due to the environment of an organism, variation due to a combination of factors
2 In continuous variation there is a gradual transition between extremes and environment affects the basic genetic variation. The graph showing height and the differences in height of a population shows this continuous variation. In contrast blood groups are inherited as a single gene and you will have one specific blood group – there is no gradual transition between them and so this is an example of discontinuous variation
3 Recognition that as genetically identical (clones) if all other variables are kept the same except temperature, any differences should be the result of temperature on the growth of the seedlings Credit for any sensible suggestions along with recognition of the need to control variables, how to get the most reliable and valid data from the investigation, etc.

10.4
1 23; 22; sex chromosomes; XX; X; Y; male;
2 a He found that characteristics were inherited in clear and predictable patterns. He realised some characteristics were dominant over others and that they never mixed together.
  b No one could see the units of inheritance, so there was no proof of their existence. People were not used to studying careful records of results.
  c Once people could see chromosomes, a mechanism for Mendel's ideas of inheritance became possible.
3 50:50 chance each time of inheriting an X or Y from father, independent of previous children

10.5
1 a Dominant allele – an allele which controls the development of a characteristic even when it is present on only one of the chromosomes.
  b Recessive allele – an allele which only controls the development of a characteristic if it is present on both chromosomes.
  c Marks for each case where students identify correctly the single gene characteristic and the dominant and recessive alleles.
2 Marks awarded for drawing a Punnett square correctly with the appropriate gametes. DD, Dd, dD have dimples; dd has no dimples.
3 see question 2 in 11.5 below

10.6
1 a DNA is deoxyribonucleic acid. These are long strands that twist to form a double helix structure, making chromosomes. Genes are small sections of this DNA.
  b labelled diagram
2 1 Aa   11 aa
   2 aa   12 Aa or AA
   3 Aa   13 AA or Aa
   4 Aa   14 aa
   5 Aa   15 Aa
   6 Aa   16 Aa
   7 Aa   17 Aa
   8 Aa   18 AA or Aa
   9 aa   19 AA or Aa
  10 AA or Aa
3 a 1 and 2 Aa x aa

	A	a
a	Aa	aa
a	Aa	aa

1Aa: 1aa
50% or 1:1 chance of offspring being normal pigmentation
  b 7 and 8. Aa a Aa

	A	a
a	AA	Aa
a	Aa	aa

1AA: 1Aa: 1aa
3:1 or 75% chance of offspring having normal pigmentation

10.7
1 a A genetic disorder which causes extra fingers or toes.

235

Answers

  b The faulty allele is dominant, so only one parent needs to have the allele and pass it on for the offspring to be affected.
  c A Pp only – as produced a child that was unaffected.
  B Pp – because mother must pass on a recessive allele to produce two unaffected children.
  C–E – could be PP or Pp as each parent has the genotype Pp.
2 a Carriers have a normal dominant allele, so their body works normally.
  b CF (cystic fibrosis) is recessive – must inherit one from each parent to get the disease. But if parents had the disease themselves, they would almost certainly be infertile, so parents must be carriers.
3 [Marks awarded for genetic diagram based on Figure 3 in Student Book, showing how cc (cystic fibrosis) arises.]

10.8

1 a This is a disorder caused by a faulty recessive allele which can be passed on from one generation to another. Because it is recessive parents can carry the allele without realising it. Any affected offspring have to inherit a faulty allele from both parents.
  b The main symptoms are breathlessness, lack of energy and tiredness along with pain and tissue death and sometimes death of the individual. In sickle cell anaemia the red blood cells are sickle shaped instead of the normal biconcave discs. As a result they do not carry oxygen efficiently so the person does not get enough oxygen – they feel breathless and tired. The sickle cells can block small blood vessels and this can cause pain and tissue death. This leaves the person open to severe infections and even death.
2 a RR × Rr

	R	R
R	RR	RR
r	Rr	Rr

  None of the offspring have sickle cell anaemia. 50:50% (1 in 2) chance of a child being a carrier.
  b Rr × Rr

	R	r
R	RR	Rr
r	Rr	rr

  1 in 4 of the offspring have sickle cell anaemia. 50:50% (1 in 2) chance of a child being a carrier.
  c RR × rr

	R	R
r	Rr	Rr
r	Rr	Rr

  None of the offspring have sickle cell anaemia. All of the offspring are carriers.
3 a A whole chromosome disorder when an extra copy of chromosome 21 is inherited. It means the person affected has 47 chromosomes instead of 46.
  b Down's syndrome involves the whole chromosome not a single faulty allele.

Answers to end of chapter summary questions

1 a From a runner – a special stem from the parent plant with small new identical plant on the end.
  b Asexual
  c By sexual reproduction (flowers, pollination, etc.).
  d The new plants from the packet will be similar to, but not identical to their parents – each one will be genetically different. The plants produced by asexual reproduction will be identical to their parents.
2 a A sex cell, e.g., ovum and sperm in humans, pollen and ovule in plants.
  b There are half the number of chromosomes in a gamete than in a normal body cell.
3 a DNA
  b A section of DNA made up of hundreds and thousands of bases which code for a particular protein.
  c A DNA strand is made up of combinations of bases. They are grouped into threes, and three bases codes for a particular amino acid. The arrangement of the bases determines the string of amino acids which is joined together to make a protein. Proteins are important in the structure of cells and also form the enzymes that catalyse all the other reactions of a cell. So by determining the proteins which are made, the DNA strand determines how the organism is put together and what it looks like – its phenotype.
4 Mendel carried out large numbers of genetic crosses on plants, particularly peas, growing in the monastery garden where he lived and worked. He carried out specific breeding experiments and counted the different offspring carefully, kept careful records and analysed his results. This was very unusual for the time, when statistical analysis of data was very rare. Mendel realised that there were clear patterns emerging from his data and made the hypothesis that there were individual units of inheritance, that some characteristics were dominant over others and that the units did not mix. Chromosomes and genes had not been discovered, so people found it very hard to accept Mendel's ideas. Also, there was no model of how it worked. It was the development of the microscope that enabled people to see chromosomes and how they were passed on when cells divided; this meant people eventually recognised Mendel's work.

5 a Sami's alleles are ss. You know this because she has curved thumbs and the recessive allele is curved thumbs. She must have inherited two recessive alleles to have inherited the characteristic.
  b If the baby has curved thumbs, then Josh is Ss. The baby has inherited a recessive allele from each parent, so Josh must have a recessive allele. You know he also has a dominant allele as he has straight thumbs.

	Sami	
	s	s
Josh S	Ss	Ss
s	ss	ss

  c If the baby has straight thumbs, then Josh could be either Ss or SS. You know that the baby has inherited one recessive allele from the mother, and you know that Josh has one dominant allele, but you do not know if he has two dominant alleles.

	Sami	
	s	s
Josh S	Ss	Ss
S	Ss	Ss

6 a As an anomaly, the white-flowered plant should be investigated, e.g., to see if the colour was a result of a mutation or because of the particular conditions in which it was grown. He could breed from it, plant it in a different soil, etc.
  b i To have white flowers, both of the parent plants must have contained a recessive white allele, so:

	P	P
P	PP	Pp
p	Pp	pp

  ii Expect a 3 : 1 ratio; actual results 295 : 102 – very close.
  c Suggest cross purple flowers with white flowers (pp). If purple flowers homozygous PP, all the offspring will be purple (Pp):

	P	P
p	Pp	Pp
p	Pp	Pp

  If purple flowers heterozygous, half of the flowers will be purple (Pp) and half will be white (pp).

	P	p
p	Pp	pp
p	Pp	pp

7 a The inheritance of a single pair of genes which influence a particular phenotype characteristic.
  b Dominant allele – controls the development of a phenotype characteristic even if only present on one of the chromosome pair. Recessive alleles – only control the development of a phenotype characteristic if they are present on both chromosomes of a pair.
  c Any two correct answers; for example: dimples, dangly earlobes, straight or curved thumbs.
  d There is a faulty recessive allele that causes the condition cystic fibrosis, but only if it is present on both chromosomes in a pair. An individual can be a carrier – have one recessive allele – but not be aware of it because they also have a healthy dominant allele and so have no symptoms of disease. For example, F dominant normal, f recessive cystic fibrosis, normal parents Ff – heterozygotes gives a 3:1 chance of having a child with cystic fibrosis.

	F	f
F	FF	Ff
f	Ff	ff

  e H dominant Huntington's, h recessive normal. Affected Hh (50% or 1 in 2 chance of having affected children) or HH (all children will be affected as only affected alleles can be passed on by the homozygous parent, normal parent hh).

	H	h
h	Hh	hh
h	Hh	hh

Answers to end of chapter practice questions

1. **a** Genes (1); DNA (1).
   b Chromosomes (1); gamete (1).
   c Alleles (1).
   d Heterozygous (1); homozygous (1).
2. **a** Asexual reproduction (1).
   b Red (1) because the cutting plants have exactly the same genes/genetic material as the parent plant (1).
   c Any **two** from: (different amounts of) water (1), light (1), fertiliser with mineral ions (1). *(2 marks maximum)*
   d Having clones/all plants with same genes (1), will be a control variable (1).
3. DNA (1); protein (1); amino acids (1); DNA (1); double helix (1); three (1); amino acid (1).
4. Marks awarded for this answer will be determined by the Quality of Written Communication (QWC) as well as the standard of the scientific response.
   - All, or nearly all, scientific points are included in a clear and logical order. There is almost faultless spelling, punctuation and grammar. *(5–6 marks)*
   - Many scientific points are correctly made, expressed clearly. There are very few mistakes in spelling, punctuation and grammar. *(3–4 marks)*
   - A few scientific points are made although they may not be clearly expressed and the order may be confused. There are many mistakes in spelling, punctuation and grammar. *(1–2 marks)*

   Examples of scientific points are: identical twins have same genes/genetic material (1); girls have nearly the same height, so likely to be mainly genetic variation (1); girls have very different weights (1) and this must be due to the environment (1); probably different diets/amount of exercise (1); hair is very different now but would have been same when born (1); hair differences must be due to environment as girls have treated it differently (1); eyes are same colour as eye colour is controlled by genes and cannot change (1).
5. **a** Parental genotypes Hb$_A$Hb$_S$, Hb$_A$Hb$_S$ (accept explanations in terms of the symbols A and S) (1); gamete genotypes Hb$_A$Hb$_S$, Hb$_A$Hb$_S$ correctly derived (1); children's genotypes Hb$_A$Hb$_A$, Hb$_A$Hb$_S$, Hb$_A$Hb$_S$, Hb$_S$Hb$_S$ correctly derived (1); Hb$_S$Hb$_S$ clearly defined as having sickle-cell anaemia (1).
   b i Hb$_A$Hb$_A$ individuals are more likely to die of malaria (1); Hb$_S$Hb$_S$ individuals are likely to die of the condition before maturity (1); but crosses between heterozygotes keeps frequency of Hb$_S$ allele high (1).
   ii There is partial coincidence between distribution of malaria and sickle-cell allele (1), but there could be another factor that influences both distributions (1).

11 Genetic manipulation

11.1

1. **a** Cuttings: taking a small piece of a stem or leaf and growing it in the right conditions to produce a new plant.
   b Tissue cloning: getting a few cells from a desirable plant to make a big mass of identical cells, each of which can produce a tiny identical plant.
   c Asexual reproduction: reproduction which involves only one parent; there is no joining of gametes and the offspring are genetically identical to the parent.
   d Embryo cloning: splitting cells apart from a developing embryo before they become specialised, to produce several identical embryos.
2. **a** It allows the production of far more calves from the best cows; can carry good breeding stock to poor areas of the world as frozen embryos; can replicate genetically engineered animals quickly.
   b Either: cow given hormones to produce large numbers of eggs → then cow inseminated with sperm → embryos collected and taken to the lab → embryos split to make more identical embryos → cells grown on again to make more identical embryos → embryos transferred to host mothers.
   Or: cow given hormones to produce large numbers of eggs → eggs collected and taken to lab → eggs and sperm mixed → embryos grown → embryos split up to make more identical embryos → cells grown on to make bigger embryos → embryos transferred to host mothers.
   c Marks awarded for understanding of issues involved in embryo cloning. For example, economic issues – only wealthy farmers/wealthy countries can afford the technology, is it acceptable to produce large numbers of identical cattle, etc.

3.

Tissue cloning in plants	Embryo cloning in cattle
Based on normal body cells	Based on cells from an embryo
Involves using hormones to make a mass of unspecialised tissue and then using different hormones to stimulate the production of many plantlets	Involves splitting an individual embryo into a number of cells and allowing them to grow into small balls of cells before implanting them in surrogate mothers prepared using hormones
Produces thousands of genetically identical offspring	Produces up to thirty genetically identical offspring a year

11.2

1. The nucleus is removed from an unfertilised egg cell → the nucleus is taken from an adult body cell → the nucleus from the adult cell is inserted (placed) in the empty egg cell → new cell is given a tiny electric shock → new cell fuses together → begins to divide to form embryo cells → ball of cells inserted into womb to continue its development.
2. Natural mammalian clones occur when an early embryo completely splits in two to form two identical embryos, which continue to develop into genetically identical twin individuals.
   Embryo clones are made artificially when the cells of a very early embryo are split so the individual cells can all continue to grow and divide and form a number of genetically identical individuals.
   Adult cell cloning involves taking the nucleus of an unfertilised egg cell and replacing it with the nucleus of a cell from an adult cell of another animal of the same species. A small electric shock is needed to start the new cell dividing and developing to form an embryo, which can be implanted into a surrogate mother and eventually forms a new individual that is a clone of the original source of the adult cell nucleus. Very few of these adult cell clones survive – it is still a very difficult and experimental technique.
3. Advantages: enables humans to clone adult animals so they can clone genetically engineered organisms, making it possible to clone new tissues and organs for people with diseases or needing transplants; could help infertile couples; could help conserve very endangered species. Any other valid points.
   Disadvantages: people are concerned about human cloning; reduces variety in a population; objections to the formation of embryos that are then used to harvest tissues; people object to the cloning of endangered or extinct animals. Any other valid points. Students should also give an opinion as to the validity of the main concerns expressed. Award marks for reasoned consideration of the relevant scientific points.

11.3

1. Modifying the genome of different organisms enables us to use them to make useful substances, for example: bacteria making human insulin; modifying animals and plants to make human proteins in milk; modifying organisms to be resistant to disease, resistant to toxins or pesticides, to glow or change when attacked, to have an increased yield, shorter stems so less easily damaged, etc.; any other sensible points.
2. Cut a gene for a short stem from a plant closely related to the one you want to engineer using enzymes → take a plasmid out of a bacterium and cut it open using enzymes → insert the short stem gene into the bacterial plasmid, which acts as a vector → insert the vector into the cells of the plant you want to engineer → then clone those plant cells using tissue culture to make thousands of identical genetically engineered plants.
3. Any three sensible choices, e.g., golden rice, drought-resistant strains, plants that can withstand being under water, short-stemmed crops, pesticide resistance, etc. For whichever choices are made, award marks for sensible suggestions as to how the change has increased the crop yield and why it is important.

11.4

1. Advantages: improved growth rates of plants, bigger yields, plants that will grow in a range of conditions, plants that make their own pesticides or are resistant to herbicides. Disadvantages unknown but concerns about: insects may become pesticide-resistant if they eat pesticide-resistant plants repeatedly, GM organisms may affect human health, genes from GM plants may spread into wildlife and cross-breed with wild plants.
2. Credit for relevant comments backed by science. Examples of relevant points:
   No: cloning has many potential benefits such as reproducing genetically engineered organisms, saving organisms from extinction, producing cheap plants. Some forms of cloning have been going on for centuries (cuttings) and these have been/may be used to produce medical treatments, etc.
   Yes: most animals produced by adult cell cloning have problems, wasteful process, risk of human cloning for the wrong reasons, etc.
3. Relatively few successes so far; genetic engineering tried in cystic

Answers

fibrosis so far with little success; some success in SCID; any other recent developments.

Answers to end of chapter summary questions

1. **a** Traditional cuttings used parts of whole stems and roots, but tissue culture uses minute collections of cells as the starting point. Cuttings result in up to hundreds of identical plants; tissue culture can give thousands.
   b Embryo cloning – flushing out early embryos and dividing them before replacing in surrogate mother cows.
   c Both allow large numbers of genetically identical individuals to be produced from good parent stock much faster and more reliably than would be possible using traditional techniques.
   d Cloning plants uses bits of the adult plant as the raw material for the cloning. Animal embryo cloning, as it is used at the moment, involves using embryos as the raw material for the cloning, although this may change in the future.
   e There are more and more people in the world needing to be fed, so techniques for reproducing high yielding plants and animals are always helpful and are financially beneficial for farmers. Also, in developed countries people demand high quality but cheap food, so techniques that reproduce valuable animals and plants more quickly are valued.

2. **a** Clear description of adult cell cloning, e.g., the nucleus is removed from an unfertilised egg cell. At the same time the nucleus is taken from an adult body cell, e.g., a skin cell of another animal of the same species. The nucleus from the adult cell is inserted (placed) in the empty egg cell. The new cell is given a tiny electric shock, which fuses the new cells together and causes it to begin to divide to form embryo cells. These contain the same genetic information as the original adult cell and the original adult animal. When the embryo has developed into a ball of cells, it is inserted into the womb of an adult female to continue its development.
   b Plant cloning has been accepted for a long time and doesn't threaten people – only advantages seen in general. Cloning animals is seen as worrying in itself but also raises concerns of human cloning. Cloning pets, etc., is seen as frivolous.

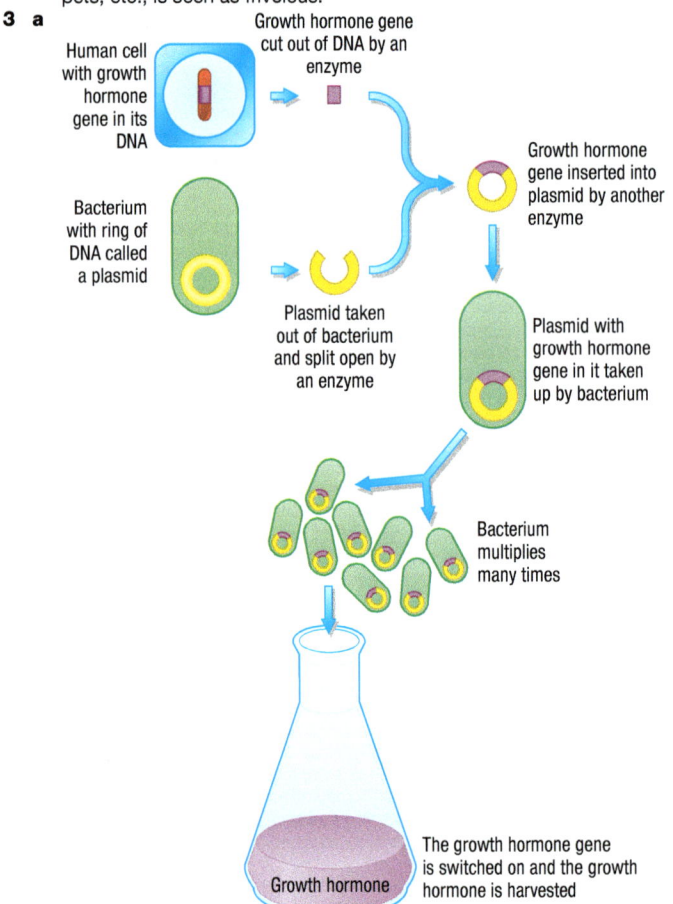

3. **a**

   Human cell with growth hormone gene in its DNA

   Growth hormone gene cut out of DNA by an enzyme

   Bacterium with ring of DNA called a plasmid

   Plasmid taken out of bacterium and split open by an enzyme

   Growth hormone gene inserted into plasmid by another enzyme

   Plasmid with growth hormone gene in it taken up by bacterium

   Bacterium multiplies many times

   The growth hormone gene is switched on and the growth hormone is harvested

   Growth hormone

   b It is pure – free from any contamination. It is the human version of a hormone. It can be produced in large amounts relatively easily and cheaply as and when it is needed.

4. **a** They have been raised and trained on different establishments so it is environmental factors which are influencing their racing ability.
   b As a control – to see how the animal turns out if not trained up as a racing mule.
   c Data on effect of diet, handling, intensity of training, etc., on the temperament, running speed, stamina, etc., of the mules.

5. **a** Crops that have been genetically modified by adding genetic material from another organism.
   b People are concerned about effects on human health, possible spread to other wild organisms through cross-breeding, insects becoming pesticide resistant, etc.
   c Increasing the yield by: getting bigger seed heads; shorter stems so less damage by wind; drought, temperature or flood resistant so get crops in difficult conditions; making pesticides so prevent crops from being destroyed by insects, etc.; any other sensible points.
   d Any sensible suggestions – look for awareness of good experimental design.

Answers to end of chapter practice questions

1. **a** A clone is a group of organisms created by asexual reproduction from a single parent and has exactly the same genetic material as the parent. (1) (Credit answer in terms of mitosis, provided that identical genetic material is explained.)
   b Tissue culture (1).
   c An embryo is split (1) at a very early stage/when it is still a ball of cells (1) and the divided embryos are implanted into different mothers (1). In adult cell cloning, a nucleus from a cell of the animal to be cloned is removed (1) and put into an egg cell that has had the nucleus removed (1). An electric shock makes the egg cell start to divide (1) and when it is a ball of cells/embryo it is implanted in the uterus of a (surrogate) mother (1).
   d Any four from: embryo splitting would be better (1); as you could take embryos created by eggs and sperm from known champion cows and bulls (1); split them and put them into many other cows to produce calves (1). It is a method that has been done before (1); and it is likely to be cheaper (1) than adult cell cloning, which is still very new.
   (4 marks maximum)

2. **a** Any four from: nucleus/DNA/chromosomes/genetic material removed (1) from (unfertilised) egg/ovum (1). (Allow empty egg cell for the first two marks: do *not* allow fertilised egg.) Nucleus from the body cell of champion (cow) (1); inserted into egg/ovum (1); electric shock (1); to make cell divide or develop into embryo (1);(embryo) inserted into womb/host/another cow (1) (allow this point if wrong method, e.g., embryo splitting). *(4 marks maximum)*
   b Any four from: *Pros* – economic benefit, e.g., increased yield/more profit (1); clone calf not genetically engineered (1); genetic material not altered (1); milk safe to drink/same as ordinary milk (1).
   (2 marks maximum)
   Cons – consumer resistance (1); caused by misunderstanding process (1); not proved that milk is safe (1) (ignore 'God would not like it' or 'it's not natural'); ethical/religious argument (1); reduce gene pool (1). *(2 marks maximum)*
   Conclusion: sensible conclusion for or against, substantiated by information from the passage and/or own knowledge conclusion at end (1). *(5 marks maximum)*

3. **a i** Any one from: kills insects (which eat crop) (1); increases yield (1).
   (1 mark maximum)
   ii Any two from: kills insects which may not be pests (1); poisonous to humans (1); expensive (1); pollutes the environment (1); other relevant suggestions, e.g., is not organic (1)   *(2 marks maximum)*
   iii Any one from: increases crop yield (1); reduces cost of pesticide use (1). *(1 mark maximum)*
   iv Any one from: may lead to increased use of pesticides in the long run/description of or reference to last paragraph (1); ethical considerations, e.g., alters genes of crop (1). (*Do not* allow 'not natural' or 'genes may get into wildlife idea' or 'against religion' or 'not organic'.) *(1 mark maximum)*
   b • There is a clear and detailed scientific description of the sequence of events in genetic engineering. The answer is coherent and in a logical sequence. It contains a range of appropriate or relevant specialist terms used accurately. The answer shows very few errors in spelling, punctuation and grammar. *(5–6 marks)*
   • There is some description of the sequence of events in genetic engineering, but there is a lack of clarity and detail. The answer has some structure and the use of specialist terms has been attempted, but not always accurately. There may be some errors in spelling, punctuation and grammar. *(3–4 marks)*
   • There is a brief description of the genetic engineering, which has little clarity and detail. The answer is poorly constructed with an absence of specialist terms or their use demonstrates a lack of understanding of their meaning. The spelling, punctuation and grammar are weak. *(1–2 marks)*
   • No relevant content. *(0 marks)*

Answers

Examples of biology points made in the response:
- gene from the bacterium
- is cut from the chromosome
- using enzymes
- gene transferred to the cotton
- (cotton) chromosome (allow cell)
- (the gene) controls characteristics
- causes the cotton (cells) to produce the poison.

12 Evolution, adaptations and interdependence

12.1
1 a All the species of living organisms that are alive today (and many more which are now extinct) have evolved from simple life forms, which first developed more than 3 billion years ago.
   b Only the animals and plants most suited to their environment – the 'fittest' – will survive to breed and so pass on their characteristics.
2 Any thoughtful point, e.g., Lamarck helped to pave the way for Darwin's ideas; Lamarck's ideas stimulated Darwin's thinking; people had already come to terms with a theory other than the Bible so were more ready to accept Darwin's ideas, debate on the origins of life was opened up; Darwin's theory made more sense than Lamarck's and had an evidence base that Lamarck's did not, which made it easier for it to be accepted.
3 a South American rheas – Darwin found a new species. Two types of the bird living in slightly different areas made Darwin start to think about how they came about.
   b Galapagos tortoises, iguanas and finches – these were some of the animals in the Galapagos Islands that varied from island to island, and made Darwin wonder what had brought about the differences.
   c The long voyage of HMS *Beagle* – this gave Darwin lots of opportunities to collect specimens and time to think about his theories and ideas.
   d The twenty years from his return to the publication of the book *The Origin of Species* gave Darwin time to work out his ideas very carefully and to collect a lot of evidence to support them.

12.2
1 Students can chose any three adaptations eg long legs in cheetahs, strong scent in honeysuckle etc as long as they use the characteristics to explain how a random combination of genes or mutation gives organism a characteristic which increases its chances of surviving and reproducing to pass on the alleles for that characteristic. The advantage may not be apparent until there is a change in the environment. Any valid points
2 a New forms of genes (alleles) result from changes in existing genes known as mutations. Mutations are tiny changes in the long strands of DNA. Mutations occur quite naturally through mistakes made in copying DNA when the cells divide, but the rate of mutation can be increased by radiation or certain chemicals.
   b Mutations introduce more variety into the genes of a species and can increase the chances of survival. Many mutations have no effect on the characteristics of an organism, and some mutations are harmful but sometimes a mutation has a good effect by producing an adaptation that makes an organism better suited to its environment. This makes it more likely to survive and breed. The mutant allele will gradually become more common in the population and will cause the species to evolve. If a new form of a gene arises from mutation and this coincides with a change in the environment, there may be a relatively rapid change in a species. If the mutation gives the organism an advantage in the changed environment, it will soon become common. This is why mutations are important in natural selection.
3 a Mutation gave some deer antlers to make them more successful in battles with other stags and more attractive to females. This means that they are more likely to mate and pass on their genes. This process continues until antlers become normal in the population. The stags with the biggest or most effective antlers are the ones which mate most successfully.
   b Mutation produced spines instead of leaves. Cactus loses very little water and so survives well and reproduces, passing on advantageous genes until normal in population.
   c Mutation gives increased temperature tolerance. These camels have an advantage, so more likely to survive and breed, passing on the mutation until it is normal in the population.

12.3
1 a Geographically by the formation of mountains, rivers, continents breaking apart, etc. Environmentally – climate change in one area and not another or different types of change in different areas.
   b Natural selection means organisms best suited to a particular environment will be most likely to survive and breed. So in two different environments, different features will be selected for and the organisms will become more and more different until they cannot interbreed and new species have evolved.
2 a An organism which is found in only one place in the world, where it has evolved.
   b Endemic organisms evolve as a result of geographical isolation. When an area of land becomes an island, the plants and animals on it are isolated from the organisms on the mainland and so, as they evolve, they often form new species. These are different from the original species and are unique and endemic to the island.
   c Our current model of speciation is that an organism has a wide range of alleles controlling its characteristics as a result of genetic variation from sexual reproduction and mutation. In each population, the alleles that are selected will control characteristics that help the organism to survive and breed successfully. This is natural selection. In the formation of endemic species, part of a population becomes isolated with new environmental conditions. Alleles for characteristics that enable organisms to survive and breed successfully in the new conditions will be selected. These are likely to be different from the alleles that gave success in the original environment. As a result of the selection of these different alleles, the characteristic features of the isolated organisms will change. Eventually, they can no longer interbreed with the original organisms and a new species forms. This is what has happened on islands such as Borneo, Australia and the Galapagos Islands, and it acts as evidence that our model of speciation reflects what happens in the natural world.
3 All populations have natural genetic variation due to sexual reproduction and mutation. This results in a wide variety of alleles in the population. If part of the population becomes isolated and conditions are different from the original population, different alleles are likely to give an advantage. These alleles will be selected for, as the organisms which have them will be most likely to survive and reproduce successfully in the new environment. As a result the characteristics of the organism will change until eventually they can no longer interbreed with the original population and a new species has evolved.

12.4
1 Animals – food and oxygen, water and a mate. Plants: water, carbon dioxide, light energy, minerals from soil. Plants can make their own food using photosynthesis and produce oxygen. Animals have to eat food and need oxygen to break it down to release energy.
2 a An organism that can live in extremely difficult conditions in which most other organisms cannot survive.
   b Enzymes which function in very high temperatures; enzymes which function at very low temperatures; ability to get rid of excess salt; ability to respire without oxygen; any other valid point.
3 An adaptation is a feature which makes it possible for an organism to survive in its particular habitat. Award marks for any three good examples of adaptations in animals or plants

12.5
1 a It is very cold, so there is a problem in keeping warm and finding enough food.
   b It is very hot, so the main problems are keeping the body cool and finding enough water.
2 Small ears reduce surface area of thin-skinned tissue to reduce heat loss; thick fur acts as an insulating layer to help prevent heat loss; layer of fat/blubber provides insulating layer; any other relevant adaptations, e.g., furry feet to insulate against contact with ice; large size reduces surface area: volume ratio so reduces heat loss, etc.
3 a Large, thin ears for heat loss; loose wrinkled skin to aid heat loss; little or no fur; any other sensible suggestions.
   b Animals living in hot dry conditions keep cool without sweating by avoiding the heat of the day and by having large ears, baggy skin, little fur, thin and silky fur and a large surface area to volume ratio to increase heat loss.
   c Insulation against cold of water, e.g., blubber/internal fat; thick fur externally; small surface area to volume ratio by being big; small extremities such as ears; ability to take deep breaths, heart rate slows when they dive; any other sensible points.

12.6
1 a For photosynthesis; to support the cells, to support the stems; to transport substances around the plant; any other sensible point.
   b Through their roots from the soil.
2 a By evaporation through the stomata.
   b Dry places are often hot, so photosynthesis and respiration occur at a faster rate. The stomata are open more, so there is more evaporation. If the air is dry, evaporation occurs at a faster rate.
3 a Small leaves; curled leaves – reduce surface area; thick cuticle – reduces rate of evaporation.
   b Any three sensible suggestions, e.g., reduction of leaves to spines; thickened water-filled stems or leaves as a store of water; long, deep roots; rolled leaves to reduce evaporation; reduction of stomata, etc

Answers

12.7

1.
   a. If anything happens to their food supply, such as another animal eating it, fire or disease, then they will starve.
   b. Any suitable examples, such as lions, cheetahs and leopards.
   c. Any suitable examples, such as rabbits, limpets on a sea shore.
   d. Members of the same species are all competing for exactly the same things, whereas different species often have similar but slightly different needs. Members of the same species tend to live in the same area.

2.
   a. Fighting: strength, antlers, teeth, etc. Displaying: spectacular appearance, colours, part of body to display (e.g., peacock's tail).
   b. The answer to this will depend on the method selected for the first part of the answer.
   Fighting: advantages – possibility of winning lots of mates, becoming dominant, fathering lots of offspring, females don't usually have any choice, preventing others from mating; disadvantages – the animal could be hurt or killed, needs lots of body resources to grow antlers and to fight.
   Display: advantages – don't risk getting hurt, possibility of attracting several mates; disadvantages – uses up lots of resources to grow feathers/carry out displays, females usually choose and may not get noticed, vulnerable to disease or lack of food so don't produce good display, need to be seen. Any other sensible points.

3.
   a. Very good eyesight, good hearing, good sense of smell, binocular vision so they can pounce, any other sensible points.
   b. Special teeth to grind grass and break open cells, ability to run fast away from predators to avoid being caught, good all round eyesight to detect predators creeping up, good hearing to detect predators, etc.
   c. Good camouflage, good eyesight, hearing and sense of smell to detect predators, good all-round vision, any other sensible points.
   d. Teeth and gut adapted to eating plants – crushing the cells to release the cell contents/breaking down cellulose cell walls, ability to reach the top of trees (long neck or good at climbing) to get to the tender leaves, ability to grip on to branches to get to the tender leaves/hold them to pull off the tree, possibly use tail for balance to get to the top of the tree.

12.8

1.
   a. Grow and flower very early before many bigger plants get their leaves; growing tall very fast; growing larger leaves; making more chlorophyll to make the most of any light that arrives; any other sensible points.
   b. They produce flowers before the oak tree's leaves have grown to full size, so they are not shaded.

2.
   a. To avoid competition between the seedlings and the parent plants and to avoid competition between the seedlings, as far as possible.
   b. Any three suitable adaptations – look for different ones, for example, fluffy seeds, winged seeds, seeds in berries/fruits which are eaten, explosive seeds, sticky seeds, hooked seeds, seeds that float on water. Any other sensible suggestion.

3. For example, deep taproot (difficult to remove, can regenerate well if severed); low rosette of leaves (avoids blades of lawnmowers and grazing animals); long flowering period, so produces large numbers of seeds; very effective wind dispersal of seed over a large area.

12.9

1. They have sharp mouthparts to pierce the skin of their hosts and suck blood; chemical in saliva to prevent the blood from clotting; flattened body shape so not easily dislodged; very hard bodies so not damaged by the animal scratching; long and powerful back legs so they can jump from host to host and from floor to host; can survive for long spells of time in the environment.

2. Internal parasites have hooks and suckers to attach to the gut wall, made of very thin, flattened segments, which give a big surface area for absorbing food from the gut easily. Segments produce many eggs for reproduction without a male. A thick cuticle protects the tapeworm from the digestive enzymes.

3. Effective parasite because it spends part of its lifecycle in one organism and part in another. In humans it spends time actually inside human liver cells and blood cells, which makes it very difficult for the immune system to attack it and also difficult to develop vaccines which depend on an immune response, because the parasite is hidden in the human cells. Difficult to develop medicines against it which don't also destroy the human cells and cause problems. Any other sensible point.

Answers to end of chapter summary questions

1.
   a. D   c. A
   b. C   d. B

2.
   a. The temperatures are too cold for reactions in the body to work and so for the organisms to survive.
   b. Problems: overheating in day, too cold at night and early morning to move much, water loss. How they cope with problems: bask in the Sun in the morning to warm up, hide in burrows or shade of rocks to avoid heat of day and cold of night, reduce water loss by behaviour and don't sweat.
   c. Large surface area: volume ratio allows them to lose heat effectively.

3.
   a. Lots of water loss through the leaves, not much water taken up by roots.
   b. Most water is lost through the leaves, so less leaf surface area means less water loss.
   c. Spines, rolled leaves.
   d. Water storage in stems, roots or leaves; thick waxy cuticle; ability to withstand dehydration.
   e. They have several different adaptations to enable them to withstand water loss/little water available (spines, water storage in stem, etc.).

4. Pandas feed almost exclusively on bamboo, so if it dies out they have no food and will die out as well. Other animals – bamboo only part of the diet so they simply eat other plants.

5.
   a. Because they are competing for exactly the same things.
   b. Makes sure there is plenty of food for the animals and their young; advertise their territory to reduce conflict with predators.
   c. Big advantage is that there is no risk of being hurt or killed if you have a courtship ritual/colouration, whereas fighting can lead to both and/or infection and death after injury. Disadvantages is that it uses up a lot of resources to develop the colouration/carry out the display and also the female gets to choose and you might not be chosen.

6. Students use the bar charts in the practical activity on page 84 to answer these questions.
   a. First month: crowded seedlings taller than spread out seedlings. Crowded seedlings shade each other so each seedling grows taller to avoid the shade. Spread seedlings don't have that pressure. But over six months, the crowded seedlings do not get light as they shade each other. They photosynthesise less so they cannot grow as tall as the spread out seedlings, which can make as much food as possible.
   b.
      i. They relied mainly on the food stored in the seed – the crowded ones were taller but the spread ones had thicker stems and bigger leaves.
      ii. The spread out seedlings get the full effect of the light and grow as well as possible, making lots of new plants (and so wet mass). The crowded plants each get less light therefore less photosynthesis and less wet mass.
   c. To eliminate as far as possible the effects of genetic variety in the seedlings – the bigger the sample, the more reproducible the results.
   d.
      i. Any of: light level, amount of water and nutrients available, temperature.
      ii. So that any differences would be the result of the crowding of the seedlings.

7. Malaria is caused by the single-celled parasite *Plasmodium falciparum*, which has a very complicated life cycle. It spends part of its life cycle in a mosquito and part in the human body. The parasites are passed on to people when the female Anopheles mosquitoes take two blood meals from people before laying their eggs. Once inside the human body, the parasites damage the liver and blood and cause serious disease symptoms including fevers, chills and exhausting sweats.
There are several forms of the malarial parasite, and each form is adapted to survive in different places in different hosts. Gametocytes infect mosquitoes, and this form reproduces sexually. The female mosquito takes them in when she feeds on the blood of someone infected with malaria. The gametocytes make their way to the salivary glands of the mosquito and change into a new form called sporozoites.
Sporozoites are passed on to humans next time the mosquito takes a blood meal. The female injects saliva into the blood vessels of her host to prevent the blood from clotting as she feeds. Sporozoites enter the blood stream with the saliva and are carried in the blood to the liver where they enter the liver cells. In the liver cells, some of the sporozoites divide asexually to form thousands of merozoites, another form of the malaria parasite.
The merozoites are released from the liver into the blood where they enter the red blood cells. Here, hidden from the immune system of the body, some of the merozoites become schizonts. After a time, the schizonts burst out of the red blood cells, destroying them and releasing more merozoites. It is the reaction of the body to this release of schizonts and the destruction of red blood cells that causes the terrible fever attacks that are seen when someone suffers from malaria. Some of the merozoites in the blood go into a stage of sexual reproduction and produce female gametocytes, which can then be transferred to the female mosquito when she bites, and so the whole cycle starts again.

Answers to end of chapter practice questions

1.
   - There is a clear and detailed scientific explanation of adaptations. The answer is coherent and in a logical sequence. It contains a range of appropriate or relevant specialist terms used accurately. The answer shows very few errors in spelling, punctuation and grammar.

   (5–6 marks)

   - There is some explanation of adaptations, but there is a lack of clarity and detail. The answer has some structure and the use of specialist

ns has been attempted, but not always accurately. There may be some errors in spelling, punctuation and grammar. *(3–4 marks)*
- There is a brief explanation of adaptations, which has little clarity and detail. The answer is poorly constructed with an absence of specialist terms or their use demonstrates a lack of understanding of their meaning. The spelling, punctuation and grammar are weak. *(1–2 marks)*
- No relevant content. *(0 marks)*

Examples of biology points made in the response:
- large ears give large surface area to volume ratio, which allows more heat to be lost in hot conditions
- thin ears means blood flows near the surface so there is a shorter distance for heat energy to travel to surroundings
- no fat layer reduces insulation, which would keep heat in body
- bristles do not trap air layer, which would be an insulating layer
- by feeding in early morning, elephants do not create so much heat in the hot middle of the day and their food will have maximum water content collected overnight.

2 a No wings makes it easier to move in fur (1)
  b Piercing mouth parts enable flea to suck blood from host as food (1)
  c Flattened bodies make it easier to move in fur (1)
  d Hard exterior means it is hard to kill/crush (1)
  e Long back legs enable flea to jump from host to host (1)
  f Bristles and combs secure it in the fur (1)
3 a Herbicides are chemicals that (selectively) kill some plants/weeds. (1)
  b The herbicide will kill the weeds but not the vegetable plants (1) and so the vegetable plants will not have to compete (1) so hard for water (1), mineral ions (1), light (1) or space (1) to grow *(allow maximum of 2 marks for factors listed)*. This means the vegetables will photosynthesise more (1) and so grow bigger. *(5 marks maximum)*
4 a i percentage of gemsboks feeding (1)
    ii Any one from: same area of study (1); same mass of grass analysed (1); same herd of gemsboks (1). *(1 mark maximum)*
  b The water content of grass rises during the night (some time after 18.00 hours to a maximum of 25% at 09.00 hours and then falls (more rapidly at first) to a minimum of 5% at 18.00 hours. (1) (Some accurate reference to actual figures in the table is necessary to obtain the mark.)
  c Between 24.00 hours and 06.00 hours. (1) (The important words here are 'more than'. Candidates who ignore these words will include the figure of 30% and therefore give a response of 21.00 hours to 09.00 hours.)
  d The water content of the grasses that it eats are high over this period (1). It is night and the gemsboks are therefore less easily seen by predators (1). It is cooler and therefore they are less likely to have to sweat and so this helps them conserve precious water (1).

13 Ecology

13.1
1 a Biomass is the mass of material in living organisms
  b Because to scale they show the amount of biomass at one trophic level compared with another, therefore shows how much is lost etc.
2 a DRAW PYRAMID
  b Energy is lost at each stage in the food chain and so there is less available for the next trophic level to grow.
3 a 5%
  b 0.6%

13.2
1 a Because not all that an animal eats it is able to digest.
  b They use up energy in moving and so it is not used to grow and increase their biomass.
2 Only plants can absorb the energy from the Sun, plants do not cover the whole surface of the Earth, most of the biomass is not transferred from plants to animals.

13.3
1 Biomass and energy is lost at every stage of a food chain – not all food eaten is digested, biomass is used as fuel for cellular respiration, energy lost to surroundings as heat, etc. Therefore the fewer stages there are in a food chain, the more efficient it is – so if people all ate plants instead of feeding plants to animals and then eating the animals, it would reduce the stages in the food chain. This would greatly reduce the loss of biomass and energy which results in adding another stage in the food chain, and so there would in theory be enough food available to feed everyone.
2 a Movement uses energy, so the less the animals move, the more energy is available for conversion into biomass. Animals that are kept indoors can have their temperatures controlled, so they don't use energy generating extra heat if temperatures fall, or sweating to lose heat if temperatures get too hot. Again, this maximises the conversion of food to biomass.
  b Livestock such as cattle and pigs use a lot of energy in regulating their body temperature, cooling themselves down if they get too hot and keeping warm if the temperature falls. If the temperature in their accommodation is kept ideal, then they don't use energy from the biomass of their food regulating their body temperature. This means there is more energy available for building new animal biomass. As a result the livestock grow as fast as possible.
3 a Advantages: Work indoors, animals grow faster so can be sold sooner and next lot started off.
    Disadvantages: He has to heat animal houses, light animal houses, build animal houses and animals may be stressed, higher feed bills.
  b Advantages: Animals reared more naturally (more contented?), animals healthier so lower vets bills, no heating/lighting bills, lower feed bills.
    Disadvantages: Have to deal with the weather, animals grow more slowly, need land.
4 Food miles are a measure of how far food has travelled from the farm where it was grown to your plate. Food produced around the world can travel thousands of miles flying or sailing to get to the UK and then on roads to get to shops and homes, using fuel to do so. Burning fossil fuels increases the carbon dioxide in the atmosphere, which may contribute to global warming.
  As people become aware of the effect of food miles on the environment, they aim to reduce the miles travelled by their food to lower the carbon dioxide implications (carbon footprint) of the food they eat.

13.4
1 a Detritivores such as maggots and some types of worms; decomposers, which are microorganisms such as bacteria and fungi.
  b Plants remove minerals such as nitrates from the soil through their roots all the time. When animals eat the plants these minerals are passed on through food chains and webs. If plants took minerals out but they were never returned, the soil would soon be infertile as there would be no minerals left. Decay is the process by which the minerals that have become part of the bodies of living organisms are recycled and returned to the environment.
2 a The rate of the chemical reactions in the microorganisms that act as decomposers gets faster with an increase in temperature. Average temperatures are much warmer in the summer than in the winter and so the reactions of decomposition occur much faster – and garden and kitchen waste are turned into compost more rapidly.
  b The microorganisms involved in the process of decomposition grow better in moist conditions. If it is too dry they cannot digest their food so easily and they may dry out and stop growing completely. So if it is particularly dry, even if it is also hot, at least some of the microorganisms involved in the formation of compost from garden and kitchen waste may slow down or stop growing and so in turn compost formation slows down.
  c Many of the microorganisms which bring about the decomposition of material in a compost bin are aerobic – they need oxygen to respire and so need aerobic conditions. Turning over the contents of a compost bin increases the air in the mixture and ensures that the microorganisms have plenty of oxygen so they can work as efficiently as possible, increasing the rate at which compost is formed.

13.5
1 a The cycling of carbon between living organisms and the environment.
  b Photosynthesis, respiration and combustion.
  c Because it prevents all the carbon from getting used up; returns carbon dioxide to the atmosphere to be available for photosynthesis.
2 a Carbon dioxide in the air.
  b Students can produce a written description of the carbon cycle or a diagram (e.g., Figure 2, The carbon cycle in nature) to summarise the stages (must cover all points in the carbon cycle).
3 Photosynthesis is the process by which plants use carbon dioxide and water to make glucose and oxygen, using energy from light.
  carbon dioxide + water (+ light energy) → glucose + oxygen
  Photosynthesis takes carbon dioxide out of the environment.
  The glucose made by the plants is used in the plants and by animals (both those that eat plants and those that eat animals which eat plants) in the process of respiration. In respiration, glucose is broken down using oxygen to produce carbon dioxide, water and energy, which can be used in the reactions within cells.
  glucose + oxygen → carbon dioxide + water (+ energy)
  Respiration returns carbon dioxide to the atmosphere.
  Combustion is the burning in oxygen of organic material from living or once-living organisms, e.g., wood, fossil fuels such as oil. It produces carbon dioxide, water and energy – it is the same as respiration but occurs in a rapid, uncontrolled way.
  fossil fuel or wood + oxygen → carbon dioxide + water

Answers

Answers to end of chapter summary questions

1. **a** **i** 10%
   ii 8%
   iii 12.5%
   b The mass of the producers has to support the whole pyramid, relatively little energy is transferred from producers to primary consumers (difficult to digest).
   c Relatively little energy is passed up the chain, so not enough to support many carnivores.
   d Less energy passed on as warm blooded animals use energy to generate warmth. This is transferred to the environment and so that energy is no longer available to pass on up the chain.
2. The amount of biomass transferred along food chain gets less. Biomass is needed for energy. So by eating plants, the maximum amount of biomass is passed on to people.
   Eating meat – plant biomass transferred to animals, animal biomass to people – biomass lost at both stages. Students could draw pyramid of biomass to show plant/person and plant/cow or sheep/person, etc.
3. **a** Graph plotting, correct scale, labelled axes, axes correct way round, accurate points.
   b So that chickens use little energy maintaining their body temperature, so have more energy for growth.
   c To reduce movement and thereby reduce energy used in movement, so more energy for growth.
   d So they grow fast to a weight when they can be eaten and another set of chickens started up – economic reasons.
   e The line should be below the first line. Chickens outside use energy moving around and keeping warm or cool, so convert less biomass from their food for growth.
4. **a** Low temperatures prevent growth of decay – causing microorganisms.
   b Cooking destroys the microorganisms, denatures enzymes so no decay.
   c Most decomposers need oxygen to respire – no air, no oxygen, so microbes cannot grow.
   d Heat kills microorganisms, no oxygen so no decay.
5. **a** Photosynthesis.
   b Respiration, burning (decay and decomposition).
   c Oceans, air (carbonate rocks).
   d CO_2 is important for photosynthesis and keeping surface of Earth warm. Excess CO_2 means surface gets warmer; this affects sea levels, living organisms. Less CO_2 means surface cools, affects life.
   e A death B burning (combustion) C feeding D respiration E photosynthesis F decay and decomposition.
6. **a** Higher-temperature means faster reactions. Warm compost means microorganisms digest, grow and reproduce faster. More decomposers results in faster decomposition.
   b Makes sure all the decomposing microorganisms have enough oxygen to respire as fast as possible.

Answers to end of chapter practice questions

1. **a** Three layers (1), each one getting smaller as you go up (1), labelled: trees, caterpillars, birds going up (1).
   b Sunlight/radiation from the sun (1)
   c Any five from: chloroplasts/chlorophyll (1) in the leaves absorbs/captures the light energy to use in photosynthesis (1) which makes sugar/glucose (1). When the leaves are eaten by the caterpillar they are digested (1) so the glucose /sugar is absorbed (1) into the caterpillar. It is used to make proteins/fats/new cells/new tissues in the caterpillar (1). *(5 marks maximum)*
   d **i** $1000/20\,000 \times 100$ (1) = 5% (1);
   ii Any two from: some used for movement/contraction of muscles; some lost as heat to the environment; some lost as waste/faeces; not all caterpillars are eaten; not all parts of caterpillars are digested. *(2 marks maximum)*
   e • All scientific points are made using appropriate scientific terms. The account of decay and recycling of carbon dioxide is presented in a clear and logical order. The answer contains a range of appropriate or relevant specialist terms used accurately.
   The answer shows very few errors in spelling, punctuation and grammar. *(5–6 marks)*
   • There are many correct scientific points presented in a clear manner, although they may not all be in logical order or complete. The answer has some structure and the use of specialist terms has been attempted, though not always accurately. There may be some errors in spelling, punctuation and grammar. *(3–4 marks)*
   • There are few scientific points about decay, which may be presented in an unclear or confused way. The answer is poorly constructed with an absence of specialist terms, or their use demonstrates a lack of understanding of their meaning. The spelling, punctuation and grammar are weak. *(1–2 marks)*
   • No relevant content. *(0 marks)*
   Examples of scientific points are:
   • Microorganisms/bacteria/fungi decay/decompose the leaves.
   • They use the carbohydrates/sugar/glucose to respire.
   • Respiration releases carbon dioxide into the air ready to be used again for photosynthesis.
2. **a** 10(%) (2) (If incorrect answer, allow 100% – 25 – 35 – 30 for 1 mark)
   b 2.5 (megajoules) (2) (If incorrect answer, allow 1 mark for correct working)
   c Respiration (1)
   d It reduces the calf's movement because it won't walk about, therefore it will use that energy for growth (1). It also reduces the energy transferred by heating/the calf will need to use to keep warm, and that energy can be used for growth (1).
   e It is not cost effective as you have to pay for heat OR the calf might catch a disease more easily if it is inside with other animals OR any other sensible suggestion. (1)

14 Human population and pollution

14.1

1. **a** Ability to farm large amounts of food; ability to cure and prevent infectious diseases; no natural predators that humans can't shoot; ability to take fish from oceans in huge quantities; ability to control our environment with heating, lighting, etc., so fewer deaths from cold; any other sensible suggestions.
   b By building houses and roads, by farming, by quarrying and by dumping waste.
2. **a** Sewage, fertilisers, pesticides, industrial chemicals; any other sensible suggestion.
   b Sulfur dioxide, nitrogen oxides, smoke from burning fossil fuels, and other substances, methane, CFCs; any other sensible suggestions.
   c Household waste, sewage, industrial waste, nuclear accidents, fertilisers, pesticides; any other sensible suggestions.
3. **a** Any sensible suggestions, e.g., use of electricity for lighting, heating, TV, etc.; use of fossil fuels for transport (cars, planes, etc.); plastics.
   b Any three suitable suggestions, such as fossil fuels, wood, land, metals, etc.
4. Look for clarity of explanation without copying the Student Book. Points covered should include:
   • Growing human population increases the amount of waste, including bodily waste and the rubbish from packaging, uneaten food and disposable goods.
   • The dumping of waste produced by the ever-expanding human population makes large areas of land unavailable for other life.
   • Driving cars, etc., leads to gases from exhausts.
   • Farming leads to the use of pesticides and fertiliser sprays that cause pollution.

14.2

1. **a** Human bodily waste mixed with waste water.
   b Nitrate ions, (phosphates).
   c Because high levels of nitrate ions lead to eutrophication, when there is excess plant growth due to the high nitrate levels followed by death and decay. Decomposers use high levels of oxygen, which depletes the oxygen supply in the water and causes the death of fish and other animals.
2. Any sensible points including: toxic waste can poison soils; acidic gases from burning fossil fuels in factories can lead to acid rain; global warming as a result of carbon dioxide produced by burning in industry as well as vehicles; global dimming as a result of smoke from industrial processes leading to cooling temperatures; radiation damage, e.g., Chenobyl; toxic chemicals can poison land or waterways.
3. **a** Pollution of the land – pesticides and herbicides, sprayed to reduce pest damage and overcrowding of crops, soak into the soil and pollute it; they can become part of food webs and damage predators. Pollution of the water – pesticides and herbicides sprayed as above, and fertilisers added to the soil to improve crop yields can be washed out of the soil into waterways by rain. Toxic chemicals can kill water organisms through food webs. Nitrates from fertilisers cause eutrophication – excess plant growth, needing many microorganisms to decompose the plants, using up oxygen in water so fish and other animals die from lack of oxygen. This adds to the problem – more death, more decay, etc.
   b Levels of pesticide in water needed to kill insects very low. DDT not broken down in the body. So the small fish that feed on the insects killed by DDT, or on plants which have absorbed DDT from the water, accumulate a higher level of DDT in their body. Larger fish eat them and the same thing happens so levels of DDT build up. Bigger fish eat

lots of the medium-sized fish and the levels of DDT in their bodies get even higher. Birds of prey and herons eat the bigger fish then get a high enough level of DDT building up in their bodies to cause health problems and to kill them.

14.3

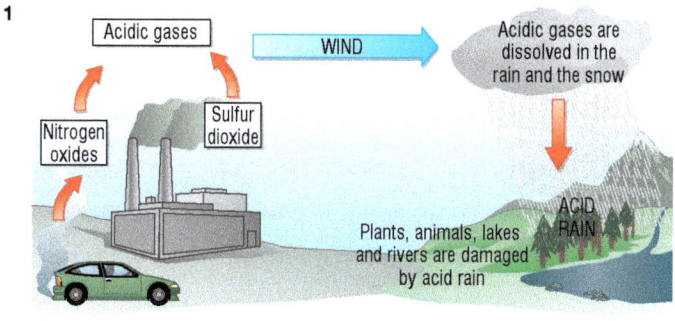

1

Sulfur dioxide and nitrogen oxides are often carried high in the air by the winds. This means they can be blown from a country that does not control its sulfur emissions to a country that has strict emission controls and fall as acid rain. This can cause as much damage to buildings and ecosystems as if the country did not control its emissions – and the clean air can be blown on to benefit their neighbours.

2 a i Sulfur dioxide, carbon dioxide and nitrogen oxides are produced from impurities when fossil fuels are burnt. These cause air pollution.
      ii Sulfur dioxide and nitrogen oxides in the air dissolve in the rain and fall to the ground. The water runs into streams, rivers, etc., and lowers the pH, making them more acidic.
      iii Acid rain falls on the ground, soaks in and causes it to be acidic.
   b The sulfur dioxide and nitrogen oxides produced by burning fossil fuels are carried high in the air by the prevailing winds. They can be blown hundreds of miles before they dissolve in rain and are carried to the ground. So every country needs to control emissions from the burning of fossil fuels to prevent any country being affected by acid rain.

3 a Global dimming is the reduction in light reaching the surface of the Earth because light is reflected away by the build up of pollution particles in the air (from sulfur compounds and smoke particles).
   b Sulfur dioxide emissions in 1980 = 4.8; sulfur dioxide emissions in 2002 = 1.0; so, reduction in sulfur dioxide emissions between 1980 and 2002 = (4.8 − 1.0)/4.8 × 100 = 79%.
   c Car engines, power stations and industry, but all are under strict controls and levels of sulfur emissions have fallen steadily for many years.
   d Europe has controlled air pollution as seen by reduction in sulfur emissions; smoke will be controlled at the same time; this reduces the number of particles in the air reflecting the light and so reverses dimming effect of air pollution.

14.4

1 a The number and variety of different organisms found in a specified area.
   b The removal of large areas of forests by felling, often linked to burning as well.
   c Tropical rainforests contain more biodiversity than any other land environment so the loss of the forests means the biodiversity of animal and plant life is also lost. It matters because many species are being destroyed before they have even been identified, yet they could be extremely useful for crop breeding, medicines or food for the future. Any other sensible points.

2 Carbon dioxide produced by burning of trees; carbon dioxide produced by decomposition; less carbon dioxide removed from atmosphere by growing plants.

3 a i Rice fields are increasing because there is a population explosion; rice is the staple diet for many people, so more rice is needed. Cattle are increasing because there is a demand for cheap beef to supply burgers. Increased standards of living also means a greater demand for animal products generally.
      ii Peat bogs decreasing as peat is used as a fuel and for compost for gardeners.
   b Rice and cows lead to increased levels of methane in the atmosphere. Methane is a greenhouse gas. Loss of peat bog leads to an increase in carbon dioxide levels as peat is burnt or used as compost.

14.5

1 a Look for an accurately drawn bar chart from the figures given, correctly labelled axes, neat columns, etc.
   b Levels of carbon dioxide have risen steadily since 1970 as a result of deforestation, burning fossil fuels, etc.
   c The Sun's energy heats the Earth. Much of this heat is reflected back into space but some is absorbed by greenhouse gases, which re-radiate it back. Therefore the Earth's surface is kept warm enough for life. Increased levels of greenhouse gases leads to excess warming. This could result in climate change such as more extreme weather events. Melting of polar ice caps may also increase sea levels and flood low-lying land.

2 Global warming is a very small observed increase in the mean temperature at the surface of the Earth. The greenhouse effect is the way that the surface of the Earth is kept warm enough for life to exist as a result of the impact of greenhouse gases, such as carbon dioxide and methane, on the loss of heat energy from the surface. Energy from the Sun reaches the Earth, warming it up, and much of it is radiated back out into space. However, gases such as carbon dioxide and methane absorb some of the energy released as the Earth cools down, so it can't escape, keeping the Earth and its surrounding atmosphere warm and ideal for life. However, if the levels of carbon dioxide and methane in the atmosphere of the Earth increase, the amount of heat retained will also increase and this will cause global warming.

3 Look for accurate information and good examples.

14.6

1 Because if human behaviour and environmental changes are linked there needs to be some very big changes in human behaviour that people are not going to like and governments are not going to want to impose. If they are not linked then people need to know so that they do not make unnecessary changes. So all the evidence needs to be as repeatable, reproducible, and valid as possible, so that if people challenge the findings they can check for themselves and get the same results. Any other sensible points.

2 a Weather is local and changes from day to day. Climate is the weather in an area over an extended period. Weather can be very variable but climates tend to be stable and predictable.
   b Correlation is not the same as causation. If, in an investigation, it can be clearly, reproducibly and repeatably seen that one factor always causes an observed change, then that is relatively quickly and easily accepted, e.g., heating water makes it boil. However, it is very difficult to make such clearcut observations about human activities, carbon dioxide levels, etc., and certainly very difficult to know what has happened in the past. In some instances there is a very clear correlation between things that have no causative effect at all. So scientists have to be very careful and very thorough and build up their evidence over time.

3 Figure 2 shows a general pattern that before the late 1930s, the mean global temperature each year was below the average for the century. And that from the late 1970s the mean global temperature has been above the average for the century. This data certainly suggests that global warming is taking place. Figure 3 shows that there have been spikes in carbon dioxide, dust and temperature levels through the millennia. It shows that raised carbon dioxide levels are usually associated with raised mean temperature levels, and that raised dust levels are usually associated with lower mean temperatures. This confirms our models of global warming and global dimming. There are currently have raised carbon dioxide and raised temperature, which ties in with data from Figure 2. Any other sensible suggestions.

Answers to end of chapter summary questions

1 a Building houses, shops, industrial sites and roads; for farming; for waste disposal; any other sensible suggestion.
   b People need places to live; to buy food; to produce things they need; transport systems to move people and goods; to grow food; to get rid of waste and rubbish; any sensible suggestions.
   c Any two sensible suggestions, e.g., recycle rubbish; build fewer houses; more flats which use up less land; use public transport so fewer roads needed, etc.

2 a Cars and factories produce sulfur dioxide and nitrogen oxides → up into the atmosphere → carried along by winds → dissolve in rain → fall as acid rain on land and in water.
   b i 18 Tg per year.
      ii As appropriate.
      iii 4 Tg per year.
   c Sulfur dioxide emissions have fallen steadily and levelled out at a greatly reduced level. There are strict rules about the levels of sulfur dioxide and nitrogen oxides in the exhaust fumes of new cars, and catalytic converters remove sulfur dioxide. Cleaner, low-sulfur fuels are used in cars and power stations. More electricity is generated from gas and nuclear power. Systems are used in power station chimneys that clean the flue gases.

3 a A model which shows the feeding relationships between plants and animals in an environment.
   b ×1 000 000
   c ×34

Answers

d Levels of pesticide in water very low. DDT not broken down in living organisms. Plants absorb DDT and accumulate it through photosynthesis and diffusion. The small fish that feed on the plants absorb DDT from the water, eat lots of plants and accumulate a higher level of DDT in their body. Larger fish eat them and the same thing happens so levels of DDT build up. Cormorants eat lots of the medium-sized fish and the levels of DDT in their bodies get even higher. Crocodiles eat the bigger fish and cormorants and then get a high enough level of DDT building up in their bodies to cause health problems and even to kill them.

4 a Tropical rainforests contain more biodiversity than any other land environment so the loss of the forests means the biodiversity of animal and plant life is also lost. It matters because many species are being destroyed before they have even been identified, yet they could be extremely useful for crop breeding, medicines or food for the future. Tropical rainforests also have huge amounts of sequestered carbon dioxide in the bodies of the trees, which is locked up for the lifetime of the tree and then released slowly as it decays, but which is released all in one go if the trees are burnt. Also, loss of trees means carbon dioxide is not being taken out of the atmosphere by photosynthesis in all the plants that make up the forest, including the trees. Any other sensible points.

Peat bogs are thousands of years old and contain huge amounts of stored carbon dioxide in the incompletely decomposed plant material. When peat is removed from the bogs and burnt as a fuel or used in the garden, the stored carbon dioxide is released back into the atmosphere. Peat forms very slowly so it is being destroyed faster than it can form.

Similarities: Both take a long time to form, both store huge amounts of carbon dioxide, both cause the release of carbon dioxide into the atmosphere when they are destroyed, both are very difficult to replace. Any other sensible points.

Differences: Rainforests lose huge amounts of biodiversity when destroyed. Peat bogs have small numbers of very rare, specially adapted organisms associated with them, which are lost, but less overall biodiversity goes. Any other sensible points.

b i Look for clearly labelled and appropriate axes, well drawn graph.

ii Advantages: Dairy cows produce huge amounts of milk, which is the basis of a very large range of human foods and drinks, and leather; beef cattle produce meat to eat and leather; sheep produce meat, milk in much smaller volumes than cows and wool. Any other sensible points.

Disadvantages: All produce greenhouse gas methane (and carbon dioxide from respiration). Dairy cattle produce the most methane. Rainforests cut down to farm cattle to get cheap beef for burgers. Any other sensible points.

5 a In summer months, plants photosynthesising a lot and growing fast so take a lot of carbon dioxide out of the atmosphere. In winter, in all temperate regions, plants die back and trees lose their leaves so much less photosynthesis takes place, so carbon dioxide levels rise.

b You can see the difference it makes when plants are actively photosynthesising in the summer, so you need plants there. If plants were not there to photosynthesise, imagine how carbon dioxide levels would build up, so it is vital to prevent deforestation.

c More people; more cars and factories means more CO_2; more deforestation means less uptake of CO_2; more paddy fields to grow rice to feed people means more methane; more cows to produce cheap beef also produces methane. These greenhouse gases could change the Earth's climate, producing more extreme weather events and altering rainfall and temperatures in different ways in different parts of the world. Any other sensible point.

d All sensible suggestions, e.g., ice core data, measuring temperature at the surface of the Earth, monitoring weather patterns, tree rings, peat bog cores, etc. Most valid, repeatable and reproducible – data that can be checked and confirmed against other measures; data presented by groups without a bias; any sensible suggestions recognising that some data are is more valid, repeatable and reproducible than others.

Answers to end of chapter practice questions

1 a Sulfur dioxide/nitrogen dioxide (1); carbon dioxide/methane (1).
b Pesticides (1) and herbicides (1).
c Eutrophication (1); oxygen (1).
2 a Any three from: building, quarrying, mining, farming, dumping waste. *(3 marks maximum)*

b i Biodiversity is the number of different species of living organisms/plants and animals found in a particular habitat/place. (1)
ii Any three from: taking away the land means clearing the plants (1) which are the producers (1) in the food chains, so other species cannot get enough food. The plants/trees are also needed for shelter/homes (1) so animals are easily caught by predators/have nowhere to breed (1). *(3 marks maximum)*

3 a Brazil grows sugar for fermentation/ produces ethanol (1) to use as a biofuel (1).
b Methane (1)
c i Any two from: by plants for photosynthesis (1); by dissolving in the rain (1); by dissolving in the lakes/oceans (1); by being used by sea organisms for shells/skeletons (1). *(2 marks maximum)*
ii Any two pairs from:
– Removing trees/plants (1) means they no longer take in carbon dioxide for photosynthesis (1).
– Burning the wood/debris (1) releases more carbon dioxide that was locked in the wood (1).
– Micro-organisms decay all the debris left behind (1) and release carbon dioxide as they respire (1). *(4 marks maximum)*

d Any three from: ice caps melting; sea levels rising/flooding low-lying lands; more desserts; more storms/flooding; climates change; upsetting ocean current patterns; upsetting birds' migration patterns. (Do *not* accept animals die because it gets too hot.) *(3 marks maximum)*

4 a Any two pairs from:
– Mayfly larvae (1) are present in high oxygen concentrations but none in low oxygen concentrations (1);
– Diving beetles (1) as there are many at high oxygen levels but few in low oxygen levels (1);
– Freshwater hoglice (1) live in low oxygen concentrations (1). *(4 marks maximum)*

b Likely to be correct because less oxygen downstream (1) suggests eutrophication has occurred (1) but either there is not enough evidence/needs more results/repeats/samples OR there might be something else/a chemical causing the low oxygen levels (1).

c Marks awarded for this answer will be determined by the Quality of Written Communication (QWC) as well as the standard of the scientific response.
- There is a clear and detailed scientific description of the sequence of events. The answer is coherent and in a logical sequence. It contains a range of appropriate or relevant specialist terms used accurately. The answer shows very few errors in spelling, punctuation and grammar. *(5–6 marks)*
- There is some description of the sequence of events, but there is a lack of clarity and detail. The answer has some structure and the use of specialist terms has been attempted, but not always accurately. There may be some errors in spelling, punctuation and grammar. *(3–4 marks)*
- There is a brief description, which has little clarity and detail. The answer is poorly constructed with an absence of specialist terms or their use demonstrates a lack of understanding of their meaning. The spelling, punctuation and grammar are weak. *(1–2 marks)*
- No relevant content. *(0 marks)*

Examples of biology points made in the response (in correct order):
- sewage contains organic matter/mineral ions/nutrients
- so algae/water plants grow (on surface of) in water
- algae/plants underneath top layer do not get enough light
- for photosynthesis
- so they die
- and microorganisms/decomposers decay them
- using up all the oxygen in the water
- so invertebrates/fish/aerobic creatures die too.

Index

abdomen 32
ABO blood groups 52–53, 133
absorption
    digestive system 62–63, 66–67
    roots 7, 16, 121, 167
accuracy 204
acid rain 192–193
acrosome 7
active sites 58–59, 61
active transport 16–17, 66–67, 121
adaptations 162–167
    alveoli 33
    animals 162–165
    competition 169–171
    exchange surfaces 30–33
    leaves 115, 120–121
    oxygen debt 40–41
    parasites 172–173
    plants 162, 166–167
    temperature 163–164
ADH 91
adrenal gland 86
adult cell cloning 148–149, 153
adult stem cells 21, 25
aerobic respiration 36–37, 88
agar jelly 110–111
agglutination 52
agriculture
    efficiency 117, 180–181
    fertilisers 189, 190–191
    genetic engineering 151–153
    greenhouses 117
    herbicides 191
    methane 195
air composition 32
air exchange 30–33, 38–39
air pollution 192–193
albinism 139
algae 2–3, 115, 118
alleles 131–137, 139–142, 158–159, 161
alveoli 31–33
amino acids 57, 89, 118, 119
ammonia 89
amylase 63
anaerobic respiration 40–41
animals
    adaptations 162–165
    behaviour 76–82
    camouflage 165
    cell structure and function 2
    climate change 197
    cloning 146–149, 153
    communication 78–79
    competition 168–169
    conditioning 77, 82–83
    dry climate adaptations 165
    genetic engineering 147, 151–153
    human uses of behaviour 82–83
    imprinting 76–77
    organs 8–9
    osmosis 14–15
    reproductive behaviours 80–81
    stem cells 21
    tissues 8
    training 82–83
anomalies 205
Anopheles mosquitoes 173
Antarctic ice 199
antibiotic resistance 108–109
antibiotics 106–109
antibodies 51, 52, 103–104
antigens 52–53, 104–105
antiseptics 106
antitoxins 103
aorta 45
arcs, reflexes 74–75
arteries 38, 44–45, 48–49
artificial breathing aids 34–35
artificial hearts 47
artificially managed food production 180–181
artificial pacemakers 46
asexual reproduction 23, 130, 146–150, 153
atria 45
average global surface temperatures 198–199
averages 206

baby food 68
bacteria 100
    anaerobic respiration 41
    antibiotic resistance 108–109
    antibiotics 106–109
    cell structure 4–5
    colonies 4
    culturing 110–111
    decay processes 182–183
    extremophiles 163
    genetic engineering 150
    mutation 108–109
    pathogenic 100–101
    recycling 183
Bactrian camels 165
balanced diet 97
bar charts 206
bases 138–139
behaviour 72–85
    animals 76–82
    communication 78–79
    conditioning 77, 82–83
    definition 76
    habituation 76
    imprinting 76–77
    nervous system 72–75
    reflexes 74–75
    reproductive 80–81
benign tumours 26
biconcave discs 50
bile 64–65
bioaccumulation 190–191
biodiversity 194–195, 197
biological detergents 68
biomass
    energy transfers 178–179
    measurement 176
    pyramids 176–177
bladder 90
blood 44–45
    clotting 51, 102
    gaseous exchange 33
    groups 52–53, 133
    nutrient absorption 66–67
    pressure 48
    red blood cells 50–52, 142, 173
    sickle-cell anaemia 142
    sugar levels 87, 94–97
    transport 50–51
    white blood cells 51, 103–104
blood vessels 44, 48–49, 92–93
body temperature 60, 87, 92–93, 179
breaks in skin, infections 102
breathing 30–43, 88
    adaptations 30–33
    aerobic respiration 36–37
    artificial aids 34–35
    exercise 38–39
    respiratory system 32–33, 38–39
bronchioles 32
butcher's broom 166
bypass surgery 49

cacti 166–167
callus 146
camouflage 165
cancer 26–27
capillaries 33, 48–49, 92–93
carbohydrases 63, 68–69
carbohydrates 56, 63, 68–69, 124
carbon cycle 184–185
carbon dioxide
    aerobic respiration 36–37
    anaerobic respiration 40–41
    blood transport 50–51, 88
    carbon cycle 184–185
    gaseous exchange 30–33, 88
    global warming 196–199
    photosynthesis 114–117
carbon sinks 184, 194–196
carcinogens 27
carnivores 162
carnivorous plants 119
carriers 140–142
catalysts 58–59

Index

categoric variables 202, 206
cats, cloning 153
causes of cancer 27
cell cycle 26
cell division 20–29
    cancer 26–27
    differentiation 21
    meiosis 22–23
    mitosis 20–21
    sexual reproduction 22–23
    stem cells 21, 24–25
cell growth, cancer 26–27
cell membranes 2–3
cells
    cloning 21, 130, 146–149, 153
    differentiation 21
    meiosis 22–23
    mitosis 20–21
cell structures
    active transport 16–17
    animal cells 2
    diffusion 12–15
    eukaryotes 5
    osmosis 14–15
    plant cells 2–3
    prokaryotes 4–5
    specialised 6–7
    tissues and organs 8–9
cellulose 3, 118
cell walls 3
central nervous system 73
chemical signals, communication 79
chemotherapy 27
Chernobyl nuclear accident 190
chlorophyll 3
chloroplasts 3, 115
chromosomes 2–3, 128–129, 134–137
    disorders 143
    meiosis 22–23
circulation 44–55
    assistance 46–47
    blood 44–45, 48, 51–53
    blood groups 52–53
    heart 44–47
    immune system 51–53
    transport 50–51
    vessels 44, 48–49
circulatory system 38–39, 44–45, 48–51
classic conditioning 77
cleaning, enzymes 68
climate change 197–199
clones 130, 146–149, 153
cloning 21, 130, 146–149, 153
    adult cells 148–149, 153
    animals 146–149, 153
    ethical issues 149, 153
    pets 153
    plants 146
    therapeutic 25
clotting 51, 102
cold climate adaptations 164
combustion, carbon cycle 184–185

commercial greenhouses 117
communication 78–79
companion cells 124
competition
    animals 168–169
    plants 170–171
complex carbohydrates 56, 63, 68–69
composition of blood 50–51
compost heaps 183
concentrated solutions, osmosis 14–15
concentration gradients 12–13, 16–17, 32–33
conclusions 206–207
conducting fibres 46
cone cells 6
contamination
    bacterial cultures 110–111
    infections 102
continuous variables 202, 206
continuous variation 133
control groups 204
core body temperature 87, 92–93, 179
coronary arteries 44–45
coronary heart disease 48–49
courtship behaviours 80
cows 146–147, 195
crocodiles 17
crops
    genetic engineering 151–153
    greenhouses 117
culture mediums 110–111
cystic fibrosis 140
cytoplasm 2–3, 14–15

Darwin, Charles 156–157
data handling 202–210
    accuracy 204
    conclusions 206–207
    evaluation 207
    precision 205
    presentation 206
    variables 202–203
deamination 89
decay processes 182–183
decomposers 191
deep ocean organisms 163
defences against disease 100–113
    antibiotics 106–109
    clotting 51, 102
    hygiene 101, 109
    immune system 103–105
    infection mechanisms 100–102
    mechanisms 102–105
    vaccination 104–105
    white blood cells 51, 103–104
deforestation 194–195
denatured proteins 57, 60–61
deoxygenated blood 44–45, 50
deoxyribonucleic acid (DNA) 4–5, 138–139
dependent variables 202–207

desert animals and plants 165, 167
destruction of peat bogs 195
detergents, biological 68
detoxification, liver 89
detritivores 182, 184
detritus feeders 182, 184
diabetes 95–97, 150
diaphragm 10, 32–33
diet, balanced 97
differentiation 21
diffusion 12–15, 32–33, 66, 121
digestion 56–71
    absorption 62–63, 66–67
    carbohydrates 56, 63
    efficiency 64–65
    enzymes 58–64, 68–69
    lipids 56–57, 63
    proteins 56–57, 63
    system 62, 64–67
digestive enzymes 61–64, 68–69
digestive juices 8
digestive system 10–11, 62, 64–67
dilute solutions, osmosis 14–15
direct contact infections 102
directly proportional 207
discontinuous variation 133
diseases
    antibiotics 106–109
    circulatory system 46–49
    diabetes 95–97
    herd immunity 105
    hygiene 101, 109
    infection mechanisms 100–102
    malaria 173
    pathogens 100–113
    vaccination 104–105
    see also defences against disease
disorders
    chromosomal 143
    genetic 140–143
    genetic engineering 152
distribution changes of animals 197
DNA (deoxyribonucleic acid) 4–5, 138–139
dogs
    cloning 153
    conditioning 77, 82
Dolly the sheep 148–149
dominant alleles 136–137, 139–141
donors, transplants 53
double circulatory system 44–45
Down's syndrome 143
droplet infection 102
drugs, treating disease 106–109
dry climate adaptations
    animals 165
    plants 167
duodenum 10–11, 62

ecology 176–187
    bioaccumulation 190–191
    carbon cycle 184–185

Index

decay processes 182–183
deforestation 194–195
energy transfers 178–179, 185
eutrophication 191
food production 180–181
human population growth 188–189
pollution 189–193
pyramids of biomass 176–177
effector organs 73
efficiency
   digestion 64–65
   food production 180–181
egg-laying and incubation 81
elements 184
embryonic stem cells 24–25, 97
emulsification, digestion 64–65
endemic species 160–161
endocrine glands 86, 91
energy storage
   fat cells 6
   glycogen 38
energy transfers 178–179
   carbon cycle 185
environmental causes 129
enzymes
   active sites 58–59, 61
   advantages and disadvantages 69
   digestion 58–64, 68–69
   industrial use 68–69
   pH 61, 64
   temperature 60
epidermal tissues 8–9
errors 205
ethanol 41
ethical issues
   cloning 149, 153
   genetic engineering 152–153
   global warming 196–199
eukaryotic cells 5
eutrophication 191
evaluation of investigations 207
evaporation 120–123
evidence of global warming 198–199
evolution 156–167
   adaptation 162–167
   Darwin 156–157
   isolation 160–161
   Lamarck 156
   mutation 158–159
   speciation 161
   survival of the fittest 157–159
   timescales 159
exchange in the gut 62–63, 66–67
exchange surfaces 30–33
exchanging materials 30–33, 38–39, 62–63, 66–67
excretion 88–91
exercise, effect on the body 38–39
explosion of human population 188–189
extinctions 194–195

extremophiles 163
eyes 6

factory farming 180–181
fair tests 204
family trees 139
farming
   efficiency 117, 180–181
   fertilisers 189, 190–191
   genetic engineering 151–153
   greenhouses 117
   herbicides 191
   methane 195
fat cells 6
fatigue, muscles 40–41
fats 6, 56–57
faulty valves 49
females 134–135
fermentation 41
fertilisation 23
fertilisers 189, 190–191
fibrin/fibrinogen 51
filtering, kidneys 90–91
fleas 172
Fleming, Alexander 106
food
   absorption 62–63, 66–67
   balanced diet 97
   competition 168
   efficient production 180–181
   genetic engineering 151–153
   pre-digestion 68
   tests 57
   see also nutrition
food chains 176–177
   bioaccumulation 190–191
   food production 180
food miles 181
fossil fuels 184, 198
fossils 160
fructose 69
functions of proteins 57
fungi
   anaerobic respiration 41
   decay processes 182
future medicines 109

gall stones 65
gametes 7, 22–23, 130
gaseous exchange
   animals/humans 30–33, 38–39, 44
   blood 50–51
   plants 31, 120–121
genes 128–129, 131–138, 158–159
genetically modified crops (GM crops) 151–153
genetically modified organisms
   animals 147, 151–153
   bacteria 150
   plants 151–153
genetic causes 129
genetic disorders 140–143, 152

genetic engineering 141, 147, 150–153
   diabetes 96–97
   ethical issues 152–153
genetic manipulation 146–155
   see also cloning; genetic engineering
genetic material 4–5
genetics 128–145
   chromosomes 128–129
   disorders 140–143
   family trees 139
   genotypes 135–137, 139
   inheritance 128–131, 134–137
   meiosis 22–23
   monohybrid crosses 137
   mutation 158–159
   phenotypes 135–137, 139
   Punnett squares 135–137
   reproduction 130–131
   sex 134–135
   variation 23, 131–133, 149, 153, 158–159, 161
genotypes 135–137, 139
geographical isolation 160–161
glandular tissue 8
global dimming 193
global warming 196–199
glucagon 95
glucose 56, 66–69
   active transport 66–67
   aerobic respiration 36
   anaerobic respiration 40–41
   photosynthesis 114
   plants 114, 118–119
   regulation 87, 94–97
glycerol 56–57
glycogen 38, 94–95
GM crops (genetically modified crops) 151–153
golden rice 152–153
graphs 206
greenhouse effect 196–197
greenhouse gases 196–199
greenhouses 117
growth
   bacteria 110–111
   cancer 26–27
   differentiation 21
guard cells 121
gut 62–63, 66–67
   see also digestion; digestive system

habituation 76
haemoglobin 50–51, 142
hair cells, roots 7, 121
hazards, investigations 203
heart 38–39, 44–49
heart rate and exercise 38–39
herbicides 191
herbivores 162
herd immunity 105
heterozygous 136–137, 139
homeostasis 86–99

Index

blood sugar 87, 94–97
body temperature 87, 92–93
energy transfers 179
hormones 86–87, 91, 94–97
kidneys 86, 89–91
liver 89, 95
waste removal 88–91
water and ions 86
homozygous 136–137, 139
hormones 86–87, 91, 94–97
horses, police training 83
humans
blood groups 52–53
breathing 30–43
circulation 44–55
deforestation 194–195
digestion 56–71
genetic engineering 152, 153
global dimming 193
global warming 196–199
peat bog destruction 195
pollution 189–193
population growth 188–189
use of animal behaviours 82–83
hydrochloric acid 64
hydrogen peroxide 59
hygiene 101, 109
hyperthermia 92
hypertonic 14–15
hypothermia 87, 93
hypothesis 203, 207
hypotonic 14–15

ice, Antarctic 199
identical twins 133
immune system 51–53, 103–105
blood groups 52–53
transplants 53
white blood cells 51, 103–104
immunisation 104–105
immunity, vaccination 104–105
immunosuppressant drugs 53
imprinting 76–77
impulses 72–75
incubation of bacterial cultures 111
independent variables 202, 204, 206
industrial enzyme use 68–69
industrial waste 189
infections 100–103, 106–109, 172–173
infectious 100
inheritance 128–131, 134–137
of acquired characteristics 156
family trees 139
genetic disorders 140–143
variation 23, 131–133, 149, 153, 158–159, 161
innate behaviours 76
inoculation of bacterial cultures 111
instrumental measurement 205
insulin 94–97, 150
intensive farming 180–181

intercostal muscles 32
interdependence 168–173
competition 168–171
parasites 172–173
internal environment 86
investigations 202–210
bacteria 110–111
conclusions 206–207
data presentation 206–207
design 203
evaluation 207
hypothesis 203, 207
measurement 205
setting up 204–205
variables 202–203
iodine test 119
ionising radiation 27
isolation and evolution 160–161
isomerase enzymes 69
isotonic 14–15

karyotypes 134, 143
kidneys 17, 86, 89–91

lactic acid 40–41
Lamarck, Jean-Baptiste 156
land
human population 188–189
pollution 190
large intestine 10–11, 62
leaky valves 49
learning, conditioning 77
leaves 8–9, 115, 120–121, 166
light, photosynthesis 116
lignin 124
limiting factors, photosynthesis 116–117
linear relationships 207
line graphs 206
lipases 63
lipids 6, 56–57, 63–65
emulsification 64–65
see also fats
liver 10–11, 64–65, 89, 95, 173
lock and key model 59
lower epidermis, leaves 120
lungs 31–33, 44, 102

malaria 142, 173
males 134–135
malignant tumours 26
Malpeque disease 159
mammals, development 81
managing waste 189
marram grass 166
marsupials 160
materials exchange 30–33, 38–39, 62–63, 66–67
mate selection 80, 169
mean 206
measurements
accuracy 204
biomass 176
investigations 205

precision 205
meat production 180–181
mechanical heart valves 49
mechanical ventilation systems 34–35
medicine
antibiotic resistance 108–109
disease treatment 106–109
future 109
radiotherapy 27
meiosis 22–23
Mendel, Gregor 134
merozoites 173
metabolism, enzymes 58–64
metastatic cancer 26
methane 195, 196–197
methicillin-resistant *Staphylococcus aureus* (MRSA) 108–109
microorganisms
culturing 110–111
decay processes 182–183
extremophiles 163
pathogens 100
preventing entry 102
water pollution 191
see also bacteria; viruses
microvilli 62, 66–67
migration pattern changes 197
mineral ions
absorption 7
active transport 16–17, 121
homeostasis 86, 90–91
pollution 191
uptake in roots 121
uses in plants 118–119
mitochondria 2–3, 36, 124
mitosis 20–21
molecules 184
monohybrid crosses 137
mosquitoes 142, 173
moths 165
motor neurones 73–75
mouth brooding 81
movement, energy transfers 178
MRSA (methicillin-resistant *Staphylococcus aureus*) 108–109
muscle fibres 38
muscles
breathing 32–33
exercise 38
fatigue 40–41
glycogen 38
heart 44–45
tissue 8
mutation 27, 108–109, 138–139, 158–159

natural selection 108–109, 142, 156–159
nature and variation 132
negative feedback systems 91
negative pressure ventilators 34
nerves 6, 73–75
nervous coordination 72–85
central nervous system 73
reflexes 74–75

Index

see also behaviour
nervous system 72–75
    eyes 6
    neurones 73–75
    synapses 74–75
net movement 12
neurones 73–75
neurotransmitters 74–75
nitrate ions 118–119
nitrogen oxides 192
nucleus 2–3, 128–129
nurture and variation 132
nutrients
    absorption in gut 62–63, 66–67
    phloem transport 124
    uptake in roots 7, 16, 121, 167
nutrition
    balanced diet 97
    carbohydrates 56
    diabetes 94, 96–97
    lipids 56–57
    protein 56–57
    weight 94, 97

obesity 94–95, 97
observation 203
oesophagus 10
oils 56–57
    see also fats
operant conditioning 77, 82–83
optic nerve 6
organisms
    cloning 21, 130, 146–149, 153
    evolution 156–161
    extremophiles 163
    genetic engineering 147, 150–153
    speciation 161
organs 8–9
    animals 8–9
    digestive system 10–11, 62–67
    endocrine glands 86, 91
    growing 25
    heart 38–39, 44–49
    kidneys 17, 86, 89–91
    liver 10–11, 64–65, 89, 95, 173
    lungs 31–33, 44, 102
    pancreas 9, 62–63, 86–87, 94–95, 97
    plants 9
    skin 102
    stomach 8, 10, 62–63, 102
    systems 10–11
    transplants 53, 97
osmosis 7, 14–15, 121
ova 22–23
overweight 94–95, 97
oxygen
    aerobic respiration 36
    blood transport 44–45, 50–51
    debt 40–41
    gaseous exchange 30–33
    photosynthesis 114

oxygenated blood 44–45, 50–51
oxyhaemoglobin 50–51
oysters 159

pacemaker 46
painkillers 106
palisade mesophyll 8–9, 120
pancreas 9, 62–63, 86–87, 94–95, 97
parasites 142, 172–173
parental care 80–81
pathogens 100–113
    culturing 110–111
    defence mechanisms 102–105
    drug treatment 106–109
    herd immunity 105
    hygiene 101, 109
    mutation 108–109
    vaccination 104–105
    see also bacteria; diseases; viruses
patterns in data 206–207
peat bogs 195
penicillin 106–107
permanent vacuoles 3
pesticides 151
Petri dishes 110–111
pets, cloning 153
pH 61, 64
phagocytosis 103
phenotypes 135–137, 139, 153
phloem 8–9, 115, 124
photosynthesis 3, 114–117, 184
pigments, haemoglobin 50–51
pituitary gland 86, 91
placebos 204
plants 114–127
    adaptations 162, 166–167
    cell structure and function 2–3
    cloning 21, 146
    competition 170–171
    differentiation 21
    dry climate adaptations 167
    evaporation 120–123
    gaseous exchange 31
    gas exchange 120–121
    genetic engineering 151–153
    glucose 114, 118–119
    greenhouses 117
    leaves 115, 120–121
    mineral ions 119
    organs 9, 11
    osmosis 15
    phloem 8–9, 115, 124
    photosynthesis 3, 114–117, 184
    proteins 119
    roots 7, 16, 121–122, 167
    seeds 171
    stem cells 21
    tissues 8–9
    transpiration stream 122–125
    transport 7, 8–9, 115, 121–122, 124–125

    turgor 15
    wilting 123
    xylem 7, 8–9, 115, 121–122, 124–125
plasma 50, 52
plasmids 4–5, 150
Plasmodium falciparum 173
plasmolysis 15
platelets 51, 102
police horses 83
pollution 190–193
polydactyly 140
population growth 188–189
positive pressure ventilators 34
precision 205
predators 165
prediction 203
pressure
    blood vessels 48
    breathing 33–35
    heart 45
prey adaptations 165
primary consumers 176
producers 176
prokaryotic cells 4–5
proteases 63, 68
proteins 57
    denaturing 57, 60–61
    digestion 56–57, 63, 68
    plants 119
    urea 89
protozoans 173
puberty 26
pulmonary artery/vein 45
Punnett squares 135–137
pyramids of biomass 176–177

radiotherapy 27
random errors 205
range of data 206
rates of diffusion 12–13
ratios, surface area to volume 30
reabsorption, selective 91
rearing behaviours 80–81
receptors 72–73, 75
recessive alleles 136–137, 139–142
recipients, transplants 53
recycling, decay processes 183
red blood cells 50–52, 142, 173
reflexes 74–75
rejection of transplants 53
relationships in data 206–207
relay neurones 74
removal, waste products 88–91
renal artery/vein 90–91
repair, stem cells 24–25
repeatable evidence 202
reproducible evidence 202
reproduction 130–131
    asexual 23, 130, 146–150, 153
    cloning 21, 130, 146–149, 153
    competition 169
    evolution 156–161

249

Index

meiosis 22–23
sexual 7, 22–23, 80–81, 103
survival of the fittest 157–159
reproductive behaviour 80–81
resistance to antibiotics 108–109
resources, human population 188–189
respiration
    aerobic 36–37, 88
    anaerobic 40–41
    carbon cycle 184
    diffusion 13
    exercise 38–41
respiratory (breathing) system 32–33, 38–39
responses to exercise 38–39
results of investigations 206–207
ribosomes 2–3
rice 151–153, 195
risks 203
roots 121–122
    hair cells 7, 121
    mineral ion uptake 16
    water collection 167

scabs 51, 102
scatter graphs 206
sea level rises 197, 199
secondary consumers 176
secretion of hormones 86, 95
seeds 171
selective reabsorption 91
Semmelweis, Ignaz 101
sense organs 6, 72
sensory neurones 73–75
sequestered carbon dioxide 196
    see also carbon sinks
sewage 183, 189, 191
sewage treatment plants 183
sex chromosomes 134–135
sexual reproduction 7, 22–23, 80–81, 130
sheep, cloning 148–149
shivering 93
sickle-cell anaemia 142
sieve plates 124
simple sugars 13, 56
sinks of carbon 184, 194–196
skin 102
small intestine 10–11, 62, 66–67
smog 193
sneezing 102
sniffer dogs 82
solutes 12–17, 32–33, 66, 121
sound signals 78
specialised cell structures 6–7
speciation 161
sperm cells 7
spongy mesophyll 8–9, 120
Staphylococcus aureus, methicillin-resistant 108–109
starch 56, 68–69, 114, 118–119
stem cells
    adult 21, 25

diabetes 97
division 21, 24–25
embryonic 24–25, 97
stents 48
stimuli 63–65
stomach 8, 10, 62–63, 102
stomata 9, 31, 120–123
structure of cells 2–3
sucrose 56
sugars 13, 56, 63, 68–69, 124
sulfur dioxide 192
surface area
    diffusion 13
    emulsification 64–65
    gut 62, 64–65, 66–67
    plants 166
    red blood cells 50
    to volume ratios 30
surfaces, exchange adaptations 30–33
survival of the fittest 157–159
sustainability 181
sweating 92–93
synapses 74–75
systematic errors 205

tables 206
tapeworms 172
temperature
    adaptations 163–164
    diffusion 12
    Earth's surface 198–199
    enzymes 60
    homeostasis 87, 92–93
    photosynthesis 116–117
territory, competition 168–169
therapeutic cloning 25
thermophiles 163
thermoregulatory centre 92–93
thinking scientifically 202
thorax 32–33
thyroid gland 86
timescales, evolution 159
tissue culture 146
tissues 8–9
toxic chemicals 189–193
tracheas 25, 32, 35
training animals 82–83
transfusions 52
transgenic organisms 150–153
translocation, plants 124
transpiration stream 122–123
transplants 53, 97
transport
    active 16–17
    plants 124–125
transport system 44
    blood 50–51
    see also circulatory system
treatment, sewage 183
trophic levels 176, 179
tubules 17
tumour formation 26–27

turgor 15
twins 133
type 1/2 diabetes 95–97

universal donors 52
upper epidermis 120
urea 50, 89
urine 50, 90

vaccination 104–105
vacuoles 3, 15
vacuum 34
valid evidence 202, 207
valves 45, 48–49
variables 202–203
variation 23, 131–133
    cloning 149, 153
    evolution 158–159, 161
    nature and nurture 132
vascular bundles, plants 9
vasoconstriction 93
vasodilation 92
vectors 150
veins 44–45, 48–49, 115
vena cava 45
ventilation 31–35, 38–39, 88
    artificial aids 34–35
    exercise 38–39
    see also breathing
ventricles 45
vessels, plants 9, 124–125
villi 62, 66–67
viruses 27, 100
visual signals 78–79
vitamin A 6, 152–153
vocalisations 78
volume to surface area ratios 30

waste
    blood transport 50
    energy transfers 178
    management 189
    removal 88–91
water
    collection by plants 167
    plant transport 120–125
    pollution 191
    storage in plants 167
    transpiration stream 122–125
water balance 86, 90–91
waxy cuticle 120–121, 166
weight, nutrition 94, 97
white blood cells 51, 103–104
whole chromosome disorders 143
wilting 123
wound healing 51

xylem 7, 8–9, 115, 121–122, 124–125

yoghurt 41

zygotes 23, 24